吴中年鉴

2019

苏州市吴中区人民政府　主办
吴中区年鉴编纂委员会　编

古吴轩出版社
中国·苏州

图书在版编目（CIP）数据

吴中年鉴. 2019 / 吴中区年鉴编纂委员会编. -- 苏州：古吴轩出版社，2019.11
ISBN 978-7-5546-1439-6

Ⅰ. ①吴… Ⅱ. ①吴… Ⅲ. ①区(城市) —苏州—2019—年鉴 Ⅳ. ①Z525.33

中国版本图书馆CIP数据核字(2019)第230973号

责任编辑：周　娇
见习编辑：任佳佳
责任照排：吴　静
装帧设计：吴　静
责任校对：李爱华　祝文秀

书　　名：吴中年鉴（2019）
编　　者：吴中区年鉴编纂委员会
出版发行：古吴轩出版社
地址：苏州市十梓街458号　　邮编：215006
电话：0512-65233679　　传真：0512-65220750
出 版 人：钱经纬
印　　刷：南京凯德印刷有限公司
开　　本：889 × 1194　1/16
印　　张：24.75　　插页：36
版　　次：2019年11月第1版　第1次印刷
书　　号：ISBN 978-7-5546-1439-6
定　　价：180.00元

如有印装质量问题，请与印刷厂联系。025-84713186

吴中区年鉴编纂委员会

主　　任：张　瑛

副 主 任：周黎敏

委　　员：朱筱菁　　史拥军　　戴晓东　　秦晓良

许晓峰　　史才林　　陆　一　　殷　虹

徐凌奇　　陈志新　　朱继伟　　金　楠

顾洪建　　陆为民　　丁晓娟　　汪庆丰

章为民　　唐峥嵘　　陆卫平

《吴中年鉴》编辑部

主　　审：秦晓良

主　　编：陆卫平

副 主 编：李　健

编　　辑：陆海兵　任海令　洪　蕾　王明生

　　　　　高　燕

主要摄影：王永康　张炎龙　朱汉举　周建华

　　　　　梁　龙　顾学珍

编辑部地址：苏州市吴中区东苑路1号 公共文化中心D栋

电　　话：0512-65643180

邮　　编：215128

编辑说明

一、《吴中年鉴》是由苏州市吴中区人民政府主办、吴中区年鉴编纂委员会编纂、吴中区档案馆组织编辑的综合性地方资料工具书，旨在全面、系统、翔实地记载吴中区自然、政治、经济、文化、社会等方面的基本面貌及发展情况，为各机关、团体、企事业单位和社会各界及时提供信息资料。《吴中年鉴》于2002年创刊，每年编印一卷，本卷为第十八卷。

二、《吴中年鉴》编纂出版坚持以马克思列宁主义、毛泽东思想、邓小平理论、“三个代表”重要思想、科学发展观、习近平新时代中国特色社会主义思想为指导。《吴中年鉴（2019）》采用分类编辑法，分为类目、分目、条目3个层次，以条目为基本组成单位，标题用【】引出，以便查阅。全书设媒体聚焦、大事记、吴中概况、中共苏州市吴中区委、苏州市吴中区人民代表大会、吴中区人民政府、政协吴中区委员会、纪检监察、民主党派·工商联·人民团体、法治·军事、综合管理、财税·金融、农业和农村工作、工业经济、商贸服务、城乡建设、生态环境、休闲旅游、教育·科技、文化·卫生·体育、社会民生、度假区·开发区·高新区、镇（区）·街道、附录、索引等类目25个，分目167个，条目924个，附表55张，随文插图26幅。卷首图片专题选用图片108幅。

三、本年鉴选材围绕全区经济建设、政治建设、文化建设、社会建设和生态文明建设，以新情况、新事物、新经验为重点，兼顾地方特色与创新增益，努力推陈出新。《吴中年鉴（2019）》采用的稿件由全区各部门和镇（区、街道）提供，并经过各单位领导和年鉴编纂委员会的审核，以保证其准确性、可靠性。

四、本期年鉴资料收录时间为2018年1月1日至12月31日，人事名单以上年底组织部门年报为准，主要统计数据以区统计局提供为准。

改革开放四十周年

2018年是改革开放40周年，吴中大地特别是撤市建区以来的发展，是一幅波澜壮阔改革开放大潮的生动缩影。40年来，吴中区坚持绿色发展不动摇，不断把生态文化资源转化为产业经济红利；40年来，吴中区抢抓机遇不松劲，经历农转工、内转外、量转质的三大跨越，持续推动“吴中制造”向“吴中智造”和“吴中创造”延伸；40年来，吴中区坚持改善民生不停步，集中力量做好普惠性、基础性、兜底性民生建设，城乡居民收入差距逐渐收窄。吴中区一个时期一个主题、一个阶段一个目标，不仅生动演绎了“伟大理论的成功实践”，而且正以全新的姿态、过硬的担当，奋力书写着新时代高质量发展的“吴中答卷”。

1979年2月，吴县开始实施家庭联产承包责任制。图为吴县粮食增产

1980年1月，吴县煤炭防爆电机厂第一条电扇生产流水线正式投产，其生产的“骆驼”牌电扇先后多次获部优、省优、国优称号。图为生产车间

1986年，《苏州城市总体规划》获国务院批准，选定长桥乡北部龙西、城南、龙桥、月浜、长桥、长渔、新塘、新家8个行政村辖区为吴县新区

1987年5月，吴县被中共中央、国务院确定为苏南社会主义农业现代化试验区。图为水产品养殖

1992年10月，经国务院批准，江苏太湖国家旅游度假区正式建立，成为首批12个国家级旅游度假区之一，次年更名为“苏州太湖国家旅游度假区”

1993年11月12日，省政府批准吴县经济开发区为首批省级经济开发区之一

1994年10月25日，太湖大桥通车。全长4308米、181孔，为当时中国内湖第一长桥

1981年3月18—23日，吴县第七届人民代表大会第一次会议召开，恢复建立吴县人民政府

1985年12月，在东山三山岛发掘旧石器文化遗址

1985年底，吴县环太湖复堤（太湖大堤）工程全线竣工

1988年9月11日，吴县旅港同乡会在香港成立

1990年8月，吴县被国家体委授予第三批“全国体育先进县”称号。图为吴县游泳池于当年7月落成开放

1992年1月，吴县刺绣总厂与香港繁贸有限公司在新加坡合办的“东方物产有限公司”，成为吴县创办的第一家海外企业。图为吴县刺绣总厂产品

1995年6月，经国务院批准，吴县撤县设市，以原吴县行政区域为吴县市行政区域。图为吴县市人民政府

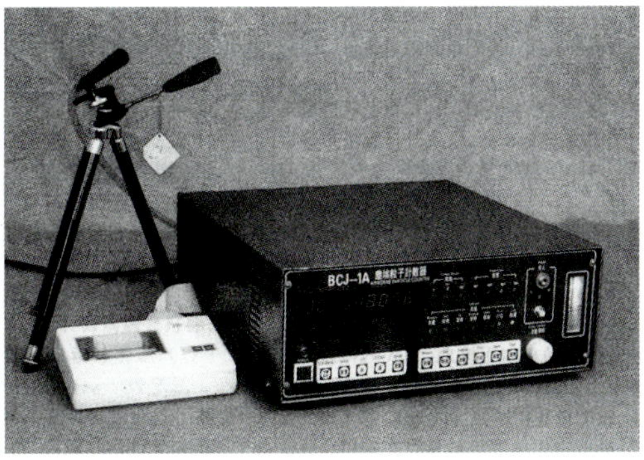

1996年3月，吴县市被国家科学技术委员会授予“全国科技明星县（市）”称号。图为吴中集团华达仪器设备厂的“尘埃粒子计数器BCJ01型”

1997年，吴县市首次开展旅游年活动。3月，首届吴县市太湖西山梅花节在西山林屋洞开幕

1998年6月，吴县市在苏州大市范围率先实施城乡居民最低生活保障制度

1999年4月1日，“江苏吴中”A股（600200）在上海证券交易所，挂牌上市交易，被誉为“中国普教第一股”。这是吴县市第一家上市公司

1999年5月，经江苏省政府批准，江苏省木渎高级中学升级为国家级示范性高级中学

2003年12月 ，吴中区被国家文化部、国家文物局评为“全国文物工作先进区”。图为国家重点文物保护单位——宝带桥

2004年1月，吴中区西山入选第三批国家地质公园名单，是江苏省首个入选地区。图为苏州太湖西山国家地质公园

2004年8月16日，吴中区籍运动员陈艳青在希腊雅典第28届奥运会上获女子举重58公斤级金牌，这是吴中区走出的第一个奥运冠军

2007年8月，吴中出口加工区建成运行

2009年10月，太湖文化论坛国际会议中心建成试运行

2000年4月18日，西山国家现代农业示范园区开业典礼在农业园区举行

2000年10月3—6日，中国吴县市环太湖世界特技飞行大奖赛在太湖之滨举行

2001年2月28日，苏州和吴县市领导干部大会在吴县市大会堂召开，公布调整行政区划，撤销吴县市，设立苏州市吴中区、相城区

2005年1月，国家环境保护总局授予吴中区“国家级生态示范区”称号。图为三山岛国家湿地公园

2006年3月，横泾街道上林村召开土地股份合作社成立大会，该合作社成为全国首家领取工商营业执照的土地股份合作社

2006年5月，吴中区的甪直水乡妇女服饰、“香山帮”传统建筑技艺被列入首批国家非物质文化遗产保护名录。图①为甪直水乡妇女服饰，图②为胥王庙

2010年12月，吴中区被中国茶叶协会授予“中国名茶之乡”称号

2011年底，苏州吴中太湖新城启动规划建设。图为太湖新城永旺绿堤

2012年7月10日，以“民意沟通、民间友好、民生合作”为主题的第二届中非民间论坛在苏州吴中区太湖国际会议中心开幕

2012年11月，吴中经济开发区（简称开发区）被国务院批准为国家级经济技术开发区

2013年1月，苏州吴中太湖旅游区成功创建国家5A级旅游景区

2013年5月12日，吴中人民医院综合大楼启用

2014年，太湖湖滨湿地公园通过国家林业局（2018年3月国务院机构改革，不再保留）验收，成为国家级生态湿地公园

2016年4月18日至5月18日，第九届江苏省园艺博览会在吴中区临湖镇举行

2016年12月，绕城高速角直枢纽及常嘉高速昆山至吴江段正式通车

2017年4月15日，苏州轨道交通4号线及支线开通运营

2017年8月7日，吴中区社会综合治理联动中心启用

2017年9月30日，太湖大桥复线通车

2018年3月，吴中区获评“国家外贸转型升级基地（西药）”称号。图①为药明康德，图②为药明康德的实验室

乡村振兴

实施乡村振兴战略，是党的十九大做出的重大战略部署，是新时代“三农”工作的总抓手。要以习近平新时代中国特色社会主义思想为指导，认真领会实践习近平总书记关于“三农”工作的新理念新思想新战略，坚持加强党对农村工作的领导，坚持重中之重战略地位，坚持绿色生态和民生民本导向，坚持把农业农村优先发展落到实处，围绕“产业兴旺、生态宜居、乡风文明、治理有效、生活富裕”总要求，遵循乡村发展规律，不断深化农村改革，建立健全城乡融合发展体制机制的政策体系，以踏实行稳乡村振兴之路的吴中实践，为高水平全面建成小康社会提供有力的支撑和保障。

2018年4月24日，吴中区召开全区乡村振兴工作会议。图为表彰“吴中区十佳乡村致富带头人”
王永康　摄

2018年5月26日，首届乡村振兴（太湖）论坛在吴中区召开　王永康　摄

2018年1月28日，临湖镇的“湖嘉大米”获“江苏好大米”特等奖　江全官　摄

2018年6月，角直镇创成国际慢城　角直镇　供稿

2018年4月17日，江苏首个乡村振兴综合实践教育培训基地——苏州乡村振兴学堂在吴中区临湖镇挂牌成立
区委宣传部　供稿

2018年9月21日，苏州市首届中国农民丰收节在临湖镇开幕
王永康　摄

2018年9月30日，吴中区完成1800公顷太湖围网拆除签约工作　　冯祖浩　摄

2018年10月31日，临湖镇灵湖村获“2018年中国美丽休闲乡村”称号

区农业局　供稿

农业机械化作业

朱宏　摄

“大运河”文化带建设

大运河是中华文明的重要标识，建设大运河文化带是千年大计。习近平总书记关于大运河文化带建设的重要指示批示，为推动大运河文化带建设提供了根本方向。在吴中段，穿城而过的大运河，成为吴文化传承的载体，托起了城市发展的灵魂。以澹台湖片区为建设开发重点，以世界文化遗产、国家级文保单位宝带桥为核心，以运河风光带为纽带，形成了集文化、生活、旅游、生态、服务于一体的城市滨水长廊，打造了“吴中人文客厅、运河城市看台”品牌。

宝带桥和斜港大桥　　张炎龙　摄

澹台湖景观桥　　陆惠祥　摄

新塘新貌　　焦青　摄

五龙桥公园运河健身步道　　区委宣传部　供稿

雪后大运河　　乐菊泉　摄

京杭大运河吴中区段　周建华 摄

2018年12月29日，吴中区召开中共苏州市吴中区委四届九次全体（扩大）会议

王永康　摄

2019年1月9—11日，吴中区第四届人民代表大会第三次会议在太湖国际会议中心召开

王永康　摄

2019年1月8—10日，中国人民政治协商会议苏州市吴中区第四届委员会第三次会议在太湖国际会议中心召开

王永康　摄

2018年3月22日，区委书记唐晓东调研吴中高新区南区社区

王永康　摄

2018年5月8日，区长陈嵘带队调研舟山核雕村　　王永康　摄

2018年7月20日，国家税务总局苏州市吴中区税务局挂牌成立

区税务局　供稿

2018年11月28日，太湖街道揭牌成立，与吴中太湖新城“区政合一”

王永康　摄

水八仙种植基地　区委宣传部　供稿

2018年2月10日，光福核雕走进拉脱维亚首都里加吉尔德展示苏作魅力　　区文体局　供稿

2018年6月4日，韩国大邱东区栗园中学师生访问吴中区。图为在迎春中学上书法课　　区外侨办　供稿

2018年6月13日，新西兰罗托鲁瓦市副市长特雷夫·麦斯威尔率罗托鲁瓦高中生篮球队访问吴中。图为与苏州北美国际高级中学篮球队进行友谊赛　　区外侨办　供稿

2018年10月1—7日，2018普契尼国际艺术节在吴中区公共文化中心举办　　苏州保利大剧院　供稿

太湖开捕　梁龙　摄

2018年3月17日，甪直镇举行2018年重点项目春季集中开工开业仪式
甪直镇　供稿

2018年4月26日，“产学融合、智汇吴中”暨第二届“高校青年博士进企业”双选会在澹台湖大酒店举行
区委宣传部　供稿

2018年5月28日，科沃斯机器人股份有限公司在上交所主板上市
区委宣传部　供稿

2018年5月8日，苏州智能制造研究院开园

区经信局　供稿

2018年6月12日，辉瑞苏州新厂开业

区委宣传部　供稿

2018年7月10日，吴中区举行2018“智汇吴中”青年创客大赛暨第八届吴中区青年（大学生）创新创业大赛总决赛

区委宣传部　供稿

2018年9月28日，苏州市现代农产品物流园暨苏同黎公路快速化改造项目开工仪式在甪直镇举行

区交通局　供稿

吴中大米

2018年10月，“吴中大米”被国家知识产权局认定为地理标志证明商标，成为吴中区第三件地理标志证明商标

阙明芬　摄

2018年10月18日，苏州吴中·太湖经贸合作洽谈会在太湖国际会议中心开幕

江峰　摄

2018年11月14日，浪潮集团高端服务器主板项目、数字吴中项目签约落户吴中区

王永康　摄

2018年11月29日，中国电子信息产业发展研究院苏州分院落户吴中。图为签约仪式

王永康　摄

2018年12月，苏州华电电气股份有限公司获国家科学技术进步奖二等奖。左图为500kV互感器校验车工作现场

区委宣传部　供稿

园博园俯瞰　顾学珍　摄

《吴中文库》丛书

2018年5月26日，吴中区被中华文学基金会授予中国“文学之乡”称号

区文联　供稿

2018年5月28日，吴中区被中国民间文艺家协会授予“中国民间文艺之乡”称号

区文联　供稿

钱建春砖雕作品《移动砖雕门楼》

严介龙炒制的洞庭碧螺春茶

盛春苏扇作品《慢·苏州》

马洪伟玉雕《象尊》

陆小琴核雕作品《二十四孝》

①

②

③

2018年11月18日，朱汉举获得第十二届中国摄影金像奖。图①为参赛作品——精灵系列作品之《红唇美酒》，图②为参赛作品——舞动的心系列作品之《红尘舞》，图③为参赛作品——魅影系列作品之《光影脸谱》

2018年8月19日，吴中区举办“医者仁心·年度人物”表彰暨大型义诊活动　　区卫计局　供稿

2018年9月，区社会福利中心主任毛春宝获“中国好人”称号
区民政局　供稿

2018年9月24—26日，2018苏州吴中“环太湖”国际竞走多日赛暨太湖蓝挑战赛在吴中区举行
区文体局　供稿

2018年6月1日，区委副书记、吴中高新区党工委书记李朝阳走访长桥中心小学

吴中高新区　供稿

2018年2月1日，吴中凤凰书城开业

吴中高新区　供稿

2018年6月，吴中郭巷尹东八村二期交付使用

区住建局　供稿

2018年9月，华东师范大学苏州湾实验小学建成投用
区教育局　供稿

2018年11月10日，苏州工匠园开园　　区文体局　供稿

2018年11月10日，2018苏作文创峰会在苏州太湖国际会议中心开幕　　区文体局　供稿

要　目

目　录

媒体聚焦

大事记

吴中概况

中共苏州市吴中区委

苏州市吴中区人民代表大会

吴中区人民政府

纪检监察

民主党派·工商联·人民团体

法治·军事

综合管理

财税·金融

工业经济

商贸服务

城乡建设

生态环境

休闲旅游

教育·科技

文化·卫生·体育

社会民生

度假区・开发区・高新区

镇（区）·街道

附　录

索 引

锚定高质量发展　优化“一核一轴一带”生产力布局——

吴中：守护“天堂之美”　发力“绿色崛起”

10月18日，2018年苏州吴中·太湖经贸合作洽谈会在太湖之滨举行，共有47个项目完成签约，总投资448.1亿元，涵盖智能制造、新能源、新材料等战略性新兴产业和金融投资等现代服务业产业门类，产业发展的高质量导向更加明显。

青山“聚宝”，绿水“流金”。吴中区拥有太湖五分之三的水域面积，生态红线保护区域占全区国土面积的87.1%，是江苏省生态红线区域最大的区（县、市），肩上扛着守护苏州“天堂之美”的责任使命。改革开放40年来，从吴县到吴县市，再到吴中区，这里始终坚持一条绿色发展之路，不仅成就了“山水苏州，人文吴中”的绚丽名片，也书写了小康路上的“吴中特色”。

“环太湖地区如何实现后发赶超？最根本的就是要进一步解放思想，坚定不移地走‘绿水青山就是金山银山’的高质量发展之路。”吴中区委书记唐晓东说，近年来，吴中区坚持跳出吴中发展吴中，把自己置身于苏州发展大局、“一带一路”、长江经济带、长三角区域发展一体化进程，先后确立“发展保护两相宜、质量效益双提升”的发展思路和“一核一轴一带”生产力发展布局。更加注重优生态、惠民生、兴产城、善治理，走出了一条充分体现特色、凸显优势的绿色发展之路。去年，全区实现地区生产总值1060亿元，多项指标增速均列苏州大市前列，列全国综合实力百强区第11位。

“实业兴区”聚焦新兴产业
创新引领书写“发展高质量”

建区17年来，吴中始终坚持以改革促发展，以开放聚资源。特别是近年来，该区紧抓实体经济发展不动摇，以企业集聚、产业集群、要素集约、技术集成、服务集中为导向，制定出台了一揽子“实业兴区”意见，全力推动全区高质量发展干在实处、走在前列。

随着“实业兴区”战略持续推进，辉瑞制药、汇川技术、科沃斯、吴中集团、东山精密、绿的谐波、安洁科技、药明康德等一批行业龙头企业扎根吴中、发展壮大，华为、腾讯、360、赛迪等公司在吴中投资的一批优质项目持续推进，为全区经济社会发展积蓄了更多动能。

走进苏州好特斯模具有限公司，密密麻麻的专利证书给人以强烈的震撼。这是一家从事热流道系统研发、制造及销售服务的高新技术企业。公司生产的汽车橡塑件专用热流道系统，可有效节省原料、降低成本、缩短汽车成型周期，实现高效快速自动化，对于提高国内汽车企业市场竞争力起着十分重要的作用。

在吴中，这样的优秀企业还有很多。江苏盖睿健康科技有限公司创建了南方唯一的医疗设备互联互通标准制定和测试中心实验室，成为国内领先的移动医疗解决方案和服务提供商；苏州电器科学研究院股份有限公司成功建设并实现五个世界第一技术指标、五个中国第一技术指标，多项技术能力填补国内空白；汇川科技已成为国内工业自动控制领域的领头羊，市场占有率全国第一；赛腾电子、东山精密、斯莱克精密、菱欧自动化、凯尔博精密机械等一批骨干企业也在行业领域取得较大的技术优势和市场份额……依托“龙头企业”舞动创新“龙头”，吴中区域创新实力急剧增长。

开放，造就更大发展机遇。一批创新载体的完善，成为吴中区加快新旧动能转换、推进高质量发展的关键发力点。吴中综合保税区享受“境内关外”的优惠政策，开发区（吴中经济技术开发区）吴淞江科技产业园、度假区（苏州太湖国家旅游度假区）太湖科技产业园、木渎智慧工园、角直模具小镇、胥江工业园等一批优质产业载体能够为项目进驻提供有力支撑；吴中科技创业园、苏南机器人与精密智造协同创新中心、苏州智能制造研究院、智能制造产业联盟、智能传感技术研究所、中农大（苏州）有机循环研究院等一批创新创业平台能够为项目研发、孵化、中试提供优质服务。

数据显示，上半年，全区申报高新技术企业138家、江苏省科学技术奖3项、省重点项目子课题3项、省产业前瞻技术研发3项、省共性关键技术攻关1项、省成果转化项目8项，专利申请量高达8480件。

青山绿水释放发展潜力

人文底蕴为文旅融合赋能

太湖风光美，精华在吴中。

作为苏州市名副其实的“颜值担当”，吴中区也是江苏省生态红线区域最大的县（区）。建区以来，吴中区坚持每年将预算内可用财力的10%左右用于太湖治理，截至去年，累计投入130亿元。随着环太湖地区大范围关停工业企业、大规模取缔规模养殖业、大力度推进生态修复、大投入完善环保基础设施，确保了太湖水质稳中向好，吴中区也先后获得国家级生态区、国家级生态保护与建设示范区等殊荣。但另一方面，由于原有产业退出、接续产业培育艰难，加之年轻劳动力大量外流，相对周边地区，环太湖地区的经济发展已经明显滞后，成为吴中区甚至苏州市的发展洼地。

不能走资源扩大的老路，如何实现巧妙赶超？最根本的就是要进一步将发展的基点放在创新上，不断提高经济发展的“绿色含量”。

为此，该区以强制性、约束性标准倒逼产业结构调整和转型升级，将机器人与智能制造、生物医疗及大健康确定为主导产业，新技术、新产业、新业态、新模式“四新经济”不断涌现。出台了《吴中区机器人与智能制造产业提升发展三年行动计划（2018—2020年）》等十余个三年行动计划，力争将全区打造成长三角乃至全国知名的具有竞争力、影响力的机器人和智能制造产业集聚区。

向绿色要效益，吴中深度挖掘“吴文化”和区域生态资源，做大生态文化旅游业和文化创意产业。翻看吴中生态文旅“家底”，令人震撼：太湖72峰，吴中独揽58峰；历代吴中人根植于博大隽永的吴文化，创造了以园林、古镇、古村为代表的物质文化遗产和以香山帮建筑技艺、昆曲评弹、苏绣缂丝、核雕砖雕为代表的非物质文化遗产；月月有花、季季有果、天天有鱼虾，碧螺春茶、大闸蟹、太湖三白、水八仙、枇杷、杨梅等特色物产享誉海内外；赛龙舟、抬猛将、太湖开捕等传统民俗、习俗代代传衍、生生不息……

“深厚的人文底蕴是吴中区重要的发展资本，未来，我们将以度假区、5A级景区为龙头，致力打造一流的休闲度假旅游目的地和新兴服务业高地。”吴中区主要负责人表示，未来，环太湖地区将是吴中区生态文旅产业发展的主阵地，也将是发展绿色产业经济、高水平现代服务业的样板区。这里将成为独一无二，集生态人文环境、绿色创新载体、产业扶持政策、配套精致服务等于一体，宜居宜业宜游的必选之地。

随着香山“文旅商小镇”、金庭“健康生态小镇”、光福“工艺小镇”、东山“影视小镇”、临湖“原乡园艺镇”、穹窿山“清幽智慧第一山”、甪直“神州水乡第一镇”等品牌的进一步擦亮，吴中布局合理、资源统筹、形态优化、各具特色的全域旅游发展“黄金地带”已然形成。

以建设“减法”换生态“加法”、效益“加法”，吴中将生态红利真真切切地转化为发展红利，老百姓也获得实实在在的利益。如今的吴中，正朝着产业更优、生态更美、百姓幸福感更强、区域发展后劲更有力迈进。

做优高端要素集聚软环境
打造企业人才乐居天堂

改革开放带来的巨大“人才流”，让吴中这片宜居宝地，成为苏州这个全国第二大移民城市重要的人才集聚区。在全力营造良好的创新创业环境上，吴中区一直不遗余力，不断扶持科技的“幼苗”茁壮成长，进而形成创新的“森林”。

“人才往哪走、资金往哪流、项目在哪建，说到底取决于哪里的机会多、障碍少、效率高、服务好。”吴中区区长陈嵘说。为此，该区坚持把“放管服”改革作为改革突破口，大力发展“互联网+政务服务”，以“一网一门一次”改革为主抓手，变“群众跑腿”为“数据跑路”，健全以“双随机、一公开”监管为基本手段、重点监管为补充、信用监管为基础的新型监管机制，转变政府职能，放活微观主体，更大激发市场活力、增强内生动力、释放内需潜力。

强化“一企一策”精准化服务，推动政产学研合作，让企业扎根吴中的感情和信心更足。近年来，吴中先后组织企业参加“中国江苏·大院大所合作对接会暨第六届产学研合作成果展示洽谈会”“2017年中国（苏州）日本先进技术对接交流会”等产学研对接会。通过吴中科技“官网”“官群”“官微”宣传解读科技政策，发布科技项目申报通知，发布最新科技动态。开展“六个一”大走访、“4·26”知识产权宣传周、“巾帼志愿者服务”和“科技结对服务”等活动，对企业进行分类指导。

目前，在这片创新创业的热土上，逾1600家外资企业在这里投资设厂，其中，世界500强外资企业15家，超6.6万家民营企业在这里茁壮成长，全区各类市场主体总数达16.8万户。由此，这里也成为人才创业的“梦工场”。随着“人才新政20条”“东吴高层次人才计划”等政策的相继施行，全区形成了良好的人才叠加效应，众多创业者、投资者、企业家在这里落户。截至目前，在吴中创业生活的人才总量已超16万人，各类高层次人才逾1万人。

此外，针对企业创新所遇到的资金瓶颈问题，吴中区又不断创新科技投入机制，全面撬动银行、保险、证券、创投、担保、租赁等资本要素投向科技创新，形成政府、创投、银行、担保、保险、证券、租赁等“七合一”协同支持创新发展科技金融新模式。金控公司、开发区、高新区（苏州市吴中高新技术产业开发区）分别与知名投资机构合作设立产业基金，撬动基金规模近200亿元。资本市场"吴中家庭"累计已有66位成员，其中上市企业11家，"新三板"挂牌55家。

良好的金融支撑和服务环境，为吴中的发展注入了源源不断的活力，也带来了更多的机会。"我们将全力构建'行政审批事项少、办事效率高、营商成本低、政府服务优、创新创业活力强'的一流营商环境，努力使任何一位投资者、创业者，在吴中任何一个地方投资、创业，都能得到最大的便利和支持。"陈嵘说。站在新的起点上，全区上下正涌动着勇当"两个标杆"、建设"四个名城"的热潮。下一步，吴中将继续厚植发展优势，进一步解放思想，以更大的胸怀凝聚高质量发展的强大气场，抢占发展制高点。

（刊发于2018年10月23日《新华日报》第T15版）

吴中区一大批乡土工艺人才、文创产业载体蓬勃生长

"苏作天工"厚植文化软实力

11月10日，2018苏作文创峰会将在太湖之滨拉开帷幕，这一成功举办两届的传统手工艺"嘉年华"和文创产业盛会，将更加注重文化传承性、学术交流性、产业融合性、社会参与性及技能提升性等，为推动优秀传统文化和现代产业经济融合发展探寻新思路。

"天下工艺看苏州，苏作精华在吴中。"面对近年来文创产业发展的新需求，吴中区不断破解体制机制上的发展难题，初步形成"重品德、树品牌、抓品质"和"年轻化、国际化、产业化"发展思路，搭建起集文化人才引育、文化思想交流、文化素质提升、文化工艺传承、文化产品交易、文化资本嫁接等多种功能于一体的平台，让"苏作天工·根植吴中"成为区域文化软实力的鲜明印记。

乡土人才彰显"传承自觉"
守住吴文化传承"活化载体"

作为苏作传统工艺的发源地和全国乡土工艺人才集聚的地区之一，吴中目前不仅拥有核雕、刺绣、缂丝、红木雕刻、玉雕、砖雕等10多种门类的非遗技艺，更拥有各级各类非物质文化遗产代表性传承人117人，市级工艺美术大师占到全市的1/3，有13件作品入选中国民间文艺最高奖"山花奖"，数量上居全国区县之首。

手艺，是文脉赓续的见证；人才，是手艺传承的根本。在吴中，一批主动彰显"传承自觉"的乡土人才，正成为苏作在新时代大放异彩的"动力源"。中国工艺美术大师、红木雕刻大师钟锦德成为苏州市职业大学的兼职教授，并将建立苏州市职业大学"钟锦德技能大师工作室"和"苏作明式家具协同创新中心"；玉雕大师钱建良和苏作木雕非遗传承人陈忠林被苏州工艺美院特聘为刚成立的苏作工艺学院的实训教授，他们各自的工作室也成为这家学院的民间工艺传习基地；青年匠人史志晔创办的青年手艺人协会，目前已经吸纳青年120多人，为苏作工艺发展带来蓬勃生机……

呼应"人才主动"，吴中在支持苏作乡土人才发展上更是不遗余力。"乡土人才是吴文化'活化载体'，目前，我们已初步形成立体式的乡土人才支持政策，内容涉及高层次人才、高技能人才、文化产业项目、参展补助、自我提升、学术会议、实训

基地、文创载体、青年工艺人才等等。”吴中区委常委、宣传部部长、统战部部长顾建列介绍。

今年，吴中区出台并落实《吴中乡土工艺人才培育提升三年行动计划》，实施乡土工艺人才“十百千”工程，计划到2020年底，自主培养国家级乡土工艺人才10人左右，省、市级乡土工艺人才100人左右，区级乡土人才数据库入库人才1000人左右，打造成梯次衔接有序的人才队伍。以品行、技能、“三带”能力三个主要评价维度，选树德艺双馨乡土工艺人才，让更多的吴中“手艺人”变成“守艺人”，“单飞凤”变成“领头雁”。

机制创新破除发展“软肋”
“平台+”构筑产业影响力

“尽管吴中区在工艺文化人才和文化产业上具有扎实的基础，但存在的‘软肋’同样明显。”吴中区委常委、组织部部长张瑛坦言，从创新思维上看，吴中传统工艺和现代文创产业结合紧密度不够高，有“苏作”少“文创”的现象依然突出；从人才培养上看，尽管存在青年人才“回流”现象，但代际传承的问题依然严峻；从产业运作上看，“作坊式”生产较为普遍，文化人才多，文化产业弱的发展“怪圈”依然存在；等等。

产业的急速发展，呼唤传统技艺发生更多变革。在这样的背景下，吴中通过人才培养、对外交流、新型交易等多个平台建设，极力破解产业发展难题。

为了搭建展示乡土工艺人才的“专属秀场”，吴中近年来组织乡土工艺大师赴国家大剧院、恭王府、台北故宫博物院等顶级文化平台设展，更在第二届、第三届中法文化论坛惊艳亮相；通过搭建人才培养平台，吴中区与中国文联文艺研修院首度合作，开办“苏州吴中高层次文艺人才研修班”，借助苏州工艺美术学院和区内职业学校力量，创办苏作工艺学院，让乡土人才在家门口接受高等教育和技艺传承；通过加快区内工艺文化电商平台建设，引入“东家”等专业电商平台资源，为传统工艺品插上互联网翅膀。推动资本与工艺品嫁接，核雕乡土人才周建明、砖雕乡土人才蔡云娣等纷纷走上文交所平台，开启了“互联网+艺术+金融”的发展模式……

助推传统工艺向现代产业方向迈进，吴中还着眼于体制机制改革。“今年，我们在非遗传承人的评定上，特意取消了必须从业满20年才可以参评的限制，力争把第二代匠人全部提到传承第一线。”吴中区民间文艺家协会主席叶志明说，这一举措将打破传统的人才遴选机制，让更多既有手艺、又懂产业发展的青年人才走上前台。

提升文创载体发展质效
推动产业人才“集聚增值”

十月下旬，“第二十四届世界非遗展”在法国巴黎卢浮宫举行，吴中区国家级制扇大师盛春和缂丝大师蔡霞明携作品亮相，受到专业人士高度评价。

“吴中‘非遗’再次受到国际热捧，除了依靠匠人们的‘妙心巧手’，更与苏作产业化发展密不可分。”苏豪文化科技创意园总经理陈黎明介绍，近年来，创意园通过引进盛春、蔡霞明等工艺美术大师，重点培育了苏扇、缂丝、苏式旗袍等一批文创企业。同时，创意园吸引了一批设计、策展、金融、营销、品牌传播人才进驻，通过帮助工匠评选各类人才，为企业提供品牌打造、策划展示、产权保护等服务，有力激发了区域文创产业的活力，去年，园内产值已达到2亿元。

从个人到团队，从作坊到企业，从单一产品到完整产业链，吴中通过载体平台打造，不断放大文创产业人才的集聚效应。走进位于吴中区凤凰文化产业园6~7楼的“苏州工匠园”，俨然进入一个小型的苏作博物馆——12个不同主题的苏州工艺、苏州文化展示区域，聚集当代苏州工艺美术行业领军人物，集中展示、销售各类苏州工艺美术精品、文创产品，令人目不暇接。“我们的定位就是要成为苏州工匠的经纪人，一方面打造苏工资源库，一方面通过大数据分析市场需求。”苏州工匠园总经理肖薇薇说。

鼓励利用存量资源兴办文化产业园区，引导各类社会资本参与建设与运营，一批兼具现代文明与吴文化特色的龙头文化产业园区（载体）项目在吴中拔地而起。除了苏豪文创园、苏州工匠园，吴中近年来还着力打造全省首家科技镇长团众创空间“一箭河文创园”，建立了香山工坊等保护示范基地，相继成立了蔡金兴澄泥石刻工作室等一大批名人大师工作室，并设立文化产业扶持发展引导资金1000万元，重点扶持工艺美术等行业的优势文化产业项目，在苏州打造了一片文创产业载体发展高地。

“举办‘苏作文创峰会’，也是我们检验文创载体发展质量、工艺美术人才培养实效和文创产业品牌影响的重要环节，我们将以此进一步丰富吴文化的品质和内涵，提升工艺文化影响力，强化工艺文化人才在苏州的首位度和在全国的知名度。”吴中区文体局局长周一风说。

（刊发于2018年11月9日《新华日报》第21版）

吴中：为实业兴区注入新动能

84个重大项目集中开工开业，总投资286.2亿元，年度计划投资106.7亿元，其中开工的制造业项目有28个，总投资63.81亿元；服务业项目13个，总投资80.75亿元；基础设施项目8个，总投资12.7亿元；社会事业民生项目16个，总投资63.61亿元；苏州智能制造研究院等14个项目集中开业，总投资40.94亿元……3月18日，吴中区举行2018年春季重大项目集中开工开业仪式，一批重大项目开动建设，为实业兴区再打“一排桩”。

大项目大投入落地，意味着以科技、人才、资金等为引领的高端要素不断集聚，为吴中区经济社会发展不断注入新动能。“今年是贯彻党的十九大精神的开局之年，是改革开放40周年，是决胜全面建成小康社会、实施‘十三五’规划承上启下的关键一年，也是吴中区优化‘三大布局’、转换‘三大动力’、打好‘三大战役’的第一年。”吴中区委书记唐晓东说，抓好年度重大项目“牛鼻子”，既是加快新旧动能转换、推动高质量发展的源泉动力，也是补齐民生短板、提升民生水平的有效途径。

从项目类别可以看出，本次集中开工开业的28个制造业项目占比显著，总投资额达63.81亿元，占开工项目总投资额的22%，其中机器人与智能制造、生物医疗及大健康两大产业项目最引人关注。家庭服务机器人领军企业科沃斯项目位于吴淞江产业园淞葭路，计划总投资8亿元，建成后科沃斯家用机器人整体销售规模将近450万台；药明康德新药开发股份有限公司的二期项目位于吴中大道现有厂址内，计划总投资17.2亿元，今年将新建2.5万平方米的药物安全评价实验室和动物房，项目建成后将大大提升公司的药物临床前研发服务能力，助力药明康德建设为“亚洲第一、世界一流”的药物安全性评价中心。

有的放矢、循序投入，体现出吴中区创新型企业发展的规划合理性，也释放出“一核一轴一带”布局对于全区产业实现高质量发展的引领作用。

“‘十三五’以来，我们大力推进实业兴区战略，先后出台《吴中区实业兴区战略行动计划（2016—2018）》《吴中区智能制造行动计划（2016—2018）》《吴中区机器人与智能制造产业发展行动计划（2017—2020年）》等一批产业发展规划政策，明确了以机器人与智能制造、生物医疗及大健康两大产业为主导产业，鼓励支持汇川技术、科沃斯、绿的谐波、东山精密、安洁科技、辉瑞制药、药明康德等龙头企业壮大提升，打造‘产业航母’。”吴中区经信局相关负责人介绍，以机器人与智能制造这一特色战略产业为例，吴中近年来按照规划引进和培育了一大批机器人与智能制造装备的龙头和细分行业领军企业，预计到2020年，全区机器人与智能制造产业产值将达千亿。

新项目的落地和成长，从宏观层面上反映出区域经济转型的方向，而在吴中，乡镇板块也在全面依托实业兴区战略谋求转型，实现主城与乡镇项目建设“一片红”。

以角直镇为例，今年该镇共梳理排定了12大类130个区镇两级重点项目特别是53个区级重点项目，3月7日集中开工开业的18个重点项目，总投资约30.21亿元，其中开工项目12个，开业项目6个，包含了先进制造、民生事业、城市商业、古镇旅游等。这些重点项目的开工开业，为角直实体经济发展、产业转型升级、优化发展环境、增进民生幸福、提升发展质效提供有力的支撑。

而苏州太湖国家旅游度假区，除了力推旅游事业以外，近年来还主动融入吴中区“一区多园”格局，围绕吴中机器人、智能制造产业发展方向，积极对接引育一定数量的相关企业和上下游配套服务企业。目前，度假区视源科技、龙文科技、锦良光电、锦顺光电、艾华新动力电容、安洁科技研发总部大楼、安洁技改、苏作红木展示馆、东崦湖商贸综合体等产业项目总投资11.55亿元，涉及医疗器械、智慧教育、消费电子、光电产业、新能源汽车等多个新兴产业领域。

除了着力提升制造业产业能级外，吴中区还致力于打造现代服务业和民生事业高地。本次开工项目中，服务业项目太湖新城金融街项目以总投资50亿元占据投资额榜首，以医疗器械研发、大数据分析和人才培训为产品的龙文科技和以智慧教育、智能化会议系统研发为品牌的视源科技以及苏州建筑科学研究院纷纷落户吴中，这些服务业项目科技含量高、占用资源少、附加值高，将为吴中区创新转型增强发展后劲。角直国际慢城旅游环境总体提升工程、木渎石码头学校等一批生态环境和民生实事项目则为全区经济社会发展提供保障、奠定基础。

包含春季项目在内，2018年，吴中区已排定256个重点实施项目，总投资达1276亿元，年度计划投资337.6亿元。这些重大项目中投资总额超过亿元的项目有181个，占实施项目的70.7%，其中5亿元以上项目54个，10亿元以上项目23个，整体呈现项目投资规模扩大、制造业项目比重提高、民营投资更加活跃、社会民生项目增多等特点。

（刊发于2018年3月23日《新华日报》第18版）

编辑：洪　蕾

1月

1日

△吴中区举行“亲近母亲河、新年走大运”首届江苏大运河文化带八城新年走活动，近千名市民在大运河畔以健步走的方式为新年祈福。

2—4日

△中国人民政治协商会议苏州市吴中区第四届委员会第二次会议召开。通过《区政协第四届委员会第二次会议提案审查情况报告》，表彰30个2017年度区政协优秀提案，通过《区政协第四届委员会第二次会议决议》，补选王显军、解冰为政协苏州市吴中区第四届委员会常务委员会委员。

3—5日

△吴中区第四届人民代表大会第二次会议召开。陈嵘当选吴中区人民政府区长、方伟军当选苏州市吴中区监察委员会主任，李莉被补选为区第四届人大常委会委员。通过《关于苏州市吴中区人民政府工作报告的决议（草案）》《关于2017年财政预算执行情况和2018年财政预算的决议（草案）》《关于2017年国民经济和社会发展计划执行情况与2018年计划的决议（草案）》《关于苏州市吴中区人民代表大会常务委员会工作报告的决议（草案）》《关于苏州市吴中区人民法院工作报告的决议（草案）》《关于苏州市吴中区人民检察院工作报告的决议（草案）》及《议案审查委员会关于议案的审查报告（草案）》。

8日

△吴中区召开区监察委员会成立大会，区委书记、区深化监察体制改革试点工作小组组长唐晓东和区纪委书记、区监察委员会主任方伟军共同为“苏州市吴中区监察委员会”揭牌。

19日

△区委宣传部联合区级机关党工委在区公共文化中心举办“学习党的十九大、携手走进新时代”知识竞赛。

29日

△杭州锦江集团、视源股份、伟良电子等多个项目签约仪式在苏州太湖国家旅游度假区举行。

本月

△吴中区甪直人民医院工作人员王旭当选2018年1月“苏州最美人物”。他先后捐献造血干细胞和淋巴细胞救助白血病人，两次捐献间隔时间不到一年。

2月

2日

△中央维稳办主任、公安部党委副书记、常务副部长傅

政华一行约200人到吴中区社会综合治理联动中心现场观摩维稳联动机制和网格化管理等工作。

6日

△吴中区迎新春团拜会在澹台湖大酒店举行。区四套班子全体领导和各板块党政主要领导、各部门主要负责人，历届老领导、老同志、驻苏驻吴部队、金融界人士、企业界人士及港澳台侨属同胞等社会各界人士代表出席。

23日

△吴中区召开全区作风效能建设暨综合表彰大会，区委书记唐晓东发表讲话，区长陈嵘通报2017年度全区经济社会发展和绩效管理工作情况，区委常委、纪委书记、监委主任方伟军宣读绩效管理优胜单位决定，区委常委、常务副区长荣德明宣读综合表彰决定。

23—25日

△光福镇举办以"诗话太湖、情咏吴中"为主题的首届香雪海全国诗会。

3月

6日

△吴中区纪念"三八"国际妇女节108周年暨巾帼创新创业展示会在澹台湖大酒店举行。区妇联主席周钰坪主持大会，区委书记唐晓东出席大会并讲话，大会表彰10位"巾帼创新创业之星"，命名17家党建带妇建"两新"组织（新经济组织和新社会组织）妇建示范点。

12日

△吴中区开展义务植树活动。区四套班子主要领导及机关干部、职工代表170余人，齐聚东太湖东荄咀开展义务植树活动。

△贵州省德江县委书记商友江率党政代表团一行到吴中区开展学习考察、合作交流活动，区领导唐晓东、李朝阳、荣德明、顾建列、王卫国等陪同。

15日

△2018年首期"东吴大讲堂"在苏州保利大剧院开讲，中组部浙江大学全国干部教育培训基地特聘教授、浙江省工业和信息化研究院院长兰建平做题为"区域产业规划与招商引资"的专题讲座。

16日

△省委常委、市委书记周乃翔一行到吴中区横泾街道上林村和临湖镇灵湖村专题调研新时代基层党建工作。

18日

△吴中区举行2018年春季重点项目集中开工仪式。

20日

△吴中区举行新的社会阶层人士联谊会成立大会，这是苏州大市范围内首个新的社会阶层人士联谊会。

△2018苏州吴中洞庭山碧螺春茶叶节暨太湖文化旅游节在洞庭西山开幕。

29日

△省委常委、市委书记周乃翔到吴中区调研区农村产权交易中心工作。

本月

△吴中区在江苏省环保厅、江苏省财政厅等有关部门组织的对全省涉及生态红线区域的13个市、64个县（市、区）开展的生态红线区域监督管理考核中，以总分108.24排名第一。

4月

11日

△常州市委副书记、政法委书记蔡骏带队赴吴中区社会综合治理联动中心参观考察。

13日

△2018年第2期"东吴大讲堂"在苏州保利大剧院开讲，中国传媒大学经济管理学院副院长、区域文化经济研究院院长、中国文化娱乐产业研究中心主任谢伦灿教授受邀做题为"新时代文化产业发展面临的新挑战和新机遇"的专题讲座。

17日

△苏州乡村振兴学堂揭牌仪式在吴中区临湖镇举行，全省首个乡村振兴综合实践教育培训基地落户吴中。

22日

△国务院副秘书长、国家

信访局局长舒晓琴一行赴吴中区社会综合治理联动中心考察指导工作。

26日

△吴中区科技镇长团、人才办、科技局、人社局联合举办“产学融合、智汇吴中”暨第二届“高校青年博士进企业”双选会，来自25家高校院所的215位青年博士与吴中区72家企业的负责人参加。

27日

△吴中区召开“中国梦　劳动美　幸福路”庆祝五一国际劳动节大会。通过播放纪录片和现场访谈，介绍柳荣伟等五位劳模代表的奋斗故事。

5月

8日

△贵州省铜仁市人大常委会秘书长李科良率考察团，到吴中区临湖镇柳舍村、越溪街道旺山村学习考察乡村旅游发展情况。

10日

△中国科学院科技服务网络（STS）苏州中心第三次领导小组会议在苏州文博诺富特酒店举行。会上，吴中集团与中科育成、吴中中科签署战略合作协议，三方决定在加快促进科技成果转化、深化院地合作、高新技术孵化等方面共同努力和探索。

23日

△南京溧水区区长薛凤冠一行到吴中区社会综合治理联动中心进行现场考察。

△省台办主任练月琴带队调研考察吴中区亚东工业（苏州）有限公司，并与台商代表进行座谈交流，了解台企发展现状及吴中区贯彻落实“31条惠台措施”情况。

23—25日

△2018吴中区—德江县旅游发展协作暨旅游客源互送交流推介会在铜仁市德江县召开。

26日

△吴中区举行中国“文学之乡”授牌仪式。中华文学基金会秘书长李小慧代表基金会向吴中区授牌，中华文学基金会和吴中区签订合作框架协议，决定共同主办“东吴文学奖”。

26—27日

△首届乡村振兴（太湖）论坛在吴中区召开。其间，苏州乡村振兴学堂与土流网举行战略合作框架协议签约仪式。

28日

△科沃斯机器人股份有限公司正式登陆A股市场。

29日

△中央政法委基层社会治理体系和治理能力现代化课题调研组一行，在中央政法委综治三室副主任王雪鹏带队下，实地调研吴中区社会综合治理联动中心建设运行情况。

△吴中区举办2018年第3期“东吴大讲堂”，国务院国资委研究中心咨询部部长、北京大学经济学院教授张春晓做题为“以思想大解放引领经济社会高质量发展”的专题讲座。

30日

△韩国大邱广域市东区栗琴小学和栗园中学代表团赴吴中区苏苑实验小学和迎春中学交流学习。

31日

△临湖镇启动首届乡村文化旅游节。活动现场发布《太湖原乡，优游临湖》旅游形象宣传片；为“乡绘临湖”苏州市百名美术教师临湖采风活动评选出的9幅优秀作品的创作者进行颁奖；“上海林晓影视拍摄基地”举行揭牌仪式；苏州歌林小镇与灵湖村、江苏苏南万科房地产有限公司与东吴村分别就两个文旅项目进行签约。

6月

2日

△吴中经济技术开发区管委会与锦州滨海新区（经济技术开发区）管委会签订战略合作框架协议。

6日

△吴中区召开新入选国家级文化人才座谈会，通报第七届中国工艺美术大师、第五批国家级非物质文化遗产代表性项目代表性传承人入选情况并

进行表彰。钟锦德入选第七届中国工艺美术大师，周建明、薛林根、施跃文入选第五批国家级非物质文化遗产代表性项目代表性传承人。

13—15日

△吴中区友城新西兰罗托鲁瓦市副市长特雷夫·麦斯威尔率罗托鲁瓦高中生篮球队一行16人访问吴中，开展青少年篮球友好交流。罗托鲁瓦市高中生篮球队先后与苏州北美国际高级中学和江苏省木渎高级中学校篮球队进行友谊赛。

15日

△AW（苏州）汽车零部件有限公司二期工厂奠基仪式在吴中经济技术开发区旺山工业园举行。

21日

△吴中区政协召开四届六次常委会议。会议听取区政协提案委主任陆育新、文史委主任曹富、城乡委主任李福林分别就2018年政协常委会3个建议案所做的情况说明，以及增补政协委员有关情况所做的说明。会议审议并通过《关于聚力创新谋发展聚焦产业求突破全力推动吴中工业经济高质量发展的建议》《以产业振兴推动吴中乡村振兴的几点建议》《统筹谋划　攻坚克难　进一步有序高效推进拆迁安置工作的建议》，同意黄东同志不再担任区四届政协委员，增补徐晓军、沈敏同志为区四届政协委员。

24日

△生态环境部部长李干杰一行到吴中供水太湖取水口视察工作。

27日

△中央统战部八局局长张明一行到吴中调研指导新的社会阶层人士统战工作。

28日

△吴中区举办2018年第4期“东吴大讲堂”。邀请华东政法大学比较刑法与国际刑法研究所所长、上海市人民检察公益诉讼研究中心主任李翔教授做题为“以监察法实施为契机，全面加强党风廉政建设和反腐败工作”（监察法指《中华人民共和国监察法》）的专题讲座。

30日

△吴中区召开庆祝中国共产党成立97周年大会，通报苏州市先锋基层党组织和优秀基层党组织带头人受命名情况，对全区“新时代担当作为好干部”“十佳基层党组织”“十佳基层党建工作品牌”“十佳党务工作者”和“十佳党员服务之星”进行表彰。其中，选树“担当作为好干部”在吴中区尚属首次。

7月

4日

△“科沃斯”杯苏州市“两新”组织“新时代、新征程、新作为”党建知识竞赛决赛在吴中区公共文化中心举行，吴中区代表队获二等奖。

△苏州和广东汕头侨界携手，在吴中区胥口镇举行“翰墨侨韵·吴粤荟”——庆改革开放40周年书画交流展，展出作品一百余幅，两地嘉宾和书画家代表50余人参加。

5日

△吴中区通过江苏省节水型社会示范区验收。

△以“光影新时代　木渎新作为”为主题的2018首届全国（木渎）大学生微电影季开幕式暨启动仪式在木渎古镇虹饮山房举行。本次活动持续到10月，旨在展现木渎新形象。

6日

△2018年江苏省第十三届“读行杯”中学生棋类锦标赛暨江苏省第三届小学生棋类夏令营在吴中区长桥中心小学落幕，来自全省各市区38个代表队的310名选手参加本次比赛。长桥中心小学选手包揽象棋女子甲组前三名、象棋女子乙组冠军、象棋男子乙组冠军。长桥中心小学代表队获象棋团体总分第一名。

9日

△吴中区“新时代新接力”农村党组织书记学习贯彻乡村振兴战略培训班在苏州乡村振兴学堂开班。

11日

△2018东吴双创峰会暨苏

州国际精英创业周吴中分会场开幕，来自海内外高层次人才、企业和高校代表等400余人参加大会。会上播放吴中创业周10年成果展示片，为“智汇吴中”青年创客大赛暨吴中第八届青年（大学生）创新创业大赛获奖选手、东吴创新创业领军人才和姑苏创新创业领军人才进行表彰颁奖，为吴中人才工作企业站、吴中首批人才载体进行授牌，为精英周落户联盟吴中分联盟举行揭牌仪式，并举行重点人才项目集中签约仪式。

△吴中区举行生物医疗及大健康产业高端论坛暨第二届吴中区医药产业发展论坛，会上进行“国家外贸转型升级基地（西药）”揭牌仪式。

17日

△全国妇联权益部部长高莎薇一行到吴中区调研农村妇女集体经济成员权益状况。调研组先后走访横泾街道上林村和区农村产权交易中心，并召开农村妇女集体经济成员权益状况座谈会。

21日

△吴中区召开大运河文化带和堤防加固工程建设推进会。

24—26日

△区委副书记、区长陈嵘率队赴贵州省德江县开展对口帮扶协作。协作组一行实地考察德江县合兴镇乌坪蔬菜基地、德江经济开发区禾润科技、洋山河生物等项目和企业，看望正在德江进行医疗帮扶的吴中区医护人员，并召开对口帮扶协作联席会议。

8月

3日

△2018年第5期“东吴大讲堂”在苏州保利大剧院开讲。邀请苏州市科技局局长张东驰做题为“苏州创新驱动发展的实践与思考”的专题讲座。

5日

△水利部副部长陆桂华一行到吴中区考察调研。

7日

△副市长蒋来清到吴中区调研农业工作。调研组一行先后走访吴中区动物无害化处理中心、苏州市农产品质量安全监测中心和苏州华统食品有限公司，并召开专题座谈会。

9日

△中国红十字会总会赈济救护部副部长李庆华一行到吴中区调研博爱家园建设工作。

11日

△由吴中区文联主办、区美协承办的“诗意水乡　江南画痴——邵文君青衣山水画展”在吴中区公共文化中心文联艺术展览中心开幕。

14日

△由相城区委书记顾海东带队的相城区党政代表团到吴中区考察调研。

△江苏省人大常委会教科文卫委员会副主任郝日升一行到吴中调研核雕产业发展情况。调研组先后考察舟山核雕艺术馆及大师工作坊，并与国家级非物质文化遗产代表性项目代表性传承人、市人大代表周建明深入交流，详细了解吴中区核雕产业布局、市场拓展、工艺传承等情况。

17日

△2018年度中国激光智能清洗技术研讨会在吴中区召开。中国科学院院士姚建铨教授做“高端激光清洗技术、机理、在线检测及标准化研究的探讨”的科研报告。会上，分别举行姚建铨院士工作站和中国激光清洗应用示范（苏州）中心揭牌仪式。

19日

△中国科学院地理科学与资源研究所所长葛全胜一行到吴中区调研考察。

29日

△金庭镇举行苏州大学—西山农业园区（金庭镇）“太湖红心岛”党建品牌深化建设共建基地揭牌仪式。会上，合作双方签署《全面合作框架协议》《关于“太湖红心岛”党建品牌深化建设课题研究合作协议》和《关于“金庭镇乡村振兴治理体系优化建设”课题研究合作协议》。

9月

4日

△杭州市委常委、副市长刘国洪一行到吴中区调研国土工作。

5日

△2018年第6期“东吴大讲堂”在苏州保利大剧院开讲。邀请原中共浙江省委常委、杭州市委书记，浙江省人民政府咨询委员会副主任，杭州城市学研究理事会理事长王国平做题为“打造新型城镇化2.0的思考”的专题讲座。

7日

△吴中区召开2018年区长对话新的社会阶层人士、民营企业家座谈会。

8日

△市长李亚平一行到吴中区角直镇开展“六个一”走访调研活动。

10日

△吴中区举行第34个教师节庆祝活动，会上通报吴中区2018年优秀教师名单，对东吴教育人才、首届“吴中最美教师”等各级各类名师和先进教师进行表彰奖励。

△法国凯辉私募股权投资基金董事长蔡明泼、法国财政部原副部长Bruno Bezard一行到吴中区考察。

11日

△吴中区召开2018年新兵欢送会。

△市政协主席周伟强到吴中区调研“六个高质量”发展情况。调研组一行先后参观区公共文化中心、科沃斯机器人股份有限公司、药明康德新药开发有限公司、太湖新城、区社会综合治理联动中心，并听取有关情况汇报。

17日

△吴中区召开市“331”整治火灾隐患专项行动第一督察组进驻吴中见面会及汇报会。

19日

△吴中区台企联谊会2018年中秋联谊活动在澹台湖大酒店举行。

21日

△苏州市首届中国农民丰收节开幕式在吴中区临湖镇举行。开幕式上，先后发布苏州市农业区域公用品牌（国家级）、环太湖吴中片区十佳旅游精品民宿、苏州市十佳乡村旅游线路，同时对苏州市十佳新型职业农民、苏州市十佳农民合作社、苏州乡村振兴学堂现场教学点进行现场授牌，还举办苏州市农科院、中国农业大学技术转移中心（苏州）分中心、南京农业大学乡村振兴示范基地授牌仪式。

28日

△苏州现代农产品物流园暨苏同黎公路快速化改造项目开工仪式在角直镇举行。

29日

△吴中区举办2018年苏州全球跨国公司投资环境说明会分论坛活动——智吴中，创未来！ 2018吴中机器人与智能制造论坛。

30日

△吴中区举行烈士纪念日公祭活动，向烈士纪念碑敬献花篮，缅怀革命先烈，表达对烈士的思念和崇敬。区四套班子全体领导、全区各镇（区、街道、城、场）和区级机关各部门（包括垂直管理部门、区属公司）负责人，区级机关干部代表，驻吴部队官兵代表以及少先队员、老战士、烈属代表等共同参加公祭活动。

10月

11日

△海峡两岸关系协会副会长孙亚夫一行到吴中区调研。

12日

△区委副书记、区长陈嵘率区政府办、住建局、市容市政管理局、水利局、卫计局、市场监督管理局、环保局及苏州市国土资源局吴中分局等部门有关负责人，赴苏州广电总台参加《政风行风热线》吴中区专场节目。

△2018年第7期“东吴大讲堂”在苏州保利大剧院开讲。复旦大学经济学院教授石磊做

题为“中美贸易战背景下的区域经济发展策略安排”的专题讲座。

△以“智造赋能 科技聚核”为主题的2018苏州吴中·长三角智造峰会在吴中经济技术开发区举行。峰会通过主题演讲、圆桌对话、实地考察等形式分享对智能制造及机器人产业的理解、未来在产业集群建设上的思路，并为企业搭建对接平台。

△以“智能·品牌·未来”为主题的“江苏科技论坛智能制造第二届分论坛”在吴中区举行。本次论坛由主题报告、技术交流、路演推介、实地考察等环节组成。

13日

△吴中区举行中科院半导体所与苏驼通信科技股份有限公司共建中科苏驼光通信研究院合作协议签约仪式。

16日

△全国农民专业合作社质量提升整县推进试点工作现场会在吴中区召开。

△吴中区第三届“孝亲敬老”月活动暨敬老嘉年华文艺汇演在苏州保利大剧院举行。

17日

△省委常委、市委书记周乃翔在吴中经济技术开发区会见360企业安全集团董事长齐向东一行。

18日

△以“智汇吴中 造优未来”为主题的2018苏州吴中·太湖经贸合作洽谈会召开。

19日

△以“奋力新作为，开启新征程”为主题的苏州市吴中经济技术开发区建区25周年发展大会在苏州保利大剧院举行。会上评选出25周年“十件发展大事”和“十大榜样人物”。

22日

△2018苏州吴中·太湖经贸合作洽谈会的海外分会场——2018苏州吴中（德国）产业投资恳谈会在德国斯图加特举行。

29日

△区委书记唐晓东赴吴中经济技术开发区调研苏州路熙光电科技有限公司和苏州博思特装配自动化科技有限公司。

31日

△吴中区召开2018党外人士参政议政调研成果交流会。

11月

10日

△2018“苏作文创峰会”在苏州太湖国际会议中心开幕，文化和旅游部党组成员、故宫博物院院长单霁翔，市委常委、宣传部部长金洁，区领导陈嵘、李朝阳、张建祥等四套班子领导和省、市、区相关部门有关负责人及来自全国各地知名美院的专家学者、传统工艺研究专家、非遗传承人、文创设计师出席开幕式。

△苏州原创认证（文创）保护中心揭牌成立。中心通过视频、手稿等方式，将手工艺人才的原创作品存入国家知识产权大数据中心，为工艺人才维权举证提供具有国家公信力的证据。

△以“苏作文化、创意生活”为主题的第十六届苏州市民间艺术节暨2018吴中文化创意集市在吴中凤凰广场开幕。活动现场揭晓第三届苏州市“金桂”民间文艺（民间工艺类）优秀入围作品和首届“苏工匠杯”苏作文创作品征集大赛入围作品。

15日

△浙江省妇联党组书记、主席王文娟一行17人，到位于吴中区木渎镇的苏州两岸青年创业园考察吴中区“两新”领域妇联组织建设工作。

16日

△苏浙皖沪三省一市政协联合调研组一行到吴中区太湖水源地及流域开展水环境综合治理情况联合调研。

18日

△江苏省第30届“教海探航”征文竞赛颁奖大会在吴中区胥口中心小学举行。

20日

△山西省沁水县委书记原光辉一行到吴中区学习考察社会治理网格化联动机制。

△吴中区举办太湖文化旅

游节闭幕式暨全域旅游目的地发展主题论坛。

21—22日

△区领导唐晓东、顾玉琪、王卫国率区委办，区政府办、发改局、经信局、财政局、水利局、农业局，郭巷街道、越溪街道、木渎镇姑苏村、胥口镇箭泾村等单位和相关企业负责人，赴宿城区开展南北挂钩帮扶合作。

28日

△吴中区召开太湖街道领导干部会议暨揭牌仪式，标志吴中区太湖街道正式成立，太湖街道与吴中太湖新城实行“区政合一”管理体制。会上宣读《市政府关于同意吴中区调整越溪街道行政区域设立太湖街道的批复》和《市编办关于同意调整苏州太湖新城吴中管委会管理体制和机构编制有关事项的批复》。

30日

△2018年第8期“东吴大讲堂”在苏州保利大剧院开讲。邀请江苏省统计局统计监测处处长刘学军做题为“江苏高质量发展监测评价考核指标体系解读”的专题讲座。

12月

3日

△“春天的脚步”庆祝改革开放40周年吴中文艺成果展在吴中公共文化中心文联展厅开幕。

△吴中区举办宪法知识竞赛（宪法指《中华人民共和国宪法》），光福镇代表队，胥口镇、苏州市公安局吴中分局代表队，金庭镇、角直镇、区文体局代表队分获一、二、三等奖。

6日

△市委副书记朱民、副市长蒋来清一行到东山围绕太湖围网整治情况进行实地调研。

7日

△吴中区举行苏州乡村振兴学堂现场讲解教员培训班结业式暨成果展示会。

17日

△吴中区老干部局孔毓琦在苏大附一院进行造血干细胞采集，成为吴中区区级机关第1位、吴中区第10位、苏州市第147例捐献造血干细胞的志愿者。

20日

△苏州银行商务金融用房项目举行开工仪式。

26日

△2018年第9期“东吴大讲堂”在苏州保利大剧院开讲。邀请浙江省委党校副教授刘力锐博士做题为“利用人工智能推进社会治理现代化”的专题讲座。

29日

△中共吴中区委四届九次全体（扩大）会议在太湖国际会议中心举行。区委书记唐晓东作《解放思想再深入　改革开放再出发　奋力谱写“优生态、惠民生、兴产城、善治理”高质量发展新篇章》主题讲话，回顾总结2018年工作，重点部署2019年任务。吴中经济技术开发区、木渎镇、区委政法委等8家单位围绕各自工作重点，进行书面交流。全会审议通过《中国共产党苏州市吴中区第四届委员会第九次全体（扩大）会议决议》。

编辑：洪　蕾

区情概况

【位置】 吴中区位于苏州的地理中心，北与苏州古城、苏州工业园区、苏州高新区接壤，南临苏州吴江区，东接昆山市，西衔太湖，与无锡市、浙江省湖州市隔湖相望。地理坐标为东经119°55'~120°54'，北纬30°56'~31°21'。全境东西长92.95公里，南北宽48.1公里。区域面积（含太湖水域）2231平方公里，太湖水域面积1486平方公里，约占太湖总面积的五分之三。

【地貌】 吴中区地处长江下游，为太湖水网平原的一部分。整个地势自西向东微微倾斜，平原海拔高度由6.5米降至2米左右，略呈西高东低态势。境内水网密布，江、河、湖泊众多，20多条骨干河道纵横交错，沟通太湖、澄湖、独墅湖、镬底潭、九里湖、黄泥兜、石湖、黄家荡等湖荡。吴淞江自西向东串联太湖、京杭大运河，流经上海市区（苏州河），与黄浦江交汇后入海；浒光运河由北至南联结京杭大运河和太湖；木光河、胥江运河、苏东运河在境内西南部分别将苏州城区与木渎、光福、胥口、横泾、临湖、东山、太湖沟通。全境东部以平原为主，由水网平原、低洼圩田平原、湖荡水网平原、滨湖水网平原以及山前冲积平原构成；西部有低山丘陵，系浙西天目山向东北延伸的余脉，成岛状分布在除东部角直之外的太湖之中和沿岸境内。境内山脉最高峰为穹窿山主峰笠帽峰，海拔341.7米，其次为西山主峰缥缈峰，海拔336.6米。土质主要有水稻土、黄棕土、沼泽土和石灰岩土4种类型。

【建置沿革】 苏州市吴中区历史悠久，4000多年前已有文字记载。商末属泰伯、仲雍建立的“勾吴”古国。春秋、战国时先后属吴、越、楚。秦代建吴县。东汉设吴郡领吴县。三国时属孙权吴国。晋、南朝梁、陈时分别隶属吴郡、吴州。隋、唐建置多变，先后属苏州、吴州、吴郡，唐武则天时吴县分设吴、长洲两县。宋代随苏州隶属江南道。元、明时吴、长洲两县属苏州府。清雍正二年（1724）设元和、长洲、吴县三县至清末。民国元年（1912）苏州改称吴县；民国17年（1928）划吴县城区建苏州市，市、县分治；民国19年（1930）撤苏州市，并入吴县。中华人民共和国成立后，复划吴县城区建苏州市，实行市县同城分治；1950年划沿太湖部分地区建立太湖区；1953年太湖区改设为震泽县；1959年撤震泽县，并入吴县，隶属苏州专员公署；1983年，撤苏州地区行政公署，苏州实行市管县体制；1989年，吴县县政府驻地由苏州市东大街迁至吴县长桥镇；1995年6月，撤吴县，设吴县市，市政府驻地设在长桥镇；2000年12月31日，经国务院批复，撤吴县市，设立苏州市吴中区和相城区，吴中区区政府驻地设在长桥镇；2001年3月1日，新设立的苏州市吴中区和相城区按调整后的建制运行；2002年3月25日，第九届苏州市委第十八次常委会议决定将苏州太湖国家旅游度假区升格为正处级建制，由吴中区管理，享受吴中区的管理权限；2012年12月，苏州吴中经济开发区升格为国家级经济开发区，升级定名为“吴中经济技术开发区”；2015年11月12日，江苏省吴中高新技术开发区获省政府批准筹建，2016年3月31日正式挂牌成立。

【行政区划】 至2018年底，吴中区下辖1个国家级旅游度假区（苏州太湖国家旅游度假区）、1个国家级经济技术开发区（吴中经济技术开发区）、1个国家级农业园区（西山国家现代农业示范园区）、1个省级高新技术产业开发区（苏州市吴中高新技术产业开发区）、7镇7街道和穹窿山风景管理区。7个镇：木渎、甪直、胥口、东山、临湖、光福、金庭。其中，金庭镇与西山国家现代农业示范园区实行“区政合一”管理体制。7个街道办事处：长桥、郭巷、横泾、越溪、城南、香山、太湖。其中，长桥街道与吴中高新技术产业开发区实行“区政合一”管理体制，太湖街道和太湖新城实行“区政合一”管理体制。1个场圃：苏州市吴中区林场。区行政中心（中共苏州市吴中区委、区人大常委会、区人民政府、区政协）地址：苏州市吴中区太湖东路288号。

【人口】 2018年末吴中区户籍人口达68.29万人，比上年末增加1.63万人。其中：男性33.39万人，比上年末增加0.79万人；女性34.90万人，比上年末增加0.83万人，男女性别比（以女性为100）为95.7，与2017年末持平。出生0.79万人，出生率为11.65‰，比上年下降2.26个千分点；死亡0.42万人，死亡率为6.27‰，比上年下降0.13个千分点；自然增长0.36万人，自然增长率为5.38‰，比上年下降了2.13个千分点。

【交通】 吴中区地处中国经济最繁荣、城市群体最密集的长江三角洲中心、苏浙沪交汇处，接壤苏州城区、工业园区和高新区。东临上海70公里，南距杭州120公里，离南京200公里，是长江三角洲重要的水利和交通枢纽。

截至2018年末，全区基本形成以绕城高速公路西南段、苏沪高速公路、苏昆太高速公路、常嘉高速公路和苏嘉杭高速公路为快速通道，以524国道、343省道、230省道为主骨架，以中环快速路吴中区段、南环快速路西延、东环快速路南延、西环快速路南延、吴中大道、东方大道、东山大道、孙武路、环太湖公路、东山环山公路、金庭环岛公路、苏同黎一级公路等区内主干道为次骨架的路网体系，实现高速公路与城市快速路、地面主干道无缝对接，大部分乡镇驾车15分钟内可上高速公路。

至2018年末，全区公路总里程达1282公里（不含市政道路），公路密度达173.4公里/百平方公里。全区境内河道纵横交错，航道总里程达353公里，其中有京杭大运河和苏申内、外港线及苏西线等7条等级航道。

苏州轨道交通1号线在木渎，2号线及2号线延伸线在盘蠡路、新家桥、石湖东路、宝带桥南、尹中路、郭巷、郭苑路、尹山湖、独墅湖南实现常规公交地面换乘，其中木渎公交换乘枢纽进场施工，宝带桥南公交换乘枢纽办理前期手续；轨道交通4号线及支线在东吴北路、东吴南路、吴中大道、天鹅荡路、东太湖路等建设相应轨道出入口，将吴中城区、吴中经济技术开发区城南工业带、太湖新城和苏州古城区紧密连接，形成吴中区与苏州各区轨道交通加常规公交等综合交通换乘格局。

【气候】 苏州市吴中区地处中国大陆东部沿海，位于北亚热带湿润的季风气候区内，具有夏季温暖潮湿多雨、冬季干燥寒冷、四季分明、热量富余、雨量适宜、日照充足的特点。

表3-1 2018年气象资料

项目	单位	2018年
一、温度		
年平均气温	摄氏度	17.7
年极端最高气温	摄氏度	37.1
出现日期		2018年5月16日
年极端最低气温	摄氏度	–5.6
出现日期		2018年1月12日
二、降水		
年降水总量	毫米	1325.3
年降水日数	天	146
一日最大降水量	毫米	69
出现日期		2018年8月17日
三、日照		
年日照时数	时	1966.9
年日照百分率（%）		44
四、湿度		
年平均相对湿度（%）		76
五、风速		
年平均风速	米/秒	2.6
六、气压		
年平均气压	百帕	1014.1
七、霜期		
终霜日期		2018年3月22日
初霜日期		2018年12月13日

表3-2 2018年各月气象要素

项目	平均气温（℃）	降水量（毫米）	降水日数（日）	日照时数（小时）
合计	17.7	1325.3	146	1966.9
1月份	3.6	109.7	13	94.4
2月份	5.3	50.0	11	134.5
3月份	12.4	124.3	14	163.6
4月份	18.3	124.9	7	201.6
5月份	22.9	102.7	17	146.8
6月份	25.6	90.5	11	193.3
7月份	29.5	168.3	12	254.6
8月份	29.4	146.3	13	256.6
9月份	25.7	158.1	10	174.5
10月份	18.7	8.9	8	190.6
11月份	13.8	88.1	11	102.6
12月份	7.2	153.5	19	53.8

【历史文化】 吴中区历史悠久，是吴文化的发源地。约一万年前的旧石器时代，吴地已有先民生息繁衍。五千年前的新石器时代，创造了当时很先进的“良渚文化”。三千多年前泰伯在吴地建“勾吴”国，始有历史记录。公元前221年，秦始皇统一中国，设置吴县，县名沿用至21世纪。

千百年来，吴地人文荟萃，英才辈出。兵圣孙武、草圣张旭、塑圣杨惠之、绣圣沈寿，主持营造北京故宫的建筑大师蒯祥以及有“先天下之忧而忧，后天下之乐而乐”名句的范仲淹等一批伟大的政治家、文学家、艺术家就生活在吴中大地，谱写了吴中历史千古流芳的华美篇章。

吴中区是“中国民间文化艺术之乡”，民间工艺发达，形成了刺绣、雕刻、缂丝、建筑工艺、青铜铸造、古琴制作、书画装裱等行业。这些匠心独具的精巧技艺，是中国独树一帜的苏作的杰出代表。

吴中区现有甪直、木渎、东山、光福4个中国历史文化名镇，明月湾、陆巷、杨湾、三山村、东村5个中国历史文化名村，中国传统村落12处。全区共有县级以上文物保护单位125处，其中国家级文物保护单位7处、省级文物保护单位19处。吴中区非物质文化遗产项目共有57项，其中世界级非物质文化遗产项目1项，国家级3项、省级18项、市级8项、区级27项；非物质文化遗产传承人117人，其中国家级非物质文化遗产传承人有6名、省级5名、市区两级106人。市级非遗保护示范基地4个，市第一批生产性保护示范基地2个。吴中区依托深厚的文化底蕴，先后举办苏州·吴中洞庭（山）碧螺春茶文化旅游节、木渎（藏书）羊肉美食节、苏州太湖梅花节、苏州甪直水乡妇女服饰文化旅游节、中国园林古镇木渎旅游节、中国太湖开捕节、东山民俗风情旅游节、太湖水上运动节、环太湖国际竞走和行走多日赛等旅游节庆活动。

【民族宗教】 2018年末，吴中区共有49个少数民族，总人口近20000人。其中，常住（户籍）少数民族人口3932人，族别数32个；经商务工流动少数民族人口近16000人，族别数47个。

吴中区有经民政部门批准的宗教团体4个，即佛教协会、道教协会、基督教三自爱国运动委员会、天主教爱国会（区天主教爱国会现托管于苏州市天主教爱国会）。经批准对外开放的宗教场所61处，其中佛教场所45处，道教场所9处，基督教堂5处，天主教堂2处。全区现有宗教教职人员215人，职工75人。

【历史名人】 吴中人才层出不穷，且以博大的胸怀接纳四方贤俊，形成人物鼎盛的独特景观，在学术史、政治史、军事史、科学史、文学史、艺术史上创造了举世瞩目的成就。如伍子胥协助阖闾兴霸成王、从近制远，建造阖闾大城，是今苏州古城的前身；孙武撰写的兵法十三篇，后人誉之为“东方兵学圣典”；范仲淹“先天下之忧而忧，后天下之乐而乐”，实行封建时代重要的政治改革“庆历新政”；蒯祥主持设计北京宫苑，令“香山帮”营造技术享誉中外；吴有性的瘟病学说，开世界传染病学先河；沈寿的“仿真绣”，使苏绣艺术走向世界。在社会主义现代化建设中，吴中区还涌现一大批科学家，院士王大珩、王守武、王守觉、何泽慧、殷之文、殷震等为其中的杰出代表。

【风景名胜】 吴中区风光秀美，资源丰富，坐拥五分之三的太湖水域及太湖58峰，拥有184公里太湖岸线、苏州80%的丘陵山体，有1个国家级旅游度假区、6个太湖国家风景名胜区、1个国家5A级景区、5个国家4A级景区、2个国家森林公园、1个国家地质公园、1个国家现代农业示范园区、2个国家湿地公园、7个全国农业旅游示范点、10个星级乡村旅游区，开放景点60余个。其中，最具代表性的有穹窿山、旺山、太湖湖滨国家湿地公园、东山等。

【物产】 吴中区生态环境优

越，区域物产丰沛，是闻名遐迩的“鱼米之乡”，可谓“月月有花、季季有果、天天有鱼虾”。吴中是洞庭山碧螺春茶的原产地，有“中国名茶之乡”“中国太湖蟹之乡”等称号。主要农副产品有吴中大米、茶叶、太湖大闸蟹、太湖三白（银鱼、白虾、白鱼）、水八仙（茭白、水芹、茨菰、芡实、荸荠、莲藕、莼菜、红菱）、白玉枇杷、乌紫杨梅、洞庭红橘、白果、板栗、藏书山羊、东山湖羊、生态草鸡等。其中，洞庭山碧螺春茶为中国驰名商标、太湖大闸蟹为中国名牌农产品。

【生态环境】 吴中区是国家级生态区、全国生态文明建设示范试点区、国家级生态保护与建设示范区和中国生态文明研究与促进会的首批联系点。全区拥有太湖60%的水域、40%的太湖岸线，被誉为“太湖最美的地方”，1800公顷太湖围网拆除工作在签约100%完成的基础上移交进展顺利，连续11年实现太湖安全度夏。编制完成《吴中区湿地保护规划（2018—2030）》，全区7个镇全部建成国家级生态镇，市级以上生态村实现全覆盖。2018年，获评首批省级生态文明建设示范区。

经济社会发展

【综合实力】 2018年，全区实现地区生产总值1124.73亿元，比上年增长6.7%；一般公共预算收入160.6亿元，比上年增长11.6%；全社会固定资产投资486.49亿元，比上年增长9.4%；社会消费品零售总额441.24亿元，比上年增长7.6%；城乡居民人均可支配收入分别增至6.52万元和3.26万元，分别比上年增长7.8%和8.6%。

【农业】 吴中区位于太湖之滨，拥有2个国家级湿地公园和2个国家级森林公园；自然资源丰富，是洞庭山碧螺春茶的原产地。全区特色农副产品有茶叶、银杏、板栗、桂花、洞庭红橘、白沙枇杷、乌紫杨梅、水八仙、太湖三白、太湖大闸蟹和太湖鹅、藏书山羊、东山湖羊、生态草鸡等。2018年，全区实现农林牧副渔业总产值46.13亿元。

【工业】 2018年，实现规模以上工业总产值1541.19亿元，比上年增长7.2%，增速居全市第六；实现主营业务收入1477.4亿元，比上年增长5.8%；实现利税136.43亿元，比上年增长13.3%；实现利润95.06亿元，比上年增长8.5%；实现新兴产业产值872.2亿元，比上年增长5.7%，占规模以上工业总产值的比重为58.1%，占比较去年同期提升1.3个百分点。完成工业投资63.36亿元，比上年减少33.27%；其中，完成技术改造投资46.0亿元，比上年增长50%，占工业投资比重为72.6%。

【服务业】 2018年，全区实现服务业增加值576.69亿元，占GDP比重51.3%，与上年持平；完成服务业固定资产投资421.95亿元，比上年增长4.8%，占全社会固定资产投资的86.7%；完成服务业到账外资及港澳台资2.03亿美元，占总到账外资及港澳台资的52.6%；完成服务业注册内资773.14亿元，占总注册内资的82%。1家企业入选省级生产性服务业领军企业，3家企业被认定为市级总部企业，8家企业入选市级服务业创新型示范企业，一批商业载体相继开业，房地产市场平稳健康发展。服务贸易创新发展，吴中跨境电商园完善“境贸通”电商模式，建成市级服务贸易创新发展试点园区、公共服务平台3个，获评国家外贸转型升级基地。检验检测服务规模位列全市第一，“吴中检测”初具集聚效应。

2018年末，全区有银行机构26家，保险机构19家，证券公司5家，担保公司2家，典当公司4家，小贷公司14家。金融机构本外币存款余额2307.38亿元、贷款余额2594.76亿元，较年初增长6.8%和12.3%。保险机构新增保费收入15.87亿元，新增赔付支出5.85亿元。新增证券交易金额2055.01亿元，证券资金账户累计100864户，证券业期末托管市值314.82亿元。创投基金注册规模485.45亿元。年内，新增浙商银行、广发银行两家一级支行，吴江农商行新设6家二级支行，平安银行在区内设立第一家直属零售社区支行。

2018年，全区有房地产开发企业222家，其中一级企业1家，二级企业9家。严格贯彻执行房地产宏观调控政策，强化市场秩序监管，促进房地产市场平稳健康发展，全区商品房销售套数27645套，销售面积267.95万平方米，销售金额408.07亿元。全年商品房新开工面积350.69万平方米，商品房施工面积764.52万平方米，商品房竣工面积305.26万平方米，办理商品房交付使用备案项目57个，面积335.81万平方米。

2018年，吴中区旅游行业立足全区“一核一轴一带”生产力发展布局，紧抓苏州创建“国家全域旅游示范区”的机遇，将发展全域旅游作为带动和促进区域经济社会协调发展的有力抓手，优化吴中旅游发展环境，提升吴中旅游发展质量。举办首届太湖文化旅游节。旺山省级文旅风情小镇创建工作扎实推进，甪直镇创成全市首个国际慢城，临湖镇灵湖村获评中国美丽休闲乡村。全年接待游客2437.12万人次，实现旅游总收入358.98亿元，比上年分别增长1.35%及6.33%。年末，全区开放景点60余个，拥有国家级旅游度假区1个、国家5A级景区1个、国家4A级景区5个，省级乡村旅游点12个、江苏省工业旅游示范点3个，旅行社55家、星级酒店8家。吴中区获评江苏省乡村旅游创新发展示范区，东山西巷村获评省四星级乡村旅游区，盛风苏扇文旅创意馆获评省级工业旅游区。

文化产业保持良好发展势头，吴中凤凰文化产业园开业运营，新增市级重点文化产业项目5个、产业示范基地企业1家。文体事业繁荣发展，吴文化博物馆主体竣工，城南文体活动中心开放，新增基层综合性文化服务中心28个，举办群众性文化活动840场次、惠及150万人次，区公共文化中心“文化地标”影响力不断扩大。“环太湖”国际竞走多日赛纳入国际田联竞走挑战赛，获评省十大最具品牌价值体育赛事，苏州太湖国家旅游度假区获评市级体育产业基地。“苏作工艺”传承创新与古镇古村保护成效明显，1人获评中国工艺美术大师，3人获评国家级非物质文化遗产代表性项目代表性传承人，10人入选姑苏宣传文化人才，4部名镇名村志出版发行，吴中区获评“中国文学之乡”“中国民间文艺之乡”，光福镇入选中国历史文化名镇。成功举办普契尼国际艺术节，获全市首个中国摄影金像奖。文明城市长效管理有序开展，“好美吴中”精神文明建设品牌扎实推进，新增“中国好人”“江苏好人”各1人。

表3–3　行政区划、区域面积、人口、从业人员情况

项目	单位	2018年	2017年
行政区划			
1. 区、镇、街道	个	16	18
#街道	个	7	6
镇	个	7	7
2. 村委会	个	84	84
居委会	个	104	108
3. 村民小组	个	2465	2465
区域面积			
1. 区域面积（含太湖水域）	平方公里	2231	2231

续表

项目	单位	2018 年	2017 年
（不含太湖水域）	平方公里	745	745
2. 年末耕地面积	公顷	11015	11012
#水田	公顷	6569	6520
人口			
1. 年末户籍户数	户	207128	200697
2. 年末户籍人口	人	682917	666651
#男性	人	333935	326015
女性	人	348982	340636
（1）18 岁以下	人	118601	112611
（2）18~35 岁	人	139181	136612
（3）35~60 岁	人	261157	258956
（4）60 岁以上	人	163978	158472
3. 年平均人口	人	674784	657000
年末每户平均人口	人	3.3	3.32
4. 年内出生人口	人	7862	9138
出生率（‰）		10.7	13.91
年内死亡人口	人	4229	4203
死亡率（‰）		6.3	6.4
年内自然增长人口	人	3633	4935
自然增长率（‰）		5.38	7.51
5. 年内迁入人口	人	15375	14557
年内迁出人口	人	1540	1399
6. 人口平均预期寿命	岁	83.5	83.0
#男	岁	81.5	80.4
女	岁	85.6	85.6
7. 年末常住人口数	万人	113.98	112.95

表 3–4　国民经济主要指标

项目	单位	2018 年	2017 年
地区生产总值			
1. 地区生产总值（现行价）	万元	11247300	10607984
（1）第一产业	万元	221500	225397
（2）第二产业	万元	5258900	4944601
#工业	万元	4731100	4470601
（3）第三产业	万元	5766900	5437986
第三产业增加值占 GDP 比重（%）		51.3	51.3
2. 人均地区生产总值（按户籍人口计算）	元	166680	161461
人均地区生产总值（按常住人口计算）	元	99126	94147
地区生产总值密度	万元 / 平方公里	15097	14239

续表

项目	单位	2018 年	2017 年
万元地区生产总值耗电量	千瓦小时	768	759
农林牧渔业			
1. 农林牧渔业总产值（现行价）	万元	461349	468174
2. 主要农产品产量			
粮食	吨	18202	16820
油菜籽	吨	—	282
茶叶	吨	334	292
水果	吨	23292	22980
蚕茧	吨	—	—
水产品	吨	24205	24848
生猪出栏数	万头	0.7	4.9
家禽出栏数	万羽	12.18	35.94
工业			
1. 规模以上企业个数（正常运营）	个	903	858
#高新技术产业	个	—	300
#内资企业	个	614	550
#国有、集体企业	个	—	—
私营企业	个	527	446
港澳台和外商投资企业	个	289	308
2. 规模以上工业资产合计	万元	16894050	15882168
3. 规模以上工业总产值（现行价）	万元	15411898	14377727
#内资企业	万元	8436445	6992586
#国有、集体企业	万元	—	—
私营企业	万元	5777697	4738757
港澳台和外商投资企业	万元	6975453	7385141
4. 规模以上工业销售产值（现行价）	万元	15219335	14182662
#内资企业	万元	8316022	6884879
#国有、集体企业	万元	—	—
私营企业	万元	5659262	4676038
港澳台和外商投资企业	万元	6903313	7297782
5. 规模以上工业主营业务收入	万元	15138940	14115655
#内资企业	万元	8287591	6915007
#国有、集体企业	万元	—	—
私营企业	万元	5652253	4698853
港澳台和外商投资企业	万元	6851350	7200649
6. 规模以上工业利税总额	万元	1364267	1204127
#内资企业	万元	779795	561865
#国有、集体企业	万元	—	—
私营企业	万元	480513	355515

续表

项目	单位	2018 年	2017 年
港澳台和外商投资企业	万元	584473	642263
7. 规模以上工业利润总额	万元	950598	876295
8. 规模以上工业亏损总额	万元	101746	101710
9. 规模以上工业产成品	万元	434546	732457
10. 规模以上工业负债总计	万元	5315340	8300418
11. 规模以上工业应收账款净值	万元	2884588	4445831
12. 规模以上工业企业主要产品产量			
钢材	吨	61820	50600
商品混凝土	立方米	4866745	4756456
服装	万件	10481	11028
化学药品原药	吨	397	336
涤纶纤维	吨	—	—
电子元件	万只	631179	623907
家用吸尘器	万台	1081	966
电动手提式工具	万台	118	117
建筑业			
企业个数	个	215	210
总产值	万元	2020360	1582891
竣工产值	万元	1503383	1360878
房屋建筑施工面积	万平方米	970.81	808.99
房屋建筑竣工面积	万平方米	290.13	293.62
从事建筑业活动的平均人数	人	65200	56390
建筑业全员劳动生产率	万元 / 人	30.1	28.1
交通运输（交通系统内）			
客运量	万人次	2508	2693
旅客周转量	万人公里	103844	108172
固定资产投资			
1. 全社会固定资产投资完成额	万元	4864918	5608071
（1）第一产业	万元	10280	10781
第二产业	万元	635119	1003421
#工业	万元	633619	994431
第三产业	万元	4219519	4593869
（2）内资	万元	4567649	4998359
#国有经济	万元	622439	670188
集体经济	万元	54884	163104
私营个体经济	万元	2156767	2213187
港澳台商投资企业	万元	251715	358092
外商投资企业	万元	105554	251620
（3）项目投资	万元	1791940	2598189

续表

项目	单位	2018 年	2017 年
房地产开发投资	万元	3272978	3009882
2. 商品房销售建筑面积	万平方米	267.95	267.19
#住宅	万平方米	257.28	216.98
商品房销售额	万元	4220578	4417724
#住宅	万元	4080686	3763799
国内贸易			
社会消费品零售总额	万元	4412355	4100703
#批发和零售业	万元	4047019	3759736
住宿和餐饮业	万元	363336	340967
对外经济			
1. 进出口贸易总值	万美元	883369	843611
#出口	万美元	614431	567095
进口	万美元	268938	276516
2. 新批利用外资及港澳台资项目	个	67	50
当年新增注册外资及港澳台资	万美元	71871	58093
当年实际利用外资及港澳台资	万美元	37285	36840
3. 对外承包工程劳务合作营业额	万美元	—	2630
4. 接待境外旅游者人数	万人次	7.54	7.02
接待境外游客人天数	万人天	11.08	11.92
旅游外汇收入	万美元	3630	3197
市场主体			
1. 年末个体工商户数	户	102062	88752
年末个体工商户注册资金	万元	1208480	996713
当年新增个体工商户数	户	19959	21786
当年个体工商户新增注册资金	万元	293767	307865
2. 年末内资企业数	家	73649	64438
#私营企业	家	69336	60344
年末内资企业注册资金	万元	54280249	45713061
#私营企业	万元	31954259	24683272
当年新增内资企业数	家	12405	12056
#私营企业	家	11741	11233
当年内资企业新增注册资金	万元	6414824	6030875
#私营企业	万元	5391448	5030465
财政、金融			
1. 全口径财政收入	万元	4136486	4072258
#一般预算收入	万元	2759367	2474884
2. 地方财政收入	万元	2983254	3036678
#一般公共预算收入	万元	1606135	1439304
#(1)国内增值税(地方部分)	万元	418314	472813

续表

项目	单位	2018 年	2017 年
（2）改征增值税（地方部分）	万元	216284	160394
（3）企业所得税（40%）	万元	234981	184830
（4）个人所得税（40%）	万元	98289	72285
（5）营业税（地方部分）	万元	667	146
（6）土地增值税	万元	92915	134671
（7）契税	万元	234546	111129
基金收入	万元	1362028	1594511
国有资本经营预算收入	万元	15091	2863
3. 财政总支出	万元	2987646	2833644
#一般公共预算支出	万元	1417359	1168325
基金支出	万元	1565947	1662544
4. 金融机构年末存款余额	万元	23073837	21444255
#居民储蓄存款余额	万元	8453757	7303699
5. 金融机构年末贷款余额	万元	25825263	23059795
旅游			
1. 接待中外游客人数	万人次	2437	2405
2. 旅游总收入	亿元	358.98	337.6
人民生活			
1. 年末单位从业人员	人	186391	193573
#在岗职工	人	177188	185534
从业人员平均劳动报酬	元	89109	82853
#在岗职工平均工资	元	89461	83257
2. 城镇居民人均可支配收入	元	65224	60505
城镇居民人均生活消费支出	元	37595	35311
城镇居民人均住房建筑面积	平方米	49.3	48.9
3. 农村居民人均可支配收入	元	32629	30033
农村居民人均生活消费支出	元	21930	20577
农村居民人均住房使用面积	平方米	58.8	81.7
电力			
全社会用电量	万千瓦小时	864391	805068
#农业用电量	万千瓦小时	2543	3402
工业用电量	万千瓦小时	541921	524239
建筑业用电量	万千瓦小时	12870	12796
城乡居民生活用电量	万千瓦小时	134754	119063
取水量			
全社会总取水量（不含农业）	万立方米	16454	15373

表 3-5 科技进步、社会事业主要指标

项目	单位	2018 年	2017 年
科技			
1. 年末专业技术人员数	人	125908	111876
#高级职称	人	6743	6350
中级职称	人	34889	31086
初级职称	人	25183	21663
#研究生	人	2736	2333
本科	人	42412	38158
专科	人	46806	41036
2. 专利申请量	件	16788	14844
专利授权量（有效）	件	9865	7149
3. 科技计划项目			
（1）国家级项目	项	4	2
（2）省级项目	项	211	13
（3）市级项目	项	253	284
4. 年末省高新技术产品数	个	—	1700
5. 年末高新技术企业数（有效）	家	185	398
6. 年末民营科技企业数	家	978	872
7. 省级工程技术研究中心	家	50	43
8. 省级以上众创空间	家	11	9
9. 年末经认定省级以上孵化器数	家	—	6
教育			
1. 普通中学学校数	个	26	25
小学学校数	个	52	47
幼儿园数	个	80	67
2. 普通中学招生数	人	10825	10102
#初中	人	7757	7527
小学招生数	人	17571	15518
3. 普通中学在校学生数	人	30191	26704
#初中	人	21835	19693
小学在校学生数	人	82912	75248
在园幼儿人数	人	33075	31614
4. 普通中学专任教师数	人	2829	2452
小学专任教师数	人	4344	3822
幼儿园专任教师数	人	2182	1883
5. 学龄儿童入学率（%）		99.8	99.8
小学毕业生升学率（%）		98.0	100
初中毕业生升学率（%）		100	100
高中毕业生升学率（%）		100	99.8
文化、体育			
1. 电影放映单位	个	14	11

续表

项目	单位	2018 年	2017 年
影剧院	个	2	2
电影放映场次	场次	21854	173963
电影放映观众人次	万人次	373	362
2. 公共图书馆数	个	1	1
总藏量	万册	126.77	114.98
发放借书证数	个	19579	20136
书刊外借人次	千人次	279.41	194.33
书刊外借册次	千册次	656.7	468.88
阅览室座席数	个	747	691
3. 文物保护单位数	个	125	125
#国家级	处	7	7
省级	处	19	19
文物藏品	件	6890	5337
#一级品	件	55	55
4. 艺术表演团体个数	个	2	2
演职员工数	人	34	34
演出场次	场次	3676	4381
观众人数	千人次	300	460
5. 体育场馆数	个	15	14
400 米标准田径场	个	10	10
卫生			
1. 卫生机构数	所	302	277
#医院	所	29	26
2. 卫生机构床位数	张	5898	5715
#医院	张	5092	4909
3. 卫生技术人员数	人	6824	6190
#医院	人	3720	3473
#医生人数	人	2499	2275
#医院	人	1132	1065
4. 5 岁以下儿童死亡率（‰）		3.55	2.66
婴儿死亡率（‰）		2.73	1.77
产妇住院分娩比例（%）		100	100
社会福利和社会保障			
1. 社会福利院、敬老院数	个	11	11
床位数	张	1284	1360
在院人数	人	447	519
2. 社会救济对象总人数	人	6966	8532
接受低保户数	户	736	946
#城镇居民户数	户	548	715

续表

项目	单位	2018年	2017年
接受低保人数	人	1514	2054
#城镇居民人数	人	1147	1581
3. 城镇登记失业人数	人	3519	3377
城镇登记失业率(%)		2.0	2.0
4. 城镇养老保险参加人数	万人	43.17	37.28
城镇医疗保险参加人数	万人	45.39	41.76
城镇失业保险参加人数	万人	37.84	35.02
城乡居民医疗保险参加人数	万人	31.77	32.69
城乡居民养老保险参加人数	万人	0.43	0.41
环境保护			
空气质量良好天数达标率(%)		72.9	67.4
水域功能区水质达标率(%)		100.0	73.3
集中式饮用水水源地水质达标率(%)		100	100
城市环境噪声达标区覆盖率(%)		100	100

苏州湾 秦建民 摄

吴中区机构设置和领导人名单

（2018 年底）

【中共苏州市吴中区第四届委员会】

书　记　唐晓东
副书记　陈　嵘(女)　李朝阳
常　委　方伟军　陆振华
　　　　荣德明　冯建荣
　　　　顾建列　张　瑛
　　　　顾玉琪　方习亮

【中共苏州市吴中区纪律检查委员会、苏州市吴中区监察委员会】

书记、主任　方伟军
副书记、副主任　史才林
　　　　　　　　张　彧
纪委常委　李见明　董春华
　　　　　吴　荣　吴　春
监委委员　董春华　吴　荣
　　　　　陶俊峰

【区委工作部门】

区委办公室

主　任　史拥军
副主任　周　韵(女)　许　丹
　　　　董天翼(女)　张杰峰
　　　　许震巍　徐永俊

组织部（两新工委、人才办、党建办）

部　长　张　瑛
副部长　殷　虹(女)　郁振红
　　　　沈志枫
“两新”工委书记　郁振红
副书记　李　娟(女)
人才办主任　殷　虹(女)

宣传部（精神文明建设指导委员会办公室、哲学社会科学联合会）

部　长　顾建列
副部长　程　飞(女)　席与翀
　　　　孔岳荣
文明办主任　程　飞(女)
副主任　李　群(女)
网信办（筹）专职副主任
　　　　刘薇洁(女)
社科联主席　席与翀
副主席　陈林根

统一战线工作部

部　长　顾建列
常务副部长　吴金凤(女)
副部长　顾志男　石　青(女)

政法委员会（社会治安综合治理委员会办公室、国家安全领导小组办公室、依法治区办公室）

书　记　冯建荣
副书记　施伟华(兼)　沈文群(女)
　　　　陈志新
综治办主任　沈文群(女)
副主任　庄学峰
国安办主任　陈志新
依法治区办专职副主任
　　　　朱君贤

国资党委

书　记　周雪明
委　员　周学斌　周菊坤
　　　　林水元　李文龙
　　　　李水明　朱振冲
　　　　沈博名　巴　盛
纪委书记　巴　盛

农村工作办公室

主　任　朱继伟
副主任　张建刚　华　伟
　　　　胡　伟

机构编制委员会办公室

主　任　华利民
副主任　奕国栋　周志坚

台湾工作办公室（台湾事务办公室）

主　任　周　韵(女)

区级机关工作委员会

书　记　周福勇
副书记　徐　磊
委　员　周金明
纪工委书记　周金明

老干部局

局　长　殷　虹(女,兼)
副局长　顾向明(女)　陈卫华

【区委直属事业单位】

党校（行政学校）

校　长　李朝阳（兼）

常务副校长　朱菊妹（女）

副校长　盛国健

行政学校校长　朱菊妹（女）

接待办公室

主　任　许　丹

副主任　夏培明　尹国辉

档案局（档案馆）

局（馆）长　陆卫平

副局（馆）长　朱翔凌　翁建明　李　健（女）

【区机关党组　党委】

人大常委会党组

书　记　张炳华

副书记　唐龙生

党组成员　陆增林　罗家荣　盛解元　戴晓东

政府党组

书　记　陈　嵘（女）

副书记　荣德明

党组成员　王卫国　顾益坚　张华谦　施伟华　秦晓良

政协党组

书　记　张建祥

副书记　莫玉林

党组成员　姚瑞元　王显军　许晓峰

法院党组

书　记　张峥嵘

党组成员　张永平（女）　孙宝华　辛　欣（女）

检察院党组

书　记　陈　飞

副书记　张晓江

党组成员　张淮宾　袁　佳（女）

总工会党组

书　记　郑　刚

党组成员　何国平　陆葆兰（女）

工商联党组

书　记　石　青（女）

党组成员　吴逸凯

科技局党组

书　记　沈玉宝

副书记　石燕华（女）

党组成员　钱卫芳（女）　秦　铮

民政局党组

书　记　龚　艳（女）

副书记　顾龙官

党组成员　王丽琴（女）　钱　刚　陆丽娜（女）　胡立才

司法局党组

书　记　肖冬梅（女）

副书记　黄　东

党组成员　戴晓民　王永春

财政局党组

书　记　周雪明

党组成员　顾进方　朱炜烨　王惠明

市容市政管理局党组

书　记　薛　华

党组成员　金　丹（女）　黄新东　冯　鑫

商务局党组

书　记　章为民

党组成员　黄文伟　朱　亮　姚　靓（女）　陆　凯

文化体育局党组

书　记　周一风

党组成员　姚继元　陆　燕（女）　张金华

审计局党组

书　记　姚善生

党组成员　陆建伟　荣伟铭　朱　伟

环境保护局党组

书　记　张月兴

党组成员　杨飞镛　顾春茂　王成明

安全生产监督管理局党组

书　记　顾丽明

党组成员　张新华　钱　军　蒋　辉

旅游局党组

书　记　毛　刚

党组成员　戴阿明　吕晓红（女）　胡智慧

民族宗教事务局党组

书　记　顾志男

党组成员　岳　峰

信访局党组

书　记　沈亚民

党组成员　姚子元　朱慧杰

外事和侨务办公室党组

书　记　周凤祥

党组成员　徐菊秋（女）　李　思

档案局党组

书　记　陆卫平

党组成员　朱翔凌　翁建明　曹　炯（女）　李　健（女）

政务服务管理办公室党组

书　记　沈　斌

党组成员　徐明东　高　瑾（女）

供销合作社党组

书　记　金雪明

党组成员　金　琦（女）

发展和改革局党委

书　记　金　楠

副书记 秦 刚
党委委员 盛新根 缪晓峰
胡 刚 阙小芳

经济和信息化局党委

书 记 顾洪建
党委委员 尤 歆(女) 沈娟娟(女)
蒋 勇 沈大鹏

教育工委

书 记 陆为民
副书记 王海赳
委 员 程朝阳 顾彩琴(女)
陈 洁(女) 徐晓军(兼)

人力资源和社会保障局党委

书 记 丁晓娟(女)
党委委员 袁建东 徐 宏(女)
顾利青 张 岚(女)
朱晓东

住房和城乡建设局党委

书 记 汪庆丰
副书记 矫文忠
党委委员 庄春华 孔建强
马文兰(女) 庄勤华(女)
马群勇

交通运输局党委

书 记 张建新
党委委员 李忠军 管永洪
赵瑞军 唐晓风

水利局党委

书 记 孙新元
党委委员 李文君 李小琴(女)
周 军 周晓峰
陈卫春 顾 波

农业局党委

书 记 李 东
党委委员 张 健 顾焕忠
赵燕萍(女) 洪涛生
蔡惠荣 沈永成
宋 炜

卫生和计划生育局党委

书 记 陆治平
党委委员 马小红(女) 张晓逸
李耀峰

市场监督管理局党委

书 记 茅崧崧
副书记 屠怡文
党委委员 邱建军 蔡 梁
王金剑 王志松

粮食局党委

副书记 尤林明
党委委员 顾雯雯(女) 浦益峰(女)

机关事务管理中心党委

书 记 王正明
党委委员 顾振华 胡俊青
钟解文 王华娟(女)

江苏省吴中中等专业学校党委

书 记 徐晓军

苏州市公安局吴中分局党委

书 记 施伟华
副书记 钱 飞 范久宁
党委委员 王荣华 曹建荣
马明山 周建军
臧政刚 王 磊
曾洪生

【纪委工作部门】

办公室

主 任 李钟钦

第一纪检监察室

主 任 王 君

第二纪检监察室

主 任 陈永刚

第五纪检监察室

主 任 陈方忠

第六纪检监察室

主 任 董春华

第七纪检监察室

主 任 吴 荣

干部管理监督室

主 任 林 华(女)

信访室

主 任 陈鹤峰

案件审理室

主 任 徐 剑(女)

党风政风监督室

主 任 林 佳

案件监督管理室

主 任 丁华强

【派驻纪检组】

第一派驻纪检组（驻区委办）

组 长 卢叶青(女)

第三派驻纪检组（驻区委组织部）

组 长 金钰康

第四派驻纪检组（驻区委宣传部）

组 长 王 涛(女)

第五派驻纪检组（驻区委政法委）

组 长 陆惠忠

第七派驻纪检组（驻区教育局）

组 长 陈 洁(女)

第九派驻纪检组（驻区住建局）

组 长 马文兰(女)

第十派驻纪检组（驻区农业局）

组 长 顾焕忠

第十一派驻纪检组（综合保障组）

组 长 张国玲(女)

【巡察办】

主 任 张 彧(兼)
副主任 张华明

【巡察组】

专职组长 李见明 颜跃明

曹 勇

专职副组长 严 鸣 王根友

葛 炜 徐冬明

徐蔚钰(女)

【苏州市吴中区第四届人民代表大会常务委员会】

主 任 张炳华

副主任 唐龙生 赵建明

陆增林 罗家荣

委 员 (按姓氏笔画为序)

王 民 王江红(女)

朱水坤 庄建华(女)

刘建梅(女) 李 莉(女)

李 臻(女) 李向上

李佳良 李培华(女)

吴小翔 沈 曦(女)

陆建华 陆振荣

陈哲敏 周晓红(女)

周钰坪(女) 周菊坤

郑志勤 钱家荣

徐永林 徐远志

徐炳良 徐凌奇

殷 虹(女) 曹雪琴(女)

盛解元 潘 强

戴晓东

【区人大常委会工作部门】

人大办公室

主 任 戴晓东

副主任 李 莉(女) 石耀栋

研究室主任 戴晓东

人事代表联络工作委员会

主 任 周晓红(女)

副主任 郑伟宏

内务司法工作委员会

主 任 潘 强

副主任 徐远志

财政经济工作委员会

主 任 徐永林

副主任 沈 曦(女)

城建环保工作委员会

主 任 陈哲敏

副主任 朱水坤

教科文卫工作委员会

主 任 陆建华

副主任 蒋 超

外事民宗侨台工作委员会

主 任 陆建华(兼)

农业农村工作委员会

主 任 徐炳良

副主任 曹雪琴(女)

【苏州市吴中区人民政府】

区 长 陈 嵘(女)

副区长 荣德明 王卫国

顾益坚 周黎敏(女)

张华谦 施伟华

【区政府工作部门】

政府办公室(法制办、人防办、金融办)

主 任 秦晓良

副主任 万 礼 张 陈

陈 江 陆 一

朱 涛 王 钦

厉 艺 周英进

法制办主任 唐 顺

人防办主任 陆文洪

金融办主任 吴 婧(女)

副主任 尹旭青(女)

发展和改革局(统计局、物价局、服务业发展办公室)

局 长 金 楠

副局长 秦 刚 盛新根

缪晓峰 胡 刚

阙小芳

服务业发展办公室主任 金 楠

物价局局长 秦 刚

经济和信息化局(中小企业局)

局 长 顾洪建

副局长 沈娟鹃(女) 蒋 勇

沈大鹏

中小企业局局长 顾洪建

教育局

局 长 陆为民

副局长 王海赳 徐伟英(女)

程朝阳 顾彩琴(女)

科学技术局(知识产权局)

局 长 沈玉宝

副局长 石燕华(女) 秦 铮

知识产权局局长 石燕华(女)

民政局

局 长 龚 艳(女)

副局长 顾龙官 王丽琴(女)

钱 刚 陆丽娜(女)

胡立才

司法局

局 长 肖冬梅(女)

副局长 黄 东 蒋吉伟

戴晓民 王永春

财政局(国有资产监督管理局)

局 长 朱筱菁(女)

副局长 周雪明 顾进方

朱炜烨 王惠明

国有资产监督管理局局长

朱筱菁（女，兼）
副局长 周雪明
度假区分局局长 柳春红（女）
副局长 袁 俊
开发区分局局长 王继红
副局长 朱方勇
高新区财政和资产管理局局长
张正才
副局长 沈 彬
西山农业园区财政和资产管理局
局长 徐全林
木渎镇财政和资产管理局局长
任 怡（女）
角直分局局长 陶致一（女）
胥口分局局长 陆健勇
东山分局局长 陆建洪
临湖分局局长 叶葆青（女）
光福分局局长 何建金

人力资源和社会保障局

局 长 丁晓娟（女）
副局长 袁建东 徐 宏（女）
宋银林 顾利青
张 岚（女） 朱晓东

住房和城乡建设局（地震局）

局 长 汪庆丰
副局长 矫文忠 庄春华
孔建强 庄勤华（女）
马群勇
地震局局长 汪庆丰
开发区房管分局局长 钱国平

市容市政管理局（城市管理行政执法局）

局 长 薛 华
副局长 金 丹（女） 黄新东
王汉中 冯 鑫

交通运输局

局 长 张建新
副局长 李忠军 管永洪
赵瑞军 唐晓风
开发区分局局长 舒晓枫

水利局（水务局）

局 长 孙新元
副局长 李文君 李小琴（女）
周 军 陈卫春
顾 波
水务局局长 孙新元

农业局（林业局、水产局）

局 长 李 东
副局长 张 健 赵燕萍（女）
洪涛生 蔡惠荣
沈永成 宋 炜
林业局局长 李 东

商务局

局 长 章为民
副局长 黄文伟 朱 亮
姚 靓（女） 陆 凯

文化体育局（文物局）

局 长 周一风
副局长 姚继元 王伟男
陆 燕（女） 张金华
文物局局长 周一风

卫生和计划生育局

局 长 陆治平
副局长 徐炜琴（女） 马小红（女）
张晓逸 李耀峰

市场监督管理局（食品药品监督管理局）

局 长 茅崧崧
副局长 屠怡文 邱建军
蔡 梁 王金剑
王志松
食品药品监督管理局局长
茅崧崧
度假区分局局长 吴小兵
副局长 庄惠生
开发区分局局长 黄钟卫
城区分局局长 朱玉岗
木渎分局局长 李 勇
角直分局局长 张 明
胥口分局局长 陈晓斌
东山分局局长 马文元
临湖分局局长 孙晓波
郭巷分局局长 徐玉男

审计局

局 长 赵小平
副局长 陆建伟 荣伟铭
朱 伟 屈洪飞

环境保护局（太湖水污染防治办公室）

局 长 张月兴
副局长 杨飞镛 王 健（女）
顾春茂 王成明

安全生产监督管理局

局 长 顾丽明
副局长 张新华 钱 军
蒋 辉

旅游局

局 长 毛 刚
副局长 戴阿明 韩 蓓（女）
吕晓红（女） 胡智慧

民族宗教事务局

局 长 顾志男
副局长 岳 峰 杨 青（女）

粮食局

副局长 尤林明 浦益峰（女）

信访局

局 长 沈亚民
副局长 姚子元 朱慧杰

外事和侨务办公室（港澳事务办公室）

主 任 周凤祥

副主任 徐菊秋(女) 李 思
朱咏梅(女)
港澳事务办公室主任 周凤祥

【区政府派出机构】

政务服务管理办公室(政务服务中心)

主 任 沈 斌
副主任 徐明东

【区政府直属事业单位】

机关事务管理中心

主 任 王正明
副主任 顾振华 钟解文
王华娟(女)

供销合作社

主 任 金雪明
副主任 金 琦(女)

江苏省吴中中等专业学校(吴中开放大学)

校 长 徐晓军
副校长 顾国清 夏克寒
杨 兵 汤晓敏(女)
付欣友(女)

联动中心

主 任 沈文群(女)
副主任 吴 彬 沈小明
朱 婷(女)

公共文化中心

主 任 李 青
副主任 徐明雪(女)

【政协苏州市吴中区第四届委员会】

主 席 张建祥
副主席 莫玉林 姚瑞元
朱筱菁(女) 宋晓华
秘书长 许晓峰
常务委员(按姓氏笔画为序)
卫宏远 马惠民
王伟男 王显军
王衍兵 王寅平
戈福林 心 培
卢月龙 朱俊明
任建兴 庄 梅(女)
许松涛 苏 伟
李 卫(女) 李福林
吴金凤(女) 吴金秀(女)
张 旺 张 蕾(女)
张文华 陆育新
陆费红 郁振红
金玉明 屈洪飞
项 淳 胡惠萍(女)
柯德银 柳荣伟
钦瑞良 俞 峰
姚建萍(女) 夏 靖
顾云涛 顾春晓(女)
徐伟英(女) 唐华琴(女)
黄丹荔(女) 黄伟良
曹 富 蒋云泉
蒋红萍(女) 程 飞(女)
解 冰(女) 薛明仁

【区政协工作部门】

政协办公室

主 任 许晓峰
副主任 马惠民 魏苏涛(女)
研究室主任 许晓峰(兼)

经济科技委员会

主 任 李 卫(女)
副主任 沈玉宝(兼) 朱继伟(兼)

社会事业委员会

主 任 柯德银
副主任 王伟男(兼) 金玉明(兼)

城乡建设委员会

主 任 李福林
副主任 汪庆丰(兼) 张建新(兼)
毛 刚(兼)

港澳台侨民族宗教委员会

主 任 唐华琴(女)
副主任 周凤祥(兼) 顾炯文(女,兼)
顾志男(兼) 周 韵(女,兼)

提案委员会

主 任 陆育新(女)
副主任 厉 艺(兼) 俞 菊(女,兼)
宋银林(兼)

文史委员会

主 任 曹 富
副主任 王剑云(兼) 周菊坤(兼)

【苏州市吴中区人民法院】

院 长 张峥嵘
副院长 张永平(女) 孙宝华
辛 欣(女)
政治处主任 孙宝华

【苏州市吴中区人民检察院】

检察长 陈 飞
副检察长 张晓江 张淮宾

【民主党派】

民革吴中区支部

主 委 徐伟英(女)
副主委 浦红生 陆胜其

民盟吴中区总支

主 委 赵建明
副主委 张文华 宋银林
陈 刚

民建吴中区支部

主 委 钦瑞良
副主委 施星蕙(女) 高建林

张　苹(女)

民进吴中区委

主　委　周黎敏(女)

副主委　李　卫(女)　金玉明

陆彩霞(女)　苏　伟

农工党吴中区支部

主　委　王伟男

副主委　高海岗　张敏芳(女)

致公党吴中区支部

主　委　杨静漪(女)

副主委　汪利明　王衍兵

九三学社吴中区支社

主　委　韩　蓓(女)

副主委　张　旺　朱彩萍(女)

朱永平

吴中区知联会

主　委　马惠民

副主委　朱筱菁(女)　朱培方

徐炜琴(女)　屈洪飞

【人民团体】

总工会

主　席　郑　刚

副主席　何国平　陆葆兰(女)

解　冰(女)

兼职副主席　马文兰(女)　顾建龙

共青团吴中区委员会

书　记　李　臻(女)

副书记　谢诗意

兼职副书记　魏忠杰

妇女联合会

主　席　周钰坪(女)

副主席　张　蕾(女)　李学毅(女)

兼职副主席　张　姝(女)

陆葆兰(女)

科学技术协会

主　席　金建生

副主席　俞　菊(女)　陈春华(女)

兼职副主席　石燕华(女)

徐伟英(女)

吕　莉(女)

工商业联合会

主　席　宋晓华

副主席　石　青(女)　吴逸凯

兼职副主席　章为民　蔡　梁

蒋元生　胡德霖

顾轶群(女)　赵　明

李君图　王春生

蒋云泉　何宜祥

沈伟元　庄建华(女)

张　陈

文学艺术界联合会

主　席　查伟峰

副主席　张国英(女)　凌　奕

兼职副主席　姜兴龙　蒯惠忠

叶志明

归国华侨联合会

主　席　顾炯文(女)

副主席　汤晓亮

兼职副主席　李君图

残疾人联合会

理事长　沈红卫

副理事长　赵钰明　叶　青(女)

红十字会

会　长　周晓敏(女,兼)

兼职副会长　程　飞(女)　陆为民

龚　艳(女)

朱筱菁(女)　陆治平

张　陈

【其他单位】

法院审委会

专职委员　吕晓东　肖仁刚

执行局

局　长　李晓东

法院派出法庭

度假区庭长　王东海

开发区庭长　金美珍(女)

木渎庭长　徐　澄

角直庭长　王丽芳(女)

检察院检委会

专职委员　袁　佳(女)　王　虹(女)

公诉局

局　长　杨　隽(女)

检察院派驻检察室

开发区主任　李敬芳(女)

木渎镇主任　蒋向东

机要保密局

局　长　张杰峰

事业单位登记管理局

局　长　华利民(兼)

副局长　周志坚(兼)

物价检查分局（价格举报中心）

局　长　卢雪芳(女)

财政支付中心

主　任　徐　酉

投资评审中心

主　任　袁　伟

社会保险基金管理中心

主　任　郑琪磊

人力资源管理服务中心（人才服务中心）

主　任　徐琴华(女)

运输管理处

主　任　王建国

航道管理处

主　任　刘晓峰

公路管理处

主　任　钱　勇

乡镇运输综合所

所　长　沈苏磊

卫生监督所

所　长　殷华芬(女)

食安办

专职副主任　朱　艳

市场监管执法大队

大队长　吴敏彦(女)

经济责任审计中心

主　任　陆建伟(兼)

环境监察大队

大队长　赵红卫

行政中心管委会

主　任　钟解文

便民服务中心

主　任　高建伟

【苏州太湖国家旅游度假区】

党工委副书记　陆振华

党工委委员　王晓岚(女)　包勤康
　张　健　姚　东
　张剑清

管委会副主任　陆振华
　王晓岚(女)
　包勤康
　姚　东
　张剑清

【度假区工作部门】

纪工委(监察局)

书　记　张　健

副书记　钱　江

监察局局长　钱　江

监察局副局长　谢卫平

党政办(政法办)

主　任　马安沧

副主任　宋金元　王月新
　钱才忠

政法办公室主任　马安沧(兼)

组织人事和劳动社保局

局　长　姚胜武

副局长　王利华　赵　山

总工会

主　席　鲍　羚(女)

副主席　李勐超

机关党委

书　记　丁轶宇

社会事业局

局　长　朱伟荣

副局长　王　炯　赵　静(女)

住房和城乡建设局

局　长　顾建国

副局长　朱晓强　陆亦章

招商局

局　长　鲍丽君(女)

副局长　张　妍(女)

经济发展局(农业发展局、农村工作办公室)

局　长　赵立新

副局长　袁小洪　查文鳌
　王兆勇

农办主任　赵立新(兼)

安监和环保局

局　长　王罕红

副局长　王　正　徐晓光
　姚　杰

文体旅游发展局

局　长　戴小林

副局长　赵伟东　梁正梅(女)

太湖科技产业园管理局

局　长　唐锦华

副局长　张　伟　周　林

人武办

副主任　谢祥伦(兼)

审计分局

局　长　徐建良

610办公室

主　任　李玉良

副主任　胡　浩

【苏州吴中经济技术开发区】

党工委书记　唐晓东

副书记　陈　嵘(女)　顾玉琪
　周学斌

党工委委员　顾建明　骆兴男
　徐国雄　周丽平(女)
　郁克铭　陆志伟

管委会主任　陈　嵘(女)

副主任　顾玉琪　周学斌
　骆兴男　徐国雄
　周丽平(女)　郁克铭
　陆志伟

【开发区工作部门】

纪工委(监察局)

书　记　顾建明

副书记　陆菊泉

监察局局长　陆菊泉

副局长　俞　越　汪武平

党政办公室

主　任　陆志伟

副主任　陈　江　吴晓红(女)
　王龙杰

政法办公室(综治办)

主　任　杨和芳

综治办副主任　刘文兴

招商局（东太湖科技金融城管理局）

局　长　姚　静(女)

副局长　方　针　马立恒

　　　　陈太和

经济发展局（科技局）

局　长　沈志华

副局长　潘　虹(女)　唐喜闻

社会事业局

局　长　陈　燕(女)

副局长　沈映珍(女)　沈　军

建设局

局　长　徐　勇

副局长　郁永德　莫　君

　　　　苏明华

组织人事和劳动社保局

局　长　贺　悦

副局长　刘燕婷(女)　曹嘉明

“两新”党委

书　记　马唯杰

副书记　舒　心

机关党委

书　记　秦水英(女)

总工会

主　席　董明清

副主席　张文新　李　慧(女)

人武办

主　任　顾建新

吴中综合保税区管理局

局　长　朱振华

副局长　周健华　夏　倩(女)

综合执法局（安全生产环境保护局）

局　长　仲益明

副局长　金　律

行政审批局

局　长　周丽强

副局长　钱　锦(女)

审计分局

局　长　张伟平

【苏州市吴中高新区（筹）（长桥街道）】

党工委书记　李朝阳

副书记　顾　强　张建琳(女)

委　员　杨　霞(女)　张伟荣

　　　　张继华　张正才

　　　　祝才千(女)　徐　成

　　　　周云明　赵静方

　　　　陈　勇(挂)

管委会（办事处）主任　顾　强

副主任　张继华　周云明

　　　　沈玉宝(兼)　王寅平

纪工委书记　赵静方

长桥街道人大工委

主　任　张菊泉

长桥街道政协工委

主　任　杨　霞(女)

【高新区工作部门】

党政办

主　任　徐　成

副主任　周琬虹(女)　孙瑜清

组织人事和劳动社保局

局　长　祝才千(女)

副局长　沈晓斌　张国珍(女)

建设局

局　长　周云明

副局长　柳建刚　张维明

　　　　许宏男

经济发展局（招商局）

局　长　张继华

副局长　陆梅华(女)　马宏伟

　　　　田为栋

社会事业局

局　长　王寅平

副局长　汪成洁(女)　范建华

　　　　刘　颖(女)

科技局

局　长　朱建岗

副局长　钱　华　马海雄

综合执法局（安全生产监督管理局）

主　任　张伟荣(兼)

副主任　潘志伟　王　勇

政法办公室（综治办）

主　任　沈新华

副主任　李　晴(女)　钱　元

财政和资产管理局

局　长　张正才

副局长　沈　彬

监察室

主　任　周钰华(女)

副主任　黄卫新(女)

机关党工委

书　记　张全荣

人武办

主　任　王　强

副主任　许祥武

总工会

主　席　余文兰(女)

副主席　刘　臻(女)

“两新”党委

书　记　祝才千(女)

副书记　徐旻霞(女)

市政公用局

局　长　张维明(兼)

【西山国家现代农业示范园区】

党工委书记　谈建强

副书记　姜　昊

委　员　徐菊芳（女）　陆　军
　　　　王华刚　王光玉
　　　　李东毅　顾春明
　　　　陆政华（兼）
管委会副主任　谈建强　姜　昊
　　　　　　周永珍（女）
　　　　　　张新庆
纪工委书记　王光玉
副书记　顾显东

【金庭镇】

党委书记　谈建强
副书记　姜　昊
委　员　徐菊芳（女）　陆　军
　　　　王华刚　王光玉
　　　　李东毅　顾春明
　　　　陆政华（兼）
镇　长　姜　昊
副镇长　周永珍（女）　张新庆
人大主席　黄雪峰
纪委书记　王光玉
副书记　顾显东
工会主席　黄海斌

【西山农业园区工作部门】

经济和旅游发展局

局　长　府　强

建设和环境保护局

局　长　蒋金伟

社会事业局

局　长　朱卫金

农村工作局

局　长　郑志勤

政法和社会管理办公室（安监办）

主　任　黄仲芳

财政和资产管理局

局　长　徐全林

【街道、镇、场】

郭巷街道

党工委书记　邹文明
副书记　陈德明　褚会男
委　员　朱文明　李永亮
　　　　张勇坚（女）　胡莹（女）
　　　　朱绪宝　赵富强（挂）
办事处主任　陈德明
副主任　李永亮　吴建国
　　　　沈稼兴　朱正超
　　　　孙　强
人大工委主任　陆振荣
政协工委主任　褚会男
纪工委书记　朱绪宝
人武部部长　李永亮
工会主席　沈和平

横泾街道

党工委书记　徐晨阳
副书记　沈雪华　顾蔚雯（女）
委　员　陈德宇　徐海林
　　　　张东民　沈惠男
　　　　袁伟华　韩立波
　　　　苏煜敏（挂）
办事处主任　沈雪华
副主任　陈德宇　沈志芳
　　　　张晓清　俞高妹（女）
　　　　沈培元　姚逸青（女）
人大工委主任　任进德
政协工委主任　顾蔚雯（女）
纪工委书记　韩立波
副书记　金华红
人武部部长　袁伟华
工会主席　王建生

城南街道

党工委书记　王　岳
副书记　朱华平　沈　敏
委　员　杨　文　吾为人
　　　　胡伟新　蔡文娟（女）
　　　　孙　丹　李　明（挂）
办事处主任　朱华平
副主任　杨　文　胡　青（女）
　　　　张俊峰
人大工委主任　沈涛龙
政协工委主任　沈　敏
纪工委书记　吾为人
人武部部长　胡伟新
工会主席　张金生

越溪街道

党工委书记　徐学明
副书记　华　伟
委　员　仇玫行（女）　陈　江
　　　　朱菊珍（女）　仲文友
　　　　徐凌奇　张宇松（挂）
办事处主任　华　伟
副主任　袁栋华　蒋红萍（女）
　　　　吴静波（女）　毛永清
　　　　郁建兴
人大工委主任　周进瑞
纪工委书记　仇玫行（女）
人武部部长　仲文友

太湖新城（太湖街道）

党工委书记　居海荣
副书记　管炳锋　张洪良
委　员　陈秋明　金剑锋
管委会（办事处）主任　管炳锋
副主任　金剑锋　陈　静（女）
人大工委主任　许　玲（女）
政协工委主任　张洪良

香山街道

党工委书记　顾文明
副书记　陆胜兰　戚　敏
委　员　虞晓东　柳青华
　　　　谢祥伦　顾霞勤(女)
　　　　乐继荣　徐　昀(挂)
办事处主任　陆胜兰
副主任　柳青华　顾霞勤(女)
　　　　王　明　顾卫列
人大工委主任　李佳良
政协工委主任　戚　敏
人武部部长　谢祥伦
工会主席　蒯　宙

木渎镇

党委书记　刘叶明
副书记　郁文明　王　军
　　　　周金林
委　员　陈小兴　冯　印(女)
　　　　许　军　钱　军
　　　　张伟忠　顾国培
　　　　王　华　郭　宝(挂)
镇　长　郁文明
副镇长　陈小兴　赵丽君(女)
　　　　周志锋　戴水清
　　　　孙德群(女)　朱华新
　　　　刘　欣(挂)
人大主席　李向上
副主席　王　青
政协工委主任　王　军
纪委书记　冯　印(女)
副书记　王建平
人武部部长　钱　军
总工会主席　马培华

木渎镇工作部门

党政办公室

主　任　徐　华

组织人事和社会保障局

局　长　岑宇岚(女)

经济发展和改革局

局　长　邱徐吉

财政和资产管理局

局　长　任　怡(女)

建设和环境保护局（招投标中心）

局　长　郁红方

农村工作局

局　长　俞剑英

社会事业局

局　长　徐　岚(女)

综合执法局

局　长　邱其华

便民服务中心

主　任　陈　亮

穹窿山风景管理区

党工委委员　王建平　陆惠康
　　　　　　倪方敏
管委会副主任　陆惠康　倪方敏
纪工委书记　王建平

角直镇

党委书记　姚　东
副书记　陈菊林　张　明
　　　　过钦军
委　员　王晓刚　陈琴明
　　　　张惠红　张春茂
　　　　邹文伟(挂)
镇　长　陈菊林
副镇长　陈东海　周　敏
　　　　朱学新　王国正
　　　　李　霁(女)　瞿　震
　　　　顾晓亮(挂)
人大主席　王　民
政协工委主任　杨三元
纪委书记　王晓刚
副书记　彭苏华(女)
人武部部长　过钦军
总工会主席　石旭明

胥口镇

党委书记　陆建明
副书记　徐卫东　王雪峰
　　　　王　京
委　员　顾娟英(女)　宋　阳
　　　　叶　龙　沈建康
　　　　陈　旻　曹君彦
　　　　俞祥根(挂)
镇　长　徐卫东
副镇长　王　京　陈　旻
　　　　高建华　顾建国
　　　　张　雄　左慧敏(女)
人大主席　韩　江
政协工委主任　王雪峰
纪委书记　宋　阳
副书记　邱少春
人武部部长　叶　龙

东山镇

党委书记　徐雪棣
副书记　唐峥嵘　毛曦雪
　　　　蒋　吉
委　员　汤卓献　赵伟政
　　　　吾永康　周景裕
　　　　杨忠星　张　炜
　　　　洪建华　陈　俊(挂)
镇　长　唐峥嵘

副镇长　赵伟政　杨忠星
　　　　顾华军　马群霞(女)
　　　　尹　君(女)　陈　锋
人大主席　莫玉方
副主席　吾永康(兼)
政协工委主任　毛曦雪
纪委书记　蒋　吉
副书记　钱文竺(女)
人武部部长　周景裕
工会主席　薛文明

临湖镇
党委书记　朱　艳(女)
副书记　徐　敏　徐建军
　　　　仇　勇
委　员　夏　巍(女)　李文华
　　　　徐全福　陈志强
　　　　谷　野(挂)
镇　长　徐　敏
副镇长　李文华　唐　奕
　　　　叶晓敏　柳　珏(女)
人大主席　李少雄
副主席　徐全福(兼)
政协工委主任　徐建军
纪委书记　陈志强
副书记　袁　伟
人武部部长　徐全福

光福镇
党委书记　张建明
副书记　徐　正　许文清
委　员　麻琪彬　吴建卫
　　　　樊建明　徐华军
　　　　吾建刚(挂)
镇　长　徐　正
副镇长　徐华军　徐海忠
　　　　浦孝东　朱秋耀
　　　　范佳尔(女)　王宇翔
人大主席　浦志华
副主席　樊建明(兼)
政协工委主任　许文清
纪委书记　麻琪彬
副书记　钱建良
人武部部长　徐华军
工会主席　柴彩兴

东吴国家森林公园管理中心（林场）
书　记　周晓春
委　员　陈勤华　王小军
主任（场长）　周晓春
副主任（副场长）　陈勤华
　　　　王小军

【公司】
苏州市吴中城市建设投资发展有限公司
董事长　李水明
总经理　潘东华
副总经理　王荣清　杨玉香(女)

苏州市吴中国裕资产经营有限公司
董事长　朱振冲
总经理　周明华
副总经理　孙延敏　钱庆强
　　　　吴　昊

苏州市吴中交通建设投资有限公司
董事长　沈博名
总经理　彭　力
副总经理　周洪泉　龙文博
　　　　全之勇

苏州市吴中金融控股有限公司
董事长　李文龙
总经理　张　军
副总经理　杨冬琴(女)　秦海翔
　　　　徐　栋

苏州太湖现代农业发展有限公司
董事长　林水元
总经理　龚建新
副总经理　陈　强　顾　峰
　　　　朱文杰

苏州太湖旅游发展集团公司
董事长　周菊坤
总经理　巴　盛
副总经理　张奇川　邵志佳
　　　　陆　一

江苏吴中经济技术发展总公司
董事长　江福根
总经理　江福根
副总经理　李　强　冯爱忠
　　　　沈荣华

苏州吴中东太湖建设发展股份有限公司
董事长　张少怡
总经理　李　强

苏州吴中国太发展有限公司
董事长　张少怡
总经理　张　艳(女)
副总经理　尤培泉　唐　琼(女)

苏州太湖旅业发展有限公司

董事长　段　磊

总经理　沈敏华

苏州太湖城市投资发展有限公司

董事长　张培根

总经理　王剑钦

苏州吴中城区建设发展有限公司

董事长　钱卫方

总经理　钱卫方

副总经理　马文忠

【垂直管理单位】

苏州海关驻吴中办事处

主　任　孙　威

副主任　姚琦华　许文根

蔡　敏

苏州市吴中区税务局

局　长　唐　磊

副局长　孙　军　舒建红

气象局

局　长　蒯志敏

副局长　谢　洁（女）

陈　建　戴伟忠

朱向阳　张俊列

阳保红

纪检组长　叶仲春

苏州市公安局吴中分局

局　长　施伟华

政　委　钱　飞

副局长　范久宁　马明山

周建军　臧政刚

汪　洋（挂）

苏州市公安局度假区分局

局　长　薄建新

政　委　奚荣武

副局长　李玉良　凌　峰

吴中消防大队

队　长　毛　栋

教导员　茅　茅

副队长　吴　宁

苏州市国土资源局吴中分局

局　长　张春明

副局长　冯富荣　苏伟强

马勇华　凌　峰

任　华　吴翔峰

苏州市规划局吴中分局

局　长　顾卫东

副局长　金雪明　姚春雷

编辑：洪　蕾

中共苏州市吴中区委

综　述

【综合实力】 2018年，全区经济社会发展保持良好态势，全年实现地区生产总值1124.73亿元，比上年增长6.7%；一般公共预算收入160.61亿元，比上年增长11.6%；全社会固定资产投资486.49亿元；社会消费品零售总额441.24亿元，比上年增长7.6%；进出口总额88.34亿美元，比上年增长5.1%；新增注册外资及港澳台资7.19亿美元，实际利用外资及港澳台资3.73亿美元，分别比上年增长23.7%和1.2%；城乡居民人均可支配收入6.52万元和3.26万元，分别比上年增长7.8%和8.6%；金融机构本外币存款余额2307.38亿元，贷款余额2594.76亿元，分别比上年增长6.8%和12.3%。在2018年全国综合实力百强区、绿色发展百强区中，吴中分列第9位和第10位。

【转型升级】 稳步打造现代产业体系，聚焦自主可控，加快机器人与智能制造、生物医疗及大健康两大主导产业全产业链引育，实现规模以上工业总产值1502亿元，比上年增长7.2%。年度246个重点实施项目完成投资330亿元。辉瑞制药、汇川二期、赛众自动化等产业项目建成投用，AW爱信二期、科沃斯家用机器人、精濑光电等项目开工建设，浪潮集团、360安全集团、赛迪研究院等一批优质项目签约落户，58个项目通过供地预审。科沃斯主板上市，3家企业挂牌“新三板”，6家企业入围2018年苏州民营企业50强，新增6家省、市级示范智能车间。加快推进现代服务业提档升级，实现服务业增加值576.69亿元。深化国家全域旅游示范区创建，举办首届太湖文化旅游节，旅游民宿规范化管理试点工作稳步推进，吴中区获评省乡村旅游创新发展示范区，甪直镇创成国际慢城，临湖镇灵湖村获评中国美丽休闲乡村。深入推进农业供给侧结构性改革，苏州现代农产品物流园开工建设，中农大（苏州）有机循环研究院揭牌成立，完成513.33公顷高标准农田整治、733.33公顷养殖池塘退养改造，吴中获评全国首个放心粮油供应网络示范县（区），甪直镇江湾村获评全国一村一品示范村，“吴中大米”成为吴中第三件地理标志证明商标。

【改革创新】 以农民集体收益分配权退出改革、农民专业合作社质量提升整区推进两项国家级试点以及党政机构、甪直经济发达镇等一批重点改革为引领，全面推进年度32方面45项改革任务。持续深化“放管服”改革，健全“3550”改革常态化机制，创新建设项目“预审+代办”、工业用地弹性年期出让、工业用地项目双合同双监管等工作机制，新设市场主体超3.4万户。全面细化实施环太湖“加减法”，腾出各类土地指标196.13公顷。太湖新城和太湖街道实行“区政合一”管理体制。吴中高新区“一区三园”建设持续深化，苏州智能制造研究院成功开园，苏州（太湖）软件产业园、生物医药产业园建设加快。绿的谐波国家级重大科技专项正式启动，汇川技术、药明康德、科沃斯等3家企业荣登江苏创新型企业百强榜，昆仑绿建获省科学技术奖一等奖。新增省专精特新产品企业2家、省级企业技术中心2家、省级工程研究中心1家、省工程技术研究中心7家，万人发明专利拥有量达41.4件。举办东吴双创峰会暨精英周系列活动，科技部创新人才推进计划、江苏外专百人计划、姑苏重大创新创业团队实现零的突破，新增国家级重大人才引进工程人才1人、享受国务院政府津贴1人、省突出贡献中青年专家1人、省双创人才（博士）和市区两级领军人才67人。

【城乡环境】 编制吴中区新一轮城乡协调规划，启动编制城市双修、苏州生态涵养发展实验区、大运河文化带（吴中段）等规划，《太湖风景名胜区西山景区详细规划》获住建部批复，全区镇（片区）总规、控规实现全覆盖。城市更新加快推进，累计完成征拆3826户334.1万平方米，清零项目122个，腾出土地512.53公顷。新开工安置房12218套177.4万平方米，交付8941套113.7万平方米。西环高架南延地面道路建成通车，东环南延二期高架主线贯通，蠡墅立交建成在即，南湖快速路东延、苏同黎快速路、独墅湖第二通道开工建设，提升“四好农村路”41公里。新增特色田园乡村建设省级试点2个、市级试点4个，全省首个乡村振兴综合实践教育培训基地——苏州乡村振兴学堂落户临湖，全区村级集体净资产、村均稳定收入分别达98亿元、1341万元。推进生态文明建设十大工程46个项目建设。持续优化太湖水环境综合管理，1800公顷太湖围网拆除的签约、移交率均达100%，拆除工作有序推进，连续11年实现太湖安全度夏。新改建污水管网28.4公里，河道疏浚整治173条143公里，建设生态河道15条10公里，国考、省考断面全部达标，饮用水源地水质达标率100%。88项大气污染防治重点工程项目顺利推进，80家挥发性有机物排放企业完成治理，取缔非法码头79家。推进“263”专项行动，关停化工企业62家，整治“散乱污”企业1757家，开展重点地块土壤污染调查评估。七子山静脉产业园环境提升工程建设序时推进，加强固体废物管理，吴中区获评首批省级生态文明建设示范区，胥口镇、临湖镇、金庭镇、越溪街道和旺山村等5个镇（街道）、村获评首批省生态文明建设示范镇、村。

【民生事业】 2018年，推进年度实事项目，开展就业创业服务，城镇登记失业率控制在2%以内。稳步推进医疗卫生资源扩容提质“3591”工程，深化区域医联体建设，重点人群家庭医生签约率69.5%。大运河文化带建设深入推进，举办第3届苏作文创峰会，环太湖竞走多日赛获评“省十大最具品牌价值体育赛事”。光福镇入选中国历史文化名镇，新增中国民间文艺“山花奖”1个、中国工艺美术大师1人、国家级非遗传承人3人、国家级和省级技能大师工作室各1家，朱汉举获得第十二届中国摄影金像奖，填补苏州摄影史上该奖的空白，吴中区荣获“中国文学之乡”“中国民间文艺之乡”。新时代文明实践样本建设扎实推进，新增市级以上道德模范9人，110个先进集体获评苏州市2015—2017年度文明单位、文明村镇、文明社区、文明校园。深化社会综合治理网格化联动机制建设，持续推进“七五”普法，深入开展扫黑除恶、“331”整治火灾隐患专项行动，安全生产形势总体可控，吴中获评江苏省营造诚实守信金融生态环境、维护良好金融秩序区，旺山村获评“全国民主法治示范村”。

“3591”，指全区医疗卫生资源扩容提质工程，即区内公立医疗卫生机构建好3个三级医院、建成5个二级医院、建强9个一级医院，新建1个区公共卫生中心，进一步提升吴中区医疗卫生资源质量。

【党的建设】 2018年，坚持把党的政治建设摆在首位，加强区委常委会自身建设，加大习近平新时代中国特色社会主义思想和党的十九大精神学习宣传，牢固树立“四个意识”、坚决做到“两个维护”。深入落实意识形态工作责任制，广泛开展解放思想大讨论活动，常态化制度化推动“两学一做”学习教育和“六个一”基层走访调研。出台基层党组织三年行动计划，统筹推进党群共建，打造“城市党建核、企业党建轴、环太湖党建带”全域党建新格局。出台鼓励激励、能上能下、容错纠错“三项机制”细则，深化“优苗精培”工程、“百名好书记”专项行动，选树20名“新时代担当作为好干部”，激励干部担当作为。依托省、市、区履责记实平台，推动“两个责任”落到实处。抓好中央巡视江苏和省委巡视吴中反馈意见的整改落实，区委开展四轮常规巡察、三轮村（社区）“三资”管理和生态文明建设专项巡察。查处各类违纪违法案件212件，运用“四种形态”处理问题线索456件，持续巩固风清气正的政治生态。

（毛　寅）

重要会议

【中共苏州市吴中区委四届八次全体（扩大）会议】 8月1日召开，主要任务：深入学习贯彻习近平新时代中国特色社会主义思想，全面落实省委十三届四次全会、市委十二届六次全会部署，总结上半年工作，部署下半年任务，认真抓好中央、省委巡视和市委巡察反馈意见整改，动员全区上下进一步解放思想，实事求是，久久为功，善作善成，推动吴中高质量发展干在实处、走在前列，为实现“优生态、惠民生、兴产城、善治理”工作目标奋力前行。区委书记唐晓东代表区委常委会做报告。区委副书记、区长陈嵘做会议总结，并就做好当前工作提出明确要求。

【中共苏州市吴中区委工作务虚会】 12月1日召开，会议围绕“今年工作怎么样、当前形势怎么看、明年工作怎么干”共同研究交流，集思广益，谋划2019年全区的工作思路、发展目标和重点举措。区委书记唐晓东做讲话。

【中共苏州市吴中区委四届九次全体（扩大）会议】 12月29日召开，主要任务：高举习近平新时代中国特色社会主义思想伟大旗帜，深入学习贯彻党的十九大和十九届二中、三中全会精神，贯彻落实中央经济工作会议和省委十三届五次全会、市委十二届七次全会部署，回顾总结今年工作，谋划部署明年任务，动员全区上下解放思想再深入、改革开放再出发，奋力谱写“优生态、惠民生、兴产城、善治理”高质量发展新篇章。区委书记唐晓东向全会报告工作，并做题为《解放思想再深入　改革开放再出发　奋力谱写“优生态、惠民生、兴产城、善治理”高质量发展新篇章》的讲话。

【其他重要会议】 1月8日　区监察委员会成立大会

2月24日　区纪委四届三次全体会议

3月6日　吴中区纪念“三八”国际妇女节108周年暨巾帼创新创业展示会

4月9日　全区重点工作分析推进会

4月14日　全面深化改革领导小组第五次会议

4月20日　太湖河长工作会议

4月24日　全区乡村振兴工作会议

4月26日　“三优三保”专

项规划汇报会议

4月27日 “中国梦 劳动美 幸福路”吴中区庆祝“五一”国际劳动节大会

4月28日 “三合一”、群租房、电动车整治集中攻坚百日行动工作会议

5月13日 区委中心组召开解放思想专题学习会

6月16日 吴中区太湖围网拆除所涉渔民社保待遇问题和生态涵养示范区建设研究会

7月19日 苏州市城市总规2035版编制工作研讨会

7月20日 省委巡视整改工作推进会

7月21日 区大运河文化带和堤防加固工程建设推进会

8月16日 区委统一战线工作领导小组第二次全体会议

8月22日 全区领导干部会议

9月1日 区委常委会关于中央巡视整改专题民主生活会

9月4日 省委巡视整改重点工作专题研究会

9月10日 庆祝第34个教师节大会

9月20日 宏观经济形势分析建议座谈会

9月26日 全区组织工作会议

10月11日 全区拆迁（征收）安置工作现场推进会

10月19日 “奋力新作为 开启新征程”——吴中经济技术开发区建区25周年发展大会

10月31日 党外人士参政议政调研成果交流会

11月13日 全区生态环境保护大会暨污染防治攻坚战推进会

11月17日 全面深化改革领导小组第六次会议

11月17日 区委党的建设工作领导小组会议

11月19日 全区乡村振兴工作领导小组会议暨实施乡村振兴战略工作推进会

11月28日 太湖街道领导干部会议暨揭牌仪式

12月7日 省委巡视整改专项督查迎检部署会

12月7日 苏州市年度综合考核工作迎检部署会

12月21日 全区宣传思想工作会议 （毛 寅）

重要决策和活动

【重要决策】 1月29日 区委区政府关于印发《吴中区生态环境保护工作责任规定（试行）》的通知

1月29日 区委区政府印发《吴中区关于加快土地利用方式转变全面促进节约集约用地的若干意见》的通知

2月2日 区委区政府关于印发《吴中区政府投资项目管理暂行办法》的通知

4月10日 区委区政府关于印发《吴中区政府投资项目资金管理暂行办法》的通知

4月23日 区委区政府关于印发《吴中区乡村振兴三年行动计划（2018—2020年）》的通知

4月26日 中共苏州市吴中区委关于印发《全面从严治党三年工作方案（2018—2020年）》的通知

4月26日 区委区政府关于印发《落实“优生态、惠民生、兴产城、善治理”工作目标十项三年行动计划（2018—2020年）》的通知

5月28日 中共苏州市吴中区委关于加强调查研究提高调查研究实效 深化“六个一”基层走访调研的实施意见

6月5日 中共苏州市吴中区委关于印发《吴中区加强基层党组织建设三年行动计划（2018—2020年）》等三个三年行动计划的通知

6月16日 区委区政府关于深化供销合作社综合改革的实施意见

8月4日 区委区政府关于进一步明确2018年度全区主要经济指标目标任务的通知

10月9日 区委区政府关于印发《苏州市吴中区关于构建和谐劳动关系的实施意见》的通知

10月31日 区委区政府关于印发《关于深入推进吴中区领导干部经济责任审计全覆盖的实施意见》的通知

11月15日 关于建立中共

苏州市吴中区太湖街道工作委员会和纪律检查工作委员会的通知

12月5日　区委区政府关于推进安全生产领域改革发展的实施意见

【重要活动】 2月6日　迎新春团拜会

3月18日　2018年春季重点项目集中开工开业仪式

4月17日　苏州乡村振兴学堂揭牌仪式

5月26—27日　首届乡村振兴（太湖）论坛

6月28日　“以监察法实施为契机，全面加强党风廉政建设和反腐败工作”专题讲座

7月18日　吴中区政府与中国农业大学资源与环境学院战略合作签约暨中国农业大学有机循环研究院（苏州）揭牌仪式

7月21日　中国短路试验技术委员会（CSTL）成立大会

9月21日　苏州市首届中国农民丰收节开幕式

10月18—22日　苏州吴中·太湖经贸合作洽谈会

11月29日　中国电子信息产业发展研究院苏州分院项目签约仪式　　（毛　寅）

组织工作

【概况】 2018年，以习近平新时代中国特色社会主义思想和党的十九大精神为指导，全面践行新时代党的组织路线，按照全国、省、市、区组织工作会议和区委四届九次全会部署要求，以党的政治建设为统领，结合“解放思想大讨论”活动，统筹推进高素质专业化干部队伍建设、提升基层党组织组织力、更加科学有效聚才用才兴才等工作，为吴中经济社会发展提供组织保证。

【贯彻落实党的十九大精神】 坚持领导带头，先行先学，分4批对全区1053名区管领导干部、分7批对全区2700多名基层党组织书记开展学习贯彻党的十九大精神集中轮训，通过“集中辅导+个人自学”的方式，实现对科级领导干部和基层党组织书记轮训全覆盖。结合“解放思想大讨论”活动，广泛发动各地各单位开展集中宣讲、专题培训、中心组理论学习、主题党日活动、网上学习会等学习活动，将培训延伸至普通党员。推进“两学一做”学习教育常态化制度化，组织全区各级党组织广泛开展“贯彻落实党的十九大精神”“学讲话、悟初心”等主题党日活动，每月一主题，将学习教育引向深入。创设全市首家户外“红色朗读亭”，教育引导广大党员读原著、学原文、悟原理，录制并推送音频150多条。用好“吴中党建”网站、微信公众号，定期推送“习近平新时代中国特色社会主义思想三十讲”等专题内容，组织党员、带动群众学习，不断增进政治认同、理论认同、实践认同、情感认同。

【领导班子和干部队伍建设】 选拔任用干部重德才、凭实绩，坚持向发展一线、基层一线倾斜，聚焦全区三大攻坚战，重点选拔63名精于产业发展、规划建设、招商引智、社会治理和拆迁安置等业务的优秀干部。制定出台鼓励激励实施细则，开展“新时代担当作为好干部”评选，选树20名好干部典型，其中5名相继得到提拔重用。开展领导干部和领导班子日常综合研判，全年研判区管领导班子78家领导干部510名，深入了解领导班子整体运转情况、班子成员履职情况和后备干部工作情况。通过研判，储备一批优秀科级干部和中层干部，按照“人岗相适”的原则，调整优化领导班子配备，调整交流干部237名，10名优秀科职干部通过提拔或转任担任党政正职。深化“优苗精培”工程，将3名“90后”年轻干部安排到乡镇挂任副镇长，统筹选配6名“85后”年轻副科职干部充实到一线领导岗位。落实“双向挂职”要求，选派优秀年轻干部赴国家、省、市机关挂职锻炼，接收18名干部跟班学习，在全区层面选派35名优秀年轻干部开

展双向挂职。做好党委和政府部门机构改革前相关准备工作，全面完成国有企业领导人员身份转换，出台管理办法规范区属国有企业管理机制。抓好“退二线”干部管理使用、干部交流、混编混岗等方面的整改工作，对各镇、街道和22家区级机关部门开展选人用人专项检查。

【干部教育培训】 2018年，制定《全区干部教育培训三年行动计划》，举办培训班137期，培训规模达15257人次。结合“一核一轴一带”生产力布局，围绕三大攻坚战，组织开展主题班次和专题培训。做优做强“东吴大讲堂”，邀请北大、浙大等知名专家举办专题讲座9期，参学人数近8000人次。做好上级各类调训，从严规范领导干部在职自学，开发本土化精品课程，搭建教育教学成果展示平台和精品干部教育课程微信公众号平台。创设全省首家乡村振兴综合实践教育培训基地——苏州乡村振兴学堂，接待各类培训、考察团队130余批次，人数超10000人次。围绕乡村振兴总要求，重点开发18门现场教学课程、9门访谈教学课程和3门体验教学课程。推进现场教学基地建设，分类打造太湖园博园等33家市、区两级现场教学基地，重点选树20家现场教学点。强化本土化课程师资队伍建设，推行访谈式教学、案例式教学新模式，邀请11名知名学者担任客座教授，聘请9名村（社区）党组织书记担任访谈嘉宾，配备63名基层讲解员。

【干部监督工作】 制定提醒、函询和诫勉的操作规程，规范化实施提醒、函询、诫勉，科学化激励考评干部。健全个人有关事项报告制度，对100名领导干部的个人有关事项报告进行核查比对。抓好“三超两乱”、领导干部企业兼职等专项整治，制定21项64条整改措施。向39家基层单位反馈“一报告两评议”测评结果，规范选人用人程序。开展领导干部经济责任审计，对3家单位主要领导进行“三责联审”、对6名领导干部进行任中审计、对7名领导干部进行离任审计、对11名“一把手”开展“阳光交接”。做好科级及以上领导干部出国（境）审批工作及干部人事档案管理工作。

【人才工作和人才队伍建设】 中国工艺美术大师、科技部创新人才推进计划、省外专百人、姑苏重大创新创业团队等重点人才实现零的突破。国家级重大人才引进、国务院特殊津贴等高端人才，国家级博士后工作站、国家级技能大师工作室等人才平台再度刷新。3人获评国家级非遗传承人，1人获中国民间工艺最高奖“山花奖”；69人入选省“三带”乡土人才，3人入选省双创人才，4人入选省双创博士；14人入选姑苏创新创业领军人才。制定人才新政20条实施细则，出台《全区乡土人才培育提升三年行动计划》，强化人才工作例会机制，优化人才区镇绩效考核机制。深化人才工作“双面绣”品牌，东吴双创峰会吸引34个人才项目落地。举办苏作文创峰会，与故宫博物院、西安美院签订合作协议，故宫博物院院长单霁翔到会发表主旨演讲。举办第四届技能状元大赛、“智汇吴中”青年创客大赛、第二届“青年博士进企业”等引智活动，建立8家海内外引才工作站和32家人才企业工作联络站。强化人才政治引领和吸纳，建立区四套班子领导挂钩走访重点人才制度落实情况，综合表彰大会上表彰16名高层次人才，组织20余名人才参加国情考察活动。修订高层次人才生活待遇管理办法，保障人才落户、就医、旅游、子女入学等优惠，落实意外保险、健康体检、休养疗养等待遇。制定人才公寓建设补助办法，贯彻落实苏州市人才乐居工程和优秀贡献奖励办法，引导各地建设人才公寓。

【基层党建工作】 创新打造“城市党建核、企业党建轴、环太湖党建带”全域党建新格局，创建14个党群服务中心（站、点），开通3辆“红色巴士”，打造4条

环太湖党建带　　　　区委组织部　供稿

“红色步道”，新四军太湖游击队纪念馆获评省级党员教育实境课堂，环太湖红色步道等4个基层党建阵地获评苏州市“海棠花红”先锋阵地。推进“支部建在网格上”，建立三级网格党支部848个，推动“一站式”党群驿站建设，落实党建为民服务专项经费，9个项目被评为“苏州市社区党组织为民服务百佳示范项目”。推进“四个集中”行动，对全区21000多家“两新”组织开展党建工作基本情况进行专项排查，加强互联网业、商务楼宇、商圈市场等领域党建工作，成立姜家区域党委、国际教育园区党建联盟等区域党建共同体，打造盖睿健康科技等非公党建示范点，承办全市“两新”组织党建知识竞赛活动。制定《全区基层党组织建设三年行动计划》，建立基层党建调研督导机制，下发“基层党建工作任务清单40条”，开展机关、乡镇“推磨式”体检，组织党代表实地调研基层党建工作。推进“一把手”书记抓基层党建工作项目负责制，全区书记领办基层党建项目32个，区委直属党（工）委党建创新项目38个，“两新”工委成员单位领办“两新”党建项目17个，打造“太湖红心岛”“领角直行”等党建品牌。强力推进“海棠花红”先锋阵地群建设，划拨235万元对全区77个基层党建阵地给予经费补助。

【党员队伍建设】 实施“百名好书记”专项行动，组织开展“四十佳”评选活动，9个基层党组织被命名为苏州市先锋基层党组织，9名基层党组织书记被命名为苏州市优秀基层党组织带头人，2名基层党组织书记入选苏州市十大先锋人物。加强日常管理，全年共调整备案村（社区）书记26名。举办“新时代新接力”村（社区）党组织书记培训班、农村（社区）青年干部培训班、“两新”组织党务骨干示范培训班等党务干部培训20余场次。全面推广“行动支部”工作法，建立行动支部211个，8个支部分别被评为市级标兵行动支部和优秀行动支部。用好苏州智慧党建信息平台，规范支部建设，严格落实“三会一课”、组织生活会等制度。组织党务干部参加发展党员履职资格认证考试，全年发展党员618名，其中非公企业党员328名，组织发展对象和新党员标准化培训各4期，累计培训近1400人。开展退役军人党组织关系排查，帮助53名党员恢复党组织生活、3名党员落实党组织关系。做好“失联”党员排查和处置，对36名“失联”党员办理停止党籍手续。提高“两新”组织党工干部津贴标准和活动经费，继续做好规范党费收缴、管理和使用工作，加大向基层党组织返还党费力度。（芮　佳）

宣传思想

【概况】 2018年，全区宣传思想战线坚持以习近平新时代中国特色社会主义思想为指导，围绕全区发展大局，开展思想理论学习，落实意识形态管理责任，把握正确舆论导向，弘扬和践行社会主义核心价值观，繁荣文化文艺事业，各方面工作取得良好成效。

【开展解放思想大讨论活动】 2018年5—12月，按照省、市、区委部署要求，吴中区组织开展解放思想大讨论活动。围绕省委确定的“学习新思想，改革再出发，开放迈新步，发展高质量”主题和市委相关要求，结合吴中实际，区委先后印发《关于开展解放思想大讨论活动的实施方案》《区委常委会开展解放思想大讨论活动方案》等文件，明确吴中区重点讨论的8个方面问题，共征集到社会各界对区委常委会进一步解放思想的意见建议8大类64条，将其全部反馈各相关单位整改落实。区委中心组围绕解放思想大讨论主题，先后开展4次集体学习研讨，有16人次常委同志做学习交流发言。在全区科级以上领导干部中组织开展“学习新思想、砥砺新作为”专题读书调研活动，共征集调研文章358篇。区委派出专项督查组，分赴全区29个单位，对全区开展解放思想大讨论活动情况进行专项督查。大讨论活动共形成34项实践、制度成果，编印《简报》4期，刊登各类文章信息90多篇，其中各地“一把手”书记专题文章16篇。

【理论武装】 2018年，加强理论研究阐释，开展习近平新时代中国特色社会主义思想和党的十九大精神学习。协助区委组织中心组理论集体学习研讨10次，举办专题讲座9次。在全区广泛开展解放思想大讨论活动，举办区委中心组专题学习会，编印活动简报4期，在《吴中社科动态》刊发相关文章30余篇。在全区科级以上领导干部中开展“学习新思想、砥砺新作为”专题读书调研活动，共征集调研文章358篇。开展年度党员冬训，吴中区冬训项目获评全省基层党员冬训创新项目。组织“习近平新时代中国特色社会主义思想三十讲”微型党课征集、评选和视频录制，在全区开展“学习新思想、拥抱新时代”主题征文、百姓名嘴风采赛和巡回宣讲活动。

【意识形态工作】 把意识形态工作作为全局性工作来抓、系统性工程推进，书记带头落实“第一责任”，调整成立区委宣传思想文化工作领导小组。把落实意识形态工作责任制分别纳入区委常委会年度工作要点、党建工作责任书、区委巡察范围和绩效考核体系。协助区委完成省委巡视意识形态工作责任制反馈问题整改工作。制定下发《党委（党组）网络意识形态工作责任制实施细则》等文件。召开区委常委会落实意识形态工作责任制情况专题述职会。全年组织召开区意识形态领域情况分析研判联席会2次，对6家单位开展意识形态工作责任制落实情况专项监督检查，加强对意识形态重点领域、阵地管控。制定《吴中区网络评论工作管理办法》，组建“核心网评员”和“骨干网评员”两支队伍，围绕提升网信队伍能力水平，开展挂职、业务培训和实战锻炼。选派2名同志参加的“一网吴前”苏州代表队获2018全国网站平台知识技能竞赛全国总冠军。推进“清网”“网剑”等专项行动，完成“网络游戏信息专项整治”“网上历史专项整治”“整治网上假新闻和新闻敲诈问题”等工作。

【舆论引导】 2018年，把握正确舆论导向，以全区发展大局为中心，讲好“吴中故事”。开办《吴中新闻》月刊，全年累计刊发12期48版。围绕“改革开放40周年”“实业兴区”“乡村振兴”“‘331’百日行动”等开展主题宣传，《吴中新闻》专刊开设“思想大解放引领高质量发展”专栏、吴中报道策划“‘一把手’谈解放思想”专题报道。2018年，中央电视台、《人民日报》等国家级主流媒体播出、刊登吴中区新闻和专题节目41条，江苏电视台、《新华日报》等省级主流媒体刊稿96条，其中《光明日报》头版头条《吴中内外兼修太湖美》宣传吴中的生态文明建设和高质量发展。构建报刊、电视、广播、政务双微（微博、微信）五驾马车融合发展的宣传平台，“吴中发布”引领全区政务微媒体矩阵开展“致敬40年　看‘吴’限精彩”专题微信，全年阅读总量超300万次，其中2条微信阅读量突破10万次。开展节点性、热点性舆情风险排摸，建立全天在线舆情监控和专人直报制度，指导处置负面舆情30余起。举办“绿水青山　看吴中巨变——全国重点晚报‘金秋苏州吴中行’大型新闻摄影活动”，40多份晚报刊登的60多个版面展示吴中的“最江南”。编印《吴中概览》《吴中投资指南》，开展《心上吴中》口袋书采制工作，着力打造展示地区形象精品。

【精神文明建设】 2018年，做好文明城市创建复评迎检工作，打造“好美吴中”精神文明建设品牌。印发《吴中区深化农村精神文明建设　提升农民精神风貌三年行动计划（2018—2020年）》，落实《吴中区城市文明提升三年行动计划（2018—2020年）》，全区共有110个集体获评2015—2017年度苏州市文明单位、文明村镇、文明社区、文明校园。推进吴中区新时代文明实践样本建设，截至年末，全区共建设完成150多个文明实践样本点位。2018年新增“中国好人”1名，“江苏好人”1名，“苏州最美人物”1名，“苏州好人”　7名。制作《因为爱——吴中区道德风尚建设巡礼》文明宣传片、书籍，组织全区“中国好人”亮相2018苏州吴中洞庭山碧螺春茶文化旅游节。推进“扣好人生第一粒扣子”未成年人思想道德教育实践活动，举办“好美吴中·礼树少年　Yue少年成长计划”系列活动3期。推动各地开展“缤纷冬日”“七彩夏日”假期系列活动。开展全区“最美家长”评选活动，共评出199名并举行分享会，命名一批区未成年人社会实践基地。13人入选苏州市第五届百名美德少年，横泾实验小学学生童谣作品获得2018年全国第七届优秀童谣三等奖。推进志愿服务制度化建设，启动吴中区志愿服务孵化培训。全年共开展志愿培训20场，累计参加培训人数1000人次以上，实现镇（区、街道）全覆盖。吴中志愿者智慧云服务平台注册志愿服务团队超700个，注册志愿者超13万名。许小猛获评江苏省“学雷锋志愿服务优秀志愿者”。

【首轮志愿服务孵化培训全覆盖】 2018年9月28日，吴中区开展全区志愿工作培训会，启动吴中区首轮志愿服务孵化培训。截至年底，共开展志愿培训20场，累计参加培训人数1000人次以上，实现镇（区、街道）全覆盖。通过培训，志愿者们熟悉掌握吴中志愿者智慧云平台的操作方法及要领，明确志愿服务的开展方向，提高志愿服务的热情。首轮孵化培训后，截至年底，全区共新增志愿者29370名，新增志愿服务团队241支，发布志愿活动1318个，累计参加活动28772人次。

【文化惠民】 2018年，围绕文化惠民目标，加快推进文化体制改革，丰富群众文化活动，满足群众精神文化需求。吴中区获“中国文学之乡”“中国民间文艺之乡”称号。以文化惠民方式，区评弹团在保利剧院举办首场演出。推进大运河文化带建设，成立大运河文化带建设工作领导小组，建立相关工作机制，并开展规划编制。开展文化产业高质量发展专题调研，加强与规范文化产业统计工作。推动乡镇文联建设，为吴中高质量发展、提升文化软实力注入活力。开展全民阅读等宣传文化活动，策划指导吴中太湖新城杯“发现吴中新地标”摄影大赛作品展、“春天的脚步”庆祝改革开放四十周年吴中文艺成果展等大型文化活动20余场。区公共文化中心规范运行，全年举办各类文化活动840余场，引进国家级艺术演出25场，接待参观团体145批次，直接服务群众120万人次。

【文艺人才】 2018年，全区文化人才在国家、省、市、区各层面多次实现零的突破。红木雕刻大师钟锦德获“中国工艺美术大师”称号；周建明、薛林根、施跃文入选国家级非遗传承人；朱汉举以“魅影”“精灵”“舞动的心”三个系列的摄影作品获得第十二届中国摄影金像奖，摘得摄影领域全国最高个人成就奖，填补苏州摄影史上的空白。陆小琴、葛芳、王玉国3人入选“333高层次人才培养工程”第三层次培养对象名单；钟锦德入选第二届“姑苏文化名家”；朱汉举等9人入选第三届“姑苏宣传文化人才”。2018年，出台《东吴文化人才专项扶持实施细则（试行）》，评选2017—2018年度东吴文化人才25人，其中东吴文化产业领军人才1人，东吴文化产业重点人才3人，东吴文艺名家8人，东吴文艺重点人才13人。全区首次评选东吴文化人才扶持项目27个，进一步激发人才传承创新的活力。（张婷婷）

统一战线

【概况】 2018年，全区统一战线以习近平新时代中国特色社会主义思想和党的十九大精神为指导，探索创新构建大统战工作格局。成立全市首家新的社会阶层人士联谊会，举办吴中区政府区长对话新阶层人士、民营企业家座谈会，汇聚全区新阶层人士的智慧力量。区委统战部获评2018年度中国统一战线宣传工作先进单位，三山岛被评为省华侨文化交流基地，越溪旺山被命名为市级华侨文化交流基地。截至2018年底，全区有民革、民盟、民建、民进、农工党、致公党和九三学社7个民主党派组织和无党派知识分子联谊会，成员共616人。区政府工作部门中，有15个部门配备党外领导干部。

【民主政治建设】 2018年，完善落实走访交友、对口联系等各项制度，调整《区委常委与党外代表人士联系交友名单》，出台《进一步加强政府部门与民主党派、工商联对口联系制度》。确定各党派年度重点调研课题，组织围绕智能制造、民生福祉、乡村振兴、社会治理等方面开展考察调研，将解放思想大讨论与课题调研相结合，开展“我为吴中高质量发展献一策”主题征文活动。10月，出台《关于支持民主党派开展重点考察调研的实施意见》，召开吴中区党外人士参政议政调研成果交流会，完善“党委出题、党派调研、政府采纳、部门落实”的参政议政机制，深化对口联系，加快推进成果转化。举办区委领导与民主党派主委座谈会议，定期召开双月学习座谈会、情况通报会，搭建知情问政平台，畅通民意表达渠道。支持民主党派加强自身建设，坚持教育培训、推荐使用、实践锻炼等多措并举加强党外干部队伍建设，民革进行组织升格，成立民革吴中区基层委员会。开展纪念中共中央发布“五一口号”70周年系列活动。吴中区无党派参政议政工作经验纳入省委统战部党外知识分子联谊会工作案例汇编。

【新的社会阶层人士工作】 2018年，推进试点建设，打造“党建+统战”工作品牌。强化组织领导，出台《关于加强新的社会阶层人士统战工作的实施办法》等文件，形成条块结合、齐抓共管的联动工作格局。3月，成立全市首家新的社会阶层人士联谊会，成立4家基层站点，创建“吴中新英汇”品牌，汇聚全区新阶层人士的智慧力量，共同服务经济社会发展。上线“吴中新英汇”微信公众号，面向社会开展线上线下互动交流。9月，举办吴中区政府区长对话新阶层人士、民营企业家座谈会，坚定民营经济发展信心，对所提28条建议逐条答复落实，为全区经济社会发展奉献才智、发挥作用。通过聚焦自由职业者、新媒体从业人员和社会公益团体等人群，关注吴中产业布局中的年轻引领者，开展系列活动，增强“吴中新英汇”凝聚力。组织数十期专题讲座、技能培训、创业沙龙，增进思想共识，加强服务引导。携手帮扶薄弱村开展精准帮扶捐赠活动，联合郭巷街道常青藤社区打造“健康到家”社区居民医疗服务项目，引导新阶层人士发挥行业和资源优势来服务回馈社会。

【港澳台侨及海外工作】 2018年，把团结人、凝聚人贯穿工作始终，渗透港澳台海外统战工作各个方面。邀请香港苏州吴县同乡会组团回乡访问，感受家乡发展新变化，区委书记唐晓东会见同乡会一行，强调要多联络团结乡亲，多宣传推介家乡，讲好家乡故事。为庆祝中华人民共和国成立69周年、改革开放40周年，9月，举办“吴文化走进香港校园”系列活动，邀请吴中区10位工匠大师，与香港青年学生进行互动，促进两地文化交流。以侨联为载体，做好维护侨益、为侨服务工作，出台《关于全区新侨培育与扎根计划实施意见》，为全面掌握侨情、凝聚侨智、服务新侨提供支持。与欧美同学会共同举办海外高层次人才创新创业座谈会，引资引智助推发展，落实各项惠侨政策，引进多个项目。以打造文化品牌为抓手，开展音乐会、书画展览、文艺演出等系列活动，东山三山岛被评为省华侨文化交流基地，越溪旺山被命名为市级华侨文化交流基地。

2018年3月20日，吴中区成立新的社会阶层人士联谊会　区委统战部　供稿

【大统战工作格局】 2018年，吴中区大统战工作格局已逐步形成。通过健全年度百分考核机制，推进新形势下基层统战工作的开展，激发基层统战工作活力。8月，召开区委统一战线工作领导小组第二次全体会议，在中央统战部干部培训中心举办全区统战干部培训班，首次将领导小组成员单位纳入统战培训对象，推动吴中区统战工作开创新局面。充实完善吴中区统战对象代表人士数据库，对各类统战对象代表人士信息实行动态管理，注重与统战对象的定期联络沟通。通过举办专题讲座，召开4场学习座谈会，以座谈交流、主题宣讲、形势报告等多种途径对民主党派、无党派、非公经济、民族宗教、华侨华人等各界人士进行宣传，提高政治站位，增强新时期全区统战成员责任感和使命感。支持民主党派、工商联、无党派紧扣中心工作，了解社情民意，反映各方意见，年初“两会”上提出提案、建议60余件。

组织吴中区统一战线赴德江开展精准帮扶，发挥统一战线汇集力量的优势实现“智力帮扶”和“产业帮扶”。（顾文晓）

政法工作

【概况】 2018年，全区政法系统紧扣“善治理”目标，推进平安吴中、法治吴中、过硬队伍、联动机制、基层基础“五大建设”，促进群众安全感、法治满意度、社会治理能力、队伍战斗力、政法工作影响力“五大提升”，服务新时代吴中经济社会高质量发展。吴中区获评“2017年度江苏省平安县（市、区）”“2017年度全省综治工作（平安建设）先进集体”“2015—2018年全省综治先进集体”。区联动中心获“2017年度江苏政务服务改革创新成果奖”和“全省创新网格化社会治理机制专项工作先进集体”称号。

【平安吴中建设】 完善社会稳定风险评估机制，全年完成稳评项目96个。分析研判涉军群体、P2P投资理财、环保邻避、征地拆迁、积分入学等重点领域涉稳形势，做好七子山静脉产业园环境提升、太湖围网拆除、南环桥市场搬迁的群众工作，未发生有影响的群体性事件。完成全国“两会”、上合组织青岛峰会、进博会等重大活动安保工作。开展扫黑除恶专项斗争，组建实体专班，压实政治责任，健全工作机制，区扫黑办办结线索62条，全区共立九类涉黑涉恶案件143起，破案数115起，抓获犯罪嫌疑人445人，打掉涉黑涉恶团伙（3人及以上单起）43个。开展“331”整治火灾隐患、打击盗抢骗等系列专项行动，开展治安重点地区和突出问题排查整治，对13个重点地区进行挂牌整治，解决群众反响强烈的治安顽疾。实施心理危机干预项目，分类稳控好各类特殊群体和信访重点人员，确保社会大局持续平安稳定。

【法治吴中建设】 落实“七五”普法规划，高分通过省、市对吴中区“七五”普法中期检查。开展“关爱民生法治行”活动，实施13项法治实事工程，将法治惠民落到实处。连续四年组织举办法治评弹基层巡演活动，2018年围绕联动中心服务为民、扫黑除恶斗争和国家安全工作新创作3部短篇评弹节目，共演出80多场次，听众达数万人次。开展“十大法治人物”“十大法治事件”评选活动，通过挖掘具有典型时代意义的法治事件和为法治建设做出突出贡献的个人，弘扬法治精神、凝聚法治力量、传播法治理念。

【联动机制建设】 2018年，紧扣基础网格、两份清单、智能平台、专项考核“四大核心要素”，更加聚焦安全生产巡查、社会矛盾化解、重点人群管控等社会治理深层次矛盾，打造“吴中联动升级版”，基本形成“网络+网格”的吴中特色。全年区联动中心共受理有效工单572550件，办结557778件，结案率97.42%，一批民生热点问题依托网格化联动机制得到妥善解决。全国维稳办主任会议在苏州召开，吴中区联动中心设现场观摩点，全年累计接待全国各地各级各类参观考察130批次2286人次。推进矛盾调解、国家安全人民防线、反邪教等工作融入联动机制，丰富联动机制内涵。

【基层法治建设】 2018年，建设区、镇、村三级综治中心，夯实综合治理基层基础工作。5月，区综治中心正式启用，13个镇（街道）均建成实战型综治中心，累计建成127个五星级村（社区）综治中心，建成率67%。推进法治文化阵地建设，区法宣中心完成改造升级，获评“苏州市法治文化建设示范点”，全区建成省级法治文化建设示范点4个、市级法治文化建设示范点25个。开设“法治吴中”电视节目、“以案说法”广播栏目，利用“吴中政法联动12345”微信公众号、微博等新媒体及时正面发声，提升政法工作群众知晓率和参与度。

（薛晓燕）

机构编制管理

【概况】 2018年，吴中区设置区委工作机构7个，区委派出机构7个，区委直属事业单位3个；按党章规定，设置区纪律检查机关；设置区政府工作部门26个，区政府派出机构7个，区政府直属事业单位3个，区级社有资产管理机构1个；区人大常委会工作机构7个；区政协工作机构7个；区社会团体10个，区民主党派和工商联4个；法院、检察院各1个；区下辖7个镇7个街道。全区党政群机关行政编制数1577名，在职人数1577人。其中，区级机关行政编制数830名（含物价专项行政编制9名），在职人数829人（含使用物价专项行政编制人员6人），镇核定编制数358名，在职322人，街道核定编制数128名，在职177人，政法专项编制数261名，在职人数249人。区级机关各部门使用后勤服务人员编制167名。全区事业单位共407个（含合署办公事业单位5个），事业单位编制数13984名（其中机关群团使用事业编制369名），在职人数12756人（其中机关群团使用事业编制287名）。

【行政审批制度改革】 2018年，从企业和群众反映强烈的“三证照”办理入手，简化优化审批流程；以新纳入环境评价的指标为重点，优化报批环节；建立健全“3550”改革（开办企业3个工作日内完成、不动产登记5个工作日内完成、工业建设项目施工许可50个工作日内完成）常态化机制，实现“3550”改革时限要求，营造吴中区简政放权创业创新营商环境。在苏州太湖国家旅游度假区、吴中经济技术开发区和经济发达镇组建行政审批局，优化审批服务。梳理完成吴中开发区199项权力事项、度假区198项全链审批权力事项清单。在开发区开展“证照分离”改革试点，复制上海浦东新区“证照分离”改革经验做法，制定33项行政审批事项配套方案，着力解决企业准营环节办证多、办证难等问题。

【经济发达镇行政管理体制改革】 2018年，多次召开经济发达镇改革工作推进会，专题部署木渎镇、甪直镇改革工作。按照苏州市统一部署，指导木渎镇对照省级发达镇的评估标准，围绕“四个一”标准（镇村治理“一张网”、便民服务“一窗口”、综合执法“一队伍”、指挥管理“一中心”）加快整改优化。将甪直镇纳入省级经济发达镇改革，起草《苏州市吴中区甪直镇行政管理体制改革方案》《吴中区甪直镇经济发达镇行政管理体制改革的实施意见》等，建立并完善改革架构；指导甪直镇对照“四个一”标准推进改革。

【企业投资项目信用承诺制改革】 以开发区纳入省级试点“企业投资项目信用承诺制”改革为契机，定期组织召开企业投资项目信用承诺制改革例会，沟通解决改革过程中存在的问题、难点。起草《关于成立企业投资项目信用承诺制改革试点工作领导小组的通知》《关于开展企业投资项目信用承诺制改革试点工作方案的通知》等文件，明确重点任务、责任分工及工作要求等重要内容。

【机构改革】 2018年，按照中央、省、市统一部署和要求，贯彻落实《深化党和国家机构改革方案》，梳理各部门职责和机构编制设置、内设机构设置及部门间协调配合等情况，分析党政群机构设置和行政体制现状，为推进改革做好准备。7月，区委成立吴中区机构改革领导小组，统筹领导协调、组织实施、检查督促全区党政机构改革工作，领导小组下设办公室，承担日常工作；加强对全区机构改革工作的组织领导。制订“机构改革工作计划安排”、梳理各部门职能划转情况、草拟“党政机构设置方案”、编制“机构编制职数框架”。对各部门人员信息调查摸底，根据摸底情况草拟“区级部门转隶组建工作方案”等。

【机构编制监管服务】 强化区级机关和区属事业单位用编用工联席会议制度，开展控编减编、机构设置、混岗混编等机构编制问题的专项督查，严格控制机构和人员编制，严把人员入口关，守住机构编制“三条红线”不突破。做好“三责联审”，完成对区司法局、市场监管局、档案局三个单位党政主要领导干部的机构编制责任审核。召开区编委会全体成员会议1次，研究10个部门的编制事宜。设立“太湖街道党工委、办事处”。在卫生系统实施卫技人员备案制管理模式。成立区教师发展中心、新设苏州市吴中区尹山湖实验小学等3所小学。区事业单位登记管理局、区劳动监察大队、区城乡规划编制研究中心机构升格。完成全区事业单位和吴中区总工会、团区委、妇联“三定”方案。

【事业单位登记管理】 根据中央、省、市有关事业单位改革精神，落实年度报告公示制度，在区编办网站上将全区407家事业单位的2017年度报告全部进行集中公示。办理统一社会信用代码证书变更18家、注销8家，办理事业单位设立登记15家、变更登记95家、注销登记5家。多部门联合印发《苏州市吴中区事业单位信用等级评价实施办法（试行）》，推进全区事业单位信用等级评价工作。

【机关绩效管理】 2018年，完善区级机关部门绩效管理工作实施意见和评价细则，增加意识形态工作考核权重，推进生态环保考核，加强社会综合治理考核，强化民生实事和重点社会事业建设考核，突出考核结果导向。2018年，纳入绩效管理的区级机关部门66家，评定绩效考核优胜单位18家。

（徐　慧）

机关党建

【概况】 2018年，深入学习贯彻习近平新时代中国特色社会主义思想和党的十九大精神，以理论武装为根、以基层建设为要、以服务大局为重，不断增强机关党建的政治引导力、思想引领力、群众组织力和社会号召力，为实现吴中“优生态、惠民生、兴产城、善治理”工作目标提供政治保证。50个基层党组织中获评全国青年文明号3家，全国巾帼文明岗3家，省级巾帼示范岗2家，市文明单位15家和区文明单位43家，其中党员获评中国好人1人，全国志愿之星1人。区级机关党工委获“苏州市文明单位”称号。

【机关思想政治建设】 2018年，突出以政治建设为统领。举办党组织书记学习贯彻党的十九大精神轮训班、宣讲会、知识竞赛等各类活动10余次，编印下发十九大宣传读本2400余册、《吴中区机关党员干部应知应会口袋书》3900册、区级机关“青年大学习”学习心得汇编80余册。落实党委中心组理论学习旁听制度，紧扣“学习新思想，改革再出发，开放迈新步，发展高质量”专题，组织相关部门对区水利局、教育局、住建局等9家单位中心组理论学习进行旁听并做点评。落实意识形态工作责任制各项目标任务，开展社会主义核心价值观宣传、“学习新思想　拥抱新时代”百姓名嘴宣讲、“新媒体背景下的舆情分析与舆论引导”专题讲座等活动，强化党对意识形态工作的领导地位。组织开展党组织书记、党务干部、纪检干部、新党员等各类专题研修培训班，参训党员超过600余人次。举办“走看学做比党建”“网上故事会·我的入党故事”“学讲话·悟初心”主题党日、“点赞新时代·共话新征程”理论微故事征集、“新时代新气象新作为”大讨论、解放思想大讨论以及“不忘初心，砥砺前行”红色经典诵读等活动，引导机关党员强化“四个意识”，坚定“四个自信”。《紧扣主线主题　推动机关党建新作为》在省级机关刊物《工作与学习》刊载。《党建带群建　群建助党建　开创机关党群工作共建共享新局面》等2篇文章在《吴中信息·专刊》上刊发。

【机关党组织建设】 2018年,立足抓基层、打基础、带队伍,理顺区级机关党组织的隶属关系,落实机关党建工作责任制,抓好“三会一课”、谈心谈话、专题组织生活会、民主生活会等党内生活各项制度的规范落实。督促各直属党组织做好班子成员的调整增补,完成区国税局党委、民政局党总支等下属46个机关支部换届改选工作,完成纪委监委党支部调整为党委,联动中心党支部调整为党总支,国税局党委、地税局党委合并为税务局党委的选举工作。强化书记队伍建设,健全完善“书记抓党建”专项述职工作机制,50个直属基层党组织书记工作述职全面开展。推进党建示范点创建三年行动计划,50家区级机关基本都按要求完成创建任务,区检察院、税务局、文体局、接待办、气象局、档案局、联动中心等一批基层党建示范点样板精品脱颖而出。坚持特色牵引、示范带动,引领各基层党组织创新工作,形成区检察院网上、掌上、实体“三位一体”智慧党建和区审计局“廉审先锋”等一批党建创新品牌,吴中地税局机关党委获评区“十佳基层党组织”。推行“行动支部”工作法,区科技局“智慧党建、线上科技”、区金融办“服务实体经济、维护金融生态稳定”等“行动支部”影响力、示范力和辐射力不断扩大。

【机关党风廉政建设】 2018年,坚持挺纪在前,学习并执行《中国共产党纪律处分条例》,正确运用执纪监督“四种形态”,按要求先后牵头组织相关部门对11家区级机关单位开展“清风行动”,开展规范公务接待和公务经费支出管理专题培训。发挥从严治党“两个责任”履责纪实平台的作用,构建机关党工委责任落实“数据库”,录入责任落实情况,约束党员干部执行力,推动党风廉政建设步入新局面。重视省委巡视组对吴中巡视情况的反馈意见,整改落实非班子成员担任机关党组织书记、组织生活不严肃、党费收缴不及时等突出问题。开展“知敬畏、树标杆、铸忠诚”“传承优良家风,共建廉洁机关”“廉洁从政、从我做起”等廉政教育培训,组织基层党员干部赴苏州监狱开展警示教育等。

【机关精神文明建设】 加强与区总工会、团区委、妇联等群团部门的沟通交流和工作联系,常态化开展“模范职工之家”“青年文明号”“青年志愿者”“巾帼文明岗”“最美家庭”等评选活动,营造机关创先争优氛围。组织开展“忆峥嵘岁月 颂青春之歌”纪念五四运动主题团日、庆“三八”文艺演出、“三敢三勇”精神专题讨论会、“5·15”国际家庭日环保净山、“书香飘万家”阅读、区级机关“建行杯”职工智力运动会等各类活动15项,引导机关干部职工、青年、妇女立足本职岗位创新创优,展现新时代风采。与建行吴中支行党建结对,推动形成“资源共享、优势互补、携手同行、共同发展”的党建工作新格局。着力提升党建工作“温度”,积极参与“阳光扶贫”一对一结对和区级集体经济薄弱村挂钩帮扶工作,举办“青春助梦、让爱随行”帮扶结对、“三·五学雷锋献爱心”“传承好家风,共筑爱心梦”爱心储蓄罐、“九九重阳”爱老敬老等公益活动10余项。关注关爱机关困难党员和困难职工,建立完善机关困难党员职工信息库,完善慰问看望制度,共发放慰问金慰问品9.6万元。 (朱 艳)

老干部工作

【概况】 2018年,抓好老干部思想政治工作,推动离退休干部党组织建设,落实老干部服务保障,引导广大离退休干部、党员为吴中“优生态、惠民生、兴产城、善治理”工作目标发挥作用,擦亮“晚晴吴中”工作品牌。《中国老年报》《银潮》《苏州日报》《姑苏晚报》等报刊媒体报道吴中区老干部工作,区委老干部局获“2015—2017年度苏州市文明单位”称号。截至2018年底，全区共有离休干部151人。

【**老干部思想政治建设**】 2018年，通过专题辅导、情况通报、正能量基地参观、赠阅党建书刊、寄送学习资料、微信平台推送等形式，引导老同志学习新知识、贯彻新理念，引导全区离退休干部坚决维护以习近平同志为核心的党中央权威和集中统一领导。全年召开老干部情况通报会4次，区委书记唐晓东和区委常委、组织部部长张瑛分别向老干部传达重要会议精神、通报全区经济社会发展情况。举办十九大精神专题报告会、全国“两会”精神专题讲座，邀请市级专家、教授为离退休干部、离退休干部党支部书记解读中央、省、市重大决策部署。组织老干部参加中国老龄协会、中国老年报社等单位举办的十九大知识竞赛并获优秀组织奖。分别组织原四套班子老领导和离休干部参观吴中绿色智慧太湖新城展示中心、农村产权交易中心、社会综合治理联动中心和临湖镇柳舍村全国美丽宜居示范村建设，引导老干部为改革发展建言献策。全年向老干部邮寄《吴中老干部信息》《老干部学习之友》等学习资料4000余册，为全区离退休干部、离退休干部党支部征订《中国老年报》《新华日报》《苏州日报》等报纸杂志，营造浓厚学习氛围。

【**老干部党组织建设**】 2018年，以“六有一提升”规范化要求加强和改进社区离退休干部党建工作，将离退休干部党建工作提上区老干部工作领导小组会议专题研究，并纳入机关绩效考核。在全区离退休干部党支部中开展“走看学做比党建”“学讲话、忆初心、再出发”主题党日活动。承办全市首场离退休干部党支部主题党日活动观摩会，区委党校离退休干部党支部、晚晴风华团队党支部分别用“五个一”“六个不忘初心”展示老党员先锋本色，成为典范。加强“领头雁”队伍建设，举办全区离退休干部党支部书记和助理员培训班，建立离退休干部党支部书记片组联络制度，提升党支部书记政治素养和业务水平。探索“一方隶属、多方管理”模式，推进全区社区、养老机构、老干部团队离退休干部党组织建设。截至2018年底，全区共有离退休干部党支部60个，临时党支部26个。

【**老干部服务保障**】 四套班子主要领导坚持春节、高温带头走访慰问原四套班子老领导，全区各地、各单位普遍做到老干部春节、高温、生病住院、有特殊困难、去世“五必访”。推进“面对面、心连心”离休干部大走访活动，把老干部的事当成家事协调解决。推进离休干部就医“三有一落实”工作，畅通绿色通道，建立特困帮扶机制，实现城区离休干部家庭医生签约率100%。安排一年一度老干部健康体检和保健疗养工作，邀请江苏省“银潮”杂志社特聘省级医疗单位专家团队走进吴中，开展健康讲座和现场义诊。抓好老干部学习活动阵地建设。开展“闹元宵猜灯谜”“迎端午包粽子”“晚晴吴中　爱在重阳”等传统文化活动，组织区老干部团队与兄弟单位开展交流，并参加各类比赛，丰富老干部精神文化生活。2018年，区老年大学启用新开发的教学管理系统，开通网上选课功能，调整课程设置，新增“红楼梦与姑苏情结”课程。截至2018年底，区老年大学共设7个系、37个专业、77个班级。拓展第二课堂，承办苏州市老年大学协会调研培训会，全面展示区、镇、村三级老年教育成果。

【**老干部正能量活动**】 2018年，在全区离退休干部中开展“晚晴吴中”老干部增添正能量系列活动，发挥银发人才作用。围绕纪念改革开放40周年，开展“变化——我与改革开放四十周年”老干部、老党员征文及书画作品征稿，并将获奖作品汇编成册，区委书记唐晓东为之作序；成立老干部集邮小组，承办“不忘初心，筑梦前行”庆祝改革开放40周年邮展；结合中国共产党成立97周年，举办“晚晴吴中，红歌嘹亮”红歌沙龙、老干部红色经典诵读艺术沙龙，展示改革开放辉煌成就和老干部爱党爱国热情。举办“足迹——走遍全球”摄影展，开展“书香晚晴”主题阅读，激发老同志讲好吴中故事、传播吴中好声音。组织老干部参加“读原著、学原文、悟原理”网上学习会、讲述入党故事、迎“八一”“一带一路”将军名书画家联欢笔会、敬老嘉年华等活动，“晚晴风华”团队多次受邀在全区大型活动中参演，展示老同志晚晴风采，引领良好社会风尚。老年大学学员到和源护理院、香雪护理院、吴江乐龄公寓等养老机构进行慰问演出，老年大学时装模特班和舞蹈表演班分别在苏州市级比赛中摘得桂冠，传递向上向善力量。培树老干部先进典型，宣传表彰8名吴中区“最美老干部”，弘扬正能量。（宋志达）

党　校

【概况】 2018年，以习近平新时代中国特色社会主义思想为指引，深入学习贯彻党的十九大及十九届二中、三中全会精神和全国、全省、全市、全区党校工作会议精神，坚持“党校姓党”根本原则，立足“干部培训主阵地、党性锻炼大熔炉、理论宣传生力军、决策咨询思想库”主业，做好各项工作。2018年，区委党校获得区级机关“优秀党建示范点”称号，被苏州市文明委评为“苏州市文明单位”。

【党员干部教育培训】 2018年，开展党的十九大精神集中轮训，实现区管科级干部、基层党组织书记和“两新”党组织书记全覆盖。完成党员标准化培训。全年举办各类主体培训班38期，培训学员9709人次。在举办各类主体班时，注重党的理论教育和党性教育的主业主责，把《习近平新时代中国特色社会主义思想》《全面解读党的十九大精神》《坚定不移全面从严治党》作为培训重点内容，引导党员干部思想认识统一到党的十九大精神上来，统一到习近平新时代中国特色社会主义思想引领上来。以意识形态为统领突出党性锤炼环节，每期培训班建立临时党支部，按照“三个一”要求（组织一次重温入党誓词活动、过一次组织生活，开展一次学习党的十九大精神专题交流）组织安排教学计划。

【政治理论宣讲】 2018年，做好服务基层党员干部和普通群众的宣讲工作。发挥党校师资优势，助力全市全区党的十九大精神宣讲。部分教师入选苏州市十九大精神宣讲团成员，全员教师入选“吴中区党的十九大精神宣讲团”。常务副校长受邀为区宣讲团做党的十九大精神宣讲的业务辅导，一位教师为乡镇街道宣讲团开设观摩示范课。用身边人讲身边事，用老百姓听得懂的话传播党的声音，力促马克思主义大众化。依靠党校服务品牌，推进广覆盖目标，更新《干部培训教育课程菜单》，在党员冬训、庆祝“七一”和学习习近平总书记重要讲话精神等重大节点，师资力量重点向村（社区）倾斜，将党的最新理论成果传达到基层党员以及普通群众。全年累计完成宣讲130场，受众11600人。

【意识形态工作】 根据中共中央印发的《2018—2022年全国干部教育培训规划》精神要求，把控好干部教育培训全过程，按“党的理论教育占培训总课时70%”和“党性教育占培训总课时20%”要求设置课程，在教学实施、班级日常管理等方面，贯彻落实意识形态工作责任制。突出意识形态引领，新开“中共苏州市吴中区委党校”微信公众号，发出党校声音，推送党的最新理论成果导学“学习问答”专栏。在苏州市社科联和苏州市委党校联合推出的“知苏达理”栏目中，选派5位教师为广大苏州市民解读习近平总书记系列重要讲话中的“热词”“习语”。掌握意识形态工作领导权，强化党校讲台纪律，完善出课证制度。教师开设的专题课，须经课程评审小组审核通过，颁发出课证后才能上讲台。

【教育科研调研】 2018年，围绕经济社会发展热点、难点问题开展调研，撰写调研报告，发挥决策咨询思想库作用。全校共撰写、发表各类文章31篇。1篇论文入选江苏青年智库学者沙龙“干部工作三项机制”专场会议论文集，党校受邀参加江苏青年智库学者沙龙专场会议。与苏州日报社合作，在苏报智库上推出“党校观象台”，发出党校声音。7位教师从自身专业出发结合吴中改革开放实践，阐述对习近平新时代中国特色社会主义思想及党的十九大精神的理解和体会，成为媒体公开宣传材料。

【苏州乡村振兴学堂教学工作】 2018年，参与江苏省首个乡村振兴综合实践教育培训基地——苏州乡村振兴学堂的筹备、成立、运营相关工作。编订《干部培训课程简介》，选派业务骨干驻学堂办公，重点带队进行课程开发、优化师资配备、谋划教学模式。课程开发凸显三大特色，教学方式突出五位一体，师资建设强化三支队伍，为苏州乡村振兴学堂举办相关干部培训班奠定基础；通过走出去请进来的方式，一方面学习相关先进经验，另一方面借助第15届长三角地区党校校长论坛、环太湖发展研究中心2018年年会、第2届“智论苏州”高层论坛，宣传吴中，扩大苏州乡村振兴知名度。

（刘铁斌）

台湾事务工作

【概况】 2018年，抓好对台经贸服务，开展交流联谊活动，巩固和深化两岸关系和平发展。落实“以台引台、借力招商”工作思路，紧抓全区各类招商契机，推介吴中区亮点项目和优势项目，寻求与台商交流合作机遇。全年全区台资企业项目新批20个，新增投资额1803.35万美元，新增注册台资1516.8万美元；增资8家，新增投资额3327万美元，新增注册台资1605万美元。

【助推台企】 2018年，把服务台商落户、促进台企发展放在重要位置，助推台企转型升级、快速发展。组织和安排企业参加上海进博会，2018长江江苏论坛，“产融双驱、智创未来”创新资本、产业发展双向对接会，苏州市“专精特新”企业创新创业项目路演等活动。针对惠台31条措施以及江苏省“惠台76条”、苏州市“惠台55条”，召开多次台商座谈会，调研广运机电有限公司、和成卫浴有限公司、亚东工业（苏州）有限公司等重点台企，了解台商的思想动态，增强台企台商的经营投资信心。

【对台服务】 2018年，为台商台企提供优质服务、解决实际困难、创造良好环境。针对安全生产相关要求，3月，组织开展消防安全知识专题讲座，推动企业履行安全生产第一责任。6月，组织开展环保知识讲座，为会员企业进行实例分析、讲解环保新知识。12月，组织开展税法知识专题讲座，为会员企业进行实例分析、法律法规讲解和面对面咨询答疑。处理各类涉台纠纷20余起，主要涉及台企拆迁、子女入学等方面。结合“六个一”基层走访调研，帮助台商解决生产、生活及台湾青年在吴中就业创业等方面遇到的实际困难。累计上报省、市台办各类信息近30篇，做好涉台刊物征订、赠阅工作，传递台湾的各方面情况及中央的相关政策，拓宽对台宣传教育覆盖面。

【两岸交流活动】 2018年，加强两岸民间交流合作，特别是青年交流活动，做好应邀赴台审批和各类参访接待工作。全年共审批应邀赴台43批111人次，其中公职赴台经贸考察1批6人次和学习交流7批12人次，非公职（企业技术骨干）赴台培训35批93人次。全年接待各类参访活动40余批300余人次。打造作为苏州市人大常委会对台工作联系点的苏州海峡两岸青年创业园，形成特色展示窗口。主要围绕青年交流，与台湾并蒂莲花中小学生交流团、台湾团体新同盟会、台湾实践大学华东校友会交流团、台商工商建设研究会青创团等开展交流。安置多名台湾大学生为期一个半月的暑期实习生活。

【交流联谊活动】 2018年，紧扣吴中区对台工作实际，发挥“两个联谊会”桥梁纽带作用，开展形式多样的服务和联谊活动。加大对吴中区台企联谊会、台胞台属联谊会的工作指导力度，指导协助两个联谊会制订活动计划，推动日常工作规范化、制度化，保证“周周有联系，月月有活动”，将其打造成为吴中台商台胞的幸福之家、政企桥梁，先后举办端午龙舟赛、两岸青年登穹窿山、台湾青年看吴中等活动。（李　亮）

保密工作

【保密宣传教育】 2018年，以《中华人民共和国保守国家秘密法》（以下简称《保密法》）、《中华人民共和国保守国家秘密法实施条例》（以下简称《保密法实施条例》）为重点，在全区开展保密宣传教育培训活动，筑牢全区各机关单位保密主官、保密干部的保密思想防线。利用区委保密委全体会议等时机，开展《保密法》《保密法实施条例》的宣传教育，进行失泄密案例通报，开展保密警示教育，增强专兼职保密干部的保密意识和工作水平。举办定密工作辅导讲座，并部署保密自查自评、明确定密责任人等有关保密业务工作。开展保密宣传，全年共向全区各机关单位、重点企业发送《保密工作》杂志1620份。

【保密服务保障】 2018年，做好涉密载体回收销毁管理、中高考及各类统一考试保密等各项保密服务保障工作。依托市保密技术管理服务中心涉密载体销毁服务平台，对涉密载体实行分类回收销毁，全年累计销毁各类纸介质文件资料99.863吨，涉密文件321份，电子设备主机1556台，以及其他各类电子器材等涉密载体。重点检查验收区招生办保密室和考点试卷存放室。指导区级机关部门开展预决算公开保密审查，做好涉密部门的经费公开保密审查工作。完成党政主要领导办公环境保密安全保障工作。对区委区政府主要领导和区委保密委主任办公场所进行异常电磁检测，防窃听窃视保障等服务，并在重点会议场所设置手机屏蔽柜，配合会场信号屏蔽仪，保障涉密会议保密安全。

（欧阳曾思）

编辑：任海令

综　述

推进法治改革。听取、审议区政府关于“七五”普法中期评估、扫黑除恶情况、区监察委员会组建情况、法院多元化纠纷解决机制、检察院行政检察监督工作报告，开展《中华人民共和国产品质量法》（以下简称《产品质量法》）、《中华人民共和国农药管理条例》（以下简称《农药管理条例》）贯彻实施情况的执法检查，组织人大代表旁听法院庭审，推动法治建设提档升级。

开展工作监督。坚持创新发展，加大对“十三五”规划中期评估、引育重大项目、振兴实体经济、引进科技创新团队、“不见面审批”推进情况、国有资产管理等事项监督。对全口径预算审查监督，听取上年度本级财政决算报告、上年度本级财政预算执行及其他财政收支情况审计工作报告，半年度经济和社会发展计划执行报告、半年度财政预算执行报告，2018年财政预算调整方案报告、2018年预算执行情况和2019年财政预算草案报告。推动绿色发展，持续关注环境质量状况和环境目标完成情况、耕地保护、黑臭水体和水污染防治、京杭大运河吴中段堤防加固及环境提升工程、全域旅游、“散乱污”专项整治、宗教及文化场所管理等情况，促进生态资源和区域经济协调发展。围绕民生短板，破解学校建设、安置房建设、医疗机构建设、气象灾害防御体系建设、物业管理等方面难题，围绕区政府民生工程进展情况开展专题询问。在重大安置房建设事项决定工作方面，贯彻落实《关于健全人大讨论决定重大事项制度、政府重大决策出台前向人大报告的实施细则》（吴委发〔2017〕48号）要求，将区政府提交的吴中区城乡协调规划编制和在太湖新城设立新街道列入常委会2018年度讨论决定重大事项。

加强代表和基层人大工作。通过多层次培训，提高人大代表和基层人大工作者履职能力，持续推进“一个载体、两项制度”建设。落实常委会组成人员联系代表、代表联系群众的“双联系”制度。做好对区四届人大二次会议议案和代表建议的督办工作。继续做好载体建设。

重要会议

【吴中区第四届人民代表大会第二次会议】 1月3—5日，吴中区第四届人民代表大会第二次会议在苏州太湖国际会议中心举行，全区294名区人大代表中288名代表出席会议。会议听取、审议区人民政府代区长陈嵘所做的《吴中区人民政府工作报告》、区人大常委会主任张炳华所做的《吴中区人大常委会工作报告》、区人民法院院长张峥嵘所做的《吴中区人民法院工作报告》、区人民检察院检察长陈飞所做的《吴中区人民检察院工作报告》，会议审查批准《关于2017年国民经济和社会发展计划执行情况与2018年计划草案的报告》《关于2017年财政预算执行情况和2018年财政预算草案的报告》，并做出相应的决议。大会经过审议，将“关于加快推进学校建设”确定为大会议案。大会选举陈嵘为苏州市吴中区人民政府区长，方伟军为苏州市吴中区监察委员会主任，并补选李莉为苏州市吴中区第四届人民代表大会常务委员会委员。大会秘书处收到代表建议、批评、意见145件。

【区四届人大常委会会议】 2018年，区四届人大常委会会议共召开7次。

第八次会议　1月5日举行。会议审议、通过关于区监察委员会副主任、委员任免暂行办法；会议听取和审议区监察委员会主任方伟军做的人事任免提请报告，表决通过有关人事任免事项。

第九次会议　2月28日举行。会议听取和审议区人民政府副区长周黎敏做的《关于区四届人大二次会议议案办理实施方案和代表建议办理相关情况的报告》；会议听取和审议区人大常委会办公室主任戴晓东做的《关于苏州市吴中区人大常委会2018年度工作要点（草案）起草情况的说明》，表决通过区人大常委会2018年度工作要点；会议听取和审议区人大常委会副主任陆增林做的《关于2017年度履职优秀的区人大代表、区四届人大一次会议优秀代表建议评选表彰的说明》，表决通过区人大常委会关于表彰2017年度履职优秀的区人大代表和区四届人大一次会议优秀代表建议的决定，并对相关区人大代表进行表彰，区人大常委会组成人员对区政府组成部门2017年度工作进行测评。

2018年1月3—5日，苏州市吴中区第四届人民代表大会第二次会议在太湖国际会议中心召开　王永康　摄

第十次会议　4月23日举行。会议听取和审议区人民政府副区长荣德明做的《关于拟在太湖新城设立新街道的报告》；会议听取和审议区环保局局长张月兴受区政府委托所做的《关于2017年度环境状况和环境目标完成情况的报告》；会议听取和审议区人民法院院长张峥嵘做的《关于矛盾纠纷多元化解工作情况的报告》；会议听取和审议区人大常委会主任张炳华、区人民政府副区长荣德明受区长陈嵘委托及区人民法院院长张峥嵘、区人民检察院副检察长张晓江受检察长陈飞委托做的人事任免提请报告，表决通过人事任免事项。会议还审议、通过区人大常委会关于接受陆月根同志辞去苏州市吴中区第四届人民代表大会代表职务请求及相应终止其区四届人大常委会委员职务决定。

第十一次会议　6月23日举行。会议听取、审议区人大常委会副主任陆增林做的《关于提请审议〈苏州市吴中区人民代表大会常务委员会关于深入学习宣传和贯彻实施《中华人民共和国宪法》的决议（草案）〉的说明》，表决通过相关决议；会议听取、审议区人大常委会办公室主任戴晓东做的《关于〈苏州市吴中区人民代表大会常务委员会关于对区人民政府组成部门年度工作开展监督测评的办法（草案）〉的说明》，表决通过相关办法；会议听取和审议区人大常委会人代联工委主任周晓红做的《关于〈苏州市吴中区人民代表大会常务委员会关于对提请任命人员进行任前法律知识考试的办法（草案）〉和〈苏州市吴中区人民代表大会常务委员会关于人事任免的办法（修正案草案）〉的说明》，表决通过相关办法；会议听取、审议区财政局局长朱筱菁受区政府委托所做的《关于吴中区2017年本级财政决算（草案）的报告》，表决通过区人大常委会关于批准苏州市吴中区2017年本级财政决算决议；会议听取和审议区审计局局长姚善生受区政府委托所做的《关于2016年度吴中区预算执行及其他财政收支审计查出问题整改情况的报告》和《关于2017年度吴中区预算执行情况及其他财政收支情况的审计工作报告》；会议听取和审议区人民政府副区长荣德明做的《关于学校建设推进情况的报告》；会议听取和审议区长陈嵘做的人事任免提请报告，表决通过人事任免事项；会议还审议、通过区人大常委会关于接受魏杰同志辞去区人民政府副区长职务请求决定。

第十二次会议　8月31日举行。会议听取和审议区人大常委会办公室主任戴晓东做的《关于〈苏州市吴中区人民代表大会常务委员会讨论、决定重大事项的规定（草案）〉说明》，表决通过《苏州市吴中区人民代表大会常务委员会讨论、决定重大事项的规定》；会议听取和审议区人民政府副区长王卫国做的《关于吴中区国民经济和社会发展第十三个五年规划纲要中期评估的报告》；会议听取和审议区发改局局长金楠受区政府委托所做的《关于吴中区2018年上半年国民经济和社会发展计划执行情况的报告》；会议听取和审议区财政局局长朱筱菁受区政府委托所做的《关于吴中区2018年上半年本级财政预算执行情况的报告》；会议听取和审议区国土分局局长张春明受区政府委托所做的《关于吴中区加强耕地保护，提高耕地质量工作情况的报告》；会议听取和审议区检察院检察长陈飞做的《关于行政检察监督工作情况的报告》；会议听取和审议区长陈嵘的人事任务提请报告，表决通过人事任免事项。

第十三次会议　10月29日举行。会议听取和审议区人民政府副区长顾益坚做的《关于吴中区城乡协调规划编制情况的报告》，听取中国城市规划设计研究院专家做关于吴中区城乡协调规划编制情况说明；会议听取和审议区人民政府副区长顾益坚做的《关于区人代会议案和代表建议办理情况的报告》；会议听取和审议区财政局局长朱筱菁受区政府委托所做的《关于调整2018年吴中区财政预算（草案）的报告》，表决通过《关于批准调整2018年吴中区财政预算（草案）的决议》；会议听取和审议区监察委员会主任方伟军做的《关于2018年区监察委员会工作情况的报告》；会议听取和审议市人大代表顾卫列、朱惠芳、毛春宝做履职情况报告；会议表决通过人事任免事项。

第十四次会议　12月21日举行。会议听取和审议区财政局局长朱筱菁受区政府委托所做的《关于2019年财政预算草案的报告》；听取和审议区审计局局长姚善生受区政府委托所做的《关于2017年度吴中区预算执行及其他财政收支审计查出问题整改情况的报告》；听取和审议区政府副区长王卫国所做的《关于2018—2020年吴中区突出环境问题清单的报告》；听取和审议区人大常委会代表资格审查委员会主任委员陆增林所做的《关于区四届人大三次会议代表资格的审查报告》；听取和审议区人大常委会办公室主任戴晓东受主任会议委托所做的《关于〈苏州市吴中区人民代表大会议事规则（草案）〉的说明》和《关于区四届人大三次会议准备工作情况的汇报》，会议通过关于提请审议《苏州市吴中区人民代表大会议事规则（草案）》决定，通过关于召开区四届人大三次会议决定；会议审议通过苏州市吴中区人民代表大会常务委员会关于接受徐凌奇辞去区四届人大常委会委员职务请求的决定、苏州市吴中区人民代表大会常务委员会关于接受王江红辞去区四届人大常委会委员职务请求的决定、苏州市吴中区人民代表大会常务委员会关于接受刘建梅辞去区四届人大常委会委员职务请求的决定、苏州市吴中区人民代表大会常务委员会关于接受周钰坪辞去区四届人大常委会委员职务请求的决定、苏州市吴中区人民代表大会常务委员会关于接受李培华辞去区四届人大常委会委员职务请求的决定、苏州市吴中区人民代表大会常务委员会关于接受薛明仁同志辞去苏州市吴中区第四届人民代表大会代表职务请求的决定；会议听取和审议区人大常委会主任张炳华、区人民法院院长张峥嵘、区人民检察院副检察长张晓江做的人事任免提请报告，表决通过人事任免事项。

【区四届人大常委会主任会议】 2018年，区四届人大常委会主任会议，共召开11次。

第十三次主任会议　2月23日召开。（为28日召开的第九次常委会会议做准备）。

第十四次主任会议　3月19日召开。听取和审议区卫计局局长陆治平受区政府委托做《关于医疗机构建设情况报告》；听取和审议区气象局局长蒯志敏受区政府委托做《关于气象灾害防御组织体系建设情况报告》。

第十五次主任会议　4月16日召开（为23日召开的第十次常委会会议做准备）。

第十六次主任会议　5月21日召开。听取区住建局局长汪庆丰受区政府委托做《关于全区物业管理情况报告》。

第十七次主任会议　6月15日召开（为23日召开的第十一次常委会会议做准备）。

第十八次主任会议　7月19日召开。听取和审议区政务服务管理办主任沈斌受区政府委托做《关于“不见面审批”推进情况报告》；听取和审议区人大常委会人代联工委主任周晓红做《关于区四届人大二次会议议案和代表建议办理情况汇报》；听取和审议区四届人民代表大会议案及人大代表意见建议办理督查组组长李强做《关于区四届人大二次会议议案和代表建议办理情况督查汇报》；听取区人大常委会各领导、各工委做《关于区四届人大二次会议各自重点督办的议案和代表建议办理情况的说明》。

第十九次主任会议　8月17日召开（为31日召开的第十二次常委会会议做准备）。

第二十次主任会议　9月18日召开。听取和审议区司法局局长肖冬梅受区政府委托做《关于“七五”普法中期工作情况报告》；听取和审议区政府副区长施伟华做《关于“扫黑除恶”专项斗争推进情况报告》。

第二十一次主任会议　10月23日召开（为29日召开的第十三次常委会会议做准备）。

第二十二次主任会议　11月20日召开。听取和审议区政府副区长徐行做《关于引育重大项目、振兴实体经济报告》；听取和审议区科技局局长沈玉宝受区政府委托做《关于引进科技创新团队情况报告》；听取和审议区国土分局局长张春明受区政府委托做《关于提高土地利用效率情况报告》。

第二十三次主任会议　12月19日召开（为21日召开的第十四次常委会会议做准备）。

法律监督

【贯彻法律实施情况监督】　开展《中华人民共和国台湾同胞投资保护法》《中华人民共和国台湾同胞投资保护法实施细则》在吴中区贯彻实施情况的执法检查，积极为台资企业排忧解难，优化台资企业营商环境；开展贯彻落实《产品质量法》情况的执法检查，加强对全区产品质量的引导和服务，鼓励企业转型升级、技术创新，更好推动吴中高质量发展；开展贯彻实施《农药管理条例》情况的执法检查，加强对农药使用执法监管和技术指导，大力推广生物制剂，让百姓餐桌上食品更加优质安全、绿色健康；听取和审议关于“七五”普法中期工作情况报告，扎实推进法治宣教工作，加快培育法治文化，提高公民法治意识。

【两院监督】　常委会认真审议区检察院关于行政检察监督工作情况报告，强调行政检察监督的规范性和透明度，强化行政检察监督运行，并立足吴中区域特质，围绕生态环境和资源保护、食品药品安全等重点领域开展行政检察监督，保障社会公共利益、促进依法行政；听取和审议区法院关于矛盾纠纷多元化解工作情况报告，督促区法院坚持服务大局，坚持司法为民，切实发挥在矛盾纠纷多元化解工作中引领、推动和保障作用，积极推进矛盾纠纷多元化解工作，维护全区社会和谐稳定；继续开展代表旁听法院庭审工作，丰富代表闭会期间活动内容，加强代表与司法机关联系，发挥代表监督作用，促进司法公开、公正。

工作监督

【审议监督】　听取和审议《关于吴中区国民经济和社会发展第十三个五年规划纲要中期评估的报告》，强调规划纲要实施的严肃性和约束力，切实将一张蓝图绘到底。听取和审议《关于吴中区2018年上半年国民经济和社会发展计划执行情况的报告》，以期中测评推动全年目标任务圆满完成。听取和审议《关于吴中区加强耕地保护，提高耕地质量工作情况的报告》，要求政府充分关注土地承载力，优化土地资源利用规划，强化区域永续发展。听取和审议《关于吴中区2017年本级财政决算（草案）的报告》《关于吴中区2018年上半年本级财政预算执行情况的报告》《关于调整2018年吴中区财政预算（草案）的报告》《关于2019年财政预算草案的报告》，推动政府关注资金使用绩效。在听取和审议《关于2017年度吴中区预算执行及其他财政收支审计查出问题整改情况的报告》的同时，首次听取和审议2016年和2017年审计查出问题整改情况报告，针对“屡审屡犯、审而不改”，加强跟踪监督，助推问责机制启动，全面落实审计整改任务。

【组织视察】　专题视察全区国有资产管理情况，推动政府加快厘清国有资产管理机制，激发国有资产发展活力，提高国有资本运营效率；组织视察市区两级人大代表实体经济创业点，为民营企业助威呐喊，鼓励企业坚守阵地，走向更广阔舞台；深入调研合并后的税务机构，了解全区纳税情况和民营企业税费负担，要求校准税收“晴雨表”，守好经济“瞭望塔”；视察全区“散乱污”企业（作坊）专项整治工作，推动实施高标准治理；视察全区黑臭水体和水污染防治工作，推动落实源头治理和长效管理；视察京杭大运河吴中段堤防加固及环境提升工程，推动工程综合效益最大化；视察宗教活动场所管理情况，维护宗教和睦和社会和谐；视察学校建设推进情况，督促政府严把质量关，打造精品工程，加快推进学校建设早日完工投用。

【专题询问】 开展对全区安置房建设情况专题询问，针对安置房建设“人等房”的滞后现状，问原因、问举措、问承诺，督促政府通盘考虑全区发展规划、用地条件、拆迁成本、建设资金等系统化问题，科学有序推进拆迁安置，保障群众住有优居。

【重大事项决定】 积极探索决策权、执行权、监督权相互协调运行机制，破解重大事项决定权在基层人大的实践难题，出台《吴中区人民代表大会常务委员会讨论、决定重大事项的规定》，对讨论决定重大事项原则、范围、相关程序、监督保障等方面做出规范。明确行使重大事项决定权操作流程，以法治精神推动政府科学决策、民主决策。年初，经联席会议研究，确定讨论决定重大事项清单，常委会听取和审议区政府提交的《关于在太湖新城设立新街道》和《苏州市吴中区城乡发展协调规划》2件重大事项情况报告，提出审议意见，优化实施方案。

代表工作

【加强代表工作】 常委会持续深化“聚焦富民、履职为民、监督惠民”代表履职主题活动，不断优化服务保障，提升代表履职能力，引领代表在服务群众、推动发展实践中，彰显代表在新时代的新风采。持续推进“一个载体、两项制度”建设，为人大代表搭建有效沟通群众桥梁。落实常委会组成人员联系代表、代表联系群众“双联系”制度，出台《2018年度区人大代表在区人代会闭会期间开展活动的意见》，为代表联系群众提供“菜单式”指导。完善民意“数据库”建设，构建闭会期间民意“收集—提炼—转办”快速通道。集中开展四级人大代表统一接待日活动，依托全区91个“代表之家”，开展丰富多彩接待选民活动，全区接待选民451人次。常委会组织苏州市人大吴中代表团的部分代表向原选举单位述职，推动代表牢记承诺、积极履职、为民代言、对民负责。

【督办议案建议】 区四届人大二次会议议案为“关于加快推进学校建设”。会议收到代表提出的书面建议145件，均在5月底前按时答复完毕，144件满意，1件基本满意，满意和基本满意率达到100%。区人大通过常委会会议审议区政府关于议案和建议办理方案的报告，确定9件与人民群众切身利益密切相关的建议为2018年度区人大常委会领导及各工委重点督办建议，常委会领导带领相关委室采取座谈会、实地调研走访、联系代表等形式加大力度对议案和重点建议进行督办，创新成立区四届人民代表大会议案及人大代表意见建议办理督查组，着力推进议案、重点建议的办理进程，提升办理质量，进一步推进议案和建议办理工作落到实处。

人事任免

【常委会任免国家工作人员情况】 2018年，区人大常委会依法任免国家机关工作人员59人次。

表5-1　2018年吴中区第四届人大党委任免国家工作人员名单

姓名	任命职务	免去职务	日期	届次
史才林	区监察委员会副主任		1.5	区四届八次
张　彧	区监察委员会副主任		1.5	区四届八次
董春华	区监察委员会委员		1.5	区四届八次
吴　荣	区监察委员会委员		1.5	区四届八次
陶俊峰	区监察委员会委员		1.5	区四届八次
石耀栋	区人大常委会办公室副主任		4.23	区四届十次
徐凌奇		区人大常委会办公室副主任	4.23	区四届十次
刘建梅		区人大常委会教科文卫工委副主任	4.23	区四届十次
顾洪建	区经济和信息化局局长		4.23	区四届十次
姚善生	区审计局局长		4.23	区四届十次
赵小平		区审计局局长	4.23	区四届十次
姚善生		区粮食局局长	4.23	区四届十次
辛　欣	区人民法院副院长		4.23	区四届十次
金美珍	区人民法院民二庭庭长		4.23	区四届十次
王东海	区人民法院太湖国家旅游度假区人民法庭庭长		4.23	区四届十次
徐　澄	区人民法院审判委员会委员、木渎人民法庭庭长		4.23	区四届十次
徐国聪	区人民法院审判委员会委员、审判监督庭庭长		4.23	区四届十次
张建新	区人民法院立案庭副庭长		4.23	区四届十次
朱　强	区人民法院少年庭副庭长		4.23	区四届十次
何亚平	区人民法院经济开发区法庭副庭长		4.23	区四届十次
龚伟亚	区人民法院民一庭副庭长		4.23	区四届十次
王丽娜	区人民法院经济开发区法庭副庭长		4.23	区四届十次
吴　健		区人民法院副院长	4.23	区四届十次
韩　勇		区人民法院审判委员会委员、太湖国家旅游度假区人民法庭庭长	4.23	区四届十次
姜春燕		区人民法院审判委员会委员、审判监督庭庭长	4.23	区四届十次
朱家林		区人民法院审判委员会委员	4.23	区四届十次
辛欣		区人民法院民二庭庭长	4.23	区四届十次
王东海		区人民法院木渎人民法庭庭长	4.23	区四届十次
何亚平		区人民法院民一庭副庭长	4.23	区四届十次
龚伟亚		区人民法院经济开发区法庭副庭长	4.23	区四届十次
陆惠忠		区人民检察院检察委员会委员	4.23	区四届十次
陈方忠		区人民检察院检察委员会委员	4.23	区四届十次
严坤龙		区人民检察院检察员	4.23	区四届十次
肖琴华		区人民检察院检察员	4.23	区四届十次

续表

姓名	任命职务	免去职务	日期	届次
施伟华	苏州市吴中区人民政府副区长		6.23	区四届十一次
魏　杰		苏州市吴中区人民政府副区长	6.23	区四届十一次
张华谦	苏州市吴中区人民政府副区长		8.31	区四届十二次
蒋　超	区人大常委会教科文卫工作委员会（外事民宗侨台工作委员会）副主任		10.29	区四届十三次
姜泽峰		区人民法院经济开发区人民法庭副庭长、审判员	10.29	区四届十三次
庞晓燕		区人民检察院检察员	10.29	区四届十三次
战立伟		区人民检察院检察员	10.29	区四届十三次
郑伟宏	区人大常委会人事代表联络工作委员会副主任		12.21	区四届十四次
许　玲	区人大常委会太湖街道工作委员会主任		12.21	区四届十四次
周进瑞	区人大常委会越溪街道工作委员会主任		12.21	区四届十四次
王江红		区人大常委会人事代表联络工作委员会副主任	12.21	区四届十四次
朱振华		区人大常委会越溪街道工作委员会主任	12.21	区四届十四次
王　辉	区人民法院审判员		12.21	区四届十四次
吴明燕	区人民法院审判员		12.21	区四届十四次
陈建军	区人民法院审判员		12.21	区四届十四次
赵　强	区人民法院审判员		12.21	区四届十四次
钱建平	区人民法院审判员		12.21	区四届十四次
梁　虹	区人民法院审判员		12.21	区四届十四次
瞿忠奎	区人民法院审判员		12.21	区四届十四次
任　娟	区人民检察院检察委员会委员		12.21	区四届十四次
沈彦娟	区人民检察院检察委员会委员		12.21	区四届十四次
罗　娜	区人民检察院检察委员会委员		12.21	区四届十四次
赵芙蓉	区人民检察院检察委员会委员		12.21	区四届十四次
毛宽桥	区人民检察院检察员		12.21	区四届十四次
任湘萍	区人民检察院检察员		12.21	区四届十四次

（濮祺安）

编辑：陆海兵

吴中区人民政府

综　述

【国民经济】 2018年，全区实现地区生产总值1124.73亿元，比上年增长6.7%；一般公共预算收入160.6亿元，比上年增长11.6%；全社会固定资产投资486.49亿元，比上年增长9.4%；社会消费品零售总额441.24亿元，比上年增长7.6%；城乡居民人均可支配收入分别增至6.52万元和3.26万元，分别比上年增长7.8%和8.6%。

【实业兴区】 出台扶持机器人与智能制造产业提升发展的政策意见，启动国家级智能机器人重点研发计划，布局生物医药产业园，培育壮大机器人与智能制造、生物医疗及大健康两大主导产业。实现规模以上工业总产值1541.19亿元，比上年增长7.2%。246个区级重点项目完成投资330亿元，中海达、万祥电器、赛众自动化等项目投产。工业企业资源集约利用综合评价取得实效，完成工业用地供地104公顷、比上年增长267%，9家企业入围苏州工业企业“亩产英雄百强榜”。实施外贸优进优出行动计划，新增市级出口名牌企业3家，实现进出口总额88.34亿美元、比上年增长4.3%。实现服务业增加值577.69亿元，占地区生产总值比重51.3%。1家企业入选省级生产性服务业领军企业，3家企业被认定为市级总部企业，8家企业入选市级服务业创新型示范企业。检验检测服务规模位列全市第一，“吴中检测”初具集聚效应。深入推进全域旅游建设，举办首届太湖文化旅游节，获评省乡村旅游创新发展示范区。甪直镇创成全市首个国际慢城，临湖镇灵湖村获评中国美丽休闲乡村，全年接待游客2437万人次，实现旅游总收入359亿元。西山、太湖、澄湖三大农业园区提档升级，苏州现代农产品物流园一期交易市场片区开工建设，完成513.33公顷高标准农田整治、733.33公顷养殖池塘退养改造，建成73.33公顷智慧农业示范区。承办市首届中国农民丰收节，获评全国首个放心粮油供应网络建设示范区。以农民集体收益分配权退出改革和农民专业合作社质量提升整区推进两项国家级试点为引领，深化“三资”管理专项治理，完成农村集体资产股份继承登记2574笔，新增国家级示范社2家，村级集体净资产、村均稳定收入分别达到98亿元和1341万元。

【科技创新】 加大企业科技创新扶持力度，华电电气获得国家科学进步奖二等奖，1项科技成果获省级转化专项，1项科技项目获省科学技术一等奖，新增高新技术企业185家，高新技术产业产值占规模以上工业总产值比重53.8%。完成技改投入36亿元，创成市级以上示范智能车间6家，新增省级“专精特新”产品2个、创新型企业3家，市级“独角兽”培育企业3家、“瞪羚”企业8家。承办中国（苏州）跨国技术转移大会，新增省、市工程技术研究中心49家，省级企业技术中心2家。万人发明专利拥有量41.4件，1项专利获评中国专利优秀奖，2家企业获评国家知识产权示范企业，5家企业获评国家知识产权优势企业。中国电子信息产业发展研究院（赛迪研究院）苏州分院落户，苏州中科苏驼光通信研究院等加快建设，苏州智能装备与工业互联网研究院、中农大（苏州）有机循环研究院、江苏集萃智能传感技术研究所入选市级新型研发机构。“人才新政20条”加快落地，国家创新人才推进计划实现零的突破，新增国家级重大人才引进1人、省双创计划人才3人、市姑苏领军人才14人、区东吴领军人才50人。举办东吴双创峰会、苏作文创峰会，新增省级以上博士后科研工作站1家、博士后创新实践基地4家、技能大师工作室2家，省级以上众创空间、孵化器20家，人才工作联络站40家。吴中中等专业学校被评为国家中等职业教育改革发展示范学校，在全国职业院校技能大赛中再获一等奖，吴中高级技工学校创成吴中技师学院。新注册创投基金122家、累计规模超480亿元，科沃斯成为国内服务机器人主板上市第一股，新增“新三板”挂牌企业3家。落实“降成本”各项举措，为企业减负37.4亿元。深化国资国企改革，国企资本化运作稳步推进，城投、国裕公司获AA+主体信用评级。

【城市建设】 以“多规融合”为引领，规划导控能力进一步增强，编制新一轮吴中区城乡协调规划以及城市双修、生态涵养发展实验区规划，开展太湖路城市空间、太湖新城中央商贸区等城市设计。东环快速路南延高架主线贯通，西环快速路南延地面道路通车，南湖快速路及东延、苏同黎公路快速化改造、独墅湖第二通道等项目顺利推进，轨交3号线吴中段主体结构完工，提升“四好农村路”41公里。城市更新步伐加快，“城中村”拆迁、重点地块“清零”有力推进，完成征拆3826户334.1万平方米，“清零”项目122个，腾退空间512.53公顷。新开工安置房12218套177.4万平方米，竣工交付8941套113.7万平方米。完成老旧建筑解危133幢12.1万平方米。做好市容环境整治提升，拆除建成区违章建筑12万平方米，整治户外广告3万平方米，新建、改建公共厕所49座。七子山垃圾焚烧发电提标改造项目开工。启动绿地系统专项规划，新增城市绿化86.7万平方米、绿化造林26.67公顷，自然湿地保护率58.1%。完善公共交通设施，新增调整公交线路24条、候车亭178个，新布设公共自行车2500辆、站点65个。太湖新城地下综合管廊国家试点项目通过验收，人防、电力、通信、燃气等设施不断完善。

【乡村振兴】 实施乡村振兴战略，全省首个乡村振兴综合实践教育培训基地苏州乡村振兴学堂落户临湖，统筹推进145个美丽乡村建设，东山西巷、横泾东林渡入选省第二批特色田园乡村试点。纵深推进“两减六治三提升”专项行动，扎实开展生态文明建设十大工程，获评首批省级生态文明建设示范区。1800公顷太湖围网拆除签约率、移交率均达100%，拆除进展顺利。深入开展“大棚房”问题专项清理整治行动。完成太湖一级保护区内畜禽养殖户污染整治工作71家，关停化工企业62家，整治“散乱污”企业1757家，全面完成煤炭消费总量削减年度任务。吴淞江污水处理厂、角直新区污水处理厂等项目稳步推进，新改建污水管网28.4公里，完成25个农村村庄生活污水治理任务。大气污染防治扎实推进，加强化工园区废气治理，治理挥发性有机物排放企业80家，PM2.5浓度比上年下降3.9%，空气优良天数比例72.9%。“苏作工艺”传承创新与古镇古村保护成效明显，1人获评中国工艺美术大师，3人获评国家级非物质文化遗产代表性项目代表性传承人，10人入选姑苏宣传文化人才，4部名镇名村志出版发行，吴中区获评“中国文学之乡”“中国民间文艺之乡”，光福镇入选中国历史文化名镇。

【社会事业】 发挥创业带动就业倍增效应，创成省级创业型镇（街道）4个、村（社区）43个，新增就业岗位超2万个。加大高校毕业生、残疾人等重点群体就业服务，本地户籍应届高校毕业生就业率97.7%，城镇登记失业率1.78%。维护劳动者和用工单位合法权益，加强治欠保支，规范劳务派遣用工管理，社保扩面征缴3万人，住房公积金缴存人数净增2万人。城乡居民、企业退休人员、被征地置换城保退休人员平均养老金持续提高，低保标准增至每月945元。坚持救助关口前移，9.6万人次享受实时医疗救助金，在全省率先实施重大疾病救助政策。成立精准帮扶联盟，开展“阳光扶贫”，走访帮扶困难群众超3000人次。完善养老服务体系，乡镇敬老院全科医生工作室实现全覆盖，新增日间照料中心15家，完成30户困难老人家庭无障碍设施改造，5家公办养老机构实现社会化运营。获评国家殡葬综合改革试点区。“教育吴中”成果丰硕，高标准办理区人代会关于加快推进学校建设的议案，如期启用华东师范大学苏州湾实验小学等7所学校，新增学位7650个、教师1076名。高考本科上线率列大市第一方阵，新增省级优质幼儿园2所、中小学艺术教育特色学校1所，特级教师和骨干名师队伍发展壮大。健康“531”行动计划加快实施，完成苏州市中西医结合医院（木渎人民医院）原病房楼改造，推进长桥人民医院新院等4处医疗卫生机构建设，建成市级疾病救治中心3个、精神卫生康复驿站14个。医学专家团队建设取得新突破，创成市级临床重点专科、省级基层特色科室各1个。胥口镇通过国家卫生镇考核。文体事业繁荣发展，吴文化博物馆主体竣工，城南文体活动中心开放，新增基层综合性文化服务中心28个，举办群众性文化活动840场次、惠及150万人次，区公共文化中心“文化地标”影响力不断扩大。“环太湖”国际竞走多日赛纳入国际田联竞走挑战赛，获评省十大最具品牌价值体育赛事，苏州太湖国家旅游度假区获评市级体育产业基地。成功举办普契尼国际艺术节，斩获全市首个中国摄影金像奖。文明城市长效管理有序开展，“好美吴中”精神文明建设品牌扎实推进，新增“中国好人”“江苏好人”各1人。

【社会治安】 深入推进“平安吴中”建设，完善动态巡防体系，启动“天眼”系统建设，开展扫黑除恶专项斗争。巩固人代会关于社会综合治理联动机制议案的办理成效，做优网格化联动机制，实现大事“全网”联动、小事“一格”解决。压实信访工作责任，完成重大会议、活动期间安全保卫和信访维稳。坚决打击非法集资等非法金融活动，获评省级营造诚实守信金融生态环境、维护良好金融秩序区。攻坚“331”整治火灾隐患专项行动，一批重点隐患单位整改有力。落实安全生产重大隐患整改挂牌督办制度，加快构建安全风险分级管控和隐患排查治理双重预防机制，实现生产安全事故数、伤亡数“双下降”。

【政府建设】 修订区政府常务会议议事规则，完善学法制度，规范重大行政决策程序，开展规范性文件合法性审查。充分发挥政府法律顾问作用，做好行政复议和行政诉讼，提高依法行政水平。高质量办理市、区两级人大代表议案建议176件、政协委员提案202件，满意和基本满意率保持100%。更加注重发挥各民主党派、工商联、无党派人士和工会、共青团、妇联等人民团体的参政议政作用。完善政务公开标准化体系，主动公开政府信息，依申请公开答复率100%。受理“12345”政府公共服务热线、领导信箱等平台公众诉求1.9万余件，办结率100%。开展“六个一”基层走访调研，推进“两学一做”学习教育常态化、制度化。深化简政放权、放管结合、优化服务改革，32个职能部门258项行政许可事项全部进驻政务服务中心。建立健全“3550”改革常态化机制，推广建设项目“预审+代办”模式，完善“并行预审”机制，审批效率进一步提升。区、镇、村三级整体融入省政务服务“一张网”，“应上尽上”事项达到100%。全年受理审批、服务类事项49.2万件，办结率99.9%。成立太湖街道，甪直镇纳入省经济发达镇行政管理体制改革试点，木渎镇通过苏州市经济发达镇行政管理体制改革第三方评估。启运度假区、开发区行政审批局，开发区全链审批赋权和企业投资项目信用承诺制改革试点深入推进。完成第四次全国经济普查第一阶段任务。牢固树立“四个意识”、坚决做到“两个维护”，始终把中央、省委巡视反馈意见整改作为重大政治任务，一着不让落实巡视整改“回头看”要求，坚持举一反三、标本兼治，切实把巡视整改成果转化为推动高质量发展的成效。严格执行中央八项规定精神以及省、市、区委各项规定，深入整治“四风”问题新表现，严肃查处群众身边的不正之风。狠抓重点领域反腐倡廉，政府系统党风廉政建设全面加强。强化财政支出和政府投资项目管理，从严控制一般性支出，“三公”经费实现零增长。加大审计监督力度，实现公共资金、国有资产、国有资源、领导干部经济责任履行情况审计监督全覆盖，完成政府投资建设审计项目3530个，节约资金21.4亿元。 （施斌斌）

重要会议和文件

【区政府常务（区长办公）会议】 1月16日，召开区四届政府第八次常务（区长办公）会议，主要内容：审议《吴中区贯彻落实江苏省第三环境保护督察组督查反馈意见整改方案》《“吴中人才新政20条”10项政策细则》《关于进一步加快太阳能光伏推广应用的实施意见（试行）》《关于吴中经济技术开发区企业投资项目信用承诺制不再审批严格监管试点的实施方案》《吴中区区属国有企业负责人经营业绩考核实施办法》等文件，组织学习苏州市“两会”精神。

2月9日，召开区四届政府第九次常务（区长办公）会议，主要内容：审议《吴中区交通现代化三年行动计划（2018—2020年）》《吴中区安置房工作三年行动计划（2018—2020年）》《吴中区生态环境提升三年行动计划（2018—2020年）》《教育吴中三年行动计划（2018—2020年）》《吴中区文化提升三年行动计划（2018—2020年）》《吴中区深化农村精神文明建设提升农民精神风貌三年行动计划（2018—2020年）》等文件，组织学习《中共苏州市吴中区委关于贯彻落实〈中共中央政治局贯彻落实八项规定实施细则〉的实施办法》。

2月28日，召开区四届政府第十次常务（区长办公）会议，主要内容：审议《吴中区特色田园乡村建设工作方案》《吴中区特色田园乡村建设专项资金管理办法》《吴中区创建省级“四好农村路”建设示范区（县）的实施方案》《吴中区征地补偿和被征地农民社会保障实施细则》《吴中区“263”专项行动2018年工作计划》《吴中区卫生与健康提升三年行动计划（2018—2020年）》《吴中区政府投资项目资金管理暂行办法》等文件，听取关于吴中区商品住宅专项维修资金专户银行招标工作的汇报和吴中区“天眼系统”建设工作的汇报，组织学习《江苏省财政监督条例》和习近平总书记关于安全生产的重要思想。

4月7日，召开区四届政府第十一次常务（区长办公）会议，主要内容：审议《吴中区科技创新三年行动计划》《吴中区机器人与智能制造产业提升发展三年行动计划（2018—2020年）》《关于推进2018年度吴中区学校建设及管理工作的实施意见》《吴中区太湖围网拆除工作实施方案》等文件，听取关于全区一季度安全生产情况和当前及二季度安全生产工作安排、太湖新城设立新街道和长桥街道部分社区居委会设置和管理区域调整的工作汇报，组织学习《中华人民共和国宪法修正案》。

5月25日，召开区四届政府第十二次常务（区长办公）会议，主要内容：审议《关于进一步规范吴中区乡镇限额工程建设项目招投标管理工作的指导意见》《2018年度吴中区装配式建筑和成品住房目标任务》《吴中区打好污染防治攻坚战2018年度工作方案》《吴中区乡土工艺人才培育提升三年行动计划》《苏州市吴中区人民政府常务（区长办公）会议议事规则》等文件，听取关于贯彻落实中央环保督察等生态环保突出问题整改情况和吴中区建设生态涵养示范区工作设想、吴中区“331”整治火灾隐患百日专项行动、吴中区事业单位公务用车制度改革实施意见和吴中区国有企业公务用车制度改革实施意见的汇报，组织学习《苏州市燃气管理办法》。

7月9日，召开区四届政府第十三次常务（区长办公）会议，主要内容：审议《关于推进安全生产领域改革发展的实施意见》《吴中区古村落、古建筑保护专项资金管理办法》《吴中区区级人口和计划生育公益金管理办法》等文件，听取吴中区2018年上半年度安全生产工作情况的汇报。

9月6日，召开区四届政府第十四次常务（区长办公）会议，主要内容：审议《吴中区高质量发展年度考核个性指标》《吴中区土地指标有偿使用资金管理暂行办法》《吴中区建设占用耕地耕作层剥离和再利用实施细则》《吴中区推行社区“全科社工”服务实施意见》《吴中区公立医院和基层医疗卫生机构备案制卫技人员管理办法（试行）》《关于深入推进吴中区领导干部经济责任审计全覆盖的实施意见》《吴中区区属国有企业负责人履职待遇、业务支出管理实施办法》等文件，听取吴中区网格化联动机制建设工作汇报，学习《江苏省农村集体资产管理条例》。

10月15日，召开区四届政府第十五次常务（区长办公）会议，主要内容：审议《关于全面深化湖长制工作的实施方案》《苏州市吴中区安全生产约谈办法（试行）》《区级机关下放（授权）角直镇行使的权力事项清单（第一批）》《吴中区角直镇综合行政执法工作实施方案》《关于加快吴中区机器人与智能制造产业提升发展的若干政策意见》《人民调解参与吴中区网格化社会综合治理工作实施方案》《苏州（太湖）软件产业战略合作协议》《健康医疗大数据产业合作协议》等文件，听取吴中区2018年前三季度安全生产工作情况和关于调整工程项目招标规模标准的汇报。

11月15日，召开区四届政府第十六次常务（区长办公）会议，主要内容：审议《吴中区质量提升实施方案》《吴中区重大疾病救助实施意见》《吴中区集体经济相对薄弱村帮扶转化专项资金管理办法》《吴中区农村集体合作经济发展专项资金管理办法》等文件，听取全区“大棚房”问题专项清理整治工作情况、全区扫黑除恶专项斗争阶段性工作情况、关于贯彻落实中央环保督察“回头看”及大气污染问题专项督察反馈意见整改措施工作情况、1—10月全区经济运行情况分析、2018年以来全区行政复议和行政应诉案件情况、吴中区人民政府与浪潮集团有限公司战略合作协议签约情况、胥口镇新建和调整部分社区居民委员会等工作的汇报，传达全省地方政府隐性债务化解工作推进会议精神。

12月20日，召开区四届政府第十七次常务（区长办公）会议，主要内容：审议《吴中区工业企业资源集约利用差别化价格政策实施意见（试行）》《吴中区区级政府投资项目工程变更备案管理实施细则》《关于深入推进吴中区社会治理“一张网”建设的指导意见》《吴中区区政府合同管理规定》《政府工作报告》《2018年区政府实事项目进展情况与2019年区政府实事项目计划安排》《关于2018年国民经济和社会发展计划执行情况与2019年计划草案的报告》《关于2018年财政预算执行情况和2019年财政预算草案的报告》等文件，听取吴中区东西部扶贫协作工作、非洲猪瘟吴中区防控工作、2018年吴中区粮食安全保供工作、吴中区道路交通委员会实行常态化运作、吴中区道路交通突出问题整治“百日攻坚”行动工作、郭巷街道新建城市社区居委会、2018年吴中区科技镇长团工作的汇报。

【其他会议】 1月4日　全区安全稳定工作会议

1月15日　吴中区落实省环保督察整改工作推进会议

1月18日　全区教育工作部署会

2月5日　区政府全体（扩大）会议

2月23日　2017年度作风效能建设、综合表彰大会

2月26日　全区安全生产工作会议

2月26日　全区国土资源工作会议

3月16日　全区重点交通项目推进会

4月9日　全区重点工作分析推进会

5月22日　全区太湖围网拆除工作领导小组（扩大）会议

5月22日　吴中区城市管理委员会工作会议

5月26日　吴中区“中国文学之乡”授牌活动

6月2日　全国文明城市创建和长效管理现场推进会

6月15日　全区重点项目现场推进会

7月11日　2018东吴双创峰会

7月21日　吴中区大运河文化带和堤防加固工程建设推进会

7月27日　2018年吴中区银企合作大会

7月30日　吴中区“331”整治火灾隐患百日专项行动工作会议

7月30日　全区征兵工作会议

8月2日　吴中区污染防治攻坚战推进会

8月6日　区政府全体（扩大）会议

9月7日　2018年区长对话新的社会阶层人士、民营企业家座谈会

9月20日　当前宏观经济形势分析建议座谈会

9月20日　全区深化“放管服”改革转变政府职能会议

9月24—26日　2018苏州吴中“环太湖”国际竞走多日赛暨太湖蓝挑战赛

10月11日　全区拆迁（征收）安置工作现场推进会

10月16日　全国农民专业合作社质量提升整县推进试点工作现场会在吴中区召开

10月18日　2018苏州吴中·太湖经贸合作洽谈会

10月30日至11月5日　第九届“苏州穹窿山兵圣杯”世界女子围棋锦标赛

11月8日　全区安置房建设工作推进会

11月10日　2018“苏作文创峰会”

11月13日　全区生态环境保护大会

11月18日　江苏省第30届“教海探航”征文竞赛颁奖大会在吴中区召开

11月19日　全区乡村振兴工作领导小组会议暨实施乡村振兴战略工作推进会

11月24日　区政府班子工作务虚会

11月29日　全区金融工作座谈会

12月19日　全区森林防火工作会议

12月24日　全区信访工作会议

【重要文件】 1月8日　印发《吴中区加快旅游业发展的扶持办法》，明确旅游业发展扶持政策，制定项目建设、提档升级、资源整合、加强营销、引才育才等具体措施，要求各地、各部门加强组织领导、强化协调配合、切实抓好工作落实。

2月2日　印发《区政府关于下达2018年主要工作任务的通知》，细化分解2018年政府主要工作任务，要求各地、各部门加强组织领导、强化协调配合、切实抓好工作落实。

4月10日　印发《吴中区特色田园乡村建设工作方案的通知》，明确全区田园乡村建设的工作目标，制定相关重点任务，要求各地、各部门加强领导、明确责任，制定计划、落实举措，有序推进各项工作。

5月2日　印发《关于推进2018年度吴中区学校建设及管理工作的实施意见的通知》，统筹学校新建、改扩建各类要素，规范学校建设行为，切实满足全区人民对优质教育资源的需求。

5月15日　印发《吴中区关于在市场体系建设中建立公平竞争审查制度实施方案的通知》，明确基本原则、主要内容、制度实施、后续保障等工作任务，要求各地、各部门营造公平竞争的市场环境，充分发挥市场对资源配置的决定性作用。

5月28日　印发《关于下达2018年度区级重点项目建设任务的通知》，明确年度重点项目建设任务，要求各地、各部门加强领导、明确责任，制定计划、落实举措，有序推进各项工作。

6月8日　印发《苏州市吴中区人民政府常务（区长办公）会议议事规则的通知》，明确区政府常务（区长办公）会议召开的各项要求，确保会议内容的规范化、制度化和科学化。

6月28日　印发《吴中区打好污染防治攻坚战2018年度工作方案的通知》，明确打好水、大气、土壤污染防治攻坚战的工作目标、重点、任务，要求各地、各部门加强组织领导、落实治理责任、强化执法监管、严格考核机制。

7月5日　印发《吴中区创建省级“四好农村路”示范县（区）实施方案的通知》，明确我区创建“四好农村路”示范区工作任务，要求各地、各部门加强领导、明确责任、有序推进。

10月9日　印发《吴中区历史建筑保护利用试点工作方案的通知》，明确试点工作的指导思想、任务和目标，要求各地、各部门加强领导、明确责任，落实措施，全力推进各项工作。

12月25日　印发《关于加快吴中区机器人与智能制造产业提升发展的若干政策意见的通知》，明确政策适用范围，制定加强优质项目引进、支持智能制造技术应用、支持机器人等智能装备制造、强化智能制造创新载体建设、优化智能制造企业发展环境等5项11条具体举措。

12月29日　印发《苏州市吴中区养殖水域滩涂规划（2017—2030年）的通知》，明确今后一阶段全区养殖水域滩涂工作重点，要求各地、各部门加强组织领导、强化监督检查、完善生态保护，推动全区养殖水域滩涂工作再上新台阶。　（施斌斌）

实事工程

【概况】 2018年，吴中区政府要求各地、各部门加强领导、明确责任，制定计划、落实举措，积极推进实事工程各项工作，7类18项实事工程完成年度目标任务。

【公共交通】 西环高架南延地面道路、甫澄路建成通车。有序推进东环南延、南湖快速路东延、吴中大道东段暨南湖路快速路一期工程、苏同黎公路快速化改造、葑山寺路等工程，续建道路24公里，新开建道路13公里。完成3个公交场站建设（金庭公交枢纽、塘东路公交首末站、角直公交枢纽）。完成公交候车亭建设176个。

【就业创业】 新增就业岗位

1.5万个，开展各类培训1.2万人次，创业培训1000人次，本地户籍应届高校毕业生就业率95%以上，困难家庭高校毕业生就业率100%，实现“零就业”和“零转移”家庭动态清零。新增省级创业型街道1个，省级创业型村（社区）16个，青年见习基地30家。

【健康服务】 完成苏州市中西医结合医院（木渎人民医院）原住院楼改造，推进长桥人民医院新院、开发区预防保健所等公立医疗机构项目建设。完成全区14个精神卫生康复驿站达标建设。在全区公立养老机构中新建8个全科医生工作室。完成心脑血管疾病、肿瘤、高危孕产妇和高危新生儿等筛查4万人。

【社会服务】 新开工建设安置房1.4万套，竣工1万套。完成保障性住房开工任务3000套，竣工500套。实施10个老旧小区排水设施修复改造。新建1家社会养老服务中心，推动3家镇（街道）敬老院扩建至100张以上床位。完成15家日间照料中心建设。对30户符合政策条件的老人家庭进行无障碍设施改造。推行重大疾病救助保险、城乡残疾人基本养老保险和基本医疗保险。确保重度残疾人100%按规定参加医疗保险，社会保险补贴100%发放到位。组织6类符合残疾人特点的技能培训，完成实名制就业100人。

【教育文化】 建成投用尹山湖实验小学及附属幼儿园、吴淞江实验小学附属湖韵幼儿园、碧波实验小学枫津路校区、叶圣陶实验小学、胥口中学、华东师范大学苏州湾实验小学、城南中心幼儿园等7所学校。新增幼儿园学位1980个，小学学位5670个。建成28个基层综合性文化服务中心。

【生态环境】 实现公共机构生活垃圾强制分类。2018年同比减少建筑垃圾（装修垃圾）20万吨、农贸市场有机垃圾2万吨、园林绿化垃圾1万吨、餐厨垃圾（厨余垃圾）5000吨。完成京杭大运河吴中段10公里堤防加固和2座口门建筑物建设，提高片区防洪能力，改善区域水环境。完成19条黑臭河道治理。完成河道疏浚整治173条143公里，建设生态河道15条10公里。

【公共安全】 对区内87所学校（含托幼机构）实施技防设施提升，年内完成其中60所校园技防设施改造。对区属公办、民办学校（含托幼机构）共计109家食堂安装监控设备，对学校食堂食品安全进行无盲区监管，年内完成其中97家。完成市政燃气中压管道27公里、低压管道30公里（分布于24个小区）改造。 （施斌斌）

政府法治建设

【综述】 制定《吴中区2018年度法治政府建设工作要点》，明确年度推进依法行政重点工作任务。突出抓好法治意识和能力提升，落实区政府常务会议学法和部门领导班子集体学法制度，全年区政府常务会议组织开展《中华人民共和国宪法修正案》《江苏省财政监督条例》《苏州市燃气管理办法》《江苏省农村集体资产管理条例》等学法活动。组织3批次65名拟任命领导干部开展任前法律知识考试，在镇街道推行中层任前法律知识学习考试。转发关于加强乡镇（街道）法制工作人员履职能力建设的意见，明确镇（街道）法治员履职能力清单。各部门按照年度全区干部学习培训计划，积极开展公务员、行政执法人员学法培训活动。组织开展2018—2019年度区级依法行政示范项目的申报，经申报和评审，10项入选区级依法行政示范项目，区联动中心机制建设和市场监督局创建“企助理”平台分别入选省、市依法行政示范项目。建立“苏州吴中”政府门户网站法治政府专栏，加强全区政府法治建设的宣传和推广。

【行政决策程序管理】 修订《吴中区政府常务（区长办公）会

议议事规则》，完善行政决策机制，规范议事程序。落实重大行政决策标准化系统化管理，木渎镇重大行政决策规范化管理列入苏州市试点。确定《编制吴中区养殖池塘标准化改造规划方案》等6件年度政府重大行政决策事项，并纳入目录管理，明确各决策承办单位职责、时限和档案管理要求，将实施情况纳入政府绩效管理依法履职考核。全年，区法制办审核有关部门提交区委区政府制发的各类政策文件20多件。组织开展涉及产权保护的规范性文件、证明事项等专项清理工作。10月，组织开展区政府重大行政决策和政府规范性文件实施情况后评估工作。在太湖围网拆除、苏州市生活垃圾焚烧发电厂提标改造项目等政府重点项目推进中，注重发挥政府法制机构和法律顾问在服务和保障重点工作推进中的法律参谋助手作用，开展政策制定的合法性、程序的规范性论证。在政府合作开发协议、企业上市历史沿革合法性审核以及区政府涉法涉诉事项处理中，区政府法律顾问团在法律框架内提出切实可行的法律意见建议，保障政府行政决策合法高效。全年，区政府法律顾问审核政府合同7件，提供各类法律建议20余条。

【行政执法监督】 制订行政执法年度监督计划，全面加强行政执法“三项制度”的落实和镇（街道）行政执法能力建设。严格落实行政执法人员资格管理制度，建立行政执法人员信息台账，健全动态管理机制。继续围绕群众关注的环境保护、市容市政、市场监管等执法热点、难点领域，通过听取汇报、座谈、案卷抽查等形式，开展专项督查工作。对全区重点行政执法单位行政处罚和行政许可案卷开展集中评查，依法规范行政执法行为。配合区相关部门加强校外培训机构、油烟扰民、违章建设等执法争议专题协调，明确执法主体和管理职责。镇域（街道）相对集中处罚权改革实施方案获省、市批复，甪直镇纳入省经济发达镇行政管理体制改革试点，梳理并确定下放职权部门执法权限清单。组织开展“裁执分离”实施后，吴中区首起非法占地政府强制执行案件，统一区政府执行通知和公告文书，保障政府强制执行依法规范操作。

【行政复议和应诉】 全年，区行政复议机构收到行政复议申请34件（受理27件），与去年基本持平。办理以区政府为被申请人的行政复议案件2件，均已审结，其中1件维持，1件驳回。区政府行政应诉案件9件，镇（街道）和部门行政应诉案件90余件，行政机关负责人出庭应诉率94%以上，行政复议和行政应诉质量进一步提高。建立年度行政复议和行政应诉分析通报制度。10月，区政府常务会议专题听取区法制办关于全区行政复议和应诉工作情况汇报。加强行政与司法联动。4月，区法制办联合吴中法院举办“实质化解行政争议　共同推进法治建设”新闻发布会，发布吴中区行政复议和行政应诉案件基本情况与主要特点，通报行政复议和行政审判的主要做法和典型案例，加强案件的分析研判，促进行政机关提高执法水平，从源头上减少行政争议。建立全区政府信息依申请公开统一平台，增设“申请获取信息10项指引”栏目。全年，区本级依申请公开92件，按时答复率100%。　（唐　顺）

行政服务

【概况】 2018年，政务中心受理各类审批服务事项525015件，办结524270件，办结率99.86%，日均受理2187件，应收费用52462.09万元，实收50636.47万元，减免1825.62万元。周六对外服务受理6402件，处理网上业务咨询30件。

2018年完成新增进驻事项120项，实现全区32个职能部门的256项行政许可事项全部进驻政务服务中心（分中心）窗口的对接工作，政务服务事项进驻率提高到77.21%。全区754项事项中的730项实现“不见面审批”，其余24项实现“最多见一面”。

【改革创新】 创新推行“建设项目并行预审在线平台”。依托“投资建设项目并行预审（审批）在线监管平台”，实现项目在线报审、流程自动接续、操作全程留痕、材料各方共享、进展实时监控，全面融合预审、代办、督办等创新机制，全面掌握审批进度，加快审批进程。目前已有58个项目上线该平台。全力建设涉审中介机构信用评价机制。构建完善，建成投运涉审中介机构“网上超市”。着眼省级试点先行先试、出效出彩，积极试行吴中开发区企业投资工业项目信用承诺审批新模式，8个项目适用信用承诺机制，颁发信用承诺施工许可证5张。全面推行“预审+代办”制。爱信AW增资扩建（二期工厂新建）项目叠加“预审+代办”机制和信用承诺制，从取得土地证到获得施工许可只有4天，大大缩短审批流程。

【实现数据共享】 充分利用互联网、大数据等信息技术提供关键技术支撑，以数据共享推动业务协同，让数据多跑路、让群众少跑腿甚至不跑腿。扩展“一号申请”功能，构建起统一身份认证体系（人脸识别技术），实现群众和企业办事一次认证、一号申办，集成证照数据，避免重复提交材料、证明和证件，实现终身办事“一号无忧”。融合“一窗受理”功能，推进“一窗受理”平台与江苏政务服务网、部门业务系统对接，变多网受理为一网受理；积极探索将部门审批系统整合到网上公共审批业务系统，实行一个系统办理审批。提升“一网通办”功能，推进江苏政务服务网平台、窗口办事导航功能拓展和界面创新，按实体办事大厅综合服务窗口的分类设置划分专栏，整合网上办事大厅服务事项和服务流程，统一网上申请入口，实行“一表式”申请，网上全流程办理，提高网上办事效率，实现“一网通办”。创新“智慧审批”功能，着力打造智慧政务服务大厅，配置各类自助服务平台，实现服务导航、信息发布、政务公开、服务指南、自助填表、自助查询、自助办理、排队叫号、服务评价等智能化服务，提升群众体验度和获得感。

【全员业务培训】 抓好全员业务技能培训。以提升干部综合能力为重点，组织全体工作人员赴昆山党校进行“互联网+政务服务”培训，进一步提升工作人员的服务意识和工作能力；组织新进大学生进行岗前业务培训，组织窗口首席代表（负责人）参加干部更新知识培训，全面提高窗口人员的业务水平。完善考核规章制度。进一步完善《吴中区政务服务管理办公室月度考核办法》，深化对窗口工作人员的考核细则，增加便民服务中心管理人员月度考核细则。强化监督管理。充分发挥电子监控作用，中层以上管理层每天不少于4次对窗口巡视外，不定时通过电子监控查看窗口服务情况，发现问题及时解决。引入第三方监督机制。通过聘请普通市民以“社会观察员”的角色在第一线收集信息，主动发现问题，倒逼相关部门及时整改，减少投诉举报，变被动监督为主动作为。

（李　宏）

人事工作

【人才工作】 加快推动吴中人才新政20条落地见效，细化出台《东吴高技能人才计划实施细则》等人才引育配套政策。创新搭建校企合作和校园招聘平台，2家企业的5项社会实践课题与13名硕士完成对接，琪玮等3家公司与云南红河学院签订冠名班意向，538家单位参加吴中校园引才招聘，取得良好成效。积极参加国际人才交流活动，认真组织国际精英周吴中分会场活动，拍摄十周年纪录短片；建成人才工作联络站

2018年7月11日，2018东吴双创峰会暨苏州国际精英创业周吴中分会场开幕　　王永康　摄

企业站32家，国内站5家，海外站3家。积极做好“姑苏重点产业紧缺人才计划”“东吴企业高层次人才计划”相关人才项目的申报组织和审核认定工作，首次成功入选江苏省“外专百人计划”1人，获评国务院政府特殊津贴专家、省中青年专家、省企业首席技师各1人，获评江苏工匠3人。大力加强高技能人才队伍建设，与苏州职业大学签订校地合作框架协议，建立高技能人才信息库，举办“第三届校企PK赛”“第四届吴中技能状元大赛”“2018年吴中区传统技艺技能大赛”，5名选手入选第45届世界技能大赛集训队，全年共引育引进高层次人才1140人、高技能人才2032人，开展职业技能鉴定170场5123人次。推行专技职称网上申报，提高服务效率，职称评审3930人。人才载体建设取得新成效，新增国家级、省级技能大师工作室各1家，新增中国博士后科研工作站1家，省博士后创新实践基地4家，省大众创业万众创新示范基地1家，省级以上众创空间、孵化器20家。

【公务员、事业单位管理】 严格落实中层干部审批备案制度和培训工作，稳步推进职务职级并行、国有企业负责人薪酬制度改革工作，规范实施公务员、事业单位人员招录招聘工作，全区招录公务员（含参公）67人，事业单位人员98人。教育系统招录编制内教师16名，年金制教师1060名；卫生系统招录事业编制医护人员66名，录用农村卫生定向培养生25名。全面推进事业单位工作人员岗位竞聘工作，在教育系统开展事业单位专业技术岗位分等级聘用工作，进一步规范事业单位专业技术岗位聘用管理。认真组织公务员培训，145名中层干部和64名新招录公务员参加培训。扎实开展公务员与事业单位人员年度考核，对51名连续三年考核优秀的公务员记三等功。认真执行各项工资福利政策，机关工作人员收入水平更加合理规范。稳步落实军转安置工作，安置军转干部39名。

（范　莉）

信访工作

【概况】 2018年，区信访局共受理群众来信来访4550件次。其中，办理来信748件；受理来访1001批3802人次。办理省委书记、省长信箱96件，办理复查复核2件。

【落实信访责任】 通过强化体系建设，强化领导接访和强化督查问责，有效把信访工作责任和压力传递到位。严格按照《信访工作责任制实施办法》要求，一级抓一级、层层抓落实，建立党政主要领导负总责、分管领导具体负责、班子成员一岗双责的信访工作责任体系。区委书记唐晓东、区政府区长陈嵘先后到区人民来访接待中心开展接访工作，持续以区领导接访为引领，带动镇（街道）层面领导开门接访，推动信访突出事项得到及时就地化解。通过开展专项督查、个案督查，及时掌握信访事项办理的真实情况，特别是将久拖不决、涉及面广、群众反映强烈的重大疑难信访突出问题，纳入重点督查范围，今年先后组织3次督查，进一步压实属地和部门的责任。

【提升信访处置效率】 深入落实依法逐级走访权益保障卡制度，进一步扩大覆盖面，提高办理率，使权益保障卡真正成为引导群众依法逐级走访的有力抓手。全年共发放权益保障卡250张，发卡率100%。进一步强化公安部门提前介入信访问题化解工作，主动作为，充分发挥情报预警的作用，通过立案侦查等方式，挖掘内幕根源，运用法治化思维提前预判信访事项走势，将初起初发矛盾纠纷及时化解在萌芽状态。贯彻落实访调对接，成立由区信访局、司法局牵头的访调对接工作领导小组，充分发挥信访和人民调解在共同化解社会矛盾纠纷中的作用，共同开展访调对接工作，全年化解复杂矛盾纠纷10起。严格落实上级关于信访诉求依法分类处理的要求，全年完成8件依法分类处理的信访案件，对信访诉求甄别分流，引导责任部门进行分类处理、依法办理，保证诉求依照法定途径得到合理合法的回应。（宋　婷）

外事和侨务

【概况】 2018年，利用外事侨务资源，提升外事侨务服务水平。助推企业实施“走出去”战略和企业外向型发展，帮助解决企业合理诉求，服务全区经济社会发展。做好外事品牌项目的开展工作，促进友城建设和交流。从规范审核程序、全程监督问效和提升服务质量方面规范因公出国（境）管理。实施“侨爱工程”，开展侨文化保护与传承专题调研，推进社区侨务工作。强化涉外事务的网格化管理，举办全区外事管理培训班，主动开展对外文明交往宣传，加强涉外管理工作。2018年，完成各类接待任务21批127人次。

【服务经济社会发展】 助推企业实施“走出去”战略。主动向企业宣传APEC商务旅行卡申办政策，介绍“一带一路”倡议，鼓励企业“走出去”。2018年APEC商务卡共计为12家企业上报12批18人次。近年来，累计办卡370人次。助推企业外向型发展。进一步做好“一站式”服务窗口、网上服务平台、“代传递”服务等工作，积极配合市外办网上申报点对点服务工作，做好区内企业外国人来华邀请确认函初审工作，2018年为35家企业签发外国人来华邀请确认函49批次87人次。帮助企业解决合理诉求。结合“六个一”基层走访调研，主动走访区内企业，及时了解企业发展情况与诉求，积极协调，帮助企业解决在发展过程中遇到的困惑和难题。

【友城建设与交流】 品牌项目有序开展。美国南湖市卡罗尔学区师生代表团、韩国大邱广域市东区栗琴小学和栗园中学师生代表团先后访问吴中，分别与江苏省外国语学校、苏苑实验小学和迎春中学开展寄宿修学交流，有效增进了双方青少年间的相互了解和友谊，促进吴中区与上述地区在教育领域的交流与合作。不断加强友城交往。新西兰罗托鲁瓦市副市长特雷夫・麦斯威尔率罗托鲁瓦高中生篮球队访问吴中，与苏州北美国际高级中学和江苏省木渎高级中学校篮球队进行友谊赛，以球会友，为两地今后在教育和体育领域开展交流提供契机；韩国大邱东区厅友城工作负责人实地了解吴中区经济社会发展情况。友好交流持续深化。美国南湖市前议员、南湖市经济开发促进委员会委员王朝堂先生携夫人到吴进行友好访问，记述吴中区和南湖市友好交流情况的江苏省国际友城40周年征文在《江苏外事》杂志刊发。

【规范因公出国（境）管理】 规范审核程序。在严格把关的同时，为经贸招商及友好访问等重点团组做好保障工作，开辟绿色通道，加快团组审批办理进度。2018年累计办理因公出国（境）团组28批79人次，其中自组团12批58人次；市组团7批10人次；省级以上（包含省级）组团9批11人次。全程监督问效。强化团组派出单位的责任，做好制止公款出国（境）旅游的第一守门人。做好行前教育和出国外事纪律诫勉工作，进一步加强因公出国（境）的访后督查工作，比对因公护照的出国记录与报批行程，着重对比请示任务与实际完成任务，对出访成果进行跟踪、评估和公示。提升服务质量。在加强对因公出国（境）任务监督和检查的同时，更加积极主动做好服务工作，重点为招商团组和招商项目做好保障服务，开辟绿色通道，积极对上争取，加快团组审批办理进度。对上级部门有专项经费支持的重点出访任务开辟绿色通道或简化审批流程，保障此类团组的顺利出访。

【推进社区侨务工作】 认真实施"侨爱工程"。邀请侨商代表出席吴中区委区政府举办的迎新春团拜会。推动香港周氏基金会在吴中设立育树圆梦助学金并捐赠发放给吴中区相关学生。坚持开展新春、中秋走访慰问活动，共走访慰问11名归侨、36户侨眷、25户"四有人士"家庭和高龄侨眷。开展侨文化保护与传承专题调研。多次深入基层"侨之家"开展专题调研，重点发挥全国"明星社区"和"示范单位"的引领带动作用，进一步推动社区侨务创新发展。木渎景区、太湖园博园内的苏州市非物质文化遗产馆被江苏省侨办、省文化厅评为"江苏省中华文化海外交流基地"。注重提升服务能力。积极参加省侨办组织的侨务干部培训，召开全区侨务工作会议，明确2018年重点工作，邀请市侨办讲解侨务行政服务事项及侨法知识，为更好地开展社区侨务工作打下良好的理论基础。贯彻落实"不见面审批（服务）"改革。认真完成行政事项的梳理、政务服务网站的资料上传和修改维护等工作。行政服务事项已进驻区政务服务中心。

【加强涉外管理工作】 强化涉外事务的网格化管理。以区外事工作联络员机制为抓手，发挥外事工作联席会议机制作用，实现全区涉外事务的网格化归口管理。常态化开展外事侨务条线维稳调研工作，及时排查涉外纠纷，有效化解涉外矛盾。严格按照规定，履行凯辉论坛开幕式、2018年普契尼艺术节等活动的相关报批报备手续。举办全区外事管理培训班。邀请市外办、市人社局及市公安局等相关部门专家，为吴中区涉外管理联席会议成员单位、区级机关相关单位和涉外企业等66家单位的近70名业务人员进行系列政策解读及实例操作培训，现场解答企业在工作中遇到的涉外问题，提升基层外事工作业务能力。主动开展对外文明交往宣传。结合"六个一"大走访、在职党员进社区，开展对外文明交往宣传活动，对有出国交流想法的居民进行指导，向群众普及文明礼仪知识，发放宣传手册，积极解答他们的问题。配合市外办在区行政服务中心举办"苏州市预防性领事保护宣传"展览，宣传普及海外领事保护知识。

【做好礼宾接待工作】 2018年，完成各类接待任务21批127人次。陪同加拿大驻上海总领事馆等外国驻沪领事机构考察区内企业和投资环境，与相关单位和企业负责人进行座谈；接洽日本池田泉州银行驻苏事务所首席代表，就日资企业在吴中区发展情况进行沟通等；接待巴西电视台等海外媒体赴甪直古镇、京杭大运河等地进行取景拍摄；接待前来参加意大利普契尼艺术节闭幕式的意大利卢卡市市长代表团一行，并就吴中区与卢卡市开展友好交流事宜进行商讨。抓住国侨办"第八届海外华侨华人专业协会会长联系会"考察吴中区、2018年苏州国际精英创业周吴中分会场、吴中籍华侨华人回国探亲等契机，积极宣传吴中的发展、吴中的人才政策，协调板块做好项目的对接工作，为助推吴中经济发展尽责尽力。服务好香港朱恩馀先生及家族成员、香港周氏家族等港澳同胞返乡祭祖活动。 （李 思）

民族宗教事务

【概况】 2018年末，吴中区有49个少数民族，总人口近20000人，其中常住（户籍）少数民族人口3932人，族别数32个；经商务工流动少数民族人口近16000人，族别数47个。现有清真拉面店150家，拉面店从业人员近500人。2008年成立吴中区少数民族联谊会，2010年、2011年分别成立木渎和龙西两个少数民族联谊会分会。2015年区少数民族联谊会进行换届。通过少数民族联谊组织这一平台，经常组织少数民族人员开展联系联络，排忧解难，扶贫帮困等活动，为广大少数民族群众提供帮助和服务。

吴中区有经民政部门批准的宗教团体4个，即佛教协会、道教协会、基督教三自爱国运动委员会、天主教爱国会。经批准对外开放的宗教场所61处，其中佛教场所46处，道教场所8处，基督教堂5处，天主教堂2处。全区现有宗教教职人员215人，职工75人。

【民族团结宣传教育】 精心组织全区第15个“民族团结进步宣传月”活动。在相关社区（村）、企事业单位、学校悬挂、张贴民族团结进步标语和宣传横幅100余条；采取现场咨询和发放宣传材料等形式，向群众进行民族政策、方针、法律法规等知识讲解，累计发放相关宣传材料6000余份；利用社区（村）宣传阵地，创办民族团结进步方面内容的宣传板报30多块，宣传党的民族政策、宣传民族团结进步先进事迹。

指导光福镇深入开展全国民族团结进步创建示范乡镇申报和创建工作，以创建为基础，培育民族团结先进典型，发挥示范引领作用，带动更多力量致力于民族团结进步。举办“民族一家亲·共圆中国梦”民族团结进步文艺演出，对“格桑花西部助学基地”进行揭牌，培养广大公民的民族意识、民族素养、民族情感，营造民族团结浓烈的氛围。

【少数民族服务管理】 贯彻落实民族政策，认真做好民族成分变更、少数民族考生中高考加分和清真补贴发放工作。2018年为4位少数民族同胞的子女办理民族成分变更手续；为1名少数民族学生办理中考加分手续，1名办理高考加分手续。开展少数民族困难群众扶贫帮困，走访慰问全区80户少数民族贫困户，送上合计价值8万余元慰问金和粮油等慰问品。

建立健全三级管理网络体系，定期对全区流动少数民族人口进行调查统计，指导基层对少数民族流动人口管理工作进行梳理和排查，针对基层上报的重点和难点工作，及时给予指导和帮助。充分发挥各镇（区、街道）和区少数民族联谊会以及外来少数民族驻苏机构在少数民族流动人口服务管理中的作用，不断完善少数民族流动人员服务管理网络和工作机制。

【宗教普法宣传教育】 先后举办吴中区宗教界人士十九大精神报告会、《宗教事务条例》专题讲座、反邪教专场讲座等，强化宗教界人士的国家意识、法律意识、公民意识。指导宗教团体和宗教活动场所落实好日常学习教育制度，认真落实与宗教界人士交友谈心制度，强化宗教界人士爱国爱教基本要求、依法管理理念和服务社会意识。结合“七五”普法，在全区宗教系统开展以“与法同行 传扬正气”为主题的宗教政策法规学习月活动，悬挂宣传横幅50余条，张贴《宗教事务条例》及其配套规章30余份、标语50多条，创办宣传专栏30余期，发放宣传材料3000余份、相关法规书籍200余本，广泛宣传党的宗教政策和国家的法律法规。

【宗教事务规范管理】 深入推进新修订的《宗教事务条例》及有关法规的落实，扎实做好宗教事务行政权力清单标准化工作，严格规范管理行为，建立健全各项制度，确保在法治轨道上推进宗教工作。依法做好宗教活动场所筹备设立审批、宗教教职人员认定备案等工作。定期开展安全生产大检查、消防安全整治等活动，持续开展基督教私设聚会点等专项治理，会同公安等部门排查和处置各类非法宗教活动，维护宗教正常秩序。

以“星级宗教活动场所”创建、宗教场所星级档案创建活动为主要载体，指导宗教团体和场所建立健全各项管理制度，不断规范场所人、财、物和档案管理。全年对全区宗教场所财务进行两次专项检查，通过检查全面了解场所的财务管理情况，指导督促场所整改问题。4月召开2017年度宗教场所规范化管理表彰会，金庭包山寺等10个场所获评先进集体，慧通等12人获评先进个人。对全区宗教界开展“星级宗教活动场所”创建、宗教场所星级档案创建情况进行全程跟踪督导，不断巩固和扩大系列创建活动成果。截至2018年末，有4个场所获评省“四星级宗教活动场所”，7个场所获评省“三星级宗教活动场所”。

【开展宗教公益慈善】 积极引导宗教界开展公益慈善活动，以“宗教慈善周”“宗教界结对帮扶百家少数民族贫困户”活动为平台，通过慰问孤寡、助残敬老、捐资助学等形式，促进宗教公益慈善活动向规模化、多样化发展。2018年全区宗教界累计捐助款物100余万元。1月，收到致公党贵州省委员会感谢信，感谢胥口还带禅寺为贵州省毕节市贫困小学师生捐赠冬衣的善举。 （张芸瑞）

机关事务管理

【概况】 2018年度，紧扣区委区政府提出的优化“三大布局”、转换“三大动力”、打好“三大战役”的工作方向，全面履行管理、保障和服务职能，不断拓宽工作思路、创新工作机制、强化工作措施，扎实推进各项工作高效有序开展。先后获得江苏省机关事务管理系统先进集体、江苏省第一批公共机构能效领跑者、第二批苏州市“水效领跑者”、2017年度苏州市区生活垃圾分类工作先进集体等荣誉。

【后勤保障】 餐饮方面，严控食品安全，认真落实《中华人民共和国食品安全法》和食堂内部管理制度，从原材料来源、库存保管、环境卫生三方面保障食品质量安全。提升菜品质量，平衡膳食营养，注重花色品种搭配时令特色菜，精细化管理菜品出菜量，保证色香味的同时减少不必要的浪费。召开入驻商务中心征求意见座谈会，对餐厅部分食品供应做出调整，不断提升服务满意度。2018年度，两个中心提供工作用餐42.7万人次，其中早餐16.6万人次，用餐反响良好。会务保障方面，做好会议场次登记，合理安排会议室使用，主动做好与会议主办单位的沟通工作；完善会议室设备设施，进一步满足各类型会议需求。2018年度，保障会议834场次，累计参会人数达3.9万人次。工程维保方面，切实加强设备服务保障，做好大楼空调、消防、安保、水、电等维修项目服务工作，针对各单位反映的设施、设备方面的问题，做到立即落实、跟踪落实。加强定期检查和日常巡查，将可能出现的事故隐患排除在初期，确保设施设备正常运转。2018年度，中心完成各项维修工作8615次、抢修20多次、各类大范围改造8次。

【财务管理】 做好机关各部、委、办、局53个行政事业单位以及区党费户、团费户等其他账户共计61套账的记账工作，做精做细财务核算，正确使用每一笔经费的记账科目。强化政府采购事前内控管理，严格按照政府采购条目、金额进行业务采购；严格执行结算审计程序，对使用财政资金的工程项目，结算前均交由区审计部门审计；增加财务审核环节，完善费用报销手续。配合苏州市机关事务管理局作风建设专项行动，做好全区通信套餐自查自纠专项行动的汇总工作；按照省委巡视组及区审计两级整改落实情况回头看要求，配合区纪委、审计、财政等部门完成做好整改工作。

【公车管理】 不断巩固全区党政公务用车制度改革成果。调整和改善全区公务用车智能管理平台功能，督促党政机关做好更新车辆的GPS安装和标识喷涂工作。做好企事业单位公务用车制度改革相关工作，下发《吴中区事业单位和国有企业公务用车制度改革实施意见》，全区747家涉改单位，保留各类公务用车1250辆，取消一般公务用车81辆，总费用节支率为13.64%。做好被取消的81辆车的集中停放，及时开展评估、拍卖等工作。配合公务用车改革“回头看”以及省委巡视整改工作相关要求，梳理有关问题及整改情况，整理台账资料。

【办公用房】 在全区范围内开展党政机关办公用房清理整改自查自纠，结合省市两级“回头看”专项行动，汇总各乡镇、街道及相关党政机关办公用房使用面积动态数据，通过实地查看，现场测量，确保各有关单位切实贯彻相关文件精神。全区有市管干部73人，办公用房总面积1471.04平方米，平均20.15平方米/人。全区已经清理腾退的面积合计410平方米。

【节能管理】 大力推广餐厨垃圾就地化处理设备设施建设运用，加快对吴中商务中心投入餐厨垃圾就地化处置项目建设。加快推进节能新产品新材料新技术在全区公共机构中的推广应用，对商务中心的地下车库、公共过道、卫生间等公共区域的照明设备进行LED改造。通过节能海报设计大赛、节能宣传片氛围营造、“紧缺体验”以及“设摊宣传”等多种形式，创意开展节能宣传周活动。

【物业管理】 后勤中心加强吴县新村物业管理，及时地掌握住户信息、意见建议，做好物业费停车费收缴等日常性服务工作。2018年，进行维修、筑漏、疏通下水道100余次。对小区主干道两侧高大树木进行修剪；配合社区共建，创建美丽楼道，对部分楼道进行粉刷；对监控设备进行全面更新，同时安装速递易投递箱。

【退管工作】 紧紧抓住落实老干部政治、生活待遇这条主线，从政治上尊重、思想上关心、生活上照顾老干部，组织开展“走基地、看变化、聚力量”活动，坚持“送学上门”，将《吴中区机关党员干部应知应会口袋书》等材料送到离退休党员手中；开展“九九重阳节　浓浓敬老情”姑苏美食文化专题讲座、“夏季送清凉、冬季送温暖”走访等活动，坚持做好健康体检、走访慰问、处理来电来访、代办医药费核报等工作，实实在在为老干部做好服务保障。

（韩佳虹）

编辑：洪　蕾

综　述

2018年底，政协第四届苏州市吴中区委员会有政协委员290名，常务委员49名。下设办公室和6个专门工作委员会：提案委员会、社会事业委员会、城乡建设委员会、经济科技委员会、港澳台侨民族宗教委员会、文史委员会。

2018年，围绕教育、住房、交通、生态环境等群众密切关注的热点问题精准选题，广泛调研，撰写提案。全年立案提案168件，确定政府各区长领办9件，政协各主席重点督办9件。168件提案均在规定时限内办复，满意率100%。围绕中心促发展，紧抓工业经济高质量发展、乡村振兴、拆迁安置等重难点，形成《关于聚力创新谋发展　聚焦产业求突破　全力推动吴中工业经济高质量发展的建议》《以产业振兴推动吴中乡村振兴的几点建议》《关于统筹谋划　攻坚克难　进一步有序高效推进拆迁安置工作的建议案》三个建议案。

积极建言献策，搭建委员交流平台，畅通信息传递渠道，围绕“农文旅融合发展”“养老服务工作”等社会热点问题开展主席会议专题视察，提出切实可行的意见建议。全年开展50多次视察调研和委员联系活动，围绕乡村振兴战略、教育事业发展、提高就业质量、社会保障体系建设、公共文化体育设施建设、健康养老等方面建言献策，对涉及群众生活的问题全景式关注。

以委员之家、政协网站、政协公众号、政协简报、聚焦政协电视专栏为阵地，宣传党和国家的大政方针、政协系统信息动态，注重委员履职尽责宣传、注重委员先进事迹宣传、注重吴地文化研究宣传。此外，还在《人民政协报》、《苏州政协》、“苏州政协”微信公众号等平台刊登30多篇研究文章和简讯。

2018年，举办第二期政协委员能力提升培训班，组织部分委员赴井冈山江西干部学院开展培训学习。建设委员履职智慧平台，规范委员履职考核管理。完善工作体制机制，强化对各镇、街道政协工委和城区委员联系小组的领导和指导。建立健全专委会与界别互动机制。政协副主席莫玉林赴宁夏石嘴山经济技术开发区挂职，这是吴中区政协史上第一次干部赴外省市挂职。

重要会议

【政协四届二次会议】 2018年1月2—4日，中国人民政治协商会议苏州市吴中区第四届委员会第二次会议在太湖国际会议中心举行。唐晓东、陈嵘、李朝阳、张炳华等区委、区人大常委会、区政府全体领导及原四套班子老领导到会祝贺，区直机关各部门主要负责人列席会议。会议听取和讨论区委书记唐晓东在开幕会上所做的重要讲话；听取和审议主席张建祥代表区政协四届常委会所做的《政协苏州市吴中区第四届委员会常务委员会工作报告》和副主席莫玉林所做的《区政协四届一次会议以来提案工作情况的报告》；与会委员列席区四届人大二次会议，听取和讨论代区长陈嵘所做的《政府工作报告》及其他报告；会议补选王显军、解冰同志为政协苏州市吴中区第四届委员会常务委员会委员。会议期间，委员共提交提案218件，经审查立案168件。会议通过区政协四届二次会议《决议》，审议通过区政协四届二次会议提案审查情况的报告，表彰2017年度吴中区政协优秀提案。会议结束前，主席张建祥致闭幕词。

2018年1月2—4日，中国人民政治协商会议苏州市吴中区第四届委员会第二次会议在太湖国际会议中心召开　王永康　摄

【常委会议】 2018年，召开常委会议4次。

四届五次　2018年1月4日，区政协召开四届五次常委会议。会议审议并通过增补区四届政协委员名单和《区政协常委会2018年工作要点（讨论稿）》。会议由主席张建祥主持，副主席莫玉林、姚瑞元、朱筱菁、宋晓华，原副主席戈福林，秘书长、办公室主任许晓峰，区政协常委组成人员出席会议。

四届六次　2018年6月21日，区政协召开四届六次常委会议。会议听取区政协提案委主任陆育新、文史委主任曹富、城乡委主任李福林分别就2018年政协常委会3个建议案所做的情况说明，以及就增补政协委员有关情况所做的说明。会议审议并通过《关于聚力创新谋发展　聚焦产业求突破　全力推动吴中工业经济高质量发展的建议》《以产业振兴推动吴中乡村振兴的几点建议》《统筹谋划攻坚克难　进一步有序高效推进拆迁安置工作的建议》，同意黄东同志不再担任区四届政协委员，增补徐晓军、沈敏同志为区四届政协委员。会议结束前，主席张建祥做总结讲话。会议由区政协副主席莫玉林主持。

四届七次　2018年8月23日，区政协召开四届七次常委会议。区政协常委们一行在实地视察区综治中心后，召开区政协四届七次常委会议。会上，常委们听取副区长荣德明关于2018年上半年全区经济社会发展情况的通报，审议通过区政协港澳台侨民族宗教委员会组成人员的调整事项。会议结束前，主席张建祥做总结讲话。会议由区政协副主席莫玉林主持。

四届八次　2018年12月27日，区政协召开四届八次常委会议。会议听取顾益坚同志关于区政协四届二次会议委员提案、常委会建议案办理情况的通报；协商讨论政府工作报告（征求意见稿），讨论审议并通过区政协常委会工作报告（征求意见稿）、提案工作报告（征求意见稿）、《优秀提案和政协委员先进个人的表彰决定》（征求意见稿）、部分政协委员调整事项和区政协四届三次会议有关事项。会议结束前，主席张建祥做总结讲话。

【主席会议】 2018年，召开主席会议13次。

四届十九次（扩大） 1月16日召开，主席张建祥主持会议。会议讨论制订《吴中区政协委员履职服务与管理的办法（草案）》，商讨2017年度政协领导干部考核优秀推荐名单，商讨办公室内设机构有关人事变动问题以及举办第二期委员能力提升培训班。

四届二十次 1月24日召开，主席张建祥主持会议。会议传达学习市政协十四届二次会议精神，听取各专委会1月份工作汇报和2月份计划，部署安排区政协领导和机关干部"三级三联"走访慰问活动，研究讨论2017年区政协常委会重点调研课题和加强全国"两会"精神学习、各专委会的工作计划，商量举办委员能力提升培训班的相关事宜。

四届二十一次（扩大） 2月27日召开，主席张建祥主持会议。会议听取各专委会2月份工作汇报和3月份工作计划，听取张建祥关于政协2月份工作的回顾和下阶段工作的安排，研究讨论区政协领导班子成员工作分工、常委会重点课题调研安排、赴井冈山举办第二期委员能力提升培训班等事宜。

四届二十二次（扩大） 3月20日召开，主席张建祥主持会议。会议专门听取吴中经济技术开发区副主任、太湖新城管委会副主任周学斌关于设立天鹅荡街道的情况介绍，听取各专委会主任3月份工作汇报及4月份工作计划。秘书长许晓峰带领全体与会人员领学全国"两会"精神。最后，张建祥总结本月主要工作，并对政协下阶段工作做部署安排。

四届二十三次（扩大） 5月8日召开，主席张建祥主持会议。会议听取各专委会主任4月份工作汇报及5月份工作计划，听取三个调研组关于常委会建议案的进展情况，听取秘书长许晓峰宣读《中国人民政治协商会议章程》的修订内容，讨论区政协机关"六个一"走访方案。最后，张建祥总结本月主要工作，并对政协下阶段工作做部署安排。

四届二十四次（扩大） 5月30日召开，主席张建祥主持会议。会议听取各专委会主任5月份工作汇报及6月份工作计划，各分管主席做补充，讨论三个建议案。最后，张建祥总结本月主要工作，并对政协下阶段工作做部署安排。

四届二十五次（扩大） 6月27日召开，主席张建祥主持会议。会议听取各专委会主任6月份工作汇报及7月份工作计划，张建祥传达省委书记娄勤俭在省委常委会上关于江苏教育改革的讲话精神，并对下阶段工作做部署。会议还研究召开专题组织生活会有关事宜。

四届二十六次（扩大） 7月27日召开，主席张建祥主持会议。会议听取各专委会主任7月份工作汇报及8月份工作计划，讨论四届三次会议联组讨论课题的建议方案和吴中区政协书画展活动方案，听取建设智慧政协管理平台有关情况，副主席莫玉林传达学习省政协召开的学习《习近平总书记关于加强和改进人民政协工作的重要思想》研讨会上的精神。最后，张建祥总结本月主要工作，并对政协下阶段工作做部署安排。

四届二十七次（扩大） 8月30日召开，主席张建祥主持会议。会议听取各专委会主任8月份工作汇报及9月份工作计划，传达学习区两办《关于在全区开展作风建设自查自纠专项行动的通知》精神，听取办公室副主任马惠民关于吴中区政协书画展活动筹备进展情况的汇报，研究确定政协四届三次会议联组讨论发言题目，各相关主席做补充。最后，张建祥总结本月主要工作，并对政协下阶段工作做部署安排。

四届二十八次（扩大） 9月29日召开，主席张建祥主持会议。会议听取各专委会主任9

月份工作汇报及10月份工作计划，学习中共中央办公厅《关于加强新时代人民政协党的建设工作的若干意见》和省委办公厅《关于加强新时代人民政协党的建设工作的实施意见》文件精神，副主席莫玉林介绍宁夏挂职情况，副主任马惠民汇报区政协书画展活动情况。最后，张建祥传达省政协关于全省政协系统加强新时代政协党的建设工作座谈会精神，总结本月主要工作，并对政协下阶段工作做部署安排。

四届二十九次（扩大） 10月25日召开，主席张建祥主持会议。会议听取各专委会主任10月份工作汇报及11月份工作计划，听取联组讨论有关情况，学习李君如解读习近平新时代中国特色社会主义协商民主思想《协商民主：人民民主的真谛》。最后，张建祥总结本月主要工作，并对政协下阶段工作做部署安排。

四届三十次（扩大） 11月26日召开，主席张建祥主持会议。会议听取各专委会主任11月份工作汇报及12月份工作计划和宁夏考察学习情况，讨论政协四届三次会议分工安排、联组讨论准备情况、吴中区政协宣传信息工作奖励办法，学习习近平总书记在民营企业座谈会上的讲话等文章。最后，张建祥总结本月主要工作，并对政协下阶段工作做部署安排。

四届三十一次（扩大） 12月27日召开，主席张建祥主持会议。会议回顾12月份工作完成情况，提出2019年1月工作计划，学习《前进路上弥足珍贵的精神财富》《锻造当代中国最显著特征最壮丽气象》。会议要求机关全体工作人员要齐心协力、全力以赴做好四届三次全会工作。会议还讨论其他工作事宜。

参政议政

【成立重点课题调研组】 由区政协领导班子成员牵头，各专委会、区有关部门单位组成三个调研组，每个调研组分别围绕一个重点课题，在深入调研、充分论证、专题协商的基础上，形成建议案。调研一组先后调研全区10多家重点企业，赴杭州、宁波等地考察学习，形成《关于聚力创新谋发展　聚焦产业求突破　全力推动吴中工业经济高质量发展的建议案》。调研二组深入区内涉农乡镇、街道调研，赴宁波奉化、嘉兴平湖、湖州吴兴等地调研学习，形成《关于以产业振兴推动吴中乡村振兴的建议案》。调研三组多次在全区各地开展专题座谈会，赴成都等地取经学习，形成《关于统筹谋划　攻坚克难　进一步有序高效推进拆迁安置工作的建议案》。三份建议案都得到区委区政府的充分肯定，区政府区长陈嵘做出重要批示。区政府高度重视政协建议案，多次召集相关部门召开专题会议、组织专题调研，要求有关部门在具体工作中，结合实际，认真采纳、研究对策、落实相关建议。

【资政建言】 2018年，政协从区委区政府工作中心出发，深入开展主席会议专题视察，做到区委有部署、政协有落实，政府有号召、政协有行动。围绕律师队伍建设，就全区律师工作开展视察活动，号召区律师协会和广大律师立足新时代，把握新机遇，为吴中区高水平全面建成小康社会做出新的更大贡献。关注乡村振兴战略，对光福镇农文旅融合发展提出规划上再做“优”，产业上再做“深”，富民上再做“实”，管理上再做“强”等意见和建议，为培育吴中乡村振兴新动能，帮助总结成功做法，宣传扩大亮点经验起到促进作用。重视宗教管理工作，实地察看穹窿山上真观、宁邦寺，木渎镇五峰山道院，详细了解宗教场所的建设、管理和宗教活动开展情况，学习领会习近平总书记关于宗教工作的重要思想和重要论述，严格贯彻落实党的宗教工作方针和《宗教工作条例》要求，积极履职尽责，推进全区宗教工作依法规范健康发展。

民主监督

【开展专题视察】 委员视察是履行民主监督职能的主要形式。2018年，区政协先后组织委员专题视察“律师队伍建设”“宗教管理”“资本市场运营与建设”“养老服务工作”“光福农文旅融合发展”“光福乡村振兴”“太湖围网拆除整治”等，开展7次具有知情、督查、推进和评价性质的主席会议专题视察活动，参加委员150多人次。委员们深入实际、深入现场，认真了解情况，善于发现问题，现场问计献策，提出切实可行的意见建议，为有关部门在执行、落实政策时提供有力参考，进一步强化政协民主监督职能。

全年开展50多次视察调研和委员联系活动，围绕乡村振兴战略、教育事业发展、提高就业质量、社会保障体系建设、公共文化体育设施建设、健康养老等方面，对涉及群众生活的问题全景式关注。

【收集反馈民意常态化机制】 继续改进委员联系群众方式，推动解决民生问题。健全收集反馈民意常态化机制，充分利用提案、发言、信息、接待日等形式，畅通渠道，拓宽形式，及时反映社情民意。全体政协机关干部走进挂钩村、企业和结对帮扶困难家庭，积极听取民心民愿，推动解决民生问题。用真心温暖百姓，帮助挂钩村沟通解决森林病虫害防治问题。用诚意帮扶企业，协助企业解决用工难、招工荒问题。切实加强与各民主党派、工商联、无党派知识分子联谊会和人民团体的联系，邀请他们参与视察调研活动，推荐其担任民主监督员，民主监督员们围绕全区经济社会发展深入调查研究，并提出建设性意见和建议。

提案工作

【提案办结率100%】 提案是政协履行民主监督职能的重要方式。2018年，广大政协委员和区政协各参加单位积极围绕全区经济社会发展的重大问题和人民群众普遍关心的热点难点焦点问题提交提案，立案提案168件，其中，涉及经济建设方面41件，城建管理方面56件，科教文卫体方面58件，社保法治方面13件，共涉及40个办理单位。确定政府各区长领办9件，政协各主席重点督办9件。经过全区上下各方努力，168件提案在规定时限内全部办结答复，提案满意率、办结率均为100%。在提案办理过程中，区四届政协不断创新工作举措，做到主席会议、常委会议定期研究提案工作，主席分工督办重点提案，难点问题协同政府领导现场会办，提高提案的办结率。

表7–1 吴中区政协优秀提案（2018年）

提案单位 / 人	案由	承办单位
民革吴中区支部委员会	关于建立吴中区机器人创新小镇的建议	经信局
民盟吴中区基层委员会	加大对实体经济发展的重视，提升我区实体经济总量与质量的建议	经信局
民盟吴中区基层委员会	关于进一步加强我区物业管理的对策和建议	住建局
民建吴中区基层委员会	关于以机器人与智能制造产业为核心打造“实业兴区”新引擎的建议	经信局、人才办、科技局
民进吴中区委	关于提升吴中产业发展质效，构建现代产业体系的建议	经信局、人才办、金融办
民进吴中区委	关于聚焦富民，大力推进全区就业创业工作的建议	人社局、教育局、度假区
致公党吴中区基层委员会	关于加强吴中区智慧旅游建设的建议	旅游局
致公党吴中区基层委员会	关于加强推广洞庭山碧螺春茶叶品牌的建议	农业局

续表

提案单位/人	案由	承办单位
九三学社吴中区基层委员会	关于构筑人才高地，优化创新创业环境，加快经济转型升级的建议	科技局、组织部、人社局
无党派知识分子联谊会	关于促进吴中区老字号改革创新发展的建议	商务局
木渎镇政协工委	关于开展试点更好地促进"教育吴中"品牌建设的建议	教育局
角直镇政协工委	关于支持乡镇工业产业园发展的建议	经信局、发改局
胥口镇政协工委	关于进一步推进征地拆迁"清零"工作的提案	住建局
临湖镇政协工委	关于推动社会组织参与社会治理的建议	民政局
长桥街道政协工委	关于进一步提升吴中高新区动迁房管理的建议	住建局、吴中高新区
城南街道政协工委	关于在吴中区推广中老年康复保健工作的建议	卫计局、开发区
区政协社事委	关于切实重视和加强"二手房"装修监管的建议	住建局
吴金凤、唐华琴	关于做好吴中区"263"减化工作中土壤污染防治的建议	环保局
马红花、张贻青、刘凤祈	关于结合"阳光扶贫·智慧e农"活动，强化社会保障的建议	农办、人社局、农业局
顾建刚、施雪根	关于进一步健全美丽乡村建设长效管理机制的建议	市容市政局
陆彩霞	关于打造教育吴中品牌，振兴吴中教育的建议	教育局
茶永军	关于力推"简政放权" 打造高效行政服务环境的建议	政务办
王炯	关于拓展交通违法简易程序处罚渠道的建议	吴中公安分局、吴中交巡警大队
高兰平	建议加大政府财政保障力度，体现政府职责和公立医院公益性的建议	卫计局、财政局
沈建国	关于整合优化吴中区职业教育资源的建议	教育局
高建林	关于切实加强保护青少年视力问题的建议	卫计局
姚永永	关于推进先进建造技术在吴中区实施的建议	住建局
张敏芳	关于发扬吴中中医药传统特色的建议	卫计局、人社局
褚会男	关于老拆迁安置新村改造的建议	住建局、规划分局、水利局
韩跃国	关于大力实施"走出去"战略　加快对接"一带一路"的建议	商务局、经信局、发改局、工商联

（杨　磊）

编辑：洪　蕾

纪检监察

综　述

【概况】 2018年，吴中区做好国家监察体制改革试点工作。1月8日，吴中区监察委员会挂牌成立，统筹推进编制划转、机构设置和干部转隶工作，实现机构融合、人员融合和工作流程融合。把政治建设摆在首位，忠实履行党内监督和国家监察双重职责，坚定不移正风肃纪反腐，推动全面从严治党向纵深发展。全区运用监督执纪“四种形态”处理问题线索581人次，其中第一、二种形态占比91.9%。立案查处各类违纪违法案件212件，比上年增长15.2%，其中：涉及乡科级干部17件，政务类案件5件，移送司法机关4件，为国家、集体挽回直接经济损失598万余元。依纪依法办理留置案件3件，取得良好的政治效果、法律效果和社会效果。

【吴中区党的纪律检查体制、国家监察体制和纪检监察机构改革】 2018年，吴中区一体推进党的纪律检查体制、国家监察体制和纪检监察机构改革，纪律监督、监察监督、派驻监督、巡视监督全覆盖的权力监督格局日臻完善。9月21日，挂牌成立区监委向乡镇（街道）派出第一、第二监察员办公室，推动监察职能向基层延伸，实现对所有行使公权力的公职人员监察全覆盖。出台《关于吴中区纪委监委机关监督检查和审查调查部门分设方案》，新设立第六、第七纪检监察室，与原有的第五纪检监察室，一起定位为监督检查室，履行对所联系地区、单位的专责监督检查职责，重点把握被监督单位的政治生态情况，推进标本兼治。

【纪检监察队伍建设】 2018年，吴中区纪委监委开展“打铁必须自身硬”专项行动，打造忠诚干净担当的纪检监察队伍。出台《吴中区纪检监察系统开展解放思想大讨论活动实施方案》，以思想解放推动纪检监察工作创新。加强纪检监察干部教育培训，运用“纪检监察讲坛”“纪检沙龙”等培训载体，累计培训各级纪检监察干部1735人次。对新进纪检监察干部加强监督管理，制作新进纪检监察干部文件袋，用承诺书、制度汇编、必学书籍，引导新进干部成长。严格执行纪检监察干部单位有关事项和个人有关事项“双报告”制度，报告56人次。拓展延伸基层纪检监察干部调任备案制度，对17名纪检干部进行调任备案。严防“灯下黑”，充分应用纪检监察干部监督管理信息系统，动态掌握纪检监察干部情况。开展谈心谈话180多人次。查找廉政风险，排查工作岗位和个人履职风险点

428个，制定防控措施405条。优化“两大员”工作机制，聘任16名新一轮党风联络员、特邀监察员参与“清风行动”等督查检查，构建多维高效的监督“网络”。自觉接受外部监督，区监委在全市范围内率先向区人大常委会报告监察体制改革专项工作。

重要会议和活动

【吴中区监察委员会挂牌成立】 1月8日上午，苏州市吴中区监察委员会成立大会召开，区委书记、区深化监察体制改革试点工作小组组长唐晓东和区纪委书记、区监察委员会主任方伟军共同为“苏州市吴中区监察委员会”揭牌，标志着吴中区深化监察体制改革试点工作取得重要的阶段性成果。

【中国共产党苏州市吴中区第四届纪律检查委员会第三次全体会议】 2月24日，中共苏州市吴中区纪委四届三次全会召开，出席会议的区纪委委员有18人，列席会议的有250余人。会议深入学习贯彻习近平新时代中国特色社会主义思想，全面贯彻落实党的十九大精神，认真落实中央纪委二次全会及省、市纪委三次全会和区委六次全会要求，总结2017年全区纪检监察工作，部署2018年任务，评议质询部分街道党工委及其主要负责人履行主体责任情况。区委书记唐晓东出席全会并讲话，对做好2018年纪检监察工作提出要求：要旗帜鲜明讲政治，进一步增强学习宣传贯彻习近平新时代中国特色社会主义思想的政治自觉、思想自觉、行动自觉；要抓好自身建设，提高政治站位，践行绝对忠诚；加强队伍管理，当好廉洁表率；锤炼担当精神，提升履职能力，打造一支听党指挥、能打硬仗、作风优良的“纪律部队”。全会审议通过区委常委、区纪委书记、区监察委员会主任方伟军代表区纪委常委会做的题为《以党的十九大精神为指引深刻把握新时代新要求坚定不移推动吴中全面从严治党向纵深发展》的工作报告。报告回顾总结2017年全区党风廉政建设和反腐败工作取得的成绩，客观分析存在的问题与不足，同时结合中央、省、市对反腐倡廉建设的新部署、新要求，明确提出2018年全区党风廉政建设和反腐败工作的重点任务。

【吴中区监委依法首次向区人大常委会报告专项工作】 10月29日，在吴中区第四届人大常委会第十三次会议上，区监委主任方伟军代表区监委首次向区人大常委会报告区监察委员会组建和运作情况。

纪检监察工作

【落实全面从严治党“两个责任”】 2018年，吴中区纪委监委把讲政治的要求贯穿监督检查和审查调查全过程，加强对习近平新时代中国特色社会主义思想和党的十九大精神贯彻落实情况的监督检查，坚决维护习近平总书记党中央的核心、全党的核心地位，坚决维护党中央权威和集中统一领导。运用好省、市履责记实信息平台，按要求定期汇报纪委监督责任，做到日常履责动态留痕。深化对基层党组织落实“两个责任”的日常监督，上线运行全面从严治党“两个责任”履责记实平台，借助“执纪监督+互联网”手段，实现“两个责任”信息化、留痕式记实，督促全区各级党组织和领导干部及时报送，2018年，全区各级单位共填报履责记实内容10348条。抓住“关键少数”，督促各级党组织“一把手”牢固树立“第一责任人”意识，筑牢全面从严治党的第一道防线，不断放大“头雁效应”。以问责倒逼责任落实，坚持严肃问责、“一案双查”、“责任倒查”、通报曝光，全年共对11名领导干部进行责任追究，其中，给予党政纪处分10人、诫勉谈话1人。深化区纪委委员评议质询工作，对全区6个街道党工委履行从严治党主体责任情况进行测评、评议和质询，把各地可能存在的问题细化分解到6个方面34项，责成被质询单位进行整改。

【深化巡察工作】 2018年，制发《2017—2021年中共苏州市吴中区委巡察工作规划（修订）》《村（社区）全面巡察专项工作规划》《2018年中共苏州市吴中区委巡察工作计划》，完成4轮常规巡察、3轮对村（社区）“三资”管理和生态文明建设专项巡察，发现问题239个，提出建议56条，移交问题线索59条、信访件5件。配合区委做好省委第七巡视组巡视吴中反馈意见整改跟踪落实工作，协助区委完成省委第八专项督查组对吴中区巡视意见整改落实情况专项督查，先后召开省委巡视反馈意见整改工作推进会、省委巡视反馈意见整改落实专题会、巡视整改工作推进会、专项督查迎检部署会，通报上级巡视整改落实情况专项督查相关情况。会同区委组织部、区委宣传部等相关单位，对中央、省委巡视和市委、区委巡察反馈意见整改落实情况进行2次专项督查，提升整改单位的主体责任意识。完成《吴中区乡镇、街道巡察全覆盖专题报告》，梳理出在乡镇、街道巡察中发现的三大类14项共性问题，并会同相关单位提出整改落实建议99条。

【派驻工作】 2018年，发挥“派”的权威，持续开展派驻机构“六个一”综合分析工作，创新实施派驻工作“量化”周报制度、派驻机构与被监督单位工作联系机制，开展派驻创新项目评选、派驻纪检监察组工作综合考评，使监督更精准、更有效。全年各派驻纪检监察组参加被监督单位会议680余次，同被监督单位领导班子成员谈心谈话累计710人次，开展对被监督单位的监督检查290余次。

【作风建设】 2018年，开展群众身边腐败和作风问题专项整治，畅通区委巡察、信访举报、政风行风热线、“寒山闻钟”论坛等渠道，全年查处群众身边腐败和作风问题75起、问责79人，其中给予党政纪处分20人。组织开展全区作风建设自查自纠专项行动，各地各单位自查发现问题21个，制定整改措施24项，通过专项督查，发现问题40个，提出整改意见44条。开展形式主义、官僚主义集中整治，聚焦重点领域梳理问题清单，问责7人。出台《关于在全区开展“四风”问题整治专项行动的实施方案》，持续深化“清风”行动，共给予34名党员干部党政纪处分，对71名党员干部实施诫勉谈话、提醒谈话，坚决防止“四风”问题反弹、变异、回潮。印发《关于进一步重申作风建设有关要求的通知》，着力构建作风建设长效机制。

【反腐败工作】 2018年，严格执行廉政谈话制度，对被反映的党员干部及时进行谈话函询，共运用诫勉谈话149次，提醒谈话95次，批评教育113次。推行涉纪信访集体会审研判机制，制定实施《吴中区信访举报件受理办理工作规程（试行）》，规范基层信访举报工作，全年受理信访举报425件。做好监督执纪“后半篇文章”，向有关单位发出监察建议书2份，督促相关单位整改落实、完善制度、加强管理。严守安全底线，完成区纪委监委谈话场所建设，推进乡镇纪委谈话室规范化建设，加强制度建设，规范谈话要求、流程，确保依纪依法、安全文明办案。强化宣传教育和警示教育，围绕“知敬畏、存戒惧、守底线”主题，制作《心存戒尺　守住底线》警示教育片，开展职务犯罪庭审针对性旁听，责令发案单位召开民主生活会，用身边事教育身边人。

（吴　伟）

编辑：任海令

民盟吴中区基层委员会

【概况】 2018年，中国民主同盟苏州市吴中区基层委员会（以下简称“民盟吴中区基层委员会”）下设8个支部，年内发展新盟员12人，转入盟员1人，年末共有盟员158人。盟员中有民盟省委委员1人，市政协委员1人，区人大代表2人，区政协委员25人，副科级以上领导干部13人。是年，民盟吴中区基层委员会被民盟苏州市委授予先进集体称号。

【专题学习】 2018年，民盟吴中区基层委员会组织全体盟员学习习近平新时代中国特色社会主义思想，传达贯彻中共十九大和民盟省、市委重要会议精神。组织专题学习，让近三年入盟的新盟员，参加苏州市委统战部举办的学习习近平系列重要讲话专题讲座、报告会等活动。年内，组织盟员骨干赴统一战线传统教育基地和民盟爱国主义教育基地——史良故居、李公朴故居等参观学习；参与民盟市委组织的“纪念中共中央发布‘五一口号’70周年”征文活动，提交征文12篇。开展盟史知识竞赛，在上级民盟组织开展的“不忘合作初心——学习贯彻中共十九大精神”“我和民盟的美丽邂逅”主题征文活动和盟史知识竞赛中，分别获优秀组织奖。

【培训讲座】 2018年4月，民盟吴中区基层委员会在澹台湖酒店，邀请苏州市委统战部常务副部长钱培华为盟员做十九大报告专题培训；8月，在区人力资源大厦，邀请苏州市立医院副院长曾元英主任医师为盟员做《常见肿瘤的早期筛查》健康讲座，深受广大盟员的欢迎；9月，组织骨干盟员赴武汉大学进行为期5天的学习培训，通过聆听名师授课，提升盟员的议政建言水平。

【纪念“五一口号”发布70周年】 2018年4月，为纪念中共中央“五一口号”发布70周年，民盟吴中区基层委员会召开专题座谈会，重温民盟与共产党风雨同舟、携手前进的历史，学习民盟先贤风范，继承民盟优良传统，提高思想认识，凝聚政治共识。

【拓展宣传载体】 民盟吴中区基层委员会拓展宣传载体，发动盟员向民盟省委、民盟市委、区政协、区委统战部微信公众号投稿，建立吴中民盟基层委员会微信群；及时报道和宣传民盟重要活动情况，全方位多角度展示民盟自身建设、履职尽责和社会服务等方面的成果；及时更新网站内容，不断提高宣传载体和民盟网站质量。

【参政议政】 2018年1月，在区政协四届二次会议期间，民盟吴中区基层委员会提交13件集体提案，其中盟员张文华撰写的《加大对实体经济发展的重视，提升吴中区实体经济总量与质量的建议》、盟员宋银林撰写的《关于进一步加强吴中区物业管理的对策和建议》、盟员沈建国撰写的《关于整合优化吴中区职业教育资源的建议》3件提案，被区政协评为2018年度政协优秀提案。组织盟员参与民盟省委主办的论坛研讨活动，在第六届江苏城镇化建设研讨会上，盟员张达撰写的《关于新时代下苏南农村发展多途径分析及其建议》获这届研讨会唯一的一等奖；在第五届江苏生态文明建设研讨会上，盟员仇辰焕撰写的《关于探索完善河长制机制的思考和建议》、盟员王文撰写的《发挥水生植物功能，构建河道治理机制》2篇调研报告获得好评；盟员茅晓风撰写的《关于加强苏州市名医工作室风险监管的建议》、盟员俞向龙撰写的《关于大力推进装配式建筑和装修的建议》2篇调研报告，入选苏南地区民盟参政议政工作联席会议暨民盟南京市委2018年"行知论坛"文选。年内，民盟吴中区基层委员会成立调研组，赴武汉对该地区人才工作的情况进行实地考察和深入调研，结合吴中区人才工作实际，撰写《关于吴中区人才工作的发展思路与对策》，在区委统战部组织的"吴中区党外人士参政议政调研成果交流会"上获得好评。在民盟苏州市委组织的"我为建设'四个名城'献一策"活动中，民盟吴中区基层委员会获社情民意信息优秀组织奖；盟员张达获二等奖，盟员茅晓风、殷人平、陆春明获三等奖，盟员周子凯获优秀奖。在吴中区委统战部组织的"我为吴中高质量发展献一计"活动中，盟员王健、余香华、张达、成晋晋的征文得到采用。是年，民盟吴中区基层委员会共上报各类信息28条，稳步提升信息工作的量与质。

【支部活动】 2018年，民盟吴中区基层委员会教育一、二支部先后赴江苏省外国语学校、江苏吴中中等专业学校等教育机构进行调研考察，对吴中区教育发展中存在的问题各抒己见、建言献策；经科一支部结合发展旅游业实际，赴浙江德清考察民宿情况；经科二支部联合教育一支部赴苏州北美国际高中，就该校的教育发展状况进行实地调研，为探索公办教育和私立国际教育业务互补的课题，提供客观有效的分析素材；医卫支部赴吴中区智能产业的领头羊企业——苏州汇川技术有限公司进行考察调研，了解企业创业、研发不断成长的经历；综合一支部开展爱国主义教育活动，组织盟员参观穹窿山南麓的谍战影视馆和吴中区国防教育馆，感受中国国防发展的艰辛历程和威武不屈的国防精神；综合二支部组织盟员到旺山景区调研，为优化旺山文旅风情小镇旅游的服务水平，提升旅游新业态提出意见和建议；文化支部组织盟员考察调研苏州吴中区工匠园，为"苏作天工·根植吴中"品牌的提升建言献策。

【社会服务】 2018年，民盟吴中区基层委员会继续做好与民盟贵州省铜仁市委综合支部的结对工作，助推两地交流合作。先后组织企业家盟员赴铜仁市德江县对接和落实就业帮扶项目，落实帮扶措施，有效开展就业项目帮扶对接活动。年内，盟员俞向龙、郑欢东为铜仁市边远地区迓镇碗森小学捐赠60套冬季校服；盟员朱俊明向云南建水县二中捐资1.8万元，作为扶贫奖学基金；盟员史志晔向苏州市慈善总会捐赠5000元；盟员许正江为吴中高新区蠡墅友好小学和苏州东冉学校各捐助1万元。

【岗位业绩】 盟员陆春民获第八届中国消防协会科学技术三等奖；盟员许正江获民盟江苏省委2017—2018年社会服务先进个人、苏州市人力资源服务领军人才称号；盟员史志晔的作品《万顺椅》《贵族鼓凳》，分别在江苏省第四届雕刻艺术大赛中获得金奖、银奖；盟员宋梅英制作的核雕《一百零八罗汉》，获2018年中国汉博杯工艺美术创意设计大赛银奖，作品《不忘初心》在第十一届中国（长春）国际民间艺术博览会上获金奖。在纪念民盟苏州地方组织成立七十周年之际，盟员肖梅、朱俊明、蔡晓畅、茅晓风被评为民盟苏州先进个人。在民盟苏州市委开展的纪念中共中央发布"五一口号"70周年征文活动中，盟员潘力行的征文获一等奖。在民盟苏州市委开展的"我和民盟的美丽邂逅"征文活动中，盟员胡金楠、仇辰焕的征文获一等奖。盟员周玉珍在全省妇幼健康服务工作中获奖，并被吴中区卫计局评为东吴卫生领军人才、吴中区医者仁心年度人物。盟员沈建国指导学生参加江苏省技能竞赛，获普通车工中职组二等奖；盟员杨茵被评为"苏州市姑苏青年拔尖人才"。（张彩萍）

民进吴中区委员会

【概况】 2018年，中国民主促进会苏州市吴中区委员会（以下简称"民进吴中区委"）下设8个支部。年内发展新会员12人，年末共有会员192人。会员中有省政协常委1名、市政协委员2名、区人大代表5名、区政协委员42名；多名会员被聘为市、区特约检察员、党风廉政建设监督员、人民陪审员。是年，民进吴中区委获民进江苏省委机关目标考核二等奖、"2018年度民进苏州市委宣传思想工作先进集体"一等奖、"2018年度民进苏州市委组织发展工作先进集体"称号；钱鹤平获"民进全国宣传思想工作先进个人"称号。

【专题学习教育】 2018年是民进中央部署的思想政治教育主题年，民进吴中区委把加强思想政治教育贯穿于各项工作中。多形式、分层次组织专题学习教育，坚持把学习贯彻中共十九大精神作为全年工作的首要政治任务，学习贯彻习近平新时代中国特色社会主义思想、系列讲话和民进十二大精神。选派会员参加民进江苏省委组织的全省骨干会员培训、苏州市委统战部组织的学习贯彻中共十九大精神专题培训、吴中区委统战部组织的全区统一战线学习培训和贯彻党的十九大精神讲座。发放思想政治专题学习教育资料，动员全体会员深入学习民进十二大通过的《中国民主促进会章程》，提高思想政治认识，凝聚政治共识。

【"五一口号"纪念活动】 2018年，是中共中央"五一口号"（即1948年中共中央发布的"五一"劳动节口号，共计23条）发布70周年。是年4月，民进吴中区委召开纪念中共中央"五一口号"发布70周年座谈会，学习"五一口号"发布的历史过程及其重大意义。发动会员参加省委统战部组织的纪念"五一口号"征文活动，各支部多次开展宣讲学习、座谈会等纪念活动，学习和宣传民进光荣历史，践行民进优良传统，从民进先辈留下的宝贵精神财富中汲取营养和动力。

【微议政沙龙】 2018年，民进吴中区委举办两期微议政沙龙。第一期以"提升吴中产业发展，构建现代产业体系"为主题，课题组就产业发展、金融资本、人才集聚等方面，对吴中区未来产业创新驱动、补短板、高质量发展提出建议。第二期主题为"乡村振兴大家谈"，课题组从美丽乡村、文化振兴、产业振兴、经济金融、人才振兴五个角度，对乡村振兴做交流互动。微议政沙龙活动为每个会员提供参政议政的平台，会员们青蓝相继、广泛参与，为政府科学决策和有效施策奉献"民进智慧"，提供"民进建议"，做出"民进贡献"，微议政沙龙活动的成效在历年基础上得到提高。

【参政议政】 2018年，委员姚建萍在政协江苏省第十二届委员会第一次会议上当选为省政协常委，在民进文艺组联组座谈会上，围绕"坚定文化自信，推动江苏文化事业和文化产业繁荣兴盛"做主题发言。委员周黎敏在苏州市政协十四届一次会议上提交的《关于我市创新驱动发展的几点建议》被列为市长领（督）办重点提案，获市政协优秀提案。是年1月，在吴中区"两会"召开期间，民进吴中区委共提交提案24件，内容涉及经济、教育、文化、环保、交通、社会保障等领域。其中，集体提案《关于提升吴中产业发展质效，构建现代产业体系的建议》《关于聚焦富民，大力推进全区就业创业工作的建议》，个人提案《关于打造教育吴中品牌，振兴吴中教育的建议》《建议加大政府财政保障力度，体现政府职责和公立医院公益性的建议》，获评区政协优秀提案。

【精准扶贫】 2018年，民进吴中区委继续做好精准扶贫工作。年初，响应民进中央办公厅《关于开展"书香彩虹—安龙行动"图书捐赠活动的通知》要求，组织会员捐赠新书350册，开展精准扶智活动。组织开展"'同心·彩虹'—'开明'精准帮扶德江系列行动"，上半年，向德江县中等职业学校捐赠2台3D打印机以及3D打印机操作培训材料；与民进德江支部签订"'同心·彩虹'——'开明'精准帮扶3年行动计划"，连续帮扶20名贫困学生；下半年，由钱向东会员企业捐助的1000件棉冬衣（折合人民币11万元），送到德江县贫困人员手中。教育系统的高级教师、特级教师和卫生系统专家在教育帮扶、助医帮扶活动中积极参与，认真调研，深入课堂、医院做精彩讲座，着力解决帮扶地区教育教学、卫生医疗中存在的实际问题，发挥名教师、名专家的示范引领作用。针对吴中区东山镇莫厘村相对贫困的现状，民进吴中区委号召全体会员精准帮扶。帮扶先扶志，扶思想，扶观念，扶信心；帮扶先扶智，扶知识，扶技术，扶思路。吴中民进开明经济界联谊会多次走进东山镇莫厘村，深入调研考察，研究精准帮扶方案，开展送春联、送评弹、送温暖、结对助学等活动，推进扶贫帮困工作。在产业扶贫、旅游扶贫、生态扶贫等方面，配合地方政府精准施策，探索适合莫厘村发展的扶贫方式。

【社会服务】 民进各界别会员充分利用和发挥自身优势，以实际行动回馈社会。文艺界会员，参加民进苏州市委组织的书法家赴香港、进部队书画拥军活动。书画家会员走进香山街道墅里社区、临湖柳舍村、东山镇莫厘村，帮助乡村搞好新农村文化建设，适应村民美好生活需要；走进木渎万德福尔企业，把优秀的书画艺术与企业生产实际结合起来，努力打造企业文化，前往蠡墅学校教学生学说苏州话，排练吴方言《吴地叫卖》和《垃圾分类》节目。经济界会员参加各类社会公益活动，积小善为大善。农历戊戌年重阳节，角直民进会员走进角直敬老院看望老人，送上重阳糕和水果，并和老人们一起亲切座谈，了解老人需求。会员蔡云娣师徒在感恩回馈义卖活动中，共拿出330件作品进行义卖，义卖所得款项部分捐给苏州工艺美院教育发展基金会；蔡云娣还向慈善基金紫藤花开捐赠2万元。医卫界会员相继到吴中高新区苑北社区、开发区碧波菜场、东山镇莫厘村进行义诊，通过专题讲座、医疗咨询、答疑讲惑、发放宣传材料等多种形式，普及卫生知识，提高居民健康意识。吴中民进开明志愿者协会承接的政府创投项目《书香吴中——青少年阅读助推项目》进学校和社区，全年完成社会服务活动48次。

【"虚拟机关"建设】 2018年，民进吴中区委根据民进江苏省委的要求，把"虚拟机关"建设作为一项重点工作来落实。通过学习动员、宣传发动，稳步推进、实施运行，调整提升、岗位竞岗等程序，"虚拟机关"初见雏形，下设三个处室：参政议政处、宣传联络处、社会服务处。

两个协会：开明经济界联谊会和开明青年志愿者协会。“虚拟机关”参与到吴中区开明经济界联谊会换届、精准扶贫、教师会员优秀事迹宣传、“乡村振兴”课题调研等工作中，为会员搭建更大的平台，让更多的会员在“虚拟”岗位上干出“实绩”。

【“民进之家”揭牌】 2018年10月，民进吴中区委抓住“纪念叶圣陶先生逝世30周年暨叶圣陶纪念馆开馆30周年座谈会”在甪直镇举行的契机，举办“叶圣陶研究中心”和吴中“民进之家”揭牌仪式。民进中央副主席、叶圣陶研究会副会长朱永新，民进江苏省委专职副主委、叶圣陶研究会副秘书长朱毅民，民进江苏省委副主委、苏州市委主委钱振明，民进中央研究室主任徐德安，吴中区副区长、民进吴中区委主委周黎敏，甪直镇党政主要领导等出席“叶圣陶研究中心”和吴中“民进之家”揭牌仪式，民进吴中区会员新增一个活动场所。

【岗位业绩】 2018年，姚建萍会员领衔创作的巨幅苏绣作品《玉兰飘香》，亮相第一届中国国际进口博览会，她相继被评为江苏省第五批高职院校类产业教授、江苏省乡土人才“三带”名人、2017“十大中国非遗年度人物”、第七届中国工艺美术大师、中国文艺志愿者协会副主席。是年春节前，卢月龙会员参加江苏书法家赴香港送春联活动；9月26日，又赴香港参加“香港苏州吴县同乡会”欢迎晚会暨书画捐赠仪式。在第二届“太湖之子”十一人书法精品展上，卢月龙、陆云翔等会员的作品参展。文艺二支部在2018苏作文创峰会期间，叶志明会员为国家文化和旅游部党组成员、故宫博物院院长单霁翔介绍吴中的传统工艺。钱国华会员的评弹节目《路在脚下》《梅花绣》《顾炎武》《蒋月泉》分别在第七届中国苏州评弹艺术节、第20届中国上海国际艺术节、区人代会、“六个一”故事会吴中区专场演出，并下基层、进社区演出近80场次，受到群众的欢迎与好评。曹仁容会员被聘为苏州艺术馆特聘画师，他的作品参加在法国巴黎举办的“水墨中国—中欧水墨名家邀请展”，被华侨华人收藏；《庭院廊影》入选江苏侨联改革开放40周年书画作品展，被省侨联华侨书画院收藏；《水乡晨曦》入选中国中外名人文化研究会“丹青新时代水墨名家精品提名展”；《东方艺术鉴赏》由北京大学出版社出版；《曹仁容国画作品精选》作为全国高等美术学院名家教学范本，由吉林出版社出版。是年，庄梅荣会员获苏州市优秀教育工作者称号以及首届“吴中最美教师”提名奖；王得众会员获评第12届苏州市名教师；李瑛会员获苏州市优秀教育工作者称号；屈永升会员获吴中区教育局、吴中区武术协会教育分会颁发的“校园武术特别贡献奖”；徐云会员的医学新技术“经颅多普勒脑微栓子监测联合D-二聚体水平评估房颤患者栓塞风险”，获得江苏省卫计委2018年度医学新技术引进二等奖；顾民会员被评为吴中区“医者仁心年度人物”；沈向红会员在上海陆家嘴美术馆成功举办“秋水微澜”——沈向红版画暨藏书票作品展；胡建忠会员的企业被授牌成为“吴中区未成年人社会实践基地”；盛风苏扇艺术馆被授牌为“苏州市第五批未成年人社会实践体验站”，盛风苏扇艺术馆举办的“儿童画扇活动”，入选为“第九届苏州市少儿艺术家”优秀活动。中国儿童少年基金会“小师傅中国非遗公益课堂”确立将苏绣与澄泥石雕作为小师傅非遗课堂的主要授课内容，蔡云娣会员的石雕艺术馆成为“小师傅中国非遗公益课堂”非遗传习基地；陆小琴会员赴香港参加2018“水韵江苏·相约香港”江苏文化嘉年华；府向红会员的工艺美术类作品《蓝地绣平安富贵纹对襟女袍褂》，获苏州市人民政府颁发的优秀版权奖一等奖；陈梅珍会员的作品《善气多芳》《卷舒有情》，分别入选由中国美术家协会举办的“首届全国工艺美术作品展”“金城流韵—21世纪新丝绸之路”中国画展；江全官会员入选“中外摄影对着拍——纪念中国改革开放40年摄影展”特约中国摄影师，获第二届“江苏省文艺大奖·摄影奖”提名奖；王渊清会员在《中国书法》2018年第6期发表论文《清初访碑，田野考古的滥觞》，并在第八届江苏书展期间，举办“名家临名帖”公益讲座。（王根兴）

九三学社吴中区基层委员会

【概况】 2018年，九三学社苏州市吴中区基层委员会（以下简称“九三学社吴中区基层委员会”）下设吴中高新区、开发区、度假区3个支社。年内，发展新社员2名，调入社员2名，调出社员1名，年末共有社员54名，其中市、区两级政协委员9名。九三学社吴中区基层委员会被九三学社江苏省委评为2018年思想宣传工作先进集体；社员徐娟、范檬被九三学社江苏省委评为2018年思想宣传工作、组织建设工作先进个人。

【参政议政】 2018年1月，在吴中区政协第四届二次会议上，九三学社吴中区基层委员会提交提案8件，其中集体提案7件；在苏州市政协第十四届二次会议上，提交提案2件。年内，社员向九三学社苏州市委撰写建议稿4条。7月，组织举办参政议政沙龙活动，十多名青年社员围绕区委统战部部署的“着力‘三高’（高新技术企业、高新技术产品、高新技术人才）培育，推进吴中经济高质量发展的研究”招标课题，深入进行研究和讨论，分别走访苏州玉森新药开发有限公司、苏州长征—欣凯制药有限公司，对吴中区医药产业的现状及问题进行调研。社员江晓平执笔撰写《探索吴中区生物医疗及大健康产业高质量发展路径》调研报告，并在吴中区委统战部举办的“2018吴中区党外人士参政议政调研成果交流会”发言。是年，九三学社吴中区基层委员会向政协提交的提案中，《关于政协委员和民主党派成员参与信访工作的建议》《加大吴文化宣传力度的建议》，被吴中区政协评为“2018年度政协优秀提案”。

【民主监督】 2018年，九三学社吴中区基层委员会副主委张旺被聘为吴中区人民检察院第一届“特约检察员”；副主委、市政协委员韩蓓被推荐为苏州市政协社会法制委员会青年组副组长、苏州市青联常委及区留学生协会副会长；副主委朱彩萍被聘为开发区国税行风监督员；委员沈耀明被聘为苏州市公安局监管处警风警纪监督员；秦琦峰被聘为吴中区人民法院人民陪审员。上述社员认真履行职责，从繁忙的本职工作中抽出时间，参加被聘机构的各种调研、视察、行风政风监察活动，参与行风评议和民主监督。

【组织建设】 九三学社吴中区基层委员会努力加强民主党派的自身建设，在组织建设方面，注重提高组织生活的水平和质量，使组织生活经常化、多样化、制度化。2018年5月，联合九三学社苏州立达中学支社，组织开展“缅怀先贤、不忘初心”的主题爱国教育活动，赴常熟王淦昌故居参观学习；7月，应九三学社苏州市委要求，组织退休社员进行健康需求问卷调查；10月，组织全体社员参加九三学社中央“社员之家杯”社章、社史知识竞赛活动，并组织全体退休老社员赴三山岛举办重阳节活动；12月，各支社分别组织社员参加区“两会”召开前的交流讨论会，撰写提案建议，认真履行好参政议政职能。

【社会服务】 2018年5月，由九三学社苏州市委科技工作委员会、九三学社苏州高新区（虎丘区）基层委员会、九三学社吴中区基层委员会联合主办的“知识产权助力创新　九三学社与您同行”系列社会服务活动的第二站，在吴中区第一工业园举行。这次社会服务活动，主要为相关参会企业就专利审查、商标申请等知识产权问题，进行讲解与专题辅导，深得参会企业代表的肯定。11月25日，为庆祝中国“国际科技与和平周”成立30周年，九三学社吴中区基层委员会联合九三学社苏州市立医院本部支社，选派17名专家医生，赴吴中区东山镇杨湾村举办大型义诊活动，两个小时的义诊活动，共为60多人提供健康咨询和义诊服务。年内，委员沈耀明医生在长桥街道社区开展健康讲座十余次，受惠群众500人次；社员徐志红护士长每月到横泾卫生院，定期参加1~2次医疗护理和帮扶活动，受惠群众500人次。

【岗位建功】 2018年5月，社员江晓平撰写的论文《浅析应急管理体制下的安全生产管理发展》，在苏州市安全生产监督管理局举办的“苏州市第三届安全生产监管执法比武竞赛”上获优秀论文专项三等奖。社员于志新撰写的论文《书卷多情似故人 晨昏忧乐每相亲》《以用促建 推进职业院校语文信息化资源建设》两篇论文，分别发表于《教师》《成功》期刊；于志新的研究课题《信息化背景下职业学校语文课程》参加第三届江苏省职业教育教学改革研究课题，是年顺利结题；在中国教育工会举办的“学习十九大 弘扬劳模精神工匠精神 寻找身边最美劳动者”征文活动中，于志新撰写的《吴中香飘格桑花 雪城流淌太湖情》文章获得一等奖。社员骆建平医生的《超声引导下置管治疗自体动静脉内瘘血栓形成》论文，获吴中区卫计局颁发的新技术三等奖；社员姚永永参与建设的浪潮（苏州）金融技术服务有限公司办公楼公共装饰工程，获苏州市住房和城乡建设局、苏州市装修装饰行业协会颁发的2018年苏州市建筑装饰“姑苏杯”优质工程奖，姚永永获江苏省人力资源和社会保障厅颁发的高级工程师资格；社员秦琦峰联合苏州广电总台FM102.8苏州音乐广播，围绕庆祝改革开放40周年，举办“屋顶上的歌唱家第二季暨吴中区青年歌手大赛”，获得歌唱爱好者的好评；秦琦峰配合普契尼国际艺术节组委会，举办吴中区2018年文化干部音乐培训班。在九三学社苏州市委与苏州市摄影家协会联合举办的“我眼中的新与美”摄影比赛中，社员杨学兰的《华灯初上的工业园区》《大美太湖》两幅作品分获一等奖、三等奖。 （范 檬）

吴中区工商业联合会

【概况】 2018年，苏州市吴中区工商业联合会、总商会（以下简称“区工商联”）共有镇（区、街道）基层组织、区级行业组织31家。其中，基层商会14家，行业商会13家，直属商会4家。会员总数2142个，其中，企业会员2036家，团体会员42个，个人会员64人。区工商联获评2018年构筑非公经济舆论阵地先进单位。

【参政议政】 2018年1月，吴中区召开“两会”期间，区工商联提交建议、提案6件，及时反映工商企业迫切需要解决的实际问题和困难。年内，认真做好区政协21号、101号提案的主办和协办工作。围绕区委区政府中心工作，突出智能制造、“一带一路”主题，组织专题调研，相继组织撰写《关于高质量打造“吴中智造”品牌的建议》等调研报告4篇。其中《吴中区民营企业发展存在的主要问题及建议》，获区委书记唐晓东批示。开展政商环境专题调查，向区政府提交《关于吴中区政商环境问卷调查情况简析》的报告。开展民营经济发展情况调研，完成《2017年吴中区民营经济发展报告》《2017年吴中区高新区民营经济发展报告》《2017年吴中甪直镇民营经济发展报告》《2017年吴中区智能制造产业发展报告》《2017年吴中区知识产权（专利）发展情况报告》《2017年苏州电器科学研究股份有限公司发展报告》《2017年江苏吴中实业股份有限公司发展报告》等调研报告共7篇。区工商联加强工作机制创新，充分发挥工商联界别、经济类界别政协委员的作用，通过组织政协小组和政协委员下基层、进企业、举办政企对话座谈会等形式，畅通企业交流渠道，促进与政府部门的沟通。

【教育引导】 2018年，区工商联深入学习贯彻习近平新时代中国特色社会主义思想和习近平总书记在民营企业座谈会上重要讲话精神，推进党的十九大精神进商会、进企业。组织常执委企业和会员进高校培训，邀请北大教授王跃生为企业家解读党的十九大报告与政府工作报告；召开专题学习会，进行“四个自信”教育，让民营企业家们的预期更稳、信心更足。精心打造“党建引领　抱团联建”两新党建创新项目，联合医药、模具、汉川、安徽太湖（筹）等商会党总（支）部，送党课到商会、围绕主题开展党日等活动。年内，以“党建引领、药企惠民”为主题，联合医药行业商会党支部开展“小D在线”，走进社区、幼儿园，举办10场公益活动，受益群众近千人，推动十九大精神进商会、进企业。区工商联的“党建引领、抱团联建”项目，获评“吴中区2018年度五佳两新党建项目”。

【“不忘初心”主题教育】 2018年，区工商联开展以“不忘创业初心、接力改革伟业”的“不忘初心”主题教育，搞好理想信念教育实践活动。引导各商会和广大非公经济人士，通过会议、讲座、参观、交流等形式，分层次组织学习教育活动10余场次。利用工商联网站、吴中商会微信，大力宣传党的十九大精神，及时反映非公经济人士和企业员工学习贯彻的典型事迹和良好风貌。开展纪念改革开放40周年宣传活动，发布《致敬40年·看“吴”限精彩——联合发展·商行天下》专刊，展示工商联和非公企业40年来不平凡的发展历程，弘扬优秀企业家精神，围绕振兴实体经济，弘扬“工匠精神”；利用“吴中商会”微信平台持续推出“吴商精英录”企业家宣传活动共14期。继续引导全区民营企业家争当“四有”（政治上有方向、发展上有本事、责任上有担当、文化上有内涵）新苏商。报道“四有”情况的相关文章，分别被凤凰新闻、热新闻、新闻播报、东方财富网、搜狐财经、品牌价值网等主流媒体转载转发。区工商联获“2018年度构筑非公经济舆论阵地先进单位”称号。

【企业家素能提升工程】 区工商联精心实施企业家素能提升工程，组织执委以上企业家走进北京大学经济学院，开展集中培训，相继安排《一带一路：全球治理之中国方案》《公司治理如何给企业提升价值》专题讲座和赴百度和神州数码总部、世界银行IFC北京总部等现场参观学习活动。举办“会长沙龙”“企业家俱乐部”沙龙活动5期；围绕“智能制造与创新转型”、创建“虚拟联合工厂”、企业上市微讲座等主题，组织企业家参观苏州智能制造研究院、模具科创中心，开展企业理念、企业精神、企业管理等内容的互动交流；分别邀请环保、安监部门开展环境保护、安全生产政策宣传和现场指导，引导企业依法经营。年内，在实施企业家素能提升工程中，突出抓好年轻新一代企业家的素能培育。组织“吴中之巅——穹窿行”、政企对接——青商走进临湖、春季运动会等活动，建立与新一代企业家的联系机制；配合相关部门建立青商服务顾问团，聘请北京中银（苏州）律师事务所为法律顾问；发挥“吴中青商大讲堂”作用，组织“法律金融面对面”等专题培训；邀请区人民法院为新一代企业家开展《中华人民共和国公司法》、《中华人民共和国劳动法》、资本市场风险等方面的学习辅导；与吴中人民法院团支部签订“共建合作协议”，有效促进企业规划好法律和股权问题。

【组织建设】 2018年，区工商联全面推进“四好商会”创建工作，夯实商会组织建设。印发评比细则，指导各商会按照组织规范化、工作制度化、活动正常化要求，建立健全管理制度、完善运作机制，加强会员发展、班子建设。根据行业发展需求和企业发展实际，高新区商会成立互联网分会，房地产业商会成立物业管理分会；开展电子商务商会、樟树商会、安徽太湖商会等筹建工作，完成太湖商会筹建。按照上级相关要求，配合组织、民政等部门，做好区工商联所属商协会党建工作普查和“双随机”抽查。指导和做好相关商会、协会的换届改选工作，完成度假区、印刷等商会换届工作。加强会长核心队伍建设，完善并落实区工商联执行会长轮值制度，调动企业家兼职副主席、副会长的积极性。按照“稳步发展、优化结构、提高质量”的工作思路，做好会员发展工作，重点把科技创新型和新一代民营企业家吸纳进商会组织。加强商会秘书长队伍建设，通过召开秘书长会议、座谈交流、参观考察等形式，提升秘书长队伍的服务能力。组织商会和常执委企业通讯员工作会议暨业务培训活动，提升通讯员队伍信息宣传能力。

【服务会员】 2018年，区工商联继续营造良好的政商环境，主动为企业创新发展服务。召开区长对话新阶层人士、民营企业家座谈会，为吴中高质量发展建言献策。瞄准企业关注焦点，举办“社保入税应对以及财税筹划策略”专题培训班，组织企业负责人、财税负责人近千人参加培训。激发企业内生动力，举办“民营企业公司治理”等专题培训班。发挥工商联政企互动、宣传教育、人才培育、银企合作等平台功能，努力为企业提供政策、信息、人才、融资等方面的服务。立足吴中区情实际，挖掘对接“一带一路”建设的契合点，引领企业参与“一带一路”发展。采取“走出去，请进来”的方式，开展学习考察交流，分别组织企业家和商会秘书长参观中能国际展厅，同步实施“线上+线下”双展位吴中民企无偿特色服务，帮助民企走出去和东南亚客商对接。举办东南亚市场拓展专题讲座2期，为会员企业熟悉“一带一路”沿线市场和业务，提供培训服务和智力支撑；及时形成关于吴中区民营企业实施“一带一路”国家倡议的经验总结等调研成果报告；相继组织服务区内50多家企业免费进驻跨境优通电商平台，为区内民营企业参与“一带一路”牵线搭桥。发挥工商联对外交流广泛的特点，加强与南京玄武区、无锡江阴市、安徽歙县等友好工商联的联系沟通与交流，与贵州省德江县工商联等3家单位缔结友好商会。贯彻落实区政府《关于医药行业“两票制”改革调研情况报告的答复》的相关政策，帮助企业解决实际困难。及时召开“两票制”改革情况调研摸底会，向上级提交落实专项政策的建议报告，帮助3家制药企业获得专项扶持资金774.4万元。年内，配合相关部门，协调搞好企业社保、公积金扩面等事项，服务企业健康发展。

【光彩事业】 2018年，区工商联全面参与精准帮扶和乡村振兴，动员商会参与区内第五轮经济相对薄弱村帮扶。采取“二帮一”的形式，组织24家商会与12个区级薄弱村挂钩结对，另有5家基层商会，参与镇级薄弱村帮扶。拓展创新精准扶贫新思路，在金庭镇开启三村六会抱团帮扶新模式，利用6个结对商会的资源，打破常规机制，实现抱团帮扶和资源共享。全面推进“六个一”（商会入村走访调研一次，建立长效帮扶机制一个，组织企业走村入户一次，提出促进经济发展建议一条，走访慰问贫困家庭一批，帮助解决具体困难一个），落实帮扶措施。年内，实现醉石山庄等文旅产业项目合作，帮助贫困家庭解决农产品销售款18万元、房屋修缮款20万元，走访慰问贫困家庭30余户；累计投入各类帮扶资金150多万元，受益群众达2万多人。继续落实区委区政府东西、南北对口帮扶工作要求。在东西对口帮扶活动中，组织企业家代表赴德江县，参加铜仁市第七届旅游产业发展大会暨德江县美丽乡村文化旅游展示；开展对口扶贫协作活动，与德江县工商联签订友好合作协议；向德江县第七中学捐赠10万元，用于购置电脑教学设备；组织商会和会员企业帮助销售脐橙、黑木耳等农产品3万余元。在南北挂钩帮扶活动中，推进“百企帮百村”精准扶贫行动，加强与宿迁市宿城区沟通互动，接待宿城区3个乡镇及村的领导到吴中区考察座谈，促成明东电器、华恩塑业等4家企业在宿城投资设厂；走访宿城区3个结对村贫困家庭27户，捐赠慰问金4.7万元。持续开展“牵手助残、爱心助学、真情助村”活动，推进助学帮困、关注民生。引导各基层、行业商会和会员企业为区内贫困学生献爱心。吴中高新区商会“奖教助学金”向蠡墅友好小学发放奖教资金两期共计7.3万元，赠送800多册图书；胥口镇商会向藏南民工子弟小学赠送学习用品，共计6.6万元；郭巷商会联合相关单位赴街道敬老院开展“三送”活动；残疾人托养中心（“爱心基地”）建立长效帮扶机制，牵手开展助残专题活动，连续7年组织医药、餐饮、青商会和女企联等单位，走访慰问残疾人托养中心，捐助药品、食品、粮油等财物近5万元。博克集团出资200万元，成立爱心基金会。

（艾云松）

吴中区总工会

【概况】 2018年，全区建会517家，其中独建90家，覆盖427家，会员数17810人。继续推进会员实名制数据库建设，建成数据真实、分类准确、覆盖广泛的工会会员信息化平台，全年录入数据库的会员信息19.89万条。

【宣教工作】 2018年，区总工会加大校企合作力度，委托南京理工大学、苏州高博软件技术职业学院，开办在职职工成人学历提升教育班，共有41名在职职工被录取；创建区级职工读书站15个，推荐申报全国职工书屋示范点1个、市级职工书屋4个。在全区组织开展“文明班组”和“文明职工”评选活动，获苏州市“五一文明岗”称号6个、苏州市“百佳文明职工”称号5名。组织开展工会“送文化下乡”活动，将两台文艺晚会送至吴中经济技术开发区伟创力公司和东山碧螺村演出秋晚会，丰富职工和村民的业余文化生活。成功举办“相约520　情定吴中区”企业职工联谊活动、吴中区首届“讴歌新时代　展示新风采”职工才艺大赛；动员广大职工群众参加上级工会组织的各项宣教活动。

【培训工作】 2018年，区总工会组织50名工会干部，赴延安革命老区开展党性教育培训；与苏州市总工会联合举办2018年度全区新任工会干部上岗培训班，212人参加培训。年内，相继组织和指导区、镇两级工会举办的各类工会干部培训1314人次。

【维权机制建设】 2018年初，开展集体协商“春季集体要约行动”，推进工资集体协商工作，有1322个独立基层工会向所在企业行政方发出要约；160个村（社区）联合工会向4500多家覆盖企业发出要约；全年新签、续签工资专项集体合同的企业6321家，占年度任务6297家的100.4%。年内，百人以上企业召开职代会的有452家，占百人以上独立建会企业的102.5%。全区已建工会劳动法律监督组织1117个，工会劳动法律监督员1478名。区镇（街道）两级工会参与法制宣传咨询活动15个场次，发放维权宣传资料3000份，接受职工咨询300余人次。全区基层工会社团法人核准登记累计总数为1070个。

【服务职工】 2018年，区总工

会以特困户、一般困难户和大病救助、就业和就学帮扶为重点内容，继续开展“春送岗位、夏送清凉、金秋助学、冬送温暖”等帮扶活动。全年慰问走访困难职工422名，送温暖资金57.5万元；为31名特困职工发放特困证，发放生活救助金28.5万元；为100名特困边缘职工发放爱心粮油卡；为41名职工发放大病医疗救助20.5万元；为15名职工发放“互助互济”保障金15万元；为55名困难学生发放助学金10.2万元；为在高温下坚守岗位的一线职工和特殊岗位人员发放清凉用品17265份，价值160多万元。创建“妈妈驿站”10个。接待来访职工11人，来访电话190多个。办理建筑施工企业农民工工资担保业务173笔，涉及缴纳、退还资金4421万元。

【劳动竞赛】 区总工会组织开展吴中区“中餐创意摆台”技能大赛、纳税服务技能竞赛。全年各类劳动竞赛参赛单位1039家，参赛职工9.86万人次。以争创“工人先锋号”为载体，在企事业单位中开展班组建设和劳动竞赛活动，在职工中培育选树先进典型。年内，获得省级“工人先锋号”称号2个、市级10个，培育“红色工匠”20名。深化“安康杯”劳动竞赛，全区近1千家企业、约5万多人参加“安康杯”竞赛，获江苏省“安康杯”竞赛优胜单位1家、优胜班组1个；苏州市“安康杯”竞赛优秀单位1家、优胜单位3家、优胜班组2个、个人优秀奖1名。创建“安康驿站”24个，投入资金37万元，服务职工3660人次。

【劳动模范管理】 区总工会加强劳动模范管理，发挥劳模的先导作用，营造关心爱护劳模、争当劳模的浓厚氛围。2018年，经推荐，1家获江苏省五一劳动奖状，1人获江苏省五一劳动荣誉奖章，2人获江苏省五一劳动奖章，14人获市劳模称号；推荐苏州时代工匠8名，创建区级劳模创新工作室6家。举办以“中国梦·劳动美·幸福路”为主题的“庆五一”劳模访谈活动。通过对劳动模范、先进人物在岗位创业、工作创新、服务创优上的典型经验和做法的现场访谈，推动形成尊重劳动、崇尚技能、鼓励创造的社会风尚。全年为各级各类劳模发放各类津补贴142.4万元，组织105名劳模参加疗休养活动，组织30名省市两级退休劳模体检，为享受待遇的劳模办理劳模卡等。

【效能建设】 区总工会强化自身制度建设，建立完善区总工会公务用车、公务接待、工会经费使用管理以及党组会议等相关制度。继续推进“六个一”基层走访调研和“阳光扶贫”等工作。将各项挂钩共建活动，与日常工作相结合。区总工会机关党员干部与51名困难职工，组织开展“一对三”帮扶活动，全年发放帮扶金3.45万元。

（朱一清　吕逸宗）

共青团吴中区委员会

【概况】 2018年，全区有基层

2018年4月27日，吴中区庆祝“五一”国际劳动节大会　王永康　摄

团（工）委43家，其中镇（区、街道）16家，区级机关团（工）委13家，学校团委12家，企业团委2家，下辖总支39个，支部947个。全年发展新团员2200名，年末共有团员33881名。

【青少年思想引领】 2018年，中国共产主义青年团苏州市吴中区委员会（以下简称“团区委”）从三个方面加强青少年思想引领，一是依托一个引领平台，推进“青年大学习”行动。建立各级“青年学习社”27家，依托“解放思想、青年先行”活动，开展青年大学习、基层大调研等活动90余次，形成综合性调研报告10篇。二是寻找一批引领榜样，丰富各类活动特色。组织实施“中国梦”主题教育，通过习近平中国特色社会主义思想理论体系的宣传教育，选树“三新四创”好青年榜样60个；“线上握手”2.3万人次，累计访问量突破20万；线上线下开展“青年奋斗说”“向幸福出发”等系列团日活动20场；输出“青夜读”、红色经典诵读、“寻城记”等学习宣教活动和优秀网宣作品。三是突出一类引领重点，关注学校青少年。深化团、教机构协作，首次召开全区学校团队工作会议，以建立“青苗学习社”为抓手，加强学校团队“源头性”意识形态引领，创新开展“党团队”知识竞赛、“诵读学传”、“梦想公开课”等系列活动，增强青少年思想引领工作的成效。

【基层组织建设】 2018年，团区委坚持用习近平新时代中国特色社会主义思想统领团的工作，夯实基层团组织建设。继续以“品牌+基础”为规划目标，通过“1+3”党团共建项目牵引，提升基层团组织的自转能力。针对学校团组织工作实际，推进“大口径团建”统一管理，实施“3333”强基工程；对各基层团支部深化“磐石工程”和“双述双评”工作；加强“两新组织”团建工作，推进“非公百家”计划，成立区青年社会组织联合团工委，全面完成团区委机关专、兼、挂职等力量配备。创新团组织架构设置，建立团内资源交流和支持互助机制，按照项目工作组形式，推动基层团组织主动承接团内重点工作，领办重点项目。坚持从严治团，建立“团干工作室”“团干学习社”，推进“两学一做”学习教育和“青年大学习”行动，在团内尤其是“关键少数”组织中形成常态化、制度化；建立“团员学习社”，重点提升仪式教育和团员发展质量；创新工作机制，建立“青干学习社”，经常开展廉政警示教育系列活动。

【创新创业】 团区委围绕党的中心工作，继续引领团员青年创新创业。办好大赛、引育项目。围绕区内主导产业，联合有关部门开展“智汇吴中”青年（大学生）创客大赛，有报名参赛项目108个，实现落地优质项目13家，落地成效率为历届大赛第一；推荐参加“创青春”全国赛和省赛一等奖项目，分获商工组第3名和第1名。扩大资源，推介政策。扩大青创融资“朋友圈”，吸纳更多的金融机构关注、参与和支持青年创新创业，宣讲“青创贷”贴息政策，推出“青创贷”微信小程序，全年相关企业获贴息近100万。完善服务，丰富供给。相继推出青年人才子女夏令营、青年人才联谊交友会、青才居等服务项目，当好吴中青年人才创新创业“店小二”；组织开展“高校青年学子实践营”活动，在复旦、南大等高校的实践团队，围绕吴中区主导产业、文旅发展等领域开展调研，形成调研报告7篇8万余字，为青年创新创业高质量发展出谋划策。

【青年服务阵地】 2018年，团区委通过项目对接、资源导入等途径，继续构筑青年服务阵地，建成各级各类的“青年之家”27家，均实现团组织牵引、社会组织具体执行的良性自转，服务活动实现常态化。其中仅“青年之家”旗舰店，全年就累计开展各类服务活动50余次。年内，持续开展断网阅读、灵白线净山、公益小天使等一批优质活动项目，让服务项目更丰富；同时新增落地垃圾一起分、嗨客、国学课堂等各类项目12个,“青+”服务体系项目总数增至46个。聚焦服务重点,关注困境青少年成长。团区委筹措资金40余万,通过政府购买社会组织专项服务,对全区28名父母监护缺失、父母无力履行监护职责的“事实孤儿”,进行一对一精准救助;建立详实基础档案,对全区125名困难青少年家庭,开展小组式帮扶,全区建立153名困境青少年有识别、有分类的服务体系。

【志愿公益活动】 2018年,团区委深化“吴小志”价值内涵,让团员青年争当时代先锋,志愿公益活动取得新成效。搭建青年公益文化节、青年公益人沙龙等公益平台,推出“情暖德江·后备厢义卖”“河小青助力263”等18个志愿项目;组织参与国际竞走赛、东吴双创峰会、首届中国农民丰收节、新年走大运等赛事,志愿服务近800人次,其中新组建“河小青”专项志愿服务团队15个近200人。

【“青字号”岗位建功活动】 2018年,在“青字号”岗位建功活动中,凝聚团员青年岗位创效力量,创新“青年干部行动学习营”活动形式,连续开展“梦想青字号”创建创效活动12期,累计线上点赞、阅读量突破5万人次,启发青年干部创新思维和实干能力。搭建“青匠心·新传承”青年匠人分享会等技术交流平台,带动“新领域”更多青年成长。启动“青匠传承计划”,做强“青·匠心”文创主线,开展梁家河主题创作及巡展活动。推出青匠微信专刊20余期。区青年手艺人协会吸收新会员入会,会员数扩大至120人,覆盖青年手艺人圈友500余人。其中10名会员入选江苏省乡土人才“三带”新秀,19名会员分获市、县级青年岗位建功有关荣誉称号。

【朱蒙佳出席全国团代会】 2018年6月26日上午,中国共产主义青年团第十八次全国代表大会(以下简称“团十八大”)在北京人民大会堂隆重开幕。来自苏州市吴中区光福镇的核雕青年、“90后”新兴青年朱蒙佳,作为团十八大主席团成员、团代表,出席这一次全国团代会。

【吴中区青少年活动中心】 苏州市吴中区青少年活动中心(以下简称“活动中心”)是吴中区委区政府的实事工程和公益性服务项目之一,为全额拨款事业单位,由团区委主管。活动中心地处吴中区东苑路1号,为独立圆形建筑,共五层,建筑面积约1.79万平方米,含科技展厅、青年之家、青少年校外教育培训基地、青年空间等功能。一层为青少年科技展厅,二至三层为青少年校外培训基地,四层为办公区域和青年服务平台,五层为妇女儿童活动中心。投入使用后,面向全区青少年,坚持公益性服务理念,为青少年提供丰富多彩的校外教育活动,是吴中区唯一公办的校外教育服务场所。　（杨怡苏）

吴中区妇女联合会

【概况】 2018年,全区有金庭、木渎、角直、胥口、东山、临湖、光福镇妇联7个,郭巷、横泾、越溪、城南、香山街道妇联5个,度假区、开发区、高新区妇联3个,区级机关妇工委1个,系统党委妇联15个,村(社区)妇联182个。苏州市吴中区妇女联合会(以下简称“区妇联”)获省妇联2018年度全省宣传工作先进单位三等奖、省“爱心储蓄罐传承好家风”项目优秀组织奖。

【“三八”节纪念活动】 2018年3月6日,“巾帼心向党　建功新时代——吴中区纪念‘三八’国际妇女节108周年暨巾帼创新创业展示会”在澹台湖大酒店举行。各级妇联(妇工委、妇委会)、巾帼创新创业之星、妇建示范点负责人以及各界妇女代表400多人参加纪念活动。会议以VCR事迹展示、巾帼创新创业事迹演讲、手工作品展示等形式,展现各领域优秀女性的典型事迹，弘扬妇女勇于探索、不畏艰难的创新创业精神。吴中区女干部联谊会、吴中区女性发展研究会、吴中区女企业家联谊会用诗朗诵、小合唱、风采展示等形式，展现吴中女性“半边天”的别样风采。会议印发《两聚一高　她在行动》——吴中创新创业女性集一书，集中展示吴中区51位优秀女性的创新创业事迹。会议表彰10位“巾帼创新创业之星”，命名17家党建带妇建“两新”组织妇建示范点。

【组织建设】 2月1日，吴中区召开区妇联四届二次执委（扩大）会议，区妇联执委增至49名。推进妇联组织改革，全区各镇（区、街道）、村（社区）基层妇联组织全面完成“会改联”，增加副主席181名、执委1385名。推动“两新”组织妇建工作，建成“两新”组织妇联90余家、妇女之家4个，命名两新组织“妇建示范点”17家。各镇（区、街道）结合行业特点，成立行业协会妇联，让各行各业的妇女群众都能在身边找到娘家人。综合运用QQ、微信等新媒体，创建以各级妇联组织妇联干部、各类新型的功能性妇女小组负责人等为纽带的“工作群”和“社交群”，形成“信息直达”的网络工作平台，创新构建“服务网+联系网”网上妇联矩阵，凝聚妇女在组织建设中的智慧。

【妇女竞赛活动】 2018年，区妇联深化“巾帼建功”和“双学双比”等妇女竞赛活动，发挥妇女“半边天”作用。继续实施“乡村振兴巾帼行动”，开展“乡村振兴　最美是她”最美村姑创业致富带头人、最美妈妈土特产、最美妈妈农家乐、最美庭院等创评竞赛活动，相继挖掘和树立最美典型16个。开展省级巾帼示范基地创建活动，吴中区上林土地股份农业专业合作社等7家单位，获省级巾帼示范基地称号，争取到省级补助资金10万元。培育树立女性创新创业发展典型，苏州工匠园等5家单位，获评吴中区“女性创新创业基地”。深化“巾帼文明岗”创建活动，组织开展2018年度省城乡妇女岗位建功先进集体（个人）社会化审评工作，创建培育省级巾帼文明岗3家、区级巾帼文明岗48家。开展“巾帼心向党——苏州两岸青年创业园优秀女性党员微党课系列视频”项目，发掘优秀女性代表鲜活事例，为广大妇女群众创新创业提供借鉴和参考。搭建政企沟通平台，举办区长与女企业家面对面座谈会。科沃斯总经理庄建华入选江苏省百名女企业家领航人物。联合开展“三八架金桥　春风送岗位”女性招聘会，组织92家企业现场招聘，为妇女提供就业岗位千余个。

【家庭文明创建活动】 2018年，区妇联在全区范围内开展“最美家庭”寻访活动，评选表彰上年度“最美家庭”100户。举办吴中区“最美家庭”表彰大会暨“幸福家庭课堂”巡讲活动；成立“幸福家庭课堂”讲师团，全年开展巡回讲座25场次，受众1200余人。组织开展“立家规·讲家训·树家风——幸福家庭课堂”主题活动，坚守家庭主阵地，夯实妇联工作基础，共同构建幸福社会。开展“中国梦　我的梦”主题教育实践活动，木渎实小附属幼儿园的《苏州童谣串烧》，获“成长苏州·吴语童谣汇”二等奖。联合开展“遇见花样年华”等单身青年交友活动4场，秦超家庭获全国“最美家庭”称号、翁玉珍家庭获省“最美家庭”称号、李炜巍家庭获市“最美家庭”提名，费师英家庭获评区第二届“书香家庭”。

【爱心救助】 2018年，区妇联争取到市级救助金12万元，发放区级救助金14.4万元，共帮扶贫困“两癌”妇女68人次。开展“传承好家风　共筑爱心梦”爱心储蓄罐公益活动，筹集善款14万元，专款帮扶困境儿童。开展“六一”“8·26帮困助学行动日”及寒暑假爱心走访活动，累计发放爱心款13万余元。发挥女企业家联谊会爱心基金作用，为10名优秀教师、

10名优秀学生发放助学奖教金5万元。

【维权工作】 区妇联加强维护妇女儿童合法权益工作,全年受理妇女来信来访来电35件次,获群众赠送的“人民好公仆 贴心娘家人”锦旗一面。抓住“三八”国际妇女节、“11·25”反家庭暴力日、“12·4”全国法制宣传日等契机,以“万家学法·法润万家”为主题,联合区公安局等7家单位,在开发区举办“三八”法律维权周宣传咨询活动;与吴中高新区妇联联合开展“维护妇女合法权益 推进妇女事业发展”专项法治宣传活动。落实全区妇联系统“七五”普法规划,以文艺节目、普法竞答等形式,深化普法宣传教育;推进“律政玫瑰”与镇妇联结对共建工作,组织18位女律师进基层开展普法宣传,累计开展专题讲座15场,咨询服务50余次,服务群众2000余人次。利用吴中妇女网“维权之窗”、“吴中女性”微信公众号等平台,线上线下相结合,宣传维护妇女儿童合法权益法律法规知识,营造贯彻男女平等、维护妇女儿童合法权益的良好氛围。开展女职工劳动保护专项检查,对区内女职工较多的40家劳动密集型企业或存在职业危害隐患的企业,进行专项检查,排除隐患,依法维护女职工合法权益。

【妇女培训工作】 2018年,区委组织部和区妇联在上海交通大学举办吴中区第八届青年女干部培训班,区股级女干部50人参加培训。区妇联相继组织女企业家、女性创业者等8人参加北京大学木兰班、市乡村振兴巾帼行动“她”能人培训班,配合相关单位开展“好勤嫂”家政、月嫂、育婴师等培训50余期,培训妇女千余人次。

【实事项目建设】 区妇联推动相关妇女儿童实事项目和基础设施建设,区妇保所、公共文化中心(妇女儿童活动中心)、木渎中西医结合医院、角直人民医院、木渎红星美凯龙5家母乳哺育室等相继建成并投入使用,为发展妇女儿童事业、服务全区妇女儿童奠定基础。(康 娜)

吴中区科学技术协会

【概况】 2018年,苏州市吴中区科学技术协会(以下简称“区科协”)有区级学会(科学技术协会)23个、镇科学技术协会7个、街道和吴中高新区科学技术协会5个。区科协被中国科学技术协会评为2018年度科普工作优秀组织单位。

【科协系统改革】 2018年1月,区委印发《吴中区科协系统深化改革实施方案》,明确区科协系统6个方面20项改革任务。5月,区政府牵头召开本年度全民科学素质工作推进会,调整充实区全民科学素质工作领导小组成员单位,明确成员单位分管领导和联络员。11月,区科协印发《区科协常委联系科技工作者制度》,健全委员联系科技工作者的长效机制。12月,区科协起草《吴中区科协机关机构改革方案》,调整优化科协主要职责和内部机构设置,学会部增挂“企业工作部”牌子,普及部增挂“全民科学素质行动计划纲要办公室”牌子(以下简称“纲要办”)。机构改革方案已报请上级审批。

【科普活动】 5月18日,区科协联合区全民科学素质工作领导小组各成员单位,围绕“科技创新·强国富民”“创新引领时代,智慧点亮生活”科技普及主题,举办区第十八届科普宣传周启动仪式暨宝带实验小学第四届“气象与农业”科技周汇报活动。是年,科普宣传周、科普宣传日期间,举办科普宣传活动180多项,制作科普宣传展板100余块,发放科普宣传资料1万余份;举办各类科普讲座、专题报告会15余场;设立咨询服务台、科普宣传点12个。

【学术交流】 1月,区科协制定的《吴中区高层次学术活动资助管理暂行办法》,经吴中区四届政府第八次常务会议审议通过后组织实施，为全区实施人才强区战略，培育高层次人才，提供良好的学术环境。年内，共征集高层次科技学术活动申报项目15例，围绕机器人与智能制造、生物医药与大健康领域，组织参与苏州市2016—2017年度自然科学优秀学术论文评选工作，征集论文44篇，区科协被表彰为优秀组织单位。区医学会举办中医护理适宜技术推广研讨会，开展首个“中国医师节”活动；区工商行政管理学会召开重点调研课题研讨会。

【青少年科技教育】 2018年，继续加强青少年科技教育，碧波实验小学学生获得“苏州市青少年科技创新市长奖”，越溪实验小学和角直甫里中学学生获得青少年科技创新“市长奖”提名。在第29届苏州市青少年科技创新大赛中，吴中区青少年选手共获得9个赛项的一、二等奖。在中国科协、教育部、科技部和重庆市人民政府联合举办的第33届全国青少年科技创新大赛上，吴中青少年科技代表队获得青少年科技创新项目二等奖、辅导员科技创新项目一等奖和青少年科技创意作品优秀创意奖。年内，区科协组邀请中国科协2位专家走进学校，开展“大手拉小手科普报告希望行”活动3场；指导碧波实验小学和科沃斯创想机器人博物馆创建省青少年科学教育工作室；持续引进台湾元智大学“力翰科学”特色课程；宝带实验小学、度假区舟山实验小学、碧波实验小学分别开展气象、飞机、地球与生物特色课程，惠及全区3000多名学生。

【科普惠农（民）计划】 区科协指导越溪街道莫舍社区、东山镇双湾村成功创建江苏省“基层科普行动计划”示范社区和江苏省“科普惠农服务站”；长桥街道龙城社区、郭巷街道徐浜社区、木渎镇翠坊社区成功创建市级科普示范社区，为全区实现科普惠农（民）计划，提供科普示范经验。角直镇前港村获苏州市第七批科普惠农服务站称号。

【科普载体建设】 2018年，区科协在“互联网+”大背景下，继续推进“科普中国·百城千校万村行动”科普载体建设计划。在全区建成科普大屏180块。智慧科普大屏在全市率先实现社区、学校的全覆盖。年内，引导、支持临湖镇农业示范园、木渎镇春晖堂中药科普馆等一批主题鲜明、各具特色的科普场馆建设；推荐的角直镇模具园（馆）、东山气象生态实践基地、苏扇文化基地等科普载体，均成功创建为市级科普教育基地。

【创新助力工程】 2018年，在苏州市科协系统开展的创新驱动助力工程示范活动中，区科协组织参与“苏州十佳魅力科技人物及魅力科技团队”评选活动，协助举办吴中区机器人与智能制造高端论坛和第二届生物医疗及大健康产业论坛，成功举荐角直镇为苏州市“创新驱动助力工程示范镇”。

【考察交流与培训】 6月29日，区科协组织基层科协一行20多人，赴相城区考察特色科普载体建设。围绕“科艺相融”“科创相融”“科农相融”三个课题，先后对“御窑金砖”“新松机器人”“牧谷农场”三家特色科普载体进行考察学习，双方结合创新基层科协和科普载体建设工作，开展探讨和交流。7月6日，组织7所科技教育特色学校优秀科技辅导员，赴上海参加由苏州市科协、苏州市教育局联合举办的市中小学老师、科技辅导员科技传播能力提升培训班。

【基层组织建设】 2018年，按照中国科协《全面战略合作协议》、省科协《关于加强科协基层组织建设“四+一”试点实施方案（试行）》的要求，加强科协基层组织建设。全区在苏州市率先完成12家基层科协换届工作，吸纳“四长”（医院院长、中小学校长、农技站站长、科技型企业家）担任科协基层组织兼职副主席，实现重心下移、力量下沉、保障下倾、触角延伸。组织科协基层组织干部，参加省市科协系统举办的领导干部能力提升培训班；召开吴中区科普信息化工作专题培训会；组织基层科技工作者参与2018年全国农民科学素质网络知识竞赛。（冯朋超）

吴中区文学艺术界联合会

【概况】 2018年，苏州市吴中区文学艺术界联合会（以下简称“区文联”）有作家、书法家、摄影家、美术家、音乐舞蹈家、戏剧曲艺家、民间工艺家7个文艺家协会。有7名文艺家会员晋级为国家级会员，全区国家级会员增至103名；12名文艺家会员晋级省级会员，省级会员增至172名。年内，吴中区获得“中国文学之乡”称号，成为全国第四个、全省第一个获此称号的县（市、区）；获得中国民间文艺协会命名的“中国民间文艺之乡”称号，成为全国第八个获得“中国民间文艺之乡”称号的县（市、区）。

【文艺创作】 2018年，区文联组织引领精品文艺创作，一大批优秀文艺作品在各级各类活动或刊物中入选（入展）、获奖和发表。区作家协会相继推出4期《东吴》内刊和吴地人文特刊《吴中拾遗》，累计刊登文艺名家和区作协会员稿件190余篇（首），总字数60余万字。通过《苏州日报》开设吴中专栏，组织开展“小康路上看吴中”征文活动，累计刊登会员稿件24篇，展示吴中人民在全面建成小康社会进程中的感人事迹和模范典型。区摄影家协会会员的12幅作品获国际摄影奖项、79幅作品获国家摄影奖项，其中朱汉举的作品获第十二届中国摄影金像奖，填补了苏州摄影史上该奖项的空白。区书法家协会9名会员的作品入选江苏省第十一届新人书法展，创历次省新会员入展新高；陈方红、赵永刚、郭丰等会员的作品，入选中国书协主办的各类书法作品展。区美术家协会会员朱华清的《十里荷香》、王志明的《祈福》等20余件作品，入选中国美协主办的各类美术作品展。区戏曲家协会会员张建珍等人的评弹作品，亮相中国评弹艺术节。区民间工艺家协会会员蔡霞明的作品获得第五届紫金奖·文创产品创意设计大赛金奖；会员盛春的作品《一扇百工》入展“第24届法国巴黎非物质文化遗产博览会”。

【文艺交流】 2月24日，由中国作协诗歌委员会、江苏省作协诗歌委员会共同主办，区文联和光福镇联合承办的“‘诗话太湖、情咏吴中’首届香雪海全国诗会”在吴中区光福镇举行。4月13日，“吴门墨韵·苏州吴中溪口写生作品展”在浙江奉化溪口剡溪画院举办，区美术家协会组织理事及创作骨干70多人，到浙江奉化采风写生，携带的40余幅作品在剡溪画院展出，作品展示吴中文化形象，拉开苏州吴中、奉化溪口两地文化交流的序幕。7月上旬，区音乐舞蹈家协会部分会员，赴奥地利维也纳进行访问和交流演出。9月6日，区文联组织书画艺术骨干赴临湖交警中队，开展“警民相连书画党建——文化进警营”书画交流活动。9月26日，在香港浸会大学举行“吴文化走进香港校园”系列活动，向浸会大学赠送《吴中文库》，展出书画、砚雕、木雕、核雕、玉雕、缂丝、苏绣、苏扇等各类作品；组织区10位工艺大师和书画名家与青年学生进行互动交流。活动期间，区民间工艺家协会与苏州香港吴县同乡会签订《吴港两地文艺交流合作协议书》，促进两地的文化交流和合作。12月21日，由吴中区委宣传部、区文联、太仓市委宣传部、太仓市文联主办，吴中区书法家协会、太仓市书法家协会承办的“吴风娄韵”两地书法联展，在吴中区、太仓市举办。

【文艺研修活动】 5月20日，由中国文联文艺研修院、区人才办、区文联联合举办的“首期苏州吴中高层次文艺人才研修班”在中国文联文艺研修院开班，区文联选送部分优秀文艺人才，参加为期10天的研修活动并取得圆满成果，在全国首创中国文联文艺研修院与基层文联合作办班的新模式。8月9日，区文联组织100余名文艺骨干举办为期1天的文艺研修专题读书班，邀请余大庆、袁小良、龚平3位知名文艺专家，围绕解放思想、开拓创新、坚定文化自信、非遗传承与保护等方面做了深入解读。11月10日，由中国文联研修院、区文联主办的“中国文联文艺研修院首期苏州吴中高层次文艺人才研修班学习成果汇报展”在2018年苏作文创峰会主会场开幕，汇报展出的200余件艺术精品，彰显吴文化特色，成为本届苏作文创峰会的一大亮点。

【文艺队伍建设】 2018年，继续推进全区文艺队伍组织建设。9月30日，召开木渎镇文学艺术界联合会第一次代表大会，吴中区首个乡镇文联组织——木渎镇文学艺术界联合会正式成立。年内，金庭镇文学艺术界联合会、临湖镇文学艺术界联合会也相继成立。加强文艺人才培育，红木雕刻大师钟锦德，被评为第七届中国工艺美术大师和第三届姑苏宣传文化名家；葛芳、王玉国、陆小琴入选第五期江苏省“333高层次人才培养工程”培养对象。在第三届姑苏宣传文化人才评选中，朱汉举获评领军人才，陆小琴、陈琰等4人获评重点人才，朱蒙佳、许小猛等4人获评青年拔尖人才；于建华、金云玲等7名文艺家会员晋级国家级会员，朱钧贤、施晓平等12名文艺家会员晋级省级会员。

【文化人才扶持】 2018年7月，区文联与区委宣传部、区人才办、区文体局联合组织“东吴文化人才扶持项目”评选活动，评出苏作砚雕艺术馆建设、吴中区少年文学院品牌运营、长篇小说《并家》等29个东吴文化人才扶持项目，筹措扶持资金近700万元，推动全区文化人才扶持和文艺精品创作工作。12月，区文联与区委宣传部、区人才办、区文体局联合完成第二届东吴文化人才评选工作，评选出蒋靖、马惠娟等8位会员为区文艺名家；陈筱琳、许小猛等13位会员为区重点文艺人才。

【文艺惠民】 2018年，吴中区文联和各协会举办各类展览讲座及文艺下乡活动4000余场次，惠及群众40万余人，多次举办或组织文艺惠民会展活动。2月3日，由区文联、区摄影家协会主办，苏州市尹山湖美术馆、苏州润琨文化艺术发展有限公司承办的“‘精艺吴中’——吴中摄影家全国摄影获奖作品展”首展在苏州市尹山湖美术馆开幕，区摄影家协会会员以及摄影爱好者100余人参加开幕式。8月11日，由区文联主办、区美协承办的“诗意水乡　江南画痴——邵文君青衣山水画展”在吴中区公共文化中心·艺术展览中心开幕，近300名书画艺术家出席开幕式。10月14日，由江苏省摄影家协会、苏州市摄影家协会、吴中区委宣传部、区文联联合主办，区太湖新城管委会、区摄影家协会、区摄影艺术学会承办的“庆祝改革开放40周年·吴中太湖新城杯‘发现吴中新地标’摄影赛作品展”在吴中区公共文化中心·艺术展览中心开幕，摄影爱好者和大赛获奖代表200余人参加开幕式。11月3日，由区文联主办，区书法家协会承办的“第二届‘太湖之子’十一人书法精品展”在吴中区公共文化中心·艺术展览中心开展。12月3日，由吴中区委宣传部、吴中区文联主办的“‘春天的脚步’庆祝改革开放40周年吴中文艺成果展”在吴中区公共文化中心·艺术展览中心开幕，文艺界各协会代表100余人参加开幕式。12月27日，由吴中区教育局、吴中区文联共同举办的“‘花样年华　让梦飞翔’——珠江村镇银行杯青少年书画大赛优秀作品展”在吴中区公共文化中心·艺术展览中心开幕，会展为获奖青少年

书画小作者颁奖，区书法、美术家协会及部分教师、学生获奖代表参加开幕式。（钮春辉）

吴中区归国华侨联合会

【概况】 2018年，全区有归侨11人，旅外华人、华侨及港澳同胞3000余人，海外留学生300余人，归国留学生300人，所涉侨眷5000余人。海外华人、华侨主要分布在美国、英国、法国、澳大利亚、日本、新加坡等18个国家和地区。全区有基层侨联9个，社区侨联28家。在中国侨联召开的第十次代表大会上，东山镇的海归村主任黄美峰获“全国归侨侨眷先进个人”称号。

【思想宣传工作】 2018年，苏州市吴中区归国华侨联合会（以下简称“区侨联”）以学习贯彻落实党的十九大精神、习近平新时代中国特色社会主义思想和系列讲话为首要任务，以基层侨联为阵地，推进侨界群众的思想宣传工作。相继在基层侨联组织中开展专题学习、座谈研讨、学习交流等形式多样的宣教活动，激发侨界群众对十九大精神的政治认同、实践认同和感情认同。9月，中国侨联第十次代表大会召开后，区侨联组织各基层侨联开展宣传学习大会精神，深刻理解新时代侨务工作的主题、主线、重点、格局、原则和要求，进一步凝聚侨心、汇集侨智、发挥侨力。8月，中共吴中区委根据新时代提升侨务工作质效水平的客观要求，发文在全区实施新侨培育与扎根计划，全面掌握侨情，凝聚侨智，服务新侨，创新侨务工作举措，助力全区社会经济高质量发展。

【参政议政】 2018年初，吴中区召开“两会”期间，区侨界政协委员向会议提交提案6件，其中《关于加强推广洞庭山碧螺春茶叶品牌的建议》被选为优秀提案。区侨联主动做好与侨界政协委员的联系和沟通交流工作，协助侨界政协委员主动履职，参政议政，建言献策。

【走访慰问】 区侨联利用重大节日和重要时间节点，做好归侨侨眷及侨胞的走访慰问工作。相继对全区的100余户归侨侨眷及部分侨资企业，进行走访慰问活动。通过走访慰问与平时的沟通联系，加深党和政府与归侨侨眷、侨胞的相互了解，增进彼此之间的感情，让“知侨事、暖侨心、解侨困”成为侨联工作的工作主线，使党和政府的侨务政策更加深入人心。

【联谊联络】 2018年，继续做好海内外华侨华人的联谊联络工作，拓展侨联工作“朋友圈”。3月13日，接待美国西雅图中文电台台长苏小元一行，双方就中国传统文化与美国文化之间的差异进行研讨和交流。4月16日，接待美国苹果公司高级设计师岳岚、谷歌博士Lucy一行，让他们了解祖籍国的发展变化，领略家乡的文化底蕴。7月3日，接待中美企业峰会主席沈群一行，就中美企业峰会分会落户吴中等项目进行洽谈。年内，又接待回家乡探亲的美国爱荷华州立大学微电子专家董良教授一家。区侨联加强与兄弟市（县）侨联之间的交流联系，先后做好淮安市侨联、崇川区侨联、张家港市侨联的到访接待工作；相继组织侨联干部赴淮安市学习“华侨文化交流基地”建设经验，组织华侨书画院部分画家赴宜兴市侨联进行文化交流联谊活动。春节、三八节期间，组织部分留学生家长就留学生在国外工作生活情况和归国回乡创业情况进行探讨。区侨联与教育局联合在“精英周”期间，打造“凤还巢”分享会品牌活动。探索基层侨联组织“外联”建设，促成木渎镇侨联与张家港凤凰镇侨联缔结友好侨联协议。

【品牌建设】 区侨联精心打造“亲情中华”系列品牌名片，丰富侨界文化生活。元旦期间，举办“亲情中华　爱在侨联——

侨之韵”新年音乐会；7月初，为纪念建党97周年、改革开放40周年，举办“亲情中华·同心中国梦”文艺汇演。年内，区侨联分别与扬州市侨联、汕头市侨联联合举办“亲情中华·翰墨侨韵”书画交流展；承办“郑和下西洋”百米长卷国际巡展中国首展开幕仪式；举办“亲情中华·月韵吴中”——喜庆中国侨联第十次代表大会胜利召开中秋文艺晚会，首次与海外文艺团队合作，倾情演绎侨界爱党爱国爱乡情怀。（于立初）

吴中区残疾人联合会

【概况】 2018年，全区共有残疾人40590人，占总人口的6.15%。其中，视力残疾5751人，占残疾人总数14.2%；听力言语残疾7587人，占残疾人总数18.7%；智力残疾4063人，占残疾人总数10%；肢体残疾16553人，占残疾人总数40.8%；精神残疾5562人，占残疾人总数13.7%；多重残疾人1074人，占残疾人总数2.6%。

【残疾人社会保障】 2018年，苏州市吴中区残疾人联合会（以下简称“区残联”）继续推动落实残疾人“两项补贴”制度，完善残疾人社会保障体系。根据区委《关于印发〈苏州市吴中区区级民生救助和优抚预算资金拨付管理办法〉的通知》要求，对全区符合托养服务、重残护理补贴的残疾人进行统计，按照“先预拨、后清算”的办法，将各类救助和补贴资金按时发放到位。全年共为5488名重度残疾人发放护理补贴776.24万元；为314名无业重度残疾人、精神（智力）三四级残疾人落实社会保险补贴94.5万元；为4801名残疾人购买团体人身意外伤害保险，减免保费13.72万元；为279名聋人发放短信信息补贴经费8.37万元。落实残疾人机动（电动）轮椅车营运帮扶生活补贴，为74名残疾人发放工资和交纳五金79万元；为288名残疾人发放机动车燃油补贴7.5万元；为428名残疾人发放购车和维修补贴28.67万元。

【残疾人康复】 2018年，区残联全面开展残疾预防，完善残疾人康复服务。在第十九个全国“爱耳日”期间，区残联联合区特殊儿童康复中心，开展以“听见未来，从预防开始”为主题的宣传教育活动；“爱眼日”期间，开展以“科学防控近视，关爱孩子眼健康”为主题的康复服务进社区活动，两项活动共计听力筛查130多人、视力筛查300多人，发放宣传册400多份。全年共完成14周岁以下残疾儿童抢救性康复训练291人，其中听力言语康复30人、智力康复16人、孤独症康复74人、低视力康复88人、肢体康复66人、多重康复17人，补助金额491万元；共为14名听障残疾人配发助听器20台，补助金额2.16万元；植入人工耳蜗手术1名，补助金额7.5万元；安装假肢、矫形器的残疾人176名，补助金额88万元。为符合条件的716名重性精神病患者提供免费服药服务，较好地完成上级下达的各项康复指标任务。按照《吴中区残疾人辅助器具适配服务实施办法》要求，开展残疾人基本辅助器具免费适配和四类残疾人群辅助器具适配补贴服务，辅具品种在原有24个小类基础上，扩大到11个大类61个小类，重点普及助听器、轮椅、拐杖、假肢、盲杖等残疾人急需的辅助器具，免费为持证残疾人提供6类基本辅具，优先保障0~14周岁残疾儿童辅具适配。全年共发放包括轮椅、拐杖、助听器、盲杖、矫形器等辅助器具435件。年内，区残联不断加强区特殊儿童康复中心规范化建设，经区政府同意，完成康复中心康复训练用房的承租并将房租列入区级财政预算。10月，区特殊儿童康复中心进行整体搬迁，继续提升康复中心规范化建设和为全区残疾儿童康复服务的能力。

【残疾人就业和培训】 2018年，区残联继续加强残疾人就业力度，营造全社会共同帮助残疾人就业氛围，抓好残疾人就业增收。做好按比例安置残疾人就业年审，全年共审核单位449家，确认残疾人在岗职工956名。组织参加各类残疾人招聘专场，通过招聘会累计帮助40余名残疾人实现就业。开展残疾人职业技能培训。组织报名参加苏州市残联举办的残疾人职业技能培训13人次，与姑苏区残联联合开办残疾人就业培训班，累计送训32人次。组织参加苏州市残疾人职业技能比赛，区残联获团体第四；组织参加江苏省第六届残疾人职业技能竞赛，王雅清、沙红英、王洪发分获木雕、钩针、糕点装饰制作项目第一。根据苏州市人社局、市残联《关于进一步推进残疾人公益性岗位就业的通知》要求，不断在全社会开发残疾人公益性岗位。按照“循序渐进，步步推进，层层分解”原则，全年共开发残疾人公益性岗位70个，年内已安置27名残疾人上岗工作。常态化开展落实就业帮扶工作，一是按上级要求，根据残疾人就业状况每月录入新成长、新产生残疾人、新增实名制就业等方面的信息71条；二是做好“一对一”职业介绍服务，与有用工需求的企业、有就业需求的残疾人保持信息畅通，就近就地推荐残疾人到企业面试，全年共推荐18名残疾人就业；三是落实优惠政策，对15名自主创业成功的残疾人进行一次性补贴，共计发放补贴5.6万元。

【残疾人精准服务】 2018年，区残联推动落实残疾人信息数据动态更新工作，完成全区残疾人基本服务状况和需求调查，常态化开展信息数据采集工作，及时、准确地了解和掌握残疾人的服务状况和需求信息，实时更新信息数据，从严质量控制，确保更新数据真实有效，为实现残疾人精准化扶贫和精准化服务提供可靠的基础资料。在精准康复服务方面，充分利用残疾人基本服务状况和需求信息数据动态更新、残疾等级评定、新生儿疾病筛查项目等工作的基础和既有成果，完善残疾人康复服务，提升残疾人康复服务率。按照《吴中区残疾人精准康复服务行动实施方案》要求，向全区有康复需求的持证残疾人和未持证残疾儿童下发《吴中区残疾人精准康复服务手册》，残疾人持手册到康复服务机构接受专业评估，由康复服务机构为其制定个性化康复服务方案，实施服务并建立康复服务档案；在全区建立了174个残疾人精准康复服务小组，每个小组由各村（社区）的1名康复协调员和1名康复指导员共同组成，形成一支基层康复工作队伍。区残联与卫计局协调行动，由卫计局建立残疾人精准康复服务专家技术指导组，将残疾人列为家庭医生签约服务重点人群。在遵循自愿原则下，残疾人可自主选择辖区内的社区医生，开展家庭医生签约服务，使残疾人就近就便获得基本医疗和康复服务。

【“残疾人之家”建设】 2018年，按照吴中区“一年一批，三年实现全覆盖”的建设计划，第三批共6个“残疾人之家”项目点完成验收，全区“残疾人之家”建设任务全部完成，实现全区镇、街道全覆盖的工作目标。10月，为推动“残疾人之家”规范化、标准化、常态化运行，区政府办公室下发《关于批转苏州市吴中区残疾人之家建设实施意见的通知》，文件规定“残疾人之家”建设、运行经费补助范围和拨付条件，细化考核验收标准，做到责任明确、程序科学、监管严密。在“残疾人之家”项目点中，区残联对现有工场做好管理和维护工作，稳定辅助性就业残疾人和项目供应；实现辅助性就业工场的有5个，累计集中安置残疾人辅助性就业150人，吸引更多的残疾人勇敢走出家门，主动交流并从事力所能及的劳动。依托按比例安排残疾人就业年审工作和残疾人就业工作业务培训，向企业宣传国税、地税关于企业安置残疾人就业税收优惠政策，发放“残疾人辅助性就业项目征集函”，让企业认识到集中录用残疾人的利好，主动地与“残疾人之家”合作，开发辅助性就业项目，实现经济效益和社会责任双赢。

【残疾人文体活动】 2018年，区残联活跃开展基层残疾人群众性文体活动，提升残疾人精神文化服务水平。开展助残日系列活动。5月20日，区残联和区图书馆联合举办“残健双向服务”专题活动，残疾人代表展示了自己创作的红木雕、石雕、玉雕、核雕等一系列作品；残疾人文艺爱好者和区图书馆“书雅吴中”朗诵团的成员，共同进行了文艺表演，活动共服务群众420余人次。开展“书香吴中”残疾人阅读节系列活动。围绕“书香吴中”全民阅读节主题，组织残疾人工作者阅读《你不知道的世界——带你走进残疾人》纪实文学活动，发放书籍50本，征集读后感8篇；与区图书馆共同举办“心聆书香”视障读者观影活动；向区特殊儿童康复中心的小朋友们赠阅儿童读物、分享童话故事等，全面丰富全区残疾人精神文化生活。加大残疾人运动员培训力度。吴中区残疾人运动员沈亚琴、厉斌等在“2018年全国残疾人田径锦标赛”和“江苏省第十届残疾人运动会”中再创佳绩，共夺得9金4银2铜的优异成绩。开展群众性文化体育活动。利用残疾人相关节日，组织开展中国象棋、射击、轮椅飞镖等各类常规性竞技体育比赛和趣味性文化、体育活动，既丰富全区残疾人的精神文化生活，又为发现和选拔年轻体育人才提供了平台。各镇（街道）广泛开展残疾人社区型文体活动兴趣团队（小组）文体活动，11月7日，区残联在横泾文体中心举办吴中区第五届残疾人社区型文体兴趣团队展评，选送优秀的文艺作品、手工艺作品，参加苏州市残疾人社区型文体活动兴趣团队的展评活动。

（吴乃菲）

吴中区红十字会

【概况】 2018年，吴中区红十字会有基层红十字会组织及团体会员单位69个，其中镇（街道）红十字会5个、卫生系统团体会员单位21个、教育系统红十字会42个、企业红十字会1个，会员数15600人，其中青少年会员12000人。社区红十字服务站2个，博爱家园1个。

【救灾、救助、救护工作】 2018年，区红十字会收到捐赠款62.5万元。继续开展助学、助医、助困活动，支出救助款69.8万元。资助贵州省铜仁市德江县24名贫困学生，助学款2.05万元；救助本地患重大疾病的红十字青少年7名，发放救助款1.4万元。接受爱心企业定向捐赠和救助困难群体款48.2万元。开展博爱送万家活动，慰问贫困家庭141户，发放救助款14万元。区红十字会开展的“公益性应急救护培训”项目，被列入《苏州市2018年实事项目》，由市红十字会牵头组织实施。区红十字会全年组织培训初级救护员1727名，普及培训1.5万人次，超额完成市红十字会下达的培训任务。

【应急救护技能竞赛】 8月，市红十字会、市总工会、市人力资源和社会保障局、中共苏州市委市级机关工委联合举办全市应急救护技能竞赛，区红十字会选派5名救护培训师组队参赛，获竞赛团体二等奖；救护培训师关宏磊、周宏艺、张永杰分别以个人第一名、第三名、第四名的成绩，获得“苏州市红十字应急救护能手”称号；关宏磊获得“苏州技术能手”称号，被市总工会授予五一劳动奖章；关宏磊、张永杰被苏州市红十字会选拔参加全省红十字组织的应急救护技能竞赛，关宏磊取得创伤救护操作竞赛二等奖、张永杰获得理论竞赛二等奖，两人分别获得“江苏省五一创新能手”“江苏省技术能手”“江苏省红十字应急救护能手”称号。

【“三献”工作】 2018年，区红十字会继续抓好献血、献造血干细胞、献遗体器官（以下简称“三献”）工作，全年组织无偿献血4610人次，献血量121.9万毫升。木渎镇、角直镇、光福镇、城南街道获市精神文明建设指导委员会、市献血领导小组、市红十字会联合表彰的无偿献血先进集体称号；临湖镇、东山镇、金庭镇、长桥街道同获无偿献血促进奖。组织开展招募捐献造血干细胞志愿者活动，采样入库203人，高分辨采样7人，3人成功捐献造血干细胞。新增登记捐献遗体（器官、角膜）志愿者75人，实现身后捐献遗体6人，捐献角膜4人，苏州市中西医结合医院（木渎人民医院）实施1例器官捐献。志愿者唐晓龙、宋凯轩捐献造血干细胞，获评“吴中好人”；角直人民医院王旭在捐髓后不到一年时间里，为同一患者再次捐献235毫升淋巴细胞悬液，成为苏州市首例既捐献造血干细胞又捐献淋巴细胞的志愿者，被市文明办评为2018年度“苏州最美人物”；唐晓龙、王旭、宋凯轩受到省文明办、团省委、省红十字会通报表扬，被授予“江苏省优秀红十字志愿者”荣誉称号；志愿者杨保华、王旭、李炜巍获2016—2017年度全国无偿捐献造血干细胞奉献奖；区红十字会造血干细胞捐献服务工作，被江苏省骨髓库授予优秀奖。

【社区服务】 2018年，美蠡雅社区博爱家园建设完成并启用，区红十字会组织会员和志愿者，依托博爱家园开展社区服务、社会救助和社会公益活动。在博爱家园设立捐遗登记点，为居民提供捐遗咨询和登记服务；成立养老照护志愿服务队，全年举办4期养老照护知识培训班，193位居民参加培训。全年志愿服务队走访社区老人102户，为社区老人定期测量血压、血糖，进行义诊和心理咨询等。博爱家园先后接待徐州市红十字会、绍兴市红十字会参观交流。8月上旬，中国红十字会总会、江苏省红十字会领导到吴中区调研博爱家园建设，对美蠡雅社区博爱家园建设工作给予充分肯定，美蠡雅社区博爱家园被推荐参评江苏省先进博爱家园。

【红十字青少年工作】 区红十字会继续推进红十字青少年工作，与区教育、卫生、共青团等部门联合，将红十字理念与学校素质教育相结合，在青少年中传播红十字文化，弘扬“人道、博爱、奉献”红十字精神。5月，区红十字会组织青少年会员参加中国红十字会总会举办的“全国红十字防灾避险知识竞赛”，获三等奖。

【宣传红十字精神】 5月8日，区红十字会以纪念“世界红十字日”为契机，在镇、街道及社区、学校等开展红十字博爱周宣传活动。联合区卫计局在苏州市中西医结合医院举办“基层急诊急救比赛”活动，有9支代表队参加。通过比赛，提升医护人员急救水平和能力。5月9日，区红十字会在角直镇举办以“人道——为了你的微笑”为主题的宣传活动。活动现场用展板、宣传册、折页等向居民宣传应急救护、无偿献血、捐献造血干细胞、捐献遗体器官等知识。吴中人民医院、角直人民医院的心内科、内分泌科、骨科、皮肤科、护理等专家为现场居民义诊，救护培训师现场进行心肺复苏演示。9月，第19个世界急救日宣传周期间，区红十字会、区卫计局联合举办卫计系统非卫技人员应急救护技能比赛，来自全区20家医疗卫生单位的代表队参加比赛，长桥人民医院获团体一等奖；开发区预防保健所顾超，吴中人民医院苗巧红、顾晋磊分别获个人奖单人组和双人组一等奖。12月1日，是第31个“世界艾滋病日”，区红十字会与卫计局、疾控中心等部门联合开展

相关宣传活动，并通过新闻媒体及时进行报道。（田花平）

吴中区哲学社会科学界联合会

【概况】2018年，苏州市吴中区哲学社会科学界联合会（以下简称“区社科联”）有24个学会（协会、研究会）。3月16日，召开区社科联三届二次理事会，吸收区人大社会发展研究会加入区社科联。年内，区社科联获江苏省社科联系统2017年度“工作创新奖”。

【社科应用研究】年初，区社科联制定2018年度《应用研究课题申报指南》《立项课题通知》等文件，确定全区社科应用研究区级立项课题84项，当年顺利结题。其中，获评苏州市社会科学基金研究项目2个、社科应用研究项目3个，分别为本年度苏州市社科普及创新引导扶持二、三类项目。3项社科应用研究成果获评苏州市第十四次哲学社会科学优秀成果三等奖。按照市委宣传部、市社科联下发的《关于2018年度苏州市社会科学基金项目（应用对策类）结项的通知》精神，区社科组织立题的“乡村振兴战略下生态补偿机制研究——以吴中区为例”“以联合互动打造吴中人大工作升级版——吴中区、镇（街道）人大联动工作的实践与探索”2个社科应用研究项目，分获2018年度苏州市社会科学基金项目重大课题、重点课题，分获资助5万元、1万元。年内，上年度组织立题的省社科应用研究精品工程中的市县专项课题“发挥审计监督作用服务国企改革进程——基于吴中区国有企业改革的审计实践”顺利结题；与市社科联、市孙武子研究会共同主办“2018中国·苏州新时代新作为”孙武文化传承与创新学术研讨会。

【社科普及宣传】区社科联精心举办区第十一届社科普及宣传周，开展广场宣传咨询、“社科知识六进”等22项系列活动，惠及万余群众。社科普及宣传活动中，加强社科平台建设和对外来人口的思想教育工作，全年编发《吴中社科动态》12期，其中多篇文章刊发于社科应用研究方面的权威期刊——《唯实·现代管理》。在贯彻落实市委宣传部、市社科联《关于组织实施2018年度社科普及创新引导扶持项目的通知》的活动中，区社科联组织的“‘走红色经典之旅 忆太湖革命岁月’光福镇传承红色基因系列活动”项目，获得二等奖；“‘有书童享——书香暖童心，阅读齐步走’千名流动儿童走进图书馆”“‘传承宣卷文化，弘扬角直榜样’宣讲活动”项目，获得三等奖；《乡土中国视野下社区矫正理念的探索与选择》《百工录——中国工艺美术记录丛书·红木雕刻》《紫金庵》三项成果，获得市第十四次哲学社会科学优秀成果三等奖。

（张婷婷）

编辑：王明生

法治·军事

审　判

【概况】 2018年，吴中法院政法专项编制干警106名，行政附属编制人员10名，事业编制人员11名，公益性岗位人员123名，合计250名。年内，以“质量提升年”主题教育活动为契机，狠抓执法办案第一要务，受理各类案件23674件，审、执结20567件，法官人均结案467.4件，比上年分别上升16.47%、21.48%和7.69%。推进各项改革，人民陪审员“选用分离”试点经验被《中华人民共和国人民陪审员法》（以下简称《人民陪审员法》）采纳，落实审限三级听案和诉前司法鉴定等机制。吴中法院获评“2018年度司法宣传工作中做出突出成绩的人民法院”“优秀直播法院”“2015—2017年度苏州市文明单位”。

【刑事审判】 2018年，审结刑事案件1208件1535人。推进扫黑除恶专项斗争，依法惩处省扫黑办挂牌督办的李某恶势力集团案3件11人，是扫黑除恶专项斗争开展以来吴中区首起查处并审结的恶势力犯罪集团案件。依法审结职务犯罪16件16人，撰写的《2017年度职务犯罪报告》作为廉政教育材料向有关单位转发。加强人权司法保障，为50名被告人指定辩护人，对488名被告人依法适用缓刑或免予刑事处罚，对21名未成年被告人适用轻罪犯罪记录封存。

【民商审判】 2018年，审结民商事案件11308件，调解、撤诉5949件，调撤率54.21%。运用诚信诉讼承诺书、测谎等手段预防和甄别不诚信诉讼行为，对3名伪造证据或虚假陈述的当事人予以罚款，一起“一房二卖”违约案例在中央电视台《新闻直播间》播出。加大对老人、妇女、儿童等重点群体的保护力度，审结劳动争议、婚姻家庭、侵权等案件2701件。保障消费者合法权益，组建消费者权益保护合议庭，对接市场监督管理部门，对可能传播疫病或危害公共安全及生态环境的涉案产品进行无害化处理。

【行政审判】 2018年，审结行政诉讼案件34件，非诉行政审查27件，移送执行16件。注重行政纠纷的实质性化解，通过向当事人释明法律、督促行政机关完善行政行为，促使12件案件撤诉。推进行政机关负责人出庭应诉工作，随案发放《行政机关负责人应诉要点提示》，出庭应诉率92%。增进司法与行政良性互动，与区法制办联合举办行政审判业务培训班，为全区60名行政执法人员授课。把脉审判中发现的涉及经济发展和社会治理的新情况、新问题，提出司法建议与情况反映14则。年内，区法院获评“‘法治吴中’建设先进集体”，2名法官获评市“普法达人”和区“十大法治人物”。

【执行工作】 2018年，本次执行程序终结案件合格率、有财产可供执行案件法定期限内结案率、执行信访案件办结率和结案率均达到最高院“基本解决执行难”第三方评估要求，其中终本案件合格率名列全市基层法院第一。执结案件7924件，实际执结标的额40.17亿元。组织“天网行动”集中执行23次，当场履行37件1463万元。依法惩治规避、抗拒执行行为，限制消费10372人、限制出境5人、司法拘留180人、纳入失信被执行人名单4422人，3名有财产而拒不执行判决、裁定的被执行人被依法追究刑事责任。构建执行难综合治理格局，与全区45家单位建立执行联动机制。

【服务发展】 2018年，聚焦全区发展大局，发布《2015—2017年审执工作白皮书》，出台保障高质量发展和提升群众安全感系列实施方案，服务经济社会发展中的各项司法需求，金融类案件调研报告被《人民法院报》刊载。策应全区重点工作，保障太湖围网拆除工作，与省太湖渔管办、区司法局与农业局建立联席会议，调处、执结相关案件38件，促使当事人自愿签订围网拆除协议；审结涉及“263”专项行动案件23件，促使多处污染场所得以整改。护航民营经济发展，搭建法企通联平台，开辟案件“绿色通道”，慎用强制执行措施，通过破产手段清理“僵尸”企业8家，化解债务4.96亿元，剔除落后产能。在江苏洁净环境科技公司破产清算案中，鉴于企业具备存续价值，力推以重整方式助其重返市场。

【诉讼服务】 2018年，诉讼服务中心提供诉讼指导、判后答疑等诉讼服务31323次，网上立案1127件，电子送达诉讼文书2565份，办理群众来信来访1373件次。赋予诉讼服务中心纠纷分流功能，发挥区诉调对接工作指挥中心、法院附设的诉前调解委员会和公益律师服务站的积极作用，分流化解纠纷886件，进驻律师250人次，为群众提供法律服务5000人次。推进智慧审判，加强司法公开，上网生效裁判文书10502份，庭审网络直播系统在36个审判法庭实现“全覆盖”，直播庭审4683场。年内，法院获评“优秀直播法院”，3名法官获评“优秀直播法官”。

【案件繁简分流】 2018年，优化司法资源配置，开展“三级繁简分流”。第一级由诉前调解委员会处理简单批量案件，384件案件在诉前得以化解。第二级由立案速裁团队处理简单民事案件，将微信调解、QQ送达等新方式引入速裁案件办理流程，该团队全年结案902件，平均审理天数42天，较普通民商事案件平均审理天数缩短43天。第三级由业务庭内部简案快审团队处理适合快审的案件，推广示范诉讼、轻微刑事案件快速审理、“表格式”判决书等快速办案方式，刑事案件适用“轻刑快审”模式结案694件，占比59.06%；由专业化精审团队处理专业要求较高的案件，对建设工程、家事、保险、破产等类型案件实行专业化审判。

【多元解纷】 2018年，强化诉讼服务中心矛盾纠纷多元化解功能，依托区诉调对接工作指挥中心和法院附设的诉前调解委员会，分流化解纠纷886件。延伸人民法庭触角，与派出所、司法所、劳动服务所共建“一庭三所”联动联调模式。在吴中经济技术开发区管委会牵头下，开发区法庭协同越溪街道、越溪派出所等5家单位化解一起农民工群体性讨薪纠纷，为27名工人追回工资30万元。4个人民法庭审结案件5752件，占全院民商事案件的50.87%。设立14个巡回审判点及道路交通事故、劳动人事争议和消费者权益保护巡回法庭，聘请14名镇、街道司法工作人员为特约调解员，连续8年开展“阳光司法到街镇”巡回审判活动。发扬“枫桥经验”，创建“无讼村居”，发挥司法在矛盾纠纷多元化解机制中的引领、推动和保障作用，助推人民调解“进网格”，加固矛盾纠纷化解“第一道防线”。

【人民陪审员制度】 2018年，保障人民群众的司法参与权和监督权，人民陪审员参审6654人次，比上年上升17.81%。以“司法行政机关选任、人大任命、法院使用”的创新模式选任人民陪审员212名，相关经验被《人民陪审员法》采纳，并入选区首届“十大法治事件”。

（马　俐　刘轶臣）

检　察

【概况】 2018年，区检察院内设公诉局1个二级局，派驻木渎镇、开发区2个检察室和侦查监督科、民事行政检察科、控告申诉检察科、刑事执行检察科、案件监督管理科、政治处、监察室、办公室、检察信息技术科、法警大队10个科室。有检察官29人，检察辅助人员26人，司法行政人员11人，年内，落实最高检“讲政治、顾大局、谋发展、重自强”的要求，履行法律监督职责，在服务大局、司法办案和司法改革等重点领域展现出检察新作为。年内，获评“2018年度全国检察宣传先进单位”“全省检察机关先进集体”，被授予江苏省集体二等功。

【扫黑除恶】 2018年，与区纪委、区公安局等部门联合成立扫黑除恶专项斗争领导小组，选配资深办案人员成立专门检察官办案组；排查涉黑涉恶的案件线索，向区扫黑办移交黑恶势力犯罪线索4条。提前介入涉恶案件4起，受理批准逮捕涉黑涉恶案件9件32人，受理移送审查起诉7件34人，经市检察院审核认定为涉黑涉恶案件3件14人。

【未成年人保护】 2018年，批准逮捕27人，提起公诉25人，不捕11人，不诉18人。通过法律监督追诉漏罪2件，追捕犯罪嫌疑人3人，其中1名主犯（成年人）被判处十年以上有期徒刑。在惩治犯罪的同时传递司法温情，重点针对校园性侵、校园抢劫和“套路贷”引发的未成年人犯罪等社会热点问题开展普法宣传，相关经验做法被中央电视台报道。完成18家学校“防治校园欺凌”法治宣讲，邀请市人大代表参加，形成保护合力。与团区委、区法院、启航社工组织打造“润涓幼苗、启航人生”项目，点对点跟踪帮扶未成年社区矫正人员，项目获“苏州市未成年人成长护航工程三等奖”。

【公益诉讼】 2018年，聚力社会公益保护推行公益诉讼。排查污染环境、侵害众多消费者合法权益等损害社会公共利益的行为，提起全省首例药品安全领域公益诉讼案——余某等9人销售假麻醉药膏案，回应人民群众“用放心药”的诉求；提起全市首批食品安全领域公益诉讼案——陈某在食品中添加罂粟壳案，保护人民群众“舌尖上的安全”。围绕太湖围网捕捞，对太湖渔民证出借、禁渔期管控等问题进行调研，针对渔船登记管理不规范、非法捕捞等问题与渔政部门联合举行法律宣传，保护太湖生态环境和渔业资源；围绕群众“喝放心水”的需求，就工业废水处理资质、牙科诊所医疗废水排放等问题开展检察调查，推动相关部门开展专项检查。聚焦危险化学品处理、外卖平台管理、国有土地保护、公共财产保护等民生领域，全年发出督促履职检察建议120份、改进工作检察建议163份，帮助行政机关提升执法成效，共筑民生“防火墙”。年内，“行政检察监督促法治吴中”项目获苏州市“关爱民生法治行”优秀奖。

【捕诉一体办案模式】 2018年，

探索开展“捕诉一体+专业化办案组”办案模式，改变“两个部门、两套人马、两次审查”的原有模式，实行“谁批捕、谁起诉、全程负责”的捕诉一体模式。按照罪名类别成立8个专业化办案组，选任业务能力强、经验丰富的优秀检察官担任组长，走检察官职业化、专业化路径。捕诉一体后，案件审查起诉时间平均减少5~10天，法律监督数据比上年上升43.2%，保持“捕后零撤案”和“捕后零无罪”。“捕诉一体”改革获全国人大常委会、最高检调研组认可，具体做法在中央政法委的司法体制改革工作会议上推广介绍，《法制日报》头版头条报道。

【智慧检务】 2018年，以科技为助翼，减小司法成本“非必要损耗”，让“智造”开花结果。打造智能刑检办案区，整合刑检视讯平台，利用远程视频技术实现与上级检察院、刑事高发地区派出所之间的“视证交流”；省检察院授牌全省检察机器人“研发基地”和“运维基地”；转变思路，将电子物证实验室用于刑事案件的自行侦查和补充侦查，参与办理20余起案件，在办理李某等人聚众斗殴案时，利用数据恢复锁定关键证据；创新引入“人脸识别”系统，运用于控申接访、律师接待、内部考勤等方面；自主研发刑事案件信息共享平台，实现刑事案件资源共享、数据分流和大数据分析。“智慧检务”工作获邀参加“2018年全国检察机关科技装备展”。（黄　慧）

公　安

【概况】 2018年，吴中公安分局下辖14个大队、5个科室和13个派出所共计32个机构。年内，贯彻落实“四句话、十六字”公安工作总要求升级立体化信息化社会治安防控体系，提升公安工作和队伍建设，为吴中实现“优生态、惠民生、兴产城、善治理”高质量发展目标，创造平安稳定的社会环境。

【维护稳定】 2018年，坚持“前移后延”“控增去存”原则，依托大事牵引机制，会同属地政府做好基础排摸、调查分析、事态评估、人员稳控、依法打击、化解处置等工作，应对七子山环境提标改造、太湖围网拆除整治、南环桥搬迁、美之国历史遗留问题处置等维稳攻坚战。坚持站位提升、整体把握，紧盯影响社会安全稳定的各类因素，守牢关口、强化阵地管控，应对各类群体以及敏感警情舆情。

【社会治安】 2018年，按照做精巡防大脑、做实巡防体系、做强巡防力量、做细巡防管理的要求，组建动态巡防体系建设专班，以郭巷派出所作为试点研究制定“1+7”方案，推进吴中动态巡防体系建设。以开展保安联勤联防为契机，整合社会保安力量，开展24小时不间断巡防、交互式补防，织密人力防线。推进立体化信息化社会治安防控体系建设，严重影响群众安全感的侵财类警情，比上年下降11.3%，诈骗警情比上年上升17.5%。以交通大整治大提升、“大排查大整治”等专项行动为抓手，提升交通管理服务能力，年内辖区交通死亡事故数、交通事故死亡人数比上年下降19.35%、14.06%。依托警务基础网格，科学布局专职消防队站、微型消防站建设，提升火灾预防处置能力，年内辖区火灾数比上年下降9.85%。

【打处质态】 2018年，坚持整体谋划、系统推进，开展扫黑除恶、打击盗抢骗、百日行动等系列专项行动，强化线索核查、案件经营、扩人扩案、破案攻坚，巩固提升打处质态。年内破案率达18.19%，比上年上升3.04%，10起命案全破，提升打击破案效能。破获跨省市“酒托”诈骗案、长桥“OTO”模式组织卖淫案、甪直“2·03”流动开设赌场案、艾森网涉嫌非法经营案、公安部“2017-703”毒品目标案等多起部督案件以及全省首例销售未经批准上市宫颈疫苗案。

【创新社会治理】 组建由人管大队、党风廉政监督室、法制大队以及长桥派出所构成的工作专班，立足实体化运作、集中化办公，围绕对上吃透精神、对下掌握实情、对外考察学习、对内整合资源的工作要求，借助网格化社会治理联动机制模式，在深耕细作长桥、横泾两个试点派出所的基础上，理清理顺网格民警职责清单，压紧压实所领导、社区民警辅警岗位责任，推进全区网格警务工作，推动社会治理工作实现立体化提升。

【提升执法服务】 2018年，按照严格规范公正文明执法要求，突出问题导向、强化流程把控，推进执法规范化建设，提升执法能力和执法公信力。首批遴选6名法制员，派驻至木渎、南区、长桥、郭巷、角直、胥口派出所，紧盯受案、立案、撤案等执法办案流程，做好日常案件审核把关、问题整改落实等工作，推动执法监督由事后被动处置向事前业务指导、事中流程把控转变。在执法监督方面，创新实施“法制+N”执法监督管理机制，成立由法制大队、党风廉政监督室牵头，各警种部位为成员的执法管理委员会，结合运用“飞行临检”、案卷抽查等多种形式，通过法制员每周通报、法制大队汇总研判、执法管理委员会分析公示的三级执法质态分析制度，加强日常执法监管、执法问题整改以及案件把关审核和规范指导。2018年，办理行政复议、行政诉讼案件27起，比上年下降52%，败诉率比上年下降49.4%。

【“331”整治火灾隐患百日行动】 为维护消防安全和人民群众生命财产安全，2018年5月5日至8月12日，围绕出租屋（群租房）、“三合一”场所和电动自行车三类突出火灾隐患，按照既定任务清单、履职清单和追责清单“三张清单”，在全区范围内开展为期一百天的集中整治专项行动（以下简称“331”专项行动）。抽调分局多个部门精干警力组建工作专班，开展辖区消防隐患的排查和整治工作，保障辖区居民的生命财产安全。共排查出租屋（群租房）隐患问题25000处，完成整改22000处；排查“三合一”场所隐患问题7000处，完成整改6800处；即查即改电动自行车隐患问题51000余处。（李　博）

【维稳安保】 2018年，度假区全警动员，完成首届中国国际进口博览大会等67场次大型活动安保维稳任务。深化对邪教组织、非法宗教等活动的专项打击。紧盯重点领域、重点人员，超前开展防范应对工作，做好吴中区太湖围网拆迁安保维稳工作、抗美援越老兵聚会以及“钱宝系”“善心汇”等涉众型经济投资受损人教育稳控工作，严防规模聚集。

【破案打处】 2018年，度假区刑事案件比上年下降17.5%，破案率比上年增加1.4个百分点。坚持多侦联动、合成作战、快侦快破，成功破获一起在2003年度假区分局成立之前的陈年命案，八类案件实现“全破”。民生案件打防态势良好，破案率比上年上升1.9个百分点。环食药案件破案数和打击处理人员比上年上升41.7%和9.1%。侦办的“名流汇”网络直播平台聚众吸毒案、垃圾跨省倾倒太湖西山案，被写入2018年全国“两会”最高检工作报告。

【巡逻防控】 2018年，度假区科学划设19个巡区和23个卡口，完善巡防体系，开展技防城3.0版建设，动态巡防网络初具规模。年内，度假区违法犯罪警情比上年下降1.8%。

【公共安全监管】 2018年，度假区以交通大整治大提升行动为抓手，加大路面执法，确保交通形势稳定，交通事故数、亡人事故数比上年下降7.6%和31.6%。以“331”专项行动为抓手，深化消防安全监管，坚决堵塞安全漏洞，火灾事故数比上年下降37.5%。以太和商务

中心、微谷楼等处楼宇经济为重点，完成办公企业的起底排摸，落实常态管控措施，保障辖区经济平稳健康发展。（邢　涛）

【道路交通安全】 2018年，以“事故少、秩序好、道路畅通、群众满意”为目标，做好每个专项整治行动，完成大队和“一馆两中心”搬迁和对外营业工作，深化管理创新，加强科技应用，夯实队伍建设基础，强化服务群众能力，队伍和业务建设取得好成绩。全年发生上报道路交通事故548起，死亡事故101起，死亡103人，受伤375人，直接经济损失629700元；与上年同期相比，事故起数下降14.89%、死亡事故起数上升7.05%、死亡人数上升13.18%、受伤人数上升25.41%、直接经济损失上升19.28%。组织民警260余人次，对6家危化品运输单位、4家客运公司、19家工程运输企业的682辆工程运输车辆、危化品运输车辆、校车、客运车辆等重点车辆进行204场次的排查、登记，督促企业落实安全生产主体责任，现场检查756次，发放源头隐患整改通知书560份。简易处罚236825起、强制措施7354起、非现场处罚320179起，假牌套牌车126起、酒驾970起、渣土车19971起、违规非机动车86922起；排查整改隐患82处，完成区级交通安全隐患整改2处，修整信号灯217处，优化信号配时400余次，整改、增设交通标志328个，完善交通标线56处。办理补换驾驶证业务5249笔、组织扣分驾驶员学习1863人次；审批通行证70000余起，发放各类通行证1000余张，为事故当事人争取救助基金99笔计417万元，收到事故当事人及相关单位表扬信15封、锦旗30余面。

【一馆两中心】 2018年10月中旬，“一馆两中心”暨事故处理综合服务中心、交通车管服务中心以及吴中交警大队搬迁新址，“两个中心”拓展窗口功能，延伸窗口服务触角，车驾管理综合服务中心推出科目一理论考试、科目三文明驾驶理论考试、满分和审验学习、新车上牌业务等4大块车驾管业务，涉及具体业务41项；事故处理中心业务有重特大道路交通事故处理、交通肇事刑事案件办理、案件管理室执法办案监督工作、危险驾驶案件吊销驾驶证、非现场电子警察处罚等10余项业务。年末，交通安全文明教育基地完工。基地分序厅、道路交通厅、安全驾驶厅、情景体验厅、交通事故厅等5个大厅，各厅内容丰富、实用，地域特色浓郁，光影效果俱佳。

【培训基地】 2018年，全区各个执勤中队推出执勤执法、案件办理、专项行动、警卫保障4个随岗位培训基地，加大典型培育工作，开展党员先锋教育和创先争优活动，城南中队提炼出流动加油车整治工作法，胥口中队与绕城高速第二党支部形成共建对子，越溪中队党支部与潘金林事故特困家庭结成帮扶对子。年内，获苏州市公安局集体三等功，获评苏州市全国文明城市创建先进集体、苏州市人民调解工作先进集体。

【专项行动】 2018年，推动“交通大整治”“冬季攻势”“春雷行动”“夏安行动”“秋风行动”“铁拳行动”“三项排查”“百日攻坚”等专项行动。坚持常态管理与集中执法相结合，开展酒驾醉驾、无牌无证、“三超一疲劳”等严重交通违法行为整治；建立健全整治酒驾醉驾、流动加油车、货车超限超载、违法占道、“三小车”非法营运等跨部门、多警种联动机制，形成大整治合力，各个专项行动在支队名列前茅。结合辖区情况开展“非机动车专项整治”“绿化修剪排查整改”等专项行动。

【服务创新】 2018年，深化“共管共治共享”服务改革，根据市局“5+5+5”规划，制定关于《吴中区校园周边道路共管共治提升保畅力》三年工作方案，在吴中高新区形成“六位一体”护学岗模式；联合吴中二村党支部开展共管共建活动，定期开展交流党建、交通难题会诊等，通过增设标牌、标线和规范停车管理，提升道路通行环境。

（郭　丰）

【执法监管】 2018年，度假区查处各类交通违法行为46759起，记分违法12661起，非机动车、行人违法17291起，机动车不礼让行人1335起，逾期未年检、多起违法未处理714起，酒驾、毒驾215起（较去年上升67.9%，其中饮酒186起、醉酒27起、毒驾2起），无牌、无证423起，渣土车违法行为6377起，其他重点违法行为12944起。发生交通事故总警情3550起，比上年下降0.3%。死亡事故12起，死亡13人，分别比上年下降29.4%、27.8%。伤394人，比上年上升52.1%。经济损失2158.6万元，比上年上升6.3%。其中醉酒交通事故5起，比上年下降37.5%。

【交通宣传】 2018年，度假区通过拓宽广播、微信、微博、报刊、互联网等媒体宣传网络，对开展交通大整治大提升行动进行宣传报道，做到每天报纸有文、电台有音、电视有影。以“七进”宣传为平台，组织交通安全宣讲团到居民社区、中小学校举行交通安全知识讲座，针对社区居民、外来务工者、学生等不同群体特点，加强针对性宣传。借助交通安全宣传栏、道路隔离栏、LED显示屏等，悬挂宣传横幅、发布整治标语，营造安全文明交通氛围，形成正确舆论导向。针对辖区群众，特别是农村居民交通安全意识薄弱的情况，明确以行人乱穿马路、非机动车不按规定行驶及机动车各类违法等为整治重点，提高辖区群众交通守法意识。

【交通基础建设】 2018年，度假区推进智能交通系统建设，以“道路畅通、秩序良好、事故减少、群众满意”为总体目标，在智能交通的基础上，进行排摸，制定2018年智能交通系统建设方案，将它纳入2018年重点工程之一。通过摸排交通安全隐患，及时发现、提前介入、有效整改，处置各类安全隐患。年内完善太湖大桥交通安全设施、整改银矿路省级隐患、漆画校园门前标志标线，对舟山路、香山路、230省道、大桥路等37个路口信号灯进行升级，投入1000余万元。

（杨　波）

【消防大队】 2018年，加强队伍管理，完善责任体系，打牢基层基础，消除火灾隐患，创新宣传教育方式，提升消防救援工作水平，为人民安居乐业、经济高质发展和社会和谐安定贡献力量。全年发生火灾542起，1人受伤，造成直接财产损失642.09万元，与上年相比，火灾起数下降11.87%，直接财产损失下降8.9%，直接经济损失上升55.6%。

【消防安全】 2018年，落实重点领域关键环节的消防安全工作，确保属地责任、部门监管责任、企业主体责任落实到位。召开全区消防工作会议，与各板块签订《2018年吴中区消防工作目标责任书》，先后召开2次常务会涉及部署和研究消防工作，督促消防安全委员会成员单位按照“管行业必须管安全、管业务必须管安全、管生产经营必须管安全”的要求，落实《江苏省消防安全责任制实施办法》，推动住建、旅游、教育、安监、文体等行业部门开展消防安全管理达标创建活动，针对工业企业、学校及培训机构、社会福利机构、公共娱乐场所、医疗机构、旅游景区等场所，开展行业领域的综合治理。全年开展消防联合检查80余次，召开全区物业管理单位、在建工程建设单位和施工单位消防安全管理工作会议5次。利用重点单位工作例会、业务培训会、日常监督检查等方式，对全区600余家二、三级消防安全重点单位责任人、管理人开展宣贯活动。以“微消防”和“户籍化”系统推广应用为抓手，推动单位“四个能力”建设，督促单位严格落实消防安全评估、建筑消防设施定期维护保养制度和“六加一”措施。截至年末，覆盖317家消防安全重点单位、10277家“九小场所”，建立微型消防站505家，建立区域联防组织4个。

【消防设施建设】 2018年，推动开发区、高新区编制消防规划，角直、东山、木渎、胥口和临湖镇编制消防专项规划（消防专篇）。年内，新建100个消火栓，市政消火栓增至2272个。推动木渎、东山、临湖、胥口、横泾、郭巷6个镇（街道）建立政府专职队，使消防救援触角深入到各地。郭巷、东山临湖政府专职消防队投入执勤。对135家社区开展摸排，以吴中经济技术开发区为试点推广微型消防站建设，组织社区负责人实地观摩，听取工作经验，规范微型消防站建设。年内75个社区建立微型消防站，每个消防站配置一辆微型消防车，平时在社区开展防火巡查、宣传，节假日或重大安保活动期间陈兵一线。在老旧城区、商业密集区以及现有消防力量难以及时到达的区域，推进建成投用卫星消防站，实行24小时值班备勤制度。全年建成木渎沈巷、姑苏，郭巷姜庄等区域卫星消防站4个。

【隐患排查整治】 2018年，强化火灾隐患排查整治，全面改善消防安全环境。全年检查单位9877家，发现隐患15835处，督改隐患15569处，查封1111起，受案1353起，“三停”165家，拘留8人、警告2人，罚款1277.33万元，对4025家单位开展约谈，3月份代表苏州支队迎接部局督导组到苏督导“两会”消防安保工作，得到肯定。落实每季度消防安全形势分析评估制度，通过对人员密集场所、高层建筑、大型商业综合体、易燃易爆单位、仓储物流企业和“三合一”集中区等消防安全高风险场所进行排查，形成《吴中区2018年第一季度消防安全形势报告》和《吴中区2018年上半年消防安全形势报告》。以提升建筑消防设施完好率和“三合一”场所火灾隐患整治为重点，开展为期3年的人员密集场所和“九小场所”消防安全综合治理，组建专班专组，统筹推进工作进度。全年检查人员密集场所355家，“九小场所”12412家，督改隐患12395处。通过现场督查、专题会议、政府约谈、媒体曝光等形式，推进重大隐患单位的整治工作。年内有14家单位整改完毕，木渎镇华夏五金机电城围绕《关于吴中区木渎镇华夏五金机电城重大火灾隐患销案的整改方案》中的8项措施，推进隐患整改。

【电气火灾治理】 2018年，督促社会单位建立健全用电安全管理制度，规范电器产品、电气线路安装敷设，定期维护保养、检测。在全区范围内安装独立式感烟火灾报警器2万只，简易喷淋装置1200套，遏制电气火灾高发势头。

【危险品管理】 2018年，以督促危化品企业建设微型消防站、区域联防组织和制定“一企一册”档案等消防安全监管方式，督促易燃易爆单位落实主体责任，加强隐患监管。7月25日，联合安监局组织召开全区危化企业等易燃易爆单位火灾防控工作暨单位消防安全责任人约谈会，与各单位负责人签订《危险化学品企业等易燃易爆单位消防安全承诺书》36份。

【电动自行车火灾防控】 2018年，制定出台《苏州市吴中区电动自行车火灾防控技术方案》，分类推进老旧小区、商品房小区、动迁安置小区电动自行车集中停放充电场所设施建设，通过设置移动式梅花桩、电梯内安心座椅等措施严格防止电动车进楼道。引导企业为员工提供电动车充电保障，倡导“满电下班”活动。年内，对全区307家电动车销售单位、41家电动车维修站点开展排查，建设电动车停放和充电点6472处，劝导搬离电动车3.3万辆次，受案119起，处罚119起，处罚金额6.9万余元。

【高层建筑整治】 2018年，通

过单位约谈、源头管控、一楼一档、部门合力和设施联网等措施，对50家高层公共建筑和992家高层住宅建筑进行基本信息采集，其中：高层公共建筑建立微型消防站48个，高层住宅建筑建立微型消防站542家，推行楼长制669家。

【消防宣教】 2018年，依托各类媒体，开展社会化消防安全宣传教育，提升群众消防安全意识。以购买服务的形式，对700余名行业部门人员进行消防培训，实行“政府出资保障、消防承办教学、单位免费培训”的消防安全培训新模式。落实“每周一宣”工作制度，将宣传工作渗透到日常监督检查工作中去，宣传车每周深入城区主干道、大型商市场及农村社区开展警示教育活动。以消防宣传“七进”为主线，推进社会化消防宣传工作，“消防宣传进社区”、“消防宣传进学校”、消防志愿者服务等专项活动取得成效。结合安全生产月、暑期消防夏令营、消防宣传月等相关工作部署，扩大消防宣传教育影响力。做客看苏州App（应用）、FM104.8苏州交通广播，助推消防普法宣传，利用微博、微信等新媒介普及消防安全知识，推送消防常识；联合快递公司、美团外卖，开展以“关注消防、平安快达”为主题的消防公益宣传活动，携手吴中区洞庭山天然泉水厂，在产品包装上融入大队二维码、宣传标语等消防元素，扩大消防宣传的覆盖面；组建“橙盾”行动支部走进人员密集场所、老旧小区开展消防宣传。全年印制、发放各类宣传资料30万余份；利用固定阵地开展宣传，悬挂横幅标语798条，利用宣传橱窗602块，显示屏120块，设置永久性安全标识11000块。开展进楼入户5100户，出动宣传车58次，消防站对外开放6次，开展疏散和逃生演练228次，开展其他宣传活动280次，接受消防宣传10万余人。

（周　艳）

【消防监管】 2018年，度假区组织开展“331”专项整治活动等活动，监督检查单位1232家次，出动人员2464人次，发现火灾隐患或违法行为2069处，督促整改2069处，下发《安全检查意见书》2份，处罚案件3份，责令三停1家，处罚单位2家、个人1人，下发《责令立即改正通知书》1071份，临时查封11处，罚款5.55万元，设计备案27家，验收备案12家。

（谢金球）

司法行政

【概况】 2018年，把握职责定位和工作布局，组织法治宣传教育，构建均等普惠的公共法律服务，实施严格规范的特殊人群和纠纷管控，夯实基层基础和队伍建设，打造更高水平人民满意的服务型司法行政机关。年内，被司法部表彰为“坚持发展‘枫桥经验’实现矛盾不上交试点工作表现突出集体”，被省司法厅表彰为“2017年度全省司法行政绩效评价优秀单位”，确定为“全省‘访调对接’工作试点单位”。连续三年获评“全省司法行政系统绩效评价优秀单位”。

【法治宣传教育】 2018年，健全普法工作机制，召开全区“七五”普法推进会，完成省市“七五”普法考核。制定下发《关于在全区开展宪法学习宣传教育系列活动的通知》，开展领导干部公务员宪法主题征文活动。组织128家单位8304名党员参加全省“百万党员学宪法学党章考试活动”网上考试。深化法治宣传教育，组织5批次73名拟任命领导干部参加任前法律知识考试，优化未成年人法律讲师团组成和课题，为中小学校举办法治讲座98场，听课学生5.1万余人，吴中高新区成立全市首家青少年法学院，开展系列特色法治活动。开展“打造绿色企业”“送法进企业”“法润江苏情系民工”“农民工学法活动周”系列活动，打造惠企便民法律大餐。推进法治阵地建设，升级改造集宣传、展示、互

2018年3月28日，吴中区成立全市首个“青少年法学院”。图为授牌仪式　　区司法局　供稿

动、研判等功能于一体的法宣中心，法宣中心获评“苏州市法治文化建设示范点”“吴中区干部教育培训现场教学基地”。组织“全国民主法治示范村”湖桥村回头看，动态性推进镇（街道）、村（社区）法治阵地提档升级工作。在轨交4号线的11个站点增设22幅《宪法》公益广告，实现轨交公益普法全覆盖。依托吴风法韵艺术中心，举办《宪法》摄影展，拍摄《宪法》公益广告《相伴》，德法行影视队巡回放映法治电影60场。向第十五届全国法治动漫微电影活动报送《相伴》《校园谍影》的多部参赛作品。依托“吴中司法行政”微博和“吴中普法”微信，推送“以案释法”普法资讯，开展《宪法》知识竞赛。

【公共法律服务】 2018年，优化平台建设，投入近300万元，打造建筑面积达1800平方米的区级公共法律服务中心，设立自助服务区、远程服务区、互动宣传区、实体服务区、数据分析区等“五大区域”，设置综合接待、“12348”热线、法律援助等9个窗口，提供“一个大门进来、集中受理、分头办理、一揽子解决问题”的一站式服务。为镇级公共法律服务中心和村（社区）司法行政工作站配发公共法律服务宣传展板60套，为所有村（社区）司法行政工作站更换法律顾问席位牌。在角直、木渎建立公证、法援代办点，拓宽镇级公共法律服务中心职能。为党委政府和村（社区）提供法律服务2526次，为群众提供法律咨询13588次，为专业合作社提供法律服务132次，为中小企业提供法律服务444次。区法律援助中心受理指派法律援助案件830件，比上年增长82%。提升服务质效，按照“1名律师或法律工作者最多担任不超过5个村（社区）法律顾问”要求，推进178个村（社区）法律顾问配备实现全覆盖。举办村（社区）法律顾问培训会，提升其履职能力和服务水平。推行“互联网+”法律服务，开展村（社区）法律顾问微信群建设，推动“指尖上”的公共法律服务走入村居，实现178个村（社区）全覆盖，入群人数超过3万人。挑选具备不同领域专长的7名执业律师组成“村（社区）法润民生群”信息员，以轮值方式每天向“村（社区）法润民生群”推送时事新闻、法律知识、典型案例等法治资讯。在部分“法润民生”群内试点加入智能管理小助手“小法”，探索微信群智慧管理新模式。全年178个“法润民生”微信群提供法律“微咨询”29741次，开展纠纷“微调解”4554次，推送法律讲座通知1093次，推送法治“微资讯”55466条，发布法律风险提示报告910次。公共法律服务的创新做法获得《人民日报》《法制日报》等传统主流媒体的关注报道。

【特殊人群管理】 2018年，接收社区服刑人员423名，解除社区矫正人员349名。截至年末，在册社区服刑人员和安置帮教人员分别386名和799名。制定出台《吴中区社区矫正和安置帮教专职社会工作者绩效考核办法》，涵盖省厅关于特殊人群管理绩效考核全部项目，将社工日常工作实绩与考核奖金挂钩，提升社工队伍工作主动性。开展“暖冬行动”“春风行动”等系列帮扶救助工作，集中对困难对象开展“现金+实物”的帮扶救助。联合区检察院，举办主题为“十八岁畅想曲”的未成年社区服刑人员成人礼仪式。开展红色教育，阅读经典书籍，观看红色影片等活动，用教育“组合拳”让社区服刑人员树立服刑在管意识。依托社区矫正安置帮教工作协会，赴常州监狱开展“洒满阳光洒满爱”延伸帮教。区后续照管工作站与吴中公安分局，度假区公安分局召开联席会议，推行后续照管工作全面铺开。

【矛盾纠纷化解】 2018年，受理纠纷18335件，调解成功18309件，调解成功率99.8%。其中，诉调对接案件378件，司法确认243件。发放个案补贴83.265万元。吸纳村（社区）法律顾问担任村（居）调委会的兼职调解员，提升调解工作的专业化水平。制定《吴中区人民调解员考核办法》，加强调解员日常工作考核。由区委政法委牵头，召开全区“诉调对接”工作会议。建立健全“访调对接”工作机制，组建“特约调解团”“疑难信访纠纷调解专家团”“法律指导团”助力“访调对接”工作。完成太湖拆围买卖未过户纠纷调处任务。在甪直、香山、高新区试点推进人民调解进网格工作，建立调解小组293个，配备调解员685。人民陪审员选任“吴中样本”被4月份通过的《人民陪审员法》吸收采用，作为试点单位在全国人民陪审员工作示范培训班上做经验交流。

【法律援助】 2018年，完善服务承诺制等14项工作制度，制定《吴中区村（社区）法律顾问服务清单》《关于下拨2018年公共法律体系建设经费的通知》等文件，提升村（社区）法律顾问服务质量。组建由4名优秀律师组成的吴中区法律援助律师团，提升法律援助质效。启动刑事法律援助全覆盖工作，开展“农民工讨薪”专项行动。区法律援助中心受理并指派法律援助案件830件，来电、来访和网上咨询共6192件次。全年公共法律服务开展法律咨询13588次，参与调解纠纷6471件，开展法治宣传602场，举办法治讲座736场，提供法律援助和咨询1835次，办理公证业务和咨询8101次，为党委、政府和村、社区提供法律服务2526次。

【律师工作】 2018年末，有专职律师237人，兼职律师2人，法律援助律师1人，公职律师11人，实习律师55人。办理调入专职律师28名，调出和注销律师18名。律师党员63名，占律师总人数的26%。担任常年法律顾问750家，办理刑事诉讼法律辩护及代理145件，代理民事案件5260件，办理法律援助案件150件；全年律所创收9850万元。解答咨询和代写文书890人次；律师参与公益事业和社会活动235人次，律师担任“12348”法律热线值班280人次，律师参与调解地方政府重大纠纷19起。参与村（社区）法律顾问全覆盖工程，178个村（社区）聘用法律顾问，覆盖率100%。壮大律师队伍，成功新入户1家律师事务所，截至2018年末，有律师事务所22家。参与公共法律服务体系建设，选拔40名优秀骨干律师，组建吴中人民法院“律师服务志愿团”，进驻人民法院担任值班咨询服务。

【公证工作】 2018年，办理各类公证事项、事务8436件，其中：国内民事5544件，国内经济918件，涉外民事1662件，涉外经济50件，涉港民事和经济共14件，涉澳民事和经济共2件，涉台民事和经济共240件，公证事务6件。公证业务创收700多万元。接待来访来电5000余人次。截至年末，吴中公证处有专职公证员9名，公证辅助人员6名。在城区街道、国祥街道的征地拆迁安置、轻轨建设、地产转让过程中，公证处长期全程跟踪服务，维护拆迁各方的合法利益。拓展公证服务领域，推动服务向社会急需、矛盾聚集的领域配置。强化公证质量，公证处每一份公众文书都经过公证员核实，公证错假证率为0，公证投诉率为0。2018年，吴中公证处共提供公证减免办证事项15起，为贫困弱势人群减免公证费用9万多元，维护社会弱势群体的合法权益。

【法律服务】 截至2018年末，有基层法律服务所9家，基层法律服务工作者32名。全年代理民事案件620件，其中，婚姻家庭纠纷案件305件，劳动争议案件85件，其他案件230件。3月份，对全区32名基层法律工作者分2批进行继续教育培训，加强法律工作者的学习，增强上下的沟通和联系。4月份，对9家法律服务所，32名法律工作者的执业情况和执业行为进行年检注册，收取年检会费21040元。7月份，召开全区基层法律服务所工作会议，各基层法律服务所主任汇报年内基层法律服务所的工作情况，并对基层法律服务所的发展提出建议。

（谭　丽）

人民武装

【概况】 2018年，开展“传承红色基因、担当强军重任”“不忘初心、牢记使命”两大主题教育，抓好主题教育和经常性思想教育落实，做好军事斗争准备，坚持以党在新形势下的强军目标为统领，紧贴实际筹划部署，推动年度各项工作。年内，获评“江苏省先进团级单位”。

【思想政治建设】 2018年，坚持以学习贯彻党的十九大精神为主线，抓好主题教育和经常性思想教育落实，打牢职工的思想政治基础。开展“两学一做”教育和“两会”精神学习，开展“传承红色基因、担当强军重任”主题教育活动，通过集中学习、专家辅导、讨论发言、组织全体党员参观廉政教育基地等方式，继承和弘扬党校的优良传统，筑牢拒腐防变的思想防线。

【征兵工作】 2018年，统筹区域现有资源，推进兵役登记、征兵宣传等各项工作，完成年度新兵征集任务。采取设站登记、面对面登记、家长代登、兵役机关协助登记等方式，抓实兵役登记工作。加大征兵工作宣传力度，突出征集高质量兵员这个重点，深入辖区高校，集中开展高校征兵宣传活动，在高校设立宣传阵地，面对面接受学生咨询，发放宣传册，播放征兵宣传片。8月下旬，组织2018年度新兵进行役前集中训练，提升新兵们的军政素质。

【民兵训练】 2018年，推进战备工作落实，提升民兵军事素质能力。组织修订应急处突、森林防火和营门警戒等民兵行动方案，加强民兵应急分队常态化值班能力建设，先后组织专武干部、民兵骨干集训和民兵应急分队、森林防火分队集训。全区民兵应急分队在春节前的雨雪冰冻灾害应急救援行动和清明森林防火备勤中发挥重要作用。（马　骏　张家玉）

【国防教育】 2018年，贯彻落实“传承红色基因、担当强军重

2018年1月26日，区人武部组织民兵开展铲冰扫雪活动　　俞富强　摄

任”“不忘初心、牢记使命”两大主题教育，全面学习贯彻党的十九大会议精神、习主席系列重要讲话，通过动员辅导、个人读书、专题讨论、授课辅导、观看录像、开展“和平积弊大起底大扫除”活动、对照剖析、撰写个人心得体会等方式加强全体干部职工思想政治教育。9月，采取图版展示、悬挂横幅标语、发放宣传册、集中宣讲等多种形式，在机关、街道、企事业单位和高校做巡回宣传教育，促进广大党员干部群众提升全民国防观念、增强全民国防意识。

（俞富强）

人民防空

【概况】 2018年，以习近平新时代中国特色社会主义思想为指导，围绕“两聚一高”目标，强化备战打仗，聚力创新发展，有效履行战时防空、平时服务、应急支援任务。紧密联系人防工作实际，把握新时代人民防空建设新定位、新目标、新要求，提高人防工程的质量和效益，科学规划地下空间的开发利用，提升人民防空推动社会发展的贡献率，实现全区人防更好质量、更高效益、更持续发展。

【指挥通信建设】 2018年，建设集空情接收、信息处理、警报发放、指挥控制等功能于一体的人防指挥信息系统。完善人防基本指挥所、机动指挥所和“三室两库”建设，加强机动指挥平台演习演练。推进人防信息化系统改造，完成指挥所战备物资智能化管理系统建设。编制防空警报建设专项方案，高标准组织“9·18”警报试鸣工作。抓好人防按纲施训常态化落实，组织人防专业队和人防志愿者队伍集训。组织重要经济目标防护试点工作，在勘察调研的基础上，形成一套科学管用、切实可行的重要经济目标防护理论体系和实践方案。启动人防战备数据中心和重要经济目标数据库建设。

【执法宣传】 2018年，建立人防领域信用体系平台，统一规范行政权力文书格式和执法流程。深化政务改革，加强信息发布和政策解读，做好人防舆情引导和信息管控，回应社会关切和群众质疑。开展人防工程违法使用专项整治，严肃查处违规违法出售、出租人防工程停车位行为。推进民防宣传“五进”工作，突出中小学生民防教育，特别是初中二年级和小学四年级学生，必须开设民防教育课程。利用新闻媒体加强民防宣传，利用手机App、微信、微博等新媒体平台增强宣传效果。创新教育手段，探索“微动漫、微视频、微课堂”宣传教育模式。推进人防宣教场地建设，在学校、社区、机关、企业合理设置宣教场地，扩大人防教育范围。按照“十三五”人防规划要求，加快人防科普宣教场所建设步伐，打造高质量的综合性人防宣教平台，发挥平台作用，宣传人防政策法规和救援

知识，提升人防的社会形象和作用地位。（许 岚）

社会综合治理

【概况】2018年，以“网格+网络”为工作模式，紧扣“四大核心要素”，在网格细分、清单扩充、平台建设、考核优化、队伍锤炼等方面下苦功，探索出一套独具吴中特色的网格化联动机制。全年受理有效工单573251件，办结561901件，结案率达98.02%，群众满意率达99.61%。中央政法委《政法动态》第18期《江苏省创新“网格+网络”基层社会治理新模式》点名表扬“综合治理大联勤”经验做法。吴中区、甪直镇受到省委省政府表彰。年内，获2015—2018年度全省社会治安综合治理先进集体、全省创新网格化社会治理机制专项工作先进集体称号及省政务服务改革创新成果，并受到省委政法委嘉奖。

【深化联动机制】2018年，以镇（街道）为单位划分一级网格，村（社区）为单位划分二级网格、管理片区为单位划分三级网格。745平方公里的陆域范围，划分14个一级网格、205个二级网格、887个三级网格。通过“支部建在网格上”，强化党建引领，依托“一张大网”的构建和网格力量的整合，确保问题线索第一时间在网格内得以发现、联动和解决。将管理服务的触角延伸到基层最基础的网格内，通过重心下移、力量下沉，提升基层的治理能力，夯实党的执政根基。组建“多网合一”工作专班，制定印发《关于深入推进全区社会治理“一张网”建设的指导意见》，形成社会治理“一张网”总体格局。

【抓清单促履职】2018年，加强责任落实。规范事部件责任清单，细化立案结案标准，调整增设巡查事项等级。扩充清单内容，事件清单从414项扩充到732项。对普查确权的68万个部件，实现部件信息的动态更新和维护，确保部件信息精准到位。

【平台整合优化】2018年，完成与市数字城管、市“12345”、区110警务平台的系统对接，平台受理渠道扩充至12个。承接市“12345”便民服务热线的试点下放。10月1日起，承接移车类诉求工单。开发全要素信息平台，做好社会治理基础信息的采集和汇聚，创新推进巡查员进企入户巡查走访，做实社会治理“一张网”。

【治理实效】2018年，制定印发《吴中区社会综合治理网格化联动机制建设考评办法》，各地、各部门（公司）考核平均得分显著提升，干部队伍能力作风持续强化。根据对大量工单处置，找出规律性特征，通过《联动信息快报》和各类专题调研报告，为政府和各部门精准施策提供依据、建言献策，推动政府部门科学决策。清除隐藏在群众身边的黑诊所等安全隐患，改善街面秩序、市容环境，城市形象得到提升。做实做优“331”百日整治行动，配合“处非办”做好非法集资排查，清除隐患。全年日均事（部）件发现量、办结量、办结率均位居全市前列。（王 鹏）

编辑：高 燕

发展规划管理

【规划、计划工作】 2018年，吴中区相继形成《关于2018年上半年国民经济与社会发展计划执行情况的报告》《关于2018年国民经济和社会发展计划执行情况与2019年计划草案的报告》，完成吴中区十三五规划中期评估报告，分别经区人大常委会、人代会审议通过。开展高质量发展指标体系建设，形成包括“主导产业培育发展”“创新资源要素配置和行政服务机制”“城镇建设及乡村振兴”“环太湖文化带建设”“太湖环境保护与治理”以及“民生服务优质均衡发展”在内的6大类16项个性化指标。深入开展调查研究工作，动态分析全区经济运行趋势，完成《吴中区生物医药与大健康产业》《吴中区产业梯队研究》等调研报告。

【固定资产投资管理】 2018年，全区完成全社会固定资产投资486.49亿元。其中，第二产业完成投资63.51亿元；第三产业完成投资421.95亿元。会同财政、水利、农业、环保等有关部门，对全区中央预算内投资及太湖治理省切块地方资金项目进行跟踪服务，对项目的进度、质量、投资等方面进行有效管理，督促项目规范建设，各类资金专款专用，并对全区范围内提交验收申请的中央预算内投资及太湖治理省切块地方资金项目，开展竣工验收工作。全年办理内资项目542个，总投资650.99亿元，其中：审批项目161个，总投资327.34亿元；核准项目16个，总投资238.12亿元；备案项目365个，总投资85.54亿元；外资及港澳台资项目12个，总投资4.69亿美元，外资及港澳台资新增注册资本2.55亿美元。

【重点项目建设】 2018年，全区区级重点实施建设项目246个，在建235个，完成投资330亿元，占全年固定资产投资比重的68.1%。其中206个项目完成年度投资目标，92个项目竣工投入运行；17个市级重点实施项目完成投资77.06亿元，其中13个项目完成投资任务。严格落实项目推进责任，科学制订重点项目年度投资计划，分解细化项目推进方案，实行“一把手”承诺制。发挥考核指挥棒作用，完善项目考核机制，突出对产业项目、新开工项目、社会资本投资项目的考核。持续加大服务保障力度，做好每月重点项目进度汇总和问题分析，建立重点项目月度例会制度，帮助相关板块项目解决在推进中存在的问题。创新项目管理方法，推进吴中区重大项目管理系统建设，实现对重点项目的全生命周期监督管理。

【向上争取】 精心研究上级扶持政策，开展项目筛选，全年累计向上争取到各类扶持资金8157万元。其中，争取到太湖流域水污染治理和保障性安居工程项目6个资金4351万元；新增省级双创示范基地1个、省级工程研究中心1个，2018年省级战略性新兴产业发展专项资金项目2个资金3000万元；昆仑绿建、中认英泰等9家企业，获评省、市服务业领军企业、示范企业；中认英泰等3家企业，获省现代服务业引导资金共计371万元；角直精制模具特色小镇本年度考核合格，获市级财政奖补资金400万元；木渎镇人民政府获2017年度苏州市中心城市科学发展创新奖三等奖专项资金35万元。

【能源物资综合平衡】 2018年，继续抓好成品油监督管理，开展成品油市场秩序专项整治，完成全区成品油经营企业的批零经营证年检工作，完成加油站地下油罐的年度更新改造任务。强化能源物资统筹协调，组织开展油气管道隐患整治工作，成立区油气管道安全生产专业委员会，建立油气管道保护网格化体系，保障全区油气输送管道安全运营。有序开展固定资产投资项目节能审查和验收工作。扎实推进减煤工作，顺利完成苏州市下达的减煤任务。

【南北挂钩及扶贫】 2018年，吴中区继续做好东西部扶贫协作、南北挂钩、区内薄弱村帮扶等工作。吴宿工业园区省内排名比上年上升1个位次，位列全省共建园区第6名。全年共引导54家企业赴德江洽谈工作，实现乡镇结对帮扶全覆盖，提供市级统筹资金2992万元，各类财政援助资金610万元、社会帮扶资金（含折物价）373万元，帮助德江销售农产品488.83万元，赴德江走访交流263人次，选派26名“三支”人员长期驻点帮扶。 （杜诗雨）

国有资产管理

【概况】 2018年，全区国有企业资产总额2416亿元，所有者权益718亿元，比上年分别增长6%、9%。其中，区属国有企业资产总额1039亿元，所有者权益275亿元，比上年分别增长4%、8%。切实践行党管国企理念，加强国有企业党建工作，区属公司获苏州市级先锋党组织和带头人称号。

【国资改革工作】 苏州市吴中区国有资产管理局（以下简称“区国资局”）根据年度国资改革既定目标任务，相继出台相关政策制度，推进区国资改革工作。完成区属公司负责人身份转换，明确公司负责人履职年限、收入待遇等一揽子制度；深化派驻监事会工作，健全公司内审职能，加强国有企业运行风险防控，完成区国有企业公务用车改革工作。国资系统创立的“三原色”工作体系，获区级“十佳党建工作品牌”。

【完善薪酬体制】 2018年，区国资局制定出台《深化区属国有企业负责人薪酬制度改革实施意见》和《区属国有企业负责人履职待遇及业务支出办法》，建立区国资局负责监管的企业负责人收入分配正面清单，明确公司负责人的收入组成、待遇标准，清单之外无其他收入；完善薪酬体制，让改革工作的激励、约束机制更加健全。

【融资担保管理】 按照“平稳有序、风险可控”原则，继续深化融资担保管理工作，严格审批手续，加强考核监管。探索市场直接融资担保工作，指导和支持苏州市吴中城市建设投资发展有限公司、苏州市吴中国裕资产经营有限公司完成AA+主体信用评级、苏州市吴中交通建设投资有限公司完成AA主体信用评级。有效拓宽中、长期融资渠道，压降融资成本。

【经营业绩考核管理】 根据《吴中区区属国有企业负责人经营业绩考核实施办法》，健全区属国有企业经营业绩考核机制，按照商业一类、商业二类和公益类性质，对区属公司年度经营业绩考核，采取分类施考、一企一策的办法。结合经营性质和业务特点，优化考核指标设置，体现市场化导向作用，发挥考核指挥棒作用，压实责任，助推区属公司提质增效。

【日常监管工作】 区国资局加强国有资产日常监管工作，完善监管机制和举措。围绕国有资产保值增值目标要求，对区属国有资产监管坚持全口径、全覆盖。发挥区国有资产云平台监管功能，做好系统日常运营的权限变更、业务培训等各项工作；做精做细各项经济数据统计，全面反映、及时研判国资运营情况。组织开展“清风行动”、自查自纠、出资资产检查、作风建设等专项活动，常态化开展区属公司业务采购、工程变更定期自查和区国资督查工作。深化企业安全生产管理，明确责任，加强检查，推动区属国有企业安全平稳运行。

（潘俊杰）

国土资源管理

【概况】 2018年，苏州市国土资源局吴中分局（以下简称“国土吴中分局”）继续推进环太湖地区土地资源“加减法”，完成耕地占补平衡、城乡建设用地增减挂钩项目30个，总规模191.03公顷。实际新增耕地182.51公顷，新增耕地面积比上年增长154.3%。继续推进“三优三保”行动，完成9个镇（区）“三优三保”专项规划编制，全年“三优三保”入库面积69.36公顷。强化重点项目用地保障，完成全区重点项目供地154宗，总面积544.46公顷。完成存量土地清理任务132.07公顷，处置完成率99.4%。加强土地调控，引导优化出让地块结构，维护土地市场平稳运行。建立存量工业用地转让机制，细化工业项目弹性年期出让相关规定，全面实行“双合同双监管”，鼓励发展符合区域战略导向的新产业、新业态；严格项目准入机制，助推产业转型升级。落实“放管服”改革要求，创新“互联网+不动产登记”办法，圆满完成全年各类不动产权证书和证明发放工作。

【国土资源配置“加减法”】 2018年，国土吴中分局以沿太湖镇村为试点，以“三优三保”行动为抓手，启动推广以建设“减法”换生态、效益“加法”促均衡的环太湖“加减法”。完成9个镇（区）“三优三保”专项规划编制，全区拆旧总规模740.92公顷，其中2018—2020年拆旧面积360.60公顷。做好142.93公顷“三优三保”专项流量指标上图工作。全年完成“三优三保”复垦项目面积69.05公顷，产生用地指标面积约69.03公顷，产生空间指标面积约55.22公顷。

【耕地保护】 2018年，全区完成耕地占补平衡、城乡建设用地增减挂钩项目30个，总规模191.03公顷，实际新增耕地182.51公顷，新增耕地面积比上年增长154.3%。构建耕地后备资源及质量等别监测网络，建有省级耕地质量监测点2个，市级耕地质量监测点1个。

【土地资源保障】 全年完成征地批次35个，总面积243.52公顷。完成供地104宗，面积374.74公顷，存量占比55.5%，土地出让金总额141.78亿元。其中，工业用地48宗，总面积113.17公顷，比上年增长299%；经营性用地16宗，总面积95.08公顷，比上年增长16%；社会事业用地40宗，总面积166.50公顷，比上年增长101%。开展中心城区规划修改和土地利用总体规划一般性修改，调整面积分别为46.69公顷和867.10公顷，为区域建设发展做好规划支撑。强化重点项目用地保障，完成全区重点项目供地154宗，总面积544.64公顷。

【存量建设用地清理处置】 2018年，全区共完成存量建设用地清理任务132.01公顷，处置完成率99.4%。编制完成吴中区城镇低效用地再开发专项规划和实施计划，初步评定再开发项目116宗，规划再开发建设总规模415.88公顷。开展2008—2016年批而未供、历年供而未用（用而未尽）土地专项核查，完成上级下达2018年度批而未供和闲置土地处置任务117.43公顷，处置率120.7%。稳步推进存量建设用地更新改造工作，完成胥口、开发区2个工业更新改造项目；木渎自来水有限公司综合办公楼等3个城市更新改造项目取得实质性进展。

【土地市场调控】 国土吴中分局加强土地市场调控，科学制定年度供地计划，全面把控供地节奏；坚持"房子是用来住的，不是用来炒的"理念，引导优化出让地块结构，明确部分地块建设一定比例的租赁住房、人才公寓或限价商品房的出让要求，推进商业办公用房去库存，维护土地市场平稳运行。规范土地二级市场，建立存量工业用地转让机制，鼓励发展符合区域战略导向的新产业、新业态。严格项目准入机制，细化工业项目弹性年期出让的相关规定，对确需按法定最高年限出让土地的，设置亩均税收、销售额、500强企业等硬性条件；全面实行"双合同双监管"，有效提高供地门槛，助推产业转型升级。

【构建用地秩序】 2018年，国土吴中分局构建良好的用地秩序，做好上年度的卫片执法检查，完成图斑整改117个，面积26.98公顷；立案查处图斑70个，面积35.55公顷；下发行政处罚决定书15份。落实南京督察局例行督察整改要求，立案查处图斑34个，面积34.03公顷；整改到位图斑17个，面积16.22公顷；下发行政处罚决定书12份，收缴罚款248.83万元。主动开展永久基本农田、堆场专项整治"回头看"行动，全面核查工作成效或存在问题，制定印发永久基本农田保护三年行动计划及实施方案，明确整改目标举措。创新农村道路管理，完成第一批农村道路用地会办，原则通过28条农村道路用地申请。

【不动产登记服务】 落实"放管服"和省政府"3550"改革要求，国土吴中分局依托"互联网+"、大数据技术，实现"互联网+不动产抵押登记"、微信公众号预约抵押业务、"96510"统一咨询热线等服务，上线不动产统一登记新系统。推进"不见面审批"模式，缩短不动产登记办结时间，购买继承公证服务、试点开办木渎不动产登记服务点，采取多方面举措，促进便民利民服务。全年共发放各类不动产权证书和证明135468本，完成互联网+抵押登记、注销3564件。

【土地储备】 国土吴中分局健全土地储备管理模式，创新实施政府性资金和专项债券资金两种使用模式，提升板块收储积极性。编制2018年土地储备计划，开展2019、2020年土地储备摸底调查，推动2宗土地储备试点地块进入上市准备阶段，收储成本总额3.79亿元。推进开发区、高新区、木渎镇等7宗旧城改造地块工程进度，推动发行10亿土地储备专项债券，有力保障资金需求。（喻 娜）

市场监督管理

【概况】 2018年，全区净增个体户13270户、私营企业8848户、国有集体及其控股企业217户、外商投资企业6户、农民专业合作社18户。年末，全区共有市场主体178280户，比上年增长14.34%，其中个体户101983户、私营企业69772户、国有集体及其控股企业4451户、农民专业合作社404户、外资企业及其分支机构1670户。净增注册资本873.79亿元，比上年增长14.46%。继续推进和对照省政府"3550"改革目标，提高行政审批效率，确保审批环节控制在0.5天内。优化外资及港澳台资企业工商登记、商务备案程序，35家企业完成"一口办理"。稳步推行"证照分离"改革，持续降低准入门槛，指导微型餐饮单位备案107家。苏州市吴中区市场监督管理局(以下简称“区市场监管局”)获评全省食品药品监管系统先进集体。

【推进质量强区战略】 2018年,区市场监管局聚焦地方优势产业,推进品牌育林工程,打好质量服务牌,鼓励和引导企业提优创牌,继续实施质量强区战略。年内,共有27家企业28个产品获评苏州市名牌,东山茶厂获市长质量奖,苏州电科院获质量管理优秀奖。全年共注册商标4464件,“吴中大米”被认定为国家地理标志证明商标。引导企业参与质量标准制定,推动全区技术标准化战略向深层次迈进。全年新发布国家标准、行业标准以及地方标准11项,8家企业30项产品通过采用国际标准认证,366项企业产品完成标准自我声明公开;1个国家级高端装备制造业标准化试点获得上级批准;1个纳米标准化技术委员会工作组在吴中区落户。全区检验检测服务收入以年均30%的增速扩张,行业规模位居全市第一。

【食品安全监管】 区市场监管局依法履行食品安全监管职责,持续完善基层食品安全办公室规范化建设,基本实现“八有五化”目标。率先推行“平安乡宴”智慧系统试点,农村自办宴席管理进入信息化时代。创新推行农村自办宴席食品安全责任保险及厨师职业责任保险,全区13个镇(区、街道)、110个村(社区)实现食品安全监管全覆盖。定期开展区级食品抽检工作,突出重点领域,组织抽检畜禽水产品、酒类、食用油塑化剂等专项行动16次。持续提升农产品监管信息化水平,有序将41家试点单位纳入“食用农产品质量跟踪系统”。继续推行食品安全风险分级、量化分级管理,突出抓好学校(托幼机构)食堂、中央厨房、集体用餐配送单位等重点单位的食品安全监管;稳步推进“明厨亮灶”实事工程,全区109所中小学、幼托机构食堂实现全覆盖。开展食品安全保障工作,完成区“两会”召开期间、碧螺春茶叶节、太湖西山梅花节、中高考等重大活动的食品安全保障任务。

【药械安全监管】 区市场监管局以强化事中事后监管为抓手,综合运用现场检查、监督抽检、监测评价等方式,排查化解系统性、行业性风险,有针对性地做好药品药械安全监管工作。突出药械安全监管难点,开展节前药械保化市场、中药饮片生产、药品零售企业等专项检查12个;严厉打击“未凭处方销售处方药”“药师不在岗”等违法行为。加速推进医药行业诚信建设,强化企业主体责任意识,推荐6家医药药械企业,参加全省诚信企业评比活动。开展过期药品回收等宣传活动,增强企业守法意识、责任意识和公众维权意识,营造良好的社会共治与公众监督氛围。

【特种设备安全监管】 2018年,创新开发电梯智慧管理系统,城区首批1000台电梯纳入试点,有效提升电梯监管精准性。区市场监管局与相关软件企业合作研发电梯智慧管理系统,系统主要功能是帮助电梯使用单位进行电梯的日常安全管理,实现无纸化维保,全面监督维保质量,协助电梯监管部门对电梯安全进行有效监督,进行大数据分析和预警,为电梯使用单位、维保单位、监管部门提供参考。稳步推进公共场所自动扶梯隐患排查实事工程,全年共完成300台检测任务,消除安全隐患566条。针对风险隐患高发环节,先后开展场内机动车辆、起重机械、大型游乐设施等专项整治行动,共检查特种设备使用单位476家,消除安全隐患647条。

【优化市场环境】 2018年,继续优化市场发展环境,加强对市场运行的事中事后监督管理,全年共完成“双随机、一公开”抽检2047户。强化信用监管,督促市场主体做好年报公示工作，企业年报率达到88.4%。结合贯彻《中华人民共和国电子商务法》，统筹推进部门协作，持续强化网络挂标、网络巡查等工作，夯实网络监管基础。围绕全区经济发展趋势，转变办案思路，全面加强食品药品、商品质量、商标侵权等重点行业、重点领域的执法力度。落实“京安”行动、打假保优“锲石”行动等专项整治，全年共办理一般程序案件489件，罚没款金额841万元，有效净化市场经济秩序，营造优良的市场发展环境。

【消费维权工作】 2018年，区市场监管局消费者权益科成功对接区联动中心，持续提升消费维权处置效率。加强12315“五进”网络建设，培育新类型消费维权服务站点。科沃斯集团所属十家企业，被列为全国12315平台ODR（全国12315互联网平台在线消费纠纷解决平台的简称）企业。全年共受理消费维权方面的投诉、举报20544件，办结率96.6%，有效保障消费者的合法权益。（张桑桑）

物价管理

【概况】 2018年，全年共办理商品住房价格申报备案48个批次，其中区会办29个批次，上报上级审批19个批次；办理非住宅价格申报25个批次。完成15家普通住宅前期物业公共服务收费备案。加强价格实时监控，开展香青菜等4个蔬菜品种和碧螺春茶叶等特色农产品的成本收益调查。

【价格管理】 区物价局加强水、电、气等资源性产品价格管理，推进农业水价综合改革，明确新建小区生活饮用水二次供水管理运行维护费标准，开展清理和规范转供电环节加价督查。调整蒸汽销售价格，疏导冬春季非居民用天然气销售价格和居民生活用管道天然气价格。落实上级各项房地产价格调控政策，完善商品房价格管理，加强房地产价格行为监管，实施商品房“一房一价”申报制度和商品住房销售价格网上公示制度。开展低收入家庭收支情况调查，及时了解价格变动对低收入家庭的影响情况。

【价格监测】 2018年，继续加大价格监测力度，将辖区11种城市居民日用工业消费品零售价格、218个品种常用药零售价格、7大类49种食品价格以及57种农副产品零售价格，列入日常监测范围；完成各类价格监测报表120余份，价格监测分析材料8篇。推进重要民生商品价格采集公布工作，及时公布9大农贸市场、5大超市所涉6大类100多种民生商品价格监测信息，公布重要民生商品价格信息42期。

【收费管理】 区物价局推进收费监管改革，完成本年度收费巡访工作。全面贯彻涉企行政审批中介服务收费目录清单和涉企经营服务收费目录清单要求，开展收费清理工作，规范行政审批前置服务收费，及时公布行政事业性收费项目。加快落实收费改革步伐，建立健全行政事业性、政府制定价格的经营服务性收费情况报告制度，完善收费目录清单和收费公示制度，对全区10个收费部门、24项收费项目全面开展巡查工作，对7类区级政府定价的经营服务性单位进行长效监管。

【成本监审】 关注社会民生热点问题，开展涉及成本的调查和分析研究工作。继续加强对政府定价项目管控，主要依据成本制定重要商品和服务的价格，关注行业管理和控制指标，落实专项监审办法。全年受理2所民办外国语学校学费调价、1家景点门票及1所养老机构成本的调查监审工作。

【市场监管】 贯彻落实《苏州市区农贸市场价格管理办法》和区政府办《关于加强农贸市场价格管理的若干意见》，做好市场内价格巡查，重点推进农贸市场明码标价、摊位租金备案及公示，完善农贸市场明码标价制度。规范农贸市场经营行为，开展农贸市场价格管理标准化建设项目申报工作。推行农贸市场价格管理考核目标责任制。将全区政府投资的农贸市场纳入价格管理考核范围，统一使用农贸市场《主要品种价格行情记录》《价格管理活动记录》《公秤称服务》3本台账。

【农副产品平价商店监管】 完善农副产品平价商店长效管理机制，推进平价商店标准化、制度化、信息化建设，发挥平价商店“稳价惠民、应急调控”作用。落实省、市《关于进一步加强农副产品平价商店管理的指导意见》《平价商店管理考核办法》《平价商店准入退出》等监管制度，实行日常巡查和定期检查相结合的考核制度。全年组织平价商店专项检查8批次，全区20家平价商店以低于市场均价15%的价格，日销售农产品近3万斤，营业额9万元左右，惠及人口18万。农产品平价商店的辐射范围和社会影响逐步扩大，发挥其稳价保供调控作用。

【物价监督检查】 加大价格监督检查力度，组织开展城市供水、供气、供暖价格和烟酒市场、医疗服务、汽车行业、电信领域价格以及社会化培训机构收费、涉企收费等方面的专项检查，全年检查各类单位60余家。加强价格监管巡查，先后组织市场价格巡查80次，出动检查人员160余人次，检查城区和13个镇（区、街道）的各类农贸市场、商店超市、餐饮行业、旅游景点180余家。

【价格服务工作】 制定价格举报、咨询值班制度，全年接听各类价格举报、咨询电话1800余个，受理和答复举报件800余起，办结率100%；发出行政警示书5张，责令退款共计13004.8元。建立重要节假日应急值班制度，组织开展节日和学校中高考期间的市场巡查。做好稳价保供宣传工作，累计发放《中华人民共和国价格法》《关于商品与服务实行明码标价的规定》《市民日常价格指南》等宣传资料3000多份。

【价格认定】 全年共完成各类价格认定业务920件，认定金额994.92万元。其中纪检监察部门委托的涉纪财产价格认定2件，认定金额13.07万元；公安机关委托的刑事涉案财产价格认定723件，认定金额708.25万元；危险驾驶事故损失价格认定188件，认定金额260.45万元；行政执法机关委托的涉案价格认定2件，认定金额0.27万元；政府机关委托的资产类价格认定5件，认定金额12.88万元。（蔡荣荣）

审　计

【概况】 2018年，全区审计机关完成财政财务审计项目127个，查处违规和管理不规范金额9.49亿元；完成政府投资建设审计项目3530个，送审金额达142.72亿元，节约政府资金21.43亿元；提出审计建议557条，促进相关单位出台制度28项；审计报告、审计专报等被区委区政府以及地方党政主要领导批示21次；报送的信息、宣传稿件被区委区政府及上级审计机关录用155篇（次）。区审计局被江苏省审计厅评为“审计信息和宣传工作成绩突出的县（市、区）审计机关”，获苏州市文明单位、吴中区文明单位等荣誉称号。

【财政审计】 2018年，区审计局结合贯彻新颁《中华人民共和国预算法》和各项财税制度的改革要求，深化财政预算执行审计，加强对“四本预算”的全口径、全过程监督。对吴中区本级、度假区、开发区、高新区开展“同级审”，推动财政预算管理体系的规范化建设，促进规范、公开、透明的现代预算管理制度的建立；紧扣民生保障开展专项审计，对保障房安居工程、生育保险基金情况、“四好农村路”建设情况等进行专项审计，促进各项惠民政策措施落地生根。围绕区属国有企业改革，开展国有企业改革政策执行情况审计，促进国有企业改革深化，推动国有企业健康发展。

【投资审计】 制定《苏州市吴中区审计局政府投资项目审计咨询专家库管理办法》和《苏州市吴中区审计局政府投资项目工程结算审计项目安排办法（试行）》，起草完成《关于规范区政府投资建设项目审计的若干规定》和《苏州市吴中区审计局关于协审单位参与政府投资项目工程结算审计业务指导规程》等文件，严格按照投资审计内容清单和投资审计负面清单的要求，以制度的形式确定审计的方式、内容、重点、方法和深度，提高审计进度，保障审计质量。

【经济责任审计】 2018年，区审计局协助区委区政府在苏州市率先出台《关于深入推进吴中区领导干部经济责任审计全覆盖的实施意见》，制定《吴中区区管干部经济责任审计对象分类管理办法》，规范区管干部经济责任审计工作，扫除审计监督盲区。出台《村（社区）主要负责人经济责任审计办法》，完善村级审计监督工作。继续推动教育、卫生系统建立健全内部审计工作，为全区经济责任审计工作实现有步骤、有重点、有深度、有成效的全覆盖，提供制度保障。

【乡镇审计】 围绕产业兴旺、生态宜居、乡风文明、治理有效、生活富裕的总要求，依法全面履行乡镇审计监督职责，为新时代农业农村现代化建设提供有力保障。首次探索尝试交叉审计，实行统一调度推进、统一进点要求、统一文书格式、统一成果开发的“四统一”工作方式；开展农村集体“三资”规范化管理的专题讲座，强化基层从业人员法律法规意识。组织审计干部，走出吴中，赴合肥蜀山区、浙江余姚市等地区学习吸收优秀成熟的乡镇审计工作经验，拓宽新思路，推动乡镇审计“吴中模式”创新发展。

【审计信息化】 加强审计信息化硬件建设，做好“智慧审计”人才储备，发挥“智慧审计”驱动力，坚持以“科技强审”为目标、以提高审计信息化建设服务审计项目质量为宗旨，做好审计信息化工作，发挥大数据技术对审计工作的推动力，不断提高审计信息化质量和效率。

（罗　通）

统　计

【概况】 2018年，区统计局以数据质量为核心，抓好统计调查，继续推进“企业一套表”联网直报制度，优化统计服务，开展全国经济普查，编印《吴中统计年鉴（2018）》《吴中统计月报》《吴中工业统计月报》等统计数据资料。深入开展调查研究，定期向区领导和相关部门提供具有时效性、针对性的统计分析报告。

【统计调查】 区统计局加强对基层统计业务的指导与检查，严格数据审核、评估，高质量完成综合、国民经济核算、工业、农业、建筑业、房地产、服务业、贸易、固定资产投资、能源、住户、人口、劳动力调查等专业年度定报任务。做好服务业网上直报单位规范管理，对服务业企业相对集中的乡镇（街道、园区）开展一对一服务指导和培训。对照税务、工商部门提供的名录库资料，逐步完善全区基本单位名录库建设，做好名录库重点指标质量审核及维护更新。继续推进城乡住户调查，普及电子记账，保障人力、物力、财力，数据全面配套到位。加强数据审核，建立区、镇（街道）、村（社区）三级统计业务审核体系，确保电子记账数据真实准确，并与纸质账本保持一致。年内，组织开展“苏州市2017年实事项目满意度调查”“农村党建情况调查”“省级机关绩效满意度调查”“‘331’专项行动问卷调查”等专项统计调查。完成全国第三次农业普查总结表彰和资料开发工作，撰写农普调研文章，为充分反映全区农业、农村、农民的发展现状和阶段性特征提供数据支撑；完成采购经理月度调查、劳动力月度调查、总部经济调查。完成第四次全国经济普查、投入产出调查等阶段性工作。

【统计服务】 2018年，根据全区经济社会发展目标和变化趋势，全面优化统计监测和统计服务工作。加强月度、季度统计动态监测。组织实施重点高能耗工业企业节能降耗监测、社会发展评价等监测工作。重点组织开展高质量发展考核监测，八大主要经济指标、转型升级、八项工程及率先基本实现现代化、特色小镇统计监测等指标的统计数据监测。统计分析工作主动适应形势的发展，适时进行经济运行分析，加强对宏观经济运行态势和各项改革进程的跟踪分析，搞好对经济发展走势的预测。做好季度、半年度经济运行进程分析，形成工业、能源、固定资产投资等系列分析资料，全面、准确、客观地判断经济运行状况，及时向区委区政府及各机关部门提供时效性强、针对性好的统计分析报告。统计载体更加丰富，编制《吴中统计月报》、统计快报等服务载体，建立苏州市四市（县）六区用电量等专报，全方位向区委区政府及相关部门提供统计服务；通过吴中政府网等信息化载体，全年共发布经济信息、分析调研60余篇。

【统计依法行政】 加强全区统计法治队伍建设，选派法治骨干参加省、市统计法治业务培训。根据省统计局的统一部署，先后组织开展两次统计“专项整治”工作。制定年度统计执法检查计划，相继对3个镇（街道）及其所属20家工业、服务业、贸易企业进行统计“双随机”执法检查，进行全过程记录。定时对相关镇（街道）发出《统计执法检查情况通报》，提出意见建议，维护《中华人民共和国统计法》的权威性和严肃性，保障统计工作质量。

【统计教育培训】 2018年，区统计局制定全区统计教育培训计划，对统计教育培训工作做出全面部署。组织80名乡镇（街道、园区）统计人员登录“国家统计局在线学习中心”进行在线学习；组织全区1600名企事业单位统计人员参加在线继续教育，发放省统编的培训教材，及时对学习平台人员信息库进行更新维护。开展统计初、中级职称资格考试报名工作，全面提高统计队伍的整体素质和业务水平。

【统计规范化建设】 2018年，区统计局印发《2018年全区统计基层基础规范化建设工作要点》，确定具体目标任务。根据国家统计局统一部署，开展基层统计调查工作现状调查。组织开展统计基层基础规范化建设“回头看”活动，完成对全区101个村（社区）统计规范化建设复验任务和对128家已达标企业的规范化管理“回头看”工作。做好73家新增联网直报企业统计基础规范化建设检查辅导和验收工作，确保全部达标。总结上报规范化创建成果，做好“全省乡镇（街道、园区）统计规范化建设‘百佳单位’”“全省村（社区）统计规范化建设‘千佳单位’”“全省基层统计岗位标兵”推荐工作，提升统计规范化建设整体水平。 （皋海平）

劳动就业管理

【概况】 2018年，区人力资源和社会保障局（以下简称“区人社局”）继续实施就业优先战略，完善扶持劳动就业政策，搞好劳动就业管理。组织开展各类专项就业招聘活动，全区城镇新增就业2万人、城镇失业人

2018年3月6日，吴中区举办“春风行动”现场招聘会　　区人社局　供稿

员再就业3215人，帮扶城乡就业困难人员就业5443人。开发公益性岗位807个，本地户籍应届高校毕业生就业率97.7%，困难家庭高校毕业生就业率100%，实现“零就业”和“零转移”家庭动态清零。城镇登记失业率为1.78%。开展各类就业培训12246人次，创业培训32期1022人；发放失业保险技能提升补贴82.01万元。继续发挥社保补贴保障功能，发放各类社保补贴10812.31万元，惠及19.89万人次；发放稳岗补贴2463.94万元。加强东西部劳务协作，成立贵州省德江县驻吴中劳务协作工作站，签订劳务协作协议；组织赴德江开展专场招聘会和培训班，吸收就业人数84人，培训建档立卡贫困群众300人。

【创业工作】 2018年，区人社局加强创业载体建设，鼓励企业创新发展，扩大就业范围，带动社会各类劳动者就业；落实社会保障措施，优化就业服务，有效提升全区就业创业质量。举办“智汇吴中”青年创客大赛暨第八届青年大学生创业大赛，相继有13个创业项目落地吴中。继续推动“三创”建设，创建省级创业型乡镇（街道）4个、省级创业型社区（村）43个、省级创业型园区1个，建成青年见习基地31家。坚持以创业带动就业，扶持各类劳动者自主创业实现就业。全年发放各类创业担保贷款2410万元。

【劳动关系建设】 2018年，加大劳动法规宣传力度，普及劳动法规知识，强化劳动就业和用工监督管理，组织培训17期，参训人员1216人；受理举报投诉及各类劳动关系纠纷4841件，依法责令相关用人单位支付工资2284.567万元、涉及职工4615人。组织日常巡查，主动监察用人单位1168家。持续抓好夏季高温劳动保护、女职工劳动保护、农民工工资支付情况等专项检查。开展打击黑中介活动30余次，取缔黑中介487户。在年度劳动保障“互联网+书面审查”工作中，审查用人单位6829户。加强基层仲裁庭建设，推进劳动人事法援工作，全年共处理劳动争议案件3919件，为劳动者追索薪资5505万余元，其中调解结案2722件，调解率70%。区仲裁院本级处理案件2347件，比上年的1443件增长63%，处理10人以上集体争议共53件。推进基层调解组织建设，全区91家规模以上企业和7个行业（商会）组建了劳动人事争议调解委员会，组建率分别为95%和78%。相继开展“仲裁开放月”“裁决书公开”等活动，邀请群众“零距离”接触基层仲裁庭庭审，打造“阳光仲裁”。抓好来信来访接待工作，全年接待群众来访1636批次3389人次，答复各类信箱来信260件次，答复联动中心和寒山闻钟的各类咨询、求助和举报共计4377件次。（范 莉）

表11-1 2018年城镇非私营单位劳动报酬

单位：万元

项目	从业人员劳动报酬	在岗职工工资总额	其他从业人员劳动报酬
合计	1676872	1597899	78973
#国有经济	373152	362872	10280
集体经济	38239	34171	4068
其他经济	1265481	1200856	64625

表11-2 2018年城镇非私营单位在岗职工人数与工资

项目	单位	合计			
			国有经济	集体经济	其他经济
一、年末人数	人	177188	23974	3687	149527
#劳务派遣人员人数	人	19663	632	211	18820
二、平均人数	人	178615	23465	3639	151511
三、工资总额	万元	1597899	362872	34171	1200856
四、年平均工资	元/人	89461	154644	93902	79259
年平均工资为2017年(%)		108	119	111	104

安全生产监督

【概况】 2018年，全区发生各类生产安全事故60起、死亡33人，比上年分别下降21.1%、15.4%。其中，工矿商贸事故18起，比上年下降10%；死亡19人，与上年持平。道路交通事故42起，比上年下降25%；死亡14人，比上年下降30%。全年未发生较大、重特大事故。

【健全安全生产责任体系】 2018年，是吴中区“落实企业安全生产主体责任专项行动”的第三年，即巩固提升年。继续健全和完善安全生产责任体系，把落实企业安全生产的主体责任和专项行动摆上重要议事日程。坚持政府统一领导、行业主管部门具体组织实施、各相关部门联合行动的责任体系；各地、各部门主要领导亲自抓，分管领导具体抓，排除安全生产隐患，落实安全生产措施；采取多种形式，利用新闻媒体、门户网站、微博、微信等媒介，宣传落实企业安全生产主体责任的意义和要求。苏州市吴中区安全生产监督管理局（以下简称“区安监局”）以工贸企业及建筑、交通运输等行业企业为安全生产监督重点，督促和推进全区所有企业落实安全生产主体责任“一必须五到位”，完成区安全生产委员会年初提出的目标任务。

【隐患排查治理】 2018年，区安监局为切实压降生产安全事故，定期、不定期开展以“六防、委外作业”为抓手的安全生产大检查、大整治专项行动。企业开展安全生产自查自纠，全面排查问题隐患，建立隐患清单，完成隐患闭环管理。各地、各部门对发现的隐患和问题进行“清单化”管理，对重大事故隐患未能落实“五到位”的，一律采取停产整顿和重罚。全年全区列入市、区、镇三级挂牌督办的重大隐患整改项目37项，其中市级挂牌督办项目7项、区级13项、镇级17项，年内已完成6项市级、13项区级、17项镇级督办项目，其中1项市级挂牌督办项目正在有序验收中。

【危化行业综合治理】 2018年，持续抓好全区危险化学品企业重点领域的安全隐患专项整治，重点推进租赁厂房专项整治。结合化工行业特点和吴中区化工安全生产监管工作实际，组建吴中区化工安全生产专业委员会，制定下发《吴中区化工安全生产专业委员会组建方案和工作职责》，成立区化工安全生产专业委员会（以下简称“区化工安全专委会”），明确各成员单位职责。根据市局《关于加强夏季高温期间化工（危化品）安全生产工作的通知》要求，成立3个督查组，开展高温时段安全生产专项督查，以区化工安全专委会成员单位为主，针对各部门职责和气温特点，适时开展督查，督查各乡镇工作开展情况，督促企业落实高温季节安全防范措施，强化管控安全风险力度，查处企业违法违规行为。区安监局配合区化工安全专委会和区发改、经信、交运、治安、消防、交警等部门，组织联合督查检查，开展对油气管线、易制毒、易制爆、加油站等企业的联合督查检查，开展打击非法加油车等专项检查，组织实施危化品运输车辆或疑似危化品运输车辆事故辅助救援。贯彻落实市安全生产委员会办公室下发的《关于进一步做好化工企业关闭工作中安全监管的紧急通知》文件精神，加强关停化工企业安全监管。组织经信、环保、住建、消防等部门，不定期对列入关闭的化工企业进行检查抽查，聘请化工专家，审核关闭企业生产装置停车、设施设备拆除、现场安全管理和应急处置等工作方案，要求关闭化工企业必须编制危险化学品处置方案，对涉及动火、登高、用电、密闭空间等特殊作业，严格落实各项制度规定，严防化工企业在实施关闭过程中发生安全生产事故。

【职业危害监管】 2018年，按照《吴中区职业病危害重点领域突出问题专项治理方案》，持续推进职业病危害重点领域的专项治理。明确继续在电子、皮革箱包制鞋、家具制造等行业，开展有机溶剂职业病危害专项治理；继续在装备制造、铸造冶炼、船舶修造、耐火材料制造、陶瓷生产等电焊烟尘、矽尘危害突出的行业，重点开展高危粉尘治理。自年初开始，区安监局组织职业卫生专家队伍，开展职业危害重点领域专项治理大检查。大检查突出重点，分组分批推进。年内，共检查职业危害重点企业1008家次，发现问题1254项。下达执法文书1002份（含行政告知书），其中，发出现场检查记录75份、责令限期整改指令书465份，复查意见书460份，责令停止作业2家。

【粉尘涉爆专项整治】 2018年，全区搬迁、关停或取缔工艺或粉尘涉爆企业8家，新增A类粉尘涉爆企业1家，共有A类粉尘涉爆企业33家。3月23日，组织召开全区冶金等工贸行业粉尘涉爆企业专项整治暨安全管理培训会议，部署全年粉尘涉爆企业专项整治工作。组织粉尘防爆安全培训，邀请国家安监总局安全生产专家组成员钟圣俊教授，讲解与粉尘防爆相关的生产安全知识，全区所有A类粉尘涉爆企业及部分B类企业的主要负责人、安全管理员，各地安监办主要领导、相关业务负责人员共计156人参加培训。继续部署安全生产视频监控提档升级，加大对新增的粉尘涉爆企业视频监控安装联网的推进力度。至1月底，全区所有粉尘涉爆企业全部完成联网运行；至3月底，按照市安监局文件要求，对视频监控信息化改造进行部署，将存在集中除尘系统的粉尘涉爆企业，列入升级改造名单。继续以政府购买服务的方式，全面开展涉爆粉尘作业场所粉尘浓度职业卫生监测。全年共开展现场粉尘浓度监测30家，采样点位81个。监测结果除1家以外，其他企业全部都符合职业卫生要求，并责令这家监测结果不合格的企业限期整改。严格对照《工贸行业重大生产安全事故隐患判定标准（2017版）》的标准规范，集中攻坚重大隐患整改。重点检查重大生产安全事故隐患。按照十大问题清单，对所有A类粉尘涉爆企业，对照隐患问题清单逐家开展执法检查，采取切实有效措施，集中攻坚，排除重大事故隐患。强化安全生产监督执法处罚力度，年内依法对纳入执法计划的粉尘涉爆企业，进行专项检查45家次，责令限期整改企业16家，责令暂时停产企业6家，开具各类执法文书77份，其中事前立案处罚企业5家，罚款16万元。

【有限空间作业监管】 2018年，区安监督局制定印发《吴中区继续深化工贸行业有限空间作业安全生产专项整治工作方案》，组织开展集中整治行动。通过排查辨识，对照工贸企业有限空间参考目录，进行拉网式普查，对涉及有限空间作业的场所，严格按照要求进行条件确认，实行“一企一册”登记造册。全年新排查出涉及有限空间作业企业112家，全区共有224家有限空间作业企业。1月31日，组织召开冶金等工贸行业有限空间专项治理工作会议暨有限空间安全管理专题培训，全面组织专题培训，全区（除甪直）有限空间作业企业的主要负责人、安全管理人员、工程设备管理负责人，各镇（区、街道）安监办工作人员共140余人，参加会议或专题培训。3月9日，区安监局指导甪直镇开展有限空间作业专题培训，共142人参加。加强有限空间作业监管执法力度，对全区有限空间作业企业开展专项执法检查，共检查企业74家次，责令限期整改企业38家，责令暂时停产企业2家，开具各类执法文书143份。其中事前立案处罚企业22家，罚款共计70万。4月16—20日，配合市安监局核查，委托第三方——中钢集团武汉安环院，对吴中区10家有限空间作业企业，进行安全核查，区安监局全程陪同和协助第三方进行核查工作，并向全区总结通报各行业有限空间作业领域的共性问题，借此契机推动10家企业建成为吴中区有限空间作业示范企业。7月始，按照市安监局要求，委托第三方对区内112家有限空间作业企业进行安全核查，督促各板块按照检查发现的问题要求企业落实整改。

【金属冶炼企业安全监管】 国家安监总局制发的《冶金企业和有色金属企业安全生产规定》（以下简称《规定》）于2018年3月1日起正式实施，根据《规定》要求，区安监局严格督促全区所有金属冶炼企业落实企业主体责任，切实做好安全管理各项工作。对全区7家金属冶炼企业逐家开展执法检查，重点对照《工贸行业重大生产安全事故隐患判定标准（2017版）》的具体要求，开展重大生产安全事故隐患排查治理专项行动。专项检查共发现5项重大事故隐患，均责令企业限期整改到位，对其中2家进行立案处罚。

【液氨制冷企业安全监管】 2018年1月18—19日，由区安监局牵头，会同吴中消防大队、度假区消防大队、区市场监督管理局、区气象局、区商务局、区农业局等部门，对全区4家涉氨制冷企业开展联合检查，发现问题和隐患共62条，均责令限期整改，将检查中发现的问题进行通报，落实属地监管和行业监管责任。4月26—27日，区安监局再次组织相关部门，对涉氨制冷企业进行联合复查，针对之前发现的安全隐患进行逐一验收，形成闭环。针对苏州市南环桥市场发展股份有限公司未按规定进行重大危险源备案的情况，区安监局下发《关于督促苏州市南环桥市场发展股份有限公司落实新建项目安全设施“三同时”等事宜的通知》，进行立案处罚，督促该企业新建冷库应当采用新型环保制冷剂替代液氨，落实新建项目安全设施“三同时”工作，年内该企业已完成重大危险源备案。

【标准化建设】 2018年，全区危化企业领域重点加快提档二级标准化建设。至年底，全区在产的危化企业二级标准化申请已基本提交。对取得安全生产标准化三级证书的20家危险化学品企业和40家加油站的核查工作已完成。年内，全区一级重大危险源和涉及高危工艺企业全部完成二级标准化建设；工贸领域有20家企业提交二级标准化评审申报材料，其中18家通过评审，16家已公示；越溪街道的AW（苏州）汽车零部件有限公司和胥口镇的日立电线（苏州）有限公司，业已提交创建一级标准化企业的评审申报材料。小微企业领域，完成注册及自评达标的企业4835家（其中本年度新增880家），完成率117%；累计达标企业4657家（其中本年度新增850家），完成率113%；“回头看”和摘牌的目标任务完成率100%。

【双重预防机制建设】 2018年，区安监局继续推进双重预防机制建设，开展联系安全风险分级管控和隐患排查治理双重预防工作。截至年底，全区701家企业已经开展双重预防机制建设，开展率96%；395家企业已经完成双重预防机制建设，完成率56%。其中，开展双重预防机制建设的危化、冶金、粉尘涉爆、有限空间等重点领域企业146家，完成建设121家，完成率83%。

【行政执法】 2018年，区安监局依法对安全生产违法违规企业予以处罚。全区共立案631件，其中，事前立案615件，占立案总数的97.5%，事前立案企业数占检查企业总数的33.44%；罚款金额共计2017.225万元，其中，事前处罚罚款1752.425万元，占罚款总数的86.87%。

【行政许可】 2018年，依法受理各类安全生产许可246次，其中，受理无事故无处罚证明26家，建设项目许可3家次，危险化学品安全生产许可2家，烟花爆竹经营许可22家，非药品类易制毒化学品备案43家，危险化学品经营许可150家（其中，经营带储存1家、加油站29家、易制爆47家、一般危化品经营许可73家）。（戚书茵）

口岸管理

【概述】 2018年，江苏省、苏州市级机构组织实施改革后，苏州海关驻吴中办事处与原苏州出入境检验检疫局驻吴中办事处融合办公（以下简称“吴中办事处”），辖有吴中综合保税区、苏州海关吴中直通式监管点两个海关监管场所。全区完成进出口总值88.36亿美元，比上年增长5.1%；其中出口61.44亿美元，比上年增长8.8%；进口26.89亿美元，比上年下降2.4%。海关实现入库税收34.8亿元，比上年下降18.6%；监管货运量19.2万吨，比上年下降5.2%；监管货值142.0亿美元，与上年持平。

【检验检疫业务】 2018年，全区受理进口法检货物报检7095批，3.5亿美元；签发各类原产地证书17232份，签证货值5.07亿美元，其中签发各类自贸协定优惠原产地证书9875份，签证金额2.35亿美元，签证数量和签证货值比上年分别增长3.1%和7.2%；共帮助辖区企业减免进口国家和地区关税约1979万美元。完成入境货物检疫监管33007批次，检疫入境集装箱1981标箱；检疫入境货物木质包装730批15989件；一般货物口岸查验800批次。

【改革创新】 2018年，吴中办事处在完成各项监管业务基础上，继续抓好口岸管理改革创新，确保整体业务量质并举，为地方经济发展服务。按照上级改革部署，加大通关改革进度，充分发挥改革红利。年内，创新通关作业改革并取得明显成效，12月，2328现场整体通关时间进口为36.77小时，出口为1.52小时；2394现场整体通关时间进口为52.76小时，出口为1.81小时，完成改革工作目标。加强税收征管改革。至年底，吴中口岸所有申报企业，全部采用财关库银新一代支付系统；与保险公司建立合作通道，为进出口企业提供单票报关单税款缴纳保险；实现吴中口岸汇总征税报关单6323份，占涉税报关单份额提升到8.9%；实现自报自缴报关单5.2万份，占涉税报关单总额约63.8%。继续推进加贸一体化作业中心模式改革，全年协助中心办理电子化手册设立291份，变更2923票，办理深加工结转9002票。继续参与以企业为单元加工贸易监管模式试点，企业自主选择核销方式，简化业务环节；集中内销手续办理时间放宽至下月15日，为企业节约时间和经营成本。推进特殊监管区域金关二期系统使用，全年有16家企业申请设立账册23本。

【优化服务】 吴中办事处优化各项服务措施，助推地方经济发展。结合吴中区外贸特点和基层业务实际，落实海关各项贸易便利化措施，优化服务质量，树立良好的口岸管理服务形象。每月上报支持外贸发展措施和服务取得的成效。对加工贸易白名单企业实施诚信管理，全年共惠及60家企业，为企业节约保证金1.2亿元；帮助吴中综合保税区仓储企业实施分类监管，全年分类仓储库存累计金额11.2亿元。推动吴中跨境电子商务的发展。全年辖区内共有平台企业3家，电商企业14家，物流企业4家，支付企业2家，代理报关企业3家；共开展直购进口业务4066票，货值147.1万元；一般出口业务8469票，货值104.8万元。共检验监管进口食品（含部分食品添加剂）63批次3610万元，比上年增长超过200%，主要品类为水果罐头、稀奶油、巧克力、糖浆、果酱、黄油片、红酒等。是年“3·15”期间，依法将4批次货值30460元不合格巧克力进行销毁处理。加强政策宣讲。利用QQ群拓宽交流渠道，定期召开关企座谈会，主动沟通解释、高效处置问题；开展集中调研月活动，走访重点进出口企业10家，有针对性地回应企业的问题和建议。定期为地方提供进出口贸易数据。加强中美贸易摩擦对吴中开放型经济影响的分析，用数据服务吴中开放型经济发展。年内，吴中办事处的各项服务措施，得到进出口企业的好评，办事处先后获得苏州路得国际物流中心有限公司等企业赠送的锦旗5面。（刘颖斐）

编辑：王明生

财　政

【概况】 2018年，抓收入、优支出、推改革、强管理、防风险，完成各项任务。全年完成一般公共预算收入160.61亿元，为调整预算的100.5%，比上年增长11.6%，税比为92.1%。其中：税收收入完成147.91亿元，为调整预算的100%，比上年增长14.1%；非税收入完成12.71亿元，为调整预算的107.6%，比上年下降10.9%。全年完成一般公共预算支出141.74亿元，为年度预算的95.6%，比上年增长21.3%。其中：民生支出为103.94亿元，占一般公共预算支出比重为73.3%。年内，获评2015—2017年度苏州市文明单位、2017年度苏州市财政总决算工作考评先进单位、2017年度预算执行分析工作先进单位。

【财政收支管理】 2018年，紧盯收入目标，坚持依法组织收入，落实财税定期沟通协调机制。加强对板块指导沟通，运用信息化手段，构建跨部门、跨领域的协税护税机制，防止税收流失。加强最新政策和改革动态分析，跟踪增值税改革、环保税征收、金融保险业下放等政策对收入组织工作的影响。加强预算执行管理，加快支出预算执行进度，优化资金使用流程，提升预算执行到位率。实行财政资金平衡月报制度，做好全年资金平衡保障。指导乡镇同步建立月报制度，做好全年资金平衡工作。

【创新驱动发展】 2018年，支持实施《关于促进吴中区先进制造业发展的政策意见》，全年安排先进制造业补助1.1亿元，推动制造业加快转型升级。统筹用好人才开发资金，重点支持人才引进、科技创新和人才培养等领域。落实创新驱动发展战略，全年科技投入6.4亿元，比上年增长7.7%。推动科技金融深度结合，引导金融机构服务实体经济发展，全年“科贷通”为110余家科技企业解决贷款10.01亿元。加强政银合作，推进增信基金相关扶持政策，全年为99家企业授信9.1亿元，为企业提供贷款贴息补助887.02万元。

【民生保障水平】 2018年，贯彻落实上级政府对教育工作的总体要求，落实公办学校教师相关待遇，规范“年金制”教师财政保障标准。落实区民办教育发展专项资金，提高民办教育发展水平。提高社会保障水平，城乡低保标准提高到945元，城乡居民基础养老金提高至490元。提高民生综合保险保障力度，扩大救助和保障范围。实施大病保险制度，完善“保费救助、实时救助、年度救助、自费救助”四位一体的医疗救助体系。加强区级公立医院财政保障，推进医药卫生综合改革，建立科学合理的补偿机制，巩固完善基本药物制度，落实政府对公立医院财政补助与绩效考核挂钩的补偿新机制。加强区级民生救助和优抚预算资金拨付管理，强化区、镇两级资金保障力度。加强财政扶贫资金监管，确保扶贫济困资金用到实处。

【污染防治攻坚】 2018年，加大财政投入支持力度，围绕“打好污染防治攻坚战”各项具体工作，全年下达资金6.7亿元，加强跟踪绩效，保障各项工作资金发挥效益。在苏州市率先制定“263”资金季报制度，将有关“263”工作的全部经费纳入统计口径，明确各牵头部门的报送内容和范围，严格报送数据的审核流程，将季报制度落实情况纳入部门绩效考核，压实防污攻坚战主体责任，提高项目资金使用效益。

【推进财政改革】 2018年，强化预算编制管理，完善基本支出定额标准体系，建立健全定额标准动态调整机制。实施财政中期规划管理，加强中期财政规划与年度预算的衔接，分析营改增全面推开后省级结算体制调整对区域的影响。制定《吴中区2018年区级预决算信息公开工作方案》，对公开内容、表式和口径进行详细说明，按时按要求在省预决算统一公开平台上公开。加强预算单位支出合规性监管，升级预算执行动态监控系统功能，重点对预算单位违规转款、大额提现、“三公”经费支出等事项进行监控。推进乡镇国库集中支付电子化改革，各乡镇电子化支付系统如期上线运行。加大专项资金清理整合力度，全年清理整合“扶持苗木发展专项资金”“建筑节能专项引导资金”等2项，新增“特色田园乡村建设专项资金”“美丽城镇奖补资金”等2项，区级财政专项资金35项，资金规模10.46亿元，涉及20个主管部门。专项资金平台上线运行，增强财政资金集聚效应和提高拨付效率。

【资金使用绩效】 2018年，坚持日常检查和专项检查相结合，重点关注社保、住房保障、国有公司资产、涉农专项资金管理的使用情况。规范监督检查工作流程，提升监督检查效果。参与扶贫资金联动检查、“清风”行动和作风建设专项督查，确保制度精神的刚性执行。制定2018年财政支出绩效评价工作计划，对区级56个财政预算项目开展绩效管理，项目涉及资金总额16.03亿元，重点关注民生支出、产业转型升级等项目。全年完成绩效自评价项目55个、重点绩效评价项目1个、联动项目2个，涉及项目资金约20亿元。将专项资金全部纳入绩效管理范围，尝试开展区镇联动评价，对吴中区经济开发区分局、木渎财政6个预算支出项目进行重点绩效评价，财政支出绩效管理向基层延伸。推进财政评审工作，创新评审模式，引入专家评审机制。启用评审管理信息系统，建立开发经验数据库。全年完成评审项目196个，提出评审建议250条，优化建议46条，净审减资金7.5亿元。

【政府性债务管理】 2018年，梳理分析投融资管理情况，科学合理确定2018年投融资控制规模。结合年度投融资规模控制计划数的下达，做好现金流量情况测算、汇总和分析。做好有关投资项目融资规范和违法违规融资行为清理整改“回头看”工作，规范地方政府举债融资行为。合理制定隐性债务化解实施方案，树立优先偿债意识，推进债务化解工作，防范债务风险。

【法治财政建设】 2018年，推进全国法治财政示范点建设，梳理财政内控流程，规范财政业务行为，构建“科学、规范、高效”的财政内部运行体系。建立基层法治财政标准化管理指标。通过江苏省财政厅中期考察验收。落实上级关于“放管服”改革的各项工作部署，深度融入江苏省政务服务网。规范行政执法行为，处理政府采购供应商投诉、举报、信访等案件。加强财政执法案卷的管理，提高案卷质量，根据上级对执法案卷检查发现的问题，做好监督检查、行政许可、行政处罚等方面案卷的整改完善。（吴　倩）

表12–1　2018年吴中区财政收入

单位：万元

项目	2018年	2017年	比上年同期	
			增减额	增减
全口径财政收入	4136486	4072258	64228	1.58%
一、中央收入	1153232	1035580	117652	11.36%
1. 国内消费税（100%）	859	590	269	45.59%
2. 国内增值税（50%）	418762	472947	–54185	–11.46%
3. 改征增值税（50%）	233040	176229	56811	32.24%
4. 企业所得税（60%）	352471	277244	75227	27.13%
5. 个人所得税（60%）	147433	108428	39005	35.97%
6. 营业税（50%）	667	142	525	369.72%
二、地方财政收入	2983254	3036678	–53424	–1.76%
（一）一般公共预算收入	1606135	1439304	166831	11.59%
1. 国内增值税（50%）	418314	472813	–54499	–11.53%
2. 改征增值税（50%）	216284	160394	55890	34.85%
3. 营业税（50%）	667	146	521	356.85%
4. 企业所得税（40%）	234981	184830	50151	27.13%
5. 个人所得税（40%）	98289	72285	26004	35.97%
6. 资源税	—	—	—	—
7. 土地增值税	92915	134671	–41756	–31.01%
8. 城市维护建设税	79229	68763	10466	15.22%
9. 房产税	59059	50701	8358	16.48%
10. 印花税	16178	14874	1304	8.77%
11. 城镇土地使用税	25352	22654	2698	11.91%
12. 车船税	—	—	—	—
13. 耕地占用税	2132	3513	–1381	–39.31%
14. 契税	234546	111129	123417	111.06%
15. 环境保护税	1127	—	1127	—
16. 专项收入	79280	78225	1055	1.35%
（1）排污费收入	—	—	—	—
（2）教育费附加收入	44410	38368	6042	15.75%
（3）水资源费收入	—	—	—	—
（4）矿产资源专项收入	—	—	—	—
（5）地方教育附加收入	29611	25575	4036	15.78%
（6）文化事业建设费收入	1060	1051	9	0.86%
（7）残疾人就业保障金收入	4199	4008	191	4.76%

续表

项目	2018年	2017年	比上年同期	
			增减额	增减
(8)教育资金收入	—	3610	-3610	—
(9)农田水利建设资金收入	—	2888	-2888	—
(10)水利建设专项收入	—	2725	-2725	—
17. 行政事业性收费收入	16897	15979	918	5.75%
18. 罚没收入	2413	5943	-3530	-59.4%
19. 国有资源(资产)有偿使用收入	20540	38581	-18041	-46.76%
20. 其他收入	7932	3803	4129	108.57%
(二)政府性基金收入	1362028	1594511	-232483	-14.58%
(三)国有资本经营预算收入	15091	2863	12228	427.1%
附:中央及地方共享收入	2121768	1926048	195720	10.16%
1. 国内消费税	859	590	269	45.59%
2. 国内增值税	837076	945760	-108684	-11.49%
#免抵调增增值税	69100	284000	-214900	-75.67%
3. 改征增值税	449324	336623	112701	33.48%
4. 企业所得税	587452	462074	125378	27.13%
(1)国有企业所得税	1195	2280	-1085	-47.59%
(2)集体企业所得税	1620	1777	-157	-8.84%
(3)股份制企业所得税	225934	150561	75373	50.06%
(4)港澳台和外商投资企业所得税	200875	164802	36073	21.89%
(5)私营企业所得税	152367	135094	17273	12.79%
(6)其他企业所得税	5461	7560	-2099	-27.76%
5. 个人所得税	245722	180713	65009	35.97%
6. 营业税	1335	288	1047	363.54%

表12-2 2018年吴中区财政支出

单位:万元

项目	2018年	2017年	比上年同期	
			增减额	增减
财政支出总计	2987646	2833644	154002	5.43%
一、一般公共预算支出	1417359	1168325	249034	21.31%
1. 一般公共服务支出	152950	132760	20190	15.21%
2. 国防支出	3134	4572	-1438	-31.45%
3. 公共安全支出	38418	40857	-2439	-5.97%
4. 教育支出	254904	229444	25460	11.1%
5. 科学技术支出	63993	59436	4557	7.67%
6. 文化体育与传媒支出	50873	38307	12566	32.8%
7. 社会保障和就业支出	88866	86543	2323	2.68%
8. 医疗卫生支出	108477	90225	18252	20.23%

续表

项目	2018年	2017年	比上年同期	
			增减额	增减
9.节能环保支出	68281	60070	8211	13.67%
10.城乡社区事务支出	228582	179758	48824	27.16%
11.农、林、水事务支出	109954	96408	13546	14.05%
12.交通运输支出	14420	6185	8235	133.14%
13.资源勘探、电子信息等事务支出	134204	55162	79042	143.29%
14.商业服务业等事务支出	15485	15804	-319	-2.02%
15.金融监管等事务支出	941	813	128	15.74%
16.援助其他地区支出	7585	5391	2194	40.7%
17.国土资源气象等事务支出	7978	5930	2048	34.54%
18.住房保障支出	51075	45225	5850	12.94%
19.粮油物资储备事务支出	2853	3504	-651	-18.58%
20.债务付息支出	14274	11713	2561	21.86%
21.其他支出	112	218	-106	-48.62%
二、基金支出	1565947	1662544	-96597	-5.81%
#社会保险基金支出	—	—	—	—

税　务

【概况】 2018年，是吴中税收事业发展史上的新纪元。税务系统学习领会习近平新时代中国特色社会主义思想和改革相关论述，贯彻落实党的十九大精神，立足“实业兴区”战略，服务吴中“一核一轴一带”三大生产力布局，凝心聚力促改革，攻坚克难勇当先，展示吴中税务人甘于奉献、敢于担当的精神风貌，完成各项税收改革和发展工作，发挥税务部门在组织收入中的基础性、支柱性、保障性作用，税收改革发展取得新成效。全年组织入库收入343.87亿元，比上年增长15.05%。其中，税收收入275.36亿元，比上年增长14.17%；社保费和非税收入68.50亿元，增长18.71%。完成区级公共财政预算收入147.92亿元，增幅14.05%。兑现各类税收优惠累计24.45亿元，办理出口退税44.21亿元，为广大纳税人降低税费负担。

【税务机构】 2018年，税务机构改革工作涉及全系统300多名干部职工、12万纳税人和70多万缴费人。税务干部讲政治、顾大局，守规矩、勇担当，打赢这场攻坚战。组织开展学习培训和思想动员，把思想和行动统一到党中央、国务院和上级局的决策部署上来，确保思想统一到位；以12个专项改革工作小组为组织架构，编制涵盖11个方面220项任务的改革台账，稳步推进改革，确保任务统筹到位；落实局领导接待日、24小时值班值守、舆情信访和重大事项报告等制度，确保秩序稳定到位；会同区人社、财政等部门多次召开联席会议，跟班学习，主动调研，确保社保费征管职责划转工作平稳顺利。

【营商环境】 2018年，整合办税资源，压缩办税时间。对接省政府“3550”要求，推广“新办企业综合申请套餐”和“O2O”发票配送服务，实现发票调版增量智能审核，提升纳税人线上办税体验。优化办税流程，推动办税便利。落实“一事不二罚”“一套资料、一次受理”及“最多跑一次”清单；实现“一窗通办”和分类注销。加强新

2018年12月，区税务局开展新个人所得税税法宣传活动　区税务局　供稿

政宣传，扩大新政普及面。运营“吴中税务”微信公众号，打造税收宣传新阵地；组织重点税源户、行政事业单位和中介机构等开展专场培训。

【税收秩序】 2018年，通过标准化管理，模板化分析，开展风险应对工作；下发操作规范，压实欠税管理责任，细化日常管理措施，加强欠税管理；结合区局大数据集成应用，完善区局风险快速防控指标，加大打骗打虚力度；完成规范性文件清理工作，落实《重大税务案件审理办法》，推行权力清单和责任清单制度，推进重大执法决定法制审核制度试点，结合年度执法大督察、日常督察与专项督察，对税收执法进行监督，规范税收执法行为。开展“关爱民生法治行”、新个人所得税税法宣传活动；制作说理式行政复议决定书，化解行政争议，规范税收秩序，提升纳税遵从度。

【干部队伍】 2018年，建立专兼职纪检监察队伍，构建“1+N”网格化纪检监察格局。开展“清风行动”、机构改革“六项纪律”等专项检查，紧盯节假日“四风”问题。培训提升队伍素质。开辟内网学习专栏，通过多种形式提升干部业务水平。开展“弘扬中国税务精神，讲述身边的初心故事”活动，选树身边的先进典型。年内，涌现“苏州好人”等市级以上荣誉14人次，区局和多家基层分局获评苏州市2015—2017年度文明单位。

（杨　橙）

金融监管

【行业规模】 2018年末，有银行机构26家，保险机构19家，证券公司5家，担保公司2家，典当公司4家，小贷公司14家。金融机构本外币存款余额为2307.38亿元、贷款余额为2594.76亿元，较年初增长6.8%和12.3%。保险机构新增保费收入15.87亿元，新增赔付支出5.85亿元。新增证券交易金额2055.01亿元，证券资金账户累计100864户，证券业期末托管市值314.82亿元。创投基金注册规模485.45亿元。年内，新增浙商银行、广发银行等2家一级支行，吴江农商行新设6家二级支行，平安银行在区内设立第一家直属零售社区支行。

【金融服务】 2018年，利用市级综合金融服务平台、区级转贷平台、增信基金等3大服务平台，为中小企业融资提供信用保证、过桥、贴息等支持，激发金融机构放贷积极性。年末，在综合金融服务平台注册企业3000余家，解决融资85亿元；转贷基金全年发放贷款金额23亿元，区内受益企业180家；通过增信基金银行为企业授信21亿元。协调9家银行，召开27次协调会，制定新的悦虎银团贷款平移方案，化解悦虎电路面临的信贷危机，为公司运营提供金融支持方案。以党建共建为纽带，建立与吴中模具智造产业联盟常态化交流合作平台，赴角直、胥口等地，围绕板块重点产业和重点企业，开展“金融惠企”主题活动，为企业提供一揽子金融服务方案。组织举办人才资本对接会，现场银行与16家企业达成授信意向金额1.8亿元，创投机构向企业发出邀约卡超60张，每月跟踪落实授信落地情况，全年9家企业获批授信超3300万元。

【资本市场】 2018年，走访调研拟上市企业和上市挂牌后备企业50余家，了解企业生产运营情况和上市挂牌进展，宣传金融扶持政策，针对企业面临的困难进行协调解决和提出合理化建议，推进上市挂牌进程。全年新增上市企业1家（科沃斯），“新三板”挂牌企业3家（创投汽车、宏宇环境、永为客）。年末，境内外上市企业达11家，上市后备企业超50家，其中5家报辅导，“新三板”挂牌企业累计55家。金控公司收购区内“新三板”挂牌企业中晟环境70%的股权，相关资产完成注入。太旅集团拟以集团下属公司作为主体挂牌“新三板”，年末完成股改。

【金融环境】 2018年，金融生态环境良好，被省政府办公厅列为江苏省营造诚实守信金融生态环境、维护良好金融秩序区。制定防范和处置非法集资等金融风险三年攻坚战行动方案和攻坚战时工作机制，调整区打击和处置非法集资工作领导小组，成立工作专班，将防范和处置非法集资工作纳入乡镇年度绩效管理工作考核。研究制定企业注册登记会商机制，明确新设企业注册登记的会商流程、存量企业变更登记工作规则以及各事中、事后监管部门职责。组织开展防范非法金融活动知识宣传，通过发放传单、张贴海报、利用吴中报道栏目以案说法、召开非法吸收公众存款案件审理情况新闻发布会等方式，用身边真实案例对群众进行教育警示，普及预防和打击非法集资相关知识，提高社会公众对非法集资危害性的认识，增强风险防范意识。利用银行窗口对投资者进行正面教育，培养正确的投资观念。创新建成联动中心排查整治网格机制和金融网点监测预警机制两网融合，一体化运行，力争非法金融活动排查整治全覆盖、无死角，每一个风险案件实现“可指派、可监测、可追溯”。在对辖区15000多家企业开展扫楼、扫街等拉网式实地风险排查，形成非法集资风险企业底数清单的基础上，建立“一企一策”的风险处置化解方案，严格按照“三阶段四步走”流程，督促专人专班按时保质跟踪落实。

（虞春萍）

银　行

【工商银行吴中支行】 2018年，实现拨备前利润8.15亿元，较同期增长7276万元；净利润5.80亿元，较同期增长10066万元。实现经济增加值（EVA）3.92亿元，比上年增幅25.11%，完成年度任务的104.93%。净利润总量列分行系统第二位，中间业务收入总量、各项贷款当年新增额和人均拨备前利润处于吴中区同业第二。内控合规、运行管理、科技信息、渠道管理、电子银行、公司业务、风险管理、工会、人力资源管理等专业取得分行系统考核前三名，木渎翠坊储蓄所获分行单一网点考核得分第二名，东吴北路支行获分行A类综合网点考核得分第十名，木渎支行获分行B类综合网点考核得分第三名。

年末，个人客户总量103.38万户，净增5.26万户，其中个人中高端客户15.80万户，比年初增加8584户；对公结算客户账户总量10186户，比年初增加2030户。人民币存款总量188.98亿元，比年初增加19.63亿元，列同业第三，创2013年以来的最好水平。其中人民币储蓄存款余额93.16亿元，比年初增加10.5亿元；公司存款余额53.64亿元，比年初增加3.13亿元；机构存款39.07亿元，比年初增加3.02亿元。信贷支持更加精准，各项贷款余额253.41亿元，比年初增长31.31亿元。其中人民币公司贷款余额164.6亿元，较年初增长23.72亿元；

个人贷款余额88.26亿元，比年初增加7.63亿元，当年增量同业第二，其中普惠金融贷款净增额分行系统排名第一。

年末，不良贷款余额4541万元，较年初减少6212万元，贷款不良率0.21%；“剪刀差”余额686万元，较年初下降2216万元，年内实施多种不良贷款处置方式处置不良资产8531.9万元，特别是转让搁置多年的苏州卓成汉华置业有限公司不良贷款6362万元。深化整治市场乱象工作初见成效，内控管理保持一级行地位，系统考核进位再上新台阶。

网点运行标准化管理建设迈上新台阶，全年完成物理网点智能化机具全覆盖，支行新大楼正式搬迁启用。根据当前改革发展和市场竞争的需要，以建立起市场反应灵敏、运营效率高、管理机制完善的组织机构体系为目标，营销团队建设逐步到位，细化工作内容，落实具体的工作职责，全面提升业务发展活力、经营管理效率和市场竞争能力，为培养营销骨干和专业人才架设锻炼平台。

以总行e-ICBC3.0战略实施方案为指导，树立网络金融客户拓展的先导原则，成立网络金融部，建立互联网金融营销、互联网金融网点专管员、互联网金融营销柔性化三支营销团队，全年新增B2C（商对客电子商务模式）融e购商户6家，B2B（企业对企业电子商务模式）集采商户1家，形成聚合支付+融e联、银校通、公银聚、银医平台、智慧寺庙等多种形式的有效场景，融e购商户端交易额新增17000万元，新增融e行移动端客户48395户，推动传统业务在互联网背景下的转型发展。（吴晓夏）

【农业银行吴中支行】 2018年，贯彻习近平新时代中国特色社会主义思想和党的十九大精神，落实上级行党委决策部署和金融监管要求，以“六维方略”为引领，践行“九个并重、九个更加重视”新理念，提升形势预判能力、政策把握能力和环境适应能力，顺势而为、主动作为，完成各项目标任务。

2018年，全行本外币存款余额389.13亿元，比年初增加31.7亿元。其中人民币对公存款余额206.4亿元，比年初增加18.39亿元；本外币个人存款余额175.31亿元，比年初增加14.75亿元；外汇存款余额1.18亿美元，较年初下降2760万美元，消化高成本产品存款。国际结算45亿美元，国际收支结算占十强企业进出口总量的60%。跨境人民币结算同业市场份额45%，位居第一，结售汇比上年增长12%，资本金到账7646万美元，到账率50%，同业第一。发展跨境参融通、非贸风参等跨境联动业务。本外币贷款余额305.25亿元，首次突破300亿元大关，在吴中区域内树立新标杆，比年初增加15.26亿元，增量系统贡献度18.56%，列系统第四。中收、营收、拨备前利润、拨备后利润比上年分别增长15.6%、6.3%、8.7%和16.8%。

全年，新开人民币结算账户完成率系统第一，比上年多开416户。营销11户上年度纳税千万以上企业账户，其中纳税上亿元4户。开立区住建局账户、区土地储备中心账户、度假区二手房托管专户及太湖围网拆除资金专户，国地税合并后拓展国家税务总局苏州吴中经济技术开发区税务局基本户。

全年，法人信贷客户增长率32%。个人经营类贷款客户增长率36%。8月28日，推动实现市行与科沃斯战略合作框架协议的签订，在国际结算、结售汇、贸易融资方面实现业务增长。12月18日，与洞庭山集团成功签订战略合作协议。资产10万以上个人贵宾客户比年初增加3203户，个人贵宾客户交叉销售率达472%。与苏州烟草公司合作，为零售商户量身定制“金穗烟草收银”系统，配套营销掌银、信用卡等零售产品。成立普惠贷款专营团队，负责“一项目一方案一授权”项目以及辖内所有产业园、工业小区、商会协会等小微企业集聚批量营销。完成8个网点建设项目，其中租赁迁址1个（吴中新城支行，完成准备工作），智能化改造3个（开发区、郭巷、木渎，家具设备除郭巷外配备到位），轻型化改造项目2个（长江路、临湖），续建项目2个（角直、开发区，完成工程结转）。

全年，实现不良贷款“双降”，不良率0.13%。大额风险客户悦虎电路（苏州）有限公司压降7000万元，牵头组建新银团，在保持足值房地产抵押的前提下，将3.72亿元银团贷款平移至新主体悦虎晶芯，为未来新公司上市扫清障碍。抓细抓实苏州分行“强管理”100条具体措施，做好岗位管理、业务管理、行为管理等重点工作检查，严守风险底线。坚持现场与非现场监管相结合，全年核查预警47337条，下发督办530条，下发监管辅导239条，下发整改7504条。推进对公账户治理，根据市行对公账户客户信息治理和无效账户、低效账户清理要求，清理存量不合规账户的同时，对新开账户严格把关、确保合规。对柜员做到“日练、周学、月考、季评”的考评机制。（徐　青）

【中国银行吴中支行】2018年，以市场为导向、以客户为中心、以效益为目标，秉承“客户至上、始终如一”的服务宗旨，履行服务群众的社会责任，加大普惠金融力度，将“支持经济发展，服务大众生活”作为发展自己、回报社会的首要任务，力求社会效益和经济效益的统一，应对外部经济形势变化，前瞻管控风险，促进管理转型，力保资产质量稳定，推动业务发展。

年末，人民币时点存款余额228.12亿元，较年初增9.65亿元，人民币贷款余额248.70亿元，较年初增32.70亿元。实现非利息收入19557万元，比上年增长23.10%。

加强与区内民营企业的沟通与联系，实地解决民营企业业务发展需求和金融服务需求方面的问题，在金融知识和产品方面加强对民营企业家的培训和宣导，帮助企业解决实际困难。通过党建共建将对民营企业的服务落到实处，实现互帮互助互赢。建立民营企业白名单，作为主力授信合作银行，对接区内一家大型优质民营企业开展多项并购业务，联动澳门分行、首尔分行，在总、分行配合下，参与其收购某上市公司下属国际银团项目，成功落地，开出7700万美元跨境保函。参与区政府“资本助才　赢领未来”人才资本对接会，对接民企客户16家。（章汝皓）

【建设银行吴中支行】2018年，依托城乡一体化建设领先优势，争取政策支持，主动作为，扩大对城乡一体化建设的信贷投入，支持完成苏州市重大项目逸林商务广场项目的银团贷款，拓展直融业务市场，完成吴中城投PPN（非公开定向债务融资工具）业务的承销发行等一大批市、区重点工程和民生工程；紧扣建设“富强美高”新吴中、加快推动转型升级新形势，加大对实体经济支持力度，培育行业龙头和地标企业，优化中小企业融资服务，实现小微企业购置贷、云税贷、租融贷等多个系统首单，推出小企业“成长之路”“购置贷”“租融贷”“云税贷”“房押贷”“征信贷”等普惠金融产品。

2018年，全行一般性存款日均余额297.09亿元，余额占比27.46%。新增6.76亿元，新增占比20.76%。各项贷款余额283.11亿元，四行占比25.90%。一般性存款时点余额306.49亿元，余额占比27.43%。当年新增22.79亿元，新增占比30.76%。中间业务净收入2.87亿元。累计实现拨备前利润9.05亿元。不良贷款余额4707万元，不良率0.16%。

支持苏州市重大项目“逸林商务广场项目”，牵头和代理完成该项目总金额达27亿元银团贷款。

全年，新设立普惠金融特色网点3家，设立普惠金融网点专员22人。2018年末，普惠金融小企业信贷客户748户，当年净增284户，客户总量及净增列分行前列。

承担吴中区全部民生代理缴费项目，完善水电煤气等代缴业务流程，助推社会民生服务保障，推广悦生活云平台，实现60个校园线上缴费平台的上线以及64家企事业机关的党费平台缴纳，丰富移动金融场景在民生领域的应用，连续五年开展“保护母亲湖、我们在行动”公益放鱼活动，以实际行动洁净太湖水。在全辖21个网点建设“劳动者港湾”，彰显建设银行“服务大众、促进民生”的品牌形象。 （周玲玲）

【交通银行吴中支行】 2018年，围绕总分行三大任务、三大重点、三大目标，落实“稳中求进、有为吴中”指导思想，践行“营销为王、风控为基、员工为本、党建为石”的“四为”发展路径，落实“推动业务有效发展，实现员工有为人生”的发展宗旨，立足“党建+”模式，发挥党支部战斗堡垒作用和党员先锋模范作用，实现党建工作与经营管理的同频共振。年内，获评中国银行业文明规范服务千佳营业网点、交通银行苏州分行年度消保服务先进单位，获普惠小微融资项目组织推动奖、网点综合经营能力提升项目劳动竞赛试点网点先锋奖、风险文化建设主题活动优秀组织奖。

2018年，全行人民币日均存款余额130.78亿元，较年初增5.10亿元，人民币贷款余额81.63亿元，较年初增8.67亿元。资产质量保持稳定，普惠两增及人行MPA（宏观审慎评估体系）超额完成全年任务。经营利润完成9786万元，完成全年计划的100%，完成率与绝对值均列市区支行第二；经济利润8318万元，完成计划任务的93%。实现零售板块非息收入1840万元，年度计划完成率72%，其中个金财富管理中收1267万元，银行卡收入571万元。个金财富管理中收的构成为人民币常规理财产品427万元、保险销售356万元、分行中收奖励387万元、贵金属54万元、基金39万元、其他4万元。支行AUM日均余额为48.44亿元，较年初净增5.9亿元，全年计划完成率159%；全年经营部门消保服务考评排第一，连续两年蝉联分行头名。

贯彻落实习近平总书记在民营企业座谈会上的重要讲话精神，围绕区金融工作“专业服务、精准纾困，金融助力实体企业高质量发展”要求，创新金融产品，深化银政企合作。依托区增信基金、信保贷、科贷通等业务平台，全年支持企业198户、金额5亿元。举办9场普惠沙龙活动，对接企业143户，当场落地10户，扶持一批成长型的民营中小微企业。

支持和服务地方经济，发挥交通银行国际化、综合化优势，深化银政合作，提升金融服务水平，全年新增投放20户，共计31.20亿元，其中表内投放18.20亿元，表外投放13亿元。

抓住“互联网+”政务的改革窗口机遇，优化企业开户工作，线上即可开户，节约企业成本。入围苏州市“家在苏州 e路成长”未成年人社会实践体验活动站，引导家长、孩子们了解财商知识，增强金融防诈骗意识，银行类体验站获市财政专项资助，全年开展40余场“小小金融家”活动，惠及800多户家庭。开展“金融知识普及月 金融知识进万家”活动，深入学校、社区、企业及商圈开展金融知识宣讲，履行大行社会职责。

（杨 傑）

【农业发展银行吴中支行】 2018年，全行贷款余额255743万元，比年初增加42488万元；存款余额80830万元，日均存款余额72959万元。

做好夏粮和秋粮收购工作，落实国家的粮食收购政策和上级行的各项措施要求，按照地方储备粮食贷款管理的有关规定，与财政、粮食等部门加强协调配合，做好各项准备，落实贷款计划，确保小麦和稻谷收储工作的按时完成。全年累计发放粮食储备贷款19957万元，支持收储小麦2400万公斤、稻谷3507万公斤。按照“补短板、调结构、惠民生”的要求，对相城区棚户区改造项目的银团贷款投放5000万元。促进农业结构的调整和优化，向苏州市阳澄湖现代农业发展有限公司投放1.35亿元农村土地流转和规模经营中长期贷款。改善人居环境，促进相城区城市化建设，向苏州市新兴新城镇建设发展有限公司发放农村土地流转和规模经营中长期贷款2.28亿元。在保持苏州土储中心原先1.58亿非贷存款不流失的前提下，吸收土储中心非贷存款1.35亿元。确保社保基金定期存款5000万元到期不流失，总财政存款比上年增加了1200万元，以贷引存新增贷款企业存款1亿元。（高锦娟）

表12-3 2018年吴中区金融机构存贷款余额情况

项目	单位	本年同期收入	上年累计收入	比上年同期	
				增减额	增减
一、总存、贷款情况					
1. 各项存款	万元	23073837	21444255	1629582	7.6%
#企业存款	万元	13961039	13669053	291986	2.14%
居民储蓄存款	万元	8453757	7303699	1180058	16.16%
2. 各项贷款	万元	25947613	23059795	2887818	12.52%
#短期贷款	万元	6883727	6150110	733617	11.93%
中长期贷款	万元	17987693	16410491	1577202	9.61%
3. 贷、存比（以存款为100）		112.5	107.5	5	4.65%
二、人民币存、贷款情况					
1. 人民币各项存款合计	万元	22387661	20891821	1495840	7.16%
#企业存款	万元	13357901	13198825	159076	1.21%
居民储蓄存款	万元	8371117	7222022	1149095	15.91%
2. 人民币各项贷款合计	万元	25825263	22898256	2927007	12.78%
#短期贷款	万元	6767026	6058272	708754	11.7%
中长期贷款	万元	17982044	16340790	1641254	10.04%
3. 贷、存比（以存款为100）		115.4	109.6	5.8	5.29%
三、外币存、贷款情况					
1. 外币各项存款合计	万美元	99979	84545	15434	18.26%
#企业存款	万美元	87880	71964	15916	22.12%
居民储蓄存款	万美元	12041	12500	-459	-3.67%
2. 外币各项贷款合计	万美元	17827	24722	-6895	-27.89%
#短期贷款	万美元	17004	14055	2949	20.98%
中长期贷款	万美元	823	10667	-9844	-92.28%
3. 贷、存比（以存款为100）		17.8	29.2	-11.4	-39.04%

保　险

【中国人寿保险公司吴中支公司】 2018年，个险渠道实现首年期交保费6238万元，完成率105%，完成率列全辖第三；实现长险首年标准保费2992万元，完成率93%，实现保障型业务1429万元，完成率101%，比上年增长117%，实现短险保费1075万元，完成率95%，完成率列全辖第一。团险渠道大短险保费3791万元，比上年增长12%，完成率92%，年度完成率位列全辖第二；其中团短险保费2662.4万元，比上年增长7.6%，完成率92%。赔付率50.88%。银保渠道实现首年标准保费348.34万元，完成率72%，实现首年期交保费

1481.59万元，完成率67%。

个险渠道月均持证人力471人，达成目标的78.24%，其中收展月均持证人力94人，完成率56.6%；季均有效人力256人，达成目标的84.2%；团险渠道销售队伍人力66人，新增人力24人，前三季度实现累计钻石人力153次，月均钻石人力17人；主管人数8人，落实政保服务队伍9人、大短险职场对接综拓人员4人。银保渠道客户经理团队38人，较上一年度新增17人，其中主管3人，较上一年度增加2人，超额完成年度主管数考核目标；合作网点完成27个，完成率居全辖第一。理财规划师队伍130人，较上年度增加58人。

个险渠道适应新形势，将保费结构权重向保障型险种过渡，提升渠道效益产能，依托“BMP”（业务流程管理）常态业务推进，秉承“两全一高”引领销售，聚焦国寿福等保障型产品，促使保障型产品月均保费较同期增长75%；个短险业务强化“有效益的规模化”优势，针对中小型企业居多的保费结构，追踪4+1，推介特色产品，满足中小企业的承保需求；依托高质量平台，踩准节奏，获取高收益。团险渠道围绕“调整”和“新增”开展工作，重点实现优质态的颗粒归仓，排查续保客户，定期盘点，量身定制续保策略。支持个银渠道定价审核，严把进口关，全程协助理赔调查、核赔工作，积极介入、准确判断，坚决执行上级公司相关政策，剔除40万元代理公司业务，将赔付率降低，达到挽损和止损的目的。全年调整短险保费达200万元，在调整中实现稳新增，确保全年任务的稳步增长。银保渠道目标明确，团队责任分解，对应方案，奖励推动，追踪节点，营造竞争氛围。成功运作团队网沙，以团队合作模式每月举办2场网沙，将平台固定化，将开单常态化，提高团队协作能力和凝聚力。

（赵思骁）

【中国人民财产保险公司吴中支公司】 2018年，围绕当地政府和上级公司的工作要求，坚持服务社会、服务民生的发展思路。全年实现保费收入19902万元，支付赔款17000余万元，惠及客户26000余人次，发挥保险的经济补偿功能。

2018年，根据苏州市食品安全办、食品药品监管局、保监分局联合下发的《关于印发苏州市食品安全责任保险试点工作方案的通知》，与区相关部门联系，跟进对接，成立吴中区首批食品安全责任险项目共保体，指派专人联络村委会及社区，推广食品安全责任保险，搜集投保材料，提供保险服务，推动食品安全责任险在辖内快速落地推广。经过3个月的推动，辖内有180余个村及社区参保，覆盖率超过90%。

建工意外险是意外险中的一个重大项目，各公司在承保中不断竞争，与其他公司策划推动共保体，与政府相关单位共同宣传、协调，在10月份完成共保体工作，取得主承保之一资格，市场份额19.5%，为公司带来年保费300万元。

深入吴中区的各镇、村，调查了解广大农村居民的风险保障需求，践行“人民保险，服务人民”的服务宗旨，向各乡镇的主要领导汇报，明确在解决老百姓因灾致贫、因病致贫问题方面有所作为的意愿。针对农村居民的风险状况、保障水平及经济能力等实际情况，设计全新的低费率、高保障的“和谐家园”组合保险产品，把它作为政府买单的普惠制、低保障民生保险的补充。2018年，在吴中区横泾、临湖、东山、光福、越溪、木渎等乡镇40多个村陆续推开。全年承保农村居民16000多户，涉及6万余人，提供超过40亿元的风险保障，提高广大农村居民的风险保障水平。（钱立琴）

【太平洋人寿保险公司吴中支公司】 2018年，响应政府服务于民生、惠利于民生的方针政策，参与承保苏州各学校在校生的人身意外伤害保险、优生优育保险、建筑工人意外伤害保险、全区残疾人意外伤害保险、吴中总工会意外伤害和定寿保险、吴中区人才工作领导小组领军人才意外伤害保险、吴中区区级机关事务管理中心公务人员出行险、苏州市吴中区社会综合治理联动中心意外伤害保险及长期护理保险等各项服务于本区人民的惠民保险。全年实现保费收入3.489亿元，其中个险渠道新保1.081亿元，法人渠道新保0.187亿元，续期保费2.221亿元。完成年度各项经营指标。（程　虹）

【太平洋财产保险公司吴中支公司】 2018年，按照车险“四轮驱动”、非车险“两条腿走路”的工作思路，业务管理上保持矩阵化管理的特色，团队建设成绩显著，网点建设全面升级，实现客户满意、员工团结、政府支持、业务结构合理、团队能力提升的发展态势。

全年实现保费收入30529.67万元，较上年同期增长15.62%。其中，水险保费收入419.50万元，非水险保费收入5274.85万元，意健险保费收入2012.23万元，海外业务保费收入103.64万元，机动车保费收入22719.45万元，综合赔付率（银保监会口径）64.6%，市场份额41.62%继续保持第一。在总公司百强三级机构排名由91位上升至63位。12月19日，保费首破3亿元。12月28日，在支公司第三个网点开发区营销服务部更名迁址开业之际，与区文明办、民政局、公安局探讨，发起以“情系吴中，爱心护航”命名的太保定制公益慈善项目。该项目为中长期的公益慈善项目，结合保险保驾护航的理念和作用，为吴中区民生工作、防灾救灾、治安管理、精神文明创建等领域免费提供保险保障或实物捐助。（邹玉娟）

区属公司

【苏州市吴中城市建设投资发展有限公司】 2018年，公司注册资金49.3958亿元，总资产369亿元，净资产70亿元。公司下设苏州吴中城投置业有限公司、苏州吴中城投城乡一体化建设有限公司、苏州吴中水务发展集团有限公司、苏州澹台湖商业管理有限公司等4个子公司，苏州市吴中国盛国有资产经营管理有限公司、苏州市吴中城区保障房开发有限公司等2个代管公司。

项目建设　苏州市中西医结合医院原住院大楼改造装饰工程竣工，苏州市万科通信设备有限公司建工业厂房项目、运河风光带（一、二期）及澹台湖会议中心项目按期收官，苏州银行商务金融用房开工建设；推进吴中人民医院二期、苏苑中学、公共卫生中心、苏蠡路人才公寓等拟建项目。推进东山三期农村污水修复工程、东山大道污水管改造工程、渔港代建（一、二期）、城南古塘河黑臭河道治理项目和角直2018年农村污水治理工程等项目。

资本投资　与国家电投集团江苏电力有限公司合作成立苏州和旭智慧能源发展有限公司，共同建设综合智慧能源创新开发基地。总投资16亿元，在吴中区运河小镇总部经济产业园打造综合智慧能源数据（集控）中心、海上风电技术中心、综合智慧能源服务中心和财务共享中心等4个中心。推动与国有金融投资公司合作，委托专业公司使用城投公司闲置存量资金进行股权投资，增强城投公司资本收益。通过“债转股”方式与临湖镇人民政府签订框架合作协议，合作运营管理苏州太湖现代农业发展有限公司，打造苏州太湖现代农业示范园核心区；与角直镇合作，参股成立苏州甫城工业发展有限公司，致力于高标准工业产业园的开发建设。

融资安全　做好债务结构置换，通过债务结构调优，降低债务成本3853万元。优化债务结构，中长期融资占融资总额88.4%以上，平均贷款利率控制在6%左右。增加存量资金收益，调整存量资金结构，增加高收益存款比例；加强存量资金使用效率，严控融资总量，尽量降低存款比例，存贷比从27.58%降低到24.91%。10

月份，城投公司获得由中诚信国际信用评级公司认定的主体AA+信用等级。

酒店管理　通过“大营销、大质检”战略实践，下属酒店板块整合资源优势，拓展营销渠道，提升服务品质，优化经营模式，3家酒店全年累计实现营收1.3亿元；推进“节支控本”金点子活动，推行一岗多能、节能降耗等举措。（姚金花）

【苏州市吴中国裕资产经营有限公司】 2018年，公司注册资本55亿元（含管理的苏州市吴中区工业资产经营有限公司），总资产302.39亿元，比上年增长1.89%，实现经营收入7.91亿元，比上年增长48.22%，上缴税金5491万元，比上年增长16.79%。拥有全资子公司15家、控股企业6家、参股企业19家，涉及资产管理、项目建设、酒店文旅、金融、环保、再生资源等领域。围绕“以盘活存量国有资产，发展载体经济，主要从事经营性资产经营、管理、开发与投资”的工作目标，推进公司改革，加强公司日常经营管理基础性工作，融入“一核一轴一带”的生产力发展布局，推动公司迈向高质量发展。年末，获评“江苏省明星企业”。

资产经营　巩固强化制度建设，完善并落实《国裕公司资产管理办法（试行）》《房屋租金追缴机制》《权证管理办法》等制度，开展资产租赁指导价格研究，构筑起资产管理制度体系。加快资产整合，规范固定资产管理，开展物业资产普查，建立身份信息库，形成“一房一档、一档一码、一事一议”资产档案。解决国贸大厦拆迁户安置等问题，重启问题物业资产权证办理，办出新产证8处，注销资产71项。2018年末，公司物业总面积116万平方米，经营性物业出租率为97.29%，物业租赁收入达1.42亿元，租金收缴率超99%。

项目建设与管理　国裕大厦二期、区社会管理服务中心、区纪委办案点、江苏省外国语学校综合教育用房、水香街房屋改造、华东镀膜老厂区改造、原吴县文化馆改造、国裕业务用房等8个项目竣工，总投资超10亿元，建筑面积约9万平方米。吴中法院审判业务用房、巡特警大队办公用房、东山雕花楼宾馆改造及景区提升等10个项目在建，建筑面积2.77万平方米，总投近3亿元。

酒店经营　下辖东山宾馆、东山雕花楼宾馆、苏苑饭店等3家酒店。东山宾馆与东山雕花楼宾馆以“全域旅游”为主轴，实现“旅游+文化”、“旅游+农业”跨界融合，建立网络销售新模块，对东山景区旅游资源实施优化组合，编织独具东山地理人文特色并满足现代出游需求的旅游产品，以此拉动主营业务，促进经济、社会效益双提升。年内，东山宾馆荣获“苏会杯接待菜肴厨艺比赛团体特等奖”，获评“江苏省健康单位”；东山雕花楼宾馆在吴中太湖旅游区服务质量考核中排名第二，获“江苏餐饮优秀企业”“苏州餐饮行业突出贡献单位”“苏州市面业小吃协会优秀企业”等荣誉称号；东山雕花楼景区录入《苏州园林名录》；苏苑饭店获评“江苏省模范职工之家”。

投融资管理　对接财政、国资及金融机构，建好政企、银企关系，对外投资收益4620万元，比上年增长4.7%。实现企业信用提档升级，获AA+主体信用评级，在降低融资综合成本的同时，通过增信担保等形式，为乡镇板块和兄弟公司融资降低成本创造条件。年内30亿元非公开发行公司债券上交所挂牌，首期10亿元发行，节约成本近3000万元。通过监控资产、负债、收入等各项财务指标，确定合理的资产负债结构，分类做好对苗头性债务风险的预判，建立风险防控机制。年内，获评“2018年度吴中区投融资管理先进单位”。（朱振冲）

【苏州太湖旅游发展集团有限公司】 2018年，公司注册资本28亿元，总资产101亿元，下属苏州太湖旅游景区管理有限公司、苏州太湖游船管理有限公司、苏州太湖风尚酒店投资管理有限公司、苏州三和实业有限公司、苏州太湖园博实业发展有限公司、苏州太湖洞庭古村旅游开发有限公司、苏州太湖旅游服务股份有限公司等7家全资子公司。

2018年，以国企改革为二次创业契机，完善管理，创新机制，激发企业内生动力和市场活动，聚力破解资源、资金、资产、资本之间的矛盾。年内，获评苏州市文明单位、苏州市旅游行业标准化工作先进单位、苏州市消费者满意单位、苏州市优秀行动党支部。

度假区东入口文旅商综合体项目　位于度假区东入口，占地面积约78667平方米，以太湖旅游5A景区一级游客中心、度假酒店、商务办公、配套商业等为主要业态，打造成为环太湖文旅商综合体，总投资约20亿元。B地块包括太湖游客中心（建筑面积34000平方米）、太和商务中心（建筑面积69200平方米）建成投运。商务中心B幢（4-14F）挂牌出售，引入上市企业安洁科技总部；A地块假日及智选假日酒店项目（建筑面积46191平方米）开业。

香山慧境商务中心项目　位于度假区孙武路南，天镜路西侧，占地面积63200平方米，规划总建筑面积163274平方米，其中，地上计容99136平方米，包括36幢别墅式办公楼宇，9幢多层商务办公楼宇，1幢配套商业中心大楼，总投资约8亿元。项目主体封顶，幕墙工程进入扫尾阶段，装修、机电、市政工程施工，启动招商工作。

吴中福朋喜来登酒店项目　位于吴中东路南侧，占地约9000平方米，建筑面积约3.3万平方米，总投资约3亿元，客房总数约189间，配有全日制餐厅、会议室、健身中心以及后场区域等。完成主体施工。

旅服公司挂牌“新三板”项目　按照现代企业管理制度要求，构建规范、健康、快速、高效的运行体系和企业文化。旗下“太湖旅游服务公司”完成股改。

（顾德乐）

【苏州市吴中金融控股有限公司】 2018年，公司注册资本11亿元，营业收入4.77亿元，利润总额1.46亿元，创造税收4605万元。年内，获评吴中区2018年度国有经济发展先进单位、2015—2017年度吴中区文明单位。

合作新设苏州市吴中今晟新能源产业投资合伙企业（规模1.8亿元）、江苏疌泉高特佳医疗产业投资基金（规模15亿元）、天凯汇达并购基金（规模8亿元）等3家基金，总规模24.8亿元，吸引社会资本参与到区域发展合作中。加快机器人与智能制造、生物医疗及大健康两大产业全产业链引育，加速设立吴中智能制造产业基金。

股权投资　完成股权投资3家。设立专项基金投资“安靠电源”（1.8亿元），以资本助力打开成长空间，培养区内龙头企业；通过受托管理VC基金（创业风险投资基金）投资区内企业“万盛科技”，扶持区内中小企业健康发展，增强区域发展活力；以协议转让方式收购“东山精密”5.05%的股权，助力区内上市企业可持续发展，为吴中实体经济转型升级增添动力。

中晟环境　把握培育吴中首个国企上市主体的目标，扩充子公司中晟环境业务内容、注入优质资产，践行吴中绿色金融发展之路。成立中晟管网，实现“厂网一体化管理”；加强与环保科研单位的合作，创新垃圾渗滤液处理装置；完成53个土壤调查与修复项目，获批设立“江苏省环境修复工程技术研究中心”；取得建筑业企业资质证书，新增黑臭水体整治工程等。全年实现营业收入3亿元，净利润7000万元，创造税收2063万元，荣获吴中区2018年度实体经济“百强”、吴中区2018年度潜力型科技（专利）企业等称号。

产业基金　产业优化基金由集团受托管理，实现营业收入1.39亿元，利润总额4400万元，创造税收2055万元。下属“旺金商务广场”项目主体工程完工，下属“U+科技园”竣工验收交付使用，回款1.85亿元。依托科技园载体发挥企业孵化器作用，入驻企业产值7.7亿元，创收税款7000万元，实现金融与地方经济发展良性互动。

金融服务 子公司金融招商服务公司新增入驻基金36家，注册规模51.68亿元，实缴规模15.08亿元，完成营收428万；吴中区中小企业转贷引导资金发放贷款286笔，发放贷款金额23.4亿元，利息到账收入1041万元，节省利息费用2950万元，帮助中小企业节约融资成本；子公司金控保理公司持续增资扩股，对区内多个板块提供服务和资金支持。年应收账款余额8.2亿元，实现营收2915万元，净利润883万元；子公司金融信息服务公司配合区经信局将“增信基金”设计升级成为“信易贷”产品，打造“吴中金融综合服务平台”。

（李也纳）

【苏州市吴中农业发展有限公司】 2018年，公司注册资本9.2亿元。下属苏州太湖东山湖羊产业发展有限公司、苏州市吴中动物无害化处理有限公司、苏州市现代农产品物流集团有限公司、苏州市吴中城乡农业担保有限公司、苏州市吴中农村产权交易中心有限公司、苏州市吴中农发城乡建设发展有限公司、苏州太湖现代农业展示展销中心有限公司、苏州吴中产鲜现代农业发展有限公司、苏州市吴中农发工程建设管理有限公司、苏州东太湖现代农业科技有限公司、苏州市吴中农发园林绿化有限公司、苏州市宁邦公墓有限公司等12家二级公司。

东山湖羊保种养殖基地 以东山湖羊遗传资源保护与利用为目标，占地面积15333平方米，总投资2000余万元。2018年，提高设施现代化水平，精料机组、污水处理设备和羊粪智能发酵设备投运，创建“苏州市美丽生态牧场”。与全国畜牧总站开展科研合作，启动湖羊遗传物质保存效果评价试验项目。全年出栏湖羊728只，新生羔羊500余只，年末存栏量达770只。

苏州市现代农产品物流园 是省重点项目、市重大民生项目，规划面积90余万平方米，一期规划面积59.9万平方米，规划功能为市场交易和配套服务。4月9日，南环桥市场有限公司拍得402000平方米交易市场地块，9月28日开工建设；一期基础设施道路施工建设，其中纬一路完工；启动132亩商业地块的前期方案设计工作。完成市农发集团退股程序及工商变更手续；申请财政资金88070.3万元拨付到位；甪直镇归还代垫拆迁款12853.18万元。

苏州市吴中动物无害化处理中心 占地面积3333平方米，建筑面积2360.83平方米，累计完成投资额约2025万元。按照“信息化、自动化、智能化”的高标准定位，采用高温碳化先进工艺，年设计处理病死动物800吨。7月完成土建，9月完成软件调试及人员培训，12月完成设备综合调试启动项目试运营，与苏州市华统食品有限公司签订病害猪及病害猪产品无害化处理委托协议。在设备综合调试阶段，配合畜禽综合整治行动，完成10吨病死动物的无害化处理。

苏州市吴中农村产权交易中心 2018年完成线上交易4799笔，比上年增加60%，成交金额5.2亿元，比上年增长41%，合同总金额17亿元，比上年增长123%。年内接待各地政府考察团57批次。9月21日，获得“苏州乡村振兴学堂”现场教学点授牌。年内，获评苏州市2018年度农村产权示范单位。

苏州市吴中城乡农业担保有限公司 拓展村级集体经济融资担保业务，为覆盖6个乡镇的51415万元融资提供担保，比上年增长21.95%；将业务扩大到苏州大市范围内国有公司及集体经济组织，开展与政府性基金风险共担的“信保贷”商业性融资担保业务；控制金融风险，完善风险防控机制，连续四年获融资担保公司监管A级评级。

（李 隽）

【苏州市吴中区交通投资建设有限公司】 2018年，公司注册资本11.88亿元，集团总资产241

亿元，下辖江苏东吴路桥建设集团有限公司、苏州市通达交通安全设施配套有限公司、苏州长丰物流园管理有限公司、苏州市长恒置业有限公司等4家，控股苏州吴中长瑞交通项目建设有限公司、苏州市吴中长润交通建设项目管理有限公司等2家，参股苏州市吴中中环快速路建设投资有限公司、苏州苏嘉甬高速公路有限公司、苏州吴中金控商业保理有限公司、苏州沪通大桥投资有限公司、苏州国际物流通道建设有限公司、苏州市吴中产业优化基金发展有限公司等6家。

项目投资　承担中环快速路吴中段、东环南延一期、南环西延、西环南延、东环南延二期、金庭环岛公路、滨湖大道Ⅱ期、南湖路、陈华路、中山路、寿山路、西山岛出入通道、度假区环太湖路等区内交通工程资金保障任务，全年支付各类工程投资款33.2亿元，保障大交通建设任务实施。东环一期斜港大桥工程获2017年度江苏省“扬子杯”优秀工程奖。

融资管理　围绕区内大交通建设任务，紧跟宏观形势变化，攻坚克难，拓宽融资渠道，实现各类融资42.62亿元。年内获上海新世纪资信评估公司出具的AA信用等级报告。

内控制度　加强国有企业制度建设，梳理和完善内控制度，包涵治理架构、党建管理、行政人事、群团组织、财务融资、资产管理、费用管理、安全生产、项目管理、内部控制等方面40项管理制度，编印《企业规范化管理简明手册》，规范内控管理、强化决策监督。

产业发展　加强实体企业发展，培养核心产业，提升发展质量和效益。直属东吴路桥公司加快推进交通项目施工建设，年内中标8个工程，总计中标金额4941万元，施工的苏州环太湖公路（度假区段）工程三标段（HHL-03）工程获评2018年度苏州市“姑苏杯”优质工程，吴中区环太湖路和舟山路部分路段改造工程获评2017年度苏州市公路水运工程“平安工地”建设活动市级“示范工地”；通达设施公司完成舟山路、东山环太湖路、苏同黎等项目交安设施的施工任务；长恒置业公司加快推进木渎公交换乘枢纽、宝带桥南公交换乘枢纽、金枫路三个P+R项目建设；长丰物流园实现租金收入777万。

代建产业　3月，完成苏州市吴中长润交通项目管理有限公司组建工作，承接苏同黎公路快速化改造和东山葑山寺路及支路改造2个工程代建项目。其中：苏同黎公路快速化改造工程是苏州快速路网体系的重要组成部分，吴中段北起吴中甪直镇车坊规划支路，沿苏同黎公路向南至吴中区与吴江区分界处的大姚港，全线长3.84公里，总投资10亿元，9月28日开工建设；10月14日东山葑山寺路及支路改造开工。

（金　玲）

【江苏吴中经济技术发展总公司】2018年，公司注册资本50亿元，总资产535亿元，净资产195.75亿元，实现经营性收入30.13亿元，完成工程建设总投入27亿元，各类在建项目超过100个。市级重点项目尹山湖爱琴海购物公园12月22日开业；在建安置房项目14个，累计129.11万平方米，其中，文溪花园三期二标、尹东八村二区、尹东八村三区、新思家园三期、汤堡小区等5个项目交付5511套63.27万平方米；在建学校项目12个，其中，尹东幼儿园、尹山湖小学及附属幼儿园、城南中心幼儿园等10个学校项目交付，郎江小学及附属幼儿园12月底开工建设；在建市政道路项目18个，竣工项目10个，完成道路建设约6200米，驳岸约1450米；吴淞江污水厂土建完工，进入设备安装调试阶段；吴淞江定建厂房项目（富民三期）1幢2幢3幢厂房竣工；推进河东污水厂提标升级改造。

鼎鸿物业在管项目36个，服务面积达200万平方米，实现营收约5500万元，比上年增长30.95%。吴中物流获得2018年江苏省重点物流企业称号，实现营收约1.03亿元，比上年增长约15%。石湖金陵酒店实现营收6090万元，超出年度预算约21%，获酒店行业颁发的“中国服务贡献奖”，并获“最佳服务酒店”称号。雍景山庄酒店获“2018年度驴妈妈最佳自驾游酒店”称号。公交场站公司、江远热点公司等下属成员企业稳步发展。（孙洋一）

【吴中国太发展有限公司】 2018年，公司注册资本为60亿元人民币，下辖9家全资子公司，6家全资二级子公司，7家参股公司。经营范围包括环境保护工程设计施工、水环境综合治理工程施工及管理、建筑工程管理及基础设施施工，承接市政建筑工程、市政绿化工程，项目投资、资产经营管理，城市基础设施和配套设施、市政设施、商业设施的开发与建设，土地整理开发，旅游项目及文化产业的投资和管理，国内贸易，物业管理，商业信息咨询。

工程建设　完成太湖新城地下空间主体结构，大平台完成85%，装修工程完成80%，道路基本完成，景观完成60%，机电安装完成85%，智能化完成30%。越旺智慧谷B组团验收结束，精装修施工结束；太湖新城小学交付使用；逸林商务广场地下室主体完成50%；完成吴郡幼儿园建设；完成能源中心基坑围护，地下室结构开始施工；木林村安置房一期土方挖运90%，地下室结构施工20%，局部楼栋主体施工；吴郡邻里中心办理施工许可手续；吴郡小学土建招标完成；移舟街进场施工。

资金运营　国太融资到账46.37亿元。完成由光大银行与东吴证券联合承销的北金所债权融资计划的第一期5亿元、东吴证券承销的上交所非公开发行公司债第一期5亿元的发行工作，成功备案建设银行承销的北金所债权融资计划。逸林银团贷款、地下综合管廊项目贷款成功落地，年度内流动资金贷款新增和续转。

资产管理　结合太湖新城产业布局及空间发展需求，收购资产3处18.2万平方米。做好威仪厂区出租管理工作，整改库特勒、贺泰厂区，在建经营性资产4处93.3万平方米，策划逸林商务广场商业、写字楼招商方案，希尔顿酒店明确自持并委托品牌方管理，筹备酒店式公寓托管工作。社区服务中心业态定位完毕，进入招商阶段，酒店明确亚朵品牌及投资租赁方。越旺智慧谷B区配合开发区招商局做好招商服务工作，启动A区的收购工作。地下空间招商储备中。

对外合作　入股苏州航天、苏州北建、集萃传感、优弘投资等优质企业，进行国立生物股权变更工作，入股苏地2018-WG-28地块项目公司。（吴晓芳）

【苏州太湖旅业发展有限公司】 2018年，公司注册资本46亿元，下属全资子公司8家，控股或非控股但实际控制企业10家，参股企业7家，间接参股但实际控制企业8家，间接参股企业1家，管理公司1家，完成营业收入2.16亿元。发行度假区首支直接融资产品，创立自有管理品牌“太美”，形成区域内万豪国际品牌、太美地方品牌的服务全覆盖，推动旅游服务质量的标准化、市场营销的统筹化、资源调配的一体化发展。（梅静静）

【苏州太湖城市投资发展有限公司】 2018年，公司注册资本为29.9亿元。公司定位“城市建设者”，受苏州太湖国家旅游度假区管委会委托，对度假区基础设施及其配套设施进行开发建设和维护工作，参与度假区内项目的开发代建工作。围绕转型发展核心，抓好代建和养护两个板块，推进融资、对外投资、载体三个平台，以提质增效、开源节流的工作原则，挖掘团队潜力，提升公司专业水平，发挥公司优势，丰富城市内涵，完善城市功能，提升城市形象，打造城市品牌。全年完成经营收入6.62亿元，完成民生工程如孙武花园、道路工程梅舍路、南海路等建设项目27个，其中综治中心等6个代建项目完工。舟山文创园、舟山花园三期一区获评2018年度吴中区优秀城镇建设项目。打造度假宜居生态城市，完成香谷里公园（一期）、劲商地块公园等20多处生态工程，完成长沙岛污水独立设施改造工程等24项市政工程。（沈　寅）

【西山国家现代农业示范园区有限公司】 苏州西山国家现代农业示范园区有限责任公司成立于1998年，是国家农业综合开发办批准的园区，负责西山国家现代农业示范园区项目的建设及运营管理，2018年转变为集体企业。年内，围绕“农业、旅游、生态、文化”四大品牌和“环太湖文旅产业带”“健康生态小镇”建设目标，以市场为导向、以科技为动力、以合作为纽带，推动公司绿色、创新发展。

金庭镇环岛公路两侧高标准农田建设项目总投资金额为10799.89万元，主要工作内容有地块平整、堤防加固、机耕路U型渠、砖砌沟渠、泵房等，此项目分为六个标段：一标段完成总工程量的98%、二标段完成总工程量的98%、三标段已完成竣工验收、四标段完成总工程量的96%、五标段已完成竣工验收、六标段已完成竣工验收。

新丰现代农业园水肥一体化总投资约167万元，主要工作内容有田间灌溉管道安装、喷灌、滴管设备安装、田间阀门组与控制单元安装、泵房首部系统，含水泵、过滤器、水肥机等设备安装调试，田间传感器的安装部署。后期增加新丰农业园门卫及廊架工程，工程投资80.53万元，涉及门卫、牌楼、廊架等。项目于12月27日完成竣工验收。

绿光农场土方填筑工程，总投资约为40.36万元，回填土方24695.7立方米，10月完成竣工验收。后期增加绿光农场提升改造工程，总投资116.11万元，内容为烧烤棚、烧烤服务用房、卡丁车车库、卡丁车候车亭、厕所的改造，现已竣工验收。

金庭镇缥缈村土地整治复垦项目（占补平衡）投入资金约2003万元，本项目主要工作内容：田块整理、新建进排水沟渠、新建生产道路、新建机耕路、河道清淤、打造生态木桩护岸、新建排涝站等。年内完成总工程量的70%。

金庭镇蒋东地块土地整治复垦（三优三保）投入资金约546.8017万元，主要内容包括土地回购、复垦，沟渠及农耕道路等基础设施建设。

金庭镇枇杷标准示范园项目二期工程，投资金额为91.32万元，建设内容有新建木屋，新建项目区大门，新建遮阳网，砖砌沟渠，插板门，绿化等。目前已完成工程量的50%。枇杷标准示范园二期大棚配套设施建设项目投资金额为67.8万元；建设内容主要包括沟渠、冷库、绿化等，项目已竣工验收。

金庭镇东蔡坞丘陵山区建设项目，总投资为408.68万元，建设内容为蓄水池、生态护岸、泄水沟、农桥、木桥、沥青路、道砟路等，总投资为408.68万元，项目于12月8日完成竣工验收。

苏州西山中科动物废水处理设施提升改造项目，投资金额为153.66万元，建设内容包括格栅井、集水池、调节池、pH调节池、厌氧池、兼氧池、接触氧化池、二沉池、灭菌池，清水池、出水计量槽、污水浓缩池等。年内完成总工程量的98%。设备采购与安装工程总投资98.12万元，工程于8月28日竣工验收。（周　佳）

【吴中城区建设发展有限公司】 2018年，公司总资产144.47亿元，比上年增长8.89%；总负债100.08亿元，比上年增长13.28%；净资产44.39亿元；营业收入3.8亿元，比上年增长18.72%，实现利润总额1517.72万元。建设、代建、代管涵碧书院、吴中区博物馆、龙西大厦、石湖景苑三期、长桥人民医院、吴中实验小学改扩建工程、吴中高新区科文中心、蠡墅小学、长桥小学附属幼儿园、宝带幼儿园、宝南花园安置房项目、新蠡苑一期等重点项目12个。其中吴中高新区科文中心竣工验收完毕，交付物业；新蠡苑一期及宝带幼儿园12月底进场施工；长桥小学附属幼儿园存拆迁问题处于停工状态，其余项目有序推进。年内，获评吴中区2018年度国有经济发展先进单位。

（范昱彧）

上市公司

【概况】 吴中区有上市企业11家，其中，4家上交所主板上市、3家深交所中小板上市、3家深交所创业板上市、1家境外上市。年内，全区新增1家企业已通过证监会审核并上市，1家企业IPO材料报证监会，2家企业进入江苏证监局辅导期，超50家企业列入上市后备资源库，形成多层次上市梯队。

【江苏吴中实业股份有限公司】 成立于1994年，注册资本72189万元，由苏州吴中投资控股有限公司控股。1999年4月1日，公司A股在上海证券交易所上市。2001年公司被国家科技部火炬中心认定为火炬计划重点高新技术企业，公司被评为"江苏省十佳上市公司"。公司形成以医药为核心产业，房地产为重要产业，投资为辅的产业发展格局。2018年，公司实现营业收入17.02亿元，比上年减少42.50%；利润总额-2.23亿元，比上年减少221.20%；归属于上市公司普通股股东的净利润-2.82亿元，比上年减少308.89%。截至年末，公司总资产46.18亿元，股东权益24.08亿元。

【金陵华软科技股份有限公司】 原名苏州天马精细化学品股份有限公司，成立于1993年，注册资本57130万元人民币，是华软投资控股有限公司的子公司。2010年7月20日，在深圳证券交易所中小板上市。公司制定医药中间体及原料药生产与融资租赁及供应链双主业发展战略。2018年6月13日，经公司2018年度第三次临时股东大会审议通过，公司名称变更为"金陵华软科技股份有限公司"。2018年，公司实现营业收入20.61亿元，比上年增长39.92%；利润总额4406.70万元，比上年增长439.32%；归属于上市公司普通股股东的净利润3252.88万元，比上年增长142.23%。截至年末，公司总资产26.51亿元，股东权益9.97亿元。

【苏州东山精密制造股份有限公司】 成立于1998年，注册资本107105万元人民币。2010年4月9日，在深圳证券交易所上市。公司致力于为智能互联、互通的世界研发、制造技术领先的核心器件，为全球客户提供全方位的智能互联解决方案，业务涵盖印刷电路板、LED电子器件和通信设备等领域，产品广泛应用于消费电子、电信、工业、汽车、AI等行业。2018年3月26日，公司以现金方式向纳斯达克上市公司FLEX收购其下属的PCB制造业务相关主体，合称为Multek公司，此次收购填补公司在硬性印刷电路板领域的业务空白，公司核心产品的综合竞争力进一步增强。2018年，公司实现营业收入198.25亿元，比上年增长28.82%；利润总额8.94亿元，比上年增长54.14%；归属于上市公司普通股股东的净利润8.11亿元，比上年增长53.02%。截至年末，公司总资产311.36亿元，股东权益84.36亿元。

【苏州电器科学研究院股份有限公司】 始建于1965年，注册资本75832万元。2011年5月11日，在深圳证券交易所创业板上市。公司总投资超过40亿元人民币，是一家具有独立法人资格的第三方综合电器检测机构，主要开展各类发电设备、输变电设备（变压器、避雷器、电容器、电抗器、互感器、绝缘子、架空线、电力金具）、高压电器、高压成套开关设备、低压电器、低压成套开关设备、机床电器、船用电器、核电电器、汽车电子电气、太阳能光伏系统、节能产品、有毒有害物质、电磁兼容、抗震、环境、可靠性、低碳、防爆、职业卫生等各类领域的检测与评价，是目前我国输变电能源装备领域检测条件非常完备、检测能力非常强、检测规模非常

苏州电器科学研究院股份有限公司电磁兼容试验现场　区工信局　供稿

大的第三方检测机构；可为客户和社会提供包括电气性能试验、安全性能试验、环境试验、电磁兼容试验在内的一站式检测技术服务，是我国电器检测领域的龙头企业之一。公司建设五个世界第一和五个中国第一的技术指标，且多项技术填补国内空白。2018年，公司实现营业收入7.09亿元，比上年增长10.26%；利润总额1.44亿元，比上年减少0.69%；归属于上市公司普通股股东的净利润1.28亿元，比上年增长1.59%。截至年末，公司总资产36.90亿元，股东权益20.48亿元。

【苏州安洁科技股份有限公司】 创立于1999年，注册资金7.37亿元。2011年11月25日，公司在深圳证券交易所中小板成功上市。公司致力于消费电子、新能源汽车领域领先的核心配件的生产，2018年6月11日，公司收购威斯东山电子技术有限公司100%的股权，加强无线充电领域的发展。2018年，公司实现营业收入35.54亿元，比上年增长30.90%；利润总额6.37亿元，比上年增长30.27%；归属于上市公司普通股股东的净利润5.45亿元，比上年增长40.10%。截至年末，公司总资产87.96亿元，股东权益69.51亿元。

【苏州市吴中典当有限责任公司】 成立于1999年，注册资本100000万元人民币。中国汇融金融控股有限公司于2013年12月28日在香港主板挂牌上市，中国汇融的经营实体是苏州市吴中典当有限责任公司，集团总部设在苏州市吴中高新区。该公司是中国规模最大的典当公司，业务量位于全国前三名。2018年，公司实现营业收入1.66亿元，比上年减少12.93%；利润总额9306.5万元，比上年减少26.44%；归属于上市公司普通股股东的净利润6099.60万元，比上年增长19.83%。截至年末，公司总资产28亿元，股东权益19.97亿元。

【苏州斯莱克精密设备股份有限公司】 创立于2004年，注册资本31323万元。2014年1月29日，公司在深圳证券交易所创业板上市。主要从事成套高速易拉盖、易拉罐生产设备和图像检测等各类系统的研发、设计、生产、装配调试及相关精密模具、零备件的研发、加工制造。2018年，公司实现营业收入7.39亿元，比上年增长34.61%；利润总额1.53亿元，比上年减少3.16%；归属于上市公司普通股股东的净利润1.31亿元，比上年减少1.50%。截至年末，公司总资产16.33亿元，股东权益10.43亿元。

【苏州晶瑞化学股份有限公司】 创立于2001年，注册资本8825万元。2017年5月23日，公司在深圳证券交易所创业板上市。专业从事微电子化学品的产品研发、生产及销售，主营业务包括生产电子工业用超纯化学材料和其他精细化工产品，销售公司自产产品；从事一般化学品和危险化学品的批发业务并提供相关技术服务、咨询和技术转让，产品主要包括超净试剂、光刻胶、功能性材料和锂电池粘结剂四大类微电子化学品。2018年，公司实现营业收入8.11亿元，比上年增长51.59%；利润总额6759.98万元，比上年增长9.37%；归属于上市公司普通股股东的净利润5677.12万元，比上年增长5.89%。截至年末，公司总资产11.89亿元，股东权益5.89亿元。

【苏州市建筑科学研究院集团股份有限公司】 前身是成立于1979年的全民所有制事业单位——苏州市建筑科学研究所，2001年6月14日，建科所整体改制成立苏州市建筑科学研究院有限公司，2015年2月16日，公司整体变更为股份有限公司，注册资本8800万元。2017年9月5日，公司在上海证券交易所主板上市。公司主要从事工程技术服务以及新型建筑材料生产销售。经营范围包括建筑技术开发、技术服务、技术转让、技术咨询、技术培训。如建筑材料及产品的研制、开发、生产、销售；建筑工程施工并取得相关资质证书；计算机软件、硬件及外围设备的研发、销售。2018年，公司实现营业收入4.95亿元，比上年增长11.49%；利润总额7788.04万元，比上年减少2.57%；归属于上市公司普通股股东的净利润6323.61万元，比上年减少4.03%。截至年末，公司总资产9.59亿元，股东权益7.09亿元。

【苏州赛腾精密电子股份有限公司】 创立于2007年，注册资本1.6亿元。2017年12月25日，公司在上海证券交易所主板上市。公司主要从事智能制造装备的研发、设计、生产、销售及技术服务，为客户实现智能化生产提供系统解决方案，公司产品和服务涉及消费电子、汽车（新能源汽车）、半导体及锂电池等业务领域。2018年，公司实现营业收入9.04亿元，比上年增长32.36%；利润总额1.26亿元，比上年增长16.67%；归属于上市公司普通股股东的净利润1.21亿元，比上年增长26.48%。截至年末，公司总资产13.74亿元，股东权益7.52亿元。

【科沃斯机器人股份有限公司】 创立于1998年，注册资本4亿元。2018年5月28日，公司在上海证券交易所主板上市。公司主要从事各类家庭服务机器人、清洁类小家电等智能家用设备及相关零部件的研发、设计、生产与销售，为全球知名的家庭服务机器人制造商之一。经过多年的发展，公司形成包括扫地机器人、擦窗机器人、空气净化机器人等在内的较为完整的家庭服务机器人产品线以及品类丰富的清洁类小家电产品线。2018年，公司实现营业收入56.94亿元，比上年增长25.12%；利润总额5.62亿元，比上年增长23.52%；归属于上市公司普通股股东的净利润4.85亿元，比上年增长29.33%。截至年末，公司总资产42.08亿元，股东权益24.97亿元。 （王德娟）

编辑：高　燕

农业和农村工作

综　述

【概况】 2018年，贯彻落实中央和省、市、区关于农业和农村工作的各项决策和部署，全面实施乡村振兴战略，加快推进全区强村富民工程，深化股份合作改革，强化集体经济经营管理，推进一、二、三产融合发展，提升农村村庄人居环境。农业产业总体保持稳中提质总基调，抓住农业供给侧结构性改革主线，持续优化和调整产业结构，全区农业和农村工作取得新成效。年内，继续推进高标准农田鱼池建设、太湖围网拆除、畜禽养殖污染治理等工作，建成动物无害化处理中心并投入运营，农业生态环境持续得到优化。持续提升农业龙头企业群体质量，市级及以上农业龙头企业上升到30家，实现规模以上农业龙头企业销售收入85.78亿元；组织开展洞庭山碧螺春茶文化节等特色品牌推广活动，农业休闲观光旅游营业收入6.24亿元。全年实现农业总产值46.13亿元，农民人均可支配收入3.26万元；全区村级集体净资产98亿元，村均稳定收入达1341万元。区林业局获得“全省农林农经系统先进集体”称号。

【农业基础建设与规划】 2018年，全区完成高标准农田建设任务400公顷、高效节水灌溉任务86.67公顷；完成农业基础设施投资5946万元，其中中央财政投资346万元、区级财政投资5600万元。初步划定水稻生产功能区2.6万亩，轮作休耕面积2.48万亩；全区确立21个化肥农药减量控制应用示范区，秸秆综合利用率99%。编制完成《苏州市吴中区养殖水域滩涂规划（2017—2030）》《吴中区湿地保护规划2018—2030年》。

【农业品牌建设】 2018年，吴中特色农产品品牌美誉度和市场影响力得到有效提升。推广“吴中大米”地产大米公共区域品牌，“吴中大米”获国家地理标志证明商标。“湖嘉大米”“澄湖香大米”获“2018苏州大米十大价值品牌”称号。在苏州市优质地产果品评比中，“名夫果园”等5家企业生产的黄桃、葡萄、梨等获得6个金奖。申报洞庭山碧螺春茶为中国特色农产品优势区获公示。年内，全区绿色食品种植面积693.33公顷，有效期内绿色食品67个。

【农产品质量监管】 2018年，继续加强农产品质量安全监督管理，全区农产品质量不断提升。全年完成地产种植类农产品快检5213批次、水产品500批次，定量检测抽样447批次，其中畜禽产品92批次，抽检合格率均达到100%。全区60个土壤样品重金属污染检测100%合格。建设省级茶叶病虫害绿色防控示范区2个。评选认定苏州市碧螺春茶业有限公司等5家企业为上年度吴中区农产品“创牌立信”示范单位。

【农业依法行政】 2018年，办理各类农业行政审批9412件，办结率100%。全年依法检查各类生产、经营场所273家（次），抽检农业投入品34个批次，农产品445个批次。组织开展各类专项执法行动4起，受理各类举报4起，立案查处案件2起。开展林政执法“绿剑2018”专项打击行动，接处警124次，出动警力320人次；受理各类破坏森林资源案件28起，其中立案行政处罚9起，移交地方公安刑事立案1起。办理征、占用林地项目共计6宗，涉及林地面积7.05公顷；办理林木采伐项目8宗，涉及林地面积7.88公顷，采伐蓄积量115立方米。收容救护野生动物52只。

【农业产业化】 2018年，加快农业产业化步伐，提升龙头企业产品质量。年内，新增市级农业龙头企业4家，全区共有省级农业龙头企业7家、市级23家。苏州三万昌茶叶有限公司升级为省级农业龙头企业，临湖镇灵湖村被农业农村部评为“2018年中国美丽休闲乡村”，东山镇碧螺村、临湖镇东吴村被评为“江苏省休闲农业精品村”，金庭镇堂里村被评为“苏州市休闲农业精品村”。角直镇甫南村田肚浜入选第三批省级特色田园乡村。吴中区农产品与淘宝、天猫、京东、食行生鲜等30余家知名网络平台展开营销合作；知名电商平台入驻吴中特色馆5家，入馆企业49家，入馆产品264个；农产品微商、微店发展迅速，全区已超万家。全年农产品电子商务销售总额9.66亿元。

【太湖围网拆除】 2018年，吴中区太湖围网养殖面积1801.47公顷，申领养殖证1805本，涉及东山、横泾、临湖、光福、金庭、木渎、胥口、越溪、长桥9个镇（街道）。6月30日至8月20日，经过各部门、各板块的不懈努力，按时完成1805本养殖证的评估工作，评估率100%；8月17日至9月30日，完成围网签约工作，签约率100%；11月26日至12月30日，1805个围网全部移交，移交率100%；年内太湖围网正式拆除工作已经全面启动，确保2019年6月30日前完成太湖围网拆除任务。

【非洲猪瘟防控】 贯彻落实上级关于非洲猪瘟防控有关指示精神，重点开展“阻断非洲猪瘟大排查、防控非洲猪瘟大消毒、打击非法调运大整治、打击危害肉品质量安全大执法”四大专项行动。全区统一部署，区、镇、村三级联动，农业、质监、公安、交通、海关多部门横向联合，阻断非洲猪瘟传播途径，强化消毒灭源，严防问题产品流入市场。（程中欣）

农村改革

【概况】 2018年，苏州市吴中区委农村工作办公室（以下简称“区委农办”）在“三农”工作中，深化农村改革，优化资源配置，继续实施富民强村工程，把持续推动集体经济转型升级摆在突出位置，做优做强集体经济，为乡村振兴奠定坚实物质基础。以跨区域发展、抱团发展、自主发展为主要形式，加强镇级集团公司、村级自主发展、“一村二楼宇”项目的建设，发挥土地、资金、人才各类要素的集聚效益，助推集体经济转型升级。开展薄弱村帮扶，全面开展第五轮区级集体经济相对薄弱村帮扶工作，创新实施“四个一”帮扶机制和第一书记选派机制，引入一批企业商会联合参与薄弱村帮扶工作。设立年度专项资金3500万元，落实市、区、镇三级帮扶转化项目32个，累计下拨市、区两级帮扶资金4300万元，提升经济薄弱村自我造血功能。推进阳光扶贫，持续做好

“阳光扶贫·智慧e农”监管系统建设，建立“五个一”帮扶机制，完善联络员及工作例会制度、走访月度通报制度、资金月度监测制度，提升阳光扶贫质效。全年累计走访4173次，捐助关爱资金及物资170万，超过低保标准解对的低保户294户，在全市范围内率先实现走访与信息的录入率达到两个100%。

【农村合作改革】 2018年，区委农办以农民集体收益分配权退出改革、农民专业合作社质量提升整区推进两项国家级试点为抓手，全面推进农村合作改革，激发农村发展潜力。深化农村集体产权制度改革。落实股权证发放到户，发挥其信息变更、股红发放登记等功能。指导各镇出台产权制度改革的指导意见并完成实例探索，推进股权继承，全年累计完成6387笔；继续实施农民集体收益分配权退出改革国家级试点，起草并完善区级指导意见，赋予农民更多财产权能。全面启动全国农民专业合作社质量提升整县推进试点。区委农办向上沟通对接，获批全国农民专业合作社质量提升整县推进试点，承办全国农民合作社质量提升整县推进试点现场会。结合区情实际，制定并上报区级实施方案，推进农民合作社高质量发展。推动农业新型经营主体高质量发展。持续推动农业新型经营主体创新发展和规范管理，组织开展东吴现代农业人才培育，指导临湖成立农业专业合作社联合社。81个合作社列入政府优先扶持名录，年报公示率98.2%，居苏州全市第一。年内，新增国家级示范社2家、省级示范社1家、省级示范家庭农场2家、星级档案室合作社3家。

【美丽乡村建设】 2018年，继续靓化农村人居环境，打造美丽乡村。区委农办在建设美丽乡村中突出问题导向，通过系列创新举措，取得一定成效。继上年全区147个自然村建设项目通过验收后，本年度145个自然村建设项目中88个开工，时序进度比上年度有所提升。在美丽乡村建设中，创新规范关键流程，建立规划设计单位名录库，抽签确定规划设计单位，引导设计单位编制更适合农村需要的方案。编制完成区级美丽乡村规划设计管理办法，更新完善建设内容，同时将镇、村执行度纳入绩效考核，推进理顺镇、村、设计单位之间的责任和关系。强化保障机制建设，发挥区美丽乡村建设办公室的统筹协调作用，多部门全程分类指导各地美丽乡村建设工作。定期组织暗访、回头看等行动，提高各地清障整违力度。加大资金投入力度，户均建设投入比往年提高，政策普惠度和群众满意度得到提升。年内，开辟区域联动模式，承接6个市级康居特色村建设任务，占苏州大市三分之一。推动建设模式从往年的单一行政村覆盖向村村联合的块状、带状推进；更着眼于长远发展，通过美丽乡村提升规划，对全域范围的路网、水系进行全面梳理，公共服务共享面和作用持久性不断放大。在建设美丽乡村中，下达市级补助资金2190万元。

【规范经营管理】 区委农办正确履行部门职责，强化监督，规范集体经济经营管理。持续优化农村集体“三资”监管品牌，推进全区农村经济社会在更高水平上稳健发展。全面开展新一轮清产核资。按照上级统一部署，坚持高标准清查核实，委托第三方机构深入田间地头，精准开展测绘测量和审计评估工作，全区完成186个镇级企业单位、254个村级集体经济组织的新一轮清产核资工作，在集体资产管理系统中，更新表格体系，落实软件模块升级，实现“进表、上图、入网”。创新开展集体资产追缴欠租和合同清理。吴中区率先在全市范围内全面开展集体资产追缴欠租和合同清理专项行动并取得成效，获得《新华日报》专题报道，经验做法在全市范围推广。全年累计清缴长期拖欠的集体资产租金1.42亿元，明确列入清理对象的合同共677份。持续深化“三资”管理专项治理。开展“三资”管理专项督查，执行农村产权线上交易、第三方财务代理记账、村级非现金结算等各项管理机制，线上交易新增区级立项审核程序，村级财务全部移交村财中心代管，“阳光村务”信息发布和村务卡使用考核制度严格执行。（陈　妍）

农业科技

【概况】 加强种质资源保护，实施碧螺春、白沙枇杷、杨梅、苏州地方柑橘、东山湖羊、太湖鹅、翘嘴红鲌等7个种类的农业种质资源保护项目，开展三新技术推广，下达资金400万。科学合理的品种资源和生态资源的双重保护，保持了太湖鹅纯种性状稳定性；建立东山湖羊遗传资源与利用中心，通过“二分离六自动全监控”的生产模式，有效保护湖羊基因纯种性，保证湖羊种群数量逐年增加；建立品种资源保护库和无性系良种繁育基地，促进原产地域洞庭山碧螺春茶园品种结构的优化；探索翘嘴红鲌提早繁育、大规模鱼种培育和养成等系列技术；建立白沙枇杷（青种）种植资源圃，收集和保存各种优良性状品种，确保品种资源不流失；建立38亩杨梅种质资源保护圃，促进杨梅产业发展，杨梅种质资源得到保护。

【培育新型职业农民】 2018年，全区培训新型职业农民9期725人；选送优秀青年职业农民进入高校系统培训，赴台湾、浙江、上海、贵州德江等地考察学习农业科技。年内，认定新型职业农民75名，其中大专及以上学历占48%、35周岁以下占39%。柳倩楠被评为2018年苏州市首届十佳新型职业农民，柳倩楠主持的农业科技项目，在江苏省农业创新创业大赛获一等奖。

【农技推广队伍建设】 2018年，完成农业专技职称初级评审及中、高级职称申报审核46人，组织全区基层农技骨干培训60人，评选东吴现代农业人才27人。下达奖励农技推广资金99万元、乡镇农技推广服务补贴资金240万元。（程中欣）

农业机械化

【概况】 2018年，购置高质量拖拉机、联合收割机、无人植保机、烘干机等农业机械89台套，投入农机具资金超1000万元。全区农机总动力达14.85万千瓦，农业机械化水平达84%，粮食生产耕种收综合机械化水平达89%。全区拥有大中型拖拉机73台、高性能插秧机68台、联合收割机58台、高效植保机27台、产地粮食烘干机34台，农机具配套比高达1∶3，产地粮食烘干能力为每日352吨；抗灾害性天气和保障粮食安全生产能力明显增强，为助力乡村经济振兴提供机械装备保障。

【农机发展提质增效】 2018年，农业机械化发展工作主动适应经济新常态、现代农业发展新需求，着眼农机化发展短板和滞后区域，以提质增效转方式、稳粮增收可持续为主线，以供给侧结构性改革为切入点，以农机农艺融合、机械化与多种形式适度规模经营融合、机械化信息化融合为路径，推动农机装备、服务组织和作业水平向数量质量效益并重方面转型升级，促进农业机械化全程、全面、高质、高效发展。

【农业机械化作业】 2018年，全区机收小麦面积240.12公顷，机收自给率100%，麦秸秆机械还田率100%；结合农田轮作休耕，全年农机深耕晒垡面积893.78公顷，绿肥深翻还田面积440.22公顷，农机深翻面积占比70%。水稻秸秆机械化还田水平为90%。全区水稻机械种植面积1894.28公顷，粮食生产全程机械化关键薄弱环节的机插秧、高效植保、粮食产地烘干等短板得到有效突破，机械化保障能力明显增强，种、保、烘机械化水平分别为83.8%、100%、60%，全面超出预定的目标任务，有效保障农业丰收、农民增收。

【农机社会化服务】 2018年，全区农机专业合作社11个，核心经营面积2.06万亩，从事农机服务人数321人，农机手人数72人，拥有各类农机具449台套；规模化、专业化、组织化、社会化服务能力，占全区机械化作业量的75%。其中，临农农机社在当地党委、政府支持下，投入1000余万元农机化发展资金，形成从一粒谷到一粒米的耕、种、收、植保、烘干、加工全过程机械化生产能力。全区农机维修体系逐步建立，建成三级农机维修点1个，辐射全区的农机配件中心1个，全年累计检修各类农业机械数量242台次，培训农机维修学员43人次。

（程中欣）

种植业

【概况】 2018年，全区夏收小麦面积240.12公顷，品种以扬麦16号和镇麦12号为主，全区小麦平均单产每亩217公斤，比上年230公斤减5.65%。全区水稻种植面积1887.61公顷，平均单产每亩591公斤。其中南粳46号种植面积1447.39公顷，占76.7%；苏香粳100号种植面积80.04公顷，占4.2%；武运粳30号种植面积76.71公顷，占4.1%；其他品种面积283.48公顷，占15%。优质水稻面积实现全覆盖。地产蔬菜种植总面积1770.28公顷，总产量7.4万吨，总产值2亿元。

【病虫草害防控】 2018年，全区小麦穗期平均防治每亩1.44次，水稻病虫总体防治每亩3次。推广灯诱、性诱、色诱和食诱（害虫“四诱”）技术、生物农药等绿色防控技术，全区主要农作物绿色防控产品使用面积占比为82.76%。全区有种粮大户52户，粮油作物专业化服务合作社11个，村级专业服务队14个，病虫草害全程专业化统防统治示范区面积1153.91公顷。继续做好春、秋季加拿大一枝黄花防除指导、桔小实蝇的监测防治、重大植物疫情阻截带建设和福寿螺的综合防控工作。

【粮油惠农补贴】 2018年，开展农业支持保护补贴工作，全区耕地地力保护补贴面积10405.20公顷，补贴中央财政资金1876.3万元，涉及10个镇（街道）、农户29268户。继续做好苏州市水稻良种补贴项目工作，监督供种10.25万公斤，财政补贴30.77万元，惠及9个镇（街道）44个行政村农户267户。

【种子市场监管】 2018年，依法组织开展市场检查38次，出动执法人员114人次，重点突出主要农作物未审先推、“白皮袋”种子、包装标签、拆包销售、生产经营备案和档案、种子质量等检查内容，指导和帮助种子生产经营主体做好网上备案，全区实现持证门店备案率100%，提交备案单74份。全年供应优质水稻种子10.25万公斤、小麦种子4.08万公斤、油菜种子近1000公斤。监督扦样合计25份，监督检测合格率100%，确保全区春、秋播种子的数量需求和质量安全。

【高产优质品种试验】 2018年，开展稻麦高产优质品种展示、示范和安全性测试试验10个，合计面积10.94公顷。在车坊三马村开展小麦新品种镇麦12号示范试验面积3.34公顷，镇麦10号、镇麦12号、扬麦16号展示试验面积0.4公顷；镇麦12号和扬麦16号安全性测试试验面积0.13公顷。在临湖镇湖桥村开展水稻新品种苏香粳100号示范试验面积6.67公顷，开展新品种早香粳1号区域试验和生产试验面积0.13公顷，南粳46号和苏香粳100号安全性测试试验面积0.26公顷。

【菜篮子工程建设】 2018年，“吴中区金庭镇新丰农业产业园（蔬菜基地建设）”“胥口镇马舍蔬菜基地扩建提升工程”竣工；“吴中区东山蔬菜园升级改造”项目通过市级验收。金记食品“优质安全豆制品菜篮子工程冷链流通体系建设”获得上级立项，项目初步核定总投资246万元，申请市级财政资金74万元。继续提升“菜篮子”保供水平和配送能力，完成全区规模菜田补贴工作，补贴蔬菜种植户124户，面积237.53公顷，补贴资金178万元。（程中欣）

畜牧业

【概况】 2018年末，全区生猪存栏0.09万头，生猪出栏0.70万头；羊存栏0.24万只，出栏0.26万只；家禽存栏3.87万羽，出栏12.18万羽。

【动物检疫防控】 全年产地检疫出证家畜5158头、家禽9700羽；产地检疫动物产品1442.42吨。屠畜宰前检疫617398头，其中准宰615705头，宰后检验615928头，合格率100%。生猪“瘦肉精”检测4768批32064头份，其中本地饲养生猪抽样74批517头份；山羊“瘦肉精”检测832批9779只份，检测结果均为阴性。组织开展春秋防疫、夏季消毒灭源三大行动，共免疫家畜1.49万头，防疫家禽12.36万羽。以区疫控中心实验室为平台，检测动物免疫样本1440份，免疫后抗体合格率80%以上。

【动物卫生监查】 2018年，根据省、市畜牧业“两随机一公开”工作要求，组织开展动物卫生监查和饲料、饲料添加剂专项检查，全面整改存在的问题。开展动物诊疗专项整治，促进动物诊疗市场规范化，全区共有动物诊疗机构29家，登记在册执业兽医师60名。

【畜禽养殖污染治理】 2018年，根据《苏州市美丽生态牧场创建活动实施方案》创建标准，吴中区实施非禁养区养殖场整治。全区非禁养区畜禽养殖场111家，年内完成取缔110家、整治1家，全部通过验收，治理率100%。太湖一级保护区内共有141家小散畜禽养殖户，对其中82家小散户进行粪污综合利用改造，其余不具备改造条件的小散户，予以关停取缔。截止至6月8日，全部完成小散户治理改造并通过验收检查。太湖一级保护区外的10家小散户治理工作于12月20日前通过验收。

【病死动物无害化处理】 2018年，按照“政府主导、多元运作、统筹规划、因地制宜、财政补助、保险联动”原则，稳步推进全区动物无害化处理公共设施建设，构建和完善动物无害化处理的长效机制，提升全区动物无害化处理水平和疫病防控能力。全年完成动物无害化处理公共设施建设投资650万元，累计完成投资2025万元。区级动物无害化动物处理中心已建成并投入运营。（程中欣）

林果业

【概况】 2018年，全区新增造林绿化面积26.68公顷、抚育中幼龄林667公顷，林地绿地总面积达22678公顷。扣除太湖水域面积后，林木覆盖率为30.6%。自然湿地保护面积16.67万公顷，保护率提升至58.1%。全区果品总面积5070.89公顷，果品总产量23958.1吨，比上年增加1.7%；果品总产值49976.407万元，比上年增加24.19%；调整和优化果品产业结构，枇杷、杨梅特色高效果品种植面积增加143.54公顷，面积占比由51.67%上升至54.04%；枇杷、杨梅总产值42100.45万元，占全区果品总产值的84.24%。

【茶叶产业】 2018年，全区茶园种植开采面积2067.7公顷，茶叶总产量333.7吨，其中碧螺春产量107.3吨；茶叶总产值2.69亿元，其中碧螺春产值为1.3亿元，占总产值的49.3%。

【“三新”技术推广】 2018年，从四川引进“脆红李”“青脆李”“凤凰李”3个品种的李子；从浙江引进“红美人”“金桔”“红蜜柚”“甜橙”4个品种的柑橘，并在金庭镇开展引种试验。应用疏花和疏果技术，促进商品果大小均匀；推广枇杷套袋6万只，引进推广枇杷分级包装，推广杨梅冷链短途包装技术；在果树上试验示范异色瓢虫、捕食螨、赤眼蜂等天敌治虫的果园虫害生物防治技术。

【林业资源保护】 2018年，启动东葵咀“三化”造林项目首期工程，栽植“三化”树种3000余株，面积近3公顷。继续开展义务植树活动，栽植榉树、香樟、落羽杉等近万株。区农业局会同区园林和绿化管理局做好景观道路绿化带交接，移交绿化面积338.76公顷。投入财政资金583.9万元。全区17568株古树名木、2个梅树保护区得到有效保护，20余株古树名木开展病虫治理等抢救性复壮。

【生态湿地建设】 2018年，建成太湖竹山岛湿地保护小区，新增受保护湿地面积5596.5公顷。在全区71个生态湿地村实施湿地生态补偿，落实补偿资金6290万元。各湿地公园完成湿地植物收割清理5000亩，完成水生植物的维护等生态修复工作；做好绿化养护、湿地清塘、环境整治等保护工作，开展湿地科普宣教工作。各湿地公园的湿地生态功能得到有效提升。

【森林消防建设】 2018年，“智慧吴中”森林防火智能监测指挥系统项目正式投入运行，市、区二级森林防火综合指挥中心正式开工建设。全区建成8支125人森林消防专业队伍，组织开展森林防火培训暨第一届森林消防技能比武竞赛。采购200多万元的森林防火物资装备，争取到省、市防火资金1590万元。举办全市森林防火工作会议和第六届苏州市森林消防专业技能比武竞赛，吴中区共有10支队伍参赛，获得五个项目中三个第一名，区森林消防大队获二等奖，区林场、金庭镇获三等奖，光福镇、木渎镇、东山镇获优胜奖。年内，区森林防火指挥部办公室创新制作的森林防火沙画短片，在视频网站点击量达6.5万次，获首届中国森林防火公益微视频大赛三等奖、2018全国林业和草原科普微视频创新大赛优秀作品荣誉。

（程中欣）

2018苏州吴中洞庭山碧螺春茶叶节暨太湖文化旅游节开幕

区农业局 供稿

水产业

【概况】 2018年，全区水产养殖面积10645.32公顷，其中池塘养殖面积4789.06公顷，大水面养殖面积5856.26公顷（太湖网围1800.90公顷、澄湖3908.62公顷，黄泥兜146.74公顷）。全区河蟹养殖仍占水产业主导地位，占全区水产养殖面积的95%，河蟹总产7000吨，规格蟹占比有所上升。

【渔业“三新”技术推广】 继续推广应用渔业“三新”技术，澄湖现代农业示范园区内湖浜村的1.47公顷稻虾基地，从养殖品种、放养时间、规格与密度、水沟中水草的种植、饲料投喂、合理施肥与药物的正确选用等方面入手，探索适合全区范围稻田综合种养模式；西山国家现代农业园区在白塔湾建设一个10余公顷的现代渔业科技示范园，重点引进中华鳖、优鲈一号、长江1号河蟹等名特优品种，依托苏州大学、淡水渔业中心等单位，开展相关渔业“三新”技术研究，为全区水产养殖品种引进及技术的更新、推广积累宝贵的第一手资料；东山农林服务中心与苏州益品德环境科技有限公司合作，在农林服务中心10公顷池塘养殖基地进行池塘标准化改造，运用氧气发生设备，结合在池塘底部架设的增氧管，通过将高浓度纯氧输送到塘底，消解有害物质，达到健康养殖的目的，取得生态、经济效益双丰收。

【水产品质量安全建设】 2018年，全区完成40个样品的疫病检测，未发现重大疫病的爆发趋势。完成药敏实验10个批次。组织开展一期乡村渔医培训，完成快检500个样品的检测；组织防疫人员，参加并通过国家农业农村工作部有关白斑综合征的水生动物防疫系统实验室的检测能力验证测试。

【渔船检验】 2018年，集中对全区2934条在册渔船进行信息采集、照相登记并录入“江苏省渔船管理系统”，完成渔船检验工作。全年完成辖区新建渔船检验22艘、省内外其他区域委托检验9艘；委托宜兴相关机构检验新建渔船4艘，总计完成新船检验35艘。

【渔业油补与渔业互保】 完成上年度渔业成品油价格改革财政补贴工作，涉及总船数2934艘，主机总功率34021.6千瓦，补贴总金额1433万元。2018年，全区有5100名渔民投保渔业人身平安互助保险，参保32170份，保费金额81.45万元；年内，完成渔业互保理赔9起，理赔金额49686元。（程中欣）

苏州吴中西山国家现代农业示范园区

【概况】 苏州吴中西山国家现代农业示范园区（以下简称“西山园区”）地处苏州太湖东南部，距苏州古城区45公里，总面积84.22平方公里。2013年始，西山园区与金庭镇实行“区政合一”管理体制。境内有中国内湖第一岛——西山岛及周围20多个太湖小岛，其中西山岛面积79.82平方公里。具有四季分明、温暖湿润、降水丰沛、日照充足、无霜期较长的气候特点；盛产柑橘、青梅、杨梅、枇杷、银杏、板栗等花果，素有“月月有花、季季有果，一年十八熟，天天有鱼虾”之美誉。相继被上级命名为国家4A级风景名胜区、国家森林公园、国家地质公园。2018年，实现地区生产总值23.51亿元，比上年增长7.6%；完成一般公共预算收入0.81亿元；全社会固定资产投资4.47亿元，比上年增长2%。

【集体经济发展】 2018年，推进全国农民专业合作社质量提升试点，新增新型农业产业化联合体2家。金庭镇蒋东村成立第一家土地股份合作社。全区集体经济得到持续发展，全年实现集体经营性总资产5.95亿元、集体稳定性收入2387万元，分别比上年增长6%、8%。

【农业转型升级】 2018年，西山园区加强农业基础设施建设和农业转型升级，全面完成483.11公顷高标准农田整治工程；加快推进绿光农场改造提升工程，新丰农业园水肥一体化设施投产使用，丰禾枇杷标准示范园完成4800平方米连栋大棚框架建设。

【农业品牌建设】 坚持产学研联合发展，继续推进农业品牌建设，西山园区与江苏省农业科学院合作成立农产品加工研究所和果树研究所，推广酵素技术在水稻种植领域的运用，新增市科普惠农服务站2座，石公村获评全省农业信息化示范基地。“太湖绿”品牌青种枇杷获省精品枇杷银奖，选送的本地朱桔、料红、温橘在省精品柑橘评比中获金奖。

【土地综合整治】 继续强化规划的引领作用和土地资源的合理配置，编制上报《太湖风景名胜区西山景区详细规划》，获国家住建部批复。优化土地资源配置，持续实施土地综合整治三年行动，相继完成消夏湾266.8公顷蟹塘清障工作，通过69.57公顷“占补平衡”、6.80公顷“三优三保”验收。推进土地集约节约利用，开展违法违规用地整改及“大棚房”问题专项清理整治行动，拆除违法建筑2万余平方米，园区耕地资源得到有效保护。

【生态文明建设】 推进生态文明建设，组织开展“263”专项行动，完成减煤、关停淘汰低效产能、河道清淤疏浚等22项年度目标任务，整改完成中央及省、市、区各级“263”督办和曝光案件8件，污染防治攻坚战取得新进展。继续治理“散乱污”，完成年初制定的36项重点项目，关停“散乱污”企业（作坊）5家、治理改造31家。推动“水气土”协同治理，5家企业和20个餐饮点完成废水、废气达标排放整治；推动水环境治理，做好蓝藻打捞、水草清理、芦苇收割等工作，确保太湖安全度夏；全面完成1050亩太湖围网拆除工作，整治太湖一级保护区内畜禽养殖户9家，清理杂船174艘，白塔湾水源地达标建设通过省水利厅验收。 （周永芳）

苏州太湖现代农业示范园区

【概况】 2018年1月，根据区委区政府关于调整苏州太湖现代农业示范园区（以下简称“农业园区”）经营体制的要求，将临湖板块移交给临湖镇运营管理，实现“区政合一”的管理模式。农业园区位于苏州市吴中区临湖镇，东、西濒临太湖，地处太湖一级保护区，具有23公里湖岸线和3300余亩环太湖生态保护林。园区有土地资源2267.80公顷，其中，水稻种植面积占园区总面积的三分之一以上，临湖镇成为吴中区水稻种植的第一大镇。农业园区西北部紧靠太湖水源保护地，灌溉用水来自太湖，水资源十分丰富，部分太湖水源达到饮用标准。农业资源十分丰富，以万亩高标准智慧农业示范区为基础，重点打造“米”“蟹”“花”三大产业，即种好“一粒米”、养好“一只蟹”、栽好“一朵花”，创新“太湖”绿色品牌。农业园区与南京农业大学合作制定产学研相结合规划，确定“太湖农业体验小镇”的战略定位，推进“农文旅”协调发展和一、二、三产业融合发展。年内，农业园区相继获得“中国农业大学技术转移中心（苏州）分中心”“南京农业大学乡村振兴示范基地”“江苏农村经济杂志社读者创新实践基地”“苏州市市级现代农业示范园”等荣誉称号。

【智慧农业】 2018年，农业园区继续加强智慧农业核心区建设，推进标准化、生态化农田升级改造工程、配套现代农业服务管理中心等项目建设，为园区的现代农业打下坚实基础。年内，万亩现代生态农业项目总投资1.8亿元，土地平整452.83公顷，其中智慧农业核心区位于20—24灌区，面积超66.7公顷。智慧农业依托部署在农田里的智能监控、小型气象站、土壤传感器、低压管道、智能阀门等设备，通过全球定位系统（GPS）、地理信息系统（GIS）、遥感系统（RS）及云计算物联网技术，实现农业生产的精准化种植、可视化管理、智能化灌溉。是吴中区第一个实现智能监测、智能节水灌溉的水稻种植区。智慧农业项目运营以来，区域水利用系数从0.66上升到0.85，每年可节约灌溉用水23.5万立方米，节约耕地0.68公顷。

【现代农业管理服务中心】 正在建设中的现代农业管理服务中心，是农业园区集粮食仓储、烘干、组合碾米包装流水线、智能农业集中控制及农机库为一体的配套设施工程。满足水稻田科学、高效、规模化地生产经营与发展的要求。现代农业管理服务中心建筑面积5222平方米，其中湿谷仓815平方米、烘房2273平方米、农机库1393平方米、智能控制中心735平方米。

【苏州市吴中农业发展集团有限公司】 原苏州太湖现代农业发展公司更名为苏州市吴中农业发展集团有限公司（以下简称"吴中农业发展集团公司"）后，含东山湖羊保种养殖基地、苏州市现代农产品物流园、越溪农发智慧谷大楼、苏州市吴中农村产权交易中心、苏州市吴中动物无害化处理中心、苏州市吴中城乡农业担保有限公司、苏州市吴中农发园林绿化有限公司、苏州市宁邦公墓有限公司、国家枇杷原种保存及扩繁基地、苏州吴中产鲜现代农业发展有限公司等单位。

【东山湖羊保种养殖基地】 东山湖羊保种养殖基地占地面积23亩，总投资2000余万元。2018年，基地继续以东山湖羊遗传资源保护与利用为目标，提高湖羊保种养殖基地设施现代化水平，湖羊存栏量保持稳定。年内，共出栏湖羊728只，新生羔羊500余只，年底存栏量达770只；成功创建"苏州市美丽生态牧场"，精料机组、污水处理设备和羊粪智能发酵设备顺利投运。保种养殖基地与全国畜牧总站开展科研合作，启动湖羊遗传物质保存效果评价试验项目，对保护优质湖羊种质资源和扩充湖羊血缘具有积极意义。

【苏州市现代农产品物流园】 苏州市现代农产品物流园是江苏省重点项目、苏州市重大民生项目。规划面积90.27公顷，第一期规划面积59.87公顷，规划功能为市场交易和配套服务。2018年4月，南环桥市场有限公司拍得40.2公顷交易市场地块，市现代农产品物流园已开工建设，一期基础设施道路建设项目投入施工，其中纬一路已完工。年内，物流园项目启动8.80公顷商业地块的前期方案设计等工作。在资金保障方面，完成市农发集团退股程序及工商变更登记手续，申请财政资金88070.3万元并拨付到位；角直镇已经归还吴中农业发展集团公司代垫拆迁款12853.18万元。

【越溪农发智慧谷大楼】 越溪"农发智慧谷"大楼占地面积0.33公顷，建筑面积25000平方米，高17层，是集农业实业产业链、农产品质量安全监管、涉农金融服务集群、日常办公等功能于一体的现代农业发展中心。大楼已全面完成招租工作，入驻单位有苏州市吴中农村产权交易中心有限公司、吴中区社会综合治理联动中心、苏州市农产品质量安全监测中心、吴中区交通运输局等。

【吴中动物无害化处理中心】 苏州市吴中动物无害化处理中心项目占地面积0.33公顷，建筑面积2360.83平方米。2018年，累计完成投资2025万元。按照"信息化、自动化、智能化"的高标准定位，采用高温碳化先进工艺，年设计处理病死动物800吨。项目于2018年7月完成土建，9月完成软件调试及人员培训，12月完成设备综合调试并启动项目试运营，与苏州市华统食品有限公司签订病害猪及病害猪产品无害化处理委托协议。年内，在设备综合调试阶段，配合全区畜禽综合整治行动，完成10吨病死动物的无害化处理。项目正式投入运营后，将为全区畜禽产品食品安全及公共卫生提供保障。

【苏州市吴中农村产权交易中心】 苏州市吴中农村产权交易中心是苏州市首个区级农村产权交易中心，为全区集体资产公开公平交易提供优质服务。9月，该中心获得"苏州乡村振兴学堂"现场教学点授牌；12月，在苏州市召开的农村产权交易中心年度总结大会上，获得"2018年度农村产权示范单位"称号。2018年，完成线上交易4799笔，比上年增长60%；合计成交金额5.2亿元，比上年增长41%；合同总金额17亿元，比上年增长123%，全年共接待上级领导视察和各地政府考察团57批次。

【苏州市吴中城乡农业担保有限公司】 2018年，该公司在乡镇融资担保业务日趋萎缩的情况下，继续拓展村级集体经济融资担保业务，为覆盖6个乡镇的51415万元融资提供担保，比上年增长21.95%；并将融资担保业务，扩大到苏州大市范围内的国有公司及集体经济组织，开展与政府性基金风险共担的“信保贷”商业性融资担保业务。加强公司管理，严格控制和防范金融风险，完善风险防控机制，连续四年获融资担保公司监管A级评级。

【苏州市吴中农发园林绿化有限公司】 2018年，贯彻落实区政府关于国有林场改革的精神，提高企业运行管理效率，实现国有资产保值增值，吴中农业发展集团公司对吴中区林场（企业）及其分支机构进行公司制改造，并将该单位更名为苏州市吴中农发园林绿化有限公司。

【国家枇杷原种保存及扩繁基地】 该基地占地面积34.67公顷，项目评审价为1618.51万元，由吴中农业发展集团公司和东山果研所合作建设，建成后每年可提供良种接穗8万根，出产各类优质苗木20万株。2018年，在基地道路、沟渠、田间工程完成的基础上，继续抓紧实施良种果树种植工程。

【苏州吴中产鲜现代农业发展有限公司】 根据区委有关会议纪要精神，由吴中农业发展集团公司收购苏州市吴中集体资产投资管理有限公司持有的苏州吴中产鲜现代农业发展有限公司100%的股份和苏州市吴中城乡农业担保有限公司2.5%的股份。苏州吴中产鲜现代农业发展有限公司重组后，整合吴中产鲜的线上资源，展示展销中心实体店的线下优势，构建农产品零售业态新布局。

（李　隽）

苏州澄湖现代科技生态农业示范园区

【概况】 苏州澄湖现代科技生态农业示范园区（以下简称“澄湖农业园区”）位于吴中区角直镇，地理位置优越，苏州绕城高速、苏沪高速、苏嘉杭高速成复线穿区而过，与苏州工业园区仅一江之隔；生态环境优美，资源丰富，区内河网纵横密布，东依45平方公里的澄湖，西靠二级航道吴淞江，水陆交通便捷。澄湖农业园区是江苏省级农业产业园区，吴中区三大现代农业产业园区之一、角直镇“三区并举”发展的三大板块之一。角直镇与澄湖农业园实行“区政合一”管理运营模式，总面积25平方公里、澄湖岸线6公里，辖湖浜、江湾等7个行政村，户籍人口2万人。农业经济富有特色，是芡实、荸荠、莲藕、茨菰等“水八仙”水生蔬菜原产地。2018年，澄湖农业园区继续围绕“生态优先、农旅融合”发展，突出规划引领，注重科技兴园，依托资源优势，加大资金投入，创新发展思路，探索现代农业发展方向，全力打造特色鲜明、生态优美、社会文明、观光休闲的江南田园水乡国际慢城。2018年，向上申报各级扶持资金，到账6369.58万元。苏州澄湖现代科技生态农业发展有限责任公司注册资金4.24亿元，账面总资产达20亿元，累计对外融资14亿元。

【规划引领】 澄湖农业园区围绕苏州市现代农产品物流园开发建设和“生态优先、农旅融合”发展方向，突出规划引领，高标准、高起点修编完善园区总体发展规划、农业产业发展规划和农旅融合发展规划。引进国际慢城理念，整合区域资源，通过精心打造，把园区建设成为澄湖之滨最美丽的乡村，放大生态优势，突出慢城特色，构建宜居宜游、低碳绿色环境，充分展示江南农耕野趣和美丽田园风光。

【角直国际慢城】 2018年，邀请国际慢城联盟主席斯蒂凡诺·皮萨尼到角直镇和澄湖农业园考察，加快与南京高淳及国际慢城联盟总部的对接。6月，澄湖农业园获得国际慢城意大利总部认可，正式成为国际慢城，并在国际慢城法国年会上正式授牌。随着水八仙生态文化园、东方花博园、澄湖飞行营地等相继建成投入运营后，继续推进节子浜民宿、瑶盛耕趣农乐园、慢行步道、澄湖熙岸步道串联农业园区等各个项目节点建设，逐步形成全域旅游集群效应，初步形成以“三水一绿”生态资源优势为特色，具有“绿色、特色、原色”田园水乡风情的国际慢城格局。

【拆迁清障】 2018年，继续做好拆迁清障工作。农产品物流园基础设施工程2017年民房存量2户，已签约1户；政府配套区上年度民房存量14户，已全部签约；完成计划外民房签约7户、企业存量5户，已签约1户、评估2户；星塘街南延工程涉及民房24户、小产权房15户、企业7户，其中民房评估5户，小产权房签约2户、评估2户，企业评估3户；苏同黎公路快速化改造共涉及拆迁民房15户、企业6户，已签约民房8户、企业2户；吴淞江沿线整治上年度企业存量5户，其中前港村2户已签约、项目清零，长巨村3户，1户已签约。2013—2018年累计被拆迁户189户，全部已拆迁，被拆迁户在拆迁安置房一期已择取安置房308套。

【生态文明建设】 2018年，加快推进村庄环境整治，生态文明继续得到提升。杨家桥、倪家浜、马溇里、沈家荡、马家浜、北马塔、杨树上、东浜、西浜、斛潭上、油车浜等11个康居村建设的招投标结束。加大自然村环境整治，打造美丽宜居环境，对园区保留村庄进行整治提升，为澄湖农业园区生态文明建设和乡村旅游增添新亮点。完善道路、绿地、停车场、污水管网等基础设施，对部分村级道路、绿化、体育等基础设施进行改造提升，改善群众居住生活环境。

【农产品品牌建设】 2018年，澄湖农业园区建成农业生产信息监控和农产品质量追溯系统。继续加快农产品品牌建设，拥有省级名牌农产品1种、绿色食品6种、无公害农产品10种，其中“水八仙”水生蔬菜为江苏省名牌农产品；芡实入选国家极地科研选用产品，并在11月登上“雪龙号”科考船共赴极地；在2017度“吴中鸡头米”获得第一次农产品地理标志登记证书的基础上，继续提升农产品新品牌新品种美誉度，申报澄湖农业园江湾农产品专业合作社的芡实为有机农产品、苏州市湖畔果香生态农业有限公司的火龙果和芭乐为绿色农产品。（杨　洁）

编辑：王明生

工业经济

综　述

2018年，吴中区持续实施“实业兴区”发展战略，以供给侧结构性改革为主线，统筹优化“一核一轴一带”生产力布局，聚焦主导产业，聚力转型升级，全区工业经济继续保持平稳增长态势。全年实现工业总产值1945.9亿元，比上年增长8.0%；其中实现规模以上工业总产值1541.19亿元，比上年增长7.2%，增速列苏州全市第六；实现主营业务收入1513.89亿元，比上年增长7.2%；实现利税136.43亿元，比上年增长13.3%；实现利润95.06亿元，比上年增长8.5%；实现新兴产业产值872.2亿元，比上年增长5.7%，占规模以上工业总产值的比重为58.1%，占比比上年提升1.3个百分点；完成工业投资63.4亿元，比上年增长36.2%，其中，完成技术改造投资46.0亿元，比上年增长50%，占工业投资比重为72.6%。

电子信息产业

【概况】 电子信息产业是吴中区工业经济的两大支柱产业之一，经过多年的发展培育，已形成种类齐全的产业格局，有电子元件、电子信息机电产品、电子工业专用设备、电子器件、电子计算机、通信设备、家电制造、广播电视设备、电子信息专用材料九个细分行业。2018年，电子计算机、通信设备增长较快，产值增幅分别为17.9%和13.9%；电子工业专用设备、电子器件、电子信息专用材料、家电制造保持平稳增长；电子元件、电子信息机电产品、广播电视设备略有下滑。是年，全区有电子信息规模以上企业170家，实现产值461.7亿元，占全区规模以上工业总产值的30.7%，比上年增长4.9%；实现主营业务收入451.2亿元，比上年增长3.6%；实现利税总额29.3亿元，比上年增长1.6%；实现利润总额23.4亿元，比上年下降0.9%。随着技术更新和产品换代步伐加快，全区电子信息行业紧跟市场形势，加快技术进步，加速淘汰低端设备、更替落后产品，一些技术相对落后、以配套为主的企业产能收缩或转移，一批拥有核心技术和品牌优势的企业在激烈的市场竞争中脱颖而出，显示出比较强劲的活力。

【科沃斯机器人股份有限公司】 公司创建于1998年3月，于2018年5月28日在上海证券交易所上市。现已经发展成为拥有高端品牌“ECOVACS科沃斯”及核心技术的集团公司。主要产品是家庭服务机器人（地面清洁机器人地宝、擦窗机器人窗宝、空气净化机器人沁宝和机器人管家亲宝）和商业服务机器人（公共服务机器人旺宝系列）等。整个集团拥有员工6000余人，其中技术研发人员500余人，拥有600多项专利，年营业收入40多亿元。公司拥有完整服务机器人产品线，覆盖家庭服务机器人和商用服务机器人两大领域共六大产品线，其中家庭服务机器人占国内市场份额接近50%，连续多年排名国内市场第一。

【苏州安洁科技股份有限公司】 公司成立于1999年12月，注册资金7.37亿元，2011年11月在深圳证券交易所上市。相继获得2012年最佳中小板IPO上市公司、2013年中国上市公司最佳产业型董事会、2015年中国最受投资者尊重的上市公司等荣誉称号。公司是全球消费电子行业内外部功能性器件的重要供应商，专业为智能手机、台式电脑、笔记本电脑、平板电脑、智能穿戴设备、智能家居产品等中高端消费电子产品以及新能源汽车，提供精密功能性器件的生产和整体解决方案。主要产品包括各类导电材料、屏蔽材料、各种进出口双面胶带、背光源材料、绝缘材料、保护膜、LOGO、面板、电池FPC（柔性电路板）及玻璃类产品等，是提供消费电子产品专用内外部功能性产品及相关服务的龙头企业。公司坚持将研发与创新放在首位，每年投入的科研经费占营业收入的5%以上，相继组建省级企业技术中心、省级新材料工程技术研究中心。2018年，实现工业总产值13亿元，比上年增长5.2%。

【苏州精濑光电有限公司】 公司成立于2014年1月8日，注册资金2.85亿元人民币，是国内平板显示测试装备领域的龙头企业武汉精测电子技术股份有限公司的全资子公司。公司面向高世代LCD（Liquid Crystal Display液晶显示面板）和OLED（Organic Light Emitting Display有机发光显示）生产线提供全制程的智能化、自动化检测装备。基于自主研发的核心技术和产品，公司成功打破日、韩企业在显示检测这一细分领域的长期垄断，提升了中国光电产业包括装备、上游材料、面板生产的产业链的完整性。2018年，公司生产的智能化面板宏观检查机，被认定为省级专精特新产品。年内，公司在吴中经济技术开发区吴淞江产业园新建厂房，占地面积80亩，计容建筑面积近12万平方米，投产后可实现年产340台套新型显示智能装备。是年，产值比上年增长50%以上，发展呈现高速增长态势。

（游绪兰）

装备制造产业

【概况】 装备制造产业是吴中区重点打造的支柱产业之一，业已形成一定规模和相对完备的工业生产体系，主要产业包括电子通信、电器及自动化设备制造业，机械、仪表仪器及汽车零配件制造业，通用、专用、交通运输设备制造业，以及金属及模具制造业等。2018年，全区装备制造业规模以上企业241家，完成工业总产值555.0亿元，比上年增长10.0%，占全区规模以上工业总产值的比重为37.0%，对全区工业经济平稳发展发挥重要作用。在全区装备制造业中，全年累计工业总产值超过5亿元的企业有17家，实现产值301.4亿元，占全区规模以上装备制造业累计总产值的54.3%。在装备制造业细分领域中：工业自动控制系统装置制造业产值61.6亿元，比上年增长23.8%；电子通信系统设备制造业完成产值64.3亿元，比上年增长14.8%；半导体器件专用设备制造及汽车零配件制造业利润、利税总额比上年有不同程度下降。一批重点骨干企业，如汇川技术、东山精密、AW（苏州）汽车零部件等加速向高端领域升级，发展势头稳健，在各自行业领域取得较大的技术优势和市场份额。

【苏州东山精密制造股份有限公司】 公司成立于1998年，由苏州市东山钣金有限责任公司整体变更成立。2010年4月9日，在深圳证券交易所成功上市。公司是高新技术企业，先后获得江苏省技术改造先进企业、江苏省十佳民营企业、苏州市科技创新示范企业、优秀民营创新型企业等称号。公司旗下拥有15家全资、控股、参股企业，注册地分布在苏州市吴中区、高新区、工业园区，以及深圳、香港等地；拥有4家上市公司，分别是东山精密、牧东光电、腾冉电气、雷格特。作为国内较早进入精密制造服务行业的企业，公司主要向通信设备、新能源、精密机床制造等行业的客户，提供包括精密钣金件、精密铸件和组配产品及技术服务；公司的LCM模组、LED背光模组及背光源、LED节能照明产品、轨道交通智能设备、特种变压器等产品制造与服务实现快速发展。2018年，公司实现工业产值64.31亿元，比上年增长14.8%。

【苏州汇川技术有限公司】 公司是专业从事工业自动化控制（变频器、伺服电机、电梯驱动系统、PLC）和新能源汽车驱动器、光伏逆变器软件、硬件及其产品和系统集成的技术开发、生产、销售的企业。先后获得国内中小上市企业公司治理能力第1名、国内上市企业综合实力50强、福布斯亚洲中小企业200强企业、2016年度江苏省制造突出贡献奖企业等称号。公司建有江苏省中高压电力电子及其传动工程技术研究中心、江苏省企业技术中心、江苏省新能源汽车动力总成工程中心、苏州市自主品牌大企业和领军企业先进技术研究院。2018年，公司被评为国家工信部两化融合管理体系贯标试点企业、江苏省示范智能车间，全年工业产值超过57.9亿元，正在加快向工业4.0迈进。

【苏州绿的谐波传动科技有限公司】 公司是一家专业从事精密谐波传动装置的研发、设计和生产的高新技术企业。2003年开始从事机器人用精密谐波减速器研发，主要生产、检验设备均采用目前世界一流的先进设备；公司技术力量雄厚，拥有研发人员50余名和自己的研发中心，每年用于谐波传动的研发经费超过2000万元。在谐波传动领域已拥有40多项国家专利，是GB/T30819—2014《机器人用谐波齿轮减速器》国家标准的主要编制起草方。公司生产的精密谐波减速器经过多家机构和企业的检测，在精度、寿命、稳定性、噪音等方面，均已达到甚至超越进口产品水平，并已批量供货国外主流的机器人厂商，在国内机器人谐波减速器市场的渗透率超过80%，市场占有率超过50%。公司生产的精密谐波减速器产品，先后获得2014年江苏省中小企业“专精特新”产品、2014年和2015年度高工机器人零部件类金球奖、2016年江苏省谐波减速器质量攻关项目支持、2017年江苏省著名商标称号等荣誉。2018年，公司实现工业产值2.0亿元，比上年增长61.7%。

（游绪兰）

生物技术和新医药产业

【概况】 生物技术和新医药产业在吴中区已形成医药研发、原料药及中间体生产、成品药生产、医药安全评价、医药检测、药物认证等较为完整的生物医药产业链，主要涉及化学药、生物技术药物、现代中药、新兴医疗器械等细分领域。2018年，实现工业总产值72.9亿元，比上年增长6%。

【江苏吴中医药集团有限公司】 吴中医药集团是上市公司江苏吴中实业股份有限公司控股的核心产业集团，成立于2005年9月，注册资本4亿元，是吴中医药产业基地骨干企业，苏州市医药行业协会会长和江苏省医药行业协会副会长单位，相继获得“国家重合同守信用企业”“工信部化学药品工业企业百强企业”“中国化学制药行业工业企业综合实力百强企业”“火炬计划国家重点高新技术企业”“省高新技术企业”“省百家重点自主创新企业”“省医药行业诚信企业”等荣誉称号。公司建成涵盖基因药物、化学药物与现代中药，集研发、生产和销售为一体的完整医药产业链，设有省级企业技术中心、院士工作站，拥有江苏省唯一的基因药物工程技术中心，是国家重大新药创制重大专项“抗肿瘤药物技术创新产学研联盟”成员企业。相继获得国家级科技项目17项、省级科技项目22项，其中国家重大新药创制专项课题4项、863（国家高技术研究发展计划）专项课题1项、国家火炬计划9项、省重大成果转化项目2项、省火炬计划5项。

【苏州药明康德新药开发股份有限公司】 公司于2006年10月落户吴中，注册资本6亿元，占地面积100亩，是药明康德集团的全资子公司，拥有全国规模较大、标准较高的药物非临床研发实验楼；为全球客户提供高端的新药临床前研发服务，核心业务包括提供一般毒理学、遗传毒理学、药物安全性评价、药代动力学、安全药理，发育和生殖毒理学研究，肿瘤新药研发、眼科毒理学和医疗器械测试服务等。公司是全面率先通过中、美、欧三方食品药品监督管理机构资质认证的药物安全性评价机构，研究数据可以用于全球新药的申报。公司现有员工951人，硕博比例占到总人数的29.8%，拥有20余位的国际资质认证专家，21人次获得国家、省、市、区高端人才荣誉资质。苏州药明康德先后获得江苏省高新技术企业、省企业技术中心、省重点企业研发机构、省科技公共服务平台、省百强创新型企业等荣誉称号。

（游绪兰）

新能源新材料产业

【概况】 吴中区新能源产业是以锂电池、电机配套企业及下游应用企业为主的新兴产业；新材料产业是先进制造业发展的重要基础，近几年全区的新材料产业发展势头明显，涵盖先进钢铁材料、先进有色金属材料、先进无机非金属材料、先进高分子材料、高性能纤维及制品和复合材料等领域，逐渐成为吴中区新兴产业发展的新亮点、新优势。2018年，全区共有新能源行业列统企业7家，实现产值18.5亿元，比上年下降7%；新材料行业实现产值129.7亿元，比上年增长10.5%。

【苏州银禧科技有限公司】 公司成立于2011年，是广东银禧科技股份有限公司的全资子公司。2012年3月，该公司在吴中经济技术开发区河东工业园购置10万平方米土地；2014年10月，完成一期5万吨产能的基础建设并投产。公司经过多年发展，已经形成年产5万吨改性高分子材料的生产能力，成为华东及华南地区最重要的高分子新材料生产企业之一。基于对高分子改性材料发展趋势的深刻理解，公司研发团队致力于多种高性能、高环保的高分子新材料产品的创新、开发和应用，产品涵盖阻燃、耐候、增强增韧、塑料合金、热塑性弹性体、生物降解以及其他高功能产品等七大系列。公司在加大传统产品开发的基础上，继续对汽车轻量化进行研发、生产和销售。2018年2月，注资成立苏州银禧新能源复合材料有限公司，已成功进入新能源汽车领域。是年，实现销售收入5.2亿元，比上年增长16.9%。

【苏州宇邦新型材料股份有限公司】 公司主要产品为“涂锡铜带”，其主要用途是焊接于太阳能电池片的主栅线上，起到连接电池片并导电的功能。公司拥有近60条生产线，年生产能力近万吨。国内细分市场占有率约20%。在产品质量控制、关键性能指标等方面始终处于行业领先地位。2013年，公司完成江苏省企业技术中心建设，成立江苏省特级超软涂锡铜带技术工程技术研究中心、苏州宇邦—上海交大光伏材料研究中心、江苏省企业研究生工作站；先后通过江苏省高新技术企业、江苏省名牌产品、江苏省著名商标、江苏省民营科技企业等评审。公司受邀参加国家焊带产品的标准制定，成为国标、行标、地标的主要编撰单位，同时为焊带行业提供可供考量的实践依据。（游绪兰）

节能环保产业

【概况】 发展节能环保产业是调优产业结构、转变发展方式的内在要求，是推动节能减排、发展绿色经济的战略选择。2018年，吴中区加快节能环保产业载体平台建设，延伸完善节能环保产业链，探索“核心企业+产业基地+服务平台”发展模式，促进产业集聚，推动节能环保产业发展。位于吴中高新区的苏州节能环保科技园成立以来，相继引进入驻苏州市节能减排协会、苏州市安全协会等专业服务机构平台和一些从事节能相关行业的优秀企业。2018年，全区节能环保产业规模以上企业实现产值78.1亿元，比上年增长5.4%。

【光大环保能源（苏州）有限公司】 公司是光大国际旗下实业投资之旗舰公司，主营业务是焚烧处理城市生活垃圾，销售所生产的电力及从事其热电联产经营与综合利用。总投资约18亿元人民币的垃圾焚烧发电项目由一、二、三期工程组成；设计日处理规模为3550吨、年焚烧生活垃圾140万吨、上网电量4亿度，是国内已经投运的较大的生活垃圾焚烧发电厂之一。公司设有独立配套的渗滤液处理厂，提标升级后日处理能力达1200吨。2018年，公司正在加快推进苏州市生活垃圾焚烧发电厂提标改造项目，项目总投资预算为33.2亿元。烟气净化均采用国内先进的“SNCR脱硝+半干法脱酸+干法脱酸+活性炭喷射+布袋除尘+SCR脱硝+湿法脱酸+GGH烟气脱白”方法，提标改造完成后，主要烟气污染物排放总量和浓度，将在现有基础上，继续实现双降，改善周边生态环境。全年公司实现产值3.8亿元，比上年增长0.4%。（游绪兰）

创新转型

【概况】 2018年，吴中区工业经济以创新转型升级为工作主线，以智能制造为工作重点，继续推进供给侧结构性改革，落实促进制造业发展的各项政策，优化政务服务，创新转型工作取得新成效。全区工业经济稳中向好，经济运行保持在合理区间，质量和效益同步提高，创新的支撑作用不断增强，产业层次逐步向中高端迈进。

【主要举措】 2018年，全区推进工业经济创新转型的五项主要举措：

持续推进智能制造，培育高端优势产业。落实机器人与智能制造相关产业政策，聚焦“空间载体、企业引育、服务平台、人才体系”四个方面，完善智能制造生态体系；做好生物医药产业园规划和建设工作，促进生物医药企业集聚；重点布局新一代信息技术、生物医药和人工智能三大先导产业，促进各类创新资源集群集聚，构建自主可控的先进制造业体系。

狠抓工业有效投资，加快转型升级步伐。在聚焦两大主导产业的同时，引导各板块结合自身产业实际情况和发展潜力，创新举措，冲击百亿级、千亿级重大项目，以项目引育扩大产业增量。紧盯省、市、区级重点工业投资项目，将年度任务目标层层分解，强化监督，狠抓落实，推进重大项目建设进度。组织近百家企业申报区级技改项目，实施智能化改造项目85个，加快企业转型升级步伐。

推进资源集约利用，践行绿色发展理念。加快工业资源集约利用信息系统建设，做好“退二优二”等工作，引导企业和板块对低效工业用地和厂房进行重新规划建设，提高土地亩均产出效益。继续推进淘汰低端低效产能、“263”减化、散乱污整治等工作。落实上级节能双控目标任务，加大对高耗能重点行业、重点企业的节能技改力度。

着力发展专精特新，优化企业长效服务。聚焦“专业化、精品化、特色化、创新型”发展方向，对全区在细分行业具有话语权的特色优势企业，进行重点培养，搞好服务，培育一批专精特新示范企业和具有行业领先地位的特色优势产品。加强重大项目跟踪服务力度，落实重点企业、重点项目挂钩联系制度，以精准服务为突破口，当好服务企业的“店小二”。持续为企业营造更好发展环境，帮助企业解决发展中的困难，提振企业发展信心。

加强自主创新能力建设，着力提升企业核心竞争力。主动做好国家、省两化融合管理体系贯标试点、两化深度融合创新试点创建工作，推进企业信息化建设。加快推动软硬件上下游企业密切协作，发展与硬件结合的嵌入式软件和行业解决方案，促进两化深度融合。以自主可控为主要路径，鼓励企业加大研发载体建设，做好省首台套、关键技术研发等创新举措，加快领军企业先进技术研究院建设步伐，加大国家、省、市企业技术中心推进力度，推进军民两用科技成果转化。

【实施成效】 2018年，全区工业经济规模效益稳步增长，产业结构持续优化，工业经济创新转型继续取得新成效：两大支柱产业平稳发展。全年完成的产值、利税、投资等均实现持续增长；生物技术和新医药、新能源新材料、节能环保等重点产业都实现较快增长。企业发展活力显著增强。年内，伟创力企业成功创建省级示范智能车间；新智机电、华之杰电讯、维信电子、汇川技术4家企业成功创建市级示范智能车间；精濑光电和天山新材料获评年度江苏省专精特新产品，航天工程装备等7家企业获评年度苏州市专精特新示范（培育）企业。全区新获认定四星级平台2家，三星级平台6家，二星级平台3家，一星级平台4家。绿色发展有序推进。持续完善吴中区工业企业资源集约利用信息系统中的数据统计，对2429家被列为评价对象的企业进行综合评价，其中9家企业入围苏州工业企业“亩产英雄百强榜”，上榜企业数位列苏州全市第三。全面完成上级节能双控年度目标任务，累计关、停及淘汰低端低效落后产能企业125家，腾出工业土地1000余亩。推进“263”减化专项行动，全区关停化工生产企业62家，全面完成市级下达目标任务。社会化服务体系不断完善。加快推进中小企业公共服务平台建设，服务能力日益加强，集聚效应逐步显现。全区拥有一定规模和实力的公共服务平台50余家，其中，国家中小企业公共服务示范平台2家、江苏省中小企业公共技术服务示范平台1家、江苏省小型微型企业创新创业示范基地4家、江苏省中小企业星级公共服务平台54家。与此同时，以检验检测为代表的技术平台发展势头强劲，全区拥有专业化的检验检测机构30余家，从业人员近4000人，实验室总面积40余万平方米；拥有10多个国字号检测资质平台，取得国际国内各类资质近100项，服务涵盖电器检测、电子消费品检测、生物医药检测、食品检测、环境卫生检测、力学检测、计量校准等众多门类，全年实现服务收入超20亿元。发展动能持续增强。年内，成功引进华为、浪潮、360、腾讯、赛迪研究院等重大项目，为全区工业经济发展培育新动能。（游绪兰）

载体建设

【概况】 2018年，全区工业产业载体建设继续提质扩容，坚持高起点规划、高标准建设。吴中综合保税区、吴淞江科技产业园、东太湖科技金融城、甪直模具产业园等重点载体建设步伐加快，工业地产项目、工业专业园区等载体建设有序推进，成功招引的一批企业进驻相关区、园、城等载体落地生根，投资开业。

【吴中综合保税区】 保税区位于吴中经济技术开发区东部。2005年6月，经国务院批准设立江苏吴中出口加工区；2009年7月，实现保税物流功能叠加；2015年1月，江苏吴中出口加工区获批升级为国家级综合保税区；2017年3月，通过上级综合保税区升级验收。吴中综合保税区以跨境电商综合试验区为机遇，全面实施转型创新发展，促进跨境电商产业做大做强做出特色，推动现代物流产业做优提升。区内已入驻伟创力、精曜科技等多家行业领先的优质企业。

【吴淞江科技产业园】 产业园位于吴中经济技术开发区东南部，紧邻苏嘉杭和绕城高速公路，规划面积约9平方公里，规划为中部工业区、西部研发区和东部配套区三个片区。区内两横两纵主干路网框架等基础设施及环境建设已基本完成，耐克森线缆、辉瑞制药、美泰乐电工、英维克温控等一批世界500强、高新技术企业相继入驻产业园。

【东太湖科技金融城】 东太湖科技金融城位于经济技术开发区西部，南临太湖，北靠旺山，相继获得"国家级科技企业孵化器""国家科技合作基地"等10多个国家、省、市级荣誉称号和基地品牌称号；建成中科院吴中生物医药研发中心、吴中生命科学园、药明康德毒理中心、西山中科药物研究开发有限公司等近百万平方米的企业孵化器和公共服务平台。东太湖科技金融城围绕"科技金融引领区、生态低碳示范区、新兴产业集聚区"的目标定位，重点发展生物医药研发、创意设计、检测认证等现代服务业，全力打造生物医药服务平台、检测认证服务平台和科技创投融资平台。2018年，东太湖科技金融城二期综合楼、1.6平方公里的太湖金港设计产业园建成，吸引20多家金融设计研发企业入驻；尚金湾总部经济园、第一工园、越旺智慧谷等高水平科技金融载体陆续建成投用。

【角直模具产业园】 角直模具产业园位于东方大道与凌港路交会处，为苏州市模具龙头企业集聚区之一。产业园依托现有产业基础和柳道万和、重村钢模等模具龙头企业，通过角直集团社会资本的开发，逐步建成富民一区、二区、三区、五区、六区、七区、八区等载体。产业园总投资超10亿元，形成20多万平方米的高标准工业厂房，入驻企业30多家。2018年，产业园以实施"模具产业发展1215计划"、吴中先进制造业轴东端布局定位和实现工业产值"两个翻番"为目标；以模具平台为载体，引育"互联网+"、科技研发、设计等新兴业态与模具产业深度融合发展，推动模具装备向自动化、智能化、现代化方向发展，继续做大做强模具产业，打造和扩大角直模具特色小镇品牌影响力；以创新驱动为引擎，统筹存量优化和增量提升两个重点，通过招商引智、载体建设、服务创新等手段，推进模具产业提质增效工程，借助模具特色小镇"国字号"发展平台，加快项目载体建设步伐。年内，25万平方米的高标准工业厂房已开工建设，其中兰生产业园9.5万平方米、联东U谷产业园8.5万平方米、合金二期产业园7万平方米，将成为本地高端制造企业、优质高成长企业的加速器平台。联东U谷产业园，占地面积78亩，规划建设高标准厂房24栋，每栋4层，总投资4亿元。吴中区模具智造产业联盟围绕"模具智造"主导产业和"做优、做深"产业链这一核心，加大产业招商力度，利用产业链招商和圈层招商，继续引入一批模具知名企业和与产业上下游配套的延伸产业项目，提升产业集聚效应。同时，将分散在产业园外的一些优质小微模具企业，陆续吸纳到产业园内来。通过上下游项目配套、补链产品上延下伸和合作、交流，实现优势互补，形成模具产业集聚发展。产业园内的角直模具成型制造科创中心，是角直模具特色小镇的核心枢纽，既是模具企业交流的基地，更是角直模具产业发展的重要窗口，提供规划展览、产品展示、技术交流、交易合作和会展服务等全方位的功能服务，营造“引得进、留得下、住得久”的人才氛围。You+国际青年社区、科技园A楼等科创载体平台建设相继完成，即将投入使用，为模具产业发展提供相关配套服务，助推企业创新发展和高端人才引育。是年，产业园实现工业产值超3亿元，亩均税收50多万元。

（游绪兰　杨　洁）

智慧吴中

【概况】 2018年，吴中区全力打造“智慧吴中”项目，创新“互联网+”新思维模式，继续加强基础设施和数据库建设，推进大数据中心建设，做好统筹协调工作，有序实施智慧应用项目。

【数据库建设】 推进“智慧吴中”项目基础设施和数据库建设。全区已接入24个部门业务数据，汇集吴中人口400万条数据、法人12.9万条数据、空间地理信息18个图层服务，形成三大基础数据库；累计梳理52个部门的信息资源报告以及17个部门的227条数据资源目录，形成信息资源交换共享中枢。

【统筹协调工作】 深化“智慧吴中”统筹协调工作。加强信息资源整合共享，为各部门统筹协调市级数据，实现部门间共享交换数据208万条，有效疏通数据共享交换服务中的“堵点”，走出部门间数据对接、资源共享交换的第一步。

【有序实施智慧应用】 加强各类智慧项目推广与应用。顺利启动和推进34个项目应用，完成36个项目验收，有效提升区域社会治理、政务服务、民生保障、产业服务等多方面的信息化支撑能力。

（游绪兰）

表14–1　2018年规模以上工业基本情况

项目	单位	2018年	2018年为2017年%
企业个数（正常运营）	个	903	105.2
年末资产合计	万元	16894050	106.4
工业总产值（现行价）	万元	15411898	107.2
工业销售产值（现行价）	万元	15219335	107.3
工业产值销售率（%）		98.8	100.2
主营业务收入	万元	15138940	107.2
利税总额	万元	1364267	113.3
利润总额	万元	950598	108.5
从业人员平均人数	人	198615	98.6
人均利税额	元／人	68689	115.0
工业用电量	万千瓦小时	310649	104.0

表14-2　2018年规模以上工业主要经济指标

项目	企业个数（个）	工业总产值（现行价）（万元）	工业销售产值（现行价）（万元）	从业人员平均人数（人）	出口交货值（万元）	资产总计（万元）
总计	903	15411898	15219335	198615	4757702	16894050
#亏损企业	134	2072928	2083135	32689	933273	1833754
一、按轻重工业分						
轻工业	341	5108678	5033210	74702	1785202	4354462
重工业	562	10303220	10186125	123913	2972500	12539588
二、按企业规模分						
大型企业	25	5140091	4995483	61946	2491818	6528201
中型企业	104	3314975	3281388	51046	1076886	3636000
小型企业	748	6840081	6818143	84421	1169117	6486195
微型企业	26	116750	124320	1202	19881	243654
三、按登记注册类型分						
内资企业	614	8436445	8316022	106181	1653713	10027062
股份合作企业	1	22066	22255	148	—	32522
有限责任公司	64	1884980	1887268	17088	85222	2123282
股份有限公司	22	751702	747237	8020	341504	789725
私营企业	527	5777697	5659262	80925	1226987	7081533
港、澳、台商投资企业	100	1754040	1739398	22187	665824	2186107
#港澳台商独资经营企业	72	1315864	1300316	17646	523219	1505128
外商投资企业	189	5221413	5163915	70247	2438165	4680882
#外资企业	158	3979294	3905890	58511	1756968	3642515
四、按经济组织类型分						
独资企业	250	5404451	5315052	78092	2287961	5249613
合作、合伙企业	5	146008	140305	1042	9411	310178
股份有限公司	51	2160757	2079997	23999	904974	4228687
有限责任公司	597	7700682	7683981	95482	1555356	7105573
五、按行业类别分						
农副食品加工业	6	209751	207530	1405	6574	95679
食品制造业	7	69375	69894	1386	15635	51999
酒、饮料和精制茶制造业	5	55447	58658	621	—	54802
纺织业	33	443922	445612	5212	130654	355780
纺织服装、服饰业	73	805694	796141	19627	491581	510184
木材加工和木、竹、藤、棕、草制品业	5	29454	29454	475	—	23341
家具制造业	5	21940	21802	301	7199	9634
造纸和纸制品业	16	212985	213664	1477	9766	125831

续表

项目	企业个数（个）	工业总产值（现行价）（万元）	工业销售产值（现行价）（万元）	从业人员平均人数（人）	出口交货值（万元）	资产总计（万元）
印刷和记录媒介复制业	17	117828	116875	2376	12697	105521
文教、工美、体育和娱乐用品制造业	9	44049	40829	1668	19611	25657
化学原料和化学制品制造业	40	741557	745327	3526	60858	464629
医药制造业	10	659271	607852	4397	23929	723936
化学纤维制造业	3	228192	222296	1468	93535	353480
橡胶和塑料制品业	116	1142359	1139235	21551	375895	1103734
非金属矿物制品业	31	717327	717493	4336	7029	894125
黑色金属冶炼和压延加工业	2	34899	34899	141	1782	29564
有色金属冶炼和压延加工业	8	108090	109322	954	18780	96751
金属制品业	79	973406	964492	13165	197727	1043096
通用设备制造业	127	1655327	1635746	22485	550188	1791587
专用设备制造业	88	758848	746835	11812	134912	786315
汽车制造业	23	521901	543215	5351	40768	547140
铁路、船舶、航空航天和其他运输设备制造业	2	33222	34405	387	10937	51615
电气机械和器材制造业	91	1854875	1849125	23490	836464	1542341
计算机、通信和其他电子设备制造业	87	3159939	3063557	43430	1700821	4745576
仪器仪表制造业	13	677227	675380	6716	10360	717987
电力、热力生产和供应业	2	57636	52467	436	—	207612
燃气生产和供应业	1	27431	27431	27	—	8743
水的生产和供应业	4	49949	49798	395	—	427393

编辑：王明生

商贸服务

综 述

2018年，实现进出口总额88.34亿美元，其中出口61.44亿美元；新增注册外资及港澳台资7.19亿美元，比上年增长23.7%；实际使用外资及港澳台资3.73亿美元，比上年增长1.2%；服务外包接包合同额3.49亿美元，比上年增长7.7%；离岸执行额1.12亿美元，比上年增长9.8%；新增中方境外协议投资额3.05亿美元，比上年增长28.2%。全年社会消费品零售额441.24亿元，比上年增长7.6%。

2018年，全区净增个体户19959户、私营企业11741户、国有集体及其控股企业217户、外商投资企业6户、农民专业合作社18户。截至年末，全区共有市场主体178280户，较去年同期增长14.34%，其中个体户102062户、私营企业69336户、国有集体及其控股企业4451户、农民专业合作社404户、外资企业及其分支机构1670户。净增注册资本873.79亿元，比上年增长14.46%。对照“3550”改革目标，进一步提高行政审批效率，确保审批环节控制在0.5天内。优化外资及港澳台资企业工商登记、商务备案程序，35家企业完成“一口办理”。稳步推行“证照分离”改革，持续降低准入门槛，指导微型餐饮单位备案107家。（朱沛臻　张桑桑）

开放型经济

【对外贸易】 加强外贸企业市场开拓服务，帮助73家企业争取广交会、华交会等展会展位165个。做好首届进口商品博览会组织保障工作，全区350家企业登记注册，1022名专业观众参会，58家企业意向采购额1亿多美元。有效鼓励参展企业稳定传统市场、拓展新兴市场。扩大中国出口信用保险公司覆盖范围，降低出口企业信用风险。全年参保中小企业71家，保费扶持124.17万元。密切关注中美贸易摩擦动态，加大对美出口企业调研走访。落实各项稳外贸政策，协助近300家企业申报市级以上商务发展专项资金3000余万元。加大外贸出口品牌培育，截至2018年底，吴中区累计已有4个省级出口品牌和10个苏州市级出口品牌企业。2018年，全区进出口保持稳定增长，贸易结构进一步优化，一般贸易进出口增速超过10%，占进出口比重63.6%。

【招商引资】 制订完善《吴中区招商引资三年行动计划》，研究制定相关配套政策、措施，制定可量化的招商考核评分及奖励办法。建立招商引资情况月报制度，实时跟踪各板块在谈、已签约项目，统计掌握土地、厂房、办公楼宇、宿舍等资源载体。加强项目跟踪，完善“外资项目进度管理”制度。全面落实推进项目预审制度，严格执行《吴中区招商引资项目预审办法》的相关规定。截至2018年底，召开六次联席会议，通过58个用地产业项目，总投资145亿元，其中外资项目9个，总投资2.35亿美元。加强招商队伍建设，举办2018年吴中区招商人员培训班，进一步提升全区招商队伍的专业素养。成功举办四期“招商在吴中”系列招商培训交流活动。2018年，全区开展各类招商活动90次，其中：境外6次，30人以上大中型招商活动38次，与腾讯、华为、360、浪潮等签订合作协议，一批合作成果加快落地。

【境外投资】 2018年，新增境外投资企业19家，新增境外中方协议投资3.05亿美元，比上年增长28.2%。投资区域扩展至28个国家和地区，产业涉及农业、消费电子产品制造、医药研发、纺织服装，建筑建材以及教育、资源开发、房地产开发等多个行业。主动融入“一带一路”建设，引导企业围绕“一带一路”主要节点城市、海上港口及重点产能合作国家开展投资合作，举办“一带一路”海外投资研讨会、专题论坛，开展企业“走出去”培训，有效提升企业海外经营软实力。2018年，赴“一带一路”沿线国家投资项目8个，其中，苏州善果农林产业发展有限公司在印度尼西亚投资200万美元设立印尼苏州善果林业发展有限责任公司，苏州市林航商贸有限公司以300万美元在埃塞俄比亚投资设立大信建筑机械制造有限公司，苏州达翔新材料有限公司以465万美元在泰国设立达翔新技术（泰国）有限公司。 （朱沛臻）

商贸流通

【概况】 2018年，坚持以完善市场体系、优化商业模式、提升流通效率、促进消费升级为重心，积极推动全区商贸业创新转型和提质增效，配合做好新一轮苏州市商业网点布局规划编制，引导流通业规范有序发展。支持商业载体建设，悠方、红星美凯龙、尹山湖爱琴海、阳光天地等综合体项目相继开业。推进商旅文融合互动发展，东山镇成功创建中国商旅文产业发展示范镇。强化社区商业品牌建设，甪直镇保圣社区获评苏州市社区商业示范社区。深入挖掘老字号发展潜力，明仕阁红木、西汇饭店、洞庭饭店3家企业成功获评首批“苏州老字号”。截至2018年底，全区有“中华老字号”4家，“江苏老字号”2家，“苏州老字号”3家。积极落实安全生产行业监管，组织开展相关行业和领域安全生产专项检查治理活动及常规性安全生产活动近50次。

【市场监测】 加强商贸流通领域市场监测。积极应对非洲猪瘟，加强储备肉督查，完善应急储备方案，启动日报预警机制，强化责任意识，确保猪肉市场稳定供应。努力推进商贸流通领域文明城市创建工作，督促全区46家2000平方米以上的大型商超按照要求逐条落实，针对薄弱环节进行重点督查整改。有效稳定市场秩序，及时处理预付卡、汽车销售等纠纷投诉920余起。

【电子商务】 着力提高电子商务发展水平，促进电子商务品质提升。东山电商产业园获评江苏省乡镇电子商务特色产业园，吴中科技创业园“众创+园”获评江苏省电子商务众创空间试点。吴中综保区跨境电商综合服务平台“境贸通”先后开通一般出口、直购进口、网购保税进口三种业务模式，并在全市率先开展跨境电商“9610”出口业务。京东中国特产·吴中馆正式上线，东山电商产业园建成4728平方米物流中心，实现电商交易额1.8亿元。借助“2018华东跨境电商生态峰会”开展吴中区电子商务产业推介和展览展示活动，全面展示全区电商发展成果和优越的投资环境。2018年，全区电子商务

2018年8月15日，2018华东跨境电商生态峰会在太湖国际会议中心举办，会上开展吴中区电子商务产业推介和展览展示活动　　区商务局　供稿

交易额达395亿元，比上年增长14.5%，拥有电子商务交易额超亿元企业7家。（朱沛臻）

供销合作

【概况】 2018年，立足服务“三农”的根本宗旨，围绕深化供销合作社综合改革工作，着力推进新型基层供销社和为农服务社建设、全区农药集中配送、废弃农药包装物回收处理和再生资源回收利用等几项重点工作，不断推动全区农村经济平稳较快发展。全年共实现放心农（渔）药配送2700万元，统一回收废弃农药包装物680万件，回收率95%。2018年，通过统一招标，优选放心农药400余种，全年完成集中配送农（渔）药销售总额近2700万元。

【健全基层社组织架构】 在全区各地组建新型基层供销社，力争实现镇级基层供销社全覆盖的改革目标被列入全区2018年改革重点工作。各地按照“六有”标准（有证照、有场所、有标识、有人员、有收入、有为农服务项目）组建新型基层供销社，原本基层供销社缺失的相关镇（街道）均已将镇级基层供销社组建完成，人员、场所配备到位，吴中区基层供销社在镇一级实现全覆盖。

【废弃农药包装物回收处理】 以东吴农资公司和各农药配送站为责任主体，根据“定点回收—分类整理—集中转运—专库储存—无害化处理”的工作流程，对全区产生的废弃农药包装物进行统一回收，2018年共回收680万件，回收率95%。

【再生资源回收利用网络体系管理】 每月对全区各镇（街道）开展再生资源管理工作的督促检查，2018年共查出环境污染问题6例，安全问题26例，经营秩序违规22例，均责成属地政府及时整改。配合相关部门整治回收站（点）的违法行为，规范回收市场秩序，整治提升体系内网点15家，关闭取缔有证（包括体系内）和无证回收站398家。（尹　洁）

粮食购销

【概况】 2018年，深入贯彻新时期国家粮食安全的新战略，按照粮食安全责任制的总要求，紧紧围绕构建新时代地方粮食安全保障体系的总目标，为全区经济社会高质量发展提供可靠的粮食安全保障。完成两季收购，粮食储备高效平稳。不断强化市场保供载体作用，稳步推进应急保供网络建设，安全保供基础扎实。提升监管水平，加强法治建设，质量监管落实到位。推进产业升级，推动资产优化，产业发展质量提升。2018年，完成粮油交易量达85.8万吨，交易额38.8亿元。

【粮食购销调控】 完成两季收购。党员干部带头深入田间地头，对种植情况、订单面积进行摸底，做好收购前期调研工作。夏粮方面，由于2018年区内耕地实行轮作休耕，本地小麦实际种植面积相比往年减少约三分之二，但小麦质量好于往年。秋粮方面，水稻种植面积和亩产相较上年均有所提高，由于国家粳稻最低收购价由去年的1.50元/斤下调到1.30元/斤，对市场造成了较大影响，收购期间组织人员与农户面对面宣传政策、听取建议，切实处理好各种困难和矛盾，维护收购秩序，全面完成合同订单，并及时制定不良天气等外粮收购应急预案。今年两季收购入库本地粮食约5600吨（小麦1681吨、粳稻4000吨），价外补贴农户110万元左右。2018年，木渎储备库新增烘干能力150吨，为更好地服务农户打下坚实基础。

严格执行《吴中区区级储备粮油收储一体化管理意见》，克服粮源、销售“两头在外”的不利因素，合理制定储备粮计划。重点稳固开拓好东北、苏北、苏南三大优质粮源基地，依托20万亩优质粮源基地，确保外购粮源稳定，高质量完成区级储备粮吸储补库工作。积极配合区财政局和农发行的验收工作，确保区级储备粮食和成品粮油全面落实到位。继续发挥好市场“动态储备库”功能，保证成品粮控制性周转库存。在储备粮轮换方面，灵活运用多种轮换方式，在区财政和区农发行的现场监督下，采取提前交易，延后交割，抢抓有利行情，实现2017年吸储的小麦全部顺价轮换出库，净盈利28万元；在稻谷国家收购价下调的情况下，吴中区通过努力已将亏损降至苏州大市范围最低。

【粮食安全保供】 苏州市粮食批发市场承担着苏州市区90%的粮食保供需求，全年完成粮油交易量85.8万吨，交易额38.8亿元。依托良粮网和竞价交易平台开展线上竞价交易30场，成交量15万吨，成交额4.03亿元；全年检测粮油14600批次，其中18批次共398吨面粉呕吐毒素超标，1批次共1.5吨大米受污染有异味，不合格产品已全部实行退市。

作为应急保供网络重要组成部分的放心粮油业务平稳发展，截至10月底累计销售960吨，实现主营业务收入702万元。在军粮供应方面，严格执行国家政策，切实抓好军粮管理各项工作，不断提升军粮供应管理和服务水平，确保军供粮源稳定、质量保证、供应及时，为吴中区驻军和武警部队执勤保卫、抢险救灾、维稳处突等各项任务的完成发挥基础保障作用。

【粮食质量监管】 做好粮食出入库质量和储存质量的检测，加强对木渎粮油市场、全区放心粮店、军供站、配送公司的粮油质量安全监测，全年共检验粮油样品1043批次，对2017年区级地方储备粳稻入库进行全项目质量鉴定，统仓抽样检验42个样品，同时为全市粮食清仓查库提供质量档案。加大投入，通过政府公开招标相关专业仪器设备10台（套），共计226万余元，推进粮食质量安全检验检测体系建设，不断提升全区粮油质量检验设施条件，获评江苏省“粮安之星”，入围东吴技能大师工作室现场综合考评名单，强化人员技能培训，提升质监检验软实力。

做好粮食收购期间监督检查工作，联合工商、质监、物价等部门，严肃查处违法收购活动，保证收购工作规范、有序开展。严格粮食库存检查，落实粮食质量安全监管责任。强化法制宣传，推进法治教育，组织7人参加行政权力与监督检查工作培训，1人参加行政执法资格培训考试，不断提高执法人员法律素养和执法水平，目前有18人取得行政执法证，另有3人准备申领执法监督资格。

【粮食产业发展】 成功创建全国放心粮油供应网络建设示范县（区），成为全国首个获此殊荣的县（区），目前正在参与评选“2018年第十七届苏州十大民心工程”。启动第二批放心粮店的升级改造（郭巷、长桥），目前郭巷店已完成，并在西山新增1处放心粮油（专柜）网点。指导涉粮企业做好放心粮油示范企业年审和第七批放心粮油示范企业申报工作，胥口、木渎2个粮食储备库获评江苏省和全国放心粮油示范企业（仓储企业），横泾、金庭放心粮油示范店获评江苏省放心粮油示范销售店。借助放心粮油微店和各类参展交流活动加大“禾中旺”品牌推广力度，开展吴中大米品牌整合，参与乡村振兴战略，今年共为区内农业合作社、种田大户代烘代加工稻谷1624吨。

2018年开展维修建设项目24个。木渎5台共计150吨装机容量的烘干机全部安装到位，相关配套设施全部更新，总投入400万元。积极盘活现有资产，推动租赁工作市场化，军供大楼完成公开招租。配合做好车坊、角直、藏书片区的拆迁清退工作，积极开展资产置换整合工作，成功置换2幢标准厂房共计13000平方米，有效保障国有粮食资产保值增值。

（任　冲）

服务业

【概况】 2018年，全区实现服务业增加值576.69亿元，占GDP比重51.3%，与上年持平；完成服务业固定资产投资486.49亿元，比上年增长6.2%，占全社会固定资产投资的86.7%；完成服务业到账外资及港澳台资2.03亿美元，占总到账外资及港澳台资的52.6%；完成服务业注册内资773.14亿元，占总注册内资的82%。

【服务业集聚区发展壮大】 全区18家服务业集聚区（含省级2家、市级8家）共入驻企业12784家，全年实现营业收入696.9亿元，上缴税收13.9亿元。省级集聚区东太湖科技金融城加快推进园区内总投资17.2亿元的药明康德二期扩建项目建设，市级集聚区吴中科技创业园与浙江大学机械工程学院共同投资建设苏州智能制造研究院，目前完成3个研发中心（实验室）和创新体验中心的筹建工作，引进科技研发类企业30余家。市级集聚区金枫城市设计产业集聚区内宏宇环境挂牌“新三板”，金枫广告产业园南区、吴中科创园三期等一批集聚区载体项目加快推进。

【企业竞争力提升】 昆仑绿建入选省级生产性服务业百企升级引领工程第三批领军企业，苏州信测等8家企业入选2018年苏州市服务业创新型示范企业，淘豆食品等5家企业和科沃斯电商等3家企业分别入选2017年度苏州市规模型培育库平台企业和成长型培育库平台企业，苏州药明康德医疗器械中国测试中心正式运营，国辰生物、中认英泰、圣苏新药3个项目入选2018年省级现代服务业发展引导资金项目。全区在商务部系统中累计注册服务外包企业164家，全年实现接包合同额和离岸执行额分别为34896亿美元和11174万美元，分别比上年增长7.7%和9.8%。强化人才对企业发展的智力支撑，评定中认英泰杨宗辉等7人为2018年度东吴现代服务业领军人才，评定昆仑绿建周金将等9人为2018年度东吴现代服务业重点人才。

【检验检测产业集聚发展】 吴中区作为“国家公共检验检测服务平台示范区”参加国家认监委组织的检验检测联盟并担任副理事长单位，中国短路试验技术委员会在吴中区成立，全区54家企业通过CMA（中国计量认证）或CNAS（中国合格评定国家认可委员会）资质认证，“一区四园”的省级服务业集聚区吴中区检验检测产业集聚区目前入驻企业38家，实现就业人数4572人，全年实现营业收入约18亿元，上缴税收9600万元。

【做优楼宇经济】 依托区楼宇经济工作领导小组和区楼宇经济信息监测平台，从产业集聚、纳税贡献、优质项目引进以及楼宇提档升级等方面，研究制定楼宇经济扶持政策，培育一批特色鲜明的总部企业楼、科技服务楼、信息服务楼、检验检测楼和高端商务楼等特色楼宇。推动实行楼宇招商预审机制，切实提高入驻楼宇企业的税收属地率和贡献率、强化产业导向和优化经济业态。针对零税收或税收较少的企业，建立有效的退出机制，释放更多楼宇空间。　（杜诗雨）

编辑：洪　蕾

城镇规划

【概况】 2018年，紧扣“一核一轴一带”生产力布局和“优生态、惠民生、兴产城、善治理”高质量发展工作目标，推进规划编制工作，强化规划引领作用，推进“放管服”改革，提升规划管理水平，加强规划的引领作用。推进《吴中区城乡协调规划（2017—2035年）》的编制工作，形成阶段成果；启动修编镇总体规划3项；修编完成并获批控制性详细规划5项，启动修编控制性详细规划1项；办理前期规划审查服务项目509件。

（顾　萍）

【法定规划】 2018年，启动新一轮东山镇、木渎镇和甪直镇总体规划的编制工作。《苏州市吴中区胥口镇控制性详细规划调整》《苏州市吴中越溪城市副中心控制性详细规划修改》《苏州市木渎镇胥江以南片区控制性详细规划单元调整》《苏州吴中太湖新城启动区控制性详细规划调整》获市政府批准。《苏州市吴中区甪直镇控制性详细规划（23个近期开发使用地块规划条件调整）》上报市政府讨论通过。启动编制《苏州市吴中中心城区控制性详细规划局部地块动态调整》。临湖镇、横泾街道、越溪街道重点、特色村村庄规划获市政府批准。木渎镇重点、特色村村庄规划通过专家论证。

度假区范围内，《舟山传统村落保护发展规划》《太湖科技产业园控制性详细规划调整》获市政府批复，《太湖风景名胜区西山景区详细规划》获住建部批复，上报《太湖度假区中心区控制性详细规划调整》，专家论证通过《金庭镇区控制性详细规划控制单元调整》《香山街道村庄规划》《太湖度假区中央旅游商贸区城市设计》。

（顾　萍　姜凯凯）

【规划研究】 2018年，开展相关规划研究工作，为区委区政府决策提供前瞻性意见和技术支撑。完成《木渎智慧工园城市设计》《澹台湖周边区域城市设计》的报批工作，编制完成《吴中区“生态修复城市修补”总体规划》《苏州生态涵养发展实验区规划（2018—2035）》《太湖路两侧空间景观整治提升工程总体设计》《胥口镇孙武路周边地块城市设计》《吴中中心城市核发展战略与多规融合规划研究》，完成吴中区地图（2017年版）更新工作，制定《吴中区历史建筑保护利用试点工作方案》，配合属地政府完成吴中区第四季度14宗上市地块的精细化研究，启动编制《大运河文化带（吴中段）规划设计》《太湖新城中央商贸区城市设计》。

【规划展示馆】 2018年，做好吴中规划展示馆运营和开放工作，向公众展示城市发展历程、各类城乡规划，向社会各界展示区规划建设成就与未来远景，向市民普及规划知识，组织城乡规划与建设方面的学术交流、会议协调与参观接待工作。全年接待考察参观团队57个。

（顾　萍）

【规划管理】 2018年，按照《中华人民共和国城乡规划法》《江苏省城乡规划条例》《苏州市城乡规划条例》等法律法规要求，核发《建设项目选址意见书》"建设用地规划许可证""建设工程规划许可证"和"乡村建设规划许可证"（简称"一书三证"）。全年办理建设项目选址意见书42份，选址用地总面积121.06万平方米；办理建设用地规划许可证99份，用地总面积388.85万平方米；办理建设工程规划许可证386份，工程总建筑面积729.23万平方米。办理乡村建设规划许可证222份。开展建设工程规划竣工验收，全年核发建设项目规划核实合格证137份，竣工项目总建筑面积577.94万平方米。配合苏州市规划监察支队做好辖区内各项违法建设的查处工作，全年立案查处、转分局初审的违法建设案件60件，违法建设规模64.86万平方米。

（顾　萍　姜凯凯）

城镇建设

【概况】 2018年，受理报建项目764个，建筑面积570.72万平方米，投资总额218.82亿；其中公开招标项目327个，建筑面积187.2万平方米，投资额105.19亿元。核发施工许可证264份，工程面积633.83万平方米。年内在建工程项目333个，建筑面积1445.43万平方米。竣工验收备案项目113个，建筑面积461.9万平方米。

【拆迁安置】 2018年，推动落实全区房屋征收（拆迁）重点任务，突出重点工程和遗留项目清障工作并强化统筹协调，实行动态跟踪。全年累计完成征拆3826户，建筑面积334.1万平方米，完成清零项目合计122个，腾退空间512.53公顷。推进拆迁安置房建设，新开工安置房12218套177.4万平方米；竣工交付安置房8941套113.74万平方米。

【建筑业管理】 截至2018年末，全区有建筑类企业资质618家，其中非市政类企业531家，市政类企业87家。拥有特级资质企业1家，一级资质52家。加强对建筑市场的全过程监管，把好建筑市场准入关，办理外地企业进苏登记370份。加强工程建设领域监管工作，制定出台《吴中区政府投资项目管理暂行办法的通知》和《关于进一步规范吴中区乡镇限额工程建设项目招投标管理工作的指导意见》等文件，落实市场信用信息动态管理，对561家施工企业、14家监理企业进行综合考评，考评结果与招投标、企业注册年检等挂钩。推动建筑市场监管与诚信一体化平台建设，实现建筑工程竣工验收备案全网络化运行。推广民工考勤制度和民工工资银行卡支付制度，维护农民工合法权益，受理来访投诉126件，涉及金额5947.23万元；累计开展5轮实名制落实情况专项检查，开具整改通知单96份，停工通知单24份，对存在问题的相关企业及人员进行通报批评并督促整改。

【建筑产业现代化】 2018年，结合区域实际情况统筹推进实施装配式建筑和成品住房建设，建设用地规划条件中明确落实装配式建筑项目面积120.76万平方米，新开工装配式建筑面积178.62万平方米（含"三板"建筑，"三板"指预制内外墙板、预制楼梯板、预制楼板）。加强政府示范推动，一个公共建筑项目（苏州市现代农产品物流园南环桥市场）、两个安置房小区（新思家园三期四标段、雀梅花园二期）确认采用装配式建筑，建筑项目面积87.55万平方米。加强绿色节能建筑建设改造工作，新增绿色节能建筑竣工面积363.75万平方米，可再生能源应用面积186.86万平方米，7个项目获得二星及以上绿色建筑设计标识。2016年度省级合同能源管理（建筑类）示范项目（苏州独墅湖书香世家会所酒店、苏州市吴中人民医院、苏州天虹商场有限公司木渎店）按既定方案改造完成并通过省级专家组验收。

【工程质量安全监督】 2018年，组织开展全区建设工程质量安全三年提升行动，围绕“落实主体责任”和“强化政府监管”两个重点，完善工程质量安全管理制度和责任体系，结合投诉热点、社会热点、上级要求等开展专项巡查，累计组织信用考核巡查27次，观感巡查47次，施工质量专项巡查4次，开展专项监督执法检查936次，检查项目1260个（次），开具整改单678份。开展建筑施工安全专项整治，依托高校专业力量强化对重大危险源的安全管控，开展各类安全检查663次，抽查施工标段2365个，签发整改通知书826份，开具行政处罚单23份。以“263”专项行动为抓手深化建筑工地扬尘治理，组织实施扬尘污染防治专项行动，建筑工地扬尘防治覆盖率达100%，择优选取宝南花园项目召开文明施工现场观摩会，推广新工艺、新措施。全年创建区级标准化示范工地57个，市级标准化示范工地53个。

【房地产行业】 截至2018年末，全区房地产开发企业222家，其中一级企业1家，二级企业9家。贯彻执行房地产宏观调控政策，强化市场秩序监管，促进房地产市场发展，商品房销售套数27645套，销售面积296.46万平方米，销售金额459.31亿元。年内，全年商品房新开工面积350.69万平方米，商品房施工面积764.52万平方米，商品房竣工面积305.26万平方米，办理商品房交付使用备案项目57个，面积335.81万平方米。

【房屋交易】 2018年，围绕“3550”改革目标，协同不动产登记和税务部门，精简房产交易核验材料，在木渎便民服务中心增设“一窗受理、集成服务”办事点，实行多点办理，分流办事群众。推进“不见面审批（服务）”建设，存量房交易与购房资格实现网上审批，全年存量房买卖（包括无网签交易）18665件，面积241.68万平方米。

【物业管理】 2018年，开展“331”火灾隐患专项整治百日行动，健全完善物业管理属地化工作机制，开展住宅小区业主委员会组织现状调研，出台《全区物业服务企业信用信息管理办法补充意见》，通过更新信息系统、优选专户银行、搭建信息平台等手段创新优化房屋维修资金管理模式，规范物业行业管理。截至年末，物业在管小区571个，在管面积4747.45万平方米，备案物业企业数314个（本区注册216个），成立业主委员会小区数161个；住宅小区物业维修基金累计入库306197户32.84亿元，其中2018年新入库18985户3.86亿元。

【房屋安全】 2018年，规范实施白蚁防治工作，落实质量监督责任制，优化日常防治方法手段，提高白蚁防治水平，预防面积378.6万平方米，灭治面积1.1万平方米。督促板块实施城镇老楼危楼安全排查和专项整治工作，制定下发《吴中区集中开展既有房屋安全隐患大排查大整治实施方案》等专题文件，开展全区老旧建筑安全排查整治回头看工作，对排查出的老旧建筑完成解危133幢12.14万平方米。加强房屋安全鉴定工作，对全区897处24.1万平方米的房屋进行安全鉴定。实施老旧小区改造工作，确立整治标准，东山镇小银湖新村、甪直镇映月花园完成改造。

【抗震防灾】 2018年，加强防震减灾示范单位的管理和创建工作，完善各示范社区、学校防震减灾工作机制。制定年度震情监视和短临跟踪工作方案，转发苏州市震情，强化震情监视工作管理，加强科普宣传、应急物资储备、应急避难场所等软硬件设施建设。强化防震减灾科普宣传工作，在“5·12”防震减灾日、“7·28”唐山地震纪念日、吴中区科普宣传周期间开展各项宣传活动。配合做好国家地震烈度速报与预警工程江苏子项目台站建设工作，做好协调沟通、选址定位等基本站建设前期工作。加强地震避难场所建设和管理工作，对建成地震应急避难场所加强日常管理，更新破损标识标牌，维护老旧设施设备，完善应急避难功能。制定地震避难场所建设三年计划，根据建设计划初步选定2018年避难所建设点位。（巫恺澄）

美丽镇村建设

【概况】 2018年，贯彻实施《苏州市美丽城镇建设实施纲要2016—2020年》，分类推进集中整治和综合提升工作，鼓励各镇根据实际打造特色亮点；美丽城镇、特色田园乡村建设和传统村落保护工作等各项镇村建设工作有序推进。全年入选第二批省级试点的自然村2个，入选第三批省级候选试点的自然村1个，东山镇杨湾村入选第六批省级特色景观旅游名村。

【美丽城镇建设】 2018年，以被撤并镇整治提升、首批示范镇优化提升、其余建制镇环境整治为三大重点任务，累计总投资15.74亿元，完成年度项目90个（包括部分跨年项目），年度任务完成率100%。木渎镇中山路立面改造、甪直镇文创馆等7个项目获“全市村镇建设优秀示范项目”称号，甪直镇美术写生基地、甪直镇龙潭农贸市场、光福镇西崦湖及浒光运河驳岸工程3个项目获“2018年度全市美丽城镇建设优秀示范项目”称号。

【村庄建设管理】 2018年，做好特色田园乡村试点建设，编制完善各项制度，组织建立全区特色田园乡村建设试点储备库，推进试点建设和申报工作。基本完成首批省级试点黄墅各试点建设项目，横泾街道上林村东林渡、东山镇杨湾村西巷入选第二批省级试点，甪直镇湖浜村田肚浜入选第三批省级候选试点。

2018年4月，东山镇杨湾村西巷入选省级特色田园乡村建设第二批试点村庄　　区住建局　供稿

加强传统村落保护，推进各项保护修缮及配套建设工作，截至年末，有“省级传统村落”2个、“中国传统村落”12个，其中列入中央财政补助范围11个。

（巫恺澄）

市容市政管理

【概况】 2018年，以市容环境“提升年”为契机，以年度城市管理十项重点工作任务为抓手，优化督查指导考评机制，促进环境面貌提档升级。开展建筑垃圾、露天烧烤、户外广告、违法占道等专项整治，形成严管重罚的高压态势；深化城市管理领域信用体系建设，“智慧城管”建设及示范路（达标路）创建成效明显；实施分类示范小区、行政村、单位、示范片区、全域镇建设，超额完成年度任务；推进市政设施精细化、差异化考核，建成公共自行车五期项目。全年查处一般案件903起，罚款102.3万元；办理审批事项898件，办结率100%，满意率100%，零投诉发生；接到14件人大代表建议（11件主办、3件协办）和11件政协委员提案（6件主办、5件协办），答复率和满意率均为100%。

【市容环境专项整治】 2018年，针对城市管理的热点难点问题，通过节后市容环境专项整治、打击违法违规运输处置生活垃圾及建筑垃圾专项行动、餐饮油烟治理和露天烧烤执法整治、违法建设整治、户外广告专项整治等阶段性的整治和创建工作，对年度城市管理工作实现串联和承接。全年累计出动执法人员3300人次，整治占道经营1139处，劝离流动摊点805处，清理乱堆乱放174处，规范户外广告45处，处罚违规运输42起；打击违法违规运输处置生活垃圾、建筑垃圾专项行动方面，开展联合执法112次，出动城管队员564人次，责令整改90起，实施行政处罚118起，罚款22.3万元；餐饮油烟治理和露天烧烤执法整治方面，组织联合执法行动58次，出动城管队员740人次，发放整改通知书300份，取缔露天烧烤摊189处；违法建设整治中查处新增违法建设4.04万平方米，存量违法建设8.52万平方米，完成五年治理总进度90.94%；户外广告设施整治提升行动方面，拆除高炮广告、屋顶广告等各类设施3360处，修复131处，整治面积3.27万平方米。

【环境卫生管理】 2018年，明确环卫市场化招投标前置审核的实施范围和程序要求，推进环卫作业市场化。加大环卫设施建设力度，出台《吴中区环境卫生专项规划（2018—2020）》，参照规划要求对垃圾转运站进行改造升级，推进4座转运站新改建工作，解决转运站配置率不足、运行负荷高的问题。推进“厕所革命”进程，新改建公厕49个，其中新建8个，改建41个，投入资金约1390万元，建立“厕所开放联盟”，配套考核和补贴机制，鼓励和倡导符合条件的机关、企事业单位加入厕所开放联盟，免费开放单位内部厕所，中心城区50户商家（单位）加入厕所联盟。

【垃圾分类减量】 2018年，出台《苏州市吴中区生活垃圾分类实施方案（2018—2020）》，实现农贸市场有机垃圾处理设施全覆盖，拓展市级垃圾分类小区46个，单位（含学校）450家，公共区域新增垃圾分类投放设施246个，建成4个垃圾分类示范片区，建成3处大件垃圾处理场。开展“互联网+垃圾分类”工作，推广市级“易丢丢”垃圾分类平台，在全区范围内试运行，推广注册用户2万余户。开展垃圾分类“四进”活动（进机关、进学校、进社区、进公共场所），举办“垃圾分类、利国利民”大型宣讲活动22场。

【建筑垃圾（工程渣土）管理】 2018年，推行建筑拆迁垃圾统一收运制度，运送89130.18吨建筑垃圾至苏州市再生资源利用中心。强化建筑垃圾（工程渣土）处置证前置审批管理工作，严格处置证的申请、办理、督促、报备程序。对14家运输企业申报材料进行审核，经过现场实地踏勘，对符合申报条件48个建设项目、4个交通市政项目、2个绿化工地项目发放建筑垃圾（工程渣土）处置证2036张。

【农村环境长效管理】 2018年，推开农村生产生活垃圾分类就地处置工作试点，分解落实56处农村生活垃圾分类就地处置工作目标任务。推进农村垃圾分类收运行政村全覆盖工作，新建12个处理站点投入运行，农村生活垃圾日处理能力达63.6吨。开展幸福家园“共建、共治、共享”活动，通过“卫生清洁户、文明示范户”等评选活动，发动村民参与村庄环境管理，实现农村环境共治共管。

【户外广告管理】 2018年，印发《吴中区户外广告点位规划》，明确户外广告的控制分区和具体点位，编制设置指引及便民手册，提高规划实际操作性。与文明办联合下发《关于做好公益广告宣传的通知》，引导各板块做好公益广告宣传工作。配合文明城市创建、全国维稳办工作会议等重大活动安排，投放相应公益广告内容。配合文明办在吴中大道确定23处公益广告点位，打造“红色宣传大道”。

（王俊慧）

公用事业

【供水】 2018年，拓展合同节水实施范围，加强计划用水管理，按规定下达用水计划，全年供水总量10802万立方米。加强节约用水管理，创建2家省级节水型企业、2家省级节水型单位、2个省级节水型小区和1个省级节水型社区，创建1所省级节水型学校和7所市级节水型学校，办理14家洗车场所的节水审核工作，完成12家重点用水单位的水效评估，3家企业的用水审计。修订完善《吴中区供水应急预案》，开展水源地蓝藻应急处置预案演练，完成白塔湾水源地达标建设，开展蓝藻防控工作，打捞蓝藻1.51万吨（含水），保障全区供水安全。

（戴广平）

【供电】 2018年，全区全社会用电总计864391万千瓦小时，比上年增长7.37%。全行业总计用电729637万千瓦小时，比上年增长6.36%，占总用电的84.41%。其中，第三产业用电172305万千瓦小时，比上年增长17.79%。城乡居民生活用电合计134754万千瓦小时，比上年增长13.21%。

（杜诗雨）

【供气】 2018年，供气总量14.19万吨，其中天然气12.39万吨，液化气1.8万吨；燃气总用户36.92万户，全区燃气管道总长2008.51公里。完善燃气安全监管体系建设，严格检查执法，组织各部门、专家联合检查5次，全面覆盖各燃气企业、场站、供应站等。配合“331”专项整治行动，联合执法27（家）次，暂扣液化气钢瓶2185只。把关燃气设施建设程序，提升燃气设施建设规范化、标准化水平，完成设计审查项目63个，交付项目49个。做好本年度城镇燃气老旧管网改造收官工作，全年完成22条27公里市政中压管道及24条30公里低压管道的改造任务。

（巫恺澄）

【污水处理】 2018年，完成排水达标区建设229个，开工91个。完成吴中高新区10个老旧小区排水设施提标改造工程。推进吴淞江污水处理厂、甪直新区污水处理厂、金庭污水厂尾水净化项目建设工作及木渎新城污水厂二期工程前期工作，全年新改建污水管网28.4公里。推行污水厂、网、站统一运营管理模式，完成吴中城区水污染“五整治”专项工作，编制完成《吴中区高质量推进城乡生活污水治理三年行动计划的实施意见》，城市建成区污水集中处理率、城镇污水集中处理率分别达98%、96.25%。推进农村村庄生活污水治理。完成25个农村村庄生活污水治理年度任务，推进浦庄、太湖、横泾撤并乡镇集镇区雨污分流改造。强化排水行业监管，9座污水处理厂生产运行正常、出水达标，处理污水13228.44万吨、处置污泥12.76万吨，平均负荷率77%，城南污水处理厂获“2018年度省级优秀污水处理厂”称号。 （戴广平）

【城市照明】 2018年，安装路灯2870套、维修13798盏次，应急抢修150班次，路灯设施完好率、主道路亮灯率均达98%。综合考虑自然风光、人文特色、城市发展等要素，编制景观照明专项规划，从宏观角度规范引导景观照明规划建设行为。建立联动机制，以政府会议纪要形式明确新建项目景观照明方案审核备案及竣工验收流程，办理方案初审10件，施工图审查3件。引入景观照明顾问机制，把控报备方案质量。协调各方开展高速公路出入口亮化提升工程，配合做好项目立项、资金预算及招投标工作。

（杜诗雨　王俊慧）

【道路设施维护】 2018年，按照“城市管理应该像绣花一样精细”的城市治理理念，参与全国文明城市创建工作，开展道路环境综合整治提升工作，提升市政设施长效化管理水平，确保辖区市政设施保持完好，完成太湖西路、宝带西路、冬青路、丹桂路、苏蠡路等主次干道和通蓼桥、嘉福桥、蠡墅花园、水香一村等14座公交站台车辙路面的修复工作，夏莲路、东苑路、南厍路等道路树圈整修工作，友新路、长蠡路、月浜街等道路石柱安装工作，友新路（天韵苑西门至先锋路）、太湖西路（颐和湾大门两侧）侧石整修工作，文曲路宝带小学周边、长蠡路鲁能公馆建筑工地旁、轨交4号线蠡墅站北侧等重点区域的人行道设施集中整治工作。全年整修柏油路面1.2万平方米，修复各类人行道板2930平方米，修复树圈130只，新增（维修）石柱700根，新增（维修）石球28只，更换（维修）破损侧石600米。除强化日常管养外，加强开挖路面管理，做到先审批后开挖。完成新蠡路、月浜街、吴中西路、月浜街、水香街、文曲路等道路的供水、供电、污水、燃气管道开挖修复工作，累计修复石板596平方米，沥青路面1203平方米，舒布洛克砖682平方米，维修平侧石64米。

【排水设施维护】 2018年，按照排水管网养护计划，根据“先内后外，先重点路段，后非重点路段”的原则，对辖区主次干道、街巷道路的84.4公里雨水管道、8950座窨井进行2遍清掏、疏通，上、下半年各1遍；苏苑、新龙、月浜、水香等菜场周边的下水道每季度疏通1遍。针对友新路万达售楼处非机动车道、宝带东路中南雅苑非机动车道、新门路20号、轨交2号线盘蠡路站1号出口处积水点，新增雨水支管130米，雨水边井25座，雨水井1座。加强排水设施日常巡视，维护排水设施完好。全年更换雨水盖座18套，雨水盖板5块，边井盖座19套，边井盖板97块，修复窨井4座。针对汛期复杂多变的特点，从组织领导、队伍建设、物资储备、隐患排查、预案制订等方面采取措施，抓好防汛工作，辖区道路无严重积水。汛期出动巡查、值守、应急处置人员累计约200人次，投入各类巡查、抢险车辆9辆，移动水泵4台。配合交警、环卫等部门做好冬季抗冰除雪工作，清理窨井8950座，桥梁泄水孔400只，绿化隔离带泄水槽487处，保障道路、桥梁通行安全。

【桥梁设施维护】 2018年，按照《城市桥梁养护技术规范》要求，加强城市桥梁日常巡视，处理桥梁设施缺失、污损问题。如对庄桥桥栏杆进行刷白；对醉仙桥、朱田庄桥、华村桥、葛庄桥、西塘桥等10余座桥梁的桥栏杆、栏板、柱头进行修复；对吴中桥、茗香桥、月浜桥、东吴大桥、澹台湖大桥等8座桥梁的破损伸缩缝进行维修，对缺损、脱落的橡胶止水条进行更换；对新龙桥、胜利桥2座C级桥梁进行加固维修。全年道路养护队刷白桥栏杆70平方米，更换桥栏杆30根，柱头20只，栏板15块，更换伸缩缝橡胶条500余米。按照省住建厅、省交通厅和市、区两级城管要求，依据《城市桥梁检测和养护维修管理办法》（建设部118号令）、《城市桥梁养护技术规范》（CJJ99—2003）、《内河助航标志GB5863—1993）、《内河通航水域桥梁警示标志JT376—1998》、《内河交通安全标志GB13851—2008》，完善辖区城市桥梁限载、限高标志牌，配合吴中高新区交通分局对新家桥、新塘桥、澹台湖大桥、太湖东路大桥4座跨运河桥梁完善桥名牌、桥涵标等相关设施，完成198块限载、限高标志牌的设立，10月底，完成对桥名牌、桥涵标等相关设施设置的招投标工作。开展桥梁防护设施安全大检查、桥梁定期检测工作，做好改扩建桥梁的竣工验收、移交接管工作，丰富现有桥梁资料，完善桥梁信息系统，做到一桥一档。（范昱彧）

【城市管理领域信用体系建设】 2018年，成立区局信用工作领导小组，与区信用办联合印发《吴中区城市管理行政执法相对人信用管理办法（试行）》，区信用办、金融办、市容市政等18个部门联合下发《关于对城市管理领域严重失信责任主体实施联合惩戒的合作备忘录（试行）》，通过把城市管理责任与诚信挂钩、惩戒失信行为措施，督促行政相对人主动履行城市管理责任。全年409个单位或个人扣信用分。

【公共自行车五期】 2018年，新建公共自行车站点65个，扩容站点24个，新增车桩2500个，自行车2500辆。探索“有桩+蓝牙”新模式，重点解决早晚高峰“空满桩”问题，提高市民使用满意度。

【智慧停车项目】 2018年，启动重点地区停车资源普查工作，排摸中心城市核及周边成熟区域约150平方公里范围现有停车设施底数，制定停车问题解决方案；启动停车设施专项规划编制工作，指导各地推进各项停车设施规划建设工作；完成智慧停车平台及停车收费方案的专家评审工作，道路停车收费试点工作列入2018年度区政府重大行政决策事项目录。完成新家桥P+R停车场智能化改造方案报区政府审议，落实改造资金、明确管理模式，实现与市级平台的互联互通。

【七子山保障】 2018年，联合区环保局、木渎镇抽调骨干人员组成巡查工作组，全天候加强对七子山地区3.2平方公里范围内异味源的巡查和监测力度，针对巡查中发现的问题与有关单位协调沟通，第一时间寻找异味源头并采取整改措施。全年出动执法人员2628人次，发现并控制缓解异味21起，汇总异味情况日报208篇。检查各类车辆9585车次，查处问题车辆107辆，相关车辆信息提交七子山固废管理中心实施停卡整改处理。协调处置因“非洲猪瘟”引起的餐厨垃圾终端收运处置问题，制定餐厨垃圾应急方案，协调区水利局处理污水250吨/日。

【太湖围网拆除无害化处理】 2018年，按照《吴中区太湖围网拆除工作实施方案》要求，实地调研吴中区太湖围网各个片区，选定临时拆除堆放点，制定《吴中区太湖围网拆除无害化处理工作方案》及公开招投标范本，明确目标任务、具体任务、实施步骤、职责分工等内容，做好后续对接指导工作。

（王俊慧）

交通运输

【概况】 2018年，贯彻落实市、区各项建设、行动任务安排，推进重大交通工程建设，开展交通环境整治行动，不断增强防范和应对安全事故的能力，为群众出行提供便捷舒适的交通运输环境。全年围绕高速公路、国省干线、航道、港口沿线存在问题开出248项整治清单，完成212项，占比85%，苏南运河、苏西航道胥口镇区段两侧绿化种植成效明显，230省道横泾、木渎段及苏西线木渎段完成前期工作，步入实施阶段，230省道光福互通至舟山路段完成方案设计。

【道路建设】 2018年，突出项目建设，推进重大交通工程建设。负责建设的重点交通项目共8个，总投资约149亿元，总里程39公里，其中续建项目4个，续建里程25公里，新开工项目4个，里程为14公里，全年重点交通工程完成投资额12.47亿元，占年度计划的112%。其中：角直甫澄路改造工程完工通车；西环高架南延工程主线及地面道路工程完工；东环南延二期高架主线及三座东西向跨运河桥（南湖路地面桥、吴中东路大桥和石湖东路大桥）合拢贯通；完成吴中大道东段暨南湖路快速路工程蠡墅立交主体结构，完成苏蠡路以东段高架主线下部结构，推进箱梁施工；完成苏同黎公路前期报批，9月28日开工建设，实施桥梁桩基工程；南湖路东延工程东段（四标）已开工建设，西段（三个标）完成招投标工作。开展储备项目前期工作。金庭阴山横山连接线工程初步设计获批；长江路南延工程规划选址穿越景区方案通过住建部组织的专家论证，纳入太湖风景名胜区石湖景区详规，勘察设计招标工作结束；星塘街南延完成工可报告（工程可行性研究报告）初稿；胜浦大桥南连接线、230省道（苏州北段）快速化改造、苏震桃高速、通苏嘉铁路等其他储备项目前期工作逐步推进。

【航道建设】 2018年，苏南运河长桥防撞设施工程和苏申内港线支线疏浚工程进入实体施工阶段，其中：苏南运河长桥防撞设施工程完成防撞墩部分设计变更手续，复合材料防撞设施及防撞墩钢沉箱完成厂家生产；苏申内港线支线疏浚工程疏浚水下土方约10.33万立方米，完成总工程量的81%。苏南运河航道整治工程获省政府建设用地批复。苏申内港线航道整治工程的车坊大桥及胜浦大桥改建工程委托苏州市交建公司全过程代建（包括办理前期手续），其中，车坊大桥完成规

2018年底，吴中大道东段暨南湖路快速路工程蠡墅立交主体结构完工　　查亚明　摄

划公示调整并取得项目建议书批复，办理工可（施工许可）前置手续。苏南运河吴中水上服务区及吴中航道处绿化和环境提升工程，完成施工图审查、施工招标等工作。全年累计巡航里程25589公里，出动执法车船406次，辖区内航道通航保证率100%。全年累计检查航标30天，查标里程2240公里，维护航标290座次，航标正常率100%。

【公交场站建设】 2018年，推进公交基础设施建设，建成金庭公交枢纽、塘东路公交首末站，推进甪直公交枢纽、金港公交首末站建设。建成公交候车亭178个（区级85个，镇级93个）。根据《吴中区公交优化三年规划》，重点围绕轨交开行、“公交都市”建设、人大建议等方面新增、调整、优化公交线路24条次，消除公交盲区3个、公交盲点81个，实现甪直与昆山锦溪两个古镇的跨区公交开行。

【公路养护】 2018年，做好区级以上道路、隧道和高架日常巡查和保养工作。完成东方大道郭巷段、环太湖公路等路面大中修41公里；完成道路安全隐患整治10公里、危桥改造17座、生命安全防护提升200公里；试行智能养护App，提升道路日常养护效率。根据苏州市创建省级“四好农村路”示范市的统一部署，创建“四好农村路”省级示范县。突出“吴韵匠心”品牌，强化文化宣传，以“一本书、一首歌、一个宣传片”为抓手，重点打造环太湖180公里生态文旅带，形成环湖山水路、国际慢城路、乡村振兴路、孙武人文路等6个特色农路品牌，12月通过省级验收。

【安全质量管理】 2018年，常态化开展交通安全隐患治理工作。全年检查公交企业、汽车站、公交首末站、在建工程、重点道路与桥梁、客货运输企业（场所）1570家次，整改隐患1777项，其中，“两客一危”企业隐患整改率为100%，工程质量抽查整改合格率为100%。围绕公交开行进行全方位专项排查，发现隐患127处，整改到位96处，剩余31项与交警部门、属地政府共同推进。应对年初、年末雨雪冰冻天气，确保人员、物资、设备三到位，出动人员2900人次，车辆、船舶及作业机械773辆（艘）次，清扫积雪400公里，保障全区高架快速路、公路主干道、桥梁、隧道、等级航道全线畅通和公交运行正常。全年协调各属地政府完成大型桥梁桥下空间整治1.4万平方米（累计完成15万平方米），落实长效管理机制。

【交通监控管理】 2018年，加强重点地区的监控管理，维护运输市场秩序在重点路段加强固体废物非法运输打击力度，强化超限超载治理，全年的超限超载率控制在3%以内。全年查处“黑车”、私家车从事网络预约等非法违章行为511件，联合交警部门检查超限运输车辆450辆，查处94辆，卸驳载货物940吨。全年办理行政许可服务事项合计13555件，其中，运管13429件、公路110件、航道16件，办结满意率100%。健全联动中心工作机制，答复投诉2250条，受理各级领导信箱交办件46件，承办“两会”建议提案15件，办结满意率100%。

【“263”专项整治】 2018年，推进港口码头整治工作，优化提升39座，依法纳规15座，取缔非法码头79座。新增港口岸电设施17套，堆场密闭及半密闭率达98%，实现港口与船舶污染物接收转运处置设备全覆盖。全区一、二类维修企业的危险废物合法化处理率达到86%，4S店及规模型、连锁型企业的危险废物合法化处理率达100%，完成企业烤房改造117家（累计185家），完成13家机动车环保检测与维护站（I/M站）建设，治理尾气不合格车辆910辆。落实中央及省、市、区环保督察组反馈问题整改意见，完成整改意见8条，完成6台码头水平移动机械油改电改造（省环保督查清单任务），淘汰3台非道路移动机械，与市海事部门联合开展木光运河水上专项执法，严控船舶污染水质，提升木光运河水质；加大港口码头、在建工地现场管理，提升交通工程扬尘管控措施，新增喷淋系统、雾炮机、自动冲洗平台等设施；开展打击固废专项行动，落实执法人员加强对公路、水上运输过境垃圾的联防联控工作。

（高　艳）

表 16-1　2018 年末交通运输业基本情况

项目	单位	2018 年	2017 年
一、公路			
公路总里程	公里	1182	1202
#柏油沥清路面	公里	894	880
已绿化里程	公里	1066	1066
公路桥梁	座	1092	1021
	延米	42407	35402
二、航道			
内河航道通航里程	公里	353	353
通航河流上建筑物	座	3	3
航道上设立的航标	座	53	53
#发光的	座	53	53
三、年末营业性车辆拥有量	辆	13970	12935
#客运车辆	辆	2794	2715
货运车辆	辆	11176	10220
四、系统内旅客运输量			
客运量	万人次	2508	2693
#公路	万人次	2508	2693
旅客周转量	万人公里	103844	108172
#公路	万人公里	103844	108172

表 16-2　2018 年末通车通航里程

	计量单位	2018 年	2017 年
一、公路总路程	公里	1182	1202
1. 按行政等级分			
（1）国道	公里	10	19
（2）省道	公里	121	110
（3）县道	公里	265	225
（4）乡道	公里	368	418
（5）专用公路	公里	—	—
（6）村道	公里	419	432
2. 按等级分			
（1）高级	公里	76	76
（2）一级	公里	165	150
（3）二级	公里	497	425
（4）三级	公里	416	432

续表

	计量单位	2018 年	2017 年
（5）四级	公里	104	120
3. 按路面标准分			
（1）柏油沥清路面	公里	894	880
（2）水泥路面	公里	288	323
二、公路桥梁	座	1092	1021
（不包含高速公路部分）	延米	42407	35402
三、内河航道通航里程	公里	353	353
#通机动船	公里	353	353
四、通航河流上建筑物	座	3	3
1. 永久性闸坝	座	—	—
2. 船闸	座	3	3
3. 套库	座	—	—
五、航道上设立的航标	座	53	53
#发光的	座	53	53

表 16–3　2018 年末营运客运、货运汽车拥有量

项目	单位	总计	
			个体
总计	辆	13970	691
一、客运汽车	辆	2794	—
	客位	27275	—
# 大型汽车	辆	283	—
	客位	13233	—
中型汽车	辆	39	—
	客位	784	—
二、货运汽车	辆	11176	691
	吨位	86886	3782
1. 普通载货汽车	辆	8758	671
	吨位	58663	3548
# 大型汽车	辆	5482	367
	吨位	53162	2971
# 重型汽车	辆	3164	172
	吨位	38291	1870
中型汽车	辆	203	32
	吨位	730	117
2. 专用载货汽车	辆	1144	15
	吨位	9078	192
# 大型汽车	辆	743	15
	吨位	8355	192

续表

项目	单位	总计	
			个体
#重型汽车	辆	598	15
	吨位	7373	192
中型汽车	辆	90	—
	吨位	312	—
3. 牵引车	辆	634	3
4. 挂车	辆	591	1
	吨位	18737	30

邮政电信

【邮政概况】 中国邮政集团公司苏州市吴中区分公司(以下简称“吴中邮政分公司”)下辖角直、郭巷、越溪、长桥、横泾、浦庄、渡村、东山、西山、木渎、胥口、藏书、光福13个邮政支局,车坊、碧波、东方大道、太湖度假区4个邮政所。2018年,坚持“情系万家　信达天下”的使命,坚持“以客户为中心”经营客户理念,以金融业务为支柱,重点项目为抓手,创新经营管理模式,各项业务持续、快速发展。全年未发生指标性投诉,未发生重大责任性事故,营业网点规范管理率名列前茅,投递服务质量管理考评位居前列。

【邮政业务】 2018年,完成邮政业务总收入1.12亿元,其中:邮政储蓄净增余额2.6亿元,代理保险销售达到5.4亿元,理财产品销售0.45亿元。报纸杂志、集邮、文化传媒、代办车险等业务向专业化、规模化道路发展。

【邮政投递】 2018年,报纸投递量超2400万份,杂志投递量达60万份,给据邮件及账单日均投递约1.5万封,快递包裹日均投递约2万件,投递量居苏州第一。 (吴春倩)

【电信概况】 截至2018年底,交换机容量达57.27万门,其中,城区容量16.67万门,农村容量40.6万门;投资10231万元,光纤总长度55982.294皮长公里,芯长442341.108芯公里;42个中心机房,679个接入网机房,85个EPON(以太无源光网络)机房,管道20917孔公里,40362杆程公里,各类光电缆84820余公里,互联网出口带宽达到2400G,互联网宽带用户达73万户;电话用户达到66万,各项业务总收入7.8亿元。

【信息化建设】 2018年,按照智慧江苏建设三年行动计划,参与“智慧吴中”建设,在“智慧警务”“智慧教育”“智慧安监”等多方面开展合作,助力吴中信息化建设。根据中国电信集团战略转型3.0,推进转型创新,在吴中区企事业单位推广物联网应用、云计算、云主机、大数据等新兴应用,成为领先的综合智能信息服务运营商。 (顾晓强)

编辑:高　燕

生态环境

环境保护

【概况】 2018年，生态环境保护工作以“263”专项行动为抓手，推进生态文明建设，打好水、气、土污染防治攻坚战，落实中央环保督察“回头看”反馈问题整改，完成突出环境问题整治，区域环境质量持续改善。全年空气质量优良天数比例达72.9%，比上年上升5.5个百分点；饮用水源地水质达标率100%，省考、国考断面达到年度考核目标，连续11年实现太湖安全度夏。吴中区获首批“江苏省生态文明建设示范区”称号。

【生态文明建设】 2018年，推进生态文明“十大工程”46个项目建设，完成投资6.4亿元，改善区域生态环境质量。制定实施《吴中区生态文明建设优化提升行动计划（2018—2020年）》，以7大行动推进生态文明建设，组织开展生态文明建设差异化考核。落实生态红线管控职责，加强生态红线区域管控，推进26个生态保护、修复治理项目。木渎镇、东山镇、甪直镇、光福镇、横泾街道、香山街道和横泾街道上林村、胥口镇新峰村获“江苏省第二批生态文明建设示范镇、村”称号，实现省级生态文明建设示范镇全覆盖。

【太湖水环境保护】 2018年，落实“水十条”，实施河长制、断面长制，制定印发《吴中区2018年度水污染防治工作计划》，完成太湖水污染防治目标任务书5项重点工程年度建设目标任务，投资2.55亿元。太湖“五位一体”精细化管理成效明显，全年打捞太湖蓝藻1.51万吨（含水），水体漂浮物6.45万吨，湿地清理上，收割芦苇、蒿草等935公顷，太湖水质持续向好；围绕“划、立、治”开展集中式饮用水源地环境保护专项行动，9个省考以上断面达到年度考核目标，集中式饮用水源地水质达标率持续保持100%，连续11年实现太湖安全度夏。

【大气污染治理】 2018年，落实“大气十条”，制定印发《吴中区2018年度大气污染防治工作方案》，完成84项大气污染防治重点工程项目，完成46家化工、家具、印刷行业企业治理和160家汽修行业企业整治；落实秋冬季大气管控，落实国际进博会、国家公祭日等重要时间环境空气质量管控措施。全年环境空气PM2.5浓度42微克/立方米，比上年下降4.5%，环境空气优良天数达266天，达标率为72.9%，比上年上升5.5%。

【土壤污染治理】 2018年，落实“土十条”，制定印发《吴中区2018年度土壤污染防治工作方案》，完成202家重点工业企业用地及遗留地块基础信息调查及风险筛查，建立污染场地档案和土壤污染治理修复项目库，将土壤调查作为开发学校、商住等敏感项目的前置条件，完成农药厂地块风险管控与修复治理、林通及老久王地块土壤污染状况调查、党校地块第二阶段修复治理验收，环境风险得到防控。开展长江经济带固体废物大排查，完成危险废物处置能力提升和污泥处置能力建设，推进一般工业固废处置工作。

【环境监管执法】 2018年，开展环境监管执法，组织各类环保专项检查，开展2018年“亮剑”专项行动。全年累计出动执法人员6863人次，检查工业企业2847厂次，对218家单位下发监察意见书，对8家单位下发责令整改决定书，对144家单位进行立案调查，建议处罚金额达1962.3万元；优化信访调处流程，下发《关于将部分环境信访投诉交由各区镇调处的通知》，将部分环境信访投诉交由各区镇调处，受理调处环境信访8074件，比上年下降15.5%；开展七子山及周边地区日夜巡查，每天编发巡查日志，该地区环境信访量比上年下降27.2%。

（朱成良）

水利建设

【概况】 2018年，以全面推行河（湖）长制为统领，以系统治水为导向，完成水利基础设施建设、水生态环境治理、水安全保障等方面的任务，打造“安全水利、环境水利、生态水利、节水水利、智慧水利、法制水利”。

【河（湖）长制】 2018年，印发《关于全面深化湖长制工作的实施方案》，明确全区13座湖泊全部纳入湖长制工作。修订完善《吴中区各级河长履职标准化流程》，明确河长职责，完善工作流程，健全完善河（湖）长制工作制度。区镇村三级河长按照河长履职标准化流程开展巡河，累计巡河53200余次，各级河长履行“认河、巡河、治河、护河”职责成为常态。印发《关于下达2018年区重要河湖“一事一办”工作清单任务的通知》（吴河长办〔2018〕4号）、《吴中区全面深化河长制改革2018年工作要点》（吴河长办〔2018〕6号），明确2018年区级重要河湖年度治理任务。重要河湖“一事一办”工作清单172项，完成126项。下发各类事项交办单63项，落实问题整改。上线“水美吴中”河长制工作微信公众号，开展河长制与基层党建、联动中心、民间河长三个“联动”工作模式。年内聘请民间河长165人，建立“吴小志”致力“河小青”保护母亲河组织14个、成员183人。

【黑臭水体治理】 2018年，制定印发《吴中区2018年黑臭水体治理工作计划》，定期召开全区黑臭水体整治推进会，指导督促各地科学治水、精准治水，提高黑臭水体整治工作成效。组织各地开展滚动排查，查全、查清、查实辖区内黑臭水体现状，实时更新黑臭水体整治动态管理清单，针对问题及时落实整治措施。全年完成重点黑臭水体治理19条、疑似黑臭水体治理38条。按照《城市黑臭水体整治工作指南》的评估要求，做好2018年完工的重点黑臭水体后评估工作，落实第三方评估单位、整治后连续6个月开展水质跟踪监测、公众满意度问卷调查，维护良好河道环境。

【依法治水管水】 2018年，增强社会公众的水法制观念，利用“世界水日”“中国水周”“全国城市节约用水宣传周”等契机，开展水法律法规宣传活动，展出宣传板报60块次，悬挂横幅40条次，发放宣传册及宣传资料5000份、宣传袋2500个、马甲袋10000个、一次性宣传纸杯100000只。规范行政许可流程，推进网上办理、“不见面审批”，全年承办各类水行政许可审批事项167件，对70个涉水项目实施行政指导。加大水事违法行为查处力度，调处各类水事违法违规行为86起，其中立案查处9起。依法计收水费，全年“两费”完成征收5200万元。办好建议提案，按时完成3件区人大代表建议和3件区政协委员提案的办理答复工作。

【防汛防旱防台】 2018年，修订完善应急预案，调整各镇（区、街道）防汛防旱指挥部，组建防汛抢险队伍，储备各类防汛物资，组建防汛抢险队伍107个、总人数4423人，各类防汛物资储备准备到位。区、镇防汛办公室实行汛期24小时昼夜值班制度，防汛工作信息畅通。修订防汛预案，修订完善《吴中区防汛防旱应急预案》《吴中区防御台风应急预案》，根据实际制定完善防汛预案和山区抗旱应急预案。按要求梳理排查防汛隐患，对检查出来的问题，按照分级负责的原则，逐项落实处理措施；对暂时难以处理的险工险患，落实应急度汛措施；在山洪易发地区加设临时机泵，清理泄洪沟渠，强化山洪灾害防御，提高防汛防旱应急保障能力。吴中区智慧水利项目在汛期持续发挥效力，防汛会商系统实现“省市区镇”四级联网，有效应对“安比”“云雀”“温比亚”等台风影响。

【水利建设管理】 2018年，完成河道疏浚整治173条143公里205万立方米。完成木光运河引流活水闸站工程建设和京杭大运河堤防加固工程吴中段堤防建设年度任务，完成苏东河整治和2018年环太湖水闸改建项目年度任务。推进生态型河道建设，完成建设生态河道15条10公里，建设木桩、生态砖护岸13.5公里，绿化河道3.4公里，绿化面积9666.7平方米。实施河道畅流工程，拆除坝埂3处、建设桥（涵）2座、改造束水河道3条0.9公里、改造束水桥（涵）2座，打通断头河4条，新开河道2条，达到“增强水体交换能力、改善河道环境面貌”的效果。推进水利配套建筑物建设，完成新改建排灌站24座，完成新改建三闸44座，建设防洪挡墙3.4公里，圩堤加高加固4.2公里，完成衬砌渠道1.5公里。抓紧中央财政小型农田水利重点县建设，审计2016年重点县项目，完成2017年重点县工程、2018年重点县项目3个标段工程。

【水资源管理】 2018年，通过省级节水型社会示范区验收，完成节水型社会示范区建设目标任务。落实水资源管理制度，加强制度建设和考核工作。开展水资源管理专项检查工作，开展水资源论证评审、取水工程验收，发放取水许可证。办理取水许可延续事项10件，新办18件，注销16家，变更1件。开展雨水收集利用设计审查和竣工验收工作，完善审批和验收程序，全年办理雨水收集利用设计审核25件，雨水竣工验收项目8件。办理节水“三同时”项目24件，推进节水技术改造，办理雨水利用设计审查项目24

2018年7月5日，吴中区创建省级节水示范区行政验收会召开

区水利（水务）局　供稿

件，办理雨水利用验收项目10件，办理机动车洗车场节水设施审核项目19件。　（戴广平）

绿化管理

【概况】 2018年，发展绿色生态城区，提高城市绿地布局的均衡性，优化生态环境。全年新增城市绿化86.7万平方米，城市建成区绿地率达38.5%，城市人均公园绿地面积达14.56平方米，完成天鹅港景观绿化、苏西线胥口段沿线景观绿化提升等多个绿化建设项目。

【绿化规划管理】 2018年，强化规划引领作用，依托新一轮《吴中区城乡协调规划（2017—2035）》及《苏州市城市绿地系统规划（2017—2035）》编制的时机，启动吴中区绿地系统专项规划，坚持“先底后图”规划原则，合理布局绿廊、绿道等结构性绿地，强调城市绿地与城市外围山水林田湖等各类生态空间的衔接，构建城乡一体、内外有机联系的绿地生态系统。加强绿化管理职能，开展占绿移绿审批工作，受理完成审批35件，涉及占用绿地1.2万平方米，制止绿地内违规开挖事件8起，遏制随意侵占、破坏道路绿化现象的发生。建立区、镇两级绿化管理体系，提高板块绿化规划、建设和管理水平，改善整体区域生态环境。

【绿化养护管理】 2018年，提升绿化规范化管理水平，组织开展全区绿化管养人员培训、学习工作；推广向社会购买公共服务，推动区级主要道路绿化管养面向社会招标，完成S343角直段、东方大道角直段等道路绿化管养交接任务。健全绿化管养考评机制，修订完善《园林绿化养护管理考核办法》，明确考核形式与内容，落实相应责任，开展养护管理工作。启用绿化养护信息化平台，真正实现“精细化养护、信息化管理”，助力绿化管养步入“大数据”时代。

（巫恺澄）

【古树名木保护】 2018年，对辖区内生长势弱、生长环境差的7株古树名木开展复壮工作，落实“一树一复壮方案”，包括土壤改良、清理基部杂物、做支撑、补堵树洞、病虫害防治等措施。聘请江南大学智能无损检测技术研究团队对9株一级古树名木进行健康检测，委托天池山风景管理所对天池山、花山、石嵝的37株古树名木及54株后续资源进行管理，并签署相关协议。落实古树名木扶持资金9.3万元。　（蒋　旭）

景区景点

【概况】 2018年末，开放景点60余个，拥有国家级旅游度假区1个、国家5A级景区1个、国家4A级景区5个，省级乡村旅游点12个、江苏省工业旅游示范点3个。

【风景名胜管理】 2018年，落实上级风景名胜区管理条例，根据分级保护要求控制风景名胜区内建设行为，做好景区建设项目选址和设计方案初审，推动景区低影响发展，协助七子山隧道等建设项目进行。指导景区详规修编，坚持“科学规划、永续利用”的原则，突出保护风景名胜资源的自然特性、文化内涵和地方特色。加强风景名胜区规划与城镇总体规划、土地利用规划以及相关专项规划的衔接协调，重点开展木渎、光福景区详规编制推进工作。强化景区考核管理，做好景区保护管理年度考核工作，审定上报景区生态补偿资金1175.8万元，重点完成各景区自然、人文资源调查，建立景区资源保护清单，完成遥感图斑核查和景区标界立碑工作。

【吴中太湖旅游区】 国家5A级旅游景区——苏州市吴中太湖旅游区，由东山、穹窿山、旺山三个景区以及太湖湖滨国家湿地公园组成，包含启园、雕花楼、紫金庵、陆巷古村、三山岛、穹窿山、旺山、太湖公园等8个核心景点。2018年，东山推进文旅、农旅深度融合，举办“山浪年味”、“元宵灯会”、猛将游街、民俗风情旅游节等活动。穹窿山举办登高健身大会、健康养生文化节等活动，以活动促进宣传。旺山从软硬件着手打造文旅风情小镇，通过第一年度考核。

【木渎古镇】 2018年，古镇景区对木渎古镇圣旨馆、御宴厅进行提升改造，还原乾隆皇帝六下江南场景，恢复刘墉起居室，让游客感受木渎的"皇家园林"文化，举办欢迎木渎年、御游节等特色活动，开发"木渎"旅游小程序，以体验类活动带动销售。开发文创产品，木渎风物记购物店从文创、故事、风味、非遗4个维度打造真正有温度的文创品牌，总计产品研发逾300款。

【角直古镇】 角直位于苏州市东部，具有江南水乡特色，以水多、桥多、巷多、古宅多、名人多而著称，更因塑壁罗汉（"天下罗汉两堂半"中的半堂罗汉）和水乡妇女服饰而闻名天下。2018年，角直二期景区开业，角直酱园、角直名人馆、苏州美术写生基地、水乡妇女服饰传习所等一批休闲业态载体亮相迎客，推出"万盛水道游""水乡婚礼游""古镇研学游"等新产品。角直以"端端有礼"为主题LOGO（徽标），设计包括玩具、食品、服饰、文具等旅游文创产品60余款。

【西山景区】 苏州太湖西山岛又名洞庭西山，是我国淡水湖泊中最大的岛屿。西山岛上，旅游资源丰富，景点众多。石公山、林屋洞、缥缈峰、明月湾、东村古村、古樟园、包山寺、观音园、禹王庙、雕花楼、绿光农场、乡村牛仔俱乐部等景点分布其间。2018年，西山举办太湖梅花节、枇杷杨梅采摘节、端午龙舟赛等节庆活动，举办金庭十大精品民宿、十大金牌农家菜大赛，展示精品民宿和农家菜的风采。

木渎古镇　　区旅游局　供稿

【光福景区】 光福景区位于苏州市古城西南28公里的太湖之滨，自古就有"湖光山色，洞天福地"之美称，拥有丰富的自然资源，主要景点有邓尉山坞、铜观音寺、光福塔、司徒庙等。2018年，光福以香雪海景区为核心引领，不断挖掘梅文化、渔文化，举办苏州太湖梅花节、太湖开捕节等活动，推出窑上香、青梅酒等特色旅游产品。

【天池山景区】 天池山景区位于吴中区木渎镇西北，太湖国家风景名胜区、东吴国家森林公园境内，由天池山、花山、白象湾三个景区组成，集自然景观、人文历史、宗教文化及科普教育等于一体，为国内知名的原生态休闲胜地。2018年，举办金秋登高祈福节、吴越民俗文化节等活动，通过软硬件提升强化景区质量，通过江苏省A级景区评定性复核。（闻　菁）

编辑：高　燕

休闲旅游

综　述

【概况】　2018年，吴中区旅游行业全年接待游客2437.12万人次，实现旅游总收入358.98亿元，分别比上年增长1.35%和6.33%。年末，全区开放景点60余个，拥有国家级旅游度假区1个、国家5A级景区1个、国家4A级景区5个，省级乡村旅游点12个、江苏省工业旅游示范点3个，旅行社55家、星级酒店8家。

【旅行社与旅游饭店】　2018年末，吴中区内有旅行社55家，其中出境社7家，四星级旅行社6家。区内有星级酒店8家，其中五星级1家，四星级4家，三星级2家，二星级1家；合计床位1947张，客房平均利用率54.50%。

旅游产业管理

【概况】　立足全区“一核一轴一带”生产力发展布局，抓住创建“国家全域旅游示范区”的机遇，优化吴中旅游发展环境，提升吴中旅游发展质量。结合《关于促进吴中区全域旅游发展的实施意见》，印发《吴中区推进创建国家全域旅游示范区年度工作任务》。全年开展全域旅游、景区管理、乡村旅游、网络营销、讲解员、民宿服务人员、旅游安全等系列培训近10次，着力提升全区旅游从业人员综合能力。吴中区获评江苏省乡村旅游创新发展示范区，东山西巷村获评省四星级乡村旅游区，盛风苏扇文旅创意馆获评省级工业旅游区。

【产业扶持】　全面实施《吴中区加快旅游业发展的扶持办法》，出台旅游目的地游览、旅游品牌宣传推广、旅游会议会展奖励申报指南，对相关企业开展专项宣贯，全面提升吴中旅游市场竞争力。天池山游客中心改建厕所、渔洋山大门东侧改建厕所等12个项目获批省旅游业发展专项引导资金73万元。开展区旅游专项资金项目引导工作，甪直景区配套综合提升改造、东山陆巷古村景区综合整改提升项目等22个旅游项目通过专家论证，引导1975万元。

【民宿管理】　推进实施《关于促进吴中区旅游民宿业规范发展的实施办法》。2018年，全区134家旅游民宿完成备案登记。组织成立吴中太湖民宿联盟，加强行业自律，构建交流合作平台。加大对民宿宣传力度，开展吴中太湖旅游微信平台民宿专题44期推广，涉及100余家民宿。51家民宿加入吴中太湖旅游天猫店进行线上营销。筱驻·山塘、溪岸人文旅店、右见留白、篱尘、岛隐五家民宿获2018年度“苏州旅游精品民宿”称号（全市10家）。

【A级景区长效管理】 组织实施吴中太湖旅游区月度服务质量监管工作，对存在的问题督促整改提升。委托专业公司对A级景区进行暗访，至年末，5A级景区发现问题比上年下降33.52%，4A级景区发现问题比上年下降58.80%。全区A级景区在软硬件设施维护、服务质量提升、旅游环境整治等方面有显著提升。

旅游服务体系建设

【概况】 2018年，区旅游局推进智慧旅游体系建设，推动A级景区经营业务系统智能化。将原5A级景区太湖游客中心升级为吴中区全域旅游服务中心综合站，完善交通集散中心功能，通过公共交通、旅游交通与各景区现有二级游客中心联动。在木渎影视城、吴中万达新设具有旅游宣传、旅游咨询、旅游商品销售等功能的旅游服务中心，探索旅游服务点硬件设施及软件服务标准。依托多媒体和数字化技术，对现有景区游客中心互动屏幕进行功能提升，提供“吃、住、行、游、购、娱”等信息服务和旅游行业法规信息。推进旅游厕所革命，全年完成新建或改扩建旅游厕所17座，面积约1540平方米，投资约350万元。制定《吴中太湖旅游年卡管理办法》，在一级、二级旅游服务中心增设太湖旅游年卡办理点，并逐步扩展至三级旅游服务中心。

【5A级景区经营业务系统项目】 5A级景区经营业务系统项目于2018年7月全面上线运行，覆盖旺山、穹窿山等8个景点，东山游客服务中心、太湖游客服务中心等2个游客中心和东山长圻、西山石公山等5处游船码头，14个点位（2个游客中心是1个点位）。通过智能闸机、中心机房、电子票务、数据呈现等模块建设，全面实现游客入园便捷化、景区管理信息化、票务数据精准化、安全监管实时化等多项功能。以5A级景区经营业务系统为基础建立吴中旅游大数据信息系统，并被苏州市推荐参加全国旅游信息化示范项目评比。

【文明旅游】 吴中区开展文明旅游工作。结合文明城市创建，建立覆盖区旅游行业的文明城市创建工作网络，将文明创建与旅游业务日常管理相结合，同研究、同部署、同落实、同督查、同考核，形成齐抓共管工作格局。在行业景区、旅行社、酒店等要点覆盖1300余个文明旅游宣传广告，在区内各A级旅

2018年11月，溪岸人文旅店获2018年度“苏州旅游精品民宿”称号　　区委宣传部　供稿

游景区（点）、游客服务中心设置文明旅游志愿服务工作站和文明旅游志愿者，落实讲解员业务工作与文明督导“一岗双责”，将文明旅游宣传引导工作贯穿旅游行程始终。

【旅游市场秩序专项整治】 畅通12301全国旅游监管服务平台、苏州市全域旅游市场秩序综合监管工作平台、吴中区社会综合治理联动中心指挥平台以及24小时电话接诉等渠道。2018年，各类旅游投诉151起，咨询8起、信访9件，均已妥善处理。检查区内50家旅行社经营范围、证照情况、有无不合理低价游、虚假宣传等方面情况。

旅游产品开发及推介

【概况】 深耕旅游市场，推动区域品牌日趋成熟。组织全区重点旅游企业开展旅游推介营销活动。完善吴中旅游天猫旗舰店的运营与管理，整合景区、民宿、交通、餐饮等优势资源，加快建设线上旅游超市，线上线下同步提升吴中区旅游知名度和影响力。深化“互联网+旅游”合作，携手美团旅行创新旅游营销方式。通过“文化+旅游”深度融合，与同程旅游合作开展“吴悠吴律”主题营销活动。扎实做好吴中旅游官微、官博、官网等自媒体的运营维护工作。吴中太湖旅游官博的“带着微博去苏州吴中”项目，获评2018江苏年度最佳创新传播旅游活动。

【旅游品牌宣传】 在苏州电视台投放15秒旅游形象宣传片，与《吴中报道》栏目开展《畅游吴中》专题片合作。在上海虹桥高铁站设立“乡愁小栈”文化展厅，开设“眼底江南心上吴中”主题微展，打造“吴中文化旅游体验店”。在高速、苏州地铁、上海地铁等主要交通节点投放户外广告。开展秋冬季社区电梯框架广告投放。“吴中太湖旅游”微信公众号、官方微博每月开展“线上+线下”专题活动，关注度显著提升。“带着微博去苏州吴中”民宿主题阅读量7534万，单条民宿宣传微博阅读量最高261万。策划设计新版旅游指南书，全面展示吴中全域旅游资源。制作四季旅游手册、旅游地图，5A级景点及住宿手册，通过旅游星级酒店、游客中心、推介会等渠道向目标人群及游客免费发放宣传资料，推广吴中旅游特色产品，全面展示吴中旅游新形象。

【旅游市场推介】 组织区内各涉旅企业赴广州、长沙、成都、合肥、青岛、德江等地开展旅游推介活动。与同程旅游合作，在东山、西山、木渎、甪直、穹窿山等5个景区开展2018年“吴悠吴律”主题营销活动。携手美团旅行创新旅游营销方式，线上线下同步提升旅游知名度和影响力。

【旅游业态创新】 木渎大力开发文创产品，木渎风物记购物店从文创、故事、风味、非遗四个维度打造真正有温度的文创品牌，总计产品研发逾300款。临湖柳舍逐步发展成为精品民宿集聚区，临湖镇灵湖村获评2018中国美丽休闲乡村。东山杨湾古村全力推进古村基础工程建设，整合青蛙生态村、自行车公园等资源，推进特色田园乡村建设。度假区获苏州市体育产业基地、苏州市体旅精品项目称号，被列入苏州市体育特色小镇培育名录。太旅集团依托“太湖驿站”公共服务体系，精心策办“2018吴中环太湖国际自行车联赛”“不止骑·2018第六届中国24H单车环太湖认证赛”等活动。

旅游节庆活动

【苏州太湖梅花节系列活动】 太湖梅花节是苏城早春第一大旅游节庆，以金庭林屋梅海和光福香雪海为两大赏梅区，举办时间一般为每年的2月至3月。金庭林屋梅海为中国较大的赏梅基地，是中国梅文化活动主要场所之一，驾浮阁为赏梅最佳处。光福香雪海赏梅历史悠久，文化底蕴深厚，享有“香雪梅花甲天下”之誉。相传清乾隆皇帝曾经六下江南，必到香雪海赏梅踏春。2018年第22届苏州太湖西山梅花节以“畅游林屋梅海，乐享岛居生活”为主题，1月18日至3月28日推出一系列具有互动性及观赏性的线上线下活动。

【洞庭山碧螺春茶叶节暨太湖文化旅游节】 以“眼底江南心上吴中”为主题的2018苏州吴中洞庭山碧螺春茶叶节暨太湖文化旅游节于3月26日在洞庭西山正式开幕。贯穿全年的太湖文化旅游节分为春夏秋冬四大主题，涵盖民俗、美食、体育等方面18个节事活动，以及优质旅游产品及服务评选活动，极大程度让广大市民、游客参与吴中旅游共建共享。展示“山水苏州·人文吴中”特色优势，促进吴中旅游经济发展实现新突破。

【洞庭东、西山枇杷杨梅采摘节】 2018苏州·洞庭东山枇杷杨梅采摘节于5月10日开始，旅游着眼以“旅游+”为引擎，推动产业互动发展、融合发展，向市民们推出了4个枇杷采摘基地和多条旅游采摘线路。此外，东山镇与顺丰速运签订战略协议，顺丰将注册分公司入驻电商园。同时，东山镇对接各大物流平台，帮助果农拓展销售渠道，降低电商物流成本，促进农业增产增收。拥有万亩枇杷园的双湾村，与苏州好行旅游发展有限公司对接合作，开通“点对点”专线大巴。2018第9届洞庭西山青种枇杷杨梅采摘节于5月17日举办，苏州金庭集团有限公司与苏州好行旅游发展有限公司合作，为游客开通西山枇杷采摘直通车。同时为游客推出以“历史”“古村”“禅意”“生态”为主题的多条一日游及两日游采摘线路。

【三山岛马眼枣节】 2018年8月18日，三山岛马眼枣节将文化、科普、文娱等多种元素融合在一起，以独特新颖的内容，丰富多彩的体验活动，精彩纷呈的节目表演，为太湖三山岛马眼枣文化旅游节增亮增色，持续追加含金量。三山岛的马眼枣以其独特的口味，闻名于苏浙沪一带。果粒大，水分多，味美爽口，营养丰富，有“一日三颗枣，百岁不显老”之说。

【光福太湖开捕节】 2018年8月，中国（苏州）太湖开捕仪式、苏州光福太湖美食节、苏州窑上桂花节三节同庆。太湖开捕节是太湖渔民下湖开捕前所举行的祭祀大典，是广大摄影爱好者的盛大节日。开捕节活动保留一年一度的太湖开捕祭祀仪式，祭上苍、祭太湖、敬生灵、祈福祉，渔民们用自己的方式呈现原汁原味并带有浓郁乡土风情的“渔民的节日”，充分展示太湖渔文化和船俗文化这一特色浓郁的民俗瑰宝。

【神奇小角童玩节】 6月20日至8月20日，神奇小角童玩节在角直举办。感悟千年古刹余韵，体验农耕文化，学习特色连厢舞，让传统融合现代，让文化融合教育。神奇小角童玩节包含“沈半镇的小秘密”“尼罗再世”“小黄鸭的秘密”“文化大侦探”“多收了三五斗”“水乡服饰秀”“万剑寻踪”等系列活动，寓教于乐，玩有所获。

【木渎旅游节】 木渎旅游节庆活动贯穿全年。以游春、嬉夏、赏秋、研冬四季活动为主线，突出景区文化，结合旅游风尚，分别推出“御游节”“嬉夏节”“十二娘风情节”“欢乐木渎年”等活动。在此过程中，深挖木渎特色历史文化资源，把文化元素注入旅游活动策划全过程，实现对文化旅游融合发展的有效引领，从而最大限度推动这一文化成为木渎镇“全域旅游”的核心文化。让四个景区内最有特色、最具代表性、能展现这一文化元素的景点项目产生集聚效应，创造更加鲜明的木渎旅游文化特色。全年旅游人次381.16万人，旅游总收入4775.97万元。（闻　菁）

编辑：陆海兵

教　育

【概况】 2018年，全区实施列入政府实事工程的学校建设项目24个。尹山湖实验小学及附属幼儿园、吴淞江实验小学附属湖韵幼儿园、碧波实验小学枫津路校区、城南中心幼儿园、华师大苏州湾实验小学、胥口中学（扩建）、叶圣陶实验小学（扩建）等7所学校相继建成并投入使用；加快推进吴淞江实验小学、南师大附属石湖实验小学邵昂路校区、邵昂幼儿园、吴中实验小学等8个结转项目的建设；启动木渎金山高级中学、木渎石码头学校、木渎金山实验小学、郎江小学等9个新建和改扩建项目建设。精准测算积分入学可供学位，优化积分入学工作。全年积分申请通过人数5171人，其中小学3562人、初中1609人；经过充分协调，挖掘可供学位潜力，共提供小学学位2907个，准入率81.6%；提供初中学位1411个，准入率87.7%。高中学业水平考试、高考成绩有新突破，本一、本二上线人数分别为595人、1441人，上线率分别为37.83%、91.61%，分别超出省均值13.04、30.61个百分点。中考600分以上考生比上年净增200多人。成人高考报名人数4489人，录取率85.03%；全年高等教育自学考试报名21899人，报考课程49943门，毕业人数952人；江苏省书法水平等级证书考试报名49199人，合格率79.23%。全区投入资金近1500万，完成江苏省木渎高级中学、苏苑高级中学、江苏省外国语学校、迎春中学、城西中学、宝带实验小学、苏苑实验小学、吴中中等专业学校等10个标准化考点的升级改造。

【内涵发展】 2018年，新增省优质幼儿园2所、市优质幼儿园2所；新增苏州市首批义务教育学校管理标准示范校3所、特色校3所。继续推进“区域特殊教育资源建设”省级项目，建立“融合教育资源中心”10个，促进特殊教育内涵发展。舟山实验小学、长桥中心小学两校获评省级小学特色文化建设工程项目，东湖小学获评“江苏省艺术教育特色学校”，苏苑实验小学获评“江苏省首批教师发展示范基地校”，郭巷实验小学获评“江苏省第十七批绿色学校”；长桥中心小学获评“十三五”江苏省科学教育综合示范学校，并成功承办江苏省第十三届中学生棋类锦标赛暨第三届小学夏令营，在比赛中获得象棋团体总分第一。南师大附属石湖中学和木渎实验小学等7所学校被评为全国足球特色学校。苏苑高级中学被评

2018年12月，吴中区东湖小学以"优秀"考评等级获"江苏省中小学艺术教育特色学校"称号。图为考评现场　　区教育局　供稿

为江苏省心理健康教育特色学校。东湖小学、城西中学，以校园心理剧的创编，获江苏省中小学校园心理剧特等奖创作示范学校。全年获国家级基础教育成果奖二等奖1个，获苏州市级基础教育成果奖特等奖1个、一等奖2个、二等奖4个。江苏省外国语学校高质量通过江苏省评估院的四星级复审。

【师资队伍建设】 区教育局组织开展"不忘初心、牢记使命"纪念改革开放40周年主题演讲和"学习十九大，展现身边的力量"党员故事征集活动，评选首届"吴中最美教师"（含提名奖）20人。继续深化教师管理制度改革，加大"年金制"教师招聘和高层次人才引进力度，先后举办"高校行"等5场招聘活动，共招聘教师1076名。全面实施教师专业技术岗位分等级设置和聘用制度，优化职称结构，提高薪资待遇。健全教师培训机构建设，独立列编吴中区教师发展中心。健全激励机制，修订区级以上教育教学骨干人才考核奖励办法，对1081名经考核合格的"名师"，发放奖励472.85万元。开展教育干部梯队建设创新行动，举办"首届中小学校长课程领导力提升班""第六届中小学青年后备干部培训班"，在苏州市率先实行青年后备干部"跟岗督学"制度。年内，选拔任用正校级干部5名、副校级干部10名、学校中层正职干部48名、中层副职干部58名。加大教育人才输出，选派6名教师，赴新疆阿图什市第二小学开展为期一年半的援疆支教；选派10名教师赴贵州德江县中小学（幼儿园）支教，组织高中教学管理干部赴德江交流帮扶，先后四期接收20名德江县教师到吴中区开展为期一个月的跟岗培训。加快名师队伍成长，新增正高级教师（教授级）2名、省特级教师3名、省"333工程"培养对象1名、市姑苏教育人才19名、市名教师1名、市学科带头人27名、东吴教育人才14名、区知名教师10名、区班主任带头人32名、区学科骨干教师163名。全区高端教育人才位列全市第一阵营。

【校外培训机构专项治理】 2018年，区教育局贯彻落实国家和省、市有关决策部署，精心应对人民群众普遍关切的热点问题，自觉提高政治站位，强化责任担当，推进校外培训机构专项治理工作。全区排查登记校外培训机构587家，其中，中小学文化学科类校外培训机构251家（证照齐全19家、有照无证193家、无证无照39家），面向中小学生的兴趣特长类教育培训机构299家，其他校外培训机构37家。10月，根据省纪委、省监委、省教育厅关于校外培训机构集中整治工作的新要求，全区再次对251家中小学文化学科类校外培训机构进行排摸，列出问题清单，逐家落实整改。截至年底，10家白名单机构完成整改，251家培训机构全部整改到位，新批办学许可证3家，关闭36家，停止学科类业务202家，整改完成率为100%。年内，全区校外培训机构集中整治工作分别通过苏州市、江苏省两级专项督查，吴中区“依法行政、和谐执法”特色举措得到省、市两级督查组肯定。建立健全校外培训机构长效监管机制，制定《吴中区关于规范校外培训机构发展的实施意见》，创造条件，推行中小学课后延时服务；采取有效举措，引导校外培训机构规范办学，及时解决人民群众关切的教育热点和难点问题。

【职校技能竞赛】 2018年，吴中中等专业学校在全国职业院校技能大赛中，获得中职组“分布式光伏系统的装调与运维”项目金牌；全区职校在省级技能大赛中获一等奖6项，二等奖11项、三等奖18项，在市级技能大赛获一等奖30项、二等奖39项、三等奖45项。在苏州市职校技能大赛表彰会上，吴中区获县（市、区）团体第四名，2名教师获评“苏州市职业学校技能大赛先进个人”，3名教师获评“苏州市职业学校技能大赛先进教练”，3名学生获评“苏州市职业学校学生技能标兵”，3名教师获评“苏州市职业学校教师技能标兵”，3名教师获评“苏州市技术能手”，3名教师获评“苏州市金牌员工”，6名教师获评“苏州市青年岗位能手”，1名教师获评“苏州市巾帼建功标兵”。

【社区教育】 2018年，全区获评省标准化社区教育中心1个、省标准化居民学校50个、市学习型街镇2个；甪直水八仙基地成功创建江苏省高水平农科教结合富民示范基地，木渎镇社区教育中心的“木渎古韵风情”获评首批市级游学项目，吴中高新区社区教育中心的“运河图书馆”获评市级学习苑项目，吴中高新区“高新区百姓摄影大讲堂”获评省级“社区教育品牌项目”；木渎镇社区教育中心获评中国成协“第二批城乡社区教育特色学校”，长桥“石湖摄影工作室”获评社区教育省级“名师工作室”；创新开展全民终身学习活动周，成功承办“2018年苏州市暨吴中区全民终身学习活动周”开幕式。

【教育科研】 2018年，全区共有13项教育科研课题通过结题鉴定，16项微型课题被鉴定为区级优秀，7所学校被评为苏州市首批教育科研基地学校，迎春中学获评江苏省教科研工作先进学校，钱霞获评江苏省教科研工作先进教师，教师梁莉、沈红雨获评江苏省教科研先进个人。全区教师在各级各类刊物发表文章850篇，其中核心刊物15篇、省级及以上刊物720篇；撰写或发表各级各类论文获奖1750篇，其中省级及以上730篇。组织编写和出版《苏式教育·吴中样本——吴中区特级教师教育思想录》一书。长桥中心小学的“十二五”省级重点资助课题“规范与有效：教师教学行为改进的实践研究”，获“第四届江苏省教育科学规划精品课题”。在年度优秀教学成果奖评选中，《多元化物理实验教学资源整合的研究与应用》获“2018年基础教育国家级教学成果奖”二等奖；《小学语文体验教学的实践研究》获“2018年苏州市教育教学成果奖（基础教育类）特等奖”和“江苏省教育科研成果奖”二等奖。曹会老师主持的两项研究、钱家荣等老师主持的四项教育科研成果、张国英等老师主持的两项研究，分获基础教育类一等奖、二等奖及职业教育类二等奖。江苏省木渎高级中学组织编写的《指向深度学习的自能教育的深化研究》、度假区舟山实验小学组织编写的《小学语文体验教学的实践研究》被确立为“苏州市教学发展前瞻性项目”。

【“教海探航”纪念活动】 2018年11月18日，由吴中区承办的第30届江苏省“教海探航”征文专题纪念活动，在苏州市吴中区东山实验小学举行，来自省内外的千余名教师参加纪念活动。纪念活动中，全区教师论文获奖成绩取得历史性突破，位列全省100多个县（市）、区第二名；140篇论文获奖，其中特等奖1篇、一等奖17篇、二等奖50篇、三等奖72篇；教师吴金根、徐正黄获“杰出水手奖”，教师邓琦婧获“感动人物奖”；南京师范大学附属苏州石湖实验小学、苏苑实验小学、木渎实验中学、东山实验小学四所学校获“优秀团队奖”；吴中区教育局获“先进集体奖”，全省仅有11个县（市）、区获此殊荣。区教育局编写的《“适合的教育”之吴中实践》专题宣传报道，刊于《江苏教育》2018年第10期。

【校园安全】 2018年8月，区教育局成立法制安保科。在第三届全国学生“学宪法讲宪法”活动中，吴中区中小学师生获得全国奖1项、省级奖1项、市级奖12项。严格落实校园安全“党政同责、一岗双责、齐抓共管、失职追责”制度，根据《苏州市吴中区学校规范管理考评条例》，完善考核评价体系，把安全工作列入学校、校（园）长的年度考核重点内容。区教育局印发《苏州市吴中区校园安全专业委员会工作规则》，建立由13个部门组成的学校安全专业委员会，明确专委会及成员单位的工作职责，建立健全校园安全工作联动机制，协调解决学校安全管理工作出现的重点、难点问题。制定出台《苏州市吴中区校园安保管理模式调整工作方案》，按照责、权、利相对应的原则，明确学校是校园安全管理的责任主体，加强学校对安保人员的招聘、管理自主权。根据区政府统一部署，启动为期两年的校园技防设施提升工程，全区所有中小学幼儿园配备校园出入口硬质防冲撞设施，70所学校完成近5万米张力式电子围栏报警设施的改造、升级工作。

【智慧教育】 2018年，区教育局持续推进“智慧教育”网络与信息安全建设。截至年底，全区所有公办学校的校园网站全部迁入集约化平台。网站防火墙、病毒防火墙、网络入侵防御、数据库审计、运维安全审计、日志审计设备已经上线运行，并升级了吴中区上网行为管理系统；持续推进“智慧教育”应用环境建设。4月，组织举办吴中区校长信息化领导力专项培训。5月，区教育局制定下发《苏州市吴中区中小学智慧校园建设指导意见》，在全区推进智慧校园建设。11月，评选吴中区第五批“教育技术应用能手”，全区507人次参加苏州市教育信息化应用能力大赛，其中长桥中心小学教师程琛玥获江苏省信息化教学能手比赛一等奖；707人参加苏州市中小学教师信息技术能力提升工程培训。11月，移动互联智慧学习平台1.0版本已正式上线试运行，“智慧教育”云平台二期通过中期验收；持续推进“智慧教育”创新应用示范建设，制定吴中区创客教学、人工智能教学的培训计划和方案。年内培训人员260人次，获得国家级二等奖1个、省级一等奖11个。12月，石湖实验小学等6所学校通过首批苏州市创客实践室建设实验学校的评估验收，6个示范点完成智慧生态教育创新平台建设。（赵军才）

表19-1 2018年吴中区在职特级教师名单

现（原）所在单位	姓名	性别	现（原）任岗位	任教学科
吴中区教育局	陈伟骏	男	中小学高级教师	英语
东山实验小学	吴金根	男	中小学正高级教师	数学
吴中区教育局	王海赳	男	中小学高级教师	数学
苏苑高级中学	郭瑞春	男	中小学正高级教师	化学
苏苑实验小学	唐晓芳	女	中小学正高级教师	语文
碧波实验小学	孟晓庆	男	中小学高级教师	数学
石湖中学	徐正黄	男	中小学高级教师	物理
吴中区教科室	钱家荣	男	中小学正高级教师	心理学

续表

现（原）所在单位	姓名	性别	现（原）任岗位	任教学科
江苏省木渎高级中学	张　飞	男	中小学正高级教师	物理
吴中区教研室	陈　健	男	中小学正高级教师	体育
吴中中等专业学校	李建红	男	正高级讲师	财会
苏苑高级中学	薛亚春	女	中小学高级教师	政治
吴中中等专业学校	蒋俊祁	男	中小学高级教师	电子
迎春中学	金复耕	男	中小学高级教师	语文
吴中区教研室	赵士元	男	中小学高级教师	数学
综合实践学校	周先荣	男	中小学高级教师	数学
碧波中学	马兴卫	男	中小学高级教师	物理

【吴中中等专业学校】 学校概况。江苏省吴中中等专业学校坐落在吴中经济技术开发区龙翔路333号，占地面积300亩，建筑面积12.8万平方米。2018年有教职工345人，专任教师316人，其中具有研究生学历（硕士学位）90人，江苏省特级教师2名，江苏省领军人才1名，江苏省教学名师1名，江苏省333人才1名，姑苏教育人才1名，苏州市知名教师2名，苏州市青年拔尖人才1名，东吴教育青年拔尖人才3名，吴中区知名教师3名，苏州市学科带头人16名，吴中区学科带头人40名，吴中区班主任带头人5名，吴中区骨干教师67名，苏州市优秀双师型教师6名，省、市、区教科研成员40余名。学校拥有省、市级名师工作室9个。全日制学生4311人，其中五年制高职2509人，高职专科448人，中专1354人。开放大学本专科和成人专科学历教育在籍学员1083人，社区非学历教育培训27648人次。2018年，学校相继获得吴中区文明校园称号、吴中区高层次人才团队称号、全国职业院校技能大赛金牌、苏州市职业学校技能大赛先进学校称号、第三批国家中等职业教育改革发展示范学校称号等。

职业技能竞赛。2018年，学校职业技能竞赛和实训教学继续取得好成绩。在江苏省技能大赛上，学校获得6金、14银、18铜的佳绩；在全国职业院校技能大赛中，中职组“分布式光伏系统的装调与运维”项目获全国一等奖。先后有2名教师通过考核晋升为高级技师，1000多名学生参加车工、数控、钳工、电工、计算机等项目技能考证，其中，70名学生获高级工证书。在江苏省创新大赛中，学校创新作品“感应式电机刹车时间测试仪”获中职组一等奖，“光电机械弹子安全门锁”获高职组二等奖。

班主任业务竞赛。2018年，学校继续加强对青年班主任业务能力培养，班主任业务竞赛成效显著。教师贡文君获全省班主任大赛全能一等奖、教育故事演讲一等奖、模拟情景答辩一等奖、主题班会设计二等奖和相关理论测试二等奖等五项大奖。2018年，由基本功国赛金牌获得者班主任吴舟洲老师主持的、以吴中区班主任带头人和基本功市赛一等奖选手为核心的“心舟”班主任工作室正式成立并开展业务竞赛活动。

教科研工作。学校继续深化教科研工作，打造骨干名师团队。获得大市教学成果奖评审二等奖2项，被评为全省办学系统科研工作先进集体，1人被评为先进个人；年内，有18项教科研课题结题、6项课题申报立项；在省、市级刊物上发表论文55篇，区级以上教科研论文获奖86篇；80余名教师参加省、市级的骨干教师培训；新建省级名师工作室1个、校级名师工作室1个，牵头成立市职教财经名师工作室共同体，形成财会、电子专业2个省级、7个市级、3个校级的名师工作室团队。新增市青年拔尖人才1名，市学科带头人3名、市青年教师教坛新秀"双十佳"1名、市教坛新秀新苗1名、东吴教育青年拔尖人才1名、区班主任带头人2名。（韩　兵）

表19-2　2018年教育事业基本情况（一）

项目	学校数（所）		教职工数（人）		专任教师数	
	2018年	2017年	2018年	2017年	2018年	2017年
合计	81	75	8220	7301	7592	6715
1. 普通中学	26	25	3046	2621	2829	2452
（1）完全中学	—	—	—	—	—	—
（2）高级中学	7	6	1143	957	1017	893
（3）初级中学	19	19	1903	1664	1812	1559
2. 中等职业学校	2	2	427	459	391	417
3. 小学	52	47	4719	4193	4344	3822
4. 特殊教育学校	1	1	28	28	28	24

表19-3　2018年教育事业基本情况（二）

项目	招生数（人）		在校学生数（人）		毕业生数（人）	
	2018年	2017年	2018年	2017年	2018年	2017年
合计	29505	26935	116646	105644	18718	18705
1. 普通中学	10825	10102	30191	26704	7859	7374
（1）初中	7757	7527	21835	19693	5715	5406
（2）高中	3068	2575	8356	7011	2144	1968
2. 中等职业学校	1078	1293	3426	3593	1153	1367
3. 小学	17571	15518	82912	75248	9693	9942
4. 特殊教育学校	31	22	117	99	13	22

表19-4　2018年入学率和升学率

项目	2018年	2017年
学龄儿童入学率（%）	98.8	99.8
小学毕业生升学率（%）	98.0	100.0
初中毕业生升学率（%）	100.0	100.0
高中毕业率（%）	100.0	99.8

表19-5　2018年幼儿园基本情况

项目	单位	合计		按办学性质分	
			女	1. 教育部门办	2. 民办
1. 园数	所	80	—	36	44
2. 班数	个	1064	—	641	423

续表

项目	单位	合计		按办学性质分	
			女	1. 教育部门办	2. 民办
3. 入园幼儿数	人	14868	7161	9678	5190
在园幼儿数	人	33075	15960	21466	11609
离园幼儿数	人	10828	5274	6910	3918
4. 教职工人数	人	3145	2985	1527	1618
#园长	人	122	119	54	68
专任教师	人	2182	2134	1341	841
保健、保育员	人	536	536	87	449
其他	人	305	196	45	260
5. 代课教师	人	244	235	244	—

科学技术

【概况】 2018年，区科技局围绕“优生态、惠民生、兴产城、善治理”工作目标，坚持稳中求进工作总基调，聚焦科技创新核心指标，助推全区经济社会高质量发展。区科技局获“全省科技管理工作先进集体”“知识产权行政执法工作成绩突出单位”等5项省级称号，获评“2015—2017年度苏州市文明单位”。

【持续发展高新产业】 2018年，全区高新科技企业得到持续发展。新增高新科技企业185家、省民营科技企业172家，高新科技企业培育入省库109家、入市库111家，上市培育入库3家、市“独角兽”企业培育入库3家、“瞪羚”企业计划入库8家。组织378家企业开展科技型中小企业自评价工作。科沃斯入榜福布斯中国创新企业50强。华电获国家科技进步二等奖，昆仑绿建获省科学技术奖一等奖，安靠电源获省科技成果转化专项立项。绿的谐波国家级重点研发计划“智能机器人”重点专项正式启动。科沃斯成功上市。汇川、药明康德、科沃斯三家企业荣登江苏创新型企业百强榜。

【集聚高端人才】 2018年，全区科技人员中，1人入选国家级重大人才引进工程、2人入选创新人才推进计划、6人入选省级双创计划、16人入选市级领军人才；1组科技团队入选重大创新团队，50名科技人员入选区级领军人才，23人入选省科技企业家、47人入选市科技企业家。全区累计自主成功申报国家级重大人才引进工程3人、双创人才31人、姑苏领军人才78

2018年2月，苏州昆仑绿建现代木结构项目获2017年度省科学技术一等奖
何月华 摄

人、区级领军人才285人。全年辅导企业申报各级各类人才计划项目200余项。举办“高校青年博士—吴中科技企业”双选会，100名高校青年博士成功对接区内54家科技企业。年内，区科技局制定《吴中区人才载体绩效奖励办法》，组织“人才新政20条”宣讲专场会，创新奖励机制，加速高端科技人才向吴中区集聚。

【科技创新平台建设】 2018年，继续加强科技创新平台建设。苏州智能制造研究院成功开园，中科苏驼光通信研究院正式签约。苏州智能装备与工业互联网研究院、江苏集萃智能传感技术研究所、中农大有机循环研究院（苏州）3家入选苏州市级新型研发机构。新增省级工程技术研究中心7家、市级工程技术研究中心42家，开展省工程技术研究。新增省级众创空间2家、市级众创空间5家。4家省级公共服务平台、3家市级企业研发机构分获省、市创新能力建设专项资金。110家企业获市“科贷通”贷款10.01亿元。累计建成国家级众创空间4家、省级众创空间11家，市级众创空间18家。省级以上孵化器5家，其中国家级4家。

【推进知识产权战略】 全年专利申请量16788件，比上年增长13.65%，其中发明专利申请量5370件。专利授权量9865件，比上年增长37.99%，其中发明专利授权量1004件，PCT（专利合作协定）专利申请量137件。新增国家知识产权优势企业5家、示范企业2家。新增省知识产权领军人才1人、市知识产权重点人才1人。科沃斯获评“2016—2017年度苏州市十大知识产权示范企业”，在省知识产权战略推进计划项目中立项的企业1家，在省知识产权保护（维权援助）项目中立项的企业2家；20家企业通过贯标第三方认证，5家企业获评省级2017年度贯标优秀企业，1项专利获中国专利优秀奖。获上级批准，建设苏州智能制造产业知识产权运营中心。碧波实验小学入选苏州市知识产权教育试点学校。开展“4·26”知识产权宣传周“六进”活动，举办“我也爱发明”赠书仪式，普及知识产权维权教育。相继形成《苏州市吴中区机器人与智能制造产业导航报告》《吴中区专利密集型产业——机器人与智能制造产业培育发展报告》。开展知识产权执法维权“护航”“雷霆”专项行动，年内依法查处假冒专利案件51件。

【科技宣传与培训】 加强科技宣传与培训，提升科技服务质量。全年举办“科技大讲堂”、“海外知识产权实务和风险防控培训”、科技创新培训（杭州专场）等10多场科技人员培训，受训人次1500以上。宣传国家和省、市、区各类科技创新政策文件，发放政策汇编1000本。结合解放思想大讨论专题，组织召开企业家座谈会。区举办经贸洽谈会期间，在分会场召开“吴中区创新创业资本对接推介会”。年内，相继组织部分企业参加“2018中国（苏州）跨国技术转移大会”“2018中国激光智能技术研讨会”“苏州科技行——走进中科院（兰州、西安）”“中国·江苏第六届国际产学研合作论坛”“2018高校‘苏州日’活动和产学研合作对接会”等20多场产学研活动。

【争取项目和资金】 2018年，区科技局通过多种渠道向上争取到项目497项，其中省级以上项目230项；向上争取资金1.23亿元，其中省级以上资金5184万元。全年110家企业获市“科贷通”贷款10.01亿元。实施《吴中区科技创新三年行动计划》，制订《吴中区科技信用管理办法（试行）》内控文件，建立三色预警信用监管体系，为全区科技发展保驾护航。

（杨利萍）

表19-6　2018年吴中区国家级科技计划项目

计划类别	项目名称	承担单位
国家重点研发计划“智能机器人”重点专项	机器人系列化高精度谐波减速器开发及智能制造示范	苏州绿的谐波传动科技有限公司
创新人才推进计划	超薄金属包装高端智能装备及在易拉罐生产中的应用	苏州斯莱克精密设备股份有限公司

表19-7　2018年吴中区省级科技计划项目

计划类别	项目名称	承担单位
省科技型创业企业孵育计划	省科技型创业企业孵育计划等8项	苏州市吴中科技创业园管理有限公司等
省高新技术企业培育资金	省高新技术企业培育资金等59项	苏州贝彩纳米科技有限公司等
企业研究开发费用省级财政奖励	企业研究开发费用省级财政奖励等124项	江苏经纬轨道交通设备有限公司等
省自然基金	Fano共振系统中的非线性光学频率转换与远场辐射增强机制研究	苏州大学文正学院
省级重点研发专项资金（第三批）	人工智能视频解决方案关键技术研发	智语新视
省创新能力建设专项资金（第二批）	江苏省苏州太阳能和风能发电设备检测公共技术服务中心	苏州电器科学研究院股份有限公司
省创新能力建设专项资金（第二批）	江苏苏州药物非临床研究及评价公共服务中心	苏州药明康德新药开发有限公司
省创新能力建设专项资金（第二批）	江苏省中小企业科技投融资公共服务中心	苏州市吴中科技创业园管理有限公司
省创新能力建设专项资金（第二批）	国家非人灵长类实验动物种子中心苏州分中心（江苏省动物实验开放服务中心）	苏州西山中科实验动物有限公司
战略推进计划项目一般项目	战略推进计划项目一般项目	苏州斯莱克精密设备股份有限公司等3家
省贯标优秀	省贯标优秀	苏州金记食品有限公司等5家
省维权援助	省维权援助	苏州索发电机有限公司
省高价值	省高价值	科沃斯机器人股份有限公司

编辑：王明生

文　化

【概况】 2018年，按照“坚定文化自信，推动社会主义文化繁荣兴盛”的要求，以“根植吴文化、建设新吴中”为主题，实施文体精品工程，丰富群众文体生活，加快发展文体产业，保护传承文化遗产，提升“活力、乡愁、创意”三大文体品牌，建设“文体智库”，推动文化强区和体育基本现代化建设。2018年，建成开放3家图书分馆和1个特色分馆，城南文体活动中心建成开放，9个镇（街道）、184个村（社区）统一挂牌公益电影固定放映点，实现村（社区）全覆盖，东山宾馆室内固定放映点创建区公益电影特色放映点，完成58个基层综合性文化服务中心达标建设。

【文化艺术】 2018年，创作“法治评弹走基层”专场节目《网格村长》《紧急出动》《黑匣子之谜》，中篇评弹《梅花绣》参加第七届中国评弹艺术节，创作歌曲《好上加好》在CCTV“2018新春原创音乐会”上获金奖，推荐曲艺《路在脚下》等3个作品获2018年苏州市优秀群文作品项目立项。组织举办2018年新春团拜会、第二届“屋顶上的歌唱家”、军地联谊晚会、第二届市群众文化“繁星奖”获奖作品区级展演等大型演出；举办“我们的节日”庆祝改革开放四十周年主题书画交流展、“走进音乐”系列人文音乐课、“太湖大讲堂”等各类主题文化活动。支持民营艺术团队开展30场文化惠民演出；区文化馆举办2018“欢聚艺堂——文化惠民系列活动”56场，累计参与群众5700余人次；区图书馆组织读者活动279场，参与读者达43628人次；区评弹团进村（社区）巡演3860场，青年演员进保利剧院专场演出。赴德江开展文化交流并签订“合作备忘录”；评弹团主要演员应邀赴美国圣安东尼奥市、新西兰陶波市进行文化交流演出；光福核雕走进拉脱维亚首都里加吉尔德一展苏作魅力，“青铜化玉汲古融今”马洪伟玉雕艺术特展亮相颐和园。

【文物保护与管理】 2018年，对接国家文物局和敦煌研究院，针对紫金庵罗汉塑像修复技术难题制定详细保护方案。完成国保单位东山民居（凝德堂、怀荫堂）保养维护工程，陆龟蒙墓（清风亭及斗鸭池）、东山镇粹和堂和金庭镇费孝子祠维修工程。开展吴中区省级文物安全综合管理试验区建设，推进不可移动文物基础数据库和文物安全移动巡查App开发项目建设。完成国家文物局组织的东村传统村落保护利用整体评估工作，编制第八批全国重点文保单位申报文本。推动完善《吴中区古村落古建筑保护专项资金管理办法》。市保单位师俭堂维修工程登录《焦点访谈》，以“古宅新事”为题，展示古建保护的系列举措。

2018年12月24日，“飞扬新时代 文化赢未来”2018吴中区优秀文艺团队大展演在苏州保利大剧院举办

区文体局 供稿

【非物质文化遗产保护】 2018年，周建明、薛林根、施跃文等3人入选第五批国家级非遗代表性项目代表性传承人名单，国家级代表性传承人增至6人；新增区级传承人32人。推动非遗保护宣传，累计开展“文化和自然遗产日”“市民体验非遗”等各类非遗宣传展示活动13场次，提高群众对非遗保护的认识和参与度。

【文体产业】 2018年，实现文体产业增加值88.21亿元，占GDP比重7.84%；销售体育彩票7.44亿元，为区财政筹集公益金5000万元以上。

安商服务。推荐“苏州澄湖航空飞行营地”项目获得省体育产业引导资金扶持100万元，推荐“苏州菱湖湾游艇俱乐部有限公司”等3家单位获省俱乐部专项扶持资金，推荐“户外体育用品研发”等3个项目获得市体育产业引导资金扶持80万元；推荐苏州太湖国家旅游度假区和苏州三山岛集团文化体育发展有限公司获评2017年度市体育产业示范基地，推荐“苏州太湖旅游发展集团有限公司”等7家单位获评体育旅游精品项目。推荐“苏州书画艺术产业孵化中心”等5个项目获评苏州市重点文化产业项目，总投资约2.8亿元；推荐苏州舞之动画股份有限公司获第四批市文化产业示范基地企业命名。

推介平台。借力第七届中国·苏州创博会，以“原乡园艺特色小镇”为主题，彰显临湖屯垦文化的历史底蕴，原汤温泉的自然底蕴，后园博时代的文旅效应，吸引近10万人次入馆参观，吴中展馆获“优秀组织奖”“展示设计奖”。组织文体产业联合会会员赴德江开展文创产业调研，捐助5万元产业扶持款。围绕“苏作天工·根植吴中”主题，举办第三届苏作文创峰会、吴中文化创意集市。峰会现场，吴中区人民政府分别与故宫博物院、西安美术学院签订合作协议。

培育市场。推动出台《吴中区开展引导城乡居民扩大文化消费试点工作实施方案》；整合全区文旅资源，以春、夏、秋、冬四季为主线，涵盖苏州太湖梅花节系列活动、苏州吴中洞庭山碧螺春茶叶节、城市定向赛活动、太湖新天地嘉年华活动、渔洋山音乐节、太湖百合花节、枇杷杨梅采摘节、端午民俗文化旅游节、三山岛马眼枣节、神奇小角童玩节、太湖开捕节、苏州窑上桂花节等太湖文化旅游节系列活动，做大文旅产业；试点开展“全民K歌”文化消费惠民活动，引导城乡居民文化消费。

【行政审批】 2018年，以“放管服”为重点，推进“不见面审批”改革工作。做好政务服务网“一张网”和“不见面”维护工作，共维护342项；落实“证照分离”工作，完成文体局7个事项的改革并发文；推进行政审批下放，承接3项市体育局下放的行政许可项目，对接开发区、度假区、木渎镇、角直镇等区域，确定22项行政许可事项下放木渎镇，8个行政许可事项全链赋权开发区，8个行政许可事项委托角直镇行使，完成对相关人员业务培训。全年文体窗口受理材料232件，行政服务科现场踏勘37家次，备案41件，行政许可118件，双公示70件，通过行政指导帮助申请人4次规避投资风险。木渎便民中心接待文体类咨询18次，办理21件。

【新闻出版管理】 2018年，完成406家印刷企业和147家出版物经营单位年检工作，建立“吴中区出版物经营单位”微信群。开展“4·26”世界知识产权日系列宣传活动，推荐2部作品获省优秀版权奖二、三等奖，推荐4部作品获市优秀版权奖一、二等奖，推荐4家企业分别获得市重大版权、版权示范单位和软件正版化推进计划项目立项。第七届中国国际版权博览会期间，承办苏作与版权保护论坛吴中区分会场活动，苏州舞之动画股份有限公司获“金慧奖”、优秀企业奖；组织印刷行业商会会员单位赴德江考察，为当地学校捐赠助学款。

【文化市场管理】 2018年，开展“平安文体市场”创建、“扫黄打非”专项活动。开展“扫黄打非·护苗2018”绿书签集中宣传周等活动，为广大少年儿童提供健康的成长环境。推进“扫黄打非”基层站点规范化标准化建设，明确吴中高新区（长桥街道）、木渎镇、胥口镇、横泾街道、越溪街道、香山街道等6个板块开展先行先试工作。联合5个镇、街道开展9次多部门联合执法取缔行动，取缔无证网吧43家，扣押主要上网设备994台。全年接收举报1700余份，出动执法人员5000余人次，处理检查各类文体经营场所1900家次，办理行政处罚案件20件，接待群众来访35人次，强制取缔19家无证音乐茶座、5个无证摊点，行政处罚3家、收缴各类非法出版物500余件，督促10家无证游泳场馆办理相关高危险性体育项目经营许可证。（张顺流）

表20-1　2018年末吴中区省级以上非物质文化遗产名录及传承人

项目名称	类别	级别	公布日期、批次	保护单位	当前传承人状况
角直水乡妇女服饰	民俗	国家级	2006年5月20日 国发〔2006〕18号 第一批	角直镇文体教育服务中心	区　级：顾夫泉
香山帮传统建筑营造技艺	传统技艺	国家级	2006年5月20日 国发〔2006〕18号 第一批	苏州香山工坊建设投资发展有限公司	国家级：薛福鑫　陆耀祖 薛林根 省　级：杨根兴　顾建明 市　级：朱兴男　张喜平 郁文贤 区　级：许建华　孟建鸿 沈炳春　方　明 钱乃幸　顾阿虎 胡迪荣　孙小青 邓菊生　张福康

续表

项目名称	类别	级别	公布日期、批次	保护单位	当前传承人状况
光福核雕	传统美术	国家级	2008年6月7日 国发〔2008〕19号 第二批	苏州市吴中区光福镇文体教育服务中心	国家级：宋水官 周建明 省 级：陈素英 市 级：须培金 钟火元 区 级：许忠英 陆小琴 缪增明 任敏华 钟秀琴 钟耀源 李晓青 宋梅英 承莉君 帅道富 夏 栋 李云玲
碧螺春制作技艺	传统技艺	国家级	2011年5月23日 国发〔2011〕14号 第三批	苏州市吴中区洞庭(山)碧螺春茶业协会	国家级：施跃文 市 级：查恩春 陈建荣 张利忠 蒋林根 周永明 区 级：严介龙 马国良 柳荣伟 顾晓军 沈四宝 蔡国平
金山石雕	传统技艺	省级	2007年3月24日 苏政发〔2007〕28号 第一批	苏州金山石雕艺术有限公司	省 级：何根金 市 级：吴福云 区 级：何建青 何建红 何惠林
藏书澄泥石刻	传统技艺	省级	2007年3月24日 苏政发〔2007〕28号 第一批	苏州市吴中区木渎镇文体教育服务中心	省 级：蔡金兴 区 级：蔡云娣 许永良 陆云生 张文彪 蔡春生
东山台阁	传统体育、游艺与杂技	省级	2009年6月20日 苏政发〔2009〕94号 第二批	东山镇文体中心	
乾生元枣泥麻饼制作技艺	传统技艺	省级	2011年9月2日 苏政发〔2011〕124号 第三批	苏州乾生元食品有限公司	市 级：郏 勤
木渎石家鲃肺汤制作技艺	传统技艺	省级	2011年9月2日 苏政发〔2016〕5号 第三批	木渎镇石家饭店	市 级：居永泉
十番音乐(木渎十番)	传统音乐	省级	2016年3月18日 苏政发〔2016〕5号 第四批	苏州市吴中区木渎镇文体教育服务中心	市 级：顾再欣
莲湘(甪直连厢)	传统舞蹈	省级	2016年3月18日 苏政发〔2016〕5号 第四批	苏州市吴中区甪直镇文体教育服务中心	区 级：龚阿二

续表

项目名称	类别	级别	公布日期、批次	保护单位	当前传承人状况
木雕（佛像木雕）	传统美术	省级	2016 年 3 月 18 日 苏政发〔2016〕5 号 第四批	苏州市吴中区光福镇文体教育服务中心	区　级：李进荣　董荣菊 顾国荣　徐文炳 董　辉
玉雕（苏州玉雕）	传统美术	省级	2016 年 3 月 18 日 苏政发〔2016〕5 号 第四批	苏州市吴中区光福镇文体教育服务中心	市　级：马洪伟 区　级：袁小娣　府洪敏 孙林泉　钱建良 朱玉峰　范栋强
木雕（苏州红木雕刻）	传统美术	省级	2016 年 3 月 18 日 苏政发〔2016〕5 号 第四批	苏州市吴中区光福镇文体教育服务中心	市　级：钟锦德　陈忠林 区　级：顾菊忠　钟　斌
家具制作技艺（明式家具制作技艺）	传统技艺	省级	2016 年 3 月 18 日 苏政发〔2016〕5 号 第四批	苏州市吴中区光福镇文体教育服务中心	市　级：宋卫东 区　级：王建海　王建新 史忠明　周雪英 周华民　史志晔 张建设
传统木船制作技艺（七桅古船制作技艺）	传统技艺	省级	2016 年 3 月 18 日 苏政发〔2016〕5 号 第四批	苏州市吴中区光福镇文体教育服务中心	
吴罗织造技艺（纱罗织造技艺）	传统技艺	省级	2016 年 3 月 18 日 苏政发〔2016〕5 号 第四批	苏州圣龙丝织绣品有限公司	市　级：李海龙 区　级：李　君
酱菜制作技艺（角直萝卜制作技艺）	传统技艺	省级	2016 年 3 月 18 日 苏政发〔2016〕5 号 第四批	苏州市吴中区角直酱品厂	市　级：凌永弟 区　级：金庆勇
羊肉烹制技艺（藏书羊肉制作技艺）	传统技艺	省级	2016 年 3 月 18 日 苏政发〔2016〕5 号 第四批	苏州市藏书羊肉产业协会	
吴氏疔疗	传统医药	省级	2016 年 3 月 18 日 江苏省　第四批	苏州市吴中区木渎镇吴氏疔科诊所	市　级：李永熙 区　级：李　啸
江南船拳	传统体育、游艺与杂技	省级	2016 年 3 月 18 日 江苏省　第四批	越溪街道文体中心 越溪实验小学	
邓尉探梅	民俗	省级	2016 年 3 月 18 日 江苏省　第四批	苏州市吴中区光福镇文体教育服务中心	市　级：吴根宝　吴文祖

表 20-2　2018 年末吴中区省级以上文物保护单位名录

名称	类别	级别	时代	公布批次	所在乡镇（街道）
保圣寺罗汉塑像	石刻及造像	全国	唐—宋	第一批	角直
宝带桥	古建筑	全国	明	第五批	城南

续表

名称		类别	级别	时代	公布批次	所在乡镇（街道）
东山民居	凝德堂	古建筑	全国	明	第六批	东山
	明善堂			明		
	怀荫堂			明		
春在楼		古建筑	全国	民国	第六批	东山
紫金庵罗汉塑像		古建筑	全国	宋	第六批	东山
轩辕宫正殿		古建筑	全国	元	第六批	东山
寂鉴寺石殿		古建筑	全国	元	第六批	木渎
韩世忠墓碑		古墓葬	省级	南宋	第一批 重新公布	木渎
楞严经石刻		石刻及造像	省级	明	第二批 重新公布	光福
蒯祥墓		古墓葬	省级	明	第三批	香山
楠木厅及石雕艺术品		古建筑	省级	明	第三批	东山
绍德堂		古建筑	省级	明	第三批	东山
瑞霭堂		古建筑	省级	明	第三批	东山
诸公井亭		古建筑	省级	明	第三批	东山
林屋山摩崖题刻		石刻及造像	省级	宋—清	第四批	金庭
小王山摩崖题刻		石刻及造像	省级	现代	第四批	木渎
光福寺塔		古建筑	省级	宋	第四批	光福
大觉寺桥		古建筑	省级	宋	第四批	甪直
三山岛遗址及哺乳动物化石地点		古遗址	省级	更新世中晚期	第四批	东山
栖贤巷门		古建筑	省级	明	第五批	金庭
涵村店铺		古建筑	省级	明	第五批	金庭
敬修堂		古建筑	省级	清	第五批	金庭
务本堂		古建筑	省级	明	第六批	东山
会老堂		古建筑	省级	明—民国	第七批	东山
徐家祠堂		古建筑	省级	清	第七批	金庭
仁本堂		古建筑	省级	清	第七批	金庭

表 20–3　电影、公共图书馆基本情况

	单位	2018 年	2017 年
一、电影事业			
电影放映单位	个	14	11
影剧院	个	2	2
电影放映场次	场次	210854	173963
电影放映观众人次	万人次	373	362
电影放映收入	万元	12620	12318
二、公共图书馆			
1. 机构数	个	1	1

续表

	单位	2018 年	2017 年
职工人数	人	48	48
2. 总藏书量	万册（件）	126.77	114.98
#古籍	万册（件）	0.96	0.95
图书	万册（件）	117.62	108.33
报刊	万册（件）	6.4	4.0
3. 发放借书证数	个	19579	20136
4. 书刊外借人次	千人次	279.41	194.33
书刊外借册次	千册次	656.7	468.88
5. 公共房屋建筑面积	平方米	16800	16800
#书库	平方米	1754	1754
阅览室	平方米	6238	6238
6. 阅览室座席数	个	747	691
#少儿阅览室座席数	个	178	168

表 20–4　文物保护、艺术表演基本情况

	单位	2018 年	2017 年
一、文物保护			
1. 机构数	个	2	2
职工人数	人	33	34
2. 文物保护单位	处	125	125
#国家级	处	7	7
省级	处	19	19
3. 文物藏品	件	6889.5	5337
#一级品	件	55	55
4. 参观人数	千人次	2000	1300
二、艺术表演团体			
1. 剧团数	个	2	2
#沪剧团	个	1	1
评弹团	个	1	1
2. 演职员工数	人	34	34
3. 演出场次	场次	3676	4381
观众人数	千人次	300	460

档案史志

【概况】 2018年，推进档案方志工作，完成年度目标。完成档案依法接收，计50万件（卷、张）。推进档案信息化建设，完成馆藏全文数字化，累计扫描1800万页，推进创建省5A级数字馆。加强基层基础业务建设，80家单位通过星级规范测评，太旅集团成为首家档案工作四星级国有企业。档案服务"一窗办、网上办、马上办"落实见效，累计接待查档13000多人次，调档71945卷（件），80个基层查阅窗口累计查询2199人次。名镇名村志工作领先，中国名镇志《光福镇志》、江苏省入选第二批中国名村志的全部3部村志《杨湾村志》《陆巷村志》《三山村志》出版，选送参评的《角直镇志》等6部志书获省政府办公厅通报表扬；出版《吴中年鉴（2018）》，获第六届年鉴编纂出版质量评比综合一等奖。

【基础建设】 2018年，加强信息化建设，完成馆藏档案全文数字化，累计扫描1800万页；馆藏档案全部粘贴RFID（射频识别）电子标签，档案管理系统、密集架系统和智能化管理系统实现三方对接。按照5A级数字档案馆建设要求，结合档案工作实际，制定、推进吴中区数字档案云平台项目建设方案，将数字档案馆系统、查档接待系统、多媒体档案管理系统、核心资源库系统、集中式虚拟档案室等系统进行集成融合、统一管理。保密机房通过验收审查投入使用，保障档案信息系统及电子数据的安全。

【资源建设】 2018年，完成各镇（街道）、机关单位2001—2010年度室藏档案接收进馆工作，接收94家单位文书档案341710件4306卷，重大活动档案177件，照片档案23611张，光盘、实物等2545件，专业档案108838卷（件），实现"纸质"与"电子"同步接收，接收与利用同步开展，规范整理与智慧管理同步推进。完善吴中特色档案资源库，全年征集到吴中政务、经济建设、友好交流、社会民生等方面照片3万张，《二十世纪五十年代蠡墅记忆图》《陈氏宗谱》等地情资料34件，乡镇企业和民族工商业档案资料259件，大运河吴中段图片资料106件。

【业务监管】 2018年，完成星级测评、复查80家机关单位和企业，太旅集团成为首家档案工作四星级国有企业。开展档案协作组活动2次，加强对重点领域、薄弱单位、新建立档单位档案工作的业务指导。举办未成年人成长档案知识讲座，在幼教中心、宝带实小、迎春中学等3家单位开展未成年人成长档案建档工作试点；召开吴中区中小学校档案管理工作推进会，推进中小学校档案管理工作；家庭建档工作有突破，列入区、镇档案工作绩效考核指标，开展家庭档案知识讲座，40户示范家庭建立家庭档案。对6家抽查单位开展"双随机"档案行政执法检查，落实执法公示和全过程记录制度要求，发出执法检查意见书5份、整改意见书1份，增强执法的规范性和严肃性。以现场评价、网上评价相结合的方式对区级机关、区属国有公司档案工作进行年度评价，对17个市重点工程项目档案进行登记备案、跟踪指导，健全完善"双公示"工作制度方案，取消行政许可1项。

【服务利用】 2018年，深化"星档案、心服务"品牌，提供优质查档服务，档案馆对外窗口全年接待查档13000多人次，调档71945卷（件），范围涉及编史修志、落实政策、工作查考、调解纠纷、核实工龄、学术研究等经济社会各方面，特别是为临湖大米、东山白沙枇杷、三山马眼枣等农产品原产地认证和品牌塑造提供佐证服务，助力产业发展，收到锦旗、表扬信7件。延伸档案公共服务，增加查档覆盖面，将民生档案基层查阅平台向村（社区）延伸，完成新增15个窗口的布点安装工作，全区80个基层查阅窗口累计查询2199人次，近距离服务百姓查档需求。推进档案信息资源共享平台建设，度假区、开发区、越溪街道等8家单位实现档案数据馆室共享。

【志鉴编纂】 2018年，地方志工作成效显著。中国名镇志《光福镇志》在第三届全国名镇论坛暨第三批中国名镇志丛书出版座谈会上首发，《木渎镇志》通过终审，《金庭镇志》完成初稿编纂；吴中区囊括江苏省入选第二批中国名村志的全部三部村志《杨湾村志》《陆巷村志》《三山村志》出版。江苏省名镇名村志《东山镇志》《杨湾村志》通过省级终审，《金庭镇志》完成申报。推进村（社区）志编纂工作，全年启动编纂村（社区）志6部，评审4部，出版2部，全年出版志书19部，在编19部。指导《吴中区政法志》编纂，沟通筹备《吴中区地名志》，做好《江苏援藏援疆建设志》（吴中片）暨《苏州扶贫协作和对口支援志》（吴中区）（暂定名）编纂工作。整理充实方志资料库馆藏，库存6081册。通过优化框架结构、举办撰稿人培训班、加强专业学习交流，严格把控年鉴质量。《吴中年鉴（2018）》11月出版，全书67.5万字，设类目24个、分目150个、条目981个、附表55张、随文插图91幅，在第六届年鉴编纂出版质量评比中荣获综合一等奖，以及框架设计，装帧设计，检索、编校质量和出版时效等3个单项一等奖。《吴中年鉴（2017）》获全省综合年鉴优秀类目和条目质量评选优秀类目、特色记事条目（优秀条目）奖。

【宣传工作】 2018年，以吴中档案方志陈列展为主阵地，举办“改革开放40年——吴中大事记”展览，发挥档案文化价值。“吴中档案”微信订阅号运转顺畅，全年发布微文88条。拍摄制作吴中档案宣传片，展示吴中档案方志发展成就。开展“6·9”国际档案日宣传活动，通过发布宣传标语、举办讲座、开展“学生走进档案馆”主题实践活动等，向全社会普及档案知识，增强档案意识，弘扬档案文化。15篇论文入选市档案学术交流论文集，入选量位列全市第一，4篇论文入选江苏省档案学会学术交流会。组织报送的“档案见证改革开放”征文获全国优秀奖和省二等奖、三等奖，吴中供水公司、太旅集团分别获全市企业档案工作管理创新优秀案例二等奖、三等奖。年内，获省档案宣传工作先进集体二等奖、全市档案学术交流活动优秀组织奖，1人获评省档案宣传工作先进个人。

【人才队伍建设】 2018年，坚持党建引领促发展，提高档案队伍的能力素质，开展“解放思想大讨论”活动，制定实施信息宣传、乡村振兴档案、档案管理服务、信息安全建设、非遗传承人口述史、中国名镇名村志工程六项工作提升三年行动计划。开展新档案员、行政村（社区）及中心镇、星级测评（复查）、财政教育系统、档案干部综合素能提升等档案业务培训12期，累计培训600多人次。贯彻落实鼓励激励、容错纠错、能上能下等3项机制文件精神，创新开设“兰台青年说”，局机关青年骨干围绕理论热点、业务工作开展专题讲座交流6场，提高档案干部队伍的业务能力，2人在苏州市档案业务技能竞赛中获三等奖。加强党员干部党性教育，抓好意识形态和党风廉政建设工作，以正能量榜样引领，占领思想高地，以学习身边典型“吴中好人”“最美家庭”“身边的力量”彰显情怀、涵养道德，树立风清气正的良好形象。（孙梦丹）

卫　生

【概况】 2018年，围绕深化医药卫生体制改革和落实计划生育政策，提升卫生计生公共服务水平。居民期望寿命83.0岁，户籍人口和流动人口分别出生6524人和3825人；出生政策符合率分别为99.95%和98.2%。年内，获评“2017年全国生育状况抽样调查优秀单位”“全国流动人口动态监测调查优秀单位”“江苏省基层中医药工作先进单位”“江苏省卫生应急工作规范县”。

【医疗卫生改革】 2018年，把推进分级诊疗制度建设列为全区十大重点改革事项。主攻医疗联合体建设，加强区域外合作共建和区域内精准帮扶；区级医院累计下派专家119人、5069次，诊治4万余人次；基层医疗机构门、急诊461万人次，占比71.06%。提高家庭医生签约服务质量，组建家庭医生服务团队120个，开设全科医生工作室67个，常住人口签约率

37.42%，10类重点人群和贫困人群覆盖率69.5%。落实健康“531”系列行动计划，苏州市中西医结合医院胸痛、卒中救治中心通过市级验收；心脑血管疾病高危人群筛查目标人群14.8万人；郭巷、长桥、胥口、光福、临湖5家单位转型市民健康管理综合服务平台，提升信息化支撑引领，启动为期3年数字化健康服务示范区建设，线上支付、签约、查询功能逐步开通。优化药品供应保障机制。创新实施基层医疗机构药品代采购政策，解决基层药品缺口50个品种34.4万余元；基层医院采购的药品品种从566个扩大到935个，网上采购率100%。

【区域医疗服务】 2018年，完善医疗卫生服务体系建设，苏州市中西医结合医院原病房楼改造项目东、西单位完成施工。推进吴中医院二期、区公共卫生中心，长桥、城南、香山、尹山湖医院二期等工程项目。加强区级医院省、市重点学（专）科建设，吴中人民医院儿科创成市级临床重点专科，全区市级重点学（专）科达到11个。尹山湖医院小儿内科创成省级基层特色科室，东山人民医院康复科和光福人民医院消化内科创成市级基层特色科室。引进临床医学专家团队1个，入选青年医师全国导师制培养对象8名、第五期江苏省“333”工程第三层次人才3人、第五批姑苏卫生青年拔尖人才2人，遴选江苏省基层卫生骨干人才31人。实施新一轮“东吴卫生人才计划”，累计评选各类人才66名。吴中高新区和开发区5家社区卫生服务站创建省级示范站。城区社区卫生服务中心获评省级中医药示范社区卫生服务中心，临湖镇卫生院中医科获评省级乡镇卫生院示范中医科。

【社区和公共卫生】 2018年，落实基本公共卫生人均经费80元，累计建立电子健康档案96.16万份，常住人口建档率85%，落实电子健康档案向居民开放查询及应用。率先建成吴中医院为区级艾滋病定点治疗机构，并投入运行。适龄儿童水痘疫苗接种纳入预防接种门诊常规接种；儿童预防接种率95%以上，高血压患者规范管理率60.25%，糖尿病患者规范管理率67.42%。落实妇幼重大公共卫生服务项目，免费发放叶酸对象新增补2927人，艾滋病、梅毒和乙肝的检测1.14万人，落实市政府实事项目“两癌”筛查，3年累计完成12.58万人，超额完成市定85%的总目标。全年无孕产妇死亡，新生儿死亡率2.4‰。甪直人民医院建成省级基层医疗机构妇幼健康规范化门诊，越溪、光福、金庭、胥口建成市级规范化门诊。加强卫生监督工作，实施“双公示”和“双随机一公开”制度，对各类单位组织开展公共卫生专项检查1895户次，出动监督人员4560人次。落实严重精神障碍患者免费服药和服药后安全检测政府实事项目，16家精神科门诊全覆盖。完成区政府实事项目14家精神康复驿站建设。

【健康促进和爱国卫生运动】 2018年，推进健康城市建设，推进重大传染病防治、心理健康促进等项目，全年1个省级健康镇、26个健康社区、43个健康单位通过市级考核，2家省级健康促进医院接受省级考核。普及公民健康素养知识，实施全民健康素养提升工程，加强区级健康教育讲师团建设，新增30名健康教育讲师团成员，推进建设3个与社区卫生服务中心相结合的运动健身指导站，开展青少年暑期实践教育活动，提供“全民健身大课堂”“三进工程”等健康服务。胥口镇国家卫生镇创建通过考核，8个省级卫生村通过市级考核和省级抽查。

（周伟琪）

表20-5 卫生事业基本情况

项目	单位	2018年	2017年
1. 卫生机构数	所	302	277
#医院	所	29	26
基层医疗卫生服务机构	所	100	98
2. 卫生机构床位数	张	5898	5715
#医院	张	5092	4909
基层医疗卫生服务机构	张	806	806
3. 卫生技术人员数	人	6824	6190
#医院	人	3720	3473
基层医疗卫生服务机构	人	2980	2621
#医生人数	人	2499	2275
#医院	人	1132	1065
基层医疗卫生服务机构	人	1312	1163
4. 妇幼保健情况			
5岁以下儿童死亡率(‰)		3.55	2.66
婴儿死亡率(‰)		2.73	1.77
产妇住院分娩比例(%)		100	100
5. 医疗机构诊疗情况			
诊疗总人次	人	7244000	7481412
#门诊	人	6247113	6482100
入院人数	人	116402	111439
病床周转次数	次	20.7	19.9
病床使用率(%)		80.0	76.4
出院者平均住院天数	天	13.0	13.0

表20-6 2018年末各类卫生机构、床位及人员数

项目	机构数（个）	床位数（张）	人员数（人）	卫生技术人员数	执业医师人数	执业助理医师人数	注册护士人数	药师（士）人数	技师（士）人数
合计	302	5898	9003	6824	2238	261	3057	434	334
一、医院	29	5092	5215	3720	1062	70	1974	190	170
1. 综合医院	5	1098	1670	1425	476	12	686	75	72
2. 中西医结合医院	1	750	989	823	314	5	383	53	45
3. 专科医院	9	770	1078	802	158	39	431	37	45
4. 护理院	13	2396	1392	616	97	10	456	23	6
二、基层医疗卫生服务机构	263	806	3590	2980	1122	190	1077	241	158
三、门诊部	32	—	796	618	265	17	245	38	43

续表

项目	机构数（个）	床位数（张）	人员数（人）						
				卫生技术人员数					
					执业医师人数	执业助理医师人数	注册护士人数	药师（士）人数	技师（士）人数
1. 综合门诊部	26	—	618	541	235	15	209	33	41
2. 中医门诊部	2	—	32	22	11	—	6	3	1
3. 专科门诊部	4	—	146	55	19	2	30	2	1
四、诊所、卫生所、医务室	131	—	533	469	223	50	178	11	1
1. 诊所	90	—	452	392	187	37	151	10	1
2. 卫生所、医务室	39	—	76	74	36	13	24	1	—
五、妇幼保健院（所、站）	1	—	33	26	18	1	2	2	3
六、疾病预防控制中心	1	—	57	41	29	—	4	1	1
七、卫生监督（所）中心	1	—	33	26	—	—	—	—	—
八、其他卫生机构	1	—	75	31	7	—	—	—	2
专科疾病防治院（所、站）	—	—	—	—	—	—	—	—	—

表20-7　2018年医疗机构诊疗人数

项目	总诊疗人次数（人次）			入院人数（人）	出院人数（人）	实际开放总床位（床日）
		门诊人次（人次）	急诊人次（人次）			
总计	7244000	6247113	890018	116402	115745	2041946
一、医院	2269423	1871013	388589	95407	94802	1764957
1. 综合医院	1114082	921409	188809	38295	38304	407643
2. 中西医结合医院	985212	793531	191681	21441	21546	202045
3. 专科医院	168523	154467	8099	29352	28981	347556
肿瘤医院	107791	107778	13	18705	18712	163851
骨科医院	38627	30541	8086	4033	4001	54020
美容医院	10850	10464	—	386	386	7300
4. 护理院	—	—	—	6289	5949	806008
二、基层医疗卫生机构	4965679	4367202	501429	20995	20943	276989
1. 社区卫生服务中心（站）	2275165	1897294	313900	12929	12906	156539
乡镇卫生院	1745537	1544082	187529	8066	8037	120450
2. 村卫生室	64738	47686	—	—	—	—
三、门诊部	407104	405764	—	—	—	—
四、诊所、卫生所、医务室	473135	472376	—	—	—	—
1. 诊所	392113	391387	—	—	—	—
2. 卫生所、医务室	81022	80989	—	—	—	—
五、妇幼保健院（所、站）	8898	8898	—	—	—	—
六、其他卫生机构	—	—	—	—	—	—
专科疾病防治院（所、站）	—	—	—	—	—	—

表20-8 各类传染病发病率情况

项目	单位	2018年	2017年
总发病率	1/10万	737.41	389.76
#肝炎	1/10万	44.07	22.24
伤寒	1/10万	0.18	0.25
痢疾	1/10万	1.86	1.53
麻疹	1/10万	0.44	—

注：各种传染病总发病率包括性病、结核病。

表20-9 2018年前十位疾病死因及比重

位次	死因	占全部死因比重
总计		100.0%
1	恶性肿瘤	32.2 %
2	脑血管病	18.9 %
3	心脏病	15.3 %
4	呼吸系统疾病	13.8 %
5	损伤和中毒外部原因	7.1 %
6	神经系统疾病	3.3 %
7	内分泌，营养和代谢的其他疾病	2.0 %
8	消化系统疾病	1.6 %
9	泌尿生殖系统疾病	0.9 %
10	精神和行为障碍	0.9 %

体　育

【概况】 围绕“环太湖体育嘉年华”主题，举办四季越野赛、篮球联赛、乒乓赛、健步行、广场健身舞、国际自行车赛、家庭马拉松、城市定向赛，生态垂钓以及区级机关首届智力运动会象棋和围棋赛等体育活动，以点带面推动全民健身。甪直广场健身舞代表队获2018全国广场舞大赛特等奖，并代表江苏参加全国广场舞大赛总决赛。

【国际赛事】 承办第九届穹窿山兵圣杯女子围棋赛和融国际顶级赛事、大众体育运动及景观体育为一体的2018苏州·吴中“环太湖”国际竞走多日赛暨太湖蓝挑战赛。多日赛三天三站，分别为度假区站20公里、太湖新城站12公里、木渎站12公里，吸引214专业选手参赛，包括国家队、省队、奥林匹克后备人才基地和国家少年队优秀选手，以及来自28个国家的国外专业运动员。近万名跑步爱好者，在里约奥运会田径男子20公里竞走项目冠军王镇的领跑下，分别完成21公里组、迷你7公里组和家庭亲子7公里组三个赛程。“环太湖”竞走多日赛被纳入国际田联竞走挑战赛系列，获评“江苏省十大最具品牌价值体育赛事”。

【学校体育】 加强教体结合，完善“区队校办学校”考核评估，举办区队校办学校足球邀请赛等赛事活动。推荐横泾实小申获1套笼式足球场，越溪实验小学获评“省级示范性传统项目学校（武术）”。开展青少年阳光体育运动，联合教育局开展校园足球“精英赛”等7项区内赛事，承办3项市级联赛，并组队参加省、市青少年阳光体育的12个项目近20个比赛，共获30多块金牌。

2018年6月28日，2018年吴中区中小学生校园足球“精英赛”拉开战幕

区文体局　供稿

表20–10　体育事业基本情况

项目	单位	2018年	2017年
四百米标准田径场	个	10	10
举办运动会	次	52	50
参赛人次	人次	12500	12000
#市级运动会	次	35	40
参赛人次	人次	4000	4000

编辑：高　燕

民政事务

【概况】 2018年，全区民政系统牢固树立“民政为民、民政爱民”工作理念，全面推进各项民政事务工作，在全省首推重大疾病救助政策，成立区精准帮扶联盟，提升社会救助帮扶精准化水平。全区有低保736户1514人，低保边缘重病对象1941人，特困人员188人，特残对象208户337人，无业精智残754人，重残对象1586人。全年发放各类救助补助金4950万余元。区民政局在东山镇试点“苏信颐家”居家护理项目，在全市首创政府主导、企业出资、专业组织承接的三方合作模式和向居家困难对象提供康复护理服务的新模式。完成15家日间照料中心和3家公办敬老院改扩建、26户老年人家庭无障碍设施改造等养老实事项目，全区每千名老人拥有各类养老床位数46.57张。推动公办养老机构社会化改革，金庭镇敬老院等5家公办养老机构实现社会化运营；乡镇敬老院全科医生工作室实现全覆盖，养老服务继续提质增效。贯彻落实双拥优抚政策，完成优抚对象数据核查，开展退役军人和其他优抚对象信息采集，省23条、市27条优抚安置工作的相关政策规定得到有效落实。民政公共服务优化提效，在全市首推婚姻登记“一站式”服务管理平台；推进全国殡葬综合改革试点工作，开展殡葬领域突出问题专项整治，殡葬管理服务水平得到提升；完成全国第二次地名普查，在全市率先完成镇（街道）地名规划编制。创新基层社会治理，加快推进“全科社工”服务模式，开展社区服务社会化、精准化公益创投活动，投入600万元资金，实施民生微实事项目21个。强化社会组织服务与监管，建立社会组织联席会议制度，开展全区打击整治非法社会组织专项行动，推进25家行业协会脱钩。全年新增社会组织36家，变更32家，注销14家；全区依法登记社会组织546家，持证社工545人。吴中区获评省双拥模范区；区民政局获评2017年度全市民政综合评估工作优胜单位；社会福利中心主任毛春宝获评“中国好人”、“江苏好人”、苏州市劳动模范；退伍老兵谢子龙获评“苏州好人”“吴中好人”。

【城乡低保】 2018年7月，全区城乡最低生活保障标准由每月875元提高到每月945元，低保边缘保障标准同步提高。结合社会救助对象年审，区民政局委托第三方专业机构，对全区低保、低保边缘等困难家庭进行入户调查，为动态管理提供科学依据。全面完善救助户档案材料，由镇（街道）统一归档管理。完成所有在册低保户档案材料电子化归入全国最低生活保障信息系统工作，实现低保对象纸质档案和电子档案的“双套制”保管。引导社会组织参与精准帮扶，逐人逐户编制帮扶方案，完善“政府+专业社会组织”社会救助体系。

【残疾人救助】 2018年，继续做好困难残疾人生活补贴发放工作。累计将17名生活困难、靠家庭供养且无法单独立户的成年无业重度残疾人单独纳入低保范围。全年共为符合条件的3270名残疾人，发放生活补贴2403万元。

【医疗救助】 2018年，全区经济困难人员门诊、住院10.2万人次，实时医疗救助支出2599.12万元；自费救助125人，支出31.1万元；大病救助1.1万人，支出3663万元。

【春节慰问】 2018年春节期间，全区继续开展“三级三联”走访慰问。其中，向城乡低保、低保边缘、特困人员（包含孤儿）、享受国家抚恤的优抚对象、特殊困难残疾人、无业重度残疾人、就业年龄段（智）残三、四级人员等7类家庭共7471户（人），发放慰问金926万余元。

【自然灾害民生综合保险】 2018年，吴中区实施新一轮自然灾害民生综合保险，投入87.5万元资金，为全区19.4万户户籍居民及64.7万非本地户籍常住居民提供特殊的民生保险保障。全年共理赔120户次400余人，理赔金额15.5万元，有效减少“因灾致贫”情况发生。

2018年，吴中区举行重大疾病救助经办服务项目签约仪式，在全省首推重大疾病救助政策 区民政局 供稿

【防灾减灾宣传】 2018年，全区结合“防灾减灾日”、防灾减灾宣传月、科普宣传周等重要时间节点，开展多种形式的防灾减灾宣传教育活动，增强公众的防灾减灾意识和技能。全国“防灾减灾日”期间，全区共组织各类防灾减灾宣传咨询活动21场次，发放各类宣传资料10万余份；组织开展讲座、知识竞赛、主题班会、应急知识培训等减灾主题科普宣教活动30场次，参与居民3.5万余人次；投放防灾减灾公益短信及公益广告5000余条。

【重大疾病救助】 2018年12月1日起，吴中区重大疾病救助政策正式实施。采用购买商业保险服务的方式，对患有25种重大疾病的低保家庭成员、低保边缘对象按实际住院天数给予每天100元的补助，每12个自然月最高补助90天。实施重大疾病救助政策，实现对困难群体的精准帮扶，切实减轻低收入群体医疗费用负担，缓解低收入群体因病致贫、因病返贫等问题。

【双拥工作】 2018年7月，吴中区被省委、省政府、省军区表彰为“江苏省第十一届双拥模范区”，成功蝉联双拥模范区“八连冠”。全年共投入134万元资金，解决部队士官来队家属房改造、营区文化建设等10项实事工程。春节、“八一”两节期间，区四套班子领导带队走访慰问驻吴部队，发放慰问金334.5万元。“八一”节前后，区双拥办组织开展“走边海防看亲人”活动。

【优待抚恤】 2018年，区、镇（街道）两级加强对优抚对象基本情况的掌握了解，按照自然增长机制，及时调整优抚标准，按时发放各类抚恤、优待、补助经费。全年发放优抚经费4330万元，其中抚恤补助经费2579万元，优待经费1751万元。9月30日，区四套班子领导和全区各界代表在区烈士陵园参加烈士公祭活动，深切缅怀革命先烈，弘扬革命烈士精神。

【安置工作】 2018年，做好2018年秋、冬季退役士兵和转业士官安置工作，发放退役士兵和转业士官自主就业一次性经济补助经费2087.19万元。组织开展退役士兵职业技能培训，培训率达94.78%。

【婚姻收养登记】 2018年，婚姻登记“一站式”服务管理平台上线运行。系统信息与法院及档案馆的婚姻数据共享，通过人脸识别、身份验证，办件精度和效率大幅提升，婚姻登记人领证只需6分钟，实现让数据多跑路、群众少跑腿。全年办理结婚登记4400对，比上年增长3.29%；结婚登记平均年龄30.7岁，其中男性31.5岁，女性30岁；初婚人数6185人，占结婚人数的70.3%，其中男性3087人，女性3098人；初婚男性平均年龄28.5岁，初婚女性平均年龄27.3岁；再婚人数2615人，占结婚人数的39.2%，其中男性1313人，女性1302人。全年办理离婚登记2421对，比上年增长14.14%。离婚登记平均年龄36.6岁，其中男性37.6岁，女性35.7岁。2018年，区婚姻登记处继续通过购买服务的形式，开展婚姻调解、婚姻家庭辅导等工作。全区对237对拟离婚家庭开展劝导工作，劝导成功160对，成功率68%。年内，继续规范收养评估及收养登记工作，全年共办理收养登记20例，开展收养评估21例。

【殡葬管理】 2018年清明节期间，全区各公墓共接待祭扫群众320万人，比上年增长6.67%；进入各墓区的车辆32万辆，无重大安全事故，实现“文明祭扫平安清明”目标。继续贯彻落实《关于印发苏州市免除殡葬基本服务费用实施办法的通知》精神，全年减免殡葬基本服务费3984例、政府共计补贴528万元。推进全国殡葬综合改革试点工作，建立殡葬改革联席会议制度，推行“互联网+殡葬”管理和服务模式，探索“生命晶石”葬。7—9月，开展殡葬领域突出问题专项整治，提升殡葬管理服务水平。继续推进镇级公益性骨灰堂建设，郭巷街道公益性骨灰堂建成投用；继续推行绿色节地生态葬，指导各经营性公墓将存量地的20%用于绿色殡葬、80%用于节地葬，以满足群众殡葬需求。

【边界建设与维护】 2018年，吴中区勘定县级以上行政区域界线7条，全长374.642公里，埋设界桩38个。其中：省级界线1条，长58.092公里，埋设界桩2个；市级界线1条（太湖水面），长36.94公里（未埋设界桩）；县级界线5条（苏昆线、吴吴线、吴姑线、吴虎线、吴园线），长279.61公里，埋设界桩36个（6个为双桩）。年内与虎丘区、姑苏区、工业园区、吴江区等联合召开平安边界建设联席会议，签订平安边界协议书。完成吴园线6个界桩的重新测绘，4个界桩已完成安装（2个界桩由于现场施工原因暂不换装）。完成吴吴线7个界桩的现场测绘和更换。

【行政区域界线联合检查】 完成吴中区与虎丘区、吴中区与工业园区的2条县级界线的联检工作，共计130.79公里，共设

22个界点，现埋设界桩17个。经联合检查，未发现毗邻双方有擅自改变界线走向和破坏界桩等界线标志物的行为，无重大因界矛盾和纠纷。

【第二次全国地名普查】 10月，全部完成第二次全国地名普查地名工作，共收入地名信息11大类9560条。是月，江苏省第二次全国地名普查成果，已经全面通过国务院全国地名普查办公室的审核和入库验收。在此基础上，推动地名普查成果的转化和利用。投入77万元采取政府购买方式，编制标准地名图集15张；投入111.39万元，编制地名规划。

【行政区划工作】 发挥行政区划调整在社会建设中的重要作用，依法规范区划调整流程。年内，调整越溪街道行政区域，新成立太湖街道；新建社区居委会10个（长桥街道的迎春社区、东吴社区、嘉宝社区、水香社区、龙城社区；郭巷街道的翠湖社区、常青藤社区；香山街道的水桥花园社区、渔洋社区；胥口镇的一箭河社区）；调整社区居委会管理区域6个（长桥街道的吴中苑社区、龙西社区、南区社区、龙桥社区；香山街道的渔帆社区；胥口镇的子胥社区）；撤销社区居委会14个（长桥街道的龙华苑社区、城西苑社区、新苑社区、龙苑社区、水香苑社区、新景苑社区、东吴花园社区、西塘社区、苑南社区、月浜社区、苑东社区、澹台湖社区、嘉宝花园社区、宝带社区）。

【困境儿童保护】 2018年，全区通过调查摸底，排查出父母监护缺失和父母无力履行监护职责的困境儿童28名。区民政局投入财政资金14万元，购买社会服务，联合团区委及两家社会组织对这28名困境儿童进行精准保护。

【社区建设】 2018年，区民政局制定《吴中区推行社区“全科社工”服务实施意见》，把社区全科社工模式列为重点改革任务，全面推行全科社工服务。完成城市社区全科社工人选集中培训，吴中高新区、郭巷街道全科社工全覆盖，让社区居民只找一个人、办成所有事。投入660万元，采取“镇（街道）打包、落地村（社区）、政府采购、统一购买”的方式，11家社工机构投入专业社工90名，实施社区基本包、自治包、特色包。开办社区各类服务2898场次，服务近5万人次，促进社会组织和社会工作有效融入社区，为社区治理服务注入活力。

【社会组织培育】 全年投入资金200万元，开展第四届精准化公益创投活动，启动百件民生微实事项目，实施精准帮扶、社区共治、拥军优属、为老助残等6大类21个项目，通过“社会组织+”来做精社会治理中的“绣花活”，与政府形成点面互补的叠加效应。建立精准帮扶联盟，搭建“政府+企业+社会组织+爱心人士”多方参与扶贫新模式，帮助困难群众连接生活、就业、就学、医疗资源。

【慈善事业】 2018年，吴中区慈善总会（基金会）在慈善助困、助学、助医、助老、救援、协作、扶贫等8个领域，开展10个救助项目，共支出慈善资金737.27万元，帮助困难学生、困难群众14089人次。新成立“苏州宏盛苏作园林爱心助学基金”“苏信吴中爱心基金”“特伯爱心助学基金”3个冠名基金。吴中区慈善基金会同贵州省德江县教育局、德江县慈善总会开展“双百助学工程”爱心助学活动，资助德江县贫困学生共计150万元，助推西部地区精准脱贫。

【福彩事业】 2018年，全区销售福利彩票4.35亿元，比上年增长0.5%；筹集福彩公益金约4000万元，再创历年新高。全年共中出双色球二等奖20注，中福在线最高奖10个，即开票一等奖9个。完成51家福彩站点标准化建设。8月，在广建路“中福在线”大厅顶楼，成功建设大型户外彩屏，扩大吴中福彩的宣传阵地。（夏元斌）

社会保障

【概况】 2018年，持续推进全民参保登记和社会保障工作。全区参加企业养老保险40.32万人、职工医疗保险45.39万人、失业保险37.84万人、工伤保险38.26万人、生育保险44.80万人。实现扩面征缴3.03万人，完成年度目标303%。社会保险基金累计结余281.37亿元，社会保障工作保持平稳运行。

【社保工作】 2018年，向15.53万各类人员按时足额发放养老金29.82亿元。企业退休人员平均养老金每月2841.6元，实现养老金14年连涨；被征地置换城保退休人员平均养老金每月1477.5元，城乡居民平均养老金每月508.2元。完成医保年度结转，14.5万人次享受实时救助金2657.51万元。向1.69万名重、大病参保患者发放2017年度医疗（专项）救助金4834万元，人均救助金2854元。继续开展工伤预防项目，将建筑工程等行业纳入工伤保险范围，全区293项工程项目参加工伤保险。持续推进机关事业单位养老保险制度改革。实施新社会医疗救助政策，向1.37万人发放大病救助金6386.16万元，人均4645元；稳步推进失能人员长护险工作，为924名重度、中度失能人员支付长护险421.93万元。严格内部稽核审计，加大医保费用付费方式改革力度，加强医保定点单位监管，建立医保费用预警制度。创新社保缴费模式，开展微信网络平台社保业务审批。继续落实社保降费举措，累计为企业减负5.99亿元。

【退管工作】 2018年，全区纳入社会化管理的退休人员18.4万人，社会化管理率达98%。以唱响“冬送温暖、夏送清凉、春秋旅游、重阳祝寿”四季歌为主题，组织开展各类走访慰问活动，全年走访慰问退休人员54926人次，发放慰问金及活动经费共计530.13万元，组织退休人员免费健康体检34466人次。

（范　莉）

表21-1　2018年失业、工伤、生育、医疗保险情况

	单位	失业保险	工伤保险	生育保险	医疗保险
1. 年末参加保险单位数	个	34493	34584	34584	34593
2. 年末参加保险职工人数	人	378403	382606	447957	453867
3. 年内保险基金总收入	万元	19534	7862	15602	213542
#利息收入	万元	2760	341	2	22716
4. 年内保险基金总支出	万元	24601	10880	16929	133183
5. 年内领取保险金人数	人	12483	2166	18207	512780

表21-2　2018年养老保险情况

	单位	合计	其中：			
			全民	集体	外资及港澳台资	其他
1. 年末参加保险单位数	个	34259	—	—	—	—
2. 年末参加保险人数	人	431704	12588	9478	96138	313500
3. 年内保险基金收入总额	万元	562373	—	—	—	—
4. 年内退休养老金支出总额	万元	281491	8627	16857	4341	251666

住房保障

【概况】 2018年，全区商品房新开工面积350.69万平方米，施工面积764.52万平方米，竣工面积305.26万平方米，继续构建多层次住房保障体系，推进棚户区（危旧房）改造工程，全年启动新开工棚户区安置房建设项目8个，共6392套，基本建成594套，圆满完成苏州市政府下达建设任务。

【住房保障及公房管理】 采用“租、售、补”相结合的方式，持续扩大住房保障覆盖面，年内审核通过59户符合条件的家庭享受廉租住房保障；向中低收入家庭发放租金补贴193户（次），发放金额107.55万元；组织100户经济适用房申购家庭参加摇号，基本实现应保尽保。全年办理经济适用房产权处置92户，补差金额1510.9万元；调整全区保障性住房小区经适房上市交易指导价，签订购房合同34户，帮助办理产证68户；继续落实直管公房维修养护管理工作，全年组织维修公房242户（次），维修保障性住房896户（次），完成角直寺浜2和4号、三官弄3号房屋翻改建及装修工程；开发区蠡墅公房达成拆迁协议，逐批解危安置原租户，不断改善住户居住条件。（巫恺澄）

住房公积金管理

【概况】 2018年，全区归集住房公积金274486.47万元（含职工账户年度结息转增本金6550.24万元），比上年增长17.8%；期末月应缴金额23868.54万元，比上年增长18.2%。年末，住房公积金应缴单位数、应缴人数、归集余额分别达到10078家、205740人、530057.44万元，首次实现应缴单位数超1万家、应缴人数超20万、归集余额超50亿元的“三大突破”。全年发放住房公积金贷款1829户、80991.2万元，分别比上年增长95%、105%。是年，在市住房公积金管理中心组织的2018年度住房公积金管理工作考核中，吴中分中心获第一名和“优秀单位”称号；在市住房公积金管理中心组织的贷款提取业务技能竞赛中，吴中分中心的程玲取得个人第一名，获苏州市五一劳动奖章，被市人社局授予“苏州市技术能手”称号。吴中分中心被苏州市文明委命名为“2015—2017年度苏州市文明单位”。

【缴存扩面工作】 2018年，吴中分中心贯彻落实《市政府印发关于进一步扩大住房公积金制度覆盖范围的实施意见的通知》精神，住房公积金扩面工作继续列入年度政府工作报告，纳入镇（街道）绩效管理工作考核项目。年内，全区净增1.8万人的扩面目标任务，由区扩面领导小组办公室分解下达到13个镇（街道）。全年实际完成扩面净增缴存人数20782人，为苏州市下达吴中区1.6万人扩面目标任务的130%，13个镇（街道）均超额完成扩面任务。年内，新增横泾街道和金庭镇2个缴存扩面职能工作服务点，实现全区镇（街道）全覆盖。

【利企便民服务】 2018年，全区办理住房公积金柜面提取26756人次，还贷转账提取54万人次，提取总额192599.72万元；为30户购买中低收入保障住房的公积金贷款家庭，提供贷款贴息5.2万元；为2200家企业免费更新和新办CA证书，提供贴费支持15.6万元；辅导58家拟上市（并购、融资）企业规范缴存，出具单位住房公积金缴存证明68份；支持吴中区骨干企业——科沃斯机器人股份有限公司实现主板上市。年内，吴中分中心搬迁至国裕大厦一期新址办公，软硬件环境得到较大改善。“苏州公积金”App正式启动，9项公积金业务实现网络便民服务、“零跑路”办理。（王　昱）

计划生育服务管理

【概况】 2018年，吴中区户籍出

生人口7862人，出生率11.65‰，人口自然增长率5.38‰，常住人口出生政策符合率99.43%，常住人口出生性别比年均106.4。共办理生育登记8251例，其中一孩4335例，二孩3916例，户籍人口6829例，流动人口1422例。再生育继续“不见面审批”，全年批准154例；坚持计划生育“一票否决”制度，对19个批次、162个单位及144位个人的“一票否决”工作进行审核，对其中4个涉及违法计划生育的单位及个人提出否决意见。是年，吴中区卫生和计划生育局被国家卫生健康委员会评为“全国生育状况抽样调查优秀单位”“全国流动人口动态监测调查优秀单位”。

【利益导向体系建设】 2018年，吴中区加强计划生育利益导向体系建设，继续做好公益金提标扩面及奖励扶助金审核发放工作。全区发放计划生育公益金60.8万元，受益家庭236户；发放农村计划生育家庭奖励金420.22万元，惠及4373人；发放计划生育特别扶助金1061.74万元，惠及1551人；发放企业持证退休人员一次性奖励金3699万元，惠及10275人；兑现独生子女父母奖励金68.48万元，惠及21037人；发放长效节育措施一次性奖励金12.73万元，惠及509人次。追加“生育关怀”专项资金至225万元。

【特扶家庭工作】 2018年，继续做好计划生育特扶家庭保障保险工作，优化调整综合保障保险项目内容，把计划生育特扶家庭夫妻双方全部列为投保对象。全区先后两次对804户计划生育特扶家庭、20户新发生失独家庭进行大走访活动，发放慰问品及各类保险、优惠补贴225余万元。推进计划生育特扶家庭“居家福”养老服务，减轻计划生育特扶对象生活负担。相继开展计划生育特扶家庭公益健康讲师团巡讲活动7场次，覆盖近千人次；计划生育特扶对象家庭医生签约799户，惠及1626人，实现签约全覆盖。由镇（街道）、村各一名计划生育干部和一名签约家庭医生组成的“2+1”帮扶团队，开展便民医疗救助，结对率100%。全年为950名计划生育特殊家庭人员开展免费体检服务。金庭镇“连心家园”成功创建苏州市“连心家园”示范点。

【计划生育优质服务】 全年免费开展孕前优生健康检查2221对，目标人群覆盖率超额完成11%。落实免费计划生育技术服务，区、镇（街道）两级支付计划生育四项手术费150余万元，发放避孕套124万只、婚育服务手册4000余份；赠送优生优育疾病保险1354人，支出经费6.77万元；赠送怀孕13周内孕妇优生健康券，免费开展唐氏筛查5899人，支出经费58.99万元；为6219名符合条件的新生儿免费开展29种遗传代谢性疾病筛查；完成户籍0~3岁儿童先天性心脏病筛查2.28万人，产后访视率96%，婚前医学检查率98.84%。开展不孕不育特色门诊678人次。做好0~3岁科学育儿体验共456期，受惠8827人次，完成率98.8%；发放计划生育入户指导手册8000本，组织科学育儿大讲堂家长培训28场受惠2576人次；发放科学育儿意外保险，理赔共计9人6.18万元。开展计划生育基层基础服务工作电话抽样调查，综合满意率94.76%。

【信息化建设】 2018年，配合民政、公安等相关部门，动态更新人口信息数据库，全年核实民政婚姻信息6000多条，医院怀孕、出生、预防接种及公安出生、户籍申报、育龄妇女迁入迁出等相关信息32000余条。实现人口和计划生育综合信息平台数据库人口覆盖率100%、出生人口统计准确率99.55%、个案数据质量达标率98.17%、信息化应用覆盖率100%。加强出生人口监测，定期在国家“人口宏观管理与决策信息系统”（以下简称“PADIS”系统）上报全区“出生及政策符合情况表”和“计划生育监测点出生人口基本信息统计表”。

【流动人口管理服务】 2018年，继续做好省流动人口计划生育服务管理信息系统平台管理工作，全年核对流动人口信息26058条；接收协查通报信息8719条，协查反馈信息8022条；发送协查信息7545条。审核流动人口积分管理加分项目，全年收到计划生育加分申请3850条，审核通过3787条。建立“均等服务百日行”长效机制，为全区流动人口中的育龄妇女提供免费技术服务达3万余人次。基本公共卫生计生服务目标人群覆盖率达90%以上。持续推进流动人口社会融合及健康促进，全区分别有2户家庭被评为第二批国家级和2018年省级流动人口健康家庭；1家企业、2所学校被评为2018年省级流动人口健康促进示范企业、示范学校。全年组织开展流动人口“把健康带回家”系列广场宣传活动38场次，流动人口健康知识讲座50余场次，完成5个镇（街道）、10个样本点210份问卷的动态监测任务。（周伟琪）

表21-3 计划生育及婚姻登记情况

项目	单位	2018年	2017年
一、晚婚情况			
女性初婚人数	人	2407	2387
# 23周岁以上	人	2033	1933
晚婚率（%）		84.5	81.0
二、生育情况			
出生人数	人	6524	7379
#女	人	3191	3563
1. 符合生育政策出生人数	人	6521	7375
一孩	人	3194	3379
二孩	人	3212	3878
计划内多孩	人	118	118
出生政策符合率（%）		99.95	99.95
2. 计划外生育人数	人	3	4
三、节育情况			
育龄妇女人数	人	146356	147351
生育率（‰）		55.75	62.41
已婚育龄妇女人数	人	117017	118232
一孩妇女人数	人	76187	80066
已采取各种避孕节育措施人数	人	96972	97929
节育率（%）		82.9	82.8
四、婚姻登记情况			
年内准予登记结婚数	对	4400	4260
年内申请离婚数	对	2636	2287
年内准予离婚数	对	2421	2121

居民生活

【概况】 2018年，全区农民人均可支配收入32629元，比上年增长8.64%；农村居民人均生活消费支出21930元，比上年增长6.58%；农村居民人均住房建筑面积5838平方米。城镇居民人均可支配收入65225元，比上年增长7.8%；城镇居民人均生活消费支出37596元，比上年增长6.47%；城镇居民人均住房建筑面积49.3平方米。年末金融机构存款余额2307.38亿元，其中居民存款余额845.38亿元，比上年增长15.75%。

表21-4　城镇居民家庭基本情况

项目	单位	2018年	2017年
一、调查户数	户	140	120
二、家庭人口数	人	590.0	480.8
平均每户人口数	人	4.2	4
三、就业类型	人	330	300
①雇主	人	2	—
②公职人员	人	3	9
③事业单位人员	人	20	27
④国有企业雇主	人	9	11
⑤其他雇员	人	262	238
⑥农业自营	人	10	—
⑦非农自营	人	24	15
户均家庭就业人口数	人	2.4	2.5
平均每一就业者负担人数	人	1.8	1.6
四、平均每户住房建筑面积	平方米	207.1	195.6
人均家庭住房建筑面积	平方米	49.3	48.9
五、住房房屋来源	户	140	120
租赁公房	户	1	—
租赁私房	户	31	—
自建房屋	户	75	51
商品房	户	33	69
六、住宅建筑式样	户	140	120
单栋住宅（单栋楼房）	户	78	79
四居室及以上单元房	户	12	7
三居室单元房	户	31	26
二居室单元房	户	15	8
平房及其他	户	4	—
七、饮水情况	户	140	120
自来水	户	140	120
井水和泉水	户	—	—

续表

项目	单位	2018 年	2017 年
八、住房卫生设备	户	140	120
使用水冲式厕所的户数	户	140	120
使用旱厕的户数	户	—	—
无厕所的户数	户	—	—
九、洗澡设施情况	户	140	120
统一供热水	户	2	—
家庭自装热水器	户	138	120
其他	户	—	—
十、取暖设备状况	户	140	120
自行供暖	户	140	104
无取暖设备	户	—	16
十一、炊用能源状况	户	140	120
罐装液化石油气	户	62	54
管道液化石油气	户	—	13
管道煤气	户	—	—
管道天然气	户	76	46
电	户	2	7
十二、每百户居民家庭通用设备使用情况			
1. 固定电话	部	61	88
2. 移动电话	部	324	317
3. 使用互联网	条	255	241
十三、每百户居民家庭耐用消费品拥有量			
家用汽车	辆	99	95
摩托车	辆	4	4
助力车	辆	132	148
洗衣机	台	106	110
电冰箱（柜）	台	118	113
彩色电视机	台	219	243
计算机	台	106	137
组合音响	套	10	—
摄像机	架	29	—
照相机	架	37	60
微波炉	台	92	99
空调	台	309	304
中高档乐器	件	13	11
热水器	台	122	115
健身器材	套	14	21

续表

项目	单位	2018 年	2017 年
移动电话	部	324	317
电话机	部	61	88
消毒碗柜	台	—	—
排油烟机	台	104	103
洗碗机	台	1	8

表 21–5 城镇居民家庭全年食品人均消费量

项目	单位	2018 年	2017 年	项目	单位	2018 年	2017 年
一、粮食消费量	公斤	88.8	94.7	2. 虾、贝、蟹类	公斤	5.6	6.9
1. 谷物消费量	公斤	83.1	87.6	3. 藻类	公斤	0.3	0.6
2. 薯类消费量	公斤	0.5	0.5	4. 其他	公斤	0.6	1.1
3. 豆类消费量	公斤	5.2	6.6	七、蛋类及蛋制品	公斤	8	7.8
二、油脂消费量	公斤	8.7	12.1	1. 鲜蛋	公斤	7.2	7.2
# 植物油	公斤	8.6	12.0	2. 蛋制品	公斤	0.8	0.6
三、蔬菜及菜制品消费量	公斤	92.1	110.3	八、奶和奶制品	公斤	11	14.3
1. 鲜菜	公斤	88.4	105.2	1. 鲜奶	公斤	7.4	9.8
2. 干菜及菜制品	公斤	1.3	2.3	2. 酸奶	公斤	2	3.5
3. 鲜菌	公斤	2.1	2.6	3. 奶粉	公斤	0.6	0.5
4. 干菌及菌制品	公斤	0.3	0.2	4. 其他奶制品	公斤	1	0.5
四、肉类	公斤	28.4	29.2	九、干鲜瓜果类	公斤	42.3	49.2
1. 猪肉	公斤	22.4	23.5	1. 鲜瓜果	公斤	38.5	46.0
2. 牛肉	公斤	2.2	2.3	2. 瓜果制品	公斤	0.9	0.9
3. 羊肉	公斤	0.7	1.0	3. 坚果类	公斤	2.9	2.3
4. 其他肉类及制品	公斤	3.1	2.4	十、糖果糕点类	公斤	5.5	5.1
五、禽类	公斤	12	12.8	1. 食糖	公斤	0.9	0.6
1. 鸡	公斤	7.8	7.0	2. 糖果	公斤	0.5	0.4
2. 鸭	公斤	0.9	1.4	3. 糕点	公斤	3.8	3.8
3. 鹅	公斤	1.2	2.8	4. 其他糖果糕点	公斤	0.3	0.3
4. 其他禽类及制品	公斤	2.1	1.6	十一、饮料	公斤	0.3	0.2
六、水产品	公斤	20.4	25.4	十二、烟叶消费量	公斤	28.7	22.9
1. 鱼类	公斤	13.9	16.8	十三、酒	公斤	3.9	2.7

表 21–6 农村居民家庭基本情况

项目	单位	2018 年	2017 年
一、调查户数	户	40	60
二、家庭人口数	人	171.0	250.8
平均每户人口数	人	4.3	4.2

续表

项目	单位	2018 年	2017 年
三、就业类型	人	94	143
①雇主	人	—	1
②公职人员	人	—	2
③事业单位人员	人	2	17
④国有企业雇主	人	4	1
⑤其他雇员	人	64	105
⑥农业自营	人	14	11
⑦非农自营	人	10	6
户均家庭就业人口数	人	2.4	2.4
平均每一就业者负担人数	人	1.8	1.8
四、平均每户住房建筑面积	平方米	252.8	343.1
人均家庭住房建筑面积	平方米	58.8	81.7
五、住房房屋来源	户	40	60
租赁公房	户	—	—
租赁私房	户	—	—
自建房屋	户	40	60
商品房	户	—	—
六、住宅建筑式样	户	40	60
单栋住宅（单栋楼房）	户	40	60
四居室及以上单元房	户	—	—
三居室单元房	户	—	—
二居室单元房	户	—	—
平房及其他	户	—	—
七、饮水情况	户	40	60
自来水	户	40	60
井水和泉水	户	—	—
八、住房卫生设备	户	40	60
使用水冲式厕所的户数	户	40	60
使用旱厕的户数	户	—	—
无厕所的户数	户	—	—
九、洗澡设施情况	户	40	60
统一供热水	户	40	—
家庭自装热水器	户	—	59
其他	户	—	1
十、取暖设备状况	户	40	60
自行供暖	户	39	32

续表

项目	单位	2018 年	2017 年
无取暖设备	户	1	28
十一、炊用能源状况	户	40	60
罐装液化石油气	户	40	60
管道液化石油气	户	—	—
管道煤气	户	—	—
管道天然气	户	—	—
电	户	—	—
十二、每百户居民家庭通用设备使用情况			
1. 固定电话	部	63	90
2. 移动电话	部	323	338
3. 使用互联网	条	233	238
十三、每百户居民家庭耐用消费品拥有量			
家用汽车	辆	105	97
摩托车	辆	10	13
助力车	辆	140	158
洗衣机	台	115	105
电冰箱（柜）	台	140	117
彩色电视机	台	248	250
计算机	台	93	120
组合音响	套	8	—
摄像机	架	35	—
照相机	架	33	45
微波炉	台	98	100
空调	台	323	310
中高档乐器	件	10	17
热水器	台	125	117
健身器材	套	13	22
移动电话	部	323	338
电话机	部	63	90
消毒碗柜	台	—	—
排油烟机	台	103	100
洗碗机	台	3	7

编辑：王明生

苏州太湖国家旅游度假区

【概况】 苏州太湖国家旅游度假区（以下简称“度假区”）是1992年经国务院批准建立的全国首批12个国家级旅游度假区之一，位于苏州市西南15公里处，东起胥口古镇，南倚石公山，西邻太湖，北傍穹窿山，陆地面积171平方公里，下辖西山农业园区（金庭镇）、光福镇和香山街道，22个村民委员会、13个居委会，年末户籍人口11.73万人。2018年，经济社会整体发展，产业转型明显，文旅融合可圈可点，酒店集群优势初显。全年实现地区生产总值77.1亿元，比上年增长5.4%；完成服务业增加值55亿元，比上年增长9.5%；实现公共财政预算收入7.83亿元，比上年增长17.8%；完成全社会固定资产投资24.65亿元，其中第三产业投入22.26亿元，新增注册资本75亿元。全年过夜游客131万人次。

【转型升级】 2018年，新兴服务产业发展务实有为。完成视源、龙文、青客等3家专项服务业用地企业地下结构施工；引进深圳长园集团、锦良光电、艾华科技等上市企业再投资优质项目，新增注册项目40个，招商项目实现税收8386万元，比上年增长51.9%，微谷楼宇企业完成税收1969万元。龙头企业转型有力。新兴产业企业完成产值超25.8亿元，比上年增长5%；安洁科技获评吴中区年度实体经济“百强”，九次方大数据获吴中区软件集成电路类奖励，伟良电子获“苏州市两化融合试点”奖励。

【旅游载体】 2018年，旅游配套载体不断升级。太美·香谷里酒店营业，太美·逸郡酒店完成部分内装工程，中心区星级酒店房间达1600间，形成酒店载体供给梯队；夏威夷水上运动中心完成建设，金庭汉舍项目签订北矿区出租协议，光福冲山半岛文旅项目与苏州文旅集团签订合作协议，推进金大地金奥太湖山庄项目。

【会议会展】 2018年，在三大国资酒店举办第七届太湖论道、2018中国研学旅行发展论坛等近660场会议会展活动，参加人数近40万人次。其中：太湖国际会议中心、香山国际酒店全年实现营收8550万元，比上年增长43%；万豪万丽酒店全年营收1.03亿元。新开业的太美·香谷里酒店实现营收开门红。太湖国际会议中心获第九届中国会议金海鸥“2017—2018年度中国最佳会议酒店（中心）”称号，万丽酒店获“2018华东地区年度人气度假酒店”称号。

【文体旅融合】 2018年，度假区获“苏州市体育产业基地”“苏州市体旅精品项目”称号，成功列入苏州市体育特色小镇培育名录。顺堤河新增皮划艇、游船等水上体旅活动。东吴足球俱乐部太湖足球运动中心训练基地常态运转、棒球联盟长期落户。举办首届中国足协女足青训中心“希望杯”足球赛、环太湖国际马拉松等10余项体育赛事以及新春民俗节、恐龙嘉年华等20余场户外活动，接待游客5.3万人次。

【三农工作】 2018年，完成美丽乡村41个村庄建设项目的区级验收工作。以村级集体资产权能改革和创新集体经济管理为抓手，完成股权固化改革，通过资源换资产、资产换资金的新模式，发展壮大集体经济。镇、村两级集体总资产达39.77亿元，比上年增长12.1%，净资产17.18亿元，其中，村级集体经营性资产6.44亿元，实现总收入1.8亿元，村均稳定收入436.4万元。引导农民参与农村合作经济，现金分红总额达1048万元，比上年增长26.9%，实现分红全覆盖；辖区年度农民人均收入33780元，比上年增长8%。完成集体资产发包、出租交易809笔，合同总额4815.7万元；开展农村集体经济清产核资与村级经营性资产统计工作，维护集体经济组织及其成员的合法权益，实现集体资产增值保值。

【生态文明】 2018年，落实“污染防治攻坚战”，完成重点整治项目121个；日常巡查发现问题128处，完成整改125个；完成太湖一级保护区小散畜禽养殖户粪污治理57家；完成区级河道整治任务3项；完成河道疏浚治理20条。开展善人桥国考断面综合整治工作，6—12月国考断面水质考核达标。完成“散乱污”整治任务90家。防控太湖蓝藻，全年打捞蓝藻1.5万吨（含水），出动打捞人员1万人次；完成太湖围网养殖清理；完成苏州太湖湖滨国家湿地公园总体规划修编工作。“大棚房”清理整治进入验收阶段。贯彻落实上级节能减排工作要求，加大工地扬尘、工地生活区废水垃圾督查整治力度。科福污水处理厂、金庭污水处理厂投入试运营。完成90.67公顷“三优三保”、80公顷“占补平衡”、39.33公顷“增减挂钩”、96.67公顷高标准农田建设任务。

【城乡建设】 2018年，推进产业载体建设，中海“商改住”项目方案、香山慧境商务中心内装进展顺利；推进金庭绿光农场及新丰现代农业园、光福东崦湖商贸综合体、苏作红木精品展示馆等项目提升改造；完成产业园凤凰谷内装，太湖智创园二期高标准厂房建设地块进入供地程序。完善交通路网，完成改造中心区孙武路、山沿路、舟山路等6条道路，推进姚舍路北延、渔帆路工程建设；实施金庭阴山横山连接线项目；完成改建光福镇环太湖路支线安山路；优化产业园福利路、玉环路等综合管网建设。

【民生事业】 2018年，社会事业持续完善，民生工程加快实施。完成区域供水主管网工程，金庭镇镇区、光福全镇实现区域供水；中心区孙武花园安置房建成1008套并启动交房，在建1686套；香山中学扩建工程教学楼4层浇筑完毕，食堂和配电房封顶；中心区第三幼儿园项目土建完成；香山颐养苑建成投用；金庭镇4.2公里天然气主管网完成建设；西山中学教室及宿舍改造竣工验收；镇血透中心开工建设；光福镇太湖片区雨污水主管网完成铺设；国家级登山健身步道示范工程米堆山段完工；产业园福瑞花园824套安置房完成主体验收。

【社会稳定】 2018年，深化企业安全生产主体责任，加强企业安全监管。各板块与近700家工矿商贸企业签订安全生产承诺书，全年检查辖区内各类企业（单位）360余家次，发现隐患590余项，整改完毕580余项；推进“331”专项整治，排摸隐患底数的720家“三合一”场所，1282户群租房，6158处电动自行车全部整改落实，辖区火患比上年下降35.71%；联动中心工作年度考核位列全区第二，加大工商、质检、食药领域的监管执法力度，推进扫黑除恶工作；完善信访调处工作机制，全年累计受理各类信访来信244件，接待群众来访81批次297人次，辖区社会面整体平稳可控。（顾 滔）

苏州吴中经济技术开发区

【概况】 吴中经济技术开发区（以下简称“开发区”）位于苏州城南，东枕京杭大运河，南连吴江区，西含石湖风景区。规划面积152.23平方公里，下辖城南、越溪、郭巷、横泾、太湖5个街道办事处，54个村（社区），总人口58.1万人，其中户籍人口18.3万人。2018年，实现地区生产总值428.3亿元，比上年增长7.2%；完成一般公共预算收入68.2亿元，比上年增长16.5%；完成工业总产值880.2亿元，比上年增长4.5%；实现新兴产业产值447.7亿元，比上年增长2.6%；实现服务业增加值186.5亿元，比上年增长6.8%；完成全社会固定资产投资（不含房地产）70.68亿元，比上年增长28.3%；工业投资23.2亿元；进出口总额44.1亿美元，其中出口额26.6亿美元。

【招商引资】 2018年，完成外资注册2.1亿美元，比上年增长15.4%；完成内资注册326.7亿元，比上年增长27.2%；完成民营经济注册320.9亿元，比上年增长36.7%。46个区级以上重点项目，完成年度总投资127.2亿元。辉瑞（苏州）制药有限公司新厂、苏州英维克温控技术有限公司等项目投产运营，爱信AW（苏州）汽车零部件有限公司二期、苏州精濑光电有限公司新厂、龙湖石湖西路综合体等项目开工。招商引资“一号工程”地位突出，举办吴中经济技术开发区（深圳）产业·金融投资推介会、苏州吴中·长三角智造峰会等招商推介活动。与浪潮集团、360企业安全集团、中国电子信息产业发展研究院（赛迪集团）等公司签订合作协议，与华为、腾讯等公司签订战略合作协议。苏州电器科学研究院股份有限公司、科沃斯机器人股份有限公司获评“苏州市地标型企业”。深化产学研合作，推进创新平台建设，举办智能传感技术国际论坛，智能传感技术研究所揭牌。高端人才引培力度加大，4人申报国家重点人才，2人入选省“双创人才”，1个团队入选“姑苏重大创新团队”，9人入选姑苏领军人才。

【载体建设】 2018年，完成吴淞江科技产业园启动区配套基础设施工程，加快建设科沃斯机器人产业园等一批高端产业项目。推进综合保税区区划调整，电商产业园初具规模，“境贸通”平台获批苏州市供应链体系建设项目试点。推进东太湖科技金融城创新孵化专业招引和特色平台建设，产业规划馆投入使用，军民融合产业基地通过验收，太湖金港苏州市建筑科学研究院集团股份有限公司、苏州中技华江百成置业有限公司等项目开工，苏州优弘投资管理有限公司装修竣工。吴中化工园区开展水、气、土污染防治，提升园区整体环境、产业生态。获批苏州（太湖）软件产业园项目，规划建设生物医药产业园。

【城市建设】 2018年，吴中太湖新城加快产城融合发展步伐，综合管廊、逸林商务广场等重点项目完成年度建设任务，金融街综合体开工，华为软开云、交大联合产业园、安博生物总部等多个项目签约，核心区地块有序上市，推进部分工业企业拆迁工作。完成东吴南路整治工程澄湖路以北段改造工程；推进南湖快速路、东环南延等重点项目管线迁改，城南片区、越溪城市副中心、双湖板块、横泾片区城乡环境优化、功能增强。深化文旅融合，旺山文旅风情小镇完成首年创建考核，推进越溪、横泾美丽乡村建设及各街道年度实事项目。完成签约1058户，清零地块36宗，尹山湖待拍地块、姜家三期安置地块等扫尾清零，完成存量土地清理38.1万平方米、收回42.2万平方米。

【民生事业】 2018年，以"以人民为中心"发展理念，增强民生工作水平。城南宝南花园、越溪木林一期等118.6万平方米安置房开工建设，尹东八村二区、新思家园三期等63万平方米安置房交付，安置房办证进度加快，新办证850套。教育优质均衡发展，尹山湖实验小学及附属幼儿园、华东师范大学苏州湾实验小学等6所学校投用，吴淞江实验小学、越溪文体中心等一批民生实事项目推进，尹山湖爱琴海购物公园开业。推进生态建设，中央环保督察"回头看"期间交办的15件问题，逐项推进整改、对账销号，以"散乱污"整治、黑臭水体治理、涉气企业治理等专项行动为抓手，开展环境保护、生态修复工作，环境质量得到改观。落实就业促进政策，加强对就业困难人员和高校毕业生等重点群体的就业帮扶，举办招聘集市136期（专场12期），开展"春风行动、高校校园行"等专场招聘活动，推进高质量和充分就业。越溪旺山村获评"全国民主法治示范村"。

【改革成效】 2018年，加强改革工作，突出营商环境优化，推进"放管服"改革和体制机制创新，承接全链审批赋权事项逐批落地，设立苏州吴中经济技术开发区行政审批局，政务服务中心11月底投入使用，年内业务量4500多件。开展证照分离和全省投资项目信用承诺制改革试点，缩短工业项目筹建申报时间。太湖新城与太湖街道实行"区政合一"，理顺体制机制、完善服务功能，江苏省吴中经济技术发展总公司、苏州吴中国太发展有限公司、苏州吴中融玥投资管理有限公司等3家公司建立部门架构及人员薪酬体系，实现企业内控建设与国资监管接轨，江苏省吴中经济技术发展总公司完成更名，实现全民所有制到有限责任制的转变。

【国有、集体经济】 2018年，壮大国资集体经济规模，国资总资产达750.77亿元，国资净资产达250.7亿元，比上年增长17%。提升国资运营效益，江苏省吴中经济技术发展总公司发行规模9.6亿元的江苏省首单社会领域产业专项债券。苏州吴中国太发展有限公司信用评级升级至2A+。苏州吴中融玥投资管理有限公司合作设立规模30亿元的产业母基金和规模8亿元的吴中产业并购投资基金。集体经济总资产达77亿元，实现总收入7.44亿元，比上年增长9.4%；村均稳定收入827万元，比上年增长10.5%；农民人均收入41545元，比上年增长7%。实现村（社区）股份合作社股份分红全覆盖。

【建区25周年发展大会】 10月19日，在吴中保利大剧院召开"奋力新作为开启新征程"吴中经济技术开发区建区25周年发展大会。大会宣布"吴中经济技术开发区十件发展大事"和"吴中经济技术开发区十大榜样人物"，对十大榜样人物进行表彰。大会回顾吴中开发区25周年以来的风雨历程，开发区的建设者们用歌舞、情景剧、诗朗诵、合唱等多元化的艺术表现形式，表达对建区25周年的祝福，展现吴中开发区发展历程及未来发展蓝图。大会通过互联网对网民进行直播，13万人在线观看，共同见证开发区25周年发展历程。

【设立太湖街道】 11月28日，太湖街道揭牌仪式在华东师范大学苏州湾实验小学报告厅举行。区常务副区长荣德明宣读《市政府关于同意吴中区调整越

2018年10月19日，吴中开发区召开建区25周年发展大会　　开发区　供稿

溪街道行政区域设立太湖街道的批复》和《市编办关于同意调整苏州太湖新城吴中管委会管理体制和机构编制有关事项的批复》。区领导唐晓东、陈嵘、张炳华、张建祥、方伟军共同为太湖街道揭牌。　（吴燕姣）

江苏省吴中高新技术产业开发区（筹）

【概况】 江苏省吴中高新技术产业开发区（筹）（以下简称“吴中高新区”）位于苏州古城南部，历史悠久，文化底蕴深厚。区域面积为15.3平方公里，下辖20个社区，包括13个城市社区，7个涉农社区，常住人口22.3万人，其中户籍人口7.64万人。吴中高新区前身为吴中区城区，由原长桥、苏苑、龙西3个街道合并成立，于2012年3月筹备组建，于2013年9月28日挂牌，2015年11月12日，江苏省吴中高新技术开发区正式获省政府批准筹建。2018年，完成地区生产总值134.3亿元，比上年增长7.1%。一般公共预算收入完成16.9亿元，比上年增长3.2%。服务业增加值102.2亿元，比上年增长5.8%。完成规模以上工业总产值96.6亿元，比上年增长6.9%；新兴产业产值88亿元，比上年增长8.2%；高新技术产业产值87亿元，比上年增长8.1%。实际利用外资及港澳台资4124万美元。集体经济总资产达46.5亿元，总收入5.5亿元，村均稳定收入4500万元。

【产业升级】 2018年，聚焦主导产业、实施精准招商，通过洽谈大院大所集团公司，全年对接优质项目53个，达成合作意向15个，25个项目签约落地。利用经洽会等平台，引进香江集团、浪潮国家健康医疗大数据、北方文化新谷、启迪网安集团等12个重点产业项目，总投资超117亿元。举办2018“智汇吴中”青年创客大赛等5个大型人才活动，17个人才项目落地，全年入选省、市、区人才项目98人，其中获评省双创博士等市级以上人才7人。拓展资本市场，设立凯辉、民生、领进等基金，总规模达45.6亿元；科沃斯机器人股份有限公司在上海证券交易所登陆A股市场。

【城市空间】 2018年，聚焦“核中之核”定位，推进25个区级重点项目，完成投资35.9亿元，建设轨交3号线，形成东吴北路主轴城市核心功能区布局。国裕一期及二期、龙桥大厦、龙西大厦等项目拔高“城市高度”；澹台湖景观桥落成投用，完成升级健身步道，完善运河文化带“游憩中心”；启动科技服务中心项目，石湖西路一期改造完工通车。对接《吴中区城乡协调规划（2017—2035年）》，推进豪仕登板块城市设计、中心城区地下空间建设，做好局部规划调整。全年签约住宅拆迁480户，非住宅16户，8个新增住宅地块完成7个攻坚清零，南光地块以26亿总价上市挂拍，溢价率达24%，完成空间腾退。制定高新区科技园运营评价体系，中农大有机循环研究院、吴

中东吉大数据产业园落地，中科院苏州纳米所国家双创吴中示范基地、凤凰文化产业园和苏州工匠园运营。吴中科创园入选市现代服务业集聚区，中农大研究院入选市新型研发机构，苏大科技园、武珞科技园入选市创业孵化一类示范基地。

【民生实事】 2018年，完成石湖景苑一期330户850余套安置房交房工作，推进石湖景苑三期、澜庭一期等25万平方米安置房项目。西塘河以西沿线10个老旧小区污水达标改造竣工，开展东苑村、盘蠡路341号老新村改造。学校建设加快进度，吴中实验小学、蠡墅小学工程主体完工，宝带实小幼儿园、长桥中学改扩建工程完成方案编制。长桥医院主体结构完成20%，推进吴中博物馆等一批民生重点项目建设。通过“服务中心+全科社工+服务项目”综合推进，丰富便民服务的阵地、制度和内容。试点开展“和谐微实事”社区参与式治理，成立高新区社会创新发展中心，指导14家社会组织实施15个服务项目，“三社共创”满足社区群众多样化服务需求。“保姆式”医疗、“居家福”养老扩面，“家庭医生”上门巡诊7万余人次，投用8家社区日间照料中心，惠及2449名老人。社会救助体系完善，发放帮扶资金1500万余元。集体经济经营性资产达32亿元，稳定性收入2.93亿元，户均分红2.1万元，农民人均收入5万元。

【社会治理】 2018年，深化网格联动治理模式，推进“党建+治理”模式和“网格+”建设，在龙桥社区党群服务中心试点建设全区第一家联动工作站，强化属地管理职能。联动分中心接报工单5.1万余件，立案办结4.6万余件，办结率96%以上。4家安全生产三级挂牌督办整改项目通过验收，48家“三合一”场所整改到位。推进“331”火灾隐患整治，整改率达99.88%。聚焦“263”专项行动，全年销案12个督办问题，整治关停425家“散乱污”企业。落实河（湖）长制工作，完成6条、6.7公里河道疏浚工程，清淤土方10.6万立方米。开展常态文明城市创建，推进垃圾分类、上门收集，制度化开展交通整治、包路督查、夜宵摊点整治、烟花爆竹禁燃禁放等工作。

（范昱彧）

编辑：高　燕

木渎镇

【概况】 木渎镇位于苏州城西，太湖之滨，灵岩山麓，总面积74.59平方公里（含穹窿山），截至2018年底，全镇户籍人口10.28万人，常住人口20万。木渎镇是一个具有2500年历史的中国历史文化名镇和中国园林古镇，是苏州市中心城区、苏州市城乡一体化先导区和“强镇扩权”试点单位，是吴中区工业、商贸、文化、教育、旅游、交通重镇，素有石雕之乡、书法之乡、民间艺术之乡、园林之乡、花木之乡之称，享有“吴中第一镇”的美誉。先后获“全国创建文明小城镇示范点”“全国创建文明镇工作先进镇”“中国历史文化名镇”“2013—2016江苏省文明镇”“国家卫生城市”“江苏省生态文明建设示范乡镇”等称号。

【经济发展】 2018年，全镇经济社会各项事业有序发展。在《人民日报》公布的《2018全国综合实力千强镇》中，木渎镇名列第57位。实现地区生产总值179.26亿元，比上年增长7.02%；完成全社会固定资产投资11亿元；全口径财政收入43.42亿元，比上年增长8.66%；公共财政预算收入24.95亿元，比上年增长10.18%。

表23-1　2018年木渎镇基本情况

总面积	74.59 平方公里（含穹窿山）
耕地面积	400.93 公顷
年末户籍人口	102846 人
村委会	9 个
居委会	16 个
工业总产值	1751293 万元
地区生产总值	1792600 万元
全口径财政收入	434218 万元
公共财政预算收入	249457 万元
粮食总产量	—
水果产量	21 吨
水产品产量	—
内资企业	20122 家
外资及港澳台资企业	321 家
新增注册外资及港澳台资	19920 万美元
年内到账外资及港澳台资	3067 万美元
个体工商户	17270 户
中小学校	10 所
医院（卫生院）	12 所

表23-2 2018年各村基本情况

村名	年末户籍人口（人）	集体经济总收入（万元）
灵岩村	4580	3242
姑苏村	6287	5037
尧峰村	4536	3610
西跨塘村	5186	4856
天平村	3732	12568
金山村	4950	4130
五峰村	6120	2858
善人桥村	4791	2045
天池村	6908	4107

【集体经济】 2018年，推进集体项目建设，“一村二楼宇”项目天平精品酒店和天灵精品酒店公寓开工建设。深化“美丽乡村”建设，打造2个美丽村庄和12个三星级康居村庄，天池村北竹坞申报入围苏州市第二批特色田园乡村。抱团发展呈现良好态势，西跨塘、穹窿、接驾三村“邻里中心”项目申报工作启动。2018年，全镇实现镇村两级集体资产规模超288亿元。镇村两级集体收入8.57亿元，稳定收入7.45亿元，分别比上年增长7.56%、12.74%，其中村级总收入5.13亿元，稳定收入4.1亿元，分别比上年增长18.18%、8.17%。

【转型升级】 2018年，主动融入全区生产力发展布局，注重产业升级联动并进，以“实业兴镇”推动产业量质齐升。产业转型步伐加快。山姆会员店、悠方综合体及万怡酒店等优质项目相继开业，凯马广场引进雷克萨斯、红旗等4S店及开心汽车高端二手车、平行进口车商行，商贸产业层次不断提升。推进“智慧工园”项目，全年新签约路远自动化等6个项目。启动创域智能产业园、尧峰村渣莲桥工业园等5个旧改项目，用地面积共计10.78公顷，投资约4.88亿元。绿的谐波获“苏州市独角兽企业”称号，其高精度谐波减速器项目获批国家重点研发计划。智能制造研究院于5月开园，完成3个研发中心（实验室）和创新体验中心的筹建，建立一支拥有50多名博士、硕士的高层次研发团队，孵化创业型公司4家，引进技术类企业20多家，获批东吴领军人才项目4个，吴中科技园获批苏州智能制造产业知识产权运营中心。成立木渎文旅集团，启动《木渎全域旅游规划》编制工作，开发“木渎旅游”等线上产品，加强景区管理，提升木渎旅游品牌影响力。

【城乡一体】 深化“两山一镇”生态提升工程，开展“静脉产业园”提标升级，区域内生态环境得到优化。开展“美丽乡村”建设，农村生活环境得到改善。先后建成金山浜花园、金运花园、藏书天逸湾等15个安置小区，安置房总建筑面积达259.29万平方米，农民居住条件得到改善，并创新推广安置房精装修，金运花园成为全市样板工程。设立“城乡一体老年人过渡公寓”，为学龄前儿童提供学费优惠补贴，完善婚丧配套用房、老年活动中心、社区医疗等生活配套，打造动迁农民的幸福家园。

【实事工程】 2018年，对全镇低保户、低保边缘户等户核定发放社会救助资金1008万元。惠民物业挂牌慈善基地，启动慈善救助机制。双拥优抚持续落实，推进退伍军人和其他优抚对象信息采集工作。开展流动人口服务管理改革工作，计生困难家庭和特殊家庭结对帮扶实现全覆盖。加快敬老院搬迁过渡方案的制定，推进新建敬老院、西跨塘村医养结合日间照料中心，雀梅花园日间照料中心、中央厨房等养老项目建设。镇主要领导、相关职能部门、村（社区）及商会企业赴德江县铜井乡开展对口帮扶，共计捐助71万元。

【社会事业】 推进实小幼儿园、

石码头学校等新改扩建工程，成人教育中心校、老年大学、党校完成搬迁并启用。积分入学工作平稳有序，完成上级交办任务。关心和扶持民办幼儿园发展，对正荣等3所幼儿园公开招标，确定优质办学者，全年发放民办幼儿园补贴598万元。推进无证幼儿园、校外培训机构整治工作，取缔无证幼儿园。通过江苏省健康镇省级考核评估。举办全国大学生微电影节、金秋文化旅游季等活动，扩大木渎影响力。成立吴中区首家乡镇文联，助推木渎文化发展。组织优秀残疾人运动员参加江苏省第十届残运会，并获得五金。全媒体中心获"全省基层宣传工作创新案例"荣誉，选拔2人参加全国网站平台知识技能竞赛，并获得全国总冠军。

【便民服务】 2018年，木渎镇探索经济发达镇行政管理体制改革，方便群众办事。6月中旬，木渎便民服务中心设综合窗口和不动产窗口，搭建"一窗通办"的新模式。综合窗口取代以往细分的业务窗口，一个窗口可咨询办理社保、民政、残联、卫监、城管等多项业务。便民服务中心共设有服务窗口74个，其中，综合窗口12个，国税、地税、市场监督管理、公安、交管、水利、卫监等垂直单位窗口62个，涉及行政审批服务事项310个。12月，便民中心挂牌木渎镇行政审批局。将162项行政审批和公共服务事项全部划转至审批局集中办理，真正实现审批服务工作"一站式"和"两集中、两到位"。"互联网+政务服务"平台建设取得实质性进展，为全面推进"不见面审批"提供有效的技术支持。便民服务中心全年受理各类审批服务事项44.2万件，事项办结率基本达到100%。

【穹窿山风景管理区】 2018年，穹窿山风景管理区位于苏州西郊，南临浩渺太湖，230省道、沪宁高速、苏嘉杭高速、绕城高速均可直达景区。景区总面积10.5平方公里，下辖穹窿、接驾2个社区，截至2018年底，户籍人口0.52万人，常住人口0.54万人。境内穹窿山海拔341.7米，被誉为"吴中之巅"。穹窿山为国家森林公园、国家5A级景区、全国科普教育基地，其中茅蓬坞属江苏省自然保护区。2016年11月，穹窿山风景管理区由木渎镇代管，机构不变。2018年，全年接待游客132.46万人次，比上年增长3.01%；实现旅游综合收入6077.33万元，比上年增长3%。

【重大活动】 2018年1月，由木渎镇女企业家施冬梅及其团队完成的红木雕版《姑苏繁华图》获得第十三届中国民间文艺山花奖。5月8日，苏州智能制造研究院开园，研究院是由吴中区与浙江大学机械工程学院教授团队共同出资、合作共建，主要从事智能制造核心技术和共性关键技术的研发，人才引进与培养，科技成果转化及其产业化。9月9日，举行江苏海恩德高新产业园奠基仪式，产业园由国家高新技术企业苏州万德福尔（wonderful）新材料有限公司投资兴建，占地5.33公顷，建筑面积约10万平方米，总投资约2.5亿元。

（王雅静）

甪直镇

【概况】 甪直镇位于苏州城东南25公里，北靠吴淞江，南临澄湖，西接工业园区，东衔昆山。总面积114.19平方公里（包含澄湖水域面积45平方公里），下辖16个行政村和2个社区，截至2018年底，户籍人口6.95万人，常住人口20.11万人。苏沪高速、绕城高速、机场路、东方大道等道路穿镇而过，区位优越、交通便捷。甪直镇是一座具有2500多年历史的水乡古镇，文化底蕴深厚，被费孝通称为"神州水乡第一镇"。镇内人文景观景点众多，有国家级重点文物保护单位——保圣寺古物馆罗汉塑像和首批国家级非物质文化遗产——甪直水乡妇女服饰。先后被评为苏州澄湖国际慢城、全国重点镇、全国宜居小镇示范、首批中国特色小镇、国家园林城镇、中国历史文化名镇、国家4A级旅游风景区、全国环境优美镇、全国首家通过ISO14001环境管理体系认证的乡镇、江苏省百强乡镇、外向型经济明星镇、江苏省卫生镇、全国特色景观旅游名镇等，并获江苏人居环境范例奖。

表23–3　2018年角直镇基本情况

总面积	114.19平方公里
耕地面积	3000.67公顷
年末户籍人口	69491人
村委会	16个
居委会	2个
工业总产值	2308141万元
地区生产总值	1109328万元
全口径财政收入	264874万元
公共财政预算收入	143427万元
粮食总产量	5756吨
水果产量	1077吨
水产品产量	4850吨
内资企业	6644家
外资及港澳台资企业	197家
新增注册外资及港澳台资	–2.5万美元
年内到账外资及港澳台资	3302万美元
个体工商户	14462户
中小学校	7所
医院（卫生院）	12所

表23–4　2018年各村基本情况

村名	年末户籍人口（人）	集体经济总收入（万元）
淞南村	4726	3437
淞港村	3335	2720
淞浦村	2987	2673
澄北村	2812	1860
澄湖村	3667	1284
澄东村	4007	855
甫南村	4090	1779
甫港村	4153	2003
甫田村	2958	1789
江湾村	3085	665
前港村	2525	935
三马村	3717	802
湖浜村	2848	1143
澄墩村	3034	825
长巨村	4353	1586
瑶盛村	2964	833

【经济发展】 2018年，实现地区生产总值110.93亿元，比上年增长10.1%；完成固定资产投资12.86亿元；全口径财政收入26.49亿元，比上年增长29.6%；地方公共财政预算收入14.34亿元，比上年增长24.1%。全年实现工业总产值230.81亿元，比上年增长10.82%，其中，规模以上工业总产值148.69亿元，比上年增长12.58%，新增规模以上企业21家。全镇完成集体总资产93亿元，村均稳定收入1550万元，镇村二级集体经济总收入5.9亿元，农民人均纯收入3.7万元，比上年增长6%。

【转型升级】 2018年，围绕吴中先进制造轴东端定位、模具产业发展“1215”计划和“两个翻番”的目标，实施产业提质增效工程，抓住存量和增量两个关键，通过项目提速、服务提前、产业提质、企业提效，加快推进产业更新、结构调整、增速换挡。模具主导产业规划、模具特色小镇规划、智能制造产业规划编制完成，明确模具装备、智能制造两大主导产业发展方向，推进转型升级。赴日韩、深圳、东莞等地开展招商活动，组织企业参加DMC2018上海国际模具技术和设备展览会。全年新增"新三板"上市企业1家、高新技术企业18家、省民营科技企业9家，新增产学研项目20个。创业队伍不断壮大，国家重点人才工作实现零的突破，吸纳培育省"双创"博士1人、姑苏领军人才2人、姑苏天使计划1人、东吴领军人才3人，省、市工程技术研究中心6家，市"瞪羚"企业3家，甪直获全市"首批创新驱动助力工程示范镇"称号。创新成果不断突破，完成专利申请2129件，其中发明专利申请642件；完成专利授权1276件，其中发明专利授权69件；申请PCT（专利合作条约）专利13件。

【城乡一体】 2018年，甪直镇空间布局不断优化。以苏州市总规、吴中城乡协调规划调优为契机，完成甪直镇控规局部地块调整。依托甫澄、吴淞、龙潭等重点城市组团，不断布局完善教育、餐饮、购物等生活配套。推进拆迁清障工作，完成民房拆迁213户，集体清障72处，回购企业4家，腾退土地约35.33公顷，淞港村、甫港村、淞南村系统化拆迁实现100%签约，完成40处重点地块点位清零任务。梳理排定"三优三保"三年专项计划，全年共计完成3.2公顷。产城融合稳步提速，签约引进阿里跨境电商服务中心、书香酒店等生产生活配套项目，全季酒店、You+国际青年公寓开业运营，奥迪、一汽大众等汽车品牌签约进驻甪盛汽车广场。围绕重点生活组团配套的南山邻里中心、达圣商业广场等邻里商业圈加快建设。路劲等知名地产品牌进驻，全年销售商品房2779套、销售面积31.8万平方米、销售总额50.5亿元。挂牌上市4.5公顷的丰亿木业地块三产用地，实现土地出让金11.44亿元，堰里北地块即将竞价出让。推进基础设施、市政配套建设，提升城乡品质。制定出台甪直镇乡村振兴三年行动规划，开展新一轮美丽乡村建设三年行动，推进19个自然村美丽乡村建设，76个农村环境连片整治项目完成验收，打造湖浜村田肚浜为省级和市级特色田园乡村示范点。实施完成市级蔬菜基地二期、166.67公顷高标准农田建设，茭实连续6次入选国家极地科考选用产品，江湾获第八批全国"一村一品"示范村称号。甫澄路市政化改造工程建成通车，德才路东延、联谊路停车场等8个市政道路桥梁完成建设。配合做好星塘街南延、苏同黎快速化改造等重大交通项目落地开工工作。制定城市标准化绿化管理养护实施方案，采用购买服务方式做好30条主要路段绿化景观建设。甪直污水厂实现托管运营，新区污水厂二期工程开工建设。

【民生保障】 2018年，坚持民生优先，加大民生投入，抓好民生实事。加大社保推进力度，实行全民参保登记，完成社保扩面2500人，新增住房公积金2050人。促进就业创业，组织开展"春风行动""民营企业招聘周""高校毕业生专场"等活动49场，提供就业岗位2100个，应届高校毕业生就业279人，援助250名失业人员实现再就业。加强免费技能培训，提升普通劳动力就业竞争力，城乡劳动力培训1509人。引进培养专业技术人才263人、高层次紧缺人才12人、高技能人才205人。落实优抚、救助和残疾人补助等政策措施，全年针对贫困户、特困户、低保、低保边缘、特困人员、残障等优抚对象发放帮扶救助金340万元，向全镇60周岁以上老人发放慰问金1670万元，向139名贫困学生发放助学金37万元。落实阳光扶贫走访，开展与德江县的对口帮扶，配合做好"六个一"走访调研。

【实事工程】 2018年，甪直镇美丽乡村、生态环境、富民载体、农民安居、教育提升、社会保障、交通建设等十大民生实事工程，按时有序推进。推进总投资300亿元的137个区镇两级重点项目，特别是53个区级重点项目全部开工建设，开工率100%，举办甪直镇春季及下半年度重点项目集中开工开业仪式。柳道万和、龙辉钢模等21个单独供地工业项目，以及联东U谷、合金二期、星甪产业园等60万平方米工业地产载体加快规划建设。车坊花园等12个安置房项目全面推进，5个安置房实现开工建设，黄淡花园三期-2建成，陶浜花园二期-1交房使用，安置247户拆迁户。甪直高级中学扩建、叶圣陶实验小学南校区新建等7个新扩建教育项目加快推进。

【社会事业】 2018年，为民办实事、做好事、解难事，提高群众的获得感与幸福感，获“苏州市文明镇”称号。加强无证办学机构清理整顿，关停无证幼儿园9家，开展校外培训机构专项治理，关停无证培训机构5家。二星级标准龙潭农贸市场投入使用，金澄湖农贸市场进入试营业，九如城养老项目加快对接，映月花园等4个老旧小区改造工程持续推进。开展群众喜闻乐见的文体活动，举办甪直镇首届金秋全民运动会，成立甪直作家协会、美术协会、篮球协会等社会组织。推进“甪直榜样”评选，树立正面典型，新增“吴中好人”3名。开展扫黑除恶专项斗争，查处典型案例12起，维护社会和谐安定。组建成立镇级专职消防中队，举办甪直镇2018年微型消防站比武竞赛。开展“331”专项整治行动，开展群租房、“三合一”场所、电动自行车违规停放和充电专项整治，累计排查三类火灾隐患17260处，整改率100%。

【重大活动】 2018年3月17日，甪直镇举行2018年重点项目春季集中开工开业仪式，涉及18个重点项目，总投资30.21亿元，包含先进制造、民生事业、城市商业等类别。6月9日，甪直镇首届非遗文化周在江南文化园启动，活动以“文化和自然遗产日”为契机，围绕“多彩非遗，美好生活”主题，展示甪直镇非物质文化遗产的风采。

（杨　洁）

胥口镇

【概况】 胥口镇位于苏州西郊10公里的太湖之滨，相传因伍子胥开凿胥江入太湖之口而得名，东接木渎灵岩山、南依太湖、西连苏州太湖国家旅游度假区、北靠穹窿山，太湖岸线8公里，总面积37.8平方公里，下辖6个行政村、1个社区，截至2018年底，户籍人口3.45万人，常住人口近11万人。胥口镇历史悠久、文化底蕴深厚，传统产业一支笔（吴门书画）、一把刀（香山古建）、一根藤（藤艺制品）“三个一”远近闻名。境内现存一箭河、古胥江运河、胥王庙、采香泾、春秋古城墙等历史遗迹。先后被国家文化部（2018年3月，国务院机构改革，组建中华人民共和国文化和旅游部，不再保留文化部）命名为“中国书画之乡”“中国文化（美术）产业示范基地”，“香山帮传统建筑营造技艺”被列入首批国家级非物质文化遗产和《人类非物质文化遗产代表作名录》。胥口镇交通便捷、区位优势明显，形成新能源新材料、高端装备制造两大支柱产业，累计上市和“新三板”挂牌企业近14家。

【经济发展】 2018年，实现地区生产总值118.02亿元，比上年增长6.6%；完成全社会固定资产投资16.05亿元；全口径财政收入20.23亿元，比上年增长6.2%；一般公共预算收入11.47亿元，比上年增长11.3%。实现工业总产值252.04亿元，比上年增长6.6%，其中规模以上工业产值202亿元，比上年增长7.2%。推进18个区级重点项目建设，朗高电机、菲速供应链、明捷精密等14个工业项目竣工投产，完成年度投资16.1亿元。城镇商业辐射范围更为广泛，商业载体持续更新、更趋平稳，实现服务业增加值48亿元。中心区胥市街老街、文体中心、胥江一号广场、财富广场、胥福里商业广场人气兴旺，香

表23-5 2018年胥口镇基本情况

总面积	37.8平方公里
耕地面积	637公顷
年末户籍人口	34535人
村委会	6个
居委会	1个
工业总产值	2520353万元
地区生产总值	1180246万元
全口径财政收入	202306万元
公共财政预算收入	114674万元
粮食总产量	643吨
水果产量	290吨
水产品产量	20吨
内资企业	5610家
外资及港澳台资企业	131家
新增注册外资及港澳台资	-42.4万美元
年内到账外资及港澳台资	13379万美元
个体工商户	7973户
中小学校	3所
医院（卫生院）	1所

表23-6 2018年各村基本情况

村名	年末户籍人口（人）	集体经济总收入（万元）
东欣村	4961	2384
新峰村	5061	3032
箭泾村	5791	3352
采香泾村	4112	2734
合丰村	3553	2132
马舍村	6127	2064

山里、港龙乐汇城商业业态不断丰富，水云天大酒店二期工程主体完工，三德诺富特酒店重整开业，昆仑绿建入选省级生产性服务业领军企业。坚持“房住不炒”定位，房地产业平稳健康发展，吉新厂地块挂牌公告，旭吴房产项目按时推进。文化产业保持良好发展势头，加强书画市场、一箭河文创园等文化产业载体建设，实现文化产业产值17.6亿元，比上年增长10%。举办苏作文创峰会胥口分会场活动，成立胥口镇民间工艺协会，美国索罗尼亚艺术中心落户一箭河文创园。农业现代化提速发展，胥口现代农业基地通过“苏州市高标准蔬菜生产示范基地”“苏州市菜篮子工程校外实践基地”验收，胥江农业园“胥俚香”“苏俚香”大米品牌知名度快速提升。乡村旅游日渐兴旺，特色羊肉、横河头农家乐、特朗圃乡村主题乐园、水上乐园等逐步集聚人气，全年接待游客9.4万人次，实现旅游收入1.3亿元，比上年增长6.25%。2018年，集体经济做大做强，实现集体经营性资产17.3亿元，比上年增长6.8%，村均稳定收入4068万元，农民人均纯收入38462元，集体资产交易涨幅达11.9%。新峰村、采香泾村“一村二楼宇”项目用地方案已获批准，正在办理土地转征用审批。

【转型升级】 2018年，把抓创新、促转型作为工作主线，一批高新技术、民营科技、创新型企业集群加快形成，高新技术产业成果显著，实现新兴产业产值102亿元，飞华铝业入选苏州市最具创新活力企业。存量用地市场化更新改造先行先试，引进联东U谷收购原闳晖13.67公顷低效用地，投资8.5亿元建设胥口科技智汇园。人才引领效应不断扩散，斯莱克董事长安旭成为全区首位入选“国家创新人才推进计划”的人才，新增省博士后创新实践基地2家、省市科技企业家22人、东吴创新创业领军人才3人。推动政产学研合作，苏驼通信与中科院半导体所签约共建“中科苏驼光通信研究院”，环球集团与乌克兰国家科学院金属物理研究所等产学研合作项目进展顺利。

【城乡一体】 2018年，《苏州市吴中区胥口镇控制性详细规划调整》获市政府批复，孙武路沿线5平方公里地块城市设计通过专家论证。完善基础设施建设，第二农贸市场开工建设，胥江两岸生态环境整治及健身步道一期工程初显成效。加快城镇更新步伐，完成拆迁农户198户、企业22家，清零地块3个，推进"三优三保"工作，完成年度复垦任务，腾出建设用地指标面积6.67公顷、空间指标面积5.73公顷。推进安置房建设，吉祥一村二期、子胥花苑二期安置房完成规划报批。改善城乡面貌，开展"四好农村路"创建工作，完成12个康居村庄建设，农村生活垃圾分类就地处置完成省级全覆盖试点，"国家卫生镇"创建通过考核验收。推进"263"专项行动，关停涉化企业、"散乱污"企业122家，治理挥发性有机污染物排放企业5家。河湖水生态日益优化，编制镇村两级"一河一策"方案，清淤河道17条，启动断头浜活水畅流工程。推进乡村振兴战略实施，打造乡村振兴教学点2个，获首批"江苏省生态文明建设示范乡镇"称号，新峰村获"江苏省生态文明建设示范村"称号，东欣村通过"省级卫生村"复检。

【民生保障】 2018年，发挥创业带动就业的倍增效应，开展技能培训6场次224人次，提高高校毕业生、残疾人等重点群体就业能力，新增就业岗位1658个，辖区应届高校毕业生就业率97.8%，城镇登记失业率控制在2%以内。维护劳动者和用工单位的合法权益，规范劳务派遣用工管理，社保扩面征缴3101人，新增住房公积金缴存2044人。提高城乡居民、企业退休人员、被征地置换城保退休人员平均养老金。开展社会救助和"阳光扶贫"，下发低保、助残、优抚、敬老等各类民生救助资金993.5万元。开展老龄化服务，新增子胥花苑、吉祥一村2家日间照料中心，设立敬老院全科医生工作室，提供养老服务1160人。

【实事工程】 2018年，胥口镇政府十项重点实事工程：做大做强集体经济和深化合作经济改革，实现农民持续增收；开工建设胥口第二农贸市场；开工建设胥口环境卫生管理站及垃圾中转站；开工建设胥口第二中学、第三小学及附属幼儿园；启用胥口综合服务中心大楼；完成12个康居村庄建设及污水管网延伸改造3公里；新建改建吉祥路西延、长安路西延、石中路等5公里道路；开工建设子胥花苑二期安置房；开展胥江两岸生态环境整治及健身步道建设；规划启动断头浜活水畅流工程。

【社会事业】 2018年，教育资源持续扩容，启用胥口中学二期、胥口第二实验小学（筹），胥口第二中学、第三小学及附属幼儿园项目进入招投标程序，新增学位671个、教师68名。提升教育质量和突出办学特色，中心小学举办张维良馆新馆发布会、协办省第30届"教海探航"征文颁奖大会，实验小学乒乓特色项目走向国际赛事并在二十一届九龄童少年国际乒乓球邀请赛中获得12岁以下女子亚军。加大对民办教育资源的扶持力度，完成校外培训机构排查登记和清理整顿。落实医药卫生公共服务，加快实施分级诊疗制度，推进"一院一品"建设、医疗联合体建设和"家庭医生签约村村行"活动。开展计划生育优质服务活动，做好科学育儿、"两癌"筛查、优生检查等服务工作。丰富群众性文体活动，常态化开展"我们的节日"、公益书场、公益电影等文化惠民活动，开展插花、写作、瑜伽等培训126场次，举办"2018新市民春节联欢晚会"、正月十三"抬猛将"、趣味运动会等各类文体活动35场次。子胥社区举办第五届"社区邻里节"。香山帮传统建筑营造技艺传承人薛林根被评为第五批国家级非遗代表性项目代表性传承人。开展各类书画交流会，书画长卷《太湖春秋》正式亮相。图书借阅服务接轨“书香苏州”平台，连续6年获“苏州市全民阅读先进单位”称号。举办改革开放40周年图片展，展示改革开放40年以来胥口的发展变迁。深化文明城市创建，获“2015—2017年度苏州市文明镇”称号。启动“2018胥口人在路上”征选活动，寻找“胥口好人”“胥口英才”“胥口匠师”，为胥口发展凝聚道德力量。开展志愿服务，新增2个志愿服务阵地、3个志愿服务团队，箭泾村、子胥社区试点开展“社区服务社会化”。推进平安胥口建设，完善网格化联动机制、动态巡防体系和“天眼”系统建设。“五位一体”综合整治、矛盾纠纷调解、信访维稳、重点人员帮教等工作稳步实施，办理人民群众来信353件，到期办结率100%。紧抓安全生产，开展各类培训23场，检查企业5612次，发放整改通知单2536份，整改到位率91.3%。开展“331”整治火灾隐患百日专项行动，6833处重点隐患整改到位，开展“三合一”场所、群租房、电动车专项整治。

【重大活动】 2018年6月21日，2018苏州吴中胥口（北京）营商环境推介会在北京举办，来自联东集团、维森科技、中坤集团、道邦科控等50余家企业代表与会。10月13日，中科苏驼光通信研究院合作协议签约仪式在澹台湖大酒店澄湖厅举行。12月5日，第三届中国民族美术双年展在中国美术馆开幕，胥口镇画家陈梅珍的《南国春晓》和朱华清的《十里荷香》入选展出，并被主办单位收藏。

（徐三妹）

东山镇

【概况】 东山镇位于苏州市吴中区西南部，是太湖东南岸的一座半岛，与临湖镇接壤，总面积96.5平方公里，下辖12个行政村和1个社区，三山岛和余山岛属东山镇管辖，截至2018年底，户籍人口5.37万人，常住人口5.6万人。全镇盛产花果、茶叶、水产、蔬菜、太湖大闸蟹等特色农产品，是洞庭（山）碧螺春茶的原产地域之一。东山镇历史悠久、人文荟萃、古迹众多，境内拥有陆巷古村、雕花楼、紫金庵、启园、三山岛、雨花胜境等名胜古迹，是国家级太湖风景名胜区十三景区之一，也是国家5A级旅游景区。东山镇先后被命名为中国历史文化名镇、全国环境优美镇、国家卫生镇、江苏省文明镇、中国商旅文产业发展示范镇等。

【经济发展】 2018年，实现地区生产总值35.81亿元，比上年增长8.6%；完成固定资产投资6亿元，比上年增长12.2%；一般公共预算收入2.82亿元，比上年增长12%；完成服务业增加值14.5亿元。全年实现工业总产值103.68亿元，比上年增长17.2%，首次突破100亿元，其中规模以上企业总产值92.1亿元，比上年增长9.3%；高新技术产业产值73.8亿元，比上年增长12.2%。全年新增规模以上企业1家，东山精密获“市级优秀民营企业”称号，和好塑业完成并购重组。

【集体经济】 2018年，集体资产交易平台累计交易142笔，比上年增长1%；交易金额1090万元，比上年增长16.6%，租金涨幅为5%；集体经济总资产增至23.9亿元，比上年增长9.1%；净资产增至9.7亿元，比上年增长1.26%。推进农民集体收益分配权退出改革和农民专业合作社质量提升整区推进工作，完成社区股份合作社股权继承登记470笔，发放合作社股份分红130.37万元。加强村级财务监管，规范和统一开支标准，村级平均稳定收入增至427.6万元，农民人均纯收入增至3.86万元。

【转型升级】 2018年，实施千企升级创新转型行动计划，全年完成工业技改投入4.94亿元。苏州宝丽洁日化有限公司被认定为国家高新技术企业。

表23-7　2018年东山镇基本情况

总面积	96.5 平方公里
耕地面积	320.47 公顷
年末户籍人口	53669 人
村委会	12 个
居委会	1 个
工业总产值	1036818 万元
地区生产总值	358091 万元
全口径财政收入	52684 万元
公共财政预算收入	28194 万元
粮食总产量	35 吨
水果产量	9200 吨
水产品产量	15075 吨
内资企业	1205 家
外资及港澳台资企业	10 家
新增注册外资及港澳台资	300 万美元
年内到账外资及港澳台资	19 万美元
个体工商户	4166 户
中小学校	4 所
医院（卫生院）	1 所

表23-8　2018年各村基本情况

村名	年末户籍人口（人）	集体经济总收入（万元）
陆巷村	5156	633
杨湾村	3786	567
三山村	847	2263
莫厘村	4893	693
碧螺村	5158	304
太湖村	2774	541
双湾村	4153	711
新潦村	4919	550
潦里村	5198	639
渡桥村	3567	558
吴巷村	3400	529
渡口村	3441	850

占地3000平方米的东山镇智能制造技术培训基地启用，2个区级以上重点技改项目完成。帮助13家企业获批区增信基金1.35亿元。关停、淘汰落后产能企业6家，回购低效企业2家，腾退工业土地11.73公顷。全年获评省级科技企业家、市级科技企业家各1人，新增苏州市级技能大师工作室1家，新增发明专利申请量52件，发明专利授权量11件。

【招商引资】 2018年，围绕智能制造、互联网技术、文化旅游和现代农业四大类主导产业，建立招商项目库，梳理4大主导产业的目标客户名单，集中靶向、逐个突破。全年新增外资注册项目1个、增资项目1个；新增内资项目136个，总注册资本3.89亿元。其中，注册资金达5000万元1家、超500万元25家，项目涵盖文化旅游类、现代农业类、智能制造类、网络科技类、现代物流类等多个领域。

【电子商务】 2018年，东山镇电商产业园获“江苏省创业孵化基地”“江苏省乡镇特色产业园区”称号，集群集聚效应进一步发挥。全年通过电商、微商销售枇杷约1250吨，占总产量的26%，比上年增长8.7%；销售茶叶约8吨，占总产量的10%，比上年增长45.5%；销售大闸蟹约400吨，占总产量的10%，比上年增长14.2%。全镇实现农产品网络销售超2亿元。

【城乡一体】 做好市容环境整治提升，打击偷倒垃圾、露天烧烤、占道经营、违规运输渣土等行为，依法拆除乱搭乱建80余户，新、改、扩建公共厕所7座，新建临时停车场3处。推进垃圾分类减量，建造垃圾分类亭40座，更换分类果壳箱200只。新增餐厨垃圾处理设备2台。实施乡村振兴战略，推进64个美丽乡村在建项目，杨湾西巷村入选省第二批特色田园乡村建设试点村庄。实施引水上山工程，新建泵房3座、水池35座、溢流坝2座、管道11.5千米。完善道路基础设施，启动银湖路延伸段新建及将军街、葑山寺路和蔬菜园路修复工程，优化交通路网。

【生态建设】 2018年，打好污染防治攻坚战，加快化工企业、“散乱污”企业、大气污染防治、畜禽整治、信访督办及曝光问题的整改落实。推进“263”专项整治行动，完成11家老虎灶、小浴室整治任务，关停化工企业12家，整治“散乱污”企业29家、废品回收站3家、VOCs企业3家。开展太湖水环境治理，按时完成1046.67公顷太湖围网拆除签约、移交任务。启动建设东、西大圩池塘标准化改造项目。推进河长制改革工作，实施黑臭河道专项整治，完成疏浚河道3条1.7公里1.27万立方米。常态化开展环太湖芦苇收割、水草打捞、湿地养护工作，累计19040人次打捞水草9523吨；634人次打捞蓝藻318吨。完善农村污水处理设施，完成20个自然村农村生活污水新建项目以及10个自然村污水提升项目，新建污水管道22000米。

【民生保障】 2018年，开展最低生活保障、低保边缘救助、慈善助学等社会救助工作，全年累计发放各类救助金849.92万元，惠及群众2265户次。完成退役军人和其他优抚对象信息采集工作，落实抚恤优待政策，累计发放义务兵优待金、生活补助金438.16万元。新增日间照料中心3家，引进“信托居家康”服务，整合信托基金、养老、失能、半失能服务线上线下资源，增强精准服务能力。推进“全国文明城市”“全国卫生镇”复评工作，抓实公共卫生服务，完成年度适龄妇女“两癌”体检及东山镇康复驿站建设项目。维护劳动者和用工单位合法权益，加强治欠保支工作，规范企业用工管理，社保扩面净增缴存人数687人、新开户企业48家。开展就业创业培训指导，全年开展技能培训吸引1086人次参加，提供公益性岗位52个。开展高校毕业生就业工作，辖区内应届高校毕业生就业率96.33%。举办太湖围网拆除渔民专场招聘会，逐步解决涉水渔民就业问题。推进无房户渔民陆上定居工作，安置渔民28户。加快中心小学附属幼儿园建设工程，更新中心小学教室多媒体系统20套，完成东山中学女生宿舍、莫厘中学教学楼电线及照明设备升级改造。

【实事工程】 东西大圩池塘标准化改造工程：对东西大圩700.4公顷传统池塘实施标准化改造，提高养殖池塘的基础设施及尾水处理能力。消防安全工程：对东山镇敬老院进行消防管道铺设、报警装置等消防设施改造，消除安全隐患。平安东山建设工程：建设勤务指挥室、反诈骗中心、微型卡口等，提升全镇治安管理水平。教育惠民工程：对东山中学和中心小学教学楼等硬件设施改造维修，完善教育设备设施。吴中区中医院扩建工程：分期建设中医药中医门诊住院大楼，提高全镇医疗条件和水平。市镇道路优化工程：对镇区重点市镇道路铺设雨污水、天然气等管道，更换道板，增强道路管护能力。文化惠民工程：完成6个村（社区）综合性文化服务中心建设、文体中心周边环境整治等，提升公共文化服务能力。河道整治工程：对全镇部分河道实施活水工程，进行综合整治，提升河道水岸质量和环境。水质监测站工程：建设4座小型水质自动监测站，自动对河道水质进行监测，加强水环境保护。丘陵山区果茶园生产道路建设工程：对丘陵山区海拔100米以下的果、茶园，鼓励群众自愿建设山区生产道路。建设总量控制在5万~10万平方米之间，政府每平方米补贴20~40元，补贴金额每年200万元。

【重大活动】 2018年3月28日，东山镇在虎丘山风景名胜区举办以“一座城一味茶”为主题的2018年洞庭山碧螺春茶产业发展高峰论坛。10月17日，东山镇2018年度投资交流会在东山宾馆召开。会上，蓝城特色生态小镇发展基金项目、杨湾景区项目以及三山岛合作项目举行签约仪式。12月12日，吴中区中医院揭牌仪式于原东山地区人民医院举行。（周华星）

临湖镇

【概况】 临湖镇地处苏州城西南，东、西临太湖，南邻东山镇，北接胥口镇，拥有23公里湖岸线，总面积55.6平方公里，辖12个行政村和2个社区居委会，截至2018年底，户籍人口4.56万人，常住人口9.2万人。临湖镇紧扣吴中区委“先进制造轴”和“生态文旅带”生产力发展布局，做好“智造驱动”和“绿色引擎”两篇文章，呈现出“精密制造业、精致农业、精细服务业”竞相发展的良好势头。先后获“国家卫生镇”“江苏省特色景观旅游名镇”“江苏省和谐社区示范镇”“江苏省羊毛衫名镇”“江苏省生态文明建设示范乡镇”等称号。

【经济发展】 2018年，全镇实现地区生产总值69.8亿元，比上年增长6.9%；完成全社会固定资产投资11.2亿元；全口径财政预算收入10.5亿元，比上年增长18.6%；一般公共预算收入6.16亿元，比上年增长20.1%；实现工业总产值129亿元，比上年增长21.2%；规模以上工业总产值80.2亿元，比

表23-9　2018年临湖镇基本情况

总面积	55.6平方公里
耕地面积	1566.87公顷
年末户籍人口	45571人
村委会	12个
居委会	2个
工业总产值	1290000万元
地区生产总值	698000万元
全口径财政收入	105047万元
公共财政预算收入	61550万元
粮食总产量	6596吨
水果产量	337吨
水产品产量	1148吨
内资企业	3226家
外资及港澳台资企业	34家
新增注册外资及港澳台资	3693万美元
年内到账外资及港澳台资	3500万美元
个体工商户	7185户
中小学校	4所
医院（卫生院）	2所

表23-10　2018年各村基本情况

村名	年末户籍人口（人）	集体经济总收入（万元）
前塘村	4148	1360
牛桥村	5469	1433
灵湖村	3572	1331
采莲村	3871	1802
石塘村	2996	514
石舍村	2632	686
陆舍村	2581	462
湖桥村	5453	2831
浦庄村	3882	921
石庄村	2538	831
界路村	3101	1578
东吴村	3196	1122

上年增长29.18%。全年农业专业合作联社等合作社分红约924万元，惠及村民超42000人。完成镇村集体资产清产核资，开展集体资产欠租追缴和合同清理，镇村集体经营性资产总额达15.9亿元，收益率超10%。农民人均纯收入35423元，比上年增长6%。

【转型升级】 2018年，突出招大引强选优，举办太湖经贸洽谈临湖分会场活动，U+科技园、机械装备产业园等磁场强度持续增强，招引远东服饰、镭锋激光、航太机械等一批重大产业项目。优尔食品、艾锐珐金属等4家企业完成信用贯标申报。新增福特佳实验室等7家四板企业，新增民生银行、吴江农商行等2家金融机构。新办内资企业486家，增资企业57家，注册资金29.28亿元。佳荣通讯建成投产，苏州市农科院建成运营。旅游业态布局更加丰富，完成以沿太湖乡村旅游为主体的全域旅游规划，举办首届乡村文化旅游节、百合花节、灯花节、稻米工厂音乐嘉年华等活动，全年接待游客56万人次，实现旅游总收入18亿元。精品民宿集群效应突显，民宿管理协会挂牌成立，“半山”“右见”“柳岸花田”等民宿品牌、“水东五将”“好物事”等文创品牌影响力增大。

【城乡一体】 2018年，对接苏州城市总规修编，完善新一轮临湖城乡协调规划。加快城市更新步伐，推进“三优三保”专项规划，完成征迁43户，腾退空间近30公顷，“一村两楼宇”、渡村人民东路等拆迁项目顺利清零，完成安置面积3.8万平方米。实施乡村振兴战略，推进49个美丽乡村建设，陆舍村、石塘村、东吴村等4个行政村实现美丽乡村全覆盖，黄墅村通过“省级特色田园乡村”验收。做好环保督察、曝光问题整改，打好污染防治攻坚战，着力推进水、气、土综合整治，坚决守住生态保护红线、环境质量底线和资源利用上线，获评首批“江苏省生态文明建设示范镇”，完成全国污染源普查和进博会大气环境保障任务。出台《临湖镇工程建设整治提升实施细则》，在建工地扬尘得到管控。

【民生保障】 2018年，将一般预算支出80%以上、新增财力的100%用于民生投入，办好年度民生实事。推动各类失业人员再就业，加大高校毕业生、太湖渔民等重点群体就业服务，培训适龄劳动力1000余人次，新增公益岗位35个，本地户籍应届毕业生就业率100%。维护劳动者和用工单位合法权益，加强治欠保支工作，社保扩面征缴超2000人，住房公积金扩面净增缴存人数超1100人。提高养老金发放，城乡居民医疗保险参保率100%。开展农村低保专项治理三年行动，建立“一户一档一策”，发放各类救助、补助资金超1500万元、残联保障金超100万元，新建浦庄村、陆舍村等日间照料中心5个。开展全国退伍军人信息采集，发放抚恤、优待等拥军补贴超500万元。开展“六个一”走访调研、“阳光扶贫”工作，走访帮扶困难群众实现全覆盖，石舍村、陆舍村出列摘帽。

【实事工程】 2018年，新建防洪闸站16座、自动水质监测站3座，完成黑臭河道及疑似黑臭河道整治2条，河道疏浚整治26条6.4公里。新建污水管网4公里，实现村庄污水全收集，污水处置能力增强。建成餐厨垃圾处理点5个，终端处理各类垃圾超4万吨，清理城市“牛皮癣”近3万处，补种各类绿化超20万株，前塘村完成新泾港杂船清理200余条，腾飞路获“市级示范路”称号。优化交通出行，修复采莲涵洞、查家桥、平安路2号桥等危桥，提升木东路、联东路、育才路，开通轨交木里站接驳公交高峰14号线路。提升生态涵养能力，完成七星揽月湿地公园总体规划，新增公益林2公顷。

【社会事业】 2018年，教育均衡趋向优质，中小学积分入学率均达92%以上，临湖第一中心小学被授予“省帆船运动特色学校”称号，临湖实验中学获市航空模型锦标赛优秀奖。优化城乡医疗资源供给，浦庄卫生院完成立面改造，临湖卫生院中医科获“省级示范”称号，界路村、渡村社区完成省级健康村（社区）创建。完成妇女儿童“十三五”发展规划编制，评选区级“最美家庭”6户，苏州飞昵长马针织服装有限公司获“省级巾帼来料加工示范基地”称号，农业园区获“区未成年人社会实践基地”称号。开展地名规划，启动牛桥村志编纂。举办“长马杯”象棋赛、“爱在临湖　传承匠心”大合唱、“乡绘临湖”写生采风等活动，开设公益书场近1000场，新增健身步道超20条，宝树堂“国学课堂”开班。

【苏州乡村振兴学堂】 苏州乡村振兴学堂位于吴中区临湖镇。学堂环境优美、功能完善，占地面积6.93公顷，拥有多功能厅2个，多媒体教室6个，现场教育基地20个，现场教员60余名，日接待能力300人。在苏州市委统筹指导下，学堂围绕展示、交流、培训三大功能，主要服务于农村干部、农业人才的交流培训教育，以及乡村振兴理论政策的研究指导。学堂作为江苏省首个乡村振兴综合实践教育培训基地、海棠花红先锋阵地，规划布局为“一基地、两中心、三展馆”，是集中展示苏州乡村振兴成就的平台、培育乡村振兴人才的摇篮、汇聚乡村振兴智慧的高地和党建引领乡村振兴的阵地。

【重大活动】 2018年5月31日，临湖镇启动首届乡村文化旅游节，旨在展示临湖丰富的乡村旅游资源，弘扬乡村旅游文化，增强“后园博时代”的旅游辐射效应，做强乡村农文旅新业态，进一步促进产业融合，推动乡村振兴。7月28日，《40年40村改革路上看乡村振兴》融媒新闻行动启动仪式在临湖镇苏州乡村振兴学堂举行，苏州广电联合全国各大主流媒体共同派出百余位党员记者，深入全国40个乡村，观察报道乡村振兴之路的巨变，透过“三农”之窗回望改革开放四十年的不凡之路。

（朱俊杰）

光福镇

【概况】 光福镇地处苏州市西郊、太湖之滨，距市区21.5公里，下辖7个行政村、3个社区居委会，截至2018年底，户籍人口4.80万人，常住人口4.82万人。全镇陆地面积61.56平方公里，其中山林面积约24平方公里，太湖水域面积约160平方公里，湖岸线约32公里，全镇生态红线区域保护面积48.17平方公里。光福素有“湖光山色・洞天福地”之美誉，生态资源优越，自然风光秀美，人文积淀丰厚。先后获“中国历史文化名镇”“全国环境优美镇”“国家卫生镇”“中国花木之乡”“中国工艺雕刻之乡”等称号，光福景区为国务院公布的太湖风景名胜区13个景区之一，现为国家4A级旅游景区。光福镇有梅文化、渔文化、工艺文化、宗教文化、红色文化等人文资源。花卉苗木种植经营和手工艺雕刻为光福的两大传统特色产业。光福核雕被列入国家级非物质文化遗产保护名录，光福玉雕、红木雕、佛雕被列入省级非物质文化遗产保护名录。截至2018年底，全镇拥有中国工艺美术大师1人，省工艺美术大师、工艺美术名人15人，市工艺美术大师12人，各级各类工艺美术师150人。

【经济发展】 2018年，实现地区生产总值33.51亿元，比上年增长4.27%；完成全社会固定资产投资3.83亿元；全口径财政收入3.64亿元，比上年降低2.2%；一般公共预算收入2.11亿元，比上年增长3.93%。企业发展势头向好，龙头企业安洁科技、不二工机产能比上年增长约10%，德国沃柏产值增至

表23-11　2018年光福镇基本情况

总面积	61.56平方公里
耕地面积	1620.6公顷
年末户籍人口	47968人
村委会	7个
居委会	3个
工业总产值	485683万元
地区生产总值	335086万元
全口径财政收入	36357万元
公共财政预算收入	21068万元
粮食总产量	544吨
水果产量	153吨
水产品产量	1341吨
内资企业	1270家
外资及港澳台资企业	18家
新增注册外资及港澳台资	—
年内到账外资及港澳台资	—
个体工商户	3968户
中小学校	3所
医院（卫生院）	1所

表23-12　2018年各村基本情况

村名	年末户籍人口（人）	集体经济总收入（万元）
福利村	8049	1577
邓尉村	3511	743
香雪村	7996	714
冲山村	3042	512
府巷村	5786	861
迂里村	8855	923
太湖渔港村	4901	840

超亿元，华迪医疗、温斯帕门窗等企业在各自领域影响力提升。老牌民营企业发展稳定，光福园林建设有限公司税收贡献近千万元，助推苗木产业转型升级。把握“一村二楼宇”等政策红利，强化项目载体引导产业发展，促进乡村产业振兴。“一村二楼宇”东崦湖商贸综合体项目主体结构封顶，苏作红木精品展示馆项目主体完工。

【集体经济】 2018年，集体经济规范发展。坚持以集团公司为引领，通过资源整合、镇村抱团等形式，将村（社区）闲余资金集中投建标准厂房、三产物业用房，以载体项目带动集体经济发展。扩大集体资产管理规范，开展“三资”管理专项治理，建立“吴中区光福镇阳光村务”村务公开微信公众号，“村务卡”实现全覆盖，提高村级资产透明度。集体资产交易全部实现线上交易，杜绝体外循环，全年累计审核成交260笔，成交合同年租金1104万元，比上年增长11.97%。开展欠缴租金催缴专项行动，强制性执行“先租后用”的租赁模式，提高收缴率。结合“263”“331”等专项行动，资产资源发包全面梳理，清退一批产业层次落后、环保安全隐患大的出租资产。抢抓国土“三优三保”政策机遇，探索土地节约集约利用方式，实现生态环境保护和集体经济收益双赢，5.53公顷“三优三保”项目、3公顷“增减挂钩”项目、34.73公顷“占补平衡”项目通过市级验收。2018年，村级总资产4.25亿元，净资产2.91亿元，村均稳定收入625万元，农民人均纯收入41332元。

【文旅产业】 2018年，整合文化旅游资源要素，推动文化旅游产业发展。做好古镇历史街区改造提升工程，科学布局“一阁一亭一牌楼”建设。依托花木协会、农林服务站及园艺大师的组织引领，引导服务广大苗农进行转型升级，改良种植技术，助力苗木商户尽快进入良性运行轨道。依托香雪海旅游公司、农产品合作社及民宿平台载体，整合山林、湿地、村落等特色资源，形成登山、骑行、采摘、露营、亲子等休闲农业旅游。引导民资介入开发建设精品民宿、特色餐饮，米山米舍等精品民宿运营良好，邓尉桑园里、西湾·桂花里等民宿开工建设，镇级民宿（农家乐）协会挂牌运行。举办太湖美食节、金桂祈福、金秋采摘乐、太湖开捕节、农民丰收节等活动。工艺从业人员精品迭出，工艺文化事业、产业高质量发展。举办吴中区传统技能玉雕、木雕比赛和光福核雕技能竞赛。钟锦德获评“中国工艺美术大师”、苏州市民间工艺门类首个“姑苏文化名家”，20余人次获区级以上各类荣誉称号。

【生态环境】 2018年，按照区委环太湖生态文旅带的决策部署，加大环境整治力度，获第二批“江苏省生态文明建设示范乡镇”称号。开展“两减六治三提升”专项行动，打好污染防治攻坚战，整改完成上级督办及媒体曝光案件12件、度假区巡查问题47件、自查问题30件，环境质量问题信访数量比上年下降20%。关停金马涂料等3家涉化企业，完成减化任务。整治“散乱污”企业（作坊）85家，取缔非法码头、砂石堆场19家，拆除3家企业冲天炉设施。大气污染防治成效明显，关闭重污染企业2家，取缔家具、包装印刷企业7家，督促重点管控企业落实停、限产措施，完成上海进博会及秋冬季大气污染精准管控工作。在中央环境保护督察“回头看”期间，光福镇“零投诉、零举报”。开展生态修复，打好国考断面综合整治战役，善人桥国考断面水质改善，实现年度均值达标。强化“河长制”管理，镇、村两级河长开展巡河3000多次，形成镇村河长常态化、制度化巡河工作新格局。太湖水环境综合治理有力开展，严控夏季蓝藻水华，打捞太湖湖岸线水草、蓝藻10000余吨。完成太湖围网整治任务，拆除移交147户。开展“太湖永续”专项生态护湖活动，共清理太湖生活垃圾约35吨，水环境得到改善，《人民日报》9月22日头版对此进行报道。全年完成河道整治22条，清淤13.41公里14.11万方。

【城乡一体】 2018年，广大农民共享改革发展成果，总投资5561万元，实施4个行政村17个康居村庄美丽乡村建设，受益农户1135户。完成迂里、香雪两村生活污水治理项目，福利、府巷、东崦湖等拆迁区域生活污水治理基本完成，全镇生活污水处置收集率得到有效提高。梅园社区“共建共治共享”项目获评全区农村环境长效管理一等奖，府巷、邓尉等5个村（社区）实现垃圾分类全覆盖，全镇垃圾减量化、资源化和无害化处理水平得到提升。冲山村纳入苏州特色田园乡村建设第二批试点村庄名单。

【民生实事】 2018年，顺应民生需求，完善基础设施。改善道路基础设施，福湖路、福坤路及田舍路等道路修复完成，香铜路、安山路道路改造及亮化工程完工，柴巷路、同心路、冲山路等农村公路生命防护工程完成。镇供水专项规划编制完成。迂里村山墩、北庄和香雪村浮庙墩341户自来水改造完成。老镇区杨树街、南街、大街自来水、雨污水管网改造工程完工，完成镇区宝泉路、工艺街、藏福西路新建自来水、雨污水主管网工程。太湖集镇区控源截污工程进度完成超80%。公厕改造升级2座。光福塔修缮工程完工，虎山桥整治工程、遗址纪念亭竣工。推进防洪工程，新建防洪闸4座、泵站1座、闸站2座。保障发展空间，加快动迁安置，全年完成农户签约225户、清障清苗80公顷，其中福利村刘庄、后古寺等地块完成清零，府巷村新增项目地块实现突破，产业园区域集中拆除旧房465户约13万平方米。安置分房稳步实施，共安置公寓房44套，福溪花园办理不动产证118套。

【社会事业】 2018年，光福镇获评第七批“中国历史文化名镇”,《光福镇志》入选中国名镇志文化工程。成功创建苏州市文明镇,城管中队、府巷村、邓尉村、香雪海小学分别获评苏州市文明单位、文明村、文明校园。太湖幼儿园启用,完成全镇无证幼儿园取缔以及校外培训机构整治工作。做好迂里村钉螺灭杀工作,康复驿站、残疾人之家、西崦湖社区卫生服务站启用。开展“阳光扶贫”工程,与贵州德江县共和镇结对帮扶。累计发放征地养老金6970万元,发放低保金、低保边缘金等400万元,发放尊老金135万元。

【社会管理】 2018年,加强治安防控和安全生产工作,基本建成全镇网格化社会治理联动机制,提升社会综合治理能力。推进“平安光福”建设,开展扫黑除恶专项斗争,依法打击惩治涉枪涉暴涉恐、“两抢一盗”以及电信诈骗、危害食品安全、损害环境资源等违法犯罪活动,全年违法犯罪警情比上年下降4%,盗抢骗警情比上年下降10%,打击刑事作案对象比上年上升15%,破案率提升10%。开展打击和处置非法集资行动,引导群众理性投资。推进“七五”普法,做好走访排查,及时化解矛盾纠纷,信访维稳工作持续稳定。镇联动中心工单办结率97%以上,处置工单水平稳居全区前三。开展“331”专项行动,集中整改“三合一”场所447家、出租房(群租房)1229家和电动自行车1704辆次,三类隐患整改率100%。建成集中充电桩23个,拆除违章建筑约3000平方米。落实安全生产责任制,按照停产整顿、关闭取缔、上限处罚、追究法律责任四个“一律”要求,常态化开展隐患排查整治,督促各单位落实好防护措施,杜绝安全隐患。共检查企业1377家次,事前处罚企业35家。推进企业安全标准化建设,规模以上企业三级标准化实现全覆盖;小微企业标准化建设完成41家,超额完成6家;双重预防机制建设工作完成10家。

【重大活动】 2018年4月,吴中区光福镇红木雕刻技艺代表性传承人钟锦德获评第七届中国工艺美术大师,实现吴中零的突破。10月19日,光福镇举办“民族一家亲·共圆中国梦”民族团结进步文艺演出,青海玉树43名师生出席活动。活动现场,格桑花西部助学基地进行揭牌,光福中心小学与清水河镇中心寄校、苏州香雪海小学和称多县文乐中心寄校结对成为友好学校。12月17日,苏州市吴中区光福镇党委与半月谈杂志社举行基层党建共建签约授牌仪式。 (徐顺航 李 明)

金庭镇

【概况】 金庭镇地处苏州太湖东南部,距苏州古城区45公里,辖境包括中国内湖第一岛——西山岛及周围20多个太湖小岛,总面积84.22平方公里,其中西山岛面积79.82平方公里。2013年开始,实行“区政合一”管理体制,副处级建制,下辖11个行政村和1个社区,截至2018年底,户籍人口4.57万人。西山岛又称洞庭西山,盛产柑橘、青梅、杨梅、枇杷、银杏、板栗等花果。自古是旅游胜地,古人归纳出西山十景——消夏渔歌、毛公积雪、玄阳稻浪、角里梨云、西湖夕照、鸡笼梅雪、龙渚归帆、缥缈晴岚、林屋晚烟、石公秋月等。金庭镇有现存历史文化古迹一百多处,其中省、市级文物保护单位29处、市级控制保护古村落7个、市级控制保护古建筑18处,另有明清建筑120多幢,面积约4万平方米。明月湾古村、东村古村为中国历史文化名村。金庭镇先后获“国家风景名胜区”“国家现代农业示范园区”“国家森林公园”“国家地质公园”“全国环境优美乡镇”“全国卫生乡镇”“全国小城镇综合改革试点”“江苏省历史文化名镇”“江苏省文明乡镇”“国家4A级景区”称号。

【经济发展】 2018年，实现地区生产总值23.51亿元，比上年增长7.6%；完成全社会固定资产投资4.47亿元，比上年增长2%；一般公共预算收入0.81亿元。实现旅游景点入园人数110万人次、综合收入7290万元，分别比上年增长7%、23%。完成新批内资企业220家，新增注册内资9.69亿元、外资及港澳台资2.59亿美元。

表23-13　2018年金庭镇基本情况

总面积	84.22平方公里
耕地面积	779.2公顷
年末户籍人口	45688人
村委会	11个
居委会	1个
工业总产值	90175万元
地区生产总值	235100万元
全口径财政收入	13289万元
公共财政预算收入	8095万元
粮食总产量	761吨
水果产量	11990吨
水产品产量	1111吨
内资企业	753家
外资及港澳台资企业	19家
新增注册外资及港澳台资	25900万美元
年内到账外资及港澳台资	—
个体工商户	2870户
中小学校	2所
医院（卫生院）	1所

表23-14　2018年各村基本情况

村名	年末户籍人口（人）	集体经济总收入（万元）
元山村	3746	533
蒋东村	3849	1152
庭山村	3586	597
林屋村	4510	728
秉常村	4318	762
石公村	3206	774
东蔡村	3571	396
缥缈村	3122	457
衙甪里村	3832	482
堂里村	2963	549
东村村	3679	710

【集体经济】 2018年，集体经济不断壮大，实现集体经营性总资产5.95亿元、集体稳定性收入2387万元，分别比上年增长6%、8%。推进全国农民专业合作社质量提升试点，新增新型农业产业化联合体2家，蒋东村成立第一家土地股份合作社。注重人才服务保障，引育紧缺高层次人才1人、高技能人才102人，建立32名乡土人才信息库，2名同志获省级乡土人才“三带”能手和新秀称号。

【转型升级】 2018年，加强农业基础设施建设，482.87公顷高标准农田整治工程完工，绿光农场改造提升工程加快推进，新丰农业园水肥一体化设施投产使用，丰禾枇杷标准示范园完成4800平方米连栋大棚框架建设。坚持产学研联合发展，与省农科院合作成立农产品加工研究所和果树研究所，实现酵素技术在水稻种植领域的运用，新增市科普惠农服务站2座，石公村获评全省农业信息化示范基地。推进农业品牌建设，“太湖绿”品牌青种枇杷获省精品枇杷银奖，选送的本地朱桔、料红、温柑在省精品柑橘评比中获金奖。推进全域旅游建设，深化旅游服务质量提升工程，完成“智慧旅游”“微笑服务示范岗”“厕所革命”等一系列软硬件标准化提升。扶持乡村旅游发展，举办农家乐技能大赛和西山最美民宿评选活动,提高“吃在岛上”“住在岛上”品牌识别度,集群效应逐步彰显。加强精准招商,对接港中旅集团、嘉豪投资集团、泷泮生物科技、御湖园农业科技等重点企业,文化旅游产业链发展日趋完善。提升企业转型创新升级能力,唐人数码科技入选科技型中小企业库,大福外贸食品被江苏股权交易中心选为首批农业板块挂牌企业。酒店服务业不断发展,南峰五星级酒店开工建设,复园雷迪森酒店顺利推进,旅游配套服务功能日趋完善。省重点汉舍西山废弃矿坑修复旅游综合开发项目加快推进,启动一期56.33公顷矿坑生态修复工程。

【城乡一体】 2018年,加强规划的引领作用和土地资源的合理配置,《太湖风景名胜区西山景区详细规划》获国家住建部批复。优化土地资源配置,实施土地综合整治三年行动,完成消夏湾266.67公顷蟹塘清障工作和69.53公顷“占补平衡”、6.8公顷“三优三保”验收。优化村庄规划布局,强化农民建房管理,启用数字化管理系统,全年完成238户宅基地建房会审和265户权籍调查。深化土地集约节约利用,落实违法违规用地整改及“大棚房”问题专项清理整治行动,拆除违法建筑2万余平方米。加强古村落保护利用,启动实施费孝子祠、盘龙寺等4处古建筑的修复工程,堂里村入选中央财政支持中国传统村落名单。实施美丽乡村建设,14个村庄开工建设,10个村庄完成设计方案深化。

【生态文明】 2018年,推进“263”专项行动,打好污染防治攻坚战,完成减煤任务、关停淘汰低效产能企业、河道清淤疏浚等22项年度目标任务,整改完成中央及省、市、区各级“263”督办和曝光案件8件。推进“散乱污”治理,完成36项重点项目,关停“散乱污”企业(作坊)5家,治理改造31家。推动“水气土”协同治理,5家企业和20个餐饮点完成废水、废气达标排放整治。推动水环境治理,做好蓝藻打捞、水草清理、芦苇收割等工作,确保太湖安全度夏,70公顷太湖围网拆除工作全面完成,整治太湖一级保护区内畜禽养殖户9家,清理杂船174艘,白塔湾水源地达标建设通过省水利厅验收。金庭镇获首批“江苏省生态文明建设示范乡镇”称号。

【民生保障】 2018年,强化就业服务保障,开展劳动技能培训,组织专场招聘活动12场,新增就业岗位463个,达成就业意愿1300人,登记失业率控制在2%以内,金庭镇及东河社区、衙角里村、堂里村、东村村分别获“省创业型乡镇、村(社区)”称号。强化养老服务保障,提高城乡居民、企业退休人员、被征地置换城保退休人员平均养老金,完善养老服务体系,推进2个村级日照中心建设,敬老院床位扩增至100张。坚持救助前移导向,实施大病保险制度,3500人次享受实时救助金,城乡低保标准增至945元,开展“阳光扶贫”,下达各类民生救助资金500多万元。对接慈善总会,完成2家慈善帮扶单位挂牌。

【社会事业】 2018年,连续第18年获区中考质量综合评估优质一等奖,中、小学分别获“江苏省中小学健康促进学校”“苏州市文明校园”等称号。强化校外培训机构排查,取缔无证无照文化培训机构2家、幼儿园1家。做优“计生关怀进万家”品牌,获评市级“连心家园”示范点。提升医疗水平,做好家庭医生服务、重大传染病防控、疫苗供给等工作,推进医院血透室、精神障碍社区康复驿站等项目。新增全科社工16名,社区管理迈向“精细化”“便捷化”。加大文体事业发展,完成村级综合性文化服务中心标准化建设项目4个,举办广场舞、书画、评弹等群众性文体活动244场。推进精神文明建设,新增“苏州好人”1人、“吴中好人”2人。

【实事工程】 完成8.16公里区域供水输水主管网、4.2公里天然气主管网、公交枢纽站、志愿消防站等项目建设，镇区道路综合改造、阴山横山连接线等项目完成前期工作。电力工程建设取得新突破，新增5万kVA（千伏安）供电线路，全镇实现双路供电。推进农业水利基础工程建设，完成金石港渔港和戒毒所码头综合整治、西湾“退田还湖”等项目建设，新建4座“小农水”机房。编制完成森林防火基础建设全覆盖三年行动规划，实施金铎坞2公里防火通道建设，新建防火蓄水池4座。完成农村生活污水处理全覆盖，新建污水管网8.65公里、修复管网15公里。深化农村生活垃圾无害化处理及建筑垃圾“村集镇运”管理制度，获“垃圾分类市级先进单位”称号，建筑垃圾清理16000余立方米。推进河长制改革，整治黑臭水体和问题河道6条，完成河道清淤疏浚6条7.28公里。

【重大活动】 2018年1月18日，第22届苏州太湖梅花节在金庭游客服务中心拉开帷幕，本届梅花节的主题是“畅游林屋梅海，乐享岛居生活”。5月15日，金庭镇在吴中区万达广场举办2018洞庭西山枇杷采摘节推介会。8月29日，金庭镇举行苏州大学—西山农业园区（金庭镇）“太湖红心岛”党建品牌深化建设共建基地揭牌仪式。

（周永芳）

长桥街道

【概况】 长桥街道位于苏州古城南部，是吴中区的政治、经济、文化和社会活动中心。总面积为15.3平方公里，下辖20个社区，包括13个城市社区，7个涉农社区，截至2018年底，户籍人口7.64万人，常住人口22.3万人。2015年11月12日，江苏省吴中高新技术开发区正式获省政府批准筹建。2016年3月31日，吴中高新区挂牌成立，与长桥街道实行“区政合一”新体制。长桥街道历史悠久，文化底蕴深厚，是吴文化的发源地，拥有京杭大运河、宝带桥、五龙桥等著名物质文化遗产和“澹台灭明”“商圣范蠡”等精神文化瑰宝。2018年，长桥街道明确“苏州南城首善之区”目标定位，坚持“创新引领、产城融合”发展主题，突出“城市更新”和“产业升级”两大主线，推进“发展城市经济、创新城市治理、优化城市服务、提升城市品质”四大任务，经济社会各项事业取得全面发展。以“机器人与精密智造”为主导产业，实施“一区三园”模式，构建“一体两翼、带状发展”的总体产业空间格局，重点培育惠氏制药、吴中集团、科沃斯机器人等一批行业龙头企业，不断促进“产城融合”，推动高端化城市业态、园林化城市生态、特色化城市文态、现代化城市形态的协调发展。加快建设苏大附二院吴中分院、高新区科文中心等民生实事工程，高水平推进城市建设，创新城市网格化管理机制，“保姆式”医疗、“居家福”养老等服务品牌实现全面覆盖。

（范昱彧）

［详见度假区·开发区·高新区——江苏省吴中高新技术产业开发区（筹）］

郭巷街道

【概况】 郭巷街道，隶属吴中经济技术开发区，东临独墅湖、南接吴江区、西衔京杭大运河、北连苏州工业园区，素有“姑苏南大门”的美誉。街道总面积54平方公里，下辖19个社区，其中，11个农村社区、8个城市社区。截至2018年底，户籍人口6.17万人，暂住外来人口登记11万余人。现有53处楼盘，其中安置楼盘18处，建筑面积达233万平方米，商业楼盘35处，建筑面积近597万平方米。辖区交通便利，苏嘉杭与绕城高速交会，东环路贯穿南北，东方大道辐射东西，轻轨2号线横贯全境，中环快速南线（尹山湖隧道）、独墅湖第二隧道规划在建，现代化立体交通体系逐步成型。

【经济发展】 2018年，实现国内生产总值63.32亿元，比上年增长8%；完成全社会固定资产投资1.96亿元；全口径财政收入31.03亿元，比上年增长16%；实现工业总产值90.26亿元，比上年增长8%；完成工业销售收入87.96亿元，比上年增长8%。截至2018年末，已注册个体工商户9126户，注册内资企业7706家，注册外资及港澳台资企业98家。全年实现农民人均可支配收入4.75万元，比上年增长8%。

【集体经济】 2018年，集体总收入稳步增长，街道、社区二级集体总资产57万平方米，资产总额15.3亿元，收入总额1.83亿元，国泰社区、姜家社区集体收入超千万元，徐浜、马巷、官浦、戈湾、黄潦泾南部5个社区成立苏州市吾嘉商业管理有限公司，尹山、姜庄、双浜中部3个社区成立苏州三力佳商业管理有限公司，探索社区集体经济“抱团”发展模式。推进“一村二楼宇”尹东水乡邻里中心、尹东公共服务中心项目的建设投产，其中，公共服务中心完成招标。全年完成集体资产交易142笔，交易租金总额3755万元，比上年增长3%。尹山湖城市商业广场、经济服务中心、金丝港路标准厂房等9.28万平方米实现招租，新增租金3430万元。

【城乡一体】 郭巷街道地处吴中区“一核一轴一带”布局的“一核重点、一轴节点”，推进城市化建设。2018年，完成企业、民房等各类签约451户，徐浜社区历时15年成为街道首个“清零”社区，完成尹山化工园区民房、姜家安置区三期等24个项目（地块）“清零”。按照“公开、公平、公正”的原则，累计完成尹东六期、姜家三期、尹东八村二区等小区共计3412套2137户建筑面积33.23万平方米的安置工作。

【实事工程】 践行“家门口”服务理念，创新成立运行一站式党群驿站尹东站、郭新路站、湖滨站，全年共接待5万余人次，办理业务3万余次。完善惠民配套，吴中区图书馆郭巷分馆在尹东市民活动中心开馆，独墅湖社区老年人过渡房、墅浦社区用房、塘北市民活动中心、郭巷展示馆等项目完成建设，社区天然气改造、环境整治、文体中心改造等一批惠民工程项目有序推进。尹山湖实验小学及其附属幼儿园、吴淞江实验小学附属湖韵幼儿园3所新校9月启用迎新。推动“一体两翼多站”卫生服务体系建设，尹东社区卫生服务分中心、独墅湖社区卫生服务站建设完成。

【民生保障】 落实就业扶持政策，设立国泰社区、独墅湖社区、尹东便民服务中心3个农民技能培训基地，以家政服务为特色，定期开展技能培训15期，培训人数559人；开设大型招聘会2场，累计提供岗位数1100余个，达成就业意向66人；开展创业培训2期，培训人数70人。完善养老服务体系，新增尹山、官浦和国香园3家老年人日间照料中心，发放尊老金110万元，爱心送餐服务惠及11个涉农社区580位老人。实施精准扶贫，试点“牛奶计划”“午餐计划”和设立“新乡贤”关爱基金关怀贫困家庭学生，累计发放低保、低保边缘等各类救助金650余万元。

【公共安全】 建立“大安全”机制，划分街道管辖区域为四个安全管理区，集中办公、分片检查。落实“331”整治火灾隐患百日专项行动要求，排查并完成整改“三合一”场所385家，排查出租房9670户，其中群租房2374户，整改完成2080户，完成率87.62%，国香园社区打造“房产出租屋超市”2.0版，通过星级管理强化出租房长效管理。开展日常隐患排查，共检查企业1592家次，发现隐患3902条，整改3667条，整改率94%；对建筑工地开展循环式安全检查，每家不少于19次。社会治安力量更强，对安置小区推进“家园堡垒”安全防范综合整治行动，升级改造老旧视频监控、门禁识别等技防网络系统。2018年，共接报各类警情32663起，破获各类案件397起，抓获“网上三逃”人员49人，纠处各类交通违法行为68510起，处理交通事故10399起，查处各类违法建设344起，拆除面积约3.87万平方米。推进社会综合治理网格化联动机制建设，共接报区联动中心工单2.9万余件，自行发现工单0.2万件，办结率95%。信访维稳成效更显，累计受理来访1512人次，受理各类信访251件，在全街道推广“5+共建会”，坚持“共商、共事、共议”化解疑难矛盾。

【生态环境】 落实垃圾分类无害化处理，完成建设独墅湖有机垃圾处理站，完成20个公共区域垃圾分类设施建设，拓展市级垃圾分类小区3所，全年清运生活垃圾约7.8万吨、偷倒垃圾约2.6万吨、建筑垃圾约8.2万吨。打好污染防治攻坚战，持续推进“263”专项行动，完成255家“散乱污”企业整治，集中整治挥发性有机物污染排放企业8家，化解环保投诉1264件。投资5300万元，对辖区26条河道开展综合整治，总长度约35.7千米，总土方量约86.9万平方米，引入“智慧巡更”系统，落实河长制工作。完成第二次全国污染源普查工作，水环境综合治理能力得到提升。

【重大活动】 2018年3月2日，翠湖社区、常青藤社区集中揭牌成立。6月20日，尹山国际汽车城区域党建服务站、姜家区域党委以及新社会组织党建联盟集中揭牌。10月27日，郭巷街道首届健身节在苏州大学附属尹山湖中学田径场开幕。

（顾志杰）

横泾街道

【概况】 横泾街道位于苏州市南部，南临东太湖，北依尧峰山，总面积52.23平方公里，下辖5个行政村、4个社区，截至2018年底，户籍人口3.34万人，常住人口6.81万人。是吴中区“生态文旅带”的重要一环、吴中经济技术开发区“一核、一廊、一圈、一区”和规划建设中的苏州吴中太湖新城的重要组成部分。2018年，横泾街道围绕“优生态、惠民生、兴产城、善治理”总体要求和“三区建设”目标任务，凝心聚力，开拓创新，街道经济社会发展和党的建设均取得新成效。

【经济发展】 2018年，实现地区生产总值38.6亿元，比上年增长1.7%；完成固定资产投资4.09亿元，比上年增长2.1%；全口径财政收入8.23亿元，比上年增长2.6%；实现工业总产值85.6亿元，比上年增长1.9%。全年新注册项目355个，新增注册资本9.4亿元，总投资约18.6亿元。其中江苏天劦智能装备制造、戈雷姆智能科技等18家企业注册资金超千万元。以开发区“3+3”产业分类为指导，制定出台《横泾街道集体经济载体项目入驻激励办法》，对工业坊等镇村两级集体厂房载体实施腾笼换鸟、提质增效。完成滨湖大厦项目竣工验收及产证办理工作。开展横泾公墓、自来水厂、旧木市场等集体三产单位经营管理提升工作。全年完成镇村两级集体经济总收入2.3亿元，比上年增长5.0%，集体总资产17.6亿元，比上年增长7.0%，村均稳定收入769万元，比上年增长5.1%。农民人均收入达36064元，比上年增长4%。全面开展清产核资工作，对全街道42家镇村两级单位开展资产清查专项审计；执行农村集体资产资源线上交易制度，全年签订合同完成各类租赁交易488笔，其中经营性资产209笔，资源性资产279笔，资产交易金额2380.18万元，年租金增长率11.4%，收益率15.86%；组织实施全国第四次经济普查工作，组建街道村财服务中心，实施村级财务第三方代管，提升村级财务监督管理水平。

【农旅融合】 2018年，深化完善南部片区农旅融合发展方案。落实“四个百万亩”目标任务，全街道种植优质水稻面积近400公顷。持续调优产业结构，完成53.33公顷高标准农田建设，共清理散坟395只、大棚986只。推进农业现代化，农业机械化作业率达85%。发挥苏州湾现代农业公司龙头作用，启动集烘干、加工、仓储、展示中心为一体的水稻仓储加工中心建设，打造“太湖横泾”大米品牌，初步形成多渠道、全方位农产品营销体系。举办首届油菜花节暨旅游推介会和第二届开镰节活动，形成因农兴旅、以旅促农的局面。研究制定《横泾街道乡村振兴三年行动计划》。完成上林村东林渡省级特色田园乡村建设EPC（工程总承包）招投标；2017年度3个行政村、8个自然村的美丽乡村建设任务全部完成；2018年美丽乡村建设任务完成招投标。横泾街道和上林村被命名为“江苏省第二批生态文明建设示范街道、村”。

【社会治理】 深化完善社会综合治理联动网格化建设，配合全要素平台的试点工作，将涉及基层社会治理的部门工作予以整合，统一纳入“全要素网格”。开展社会矛盾排查和不稳定因素的调处，一批信访突出问题得到化解。落实安全生产责任制，以“331”专项行动为抓手，对群租房、“三合一”场所、电动自行车开展集中整治，排查出的2773处消防安全隐患全部整改到位，村级微型消防站实现全覆盖。推进文明城市创建工作，制定《城乡环境三年提升行动计划》。健全完善农村环境长效管理、安置小区管理的市场化运作机制。全年共审批建房和修缮210户，2018年开发区下达拆迁68户农户、30家企业任务，农户签约完成50户，企业签约19家，交出净地5块。太湖金港公交首末站工程、光华产业园、22万伏高压线等建设地块清障工作全部结束。推进太湖围网拆除工作，辖区内原有围网养殖证387本，围网养殖面积386.73公顷，8月完成评估，9月底全部签约，12月底全部移交拆解。

【民生保障】 启动镇区道路改造工程，尧太河路建成通车，新齐路南延基本竣工，实施长远新村、尧南花苑、新思家园三个小区改造提升工程。新增城镇参保1128人、公积金缴存1048人，参保群体不断扩大。开展各类就业培训，街道“零就业”家庭动态清零。新建新路、上林2个日间照料中心，投入100多万元为老年人购买“居家福”上门服务。全年开展各类走访慰问，慰问困难群众146户，发放社会救助资金530余万元。开展精准扶贫，构建“区镇领导挂钩包户、村（社区）兜底负责”的工作机制，对困难家庭实行“一户一档一策”，全年共有25户家庭实现脱贫（其中16户低保、9名特困）。横泾中学改扩建工程前期准备工作全部完成，移交吴中建业代建；横泾友好小学顺利过渡。街道9个村、社区成立市民学校，其中上巷、尧南、上林成功申报省级市民学校，上巷社区获苏州市“书香社区”称号，全民教育得到加强。围绕“生态家园、美丽横泾”发展定位，开展迎新春戏曲大奖赛、迎“5·1”自行车竞速赛、职工乒乓球赛等各类文体活动。

【重大活动】 2018年3月31日，横泾首届油菜花节暨旅游推介会在横泾街道上林村东林渡拉开序幕，活动为期8天。11月9日，横泾街道在观前街开展“家在苏州·稻香横泾”“三进城”现场展示活动。11月26日，苏州市中西医结合医院的领导专家前往横泾卫生院开展2018年吴中区西片医联体学术交流系列活动。 （张晓莉）

越溪街道

【概况】 越溪街道位于苏州市吴中区西南部，东至友新高架，西至尧峰山，南临东太湖，北坐上方山，是吴中经济技术开发区区域中心、苏州市吴中区越溪城市副中心所在地。总面积约22.9平方公里，下辖10个社区居委会、2个村委会，截至2018年底，总人口20余万，其中本地户籍人口3.91万人。2018年2月，越溪街道获“江苏省生态文明建设示范乡镇（街道）”称号。

【经济发展】 2018年，全街道总资产23亿多元；完成全社会固定资产投资2.8亿元。街道、社区（村）二级集体总收入2.38亿元，其中，街道集体收入1.41亿元，村级集体收入0.97亿元；两级稳定收入1.95亿元，其中，街道稳定收入11617万，村稳定收入7908万元，引进内资项目94个，完成内资注册资金92.61亿元。全域旅游纵深推进，《越溪街道乡村振兴三年行动计划》基本形成，旺山文旅风情小镇按规划推进，并通过省年度考核，钱家坞商业街被授予2017年度江苏省放心消费创建示范街区荣誉。成立生态农业发展有限公司，开发茶叶等农产品，延伸产业链。张桥村西山塘入选市级特色田园乡村。

【城乡一体】 2018年，城乡一体深入融合。郎江小学地块、区“263”整治项目皇冠涂料搬迁企业、东吴树脂、产协高分子等4家企业拆迁任务完成，清零交地2块。文溪花苑5幢安置房竣工交付并完成分房，安置356户家庭户，化解202户零安置家庭。开展“331”整治百日专项行动和五大安全隐患整治工作，完成群租房、“三合一”场所、老虎灶取缔、废品收购站、电动车等整改任务。

【民生保障】 2018年，民生保障全面落实。社会保险净增5667人，完成区定任务377.80%。公益性岗位累计开发56个，失业人员完成再就业158人。辖区应届高校毕业生就业率、困难家庭高校毕业生就业服务完成率均为100%。发放社会救助金149.97万元、慰问金71.87万元、慈善救助金51.63万元。日间照料中心和“居家福”养老服务站服务老人累计1000余人。

【实事工程】 2018年，实事惠民有力有效。开发区实验小学及附属幼儿园顺利启用，郎江小学及附属幼儿园地块清障结束。绕城高速（文溪花苑南侧段）围挡完工验收。张桥美丽乡村三期有力推进，四期完成规划。旺山文旅风情小镇及5A提升通过年度考评。部分老安置小区外立面改造结束。河道治理完工。5个临时停车场竣工。越溪实验小学接送学生家长休息亭、校舍改造工程，开发区实验小学三校门人员、车辆出入系统及安防建设，越溪中学塑胶跑道改造项目等竣工并投入使用。园林绿化粉碎场、大型垃圾处理场投入使用。镇街7个公厕改造完工并开放。

【社会事业】 2018年，社会事业繁荣发展。举办“迈向新时代，唱响新越溪”文艺汇演，旨在增进文化惠民的同时，以歌声点赞“新越溪”，用笑声扮亮“心越喜”。在6个社区（村）建立数字电影室内固定放映点，免费为居民播放数字电影。建设江苏省卫生应急工作规范乡镇。建成并开放乾元寺，形成禅旅融合新景点。全力推进街道流动人口卫生计生基本公共服务均等化试点工作，流动人口计划生育管理和免费服务较好落实。开展健康市民“531”行动，面对面筛查50岁以上老年人5895人，完成老年人体检4000余人次。试点“全科社工”服务模式，实行“一口式受理、全科式服务、开放式办公”。

【重大活动】 2018年6月22日，越溪街道党工委牵头8家基层党组织，携手教育园南区6所高校、12家学院（部门）党组织通过成立“党建联盟”、举办“文艺汇演”等多种形式庆祝建党97周年。10月28日，2018苏州国际女子半程马拉松暨女王跑苏州站在旺山举办。11月29日，越溪实验小学承接国培计划河南教学点教师访名校项目苏州大学研修班活动。（朱莉丽）

城南街道

【概况】 城南街道位于苏州南大门，东邻苏嘉杭高速，西至友新高架，北接吴中城区，南与吴江接壤，总面积17.8平方公里，下辖15个社区居委会，共18个自然村和70个居民小区，截至2018年底，户籍人口4.9万人，外来人口约13万人。苏州吴中汽车客运站直达上海、郑州等外省市和苏州各镇、区和街道，市区公交方便快捷，轻轨2号线和4号线在辖区中心交叉通过，并设立首末站点，交通四通八达。

【经济发展】 2018年，经济建设加快发展，产业层次更加合理。实现地区生产总值63.84亿元，比上年增长5%；完成固定资产投资5.74亿元。街道、村二级集体经济总资产达18.63亿元，实现集体收入8037万元，完成集体宿舍及配套房屋出租总面积达5.89万平方米，收入为1032万元，完成商住用房和厂房招租面积共16.03万平方米，收入为4052万元。

【拆迁安置】 2018年，通过班子领导挂钩、拆迁例会推进、遗留问题研讨、专项奖励制度完善、拆迁队伍加强等举措，拆迁安置工作取得成效。推进民房拆迁安置，完成民房拆迁423户，其中：年度计划内任务263户，完成204户，完成率77.5%；计划外完成219户。推进安置房建设，截至2018年底，共分配983套房、安置675户拆迁户。突出重点地块清零，完成南石湖三期、南石湖四期、盛虹路东延、大运河整治地块4个地块的清零。加大企业拆迁力度，完成企业拆迁41家，腾地41.33公顷，支付拆迁费用16亿元。

【民生保障】 2018年，公共服务更加优质。街道流动人口积分管理窗口共接纳2378人申请积分管理，积分申请入学763人、入户384人、入医1231人。公办幼儿园招生近900人，比上年增加约13%；小学招生1900余人，比上年增长20.6%，其中，积分入学准入388人，增加106人，比去年增长37.6%；初中招生1002人，比上年增长近20%。新建、改扩建2个日间照料中心，新建街道中心厨房“膳食供应”，惠及1762位老人。推进联动分中心改造工程，土建修缮方面基本结束。社会保障更加完善。全年为21户低保、56户低保边缘户发放救助资金82.42万元；为681位老人发放尊老金40.66万元；为69位优抚对象发放抚恤、定补经费72.28万元；为民办幼儿园幼儿发放补贴535万。调处简单劳资纠纷案件450起，成功调解416起，成功率92%，涉及金额580多万元，查处非法中介190余家，完成社保扩面净增数1136人，完成比率为113.6%。

【实事工程】 环境整治提升工程：推进“263”专项行动，加快突出环境问题整改、环境违法违规项目清理；加快推进S227省道沿线、尹西工业小区等区域“散乱污”清理整治；深化落实河长制，加快黑臭河道治理，实行“一河一策”，对碧波河、田朗港、金家村河、黄泥浜4条河道实施清淤工程，对古塘河兴吴路至兴南路段建设驳岸。城市综合整治工程：加快东吴南路、枫津路改造，改善城市面貌和人居环境。对钱家花园、南石湖新村、威尼斯花园、吴中小商品市场雨污水管网实施改造，完善城市基础设施；对广厦公寓、白云新村等老旧小区改造。文化惠民工程：加快石湖小学邵昂路校区、邵昂幼儿园建设启用，发挥文体中心功能效应，推进城南卫生院建设。

【社会事业】 提高生态环境质量。推进“263”专项行动，创新运用网络媒体，对“林通地块整治”等专项整治行动进行现场直播，让老百姓通过手机就能看到“散乱污”现场整治情况，引导全社会共同参与、共同监督、共同治理。完成罗布箕河、古塘河、邵昂河等9条河道综合整治；关停取缔162家“散乱污”企业，整治提升4家，通过整治，腾出低效工业用地13.6公顷；完成整改落实中央环保督察“回头看”交办信访件4件；完成11家企业VOCs整治；完成江远热电厂75蒸吨/小时、135蒸吨/小时锅炉超低排放改造工程；开展第二次全国污染源普查工作。提升城市管理水平，做好文明城市创建。全年开展市容环境集中整治18次，查处乱倒垃圾行为96起，规范占道经营行为1620处；拆除违章搭建219起，共计面积9.8万平方米。拓展垃圾分类试点，完成玫瑰苑、桂苑、阳光水榭等市级垃圾分类小区工作，华韵花园实行分类回收市场化运作。推进城市更新修补，加快老旧小区改造提升工程。德敏花园外墙涂料基本完成，市政管网支管已结束；南石湖花园改造已完成工程量的80%。

【重大活动】 2018年7月7日，城南街道文体活动中心建成投用。11月21日，城南街道党工委在街道会议室举行南区区域党建工作站成立启动仪式，暨打造“菁汇红流　铸育城南”党建品牌动员仪式。11月9日，“苏艺吴风，魅力城南”2018苏作文创峰会城南分会场在苏豪文化科技创意园举办，活动以苏豪文化科技创意园为载体，展示苏扇、缂丝等吴中传统工艺美术行业的传承轨迹和发展前景。（朱　娟）

香山街道

【概况】 香山街道位于吴中区西部、苏州太湖国家旅游度假区的核心区域，东靠胥口镇，西南临太湖，北与光福镇交界，总面积26平方公里，下辖8个社区和2个社区筹备组、4个行政村，截至2018年底，户籍人口2.36万人，常住人口3.5万人。香山街道因吴王阖闾于此种香而得名，明故宫的设计建设者蒯祥所代表的苏派古建“香山帮”闻名海内外。辖区内拥有31.42公里太湖湖岸线，1个国家5A级景点、1个国家湿地公园、全国内湖第一桥太湖大桥、渔洋山和1个中国农民书画之乡、1个国家级摄影创作基地、首个中国商旅文产业发展示范村以及蒯祥园、孙武演兵场等。

【经济发展】 2018年，实现地区生产总值20.13亿元，比上年增长4.66%；完成全社会固定资产投入16.35亿元，比上年增长8.27%；全口径财政收入7.70亿元，比上年增长64.52%；公共财政预算收入4.91亿元，比上年增长42.49%；实现工业总产值3.89亿元，工业销售收入3.81亿元；工商新注册企业151家，注册资金12.81亿元。

【文化旅游】 2018年，按照全区打造环太湖“生态文旅产业带”要求，深挖香山特色生态文化资源潜力，提升舟山核雕村、长沙农家乐等旅游载体品质，推动全域旅游发展。全年接待旅游人数251.23万人次，旅游收入36.39亿元。核雕大师周建明获评“国家级非物质文化遗产传承人”。

【城乡一体】 2018年，推进13个重点拆迁项目，区级重点项目全部完成，完成清障地块5个，签约企业3家，农户45户，完成孙武花园3批次1003套安置分房工作；完成5个美丽乡村建设，总投资600余万元。

【生态文明】 2018年，倡导绿色发展理念，推进生态文明建设。完成绿化种植3公顷，抚育中幼龄林53.33公顷；河道清淤2.69公里，清理淤泥3.1万立方米；打捞蓝藻2154吨，水草3181吨；推进生活垃圾分类试点工作，覆盖率达60%，新增餐厨垃圾分类收运项目无害化处理率达98%，基本实现“靓、绿、美”目标；完成10个卫片图斑点整改。

【民生保障】 抓好安置小区和商业小区“两类”社区管理工作，提升智慧化管理水平、基层队伍管理。发挥文体中心及香山花园、舟山花园、水桥花园3个安置小区公建房服务功能提升改造后的作用，发挥“蝴蝶妈妈”“众合社工”等社会组织作用，提供专业化服务，让香山百姓共享转型发展成果。推进“居家福”、老年人日间照料中心增点扩面工程，465户老人纳入“居家福”养老服务中心援助对象范围；发放各类救助金、补助金、奖励金等约4312万元。

【实事工程】 香山敬老院（颐养苑）2018年4月启用，配备床位200多个；完成香山幼儿园大班改建工作，第三幼儿园新建和香山中学扩建工程开工建设；投资5320万元，建设3个安置小区室外电瓶车充电棚工程；新建森林防火1500米和200吨蓄水池4个。

【社会事业】 2018年，香山街道联动分中心全面运行，设一级网格1个、二级网格12个、三级网格79个，配备指导员144名、协管员28名、参与员638名，立案工单共13456件，办结率98.43%。来源于“12345”热线平台的工单得了100%的回访满意率，香山联动中心取得5次位列第一，6次位列第二，1次位列第三的成绩。

【重大活动】 2018年2月24日，香山街道举办2017—2018年度“香山好人”表彰活动。11月，举办中国（苏州）首届“舟山杯”核雕大赛，全国70位核雕艺术家参赛，设6项金奖，香山籍艺术家获3项。11—12月，香山街道开展国家宪法日系列宣传活动，包括为期一周的“遵守宪法、维护宪法权威——从我做起”宪法签名主题活动、“弘扬宪法精神、建设法治香山”主题宣传活动、“宪法我先行”校园主题系列活动。（范华明）

太湖街道

【概况】 11月28日，吴中区召开太湖街道领导干部会议暨揭牌仪式，宣告吴中太湖街道成立，太湖新城和太湖街道实行“区政合一”管理体制。太湖街道行政区域面积25.9平方公里，东、南至吴中区行政区域边界，与吴江区松陵镇隔太湖相望；西至苏旺路，与横泾街道相接；北至沪常高速公路，与越溪街道接壤。太湖街道管理融湾、颐湾2个社区居委会。太湖街道设立后，与太湖新城管委会合署办公，围绕建设“苏州未来城市最高水平”目标，明晰相应职责定位，加快布局优化各类功能配套设施，提升科研、文教、卫生、商业、金融、交通等城市功能定位，加快优质产业导入，增强区域竞争力和影响力，提升太湖新城的“核心”地位。太湖街道（太湖新城）已成为国家级智慧试点城市、地下综合管廊试点城市、省级建筑节能和绿色建筑示范区。

【项目建设】 2018年，调整完善区域规划，加快推进项目建设，完成投资62亿元。完成太湖新城启动区基础设施建设；完成苏州轨道交通4号线支线溪霞路站地下空间主体工程；完成综合管廊及配套一期工程，二期部分管廊建设中，综合管廊试点段建设完成国家住建部财政部联合验收；推进吴郡幼儿园、华中师范大学苏州湾实验小学、吴郡小学建设。

【招商引资】 2018年，产业导入速度加快，精准招商成效初显。赛迪研究院、华为软开云、交通大学联合产业园、中国安博生物总部、太湖新城文旅综合体、华为智水等多个项目正式签约，加快推进苏州（太湖）软件产业园合作项目，近128亩核心区土地上市。

【社会事业】 2018年，注重社会事业发展，增强民生福祉。华东师范大学苏州湾实验小学9月开学；湾东幼儿园合作方6月签约，开展方案设计工作。苏州市太湖新城三甲医院获批成立，富力UCLA高端医疗中心完成签约。举办国际帆船邀请赛、国际田联竞走多日赛等国际性比赛和露营文化节、公益放鱼节等活动，文旅产业积极发展，新城人气不断提升。

【城市管理】 太湖新城城市运行中心（社会综治联动）和太

2018年10月27日，2018第五届吴中太湖新城露营文化节在吴中太湖新城举行　开发区　供稿

湖新城绿色智慧展示厅的运行，提升网格化管理水平。太湖街道城市运行管理中心，配备管理人员6人、坐席人员12人、巡查人员25人。太湖新城绿色智慧展示厅，占地1700平方米，承载太湖新城城市综合运行状况监测、应急指挥调度、决策支持分析等业务。运行管理中心的两大日常工作：日常值守（工单派发、系统使用、展厅接待）和视频监控。全年完成各类参观接待和汇报80余批次700余人次。在支撑城市管理上，吴中城市运行管理中心指挥平台全年共接报各类工单10762件。

【重大活动】 2018年3月23日，太湖新城举办以“保护太湖水，生态苏州湾”为主题的吴中太湖新城第二届公益放鱼节。9月1—2日，第二届苏州湾杯iDPARK冠军帆船邀请赛正式开赛。10月27日，太湖新城举办第五届露营文化节。（张静怡）

林　场

【概况】 东吴国家森林公园管理中心（吴中区林场）场部位于苏州城西灵岩山南麓，东接木渎镇，西连苗木之乡藏书办事处，南临胥口镇，北倚灵岩山风景名胜区。主要职责是开展国有林地管理、森林防火、国有生态公益林经营保护、病虫害测报防治和植物检验检疫等工作。截至2018年底，吴中区林场辖国有林地945.8公顷，主要分布在吴中区木渎、横泾、光福、越溪、香山等5个乡镇（街道）和苏州高新区的枫桥、东渚街道部分乡镇。其中林业用地930公顷，占国有林地面积的98.33%，国家级及省级生态公益林面积886.67公顷；活立木总蓄积50820立方米，其中乔木林蓄积50820立方米，占比100%。

【林场改革】 在吴中区国有林场改革工作领导小组的带领下，先后经过摸底调查、成立领导小组、资产核定、方案制定、森林资源监管、机构定性、经费落实、政事分开、职工安置保障等大量工作，截至2018年底，吴中区国有林场改革工作全面完成。此次改革，科学界定国有林场属性，明确东吴国家森林公园管理中心（吴中区林场）为区政府直属公益一类全额拨款正科级事业单位。实行事企分开，减轻林场“创收”压力，全力守土护林。编制《东吴国家森林公园管理中心（吴中区林场）森林经营方案》，建立以购买服务为主的公益林管护机制。国有林地完成测绘勘界，初步明确国有林地四至界限，确保国有林地面积稳定。

【林业管理】 2018年，推进林业生态工程。执行国家重点公益林生态红线保护管理办法，确保公益林面积只增不减。结合森林抚育和林相改造，推进“彩叶工程”试点扩面，完成丘陵地“三化”更新改造林地0.67公顷和一般抚育33.33公顷。在天平山兔子坞种植彩叶树种2000株，在穹窿山大平场树林下种植珍贵树种紫楠0.67公顷，完成七子山20公顷生物隔离带的养护管理，提升森林景观。开展古树名木及后续资源的日常养护工作，对长势衰弱的古树名木开展复壮救治。市级科技项目“紫楠等3种常绿乡土树种的扩繁与栽培技术研究”完成项目验收。项目共计建成种质资源圃0.67公顷，分别培育紫楠、光亮山矾、乌饭树种苗3万株、0.5万株、1万株。项目发表论文1篇，形成技术报告1篇。

【森林防火】 2018年，通过强化森林防火综合防控体系建设，实现连续15个防火年度无较大森林火灾目标。加强森林防火基础设施和应急预案建设，完善预防、报警、扑救等一体能力的衔接，提高林场森林防火工作的能力与水平。累计建成防火通道26公里、各类防火蓄水池31个、消防管道2.5公里、在重点区域设置消防栓34只、生物防火隔离带5公里、护林值班室及护林点28处。加强森林资源管护队伍建设，落实森林防火责任制。严格国有林地保护管理，区林场森林消防专业扑救队、半专业队伍、护林员队伍、“护林先锋”志愿者队伍等“四支”队伍开展林政巡查，确保日常巡查覆盖到位。坚持林场全员防火与专业分工负责相结合的机制，实行网格化管理，做到责任到人、防范到点、应急到位。做好27名护林员的考核管理工作。加强森林消防专业扑救队管理，扑救队员增至16名，做好队员日常训练考核，提升护林防火专业水准。加强森林防火宣传教育，增强防火意识。通过横幅、宣传牌、口头提醒等多种形式开展森林防火宣传。针对特殊时期、高危天气、重点区域强化宣传教育。累计树立永久性护林宣传牌30块、护林通告10幅、森林防火智能语音播报杆5个。

【寒山岭摩崖石刻四周森林景观提升工程】 2018年，在寒山摩崖石刻保护与环境整治工作领导小组的领导下，完成工程申请批复、工程立项、前期预备以及工程施工，多次陪同文物及园林方面专家至现场踏勘，听取专业意见；与各审批部门进行协调，进行并行预审，推进工程开展。实施寒山岭摩崖石刻四周森林景观提升工程，结合森林抚育以及种植景观树、地被等措施，提高寒山周边生态景观效果。

【民生保障】 2018年，结合国有林场改革工作，坚持统筹兼顾，突出解决国有林场定性定位、社会统筹等问题。坚持改善民生，推进保障职工切身利益、改造基础设施、解决好历史遗留问题等改革配套各项工作，保持林场改革发展稳定大局。完善低保救助、党员关爱基金和困难帮扶机制，采取平时送温暖、年终送慰问等方式累计走访慰问离退休职工、困难职工群众43余人次，发放慰问金及相关生活物品6.4万元；按照文件要求及时调整退休职工相关待遇，保障退休职工利益。（蒋　旭）

编辑：任海令

重要文献

解放思想再深入　改革开放再出发
奋力谱写“优生态、惠民生、兴产城、善治理”高质量发展新篇章

——在中共吴中区委四届九次全体（扩大）会议上的讲话

（2018年12月29日）

吴中区委书记　唐晓东

同志们：

这次全会的主要任务，是高举习近平新时代中国特色社会主义思想伟大旗帜，深入学习贯彻党的十九大和十九届二中、三中全会精神，贯彻落实中央经济工作会议和省委十三届五次全会、市委十二届七次全会部署，回顾总结今年工作，谋划部署明年任务，动员全区上下解放思想再深入、改革开放再出发，奋力谱写“优生态、惠民生、兴产城、善治理”高质量发展新篇章。受区委常委会委托，现在我向全会作报告。

一、砥砺奋进求突破，改革开放再出发，打好高质量发展坚实基础

2018年是改革开放40周年。改革开放是我们党的一次伟大觉醒，是中国人民和中华民族发展史上一次伟大革命。40年来，我们党团结人民破除国家和民族发展的一切思想和体制障碍，开辟了中国道路，释放了中国活力，凝聚了中国力量，实现了从赶上时代到引领时代的伟大跨越，书写了国家和民族发展史上的壮丽篇章。吴中大地特别是撤市建区以来的发展，正是这一波澜壮阔改革开放大潮的生动缩影。

我们坚持从严治党不动摇，

一任接着一任干，政治生态越来越清明。始终以打铁必须自身硬的精神，自觉加强党的执政能力和先进性建设，特别是党的十八大以来，认真落实习近平总书记“把抓好党建作为最大的政绩”理念，牢牢把握新时代党的建设总要求，聚焦主责、抓好主业、当好主角。持续净化党内政治生态，持之以恒正风肃纪，大力整治“四风”，以零容忍态度严厉惩治腐败，干部清正、政府清廉、政治清明的良好氛围持续巩固。

我们坚持绿色发展不折腾，一步紧着一步赶，发展道路越来越开阔。传承“说实话、办实事、求实效”老吴县精神，从“山水苏州、人文吴中”“发展保护两相宜、质量效益双提升”到“根植吴文化、建设新吴中”，从“四大板块、四轮驱动”到“一核一轴一带”生产力布局和“优生态、惠民生、兴产城、善治理”工作目标，绿色发展一脉相承，高质量发展不断迈出新步伐。在人民日报发布的2018年全国综合实力百强区、绿色发展百强区中，吴中分列第9位和第10位。

我们坚持敢为人先不懈怠，一山更望一山高，干事激情越来越彰显。积极承担苏南社会主义农业现代化实验区、集体资产股份权能改革等国家级试点，创造了农村合作改革四个“全国第一”和六个“全省第一”，率先在省内实施生态补偿机制、板块发展差异化考核，创新环太湖“加减法”，人民陪审员选任制度改革经验全国推广，综合治理大联勤经验做法得到中央政法委表扬，社会综合治理网格化联动机制全省推广，先后获评国家级生态保护与建设示范区、全国第二批创建无邪教示范县（市、区）等20余项国家级荣誉。

我们坚持抢抓机遇不松劲，一项连着一项抓，吴中自信越来越坚定。抓住乡镇企业发展、浦东开发开放、上海自贸区等重大历史机遇，经历农转工、内转外、量转质的三大跨越，实现经济开发区、度假区、农业园区三次产业国家级平台全覆盖和从乡镇经济、县域经济向城市经济的蝶变转型，以机器人与智能制造、生物医疗及大健康两大主导产业集群为引领的现代产业体系加快构建。

我们坚持改善民生不停步，一件盯着一件办，人民群众越来越满意。坚持把人民对美好生活的向往作为我们的奋斗目标，集中力量做好普惠性、基础性、兜底性民生建设，在全市率先建立失地农民保障制度，全力维护社会安全稳定。党的十八大以来，财政累计用于民生方面454.8亿元，占一般公共预算支出的73.5%，城乡居民人均可支配收入分别由2014年的4.84万元、2.36万元增至2018年的6.5万元、3.26万元，城乡居民收入差距逐渐收窄，首次进入1∶2以内。

习近平总书记指出，只有回看走过的路、比较别人的路、远眺前行的路，弄清楚我们从哪儿来、往哪儿去，很多问题才能看得深、把得准。今年以来，在上级党委、政府的正确领导下，全区上下全面学习贯彻习近平新时代中国特色社会主义思想、党的十九大精神和习近平总书记对江苏工作系列重要指示精神，紧紧围绕年度工作目标，持续优化“三大布局”、转换“三大动力”、打好“三大战役”，各项事业取得新的进步。全年（预计，下同）完成一般公共预算收入160.6亿元，增长11.6%，税比92.1%；全社会固定资产投资476亿元，增长6%；社会消费品零售总额443亿元，增长8%；进出口总额88亿美元，增长4.3%，其中进口额28.2亿美元、出口额59.8亿美元，分别增长2%、5.5%。

（一）抓主业、担主责，全面从严治党纵深推进。坚持把党的政治建设摆在首位，一以贯之加强区委常委会自身建设，持续加大习近平新时代中国特色社会主义思想和党的十九大精神学习宣传，牢固树立“四个意识”、坚决做到“两个维护”。深入落实意识形态工作责任制，广泛开展解放思想大讨论活动，常态化制度化推动“两学一做”

学习教育和“六个一”基层走访调研。出台基层党组织三年行动计划，统筹推进党群共建，打造“城市党建核、企业党建轴、环太湖党建带”全域党建新格局。出台鼓励激励、能上能下、容错纠错“三项机制”细则，深化“优苗精培”工程、“百名好书记”专项行动，选树20名“新时代担当作为好干部”，激励干部担当作为。依托省、市、区履责记实平台，推动“两个责任”落到实处。深化财政投资评审，完成评审项目196个，节省资金7.5亿元。强化审计监督，完成政府投资建设审计项目3530个，节约资金21.4亿元。抓好中央巡视江苏和省委巡视吴中反馈意见的整改落实，区委开展四轮常规巡察、三轮村（社区）“三资”管理和生态文明建设专项巡察，发现问题239个，移交问题线索41条、信访件2件。查处各类违纪违法案件212件，运用“四种形态”处理问题线索456件，持续巩固风清气正的政治生态。

（二）抓项目、提质效，现代产业体系加快打造。聚焦自主可控，加快机器人与智能制造、生物医疗及大健康两大主导产业全产业链引育，实现规模以上工业总产值1500亿元，增长8%。年度246个重点实施项目完成投资330亿元左右。辉瑞制药、汇川二期、赛众自动化等产业项目建成投用，AW爱信二期、科沃斯家用机器人、精濑光电等项目开工建设，浪潮集团、360安全集团、赛迪研究院等一批优质项目签约落户，58个项目通过供地预审。科沃斯主板上市，3家企业挂牌新三板，6家企业入围2018年苏州民营企业50强，新增6家省市级示范智能车间。加快推进现代服务业提档升级，实现服务业增加值557亿元，增长7.5%。深化国家全域旅游示范区创建，举办首届太湖文化旅游节，旅游民宿规范化管理试点工作稳步推进，获评省乡村旅游创新发展示范区，甪直镇创成国际慢城，临湖镇灵湖村获评中国美丽休闲乡村。深入推进农业供给侧结构性改革，苏州现代农产品物流园开工建设，中农大（苏州）有机循环研究院揭牌成立，完成7700亩高标准农田整治、1.1万亩养殖池塘退养改造，吴中获评全国首个放心粮油供应网络示范县（区），甪直镇江湾村获评全国一村一品示范村，“吴中大米”成为吴中第三件地理标志证明商标。

（三）抓改革、谋创新，区域发展活力继续增强。以农民集体收益分配权退出、农民专业合作社质量提升整区推进两项国家级试点以及党政机构、甪直经济发达镇等一批重点改革为引领，全面推进年度32方面45项改革任务。持续深化“放管服”改革，健全“3550”改革常态化机制，创新建设项目“预审+代办”、工业用地弹性年期出让、工业用地项目双合同双监管等工作机制，新设市场主体超3.4万户。全面实施环太湖“加减法”，腾出各类土地指标2942亩。吴中高新区“一区三园”建设持续深化，苏州智能制造研究院成功开园，苏州（太湖）软件产业园、生物医疗产业园建设加快。绿的谐波国家级重点专项正式启动，汇川技术、药明康德、科沃斯等3家企业荣登江苏创新型企业百强榜，昆仑绿建获省科学技术奖一等奖。新增省“专精特新”产品企业2家、省级企业技术中心2家、省级工程研究中心1家、省工程技术研究中心7家，万人发明专利拥有量达41.4件。成功举办东吴双创峰会暨精英周系列活动，科技部创新人才推进计划、省外专百人、姑苏重大创新创业团队实现零的突破，新增国家级重大人才引进工程人才1人、享受国务院政府津贴1人、省突出贡献中青年专家1人、省双创人才（博士）和市、区两级领军人才61人。

（四）抓统筹、重品质，城乡一体发展深化融合。紧抓苏州市新一轮城市总规编制契机，同步编制吴中区新一轮城乡协调规划，启动编制《吴中区城市双修规划》《苏州生态涵养发展实验区规划》《大运河文化带（吴中段）规划》等规划，《太湖风景名胜区西山景区详细规划》获住建部批复，全区镇（片区）总规、控规实现全覆盖。太湖新城和太湖街道实行“区政合一”管理体制。城市更新加快推进，全区累计完成征拆3259户291.1万平方米，清零项目113个，腾出土地472.45公顷。新开工安置房12218套177.4万平方米，交付8941套113.7万平方米。西环高架南延地面道路建成通车，东环南延二期高架主线贯通，蠡墅立交建成在即，南湖快速路东延、苏同黎快速路、独墅湖第二通道开工建设，“四好农村路”省级示范县创建积极推进，区域综合交通网络进一步优化。持续推进市容环境整治、交通环境整治专项行动，推广垃圾分类减量管理。深入实施乡村振兴战略，美丽乡村建设加快，新增特色田园乡村建设省级试点2个、市级试点4个，强化农村集体“三资”监管，全面推进集体经济相对薄弱村帮扶和阳光扶贫，全省首个乡村振兴综合实践教育培训基地——苏州乡村振兴学堂落户临湖，全区村级集体净资产、村均稳定收入分别达98亿元、1341万元。

（五）抓整改、优生态，宜业宜居水平不断提升。全力推进生态文明建设十大工程46个项目建设，扎实做好中央、省环保督察、中央环保督察“回头看”交办问题整改，深入推进“263”专项行动，全面打响水、大气、土壤污染防治攻坚战，加大“散乱污”企业、突出环境问题整治力度。持续优化太湖水环境综合管理，1800公顷太湖围网拆除在签约100%完成的基础上移交进展顺利，连续11年实现太湖安全度夏。编制完成《吴中区湿地保护规划（2018—2030）》，全区林木覆盖率达30.6%。全面落实河（湖）长制，推进巡河护河治河工作常态化，新改建污水管网28.4公里，河道疏浚整治173条143公里，建设生态河道15条10公里，国考、省考断面全部达标，饮用水源地水质达标率100%。88项大气污染防治重点工程项目顺利推进，80家挥发性有机物排放企业完成治理，取缔非法码头79家。有序开展重点地块土壤污染状况调查评估，关闭搬迁重点地块企业88家。七子山静脉产业园环境提升工程建设序时推进，加强固体废物管理，获评首批省级生态文明建设示范区，胥口镇、临湖镇、金庭镇、越溪街道和旺山村等5个镇村获评首批省生态文明建设示范镇（村）。

（六）抓民生、善治理，群众生活质量持续改善。扎实推进年度实事项目，深入开展就业、创业服务，城镇登记失业率控制在2%以内。建成投用7所学校，高考本科上线率列苏州大市第一方阵。稳步推进医疗卫生资源扩容提质“3591”工程，深化区域医联体建设，重点人群家庭医生签约率69.5%。全面落实“病残孤老灾”等重点群体综合兜底救助，社会保障体系进一步健全。大运河文化带建设深入推进，举办第三届苏作文创峰会，环太湖竞走多日赛获评“省十大最具品牌价值体育赛事”。持续强化古镇古村古建筑、非物质文化遗产活化保护传承，光福镇入选中国历史文化名镇，新增中国民间文艺“山花奖”1个、中国工艺美术大师1人、国家级非遗传承人3人、国家级和省级技能大师工作室各1家。朱汉举获得第十二届中国摄影金像奖，填补了苏州摄影史上金像奖的空白。吴中荣获“中国文学之乡”“中国民间文艺之乡”称号。全国文明城市复评考核和新时代文明实践样本建设扎实推进，新增市级以上道德模范9人，110个先进集体获评苏州市2015—2017年度文明单位、文明村镇、文明社区、文明校园。深化社会综合治理网格化联动机制建设，持续推进“七五”普法，深入开展扫黑除恶、“331”整治火灾隐患专项行动，安全生产形势总体可控，吴中获评“江苏省营造诚实守信金融生态环境、维护良好金融秩序区”，旺山村获评“全国民主法治示范村”，社会大局保持和谐稳定。人大、政协工作富有成效，党管武装和后备力量建设、统战、老干部、群团、民族、宗教、信访、对台务、侨务等工作不断加强，实现省双拥模范区创建“八连冠”，东西部扶贫协作、南北挂钩工作取得新进展，团结奋进的良好局面进一步巩固。

在总结成绩的同时，立足新时代历史方位、高质量发展要求来审视我们的工作，还存在一些问题和不足，主要表现在：产业发展质效不高，资源集约利用、集聚开发水平不强，强辐射带动型企业较少，自主创新特别是科技创新能力仍是短板。环境基础设施仍有欠账，污染治理任务艰巨。优质公共服务供给不足，民生事业还有不少短板。政府性债务化解压力较大，社会治理还有不少薄弱环节。一些党员干部的大局意识、担当精神、本领能力还不适应新时代新要求，全面从严治党还需纵深推进。这些问题的存在，固然有客观原因，但根本上还是对习近平新时代中国特色社会主义思想认识不深、理解不透、运用不够。解放思想任重道远，必须紧密结合思想实际、工作实际，不断向纵深推进。

二、把握形势谋全局，解放思想善作为，坚定高质量发展目标路径

习近平总书记强调，总结好改革开放经验和启示，不仅是对40年艰辛探索和实践的最好庆祝，而且能为新时代推进中国特色社会主义伟大事业提供强大动力。没有改革开放，就没有吴中的今天，也就没有吴中的明天。改革开放再出发，我们面临的形势更加错综复杂。放眼国际，国际经贸规则出现保守化、碎片化和高标准化趋势，主要经济体增速放缓且趋于分化，热点地区冲突不断，中美贸易演进路径存在变数，经济复苏的不确定性与不稳定性依然突出。环视国内，经济运行稳中有变、变中有忧，外部环境复杂严峻，经济面临下行压力，长期积累的风险隐患有所暴露。我们面临的任务更加繁重艰巨。打好防范化解重大风险、精准脱贫、污染防治三大攻坚战，是必须完成的政治任务。破解经济发展体量不大、产业不强、空间不足、特色不显等深层次问题，打造与位于苏州市区版图中心相匹配的城市集聚力、产业竞争力、开放影响力，构建与绝佳太湖相匹配的旅游吸引力、文化传播力、品牌辐射力，是推动高质量发展干在实处、走在前列必须跨越的关口。我们面临的机遇更加清晰可触。每一次国家战略的出台，都蕴含着巨大的发展红利。20世纪末浦东大开发成就了苏南外向型经济的腾飞。近期长三角区域一体化上升为国家战略，随着各项与之匹配的规划、政策陆续出台，也必将与“一带一路”、长江经济带等既有国家战略形成叠加效应。这为已融入苏州中心城区同城发展，正致力推动区位、山水人文、产业后发等优势转变为高质量发展胜势的吴中提供了更为广阔的空间。

一个时代有一个时代的主题，一代人有一代人的使命。解放思想善作为，我们要敢于登顶望高，站在时代高位、全局高度，对标中赶超，赶超中引领。昆山从苏州“洼地”逆袭到全国百强县之首、张家港从“苏南北大荒”蝶变成长江边“明星城市”、苏州工业园区从阡陌纵横的农田水乡崛起为“中国开发区标杆”。我们要有这样一种精气神，奋起新时代，勇当时代先；我们要有这样一种大视野，立足全局谋一域发展，以一域之光为全局添彩；我们要有这样一种大担当，当好苏州生态优先、绿色发展的排头兵，当好长三角区域一体化生态大保护的标杆示范，打造“绿水青山就是金山银山”的吴中样本。我们要勇于自我革新。一切过往，皆为序章。成绩代表过去，奋斗成就未来。要强化“归零”意识，不满足于既有成绩，不陶醉于以往功劳，放下光环荣耀，不忘初心、牢记使命，重整行装再出发。我们面临的很多差距，表面看是数字、规模上的差距，实际上更多的是思想观念、机遇把握、创新能力等深层次的差距。要坚持问题导向，跳出固有思维、打破路径依赖、摒弃工作惯性，在推进“三大布局、三大动力、三场战役”中少一些因循守旧、患得患失，多一些革故鼎新、果断出击，牢牢把握发展主动权。我们要勤于真抓实干。立足当前，发扬钉钉子精神，踏石留印、抓铁有痕，把敢担当、乐担当落实到具体工作中，把能担当、善担当体现在具体效果上，转化为实实在在的行动、实实在在的项目、实实在在的发展，确保每年工作都有新气象、新作为。着眼长远，秉持“功成不必在我、功成必定有我”的定力，坚守“前人栽树、后人乘凉”的执着，不贪一时之功、不图一时之名，一张蓝图绘到底，一茬一茬接着干，以实干续写辉煌，用实干托起梦想，交好高质量发展的吴中答卷。

明年是中华人民共和国成立70周年，是全面建成小康社会关键之年。12月18日，中央召开庆祝改革开放40周年大会。习近平总书记发表重要讲话，全面回顾了改革开放40年来我们党带领全国各族人民不懈奋斗走过的波澜壮阔历程，系统总结了我国改革开放取得的伟大成就和宝贵经验，郑重宣示了改革开放只有进行时没有完成时、改革开放永远在路上的信心和决心，明确提出了坚定不移全面深化改革、扩大对外开放、不断把新时代改革开放继续推向前进的目标要求。12月19日至21日，中央经济工作会议召开；12月26日至27日，省委十三届五次全会召开；12月28日，市委十二届七次全会召开，对2019年工作进行具体部署。中央提出重点抓好“推动制造业高质量发展、促进形成强大国内市场、扎实推进乡村振兴战略、促进区域协调发展、加快经济体制改革、推动全方位对外开放、加强保障和改善民生”等7项工作。省委提出从“深化供给侧结构性改革、继续打好三大攻坚战、加快建设自主可控的先进制造业体系”等9个方面入手，推动高质量发展实现更大突破。市委提出要正确处理好“稳”与“转”、“大”与“强”、“供”与“求”、“内”与“外”等“四大关系”，不折不扣抓好总书记嘱托的事、集中力量抓好当前紧要的事、系统谋划抓好关系长远的事、真心实意抓好百姓期盼的事等“四件大事”，重点抓好“坚持稳中求进，保持经济平稳健康发展；把握战略机遇，全面融入长三角一体化”等“八个方面”，推动高质量发展走在时代最前列。

中央和省委、市委的决策部署，是我们做好各项工作的根本遵循和行动指南。我们必须抢抓时代机遇、保持战略定力，高点定位、高位追求、高压推进，跳出吴中看吴中、立足全市看吴中、放眼长三角区域一体化看吴中，亮出吴中精气神、赛出吴中高质量。2019年工作总的要求是：坚持以习近平新时代中国特色社会主义思想为指导，全面贯彻党的十九大和十九届二中、三中全会精神，坚持稳中求进工作总基调，坚持创新发展理念，坚持推进高质量发展，坚持以供给侧结构性改革为主线，全面落实中央、省、市各项决策部署，全面加强党的领导和党的建设，解放思想再深入，改革开放再出发，持之以恒优化“三大布局”、转换“三大动力”、打好“三大战役”，以“六个年”为抓手，认真做好“六个稳”工作，一步一个脚印走好“优生态、惠民生、兴产城、善治理”高质量发展之路，在苏州勇当“两个标杆”、建设“四个名城”中展现更多吴中担当，作出更大吴中贡献，以优异成绩庆祝中华人民共和国成立70周年。

主要预期目标为：地区生产总值增长6.5%左右；一般公共预算收入增长8%左右；以高质量发展考核为导向，全社会固定资产投资持续稳定增长，投资结构进一步优化，质量效益进一步提升；城乡居民人均可支配收入增幅高于地区生产总值增幅；完成节能减排目标任务。

三、聚焦重点增优势，保持定力谋长远，推动高质量发展落地生根

高质量发展既是发展转型、动能转换的现实要求，也是主动作为、乘势而上的必然选择。

发展中的困难、前进中的问题，也一定能在发展中得到解决。全区上下要抓住关键、重点攻坚，保持定力、久久为功，不断厚植高质量发展优势。

（一）坚持以落地投产引领重大项目建设推进年，筑牢现代产业根基。产业是一个区域高质量发展的脊梁和命脉，抛开项目谈产业就是缘木求鱼。要坚守实体经济，牢牢抓住重点项目建设这个“稳”的根本、“进”的基础。项目建设聚焦投产见效。坚持把“落地投产”作为抓项目的最大逻辑，倒排工期、挂图作战，全力推进年度投资343.5亿元的247个重点项目，特别要紧盯通过供地预审的项目，力促尽快建设，争取苏州汉舍、药明康德等项目列入省重点项目。研究成立重点项目服务保障小组，严格落实“一把手”承诺、月度例会、督查通报等制度，建立区重大项目全流程一体化智慧管理系统，实时掌握重点项目进度及问题。建立完善重点项目“一线工作法”，特别是各板块党政主要领导对项目要有一本明晰账，意向大的紧盯不放，已签约的力促落地，在建的加快进度，做到责任落实在一线、督查整改在一线、问题解决在一线，确保项目早落地、早开工、早见效。招商引资突出强链补链。深入实施招商引资三年行动计划，围绕两大主导产业，重点瞄准掌握“撒手锏”技术的“硬科技”企业，延伸上下游，提高核心竞争力。以项目招引完善产业链、提升创新链、配置资金链、壮大服务链，推动创新要素自由流动和集聚。做好第四次经济普查，系统分析产业发展现状，研究确定产业梯队，积极发展共享经济、数字经济等新业态新模式。突出招商引资“一把手”工程，强化目标考核，整合全区土地、载体、信息源等招商资源，加快研究统筹招商的体制机制，特别在板块考核、税收分配等方面明确具体结算办法，提升整体发展效益。深化改革，优化营商环境。严格按照上级部署要求，确保在时间节点内完成党政机构改革工作。坚持系统集成，更加注重改革的整体性、协同性。深化“放管服”改革，加快建立“不见面审批”体系，在省级开发区试点的基础上，全面推行“证照分离”商事制度改革，复制推广投资项目信用承诺制，深入推进度假区、开发区全链审批赋权，持续推进优化营商环境改革。相关部门要做到不设“路障”设“路标”，不给“否决”给“路径”，研究搭建企业供需信息公共服务平台，提升企业办事的便利度、满意率和获得感，激发市场活力和社会创造力。围绕产业链谋划人才链，更加注重人才引进培育的匹配度和实用性，完善人才政策体系和服务链，加快推进区级创新服务中心建设，完善人才公寓保障体系，打造留才生态圈，让人才各得其所、各显其能、各建其功。

（二）坚持以存量升级引领要素保障接续奋斗年，扩展集约发展空间。吴中要实现制造向创造、产品向品牌、速度向质量、粗放向集约的大转变，只有走稳存量升级这条必由之路，加快将沉淀的生产要素解放出来，腾出环境容量和发展空间。紧抓拆迁安置、破障清零。深入实施拆迁安置三年行动计划，紧盯豪仕登等重点地块清零、葛庄河东等“城中村”改造以及尹西安置房三期、南湖路高架东延等重点项目保障，集中精力“啃骨头、拔钉子”。坚持征收（拆迁）、安置同部署、同落实、同推进，全力推进安置房建设，在建脱幅的要逐个分析原因，拿出具体方案，倒排工期，加快推进；新开工的要细化目标任务，明确时间节点。要把好质量安全关，真正把安置房建成让群众满意的民生工程、民心工程，确保“3年基本解决全区已动迁家庭安置”有效落实。加快存量要素更新升级。完成吴中区新一轮城乡协调规划编制工作，稳步推进各板块新一轮总规、控规修编，完成城市双修、大运河文化带（吴中段）、全区绿地系统等规划。牢固树立“以亩产论英雄、以效益论英雄、以能耗论英雄、以环境论英雄”导向，推进资源高效配置，提高经济密度和投入、产出效率。研究制定存量建设用地“焕新工程”三年行动计划，建立“增存挂钩”奖惩机制，分步清理批而未供8000亩、供而未用（用而未尽）3000亩，完成低效用地再开发6000亩。拿出具体办法、出台管用政策，引导区内龙头企业和有实体支撑的产业运营商参与市场化盘活利用，提升存量用地再开发水平。深化要素市场化配置改革，系统梳理各产业园区、标准厂房、楼宇资源的企业入驻、经营运转情况，腾退污染企业、出清僵尸企业，倒逼企业转型升级。提振民营经济发展信心。民营经济是吴中经济发展的中坚力量，占全区GDP半壁江山，贡献了七成以上的税收、八成以上的技术创新成果。要认真贯彻落实中央和省、市民营企业座谈会精神，清理废除妨碍市场公平竞争的规定，打破“卷帘门”“玻璃门”“弹簧门”，进一步放开市场准入，做到信息平等、规则平等、机会平等。下大力气抓好减轻企业负担的政策措施落地落实，充分发挥中小企业贷款增信基金、中小微企业转贷基金作用，拓宽民营企业融资渠道，让企业真正得实惠。着力构建亲清新型政商关系，对违法者“利剑高悬”，对守法者“无事不扰”，切实保护好企业和企业家合法权益，真心实意搞好服务。

（三）坚持以绿色发展引领生态环境保护攻坚年，构建独特竞争优势。深入学习贯彻习近平生态文明思想，坚决打好污染防治攻坚战，进一步推进环太湖“加减法”，持续抓好生态环境保护，以实际成效取信于民、造福于民。做实环境问题治理。全力抓好中央、省环保督察、中央环保督察“回头看”反馈意见整改和群众反映强烈的突出环境问题整治，深入开展“263”专项行动，聚力打好蓝天、碧水、净土三大保卫战，全面深化“散乱污”专项整治，加大攻坚力度，确保不留死角。统筹开展黑臭河道治理和排水达标区建设，确保国考、省考断面稳定达标，基本消除黑臭现象和劣V类水体。加强喷涂、印染等重点行业大气污染治理，抓好建筑扬尘、机动车尾气等污染综合防控，完成角直热电厂关停。加强空气质量监测能力建设，新建大气自动监测站11个，实现区镇全覆盖。着力推进土壤污染防治，加强农业面源污染管控，确保土壤环境安全。进一步完善区、镇、村三级环保监管网络，提升基层执法监管能力，依法从严打击各类环境违法。做好生态保护修复。规划建设生态涵养发展实验区，积极推进生态环境保护提升三年行动计划，实施新一轮生态文明建设十大工程。加快太湖新城、角直新区污水处理厂和京杭运河堤防加固等项目建设，新改建污水管网和控源截污管网50公里，疏浚整治河道127条125公里，建设生态河道15公里，稳步推进雨污分流改造和农村生活污水治理工程。严格落实“河（湖）长制”“断面长制”，大力实施治水、引水、调水、活水工程，提高河道引排和水体自净能力，逐步恢复河道生态系统，努力让河水“活起来、清起来、美起来”。做精文旅融合文章。积极建设国家全域旅游示范区，保护修复好江南水乡古镇古村古建，办好2019苏作文创峰会，将核雕、玉雕、缂丝等非物质文化遗产传承与旅游发展有机结合起来，提高全域旅游品质。按照产权不变、统一经营管理原则，探索整合环太湖各类旅游资源，结合乡村振兴战略、环太湖体育圈和太湖文化论坛等载体，做优做特乡村旅游、民宿产业、健身休闲、会展会奖等新兴旅游业态，打造环太湖旅游目的地，推动生态优势向发展优势转化增值。

（四）坚持以提质增效引领集体经济创新转型年，答好乡村振兴答卷。发展壮大集体经济既是做好“三农”工作、开启乡村振兴的“金钥匙”，也是让乡村更加宜居宜业、美丽富足、留住乡愁，实现农村“外美内实”的重要路径，关乎全局、关乎民生、关乎发展。推动集体经济转型。破除做大求全的惯性思维，用好考核“指挥棒”，进一步淡化总资产、村级稳定收入等指标，突出净资产、负债率、收支结余、村社区股份合作社分红及群众福利等指标，引导控制风险、精明发展，做到既长骨头又长肉。对集体经济中投资入股、保底分红等问题，要排摸梳理，把握原则，探索按照市场收益动态分红以及退出赎回机制，帮助集体经济降低成本、轻装上阵。研究将村级经营性资产由单独分散经营转变为镇级经营管理机构统筹经营管理，探索通过引入社会资本等方式，按市场需求和规划要求对低效闲置资产进行翻建改造，提升存量资产质效。加强三资监督管理。大力推进镇、村两级资产全部进入区级平台、村级财务第三方代理记账、村务公开等工作，做到全程留痕，规范运行，杜绝体外循环。全面排摸梳理全区资源性资产，继续推进集体资产追缴欠租和村务卡规范使用专项行动，特别要对历年欠缴租金拿出具体方案，纳入绩效考核。严格执行预算控制管理制度，大力压降村级非刚性支出，对“三资”管理领域责任落实不到位、履行职责不力，严肃问责追责。建设宜居宜业乡村。大力实施乡村振兴三年行动计划，深化农业供给侧结构性改革，积极发展绿色农业、智慧农业、品牌农业，加快全球重要农业文化遗产申报，以产业结构的不断优化赋予“6+1”产业新的内涵。持续推进现代农业园区建设、养殖池塘改造、高标准农田整治，苏州太湖现代农业示范园争创国家级农村产业融合发展示范园。壮大新型经营主体，培育农村电商领头雁，发挥乡土人才的“三带”作用，推动一二三产业深度融合发展。量力而行、分类有序推进美丽乡村和特色田园乡村建设，有序引导工商资本、社会力量参与乡村振兴建设，全面落实农村人居环境整治三年行动工作任务，完善农村环境长效管理机制，加强农村基础设施建设，提升农村基本公共服务水平。深入实施集体经济薄弱村“四个一”帮扶机制，推动实现精准脱贫。更加注重提升农民精神风貌，留住文化之根和乡村的独特印记。

（五）坚持以平稳高效引领债务化解风险防控年，维护群众根本利益。化解地方政府隐性债务是打好防范化解重大风险攻坚战的重要内容，牵一发而动全身，必须严守政治纪律和政治规矩，坚持系统思维，全力攻坚、务求突破。积极作为，节支增效。落实10年债务化解计划，压实债务主体责任，加大对上资金、政策争取，加快推进存量收入转化为可用财力。准确把握房地产走势，有序推进地块上市，优化市场供给，促进房地产市场平稳健康发展。持续深化国有企业改革，加快太旅集团股改和挂牌上市步伐，推进融资平台公司市场化转型改造。加强政府投资项目建设管理，按照轻重缓急原则，统筹做好项目资金保障，从源头管控债务。强化节俭意识，严控压减一般性支出。守住底线，防控风险。树立优先偿债理念，严格落实债务风险预警办法，按要求开展政府性债务风险评估工作，坚决遏制隐性债务增量，确保不发生系统性风险。规范政府融资举债行为，引导社会资本参与公共服务、基础设施等领域的建设运营，守住债务安全底线。主动加强与金融机构对接，保障合理融资需求，避免在建项目资金断供、工程烂尾，有效防范“处置风险的风险”。严格实施商事注册登记会商机制，强化金融活动监管，坚决打击非法集资、违法放贷等非法金融活动，维护区域金融生态稳定，切实保护好老百姓钱袋子。突出重点，保障民生。坚持民生优先不动摇，既量力而行，又尽力而为，切实把解民忧、暖民心的实事好事办得更扎实、更贴心。实施积极的就业创业政策，鼓励创业带动就业，扎实推进全民医保制度改革，加大对特殊困难群众帮扶救助力度。以区域性养老服务中心为重点，加快推进养老设施建设。木渎高级中学创建江苏省高品质高中，抓好香山中学等7个新建和改扩建项目，确保吴淞江实验小学等13所新校建成投用，鼓励、扶持社会力量投资教育领域，特别是普惠性幼儿园建设。深入推进医药卫生体制改革，加快实施太湖新城三甲医院、吴中人民医院二期、长桥医院新院等项目建设，稳步提升医疗保障水平。

（六）坚持以共享共治引领社会治理持续提升年，确保社会和谐稳定。高水平的社会治理既是高质量发展的重要体现，更是重要保障。要主动适应新形势，回应群众新期待，增强工作的前瞻性、主动性、创造性，推动治理体系和治理能力现代化。高水平提升社会治理。牢记稳定压倒一切，坚持社会治理无小事。深化社会综合治理网格化联动机制建设，突出“实体网格”和“虚拟网络”深度融合，推动“枫桥经验”在吴中社会治理基础网格中生根开花。对各类安全稳定隐患做到发现在早、预警在先、处置在小，畅通信访渠道，维护信访秩序，固化诉调对接“吴中模式”。深入开展扫黑除恶专项斗争，扎实做好重点人群的服务管理工作。全面实施“七五”普法，加快公共法律服务标准化建设，推动区矫正中心实战化运作，使依法办事成为全社会的自觉。全面推进“天穹”计划，着力推进信息资源互通共享，依靠现代科技手段提高社会治理水平。深化综合行政执法体制改革，坚持重心下移、力量下沉，推进“三社联动”，重点培育能承接政府转移职能的社会组织，进一步完善基层群众自治。始终绷紧安全这根弦，压实企业主体责任、板块属地责任、行业监管责任，依托社会治理“一张网”，常态化开展安全隐患大排查大整治工作，加强食品药品安全监管，切实提升人民群众的安全感。高品质丰富功能内涵。围绕水系、绿化、建筑等体现城市风格的核心元素，突出太湖新城、中心城区等重点板块，做好老旧小区改造、城市夜景照明、防洪排涝体系等系列工作，提升城市承载力。持续推进美丽城镇建设，通过城市双修，努力补齐园林绿化、公园游园、文体设施、社区服务等城建民生短板。着力推进中心城市核“一环四射一联”快速路网体系建设，建成南湖快速路高架主线、跨大运河三座大桥，稳步推进南湖快速路东延、苏同黎快速化改造等工程建设，开工建设长江路南延、阴山横山连接线等项目，配合做好轨交3号线建成通车和5号线、7号线清障建设工作。突出智能化、聚焦补短板，用绣花功夫提高城市管理精细化水平，持续深入开展各类市容环境综合整治，启动智慧城管二期工程，引导市民共建共享、同向发力。高标准建设文明城市。始终将培育和践行社会主义核心价值观作为精神文明建设的重中之重，抓好精神激励、抓活典型引路、抓住重点人群，持续打造“好美吴中”精神文明建设特色品牌。全面实施新时代文明实践中心建设，巩固文明城市创建成果，提升群众文明素养，推动网络文明建设，净化网络生态，进一步完善志愿服务体系，成立党员干部志愿者队伍，使每个党员成为当然的志愿者，释放更多正能量。深化未成年人思想道德和文明素养建设，巩固“学校、家庭、社会”三位一体共育功能。加强社会诚信体系建设，健全“守信激励、失信惩戒”机制，营造明礼诚信的良好氛围。繁荣发展文化事业和文化产业，加强大运河文化带、苏州吴文化博物馆、中国孙子兵法博物馆等重大标志性文化品牌建设，开展首届“东吴文学奖”评选，鼓励文化新业态发展。

四、务实奋斗敢担当，昂扬向上争一流，筑牢高质量发展政治保证

高质量发展，核心在党，关键在人。全区各级党组织要落实新时代党的建设总要求，扛起主责、抓好主业、当好主角，推动全面从严治党向纵深发展，为高质量发展提供坚强保障。

（一）强化绝对忠诚的政治自觉。始终把政治建设摆在首要位置，践行“两个维护”，把忠诚维护习近平总书记领导核心地位作为最大的政治，同以习近平同志为核心的党中央保持高度一致，切实做到思想上高度认同，政治上坚决维护，组织上自觉服从，行动上紧紧跟随。以学习贯彻习近平新时代中国特色社会主义思想和党的十九大精神为主线，高标准组织开展“不忘初心、牢记使命”主题教育，不断强化理论武装，坚定理想信念，增强“四个意识”，严格执行党的路线方针政策，全面贯彻落实各项决策部署。认真执行《关于新形势下党内政治生活的若干准则》，落实民主集中制各项制度，用好批评和自我批评有力武器，提高党内政治生活质量。全面落实意识形态工作责任制，切实加强对新情况新问题的研究分析，牢牢抓住意识形态工作的主动权和领导权。持续推进解放思想大讨论活动，引导各级党员干部在把控方向、谋划重点、解决难题上下功夫，坚决把对党忠诚、为党分忧、为党尽职、为民造福作为根本政治担当。

（二）夯实执政为民的基层基础。坚持以人民为中心、以提升组织力为重点，突出政治功能，不断加强基层组织体系建设，切实推动基层党组织全面进步、全面过硬。深入推进“城市党建核、企业党建轴、环太湖党建带”党建新格局建设，“城市党建核”突出建强党组织为核心的社区治理体系，探索街道“大工委”、社区“大党委”制，推进支部建在网格上；“企业党建轴”持续强化党组织的有效覆盖和作用发挥，对小微企业实行镇（街道）、村（社区）兜底管理；“环太湖党建带”突出党建引领文旅发展，发挥好区委党校、苏州乡村振兴学堂、新四军太湖游击队纪念馆等阵地作用。以2019年村（社区）党组织换届为契机，有序推行书记、主任“一肩挑”，拓宽选人视野，完善培育体系，培优一线梯队。认真贯彻落实《中国共产党支部工作条例（试行）》，大力推进党支部规范化标准化建设，着力培育一批党建工作先进典型、示范亮点和特色板块，把党建责任传导到“神经末梢”、任务落实到“基层细胞”。

（三）打造敢争第一的干部队伍。坚持识人察人看担当、选人用人重作为，落实“好干部”标准，及时发现、培养起用优秀年轻干部，真正把政治靠得住、专业叫得响、作风过得硬、群众信得过的干部选出来用起来。注重培养理论素养和专业能力，加快知识更新、优化知识结构，强化政治历练、实践锻炼，让干部经风雨、见世面、壮筋骨、长才干、懂政策、有眼光。引导培育“敢争第一”的精神状态，摒弃“比上不足比下有余”的错误心态，做到敏锐地发现和捕捉机遇，积极地催生和创造机遇，务实地抢抓和用好机遇，让“充满激情、富于创造、勇于担当”成为吴中干部的个性特质。坚持严管和厚爱相结合、激励和约束相配套，拿出落实“三项机制”的“吴中办法”，列出正负面清单，推出典型案例，通过可观可感可参照的实例，做到“大胆用、精准容、果断调”，真正让干事成事者“受褒奖”，为出现偏差者“兜住底”，对为官不为者“摘帽子”。

（四）锤炼务实担当的过硬作风。持之以恒执行中央八项规定精神，紧盯“四风”老问题、剑指“四风”新动向，特别是紧盯不敬畏、不在乎、喊口号、装样子的问题，坚决破除形式主义、官僚主义。大兴调查研究之风，聚焦问题深度调研，各级领导干部要下基层、走一线，察实情、解难事，真正把调查研究的过程变成发现问题、解决问题的过程。坚信“办法总比困难多”，不能因为问题一时半会难以解决就把问题藏着捂着，抱着“报喜不报忧”的不良态度和“大事化小小事化了”的侥幸心理去回避、拖延、搪塞，这样不但不利于问题解决，甚至会把小问题发酵成大问题。坚持“只为成功找方法，不为失败找借口”，雷厉风行狠抓落实，目标确定了、任务明确了，就立说立行、只争朝夕，一个目标一个目标地分解，一件任务一件任务地落实，一个节点一个节点地推进，一抓到底、善做善成。

（五）营造风清气正的政治生态。始终把巡视反馈意见整改作为重大政治任务，继续做好中巡江苏、省巡吴中整改"后半篇文章"，严格落实省委巡视整改专项督查反馈要求，紧紧抓住不放，持续推进整改，按时逐项销号，切实把巡视整改成果转化为推动高质量发展的成果。严格落实"两个责任"，强化"主责、主业、主角"意识，各级干部特别是党员领导干部要认真履行"一岗双责"，抓好班子、管好队伍，运用好履责记实平台，切实增强拒腐防变的自觉性和坚定性。坚持预防在先、发现在早、处置在小，科学运用监督执纪"四种形态"，重点在运用"第一种形态"上下功夫，强化警示教育，常"体检"、多预防。坚持发现问题和整改问题并重，巩固深化巡察工作。强化纪律监督、监察监督、派驻监督、巡察监督"四张网络"全覆盖，着力在日常监督、长期监督上探索创新。巩固发展反腐败斗争压倒性胜利，整治群众身边腐败和作风问题，整体推进不敢腐、不能腐、不想腐机制建设，全力营造政治上的绿水青山。

（六）凝聚干事创业的整体合力。干事创业，关键在人。一座城市的繁荣与发展，离不开人气、人才和人心，提高党的建设质量和水平，也要朝着有利于人气集聚、人才汇聚、人心凝聚的方向努力。区委常委会要进一步加强自身建设，总揽全局、协调各方，不断提高谋划推动工作的能力水平。不断加强和改进对人大工作的领导，进一步领导推动政协发挥民主协商、参政议政作用，坚持吴中党群共建、党群一体化品牌特色，以群团改革的深度来强化群团工作的力度。加强党管武装工作，积极推进国防动员和后备力量建设，深化双拥共建工作和军民融合发展。巩固发展最广泛的爱国统一战线，完善大统战格局，全面落实党外知识分子、民族、宗教、侨务等政策，最大限度凝聚发展合力。

同志们，历史从不眷顾因循守旧、满足现状者，机遇属于勇于创新、永不自满者。让我们更加紧密地团结在以习近平同志为核心的党中央周围，在省委、市委的坚强领导下，团结带领全区广大党员和干部群众，解放思想再深入，改革开放再出发，敢闯敢试、敢为人先、埋头苦干，奋力谱写"优生态、惠民生、兴产城、善治理"高质量发展新篇章，为苏州勇当"两个标杆"、建设"四个名城"贡献更多吴中力量，以优异成绩向中华人民共和国成立70周年献礼！

政府工作报告

——2019年1月9日在苏州市吴中区第四届人民代表大会第三次会议上的讲话

吴中区委副书记、区长　陈　嵘

各位代表：

现在，我代表区人民政府，向大会做工作报告，请予审议，并请区政协委员和其他列席人员提出意见。

二〇一八年工作情况

2018年是贯彻党的十九大精神的开局之年，是改革开放40周年。一年来，我们在上级党委、政府和区委的正确领导下，在区人大及其常委会和区政协的监督支持下，认真学习贯彻习近平新时代中国特色社会主义思想，坚持稳中求进总基调，自觉践行新发展理念，按照高质量发展要求，以供给侧结构性改革为主线，统筹优化“一核一轴一带”生产力布局，大力落实“优生态、惠民生、兴产城、善治理”工作目标十项三年行动计划，较好地完成了区四届人大二次会议确定的主要目标任务，经济社会保持健康稳定发展态势。全年预计实现地区生产总值1124亿元，增长7%；一般公共预算收入160.6亿元，增长11.6%；全社会固定资产投资476亿元，增长6%；社会消费品零售总额443亿元，增长8%；城乡居民人均可支配收入分别增至6.51万元和3.26万元，分别增长7.6%和8.4%。主要做了以下工作：

一、坚定“稳”的步伐，经济质效取得新突破

先进制造业提质增效。大力实施实业兴区战略，出台扶持机器人与智能制造产业提升发展的政策意见，启动国家级智能机器人重点研发计划，布局生物医疗产业园，培育壮大机器人与智能制造、生物医疗及大健康两大主导产业。实现工业总产值1900亿元、增长6%，其中规模以上工业总产值1500亿元、增长8%。246个区级重点项目完成投资330亿元，中海达、万祥电器、赛众自动化等项目投产。与腾讯、华为、360、浪潮等签订合作协议，58个项目通过招商预审，一批合作成果加快落地。工业企业资源集约利用综合评价取得实效，完成工业用地供地1560亩、增长267%，9家企业入围苏州工业企业“亩产英雄百强榜”，上榜企业数位列全市第三。东山精密等8家企业获评市级优秀民营企业，新增首批市级智能制造系统集成商、技术服务商15家。实施外贸优进优出行动计划，新增市级出口名牌企业3家，实现进出口总额88亿美元、增长4.3%，其中出口额59.8亿美元、增长5.5%。加快质量强区建设，获批国家级高端装备制造业标准化试点，新增注册商标4664件，国家标准、行业标准11项，省级质量标杆1项。

现代服务业提档升级。实现服务业增加值577亿元，占地区生产总值比重达到51.3%。1家企业入选省级生产性服务业领军企业，3家企业被认定为市级总部企业，8家企业入选市级服务业创新型示范企业，一批商业载体相继开业，房地产市场平稳健康发展。服务贸易创新发展，吴中跨境电商园完善“境贸通”电商模式，建成市级服务贸易创新发展试点园区、公共服务平台3个，获评国家外贸转型升级基地。检验检测服务规模位列全市第一，“吴中检测”初具集聚效应。文化产业保持良好发展势头，吴中凤凰文化产业园开业运营，新增市级重点文化产业项目5个、产业示范基地企业1家。深入推进全域旅游建设，做优酒店会展和民宿服务体系，成功举办首届太湖文化旅游节，获评省乡村旅游创新发展示范区。旺山省级文旅风情小镇扎实推进，甪直镇创成全市首个国际慢城，临湖镇灵湖村获评中国美丽休闲乡村，全年接待游客2437万人次，实现旅游总收入359亿元。

农业现代化提速发展。深入推进农业供给侧结构性改革，西山、太湖、澄湖三大农业园区提档升级，苏州现代农产品物流园一期交易市场片区开工建设，完成7700亩高标准农田整治、1.1万亩养殖池塘退养改造，建成1100亩智慧农业示范区。枇杷、大闸蟹等农产品电商交易活跃，东山电商产业园获评省级乡镇电子商务特色产业园。“吴中大米”被认定为地理标志证明商标，“吴中鸡头米”地理保护标志获批，碧螺春茶获全国“中绿杯”金奖，新增省级示范家庭农场2家，市级农业龙头企业4家、智慧农业示范基地2家、新型农业产业化联合体5家，实现农业总产值46.2亿元。圆满承办市首届中国农民丰收节，获评全国首个放心粮油供应网络建设示范区，甪直江湾村获评全国一村一品示范村。以农民集体收益分配权退出改革和农民专业合作社质量提升整区推进两项国家级试点为引领，深化“三资”管理专项治理，完成农村集体资产股份

继承登记2574笔，新增国家级示范社2家，村级集体净资产、村均稳定收入分别达到98亿元和1341万元。

二、保持“进”的势头，动能转换取得新成效

创新动力持续增强。加大企业科技创新扶持力度，华电电气获得国家科学进步奖二等奖，1项科技成果获省级转化专项，1项科技项目获省科学技术一等奖，新增高新技术企业185家，高新技术产业产值占规模以上工业总产值比重达到53.8%。完成技改投入36亿元，创成市级以上示范智能车间6家，新增省级“专精特新”产品2个、创新型企业3家，市级“独角兽”培育企业3家、“瞪羚”企业8家。承办中国（苏州）跨国技术转移大会，新增省、市工程技术研究中心49家，省级企业技术中心2家。万人发明专利拥有量达到41.4件，1项专利获评中国专利优秀奖，2家企业获评国家知识产权示范企业，5家企业获评国家知识产权优势企业。中国电子信息产业发展研究院（赛迪研究院）苏州分院落户，苏州中科苏驼光通信研究院等加快建设，苏州智能装备与工业互联网研究院、中农大（苏州）有机循环研究院、江苏集萃智能传感技术研究所入选市级新型研发机构。

人才引力持续增强。“人才新政20条”加快落地，国家创新人才推进计划实现零的突破，新增国家级重大人才引进工程人才1人、省双创计划人才3人、市姑苏领军人才14人、区东吴领军人才50人。成功举办东吴双创峰会、苏作文创峰会，新增省级以上博士后科研工作站1家、博士后创新实践基地4家、技能大师工作室2家，省级以上众创空间、孵化器20家，人才工作联络站40家。发挥科技镇长团优势，举办“高校青年博士—吴中科技企业”双选会，对接高校青年博士100人，引育高技能人才超2000人，新增姑苏重大创新团队1个、产学研合作项目130个。发挥苏州国际教育园作用，进一步推进校企合作。吴中中等专业学校被评为国家中等职业教育改革发展示范学校，在全国职业院校技能大赛中再获一等奖，吴中高级技工学校创成吴中技师学院。

市场活力持续增强。加大金融助企，新设立金融机构9家，金融机构存贷款余额分别增长6%和12%，其中，企业贷款余额增长42%。市级综合金融服务平台为区内企业解决融资85亿元，“科贷通”、转贷基金、增信基金共向企业放贷、授信42.6亿元。新注册创投基金122家，累计规模超480亿元，科沃斯成为国内服务机器人主板上市第一股，新增新三板挂牌企业3家。招商引资成效明显，成功举办太湖经贸合作洽谈会系列活动，新招引优质产业项目212个，总投资472亿元，其中内资注册资本认缴额197.7亿元。新增注册外资及港澳台资7.2亿美元，实际利用外资及港澳台资3.7亿美元。落实“降成本”各项举措，为企业减负37.4亿元。深化国资国企改革，国企资本化运作稳步推进，城投、国裕公司获AA+主体信用评级。

三、加大“治”的力度，城乡环境展现新面貌

空间格局不断优化。规划引领持续增强，紧密对接新一轮苏州市城市总体规划编制，同步编制新一轮吴中区城乡协调规划以及城市双修、生态涵养发展实验区规划，有序开展太湖路城市空间、太湖新城中央商贸区等城市设计。太湖风景名胜区西山、石湖景区详规，越溪副中心控规修改，胥口镇控规调整等获批，法定规划实现全覆盖。启动第三次全区国土调查，土地利用数据不断完善。城市脉络日益清晰，东环快速路南延高架主线贯通，西环快速路南延地面道路通车，南湖快速路及东延、苏同黎公路快速化改造、独墅湖第二通道等项目顺利推进，轨交3号线吴中段主体结构完工，提升“四好农村路”41公里。国土资源“加减法”扎实推进，“三优三保”实现重点板块全覆盖，落实盘存配增、有偿调剂、占补平衡等举措，清理盘活存量低效

用地6052亩。城市更新步伐加快，“城中村”拆迁、重点地块清零有力推进，完成征拆3826户334.1万平方米，清零项目122个，腾退空间7688亩。新开工安置房12218套177.4万平方米，竣工交付8941套113.7万平方米。完成老旧建筑解危133幢12.1万平方米。

城乡品质日益提升。扎实做好市容环境整治提升，严厉打击偷倒垃圾、露天烧烤、占道经营、违规运输渣土等行为，拆除建成区违章建筑12万平方米，整治户外广告3万平方米，新改建公共厕所49座。推进垃圾分类减量，建成垃圾分类示范片区4个，实现农贸市场有机垃圾处理设施全覆盖。七子山垃圾焚烧发电提标改造项目提前开工。启动绿地系统专项规划，新增城市绿化86.7万平方米、绿化造林400亩，自然湿地保护率达到58.1%。开展道路交通突出问题整治“百日攻坚”行动，推进智慧停车项目，启动新家桥P+R停车场智能化改造。完善公共交通设施，新增调整公交线路24条、候车亭178个，新布设公共自行车2500辆、站点65个。太湖新城地下综合管廊国家试点项目通过验收，人防、电力、通讯、燃气等设施不断完善。实施乡村振兴战略，全省首个乡村振兴综合实践教育培训基地苏州乡村振兴学堂落户临湖，统筹推进145个美丽乡村建设，东山西巷、横泾东林渡入选省第二批特色田园乡村试点。完善农村基础设施，启用森林防火智能监测智慧系统，新改建防洪闸、排灌站56座，避风港、渔港4座。

环境质量持续改善。全力做好中央、省环保督察及“回头看”反馈问题整改，打好污染防治攻坚战，坚决守住生态保护红线、环境质量底线、资源利用上线。纵深推进“两减六治三提升”专项行动，扎实开展生态文明建设十大工程，获评首批省级生态文明建设示范区。2.7万亩太湖围网拆除签约率、移交率均达100%，拆除进展顺利。深入开展“大棚房”问题专项清理整治行动。完成太湖一级保护区内畜禽养殖户污染治理工作71家，关停化工企业62家，整治“散乱污”企业1757家，全面完成煤炭消费总量削减年度任务。河（湖）长制改革深入推进，开展三级航道保洁，加大港口码头治理，完成重点黑臭水体和问题河道整治59条，河道疏浚整治173条143公里，建设生态河道15条10公里。加强善人桥等断面整治，国考省考断面、饮用水源地水质达标率100%，连续11年实现太湖安全度夏。吴淞江污水处理厂、角直新区污水处理厂等项目稳步推进，新改建污水管网28.4公里，完成25个农村村庄生活污水治理任务。大气污染防治扎实推进，加强化工园区废气治理，治理挥发性有机物排放企业80家，PM2.5浓度同比下降3.9%，空气优良天数比例达到72.9%。开展重点地块土壤污染调查评估，关闭、搬迁相关企业88家。健全农药集中配送体系，农药废弃包装回收率超90%，建成化肥农药减量控制应用示范区21个。全区第二次污染源普查、生态补偿、排污权有偿使用和交易、环境监管执法等工作有序开展。

四、顺应“优”的期盼，社会事业开创新局面

保障体系更趋健全。发挥创业带动就业倍增效应，创成省级创业型镇（街道）4个、村（社区）43个，新增就业岗位超2万个。加大高校毕业生、残疾人等重点群体就业服务，本地户籍应届高校毕业生就业率达到97.7%，城镇登记失业率1.78%。维护劳动者和用工单位合法权益，加强治欠保支，规范劳务派遣用工管理，社保扩面征缴3万人，住房公积金缴存人数净增2万人。城乡居民、企业退休人员、被征地置换城保退休人员平均养老金持续提高，低保标准增至每月945元。坚持救助关口前移，9.6万人次享受实时医疗救助金，在全省率先实施重大疾病救助政策。成立精准帮扶联盟，开展“阳光扶贫”，走访帮扶困难群众超3000人次。完善养老服务体系，乡镇敬老院全科医生工作室实现全

覆盖，新增日间照料中心15家，完成30户困难老人家庭无障碍设施改造，5家公办养老机构实现社会化运营。获评国家殡葬综合改革试点区。

公共服务更趋完善。“教育吴中”成果丰硕，高标准办理人代会关于加快推进学校建设的议案，如期启用华东师范大学苏州湾实验小学等7所学校，新增学位7650个、教师1076名。高考本科上线率列大市第一方阵，新增省级优质幼儿园2所、中小学艺术教育特色学校1所，特级教师和骨干名师队伍发展壮大。大力开展教育领域人民群众反映强烈问题专项治理，规范、整治校外培训机构，清理整顿无证幼儿园33所。承办省第30届“教海探航”征文活动，一批教学研究成果获嘉奖。健康“531”行动计划加快实施，完成苏州市中西医结合医院（木渎人民医院）原病房楼改造，推进长桥人民医院新院等4处医疗卫生机构建设，建成市级疾病救治中心3个、精神卫生康复驿站14个。医学专家团队建设取得新突破，创成市级临床重点专科、省级基层特色科室各1个。胥口镇通过国家卫生镇考核。优化计划生育服务模式，扩大家庭医生服务内涵，卫计综合监管水平迈上新台阶。文体事业繁荣发展，吴文化博物馆主体竣工，城南文体活动中心开放，新增基层综合性文化服务中心28个，举办群众性文化活动840场次、惠及150万人次，区公共文化中心“文化地标”影响力不断扩大。“环太湖”国际竞走多日赛被纳入国际田联竞走挑战赛，获评省十大最具品牌价值体育赛事，度假区获评市级体育产业基地。“苏作工艺”传承创新与古镇古村保护成效明显，1人获评中国工艺美术大师，3人获评国家级非物质文化遗产代表性项目传承人，10人入选姑苏宣传文化人才，4部名镇名村志出版发行，获评“中国文学之乡”“中国民间文艺之乡”，光福镇入选中国历史文化名镇。成功举办普契尼国际艺术节，斩获全市首个中国摄影金像奖。文明城市长效管理有序开展，“好美吴中”精神文明建设品牌扎实推进，新增“中国好人”“江苏好人”各1人。

社会环境更趋和谐。深入推进“平安吴中”建设，完善动态巡防体系，启动“天眼”系统建设，开展扫黑除恶专项斗争。巩固人代会关于社会综合治理联动机制议案的办理成效，做优网格化联动机制，实现大事“全网”联动、小事“一格”解决。压实信访工作责任，完成重大会议活动期间安全保卫和信访维稳。坚决打击非法集资等非法金融活动，获评省级营造诚实守信金融生态环境、维护良好金融秩序区。推行“全科社工”服务模式，社区治理迈向专业化、精细化。区综治中心、公共法律服务中心启用，镇（街道）综治中心实现全覆盖。高质量通过“七五”普法中期省级考核，开展人民陪审员选任制度改革全国试点，越溪街道旺山村获评全国民主法治示范村，区法宣中心获评省级法治文化建设示范点。攻坚“331”整治火灾隐患专项行动，一批重点隐患单位整改有力。落实安全生产重大隐患整改挂牌督办制度，加快构建安全风险分级管控和隐患排查治理双重预防机制，实现生产安全事故数、伤亡数“双下降”。推进食品药品安全监管，全面做好非洲猪瘟排查防控，开展价格调控、应急管理、气象服务、红十字、外事侨务、民族宗教、国防动员等工作，实现省双拥模范区“八连冠”。南北挂钩、东西部扶贫协作取得新进展。

五、落实“改”的要求，自身建设实现新提升

依法行政成为常态。修订区政府常务会议议事规则，完善学法制度，规范重大行政决策程序，开展规范性文件合法性审查。充分发挥政府法律顾问作用，做好行政复议和行政诉讼，提高依法行政水平。主动接受区人大及其常委会依法监督、政协民主监督，广泛接受社会监督，定期向人大常委会报告工作、向政协通报情况，高质

量办理市、区两级人大代表议案建议176件、政协委员提案202件，满意和基本满意率保持100%。更好发挥区行政学校培训职能，提升公务员依法行政素养。更加注重发挥各民主党派、工商联、无党派人士和工会、共青团、妇联等人民团体的参政议政作用。完善政务公开标准化体系，主动公开政府信息，依申请公开答复率100%。受理“12345”政府公共服务热线、领导信箱等平台公众诉求1.9万余件，办结率100%。

效能服务直抵一线。开展“六个一”基层走访调研，推进“两学一做”学习教育常态化、制度化。深化简政放权、放管结合、优化服务改革，32个职能部门258项行政许可事项全部进驻政务服务中心。建立健全“3550”改革常态化机制，推广建设项目“预审+代办”模式，完善“并行预审”机制，审批效率进一步提升。区、镇、村三级整体融入省政务服务“一张网”，“应上尽上”事项达到100%。全年受理审批、服务类事项49.2万件，办结率99.9%。成立太湖街道，甪直镇纳入省经济发达镇行政管理体制改革，木渎镇顺利通过苏州市经济发达镇行政管理体制改革第三方评估。启用度假区、开发区行政审批局，开发区全链审批赋权和企业投资项目信用承诺制改革试点深入推进。第四次全国经济普查第一阶段任务顺利完成。

作风建设持续加强。牢固树立“四个意识”、坚决做到“两个维护”，始终把中央、省委巡视反馈意见整改作为重大政治任务，一着不让落实巡视整改“回头看”要求，坚持举一反三、标本兼治，切实把巡视整改成果转化为推动高质量发展的成效。严格执行中央八项规定精神以及省、市、区委各项规定，深入整治“四风”问题新表现，严肃查处群众身边的不正之风。狠抓重点领域反腐倡廉，政府系统党风廉政建设全面加强。强化财政支出和政府投资项目管理，从严控制一般性支出，“三公”经费实现零增长。加大审计监督力度，实现公共资金、国有资产、国有资源、领导干部经济责任履行情况审计监督全覆盖，完成政府投资建设审计项目3530个，节约资金21.4亿元。公务用车信息化、标识化管理全面实施，办公用房清理整改常态化开展。落实鼓励激励、能上能下、容错纠错“三项机制”，营造干事创业良好氛围。

各位代表，一年来政府工作取得的成绩，离不开上级党委、政府和区委的正确领导，离不开全体人大代表和政协委员的监督支持，离不开各地、各部门、各企事业单位和广大干部群众的齐心奋斗，也离不开广大老同志、社会各界的关心厚爱。在此，我谨代表区人民政府，向辛勤工作在各个领域的全区人民，向区人大代表、政协委员，向各民主党派、工商联、垂直管理单位和工会、共青团、妇联等人民团体，向驻吴人民解放军和武警官兵、消防救援指战员、公安政法干警，向离退休老同志和关心、支持、参与吴中建设发展的各界人士，致以崇高的敬意和衷心的感谢！

在看到成绩的同时，我们也清醒地认识到，对标高质量发展要求，当前经济社会发展和政府工作仍然存在不少问题，主要是产业发展后劲不足与科技创新能力不强并存，优质项目储备量不多、创新要素集聚度不高的问题仍然突出；生态保护压力加大与生态红利转化不快并存，一些影响群众幸福感的生态环境问题时有反复；公共服务供给不优与幸福民生需求增多并存，实现人民对美好生活的向往还需要付出更多努力。同时，机关作风效能建设还需进一步强化，少数干部勇担当、重落实、谋创新的意识还有待增强，等等。对此，我们将在今后工作中高度重视，积极应对，采取切实有效措施，认真加以解决。

二〇一九年工作目标和任务

2019年是中华人民共和国成立70周年，是全面建成小康社会关键之年。今年政府工作总的指导思想是：以习近平新时代中国特色社会主义思想为指导，全面贯彻党的十九大和十九届二中、三中全会精神，统筹推进“五位一体”总体布局，协调推进“四个全面”战略布局，坚持稳中求进工作总基调，坚持创新发展理念，坚持推动高质量发展，坚持以供给侧结构性改革为主线，在“山水苏州、人文吴中”的美好蓝图下，解放思想再深入、改革开放再出发，统筹推进稳增长、促改革、调结构、惠民生、防风险等工作，聚力协同联动、务实高效、服务创新，一步一个脚印走好“优生态、惠民生、兴产城、善治理”高质量发展之路，以优异成绩庆祝中华人民共和国成立70周年。

今年全区经济社会发展的主要预期目标为：地区生产总值增长6.5%左右；一般公共预算收入增长8%左右；以高质量发展考核为导向，全社会固定资产投资持续稳定增长，投资结构进一步优化，质量效益进一步提升；城乡居民人均可支配收入增幅高于地区生产总值增幅；完成节能减排目标任务。

围绕上述目标任务和区委四届九次全体（扩大）会议的部署，我们将着重做好以下五个方面工作：

一、以构筑增量、做优存量为重点，增添实体经济动力

坚持靶向发力攻项目平台。稳字当头，以供给侧结构性改革为主线，在“巩固、增强、提升、畅通”八个字上下功夫，促进经济平稳增长、稳中提质。抢抓长三角区域一体化发展上升为国家战略和上海自贸区扩围机遇，深入研究国家、省、市出台的各项政策，强化项目筛选、储备，争取更多项目列为省、市重点项目，更多平台载体享受制度红利。序时推进247个区级重点项目，年内完成投资343.5亿元，确保重点板块在重大项目推进上取得更大突破，确保竣工投产一批影响力大、带动性强的项目。扩大社会资本投资领域和范围，优化重点项目库，推动民营投资比例持续上升。始终把招商引资作为扩大增量的主抓手，瞄准行业龙头企业、产业关联企业和国内领军企业，打好产业推介、平台招商、产业链招商的组合拳。精心筹备太湖经贸合作洽谈会和境内外招商活动，推进一批优质项目加快落地。加强各类产业园区平台整合、产业布局研究，加快“一区三园”协同创新和产业集群共同体建设，推进苏州（太湖）软件产业园、太湖科创园、中农大（苏州）有机循环研究院、浪潮健康医疗大数据产业园、科沃斯机器人产业园等平台建设，进一步增强产业集聚能力。发挥科技镇长团作用，加强产学研对接，积极支持民企和大院大所合作共建人工智能研发平台、中试基地、成果转化基地和示范工程，打造一批具有影响力和竞争力的载体平台。

坚持精准发力助企业主体。落实重点企业、重点项目挂钩联系制度，以精准服务为突破口，当好服务企业的“店小二”。鼓励一批重点龙头企业成为行业标杆，推动一批行业小巨人领军企业提升创新能力，扶持一批潜力型科技中小企业走向“专精特新”。强化金融服务能力，优化转贷基金等金融服务平台，扩大各类产业基金规模，拓宽融资渠道，鼓励金融机构加大对实体经济尤其是科技型中小民营企业的信贷投放。围绕企业上市“211”目标，力争新增2家上市企业、3家新三板挂牌企业，组建科创板企业后备库，支持企业率先在科创板上市。深入实施品牌和标准化战略，强化企业质量、计量等基础管理工作，争创10个省名牌产品、30个市级名牌产品，推动企业由“无牌、贴牌”向“有牌、名牌”转变。持续推进国有企业改革，完善企业主业定位，建立健全监管权责清单，加速优化国有资本结构，不断激发国有企业创新能力。

坚持协同发力保发展要素。稳步推进国土资源“加减法”和“三优三保”专项规划，新增建设用地指标2000亩，产生空间指标1600亩，促进土地

资源高效流动。继续加大地块清零、“城中村”拆迁力度，拆出发展空间、补齐发展短板。完善工业用地弹性年期出让制度，创新存量低效工业用地盘活方式，统筹做好“征而未供、供而未用、用而未尽”土地处置，盘活存量建设用地2500亩，以“土地存量”换“发展增量”。坚持“亩产论英雄”导向，落实好工业企业资源集约利用差别化价格政策实施意见，稳步推进企业优胜劣汰。修订东吴高层次人才计划，推进人才乐居工程，举办东吴双创峰会、青年博士进企业等活动，新增高层次人才950人，助力企业留才用才。更加注重劳动力供需对接，推进职业类技工院校建设高技能人才公共实训基地，新增高技能人才2000人，化解企业用工供需矛盾。

二、以创新转型、调优结构为重点，激发产业发展潜力

聚力打造产业发展升级版。牢牢把握先进制造业高质量发展方向，聚焦自主可控，加快建设协同发展的产业体系。围绕机器人与智能制造、生物医疗及大健康产业，加快引进和培育一批示范性强、带动性好、支撑作用明显的重点项目，实现规模以上工业总产值增长5%左右。密切关注经济贸易新动向，帮助外贸企业防范系统风险，稳定进出口贸易。组织企业参加境内外展会，推进吴中跨境电商园建设，拓展企业全球贸易网络，推动出口市场多元化。抢抓国家“一带一路”发展机遇，鼓励、支持企业对外投资、境外并购，提高国际化经营水平。促进先进制造业和现代服务业深度融合，大力培育总部经济、研发设计、会展会奖等业态，实现现代物流、信息服务、金融服务等生产性服务业提速提质，服务业增加值占地区生产总值比重达到51.5%。扩大教育、育幼、养老、医疗、文化、旅游等服务消费，培育新的消费增长点。优化电商发展环境，创新发展传统商贸。研究制定楼宇产业准入“负面清单”，提档升级楼宇业态。

聚力打造创新驱动升级版。坚持以创新引领高质量发展，深入实施创新驱动发展战略，聚焦项目引领，保障要素供给，优化政策配置，健全以需求为导向、企业为主体的产学研一体化创新机制。积极创建省级智能示范工厂（车间），加快实施100个智能化改造项目，推动高新技术产业产值、企业研发投入占比等核心指标不断增长，新兴产业产值增长6%以上。加快推进“智慧吴中”、工业互联网发展，促进“云计算”“大数据”与实体经济融合，新增150家“上云”企业，打造企业转型升级的“吴中引擎”。实施高新技术企业培育工程，加快打造“独角兽、瞪羚、雏鹰”三级创新企业集群。深入实施知识产权强区战略，万人发明专利拥有量增至44件，促进知识产权与创新资源、金融资本、产业发展有效融合。

聚力打造营商环境升级版。做精做细审批、商事、信用服务，构建亲清新型政商关系。加快落实中央、省、市民营企业座谈会精神，出台推动民营经济高质量发展的扶持意见，清理、废除妨碍市场公平竞争的规定。强化“预审+代办”全周期监管，深入推进“3550”改革，增强改革整体联动效应。健全“不见面审批”体系，推进各级各类服务大厅无差别窗口设置，落实“一枚印章管审批”。全面推开“证照分离”改革，推进企业登记全程电子化和简易注销登记改革，提供更加规范、便捷的企业名称登记服务，进一步破解“准入不准营”问题。探索“全链条”服务模式，吸引外资及港澳台资企业在吴中设立地区总部和功能性机构。大力开展降低实体经济成本行动，认真落实国家对企业减税降费的一系列政策，加快清理和规范涉企行政性收费。抓住苏州市入选国家首批社会信用体系建设示范城市契机，建设民营企业信用体系。

三、以保护传承、融合联合为重点，彰显绿水青山魅力

坚持不懈抓好生态治理。践行“绿水青山就是金山银山”

理念，不折不扣抓好中央、省环保督察及“回头看”反馈问题整改，持续深入开展“两减六治三提升”专项行动，坚决打好污染防治攻坚战。实施新一轮生态文明建设十大工程，推动生态红线保护规划落地，加快实现环境质量由局部提升向全面改善转变。推进生态涵养发展实验区建设，优化生态敏感区项目准入“负面清单”，加快实施生态整治、民生保障、产业提升等生态涵养项目，探索双向补偿、有偿交易等生态补偿新机制，为苏州市探索生态涵养、保障生态安全积累经验、提供示范。加强水环境治理，深化太湖水五位一体综合治理、河（湖）长制改革，全面完成太湖围网拆除，确保国考省考断面、饮用水源地水质长期稳定达标。全力攻坚黑臭水体整治，基本消除黑臭水体。疏浚整治河道127条125公里，建设生态河道8条15公里，提高水体自净能力。做好木渎新城污水处理厂二期建设，开展金庭污水处理厂尾水提标和排水达标区建设，新改建污水管网50公里，强化排水溯源监管。统筹实施大气污染综合治理，切实加大挥发性有机物整治、扬尘治理等工作力度，实现大气自动监测站全覆盖，确保全年PM2.5浓度下降、空气优良天数提升。强化土壤环境风险管控，推进工业土地修复治理，确保土壤环境质量总体稳定。完善生态环境监督体系，强化环境执法与刑事司法衔接联动，从严打击破坏环境的违法行为。

因地制宜推动乡村振兴。深入实施乡村振兴三年行动计划，优化“四个百万亩”空间布局，持续推进现代农业园区建设、养殖池塘改造、高标准农田整治，积极引导高效农业规模发展，苏州太湖现代农业示范园争创国家级农村产业融合发展示范园。抓好粮食生产，打造“一站式”粮食收储服务体系。加快苏州现代农产品物流园建设，建成一期交易市场片区批发大棚。实施农业品牌战略，培育区域公用品牌，扩大碧螺春茶、吴中大米、水八仙等特色农产品影响力。壮大新型农业经营主体，稳妥推动资本、技术、人才等要素向乡村流动，支持共享农庄、休闲农业、家庭农场、农村电商等业态发展，促进一二三产业深度融合。紧盯集体经济净资产、负债率、收支结余等指标，强化“一村二楼宇”等政策执行成效，盘活低效闲置资产，实现集体经济提质增效。有序实施村级资产集中委托经营管理，做好集体资产追缴欠租和村务卡规范使用工作。全面开展农民合作社质量提升，整区推进国家级试点，拓宽农民增收渠道。持续开展第五轮经济相对薄弱村挂钩帮扶。统筹106个美丽乡村、7个特色田园乡村建设，健全长效管理机制，提升农民精神风貌，让吴中乡村更具典型江南气质。

厚植优势深化文旅融合。充分发挥吴中太湖自然文化“双遗产”优势，统筹生态文旅带资源，释放文旅产业经济红利。开展A级景区服务提档升级，加快文旅风情小镇建设，实现“旅游+多产业”融合发展。深化“苏作天工·根植吴中”品牌，办实苏作文创峰会，开展首届“东吴文学奖”评选，建设行政村（社区）综合性文化服务中心34个。整合景区资源，抱团推动环太湖文化旅游、体育赛事融合发展，做优民宿集群、酒店集群、太湖驿站等业态，让吴中成为游客更加向往的旅游目的地。高质量办好“环太湖”国际竞走多日赛、“兵圣杯”世界女子围棋锦标赛等赛事，扩大吴中文体赛事影响力。高标准做好吴文化博物馆布展，筹建孙子兵法博物馆，深化与故宫博物院在苏作工艺方面的合作，修缮紫金庵、保圣寺等重点文物保护单位，创建省级文物安全综合管理试验区。支持甪直镇开展江南水乡古镇联合申遗，出版《木渎镇志》等名镇名村志。丰富苏绣缂丝、核雕玉雕、太湖礼物等特色文旅商品，实现活态保护、有效传承、创新发展的良性循环，增强文旅产业发展的核心竞争力。

四、以宜业宜居、惠民安民为重点，增强美好生活活力

高站位提升城市功能品位。全面对接新一轮苏州市城市总体规划，高质量完成新一轮吴中区城乡协调规划编制，以及城市双修、大运河文化带（吴中段）规划设计，优化城乡空间布局。推进各板块新一轮总规、控规修编。推动“中心城市核”城市更新，用好专项服务产业用地政策，提升城市能级，加快太湖新城核心区等地靓装出彩。完善交通路网格局，建成南湖快速路高架主线，稳步推进苏同黎公路、南湖快速路东延、独墅湖第二通道等项目，开工建设长江路南延、星塘街南延等工程，配合做好轨交3号线通车相关工作。加快海绵城市建设，实施京杭运河堤防加固、苏申外港线整治等工程，完善防洪排涝体系。继续保持房地产市场稳定健康发展，一着不让推进安置房建设，新开工建设安置房1.5万套、竣工4000套。探索多元化安置方式，协调推进拆迁安置。更加注重城市治理科学化、精细化、智能化，以“绣花”功夫抓好市容环境管理，绣出城市的品质品牌，推动生活垃圾全环节分类处置，着力解决群众反映强烈的物业纠纷、违章搭建等突出问题。做好高峰期交通疏导和公交车安全运营管理，建设区级智慧停车综合管理平台。协助做好七子山垃圾焚烧发电提标改造一期项目建设，统筹实施绿化景观、通信电力、人防设施以及老旧小区改造、城市夜景照明等工程。

多渠道改善群众生活质量。把稳就业摆在突出位置，统筹抓好困难人员的就业帮扶，新增1.6万个就业岗位，本地户籍应届高校毕业生就业率达到95%以上，城镇登记失业率控制在2%以内，保持“零就业”和“零转移”家庭动态清零。开展社保全民参保登记，稳妥做好社保基金征缴稽核，继续扩大住房公积金覆盖面。全力打响“教育吴中”品牌，建成吴淞江实验小学等13所学校，推进香山中学等17所学校建设，加快打造一支“有理想信念、有道德情操、有扎实学识、有仁爱之心”的教师队伍。支持社会力量投资教育领域，引育高端民办教育品牌，满足群众多元化教育需求。健全校外培训机构长效管理机制，开展中小学课后延时服务，完成无证幼儿园清理整顿，创建全国社区教育实验区。深入实施医疗机构扩容提质“3591”方案，启动区公共卫生中心建设，推进吴中人民医院二期等项目。深化医药卫生体制改革，完善“互联网+”医疗卫生服务体系，提高医疗资源利用效率。落实大病保险、长期护理保险等制度，着力缓解群众因病致贫、因病返贫的后顾之忧。推进以“公建民营”为导向的养老机构运营体制改革，建立居家养老服务系统管理平台，加快区域性养老服务中心和老年人日间照料中心建设。深入实施重大疾病救助，完善“一户一档一策”精准救助机制，做好慈善事业、公益帮扶等工作。

全方位增强社会治理能力。深入开展“七五”普法，做好公共法律服务标准化、品牌化建设。狠抓社会公共安全，实施“天穹”计划，构建全方位、立体化监管网络，提高应急处置能力。持续推进扫黑除恶专项斗争，严厉打击各类违法犯罪活动。创新基层社会治理模式，强化“多网”合一，整合“网格”力量，提高网格化联动机制实战效力和预警预测功能。依法分类处置群众信访诉求，固化提升诉调对接“吴中模式”，全面推广“全科社工”。大力培育和践行社会主义核心价值观，做好文明城市长效管理，进一步完善志愿服务体系，新增一批省级文明单位，选树一批“吴中好人”，释放更多正能量。加强安全生产监管，巩固“331”整治火灾隐患专项行动成效，以部门监管和属地管理推动企业主体责任落实，坚决防范和遏制较大以上安全生产事故发生。严厉整治非法金融活动，认真落实地方隐性债务化解方案，坚决打好防范

化解重大风险攻坚战。完善市场价格监管，加强食品药品安全监管，落实重大动物疫病防控。加强国防动员和民兵预备役建设，做好双拥优抚安置工作，推动军民深度融合。充分调动社会各方面参与发展的积极性，支持民主党派更好发挥参政议政作用。切实做好消防救援、森林防火、防汛防台、气象服务、外事侨务、民族宗教、对口帮扶等工作。

五、以依法行政、深化改革为重点，释放政务服务合力

突出依法行政，彰显阳光法治的政府形象。尊重宪法权威，把握新时代法治政府建设要求，坚持法定职责必须为，法无授权不可为，依法用权、依法履职，提高政府法治水平。不断完善政府法律顾问工作制度，规范政府合同审查，提高行政决策质量和政府治理能力。依法接受人大及其常委会法律和工作监督、政协民主监督以及国家监察、司法监督，广泛接受新闻舆论和社会公众监督。坚决贯彻人大及其常委会决议决定，认真落实协商民主有关规定，高质高效办好人大代表议案建议和政协委员提案。增强行政复议应诉能力，依法化解行政争议。加强执法队伍建设，推进严格规范、公正文明执法。提高政府信息和政务公开水平，保障群众的知情权、参与权、监督权。稳妥推进政府机构改革，严格按照上级指导意见，紧盯改革节点，抓牢改革基础，确保权责清单和“三定”规定有机衔接。

突出勤政为民，彰显务实高效的政府形象。持续推进简政放权、放管结合、优化服务改革，实现政务服务“一网通办”，基层“互联网+政务服务”全覆盖。落实木渎、角直经济发达镇行政管理体制改革，深化镇域综合行政执法体制改革，强化事中事后“双随机一公开”监管。巩固提升“六个一”基层走访调研成效，进一步创新服务方式、延伸服务触角，着力提供更加精准、到位的政府服务。高质量办好“12345”政府公共服务热线、领导信箱诉求事项，切实为群众和企业办实事、做好事、解难事。深化政府职能向社会转移，加快培育社会组织，促进政府购买服务扩面增效。围绕高质量发展开展监测评价，有效发挥考评导向、激励、约束作用。强化绩效管理和行政问责，坚决整治“不敬畏、不在乎、喊口号、装样子”等问题。

突出从严治政，彰显清正廉洁的政府形象。坚持旗帜鲜明讲政治，牢牢把握正确的政治方向，加强政府系统党风廉政建设。继续做好中央、省委巡视整改“后半篇文章”，严格落实省委巡视整改专项督查反馈要求，持续推进整改，按时逐项销号，有效推动党风政风持续改善。严格执行中央八项规定精神，落实省、市、区委各项规定，驰而不息纠正“四风”问题新表现，集中整治形式主义、官僚主义。树立“过紧日子”思想，加强财政资金绩效管理，严控“三公”经费，把有限的财力更多用到保民生、补短板、增后劲上。充分发挥财政监管和审计监督作用，开展领导干部自然资源资产离任审计试点，加大对公共资金、国有资产、国有资源常态化监管，始终保持惩治腐败高压态势。坚持从严管理和激励担当相结合，为担当者担当、让改革者有为。

各位代表，水激石则鸣，人激志则宏。让我们更加紧密团结在以习近平同志为核心的党中央周围，在上级党委、政府和区委的正确领导下，紧紧团结和依靠全区人民，以坚如磐石的信心、只争朝夕的劲头、坚韧不拔的毅力，提振精神、克难奋进，为实现“优生态、惠民生、兴产城、善治理”工作目标、决胜全面建成小康社会奋斗担当、奋勇前进！

文件选编

吴中区关于加快土地利用方式转变全面促进节约集约用地的若干意见

吴委发〔2018〕4号印发

为贯彻落实最严格的节约集约用地制度，加快土地利用方式转变，进一步提高全区节约集约用地水平，促进全区经济社会可持续发展，根据国土资源部《闲置土地处置办法》（国土资源部第53号令）、省委省政府《关于全面推进节约集约用地的意见》（苏发〔2014〕6号）、省委《关于进一步加强耕地保护和改进占补平衡的实施意见》（苏发〔2017〕15号）、《省政府办公厅关于促进低效产业用地再开发的意见》（苏政办发〔2016〕27号）、苏州市委市政府《关于加快土地利用方式转变深化国土资源保护和管理的意见》（苏委发〔2015〕28号）、《市政府印发关于促进低效建设用地再开发提升土地综合利用水平的实施意见的通知》（苏府〔2017〕60号）等文件精神，结合我区实际，现提出如下意见：

一、总体要求

（一）指导思想

贯彻落实党的十九大精神，以习近平新时代中国特色社会主义思想为指导，紧紧围绕节地水平和产出效益双提升的发展目标，实施最严格的土地管理制度、耕地保护制度和节约集约用地制度，保护耕地红线，统筹资源配置，落实存量优先，强化执法监管，切实加快土地利用方式转变，在更高起点上打造吴中节约集约用地升级版，努力推动“两聚一高”吴中新实践，加快建设“强富美高”新吴中。

（二）基本原则

1.政府引导，政策激励。充分发挥政府宏观调控作用，完善节约集约用地的政策制度，引导和激励市场主体提高用地质效。

2.保护耕地，优化布局。严守耕地红线，着力提升耕地质量。严格落实土地利用总体规划，加快推动多规融合，促进生产、生活、生态空间协调统一、集约美丽。

3.存量优先，减量发展。牢固确立存量优先、存量主导的用地意识，盘活提升存量建设用地，合理归并和集聚零星土地资源，促进存量建设用地合理配置和高效利用。科学配置增量，突出亩均产出效益，提高新增建设用地利用效率，逐步稳控并努力降低土地开发强度。

4.差别供地，统筹加减。强化差异化供地模式，构建以资源有偿使用、有偿调剂、盘存配增、资金补助为重点的土地指标加减法配置新机制，优先保障基础设施、重点项目、重要产业和民生项目用地需求。区镇两级土地供需基本实现自我保障，做到收支平衡。

5.依法监管，协同推进。建立健全建设用地全程监管制度和节约集约用地考核制度，依法强化建设用地批后监管，着力构建社会、政府、部门、企业等协同推进节约集约用地工作新格局。

（三）工作目标

“十三五”期间，盘活存量建设用地不低于1.5万亩。2017—2020年完成城镇低效用地再开发6000亩。到2020年末，全区通过自行补充实现耕地占补平衡；永久基本农田保护面积不少于15.01万亩，永久基本农田耕地占比达到80%以上，高标准农田建设总规模达到12万亩；耕地保有量不少于20.51万亩，耕地占比达到80%以上；存量建设用地占年度供地总量不低于80%；单位GDP建设用地占用规模控制在281亩/亿元以下；单位工业用地税收贡献达20万元/亩以上；全区整体开发强度及各镇（区、街道）开发强度原则上控制在2017年底水平，并通过减量化发展战略，逐步实现土地开发强度递减。

二、组织保障

全区土地节约集约利用工作由区国土资源配置领导小组负责，具体统筹协调全区土地资源配置、土地节约集约利用等工作。区长任领导小组组长，常务副区长、分管国土和规划的副区长任副组长，区政府办、发改、财政、经信、商务、环保、农业、水利、国土、规划、政务服务管理办公室等部门主要负责人为成员。领导小组下设办公室，办公室设在区国土分局，负责制定实施计划，协调日常工作事宜。

各镇（区、街道）成立相应工作机构，负责本辖区内土地节约集约利用、土地资源配置等工作的推进和落实。

三、政策措施

（一）全面优化国土空间

1.加快推进多规融合。按照人口资源环境相均衡、经济社会生态效益相统一的原则，推动土地利用总体规划与经济社会发展规划、城乡规划、生态保护规划、“四个百万亩”等相关规划的多规融合，相关规划的建设用地规模不得超过土地利用总体规划确定的建设用地规模。明确各类规划在保护生态环境、优化国土空间、促进国土资源节约集约利用和经济社会全面协调可持续发展等方面的共同目标，充分发挥规划对节约集约用地的引导、管控作用。

2.严控建设用地规模。强化镇（区、街道）城乡建设用地规模刚性约束，着力推进建设用地减量化，遏制土地过度开发和建设用地低效利用。创新土地规划空间管理，按照全区“一核一轴一带”生产力布局要求，实施建设用地“加减法”，全面优化土地空间布局。着力推进城市中心核和先进制造轴区域拆迁腾退、更新改造等工作，优化土地利用结构，实现区域内建设用地有增有减。鼓励生态文旅带区域强化耕地保护，加大力度有序推进土地复垦整治工作，实现建设用地总量逐年递减。

3.实施“三优三保”行动。加快推进镇（区、街道）的“三优三保”行动专项规划编制与实施，全面启动“三优三保”行动。深入分析中心城镇开发边界外土地利用现状、结构、土地环境质量情况和城镇低效闲置建设用地情况，为土地资源空间转移积极创造条件，在优化建设用地、农用地、镇村居住用地布局的同时，充分保障发展、保护耕地、保护权益。

（二）全面统筹资源配置

1.执行年度国土资源预配置。科学合理编制全区年度国土资源预配置方案，做到提前预测、提前谋划、提前统筹，用好用足用优各类土地指标。严格执行和落实预配置方案，各镇（区、街道）实现国土资源动态平衡或盈余，切实提高资源配置水平。

2.完善区级存量建设用地复垦利用项目备选库。重点做好城乡建设用地增减挂钩、工矿废弃地复垦利用、耕地占补平衡及“三优三保”等项目库建设，着力释放后备资源潜力。

3.创新耕地保护模式。严格保护永久基本农田，探索建立保护补偿机制，加快推进全区高标准农田建设，确保永久基本农田总量不减少、用途不改变、质量有提高。认真落实新增建设用地耕作层剥离和再利用工作要求。探索实行区域永久基本农田保护异地代保制度以及异地代保资金补助制度。

4.加强计划指标的管理与使用。各镇（区、街道）从四类备选库的项目（增减挂钩、工矿废弃地、耕地占补平衡、“三优三保”）复垦整治中产生的新增耕地指标（占补指标）、建新用地指标（用地指标）以及规划空间指标（空间指标），经验收确认后纳入各地项目指标台账，并实行盘存配增、资金补助、有偿使用和有偿调剂制度。

（1）盘存配增标准：每年预留部分国家用地计划用于指标配增（或折合成80万元/亩的货币作为资金配增），项目库建设所产生的各类指标原则上谁盘存谁使用；占补平衡新增耕地按10%配比农用地计划指标（或折合货币）；城乡增减挂钩、工矿废弃地复垦利用以及“三优三保”行动复垦整理的新增农用地按20%配比农用地计划指标（或折合货币）。

（2）资金补助标准：对实施项目的镇（区、街道）按验收确认的新增耕地面积（占补项目）和盘存的农用地指标数量（其他三类项目）给予3万元/亩的资金补助，占补项目实施资金经审计后由区财政专户支付，所有补助资金、实施资金（占补项目）由区国土分局汇总，报区政府审批，办理抄告单明确后，与区财政部门联合发文拨付资金。

（3）有偿使用标准：国家年度用地计划由区集中统筹，实行有偿使用制度。使用国家年度用地计划的项目分区级、镇级两类。列为区级项目的：社会事业类等民生项目按5万元/亩上缴指标有偿使用费、工业先进产业类项目按10万元/亩上缴指标有偿使用费、工业生产服务类及专项产业类项目按30万元/亩上缴指标有偿使用费、经营性用地项目按50万元/亩上缴指标有偿使用费。列为镇级项目的：用地指标由区统筹安排各镇（区、街道）使用，该指标需在两年内归还，并统一按80万元/亩的有偿调剂标准预缴有偿使用费。指标两年内按期归还的退还预缴款，两年后逾期不归还或归还不足的则按实际数进行资金结算。

5.建立区级节余指标调剂平台。各地项目库建设产生的占补指标、用地指标、空间指标除满足本区域建设项目需求外，节余指标统一纳入区级调剂平台，实行有偿调剂，统筹管理。

（1）指标调剂的流程。有节余指标流出（流入）需求的镇（区、街道）向区配置领导小组提出流出（流入）书面申请，经同意后，由区国土分局纳入指标流转池，实行年度计划管理。

（2）有偿调剂的标准。调剂使用占补平衡计划指标按40万元/亩执行；调剂使用存量用地计划指标（含增减挂钩、工矿废弃地、“三优三保”）按80万元/亩执行；调剂使用规划空间指标按100万元/亩执行。

（3）加强节余指标及其收益管理。强化节余指标收益管理，节余指标流出镇（区、街道）所得收益的60%需专款用于辖区内项目库建设、耕地质量提升、永久基本农田保护以及重大民生实事等项目支出，40%纳入区级产业基金，每年以固定利率保底分红，促进土地整治红利持续高效释放。强化节余指标源项目管护，节余指标流出镇（区、街道）须加强调剂指标源的长期管护，落实耕地种植、土壤培肥等措施，切实提高耕地质量。强化节余指标精准高效使用，节余指标应向战略性新兴产业项目和重点基础设施建设项目倾斜，保障节地型产业、节地型城镇和节地型企业用地需求。

补助资金、指标有偿使用费、有偿调剂费、基本农田异地代保费在区财政专户中收支。节余指标收益资金的具体使用管理办法另行制定。

6.加快空间流量指标归还。加快推进土地利用总体规划空间流量指标的归还，制定已用未还的空间流量指标欠账归还计划。

7.落实土地保护与利用责任。根据各镇（区、街道）实际情况和国土资源预配置方案，以签订耕地保护与利用目标责任状的形式下达当年度增减挂钩（含工矿废弃地复垦）、占补平衡、存量清理、高标准农田建设以及流量指标归还等任务，并对各地落实情况按年度进行通报。

（三）全面提高土地效能

1.强化存量建设用地的盘活利用。保持“三个圈”存量建设用地数据库动态更新，逐宗制定处置方案，实行销号管理。加快推进批而未供、供而未用、用而未尽土地的处置，促进土地开发和高效利用。

2.严格闲置土地的认定和处置。加大清理闲置土地的工作力度，采取责令限期开工、征收土地闲置费、依法无偿收回等有效处置措施，大力推动闲置土地的消化和合理利用，切实提高土地利用效率。

3.加快推进存量工业用地市场化更新改造。在试点项目落地的基础上，鼓励支持存量工业用地市场化更新改造。在符合产业规划、土地利用总体规划和城市规划的前提下，经区政府批准，对利用存量工业用地改建高标准厂房的，可按规定进行分割转让。

4.规范专项服务产业项目用地。严格执行《服务产业项目特定区专项规划》，加强对科教研发、文化创意和总部经济三类专项服务产业项目的前期审批和后续管理，鼓励和引导现代服务产业发展，加快推进产业转型升级。

5.推动低效建设用地再开发。根据《关于促进低效建设用地再开发提升土地综合利用水平的实施意见》（苏府〔2017〕60号）文件精神，建立低效建设用地项目库，编制低效建设用地再开发专项规划和年度实施计划，鼓励通过更新改造、集中开发、业态调整、政府回购、协议置换等多种方式落实低效建设用地再开发。建立低效建设用地再开发奖励机制，对各镇（区、街道）内企业自主完成再开发并通过竣工验收的项目，按盘存配增方式，以再开发土地面积的20%配比农用地计划指标（或折合货币）的标准给予镇（区、街道）奖励，各镇（区、街道）也应制定相应的奖励措施，对低效建设用地再开发实施主体予以扶持。

（四）全面加强综合监管

1.提高项目准入门槛。新上项目需通过“三级三审”，即：镇（区、街道）初审、区项目预审领导小组预审、区国土资源配置领导小组会审。镇（区、街道）初审项目是否符合镇（区、街道）产业集聚要求和社会经济发展方向，以及初步选址范围内的土壤环境质量状况是否符合开发用途；区项目预审领导小组预审项目的多规融合、产业导向、亩均税收、土地供应、环境评估、科技含量等六方面内容；区国土资源配置领导小组综合镇（区、街道）、区项目预审领导小组两级审查意见，对项目进行分等定级，评定为优的项目安排用地计划，评定为一般的项目可有选择地引导入驻高标准厂房，评定为差的项目不予安排用地。

2.推行工业用地弹性出让。认真落实《苏州市工业用地弹性年期出让实施意见》，根据项目实际情况，可按确定的年限一次出让，也可采取先租后让的方式办理。工业用地弹性出让年期以5年为单位，一般最高不超过30年。先租后让的，租赁期一般不超过5年，租赁期与弹性出让总年期一般不超过30年。

3.落实供地率控制制度。将实际供地率作为安排用地计划指标的重要依据，对供地率低于60%的镇（区、街道）暂停新增建设用地报批。“十三五”期间，力争将年均供地率提高到80%以上。

4.加强建设用地批后监管。以“全面覆盖、分类管理”为原则开展建设用地批后监管。各类用地项目（如高标准厂房、专项服务产业、混合商业类、重点工业类项目）在签订《国有建设用地使用权出让合同》前，由地块受让人与属地政府按照用地项目的性质，签订对应类别的《项目用地批后监管协议》，具体约定项目规划建设方案、自持及可分割转让建筑部分、开工竣工要求、项目准入退出、投产效益等内容，明确规定违约责任及处罚措施，属地政府牵头负责《项目用地批后监管协议》的执行和落实。新增项目用地亩均税收要达到30万元/亩以上。

5.强化综合动态智能监管。严格项目审批管理，规范涉农用地、临时用地和基础设施用地秩序。加强综合动态智能监管系统的运用，积极利用慧眼守土、无人机、遥感影像等科技手段，着力提升对项目用地从地块征地至竣工投产进行动态监测、全程监管的能力，切实构建“天上看、地上查、网上管、视频探”的立体监管网络。定期开展项目用地专项督查，并及时向各镇（区、街道）通报督查情况。

（五）全面完善考评机制

完善《吴中区国土资源节约集约利用综合评价考核办法》，各镇（区、街道）国土资源节约集约利用工作纳入全区年度绩效考核。国土资源节约集约利用考核内容包括：

1.耕地保护责任目标考核。考核当年度各地耕地保护责任目标履职情况，包括耕地保有量、永久基本农田保护面积、高标准农田建设、耕地占比递增率、土地利用总体规划等目标执行情况。

2.土地利用责任目标考核。按各镇（区、街道）上年度地籍数据、经济数据及亩均数据等核心指标基数，考核各地当年度国土资源的利用效率情况，包括土地供地率、开工竣工率、亩均GDP、亩均税收、开发强度递减率等核心指标，以及耕地保护与土地利用目标责任状执行情况等方面内容。各镇（区、街道）考核情况实行定期通报。

3.预防和查处违法用地责任目标考核。考核各镇（区、街道）土地执法监管共同责任机制执行情况，包括卫片执法检查、违法用地预防、发现和处置以及涉土信访等方面内容。对镇（区、街道）在一个年度内本行政区域违法用地占用耕地面积占新增建设用地占用耕地面积比例超过15%的，由区政府约谈该镇（区、街道）主要领导并责令整改，整改期间暂停受理该镇（区、街道）用地报批。

定期组织开展国土资源节约集约利用考核成效评估，根据评估结果，不断完善国土资源节约集约利用考核体系。对责任目标考核总成绩列前三名的镇（区、街道），评定为国土资源节约集约利用先进单位，给予奖励和通报表彰。对违法用地严重、节约集约工作推进不力等镇（区、街道），实行“一票否决”，取消年度评优评先资格。

四、附则

本意见自发布之日起施行，由区委区政府负责解释，具体解释工作由区委办、区政府办商区国土分局承担。《苏州市吴中区加快土地利用方式转变全面促进节约集约用地若干意见》（吴委发〔2015〕69号）文件同时废止。

关于开展全区第五轮集体经济相对薄弱村精准帮扶工作意见

吴委发〔2018〕17号印发

各镇、街道（场）党（工）委、政府（办事处），区级机关各部门，度假区、开发区、高新区党工委、管委会及所辖各部门、农业园区、太湖新城：

近年来，吴中区秉持富农惠农宗旨，创新发展理念，推动村级集体经济健康发展，并取得显著成效，但仍有一些村的集体经济发展相对薄弱，为全面实施集体经济相对薄弱村的精准帮扶和脱贫转化工作，提出如下意见：

一、总体要求

将集体经济相对薄弱村帮扶工作放到全区“三农”工作的重要位置，推进新一轮相对薄弱村脱贫转化工作。

1. 指导思想。以习近平新时代中国特色社会主义思想为指导，全面贯彻落实党的十九大关于脱贫攻坚战略的工作部署，根据省、市新一轮扶贫开发工作要求，以增强村级集体经济自我造血功能为主攻方向，强化政策扶持，创新运行机制、发展路径和管理模式，促进村级集体经济较快增长，农民生活水平逐步提升，夯实党在农村的执政基础。

2. 标准对象。本轮集体经济相对薄弱村的认定标准为村级年稳定收入总额不足350万元且年人均不足1000元，确定区级集体经济相对薄弱村12个、镇级集体经济相对薄弱村6个。

3. 目标任务。力争通过3年的努力，截至2020年底，全区12个区级、6个镇级集体经济相对薄弱村建立稳定的增收机制，村级年稳定收入总额超过350万元或年人均超过1000元。

4. 责任主体。各地党委、政府是实施集体经济相对薄弱村精准帮扶的第一责任主体，要根据薄弱村的现状及特点，研究制定本区域内的薄弱村帮扶措施，加大镇级财政的帮扶力度，探索镇级帮带模式，确保按期完成精准帮扶任务。各集体经济相对薄弱村是脱贫的第一责任主体，要挖掘资源优势，创新发展思路，通过资源优化提升、产业转型提效、项目联合抱团等举措，不断发展壮大村级集体经济，实现自身脱贫转化。

二、帮扶举措

相对薄弱村发展需要实施资金、土地、税费、金融等各方面政策倾斜。

1. 加大财政资金投入。（1）区财政每年按照项目实施进度安排富民工业园建设资金，尽快完成富民工业园建设。每年以可出租载体面积和市场价格为基础核定租金，由相关单位定期上缴区财政。（2）区财政设立集体经济相对薄弱村帮扶转化专项资金每年3500万元，用于第四轮、第五轮区级集体经济相对薄弱村帮扶转化。专项资金以富民工业园上缴租金为主要来源，不足部分由区财政保障。一是确保每年市、区两级下拨到第五轮区级集体经济相对薄弱村和未列入第五轮任务的第四轮集体经济薄弱村的帮扶转化资金每个村不少于100万元；二是用于对第五轮区、镇两级集体经济相对薄弱村开展村级抱团发展、异地联建，以及自主发展富民载体项目给予一定比例的奖补和贷款贴息；三是年度剩余资金用于组建并增资精准扶贫合作联社，由合作联社将该笔资金进行市场化运作，用于委托投资、项目建设或资产收购（具体办法另行制订）。（3）开发区、木渎镇负责设立专项扶持资金，用于扶持本辖区内镇级集体经济相对薄弱村的发展。开发区要根据农村社区向城市化转型的特点和机制需求，科学履行社区职能，侧重提升公共服务和基础设施建设。木渎镇则要根据此类村所处穹窿片区产业特点，帮带结合，发展区域特色产业，赋予实质性自我造血功能。

2. 加大资源扶持力度。鼓励集体经济相对薄弱村做好土地资源“加减法”，优化资源配置。鼓励集体经济相对薄弱村结合吴中区节约集约用地相关政策，将复垦后产生的土地指标进行异地置换或者有偿调剂。鼓励镇级集团公司积极发挥带动作用，通过配股、认购等方式，将镇级优质资产、优质地段、优质项目优先扶持薄弱村发展。鼓励薄弱村抱团合作，用好用足“一村二楼宇”政策，建设三产物业项目。对村集体资产的拆迁、建设占用所涉及的征用补偿款，各镇（区）、街道要及时足额补偿到位。

3. 加大税费和金融政策扶持力度。村集体经济组织，直接从事种植业、畜牧业、水产业销售自产农业产品，免征增值税。与国家指定收购部门订立的农副产品收购合同，免征印花税。从事农、林、牧、渔业项目的所得，符合条件的免征或减征企业所得税。对村集体经济组织建设集中租赁用房、打工楼等，按下限收取水电、消防、通讯、广播电视等配套服务费。鼓励农业银行、村镇银行等金融机构为相对薄弱村发展优先提供优质服务，为相对薄弱村定制金融产品。积极对接市级平台，用好“农发通”“惠农贷”等支农金融产品，解决村级集体经济组织融资难问题。探索开发集体资产保险产品，保障集体资产保值增值。

三、组织保障

各地各部门要牢固树立全局发展意识和精准扶贫理念，精心组织、部署、实施，确保工程顺利推进、目标全面完成。

1. 发挥组织核心功能。选优配强薄弱村党组织带头人，及时把理念新、懂经济、会管理、善开拓的致富能手、复员退伍军人、大学生村官等优秀共产党员，充实到村级领导班子。优选机关干部担任“第一书记”，在项目、理念、管理等方面积极发挥好个人素质和部门职能优势。保障薄弱村干部队伍的稳定，原则上三年内集体经济相对薄弱村党组织带头人不脱贫不脱岗，提拔不离岗。对集体经济相对薄弱村党组织带头人的调整，区委组织部及时向区集体经济薄弱村整顿帮扶领导小组办公室备案。

2. 创新结对帮扶模式。创新区四套班子领导挂、机关部门帮、先锋村带、企业商会助的“四个一”挂钩帮扶机制。区挂钩领导每季度到薄弱村专题研究和协调落实帮扶转化措施不少于1次。各帮扶单位不再安排资金帮扶，但要充分发挥部门职能优势，在业务指导、政策争取、项目引进等方面提供支持和帮助。先锋村、企业商会则要从联合发展、项目带动和信息共享等方面给予大力扶助。相关镇（区）参照区“四个一”挂钩帮扶机制，建立各自的结对帮扶制度，每个集体经济相对薄弱村明确一位班子成员作为帮扶责任人，每月到村具体指导、督促进度不少于1次。

3. 强化考核宣传力度。各地各部门要及时准确解读中央、省市区有关脱贫攻坚决策部署和政策举措，将相对薄弱村帮扶工作纳入年度绩效管理工作考核，建立健全目标责任制和考核评价制度。对年度脱贫转化成效突出的单位要列入区级年度表彰。各地对薄弱村年度经营性稳定收入增收明显、收支节余显著的，要对村集体相关人员给予适当奖励，具体操作办法由各地研究确定，报区委农办备案。要认真总结各地发展村级集体经济的好做法、好模式、好经验，多形式、多途径开展宣传，形成示范带动、比学赶超、竞相发展的良好局面。

附件略。

吴中区乡村振兴三年行动计划（2018—2020年）

吴委发〔2018〕22号印发

为深入学习贯彻党的十九大和中央农村工作会议精神，全面落实省市关于加快实施乡村振兴战略的部署要求，努力实现协调发展重塑城乡关系，彰显特色推进城乡融合，进一步夯实党在农村的执政基础，结合吴中实际，特制定如下三年行动计划。

一、总体要求

（一）指导思想

实施乡村振兴战略，是党的十九大做出的重大战略部署，是新时代“三农”工作的总抓手。要以习近平新时代中国特色社会主义思想为指导，认真领会实践习总书记关于“三农”工作的新理念新思想新战略，坚持加强党对农村工作的领导，坚持重中之重战略地位，坚持绿色生态和民生民本导向，坚持把农业农村优先发展落到实处，围绕“产业兴旺、生态宜居、乡风文明、治理有效、生活富裕”总要求，遵循乡村发展规律，不断深化农村改革，建立健全城乡融合发展体制机制和政策体系，以踏实行稳乡村振兴之路的吴中实践，为高水平全面建成小康社会提供有力的支撑和保障。

（二）主要目标

在保持吴中区城乡一体化改革发展成果基础上，持续创新、勇于探索，以更大决心、更实举措推动农业全面升级、农村全面进步、农民全面发展，高水平推进农业农村现代化，力争继续成为苏州实施乡村振兴战略的领跑者。到2020年的工作目标是：农业现代化发展水平明显提升，全区高标准农田比重达到80%，沿太湖3公里以内的鱼池基本完成改造整治；农村现代化建设步伐明显加快，完成5个左右省级和8个左右市级特色田园乡村试点，新建30个左右美丽村庄和400个左右康居村庄；城乡生态环境更加宜居，全区陆地林木覆盖率达到31%，自然湿地保护率达到60%；农村居民可支配收入明显提高，农村集体经济保持稳定增长；公共服务均等化水平明显提升，城乡一体的就业、社保、教育、医疗、卫生、文化、体育等基本公共服务体系持续完善，重大城乡基础设施和配套设施建设加快覆盖。

二、重点任务

（一）推进集体经济转型升级，夯实乡村振兴物质基础

1. 因地制宜提升集体经济。围绕全区“一核一轴一带”生产力布局，根据区域产业发展定位，鼓励镇级集团公司和村际联合公司因地制宜探索新的发展模式。在中心城市核上，要聚焦科技服务、电子商务、大数据应用等新型服务业，盘活存量扩大增量，做优做精楼宇经济；在先进制造轴上，要聚焦机器人与智能制造、生物医疗及大健康两大主导产业，以高端制造、创新研发为重点，依托工业园、创业园、仓储中心等载体，探索抱团发展、联合招商等模式；在生态文旅带上，要聚焦休闲农业、康体养生等旅游新业态，挖掘绿水青山、田园风光、乡土文化等资源禀赋优势，以股份合作构建农民共建共享的模式。引导形成委托经营机制，将村级经营性资产由分散经营管理模式转变为集中经营管理模式，设立镇级经营管理机构，负责开展资产租赁交易、资产租金收缴、资产维护修缮等工作，不断提高村级资产经营效益。到2020年，全区镇村两级净资产达200亿元，村均稳定收入突破1500万元。（责任单位：区委农办、区发改局）

2. 深化集体产权制度改革。以开展农民集体收益分配权退出试点国家级改革事项为抓手，深化农村集体产权制度改革，根据市场经济运行规律，秉持集体经济组织属性，逐步建立符合新时代要求的农村集体经济运营机制。完善镇村两级集体资产清产核资工作，优化集体资产监管系统，全面实行线上交易，确保公开、公平、公正，促进集体经营收益良性增长，杜绝集体利益受到侵害。在符合条件、确有需要的板块开展“政经分开”试点，逐步建立现代企业经营管理制度，探索优化农村集体经济发展管理以及成本分担、成果分配新的机制。完善村级集体股权固化工作，继续探索股份权能拓展，引导股份继承、退出制度实施，稳妥开展股份抵押担保试点，激活集体股份权能要素。（责任单位：区委农办）

3. 加快挖掘存量资产潜力。梳理全区长期低效闲置集体资产，对于年久失修、功能低下的资产，鼓励在符合相关规定的前提下根据市场需求统筹进行翻修翻建，提升存量资产质量和效益。根据城乡规划和土地利用总体规划，继续鼓励各地利用存量建设用地落实“一村二楼宇”政策。职能部门应积极向上沟通对接，指导各地用足用好政策利好，推动更多项目完成“退二进三”，打造高品质、高收益载体。积极探索跨区域村际抱团建设，鼓励沿

太湖薄弱村与区位较好、指标不足的村抱团合作，联合建设三产物业项目，合理配置产权收益，增强造血功能。（责任单位：区委农办、区发改局、区国土分局、区规划分局）

4.规范发展合作经济组织。推进农民合作社规范化建设，夯实发展基础，提高发展质量，到2020年，所有农民专业合作社建设基本实现苏州市一星级以上全覆盖。加强区级农民合作社联合会、镇级农民合作社综合服务体等农业服务合作组织建设，为合作社发展提供高效服务。对村集体牵头组建的各类合作经济组织要健全财务审计制度，强化民主管理、经营发展、收益分配等决策制度执行，社区股份合作社现金分红占村级净收入的比例超过30%，全区各类合作社农民户均分红超过6000元，每年排定一定数量的规模型集体合作经济组织进行审计，三年内实现审计全覆盖，对审计结果进行及时处置和合理运用。（责任单位：区委农办、区审计局）

（二）深化供给侧结构性改革，构建现代农业产业体系

5.优化农业"四个百万亩"布局。坚持生产生态生活相融合，进一步巩固优化"四个百万亩"产业布局，严格用地审批手续，落实长效管理机制，"四个百万亩"保有量稳定在59.13万亩。整区推进高标准农田、鱼池建设，提升农业基础设施水平。壮大发展优质水稻产业，推进粮食综合功能区建设。做强做优茶果产业，积极推进茶叶标准园建设。持续推进高效园艺设施建设，新增、提升发展一批"菜篮子"基地。切实加大湖羊、太湖鹅等地方特色优势品种保护，加快推进太湖中蜂保护区建设，着力推进畜禽应急保供基地建设，提高地产畜禽供应质量。到2020年，全区茶叶、水稻、果品、蔬菜复种面积分别稳定在3.2万亩、3万亩、7.5万亩、5万亩，特色高效果品占比上升6个百分点，建立3个粮食生产综合功能区，全区高标准农田比重达到80%，沿太湖3公里以内的鱼池基本完成改造整治。（责任单位：区农业局、区国土局、区财政局、区水利局、区粮食局）

6.激活园区农业集聚效应。深化三大农业园区体制机制改革，出台农业园区加快发展的实施意见，以西山、太湖、澄湖农业园区为核心，打造依托产业、功能完备、经营集约的现代农业园区综合体，构建完善"一镇一小园、一区一大园"的现代农业园区产业格局。大力开展招商引资，引导多元化经营主体落户。开展科研院所与农业园区对接行动，借智借力，深化推进产学研合作基地建设。到2020年，新增培育1个市级农业园区，落地3个重点项目，各园区基本实现生态优、形态美、成效好。（责任单位：西山、太湖、澄湖农业园区，区农业局）

7.坚持科技农业提质导向。择优推介主导品种和主推技术，推广新型栽培和养殖、加工贮运、节能减排等核心技术，示范应用生物农药、生物肥料等。完善"专家+技术人员+种养大户"的科技推广转化机制，加快农业社会化服务体系建设。推进"互联网+农业"建设，着力构建完善农业信息进村入户服务平台。到2020年，全区水稻生产全程机械化水平达到85%，建立3个粮食生产全程机械化示范推广基地，争创市级粮食全程机械化示范区。全面建成95个益农信息社，行政村、涉农社区农业信息化覆盖率达到100%。建立4个物联网技术应用示范基地，基本形成全区农业大数据和地理信息系统。推动农村电子商务示范建设，打造覆盖区、镇、村三级的农村电子商务示范体系。提升吴中农村电商品牌影响力，打造具有吴中标志的地方特色馆。推动东山镇农产品电商产业园等农村电商集聚区的建设提升，增强农村电商服务能力和带动效应。至2020年，全区超千万元的农村电商企业不少于10家。（责任单位：区科技局、区农业局、区商务局）

8.推进绿色农业持续发

展。坚持都市生态农业发展定位，更加突出农业绿色生态功能，提高农业可持续发展水平。开展耕地休耕轮作行动，持续推进造林绿化和湿地建设工程，促进农业投入品减量，推广农业清洁生产，减少化肥农药使用量。到2020年，主要农作物测土配方技术覆盖率达到90%以上，太湖一级保护区农药、化肥施用量较2015年消减20%，秸秆综合利用率达到98%。坚持品质护农、品牌兴农，引导开展“6+1”特色产品标准化生产，指导企业推进农产品质量安全可追溯体系建设。实施吴中区域公用品牌培育工程，推动统一品牌形象，提升品牌优势、促进共建共享，鼓励龙头企业申报驰名商标、三品一标、名牌优质产品等。到2020年，形成洞庭山碧螺春“标准样”，建立2个洞庭山碧螺春原产地保护基地，3个茶果标准园，“三品一标”产地面积占比达90%以上，产量占比达55%，新增“三品一标”30个，规模企业、基地基本实现可追溯。（责任单位：区农业局、区环保局、区住建局、区市场监管局）

（三）加快村居环境持续优化，保障人与自然和谐共生

9. 优化城乡空间布局。充分结合新一轮吴中城乡协调规划编制，推动多规融合，优化镇村布局。根据全区总量控制，存量、减量发展的原则，科学划定村庄开发边界，有效落实村庄建设用地规模和空间管控，实现以建设“减法”换生态“加法”和效益“加法”。编制实施“三优三保”专项规划，有序腾退整合闲置、低效建设用地，在国土资源管理“1+N”政策体系指导下，统筹资源配置。落实盘存配赠、资金补助、有偿使用和有偿调剂制度，推行土地规划空间、耕地占补平衡、城乡建设用地增减挂钩等指标在区域内有偿调剂使用。盘活指标，优先保障公共服务等乡村建设发展需求，切实改善农村居民居住条件和生态环境质量。在古村落保护规划的指导下，古村落属地政府要制定实施古村落保护三年实施计划，明确古村落保护年度重点项目。（责任单位：区规划分局、区国土分局、区委农办、区住建局、区文体局）

10. 持续推进美丽乡村建设。贯彻落实苏州市《农村人居环境整治三年行动方案》，完成市级交办的三星级康居乡村和康居特色村建设任务。科学谋划吴中区美丽乡村建设新三年行动计划，努力完成30个左右美丽村庄和400个左右康居村庄的建设任务，强化规划引领、普惠均等，注重特色彰显、典型打造，到2020年，各地村庄基础设施配套全面完善，公共服务水平全面提升。美丽村庄打造可充分挖掘自然村落的各类潜力内涵，因地制宜发展农旅产业。通过农家乐、特色民宿、采摘游等特色项目，鼓励集体经济组织积极参与。特别是，推进民宿备案登记和联合会办制度，解决民宿业发展中存在的安全问题，支持精品民宿发展，加大吴中旅游民宿品牌宣传，促进民宿业健康发展、品质提升。计划到2020年完成规范达标旅游民宿超过300家。推进省星级乡村旅游创建工作，丰富乡村旅游业态，计划到2020年创建6家省星级乡村旅游区。（责任单位：区委农办、区旅游局）

11. 切实加强村庄环境整治。深入推进“两减六治三提升”专项行动，加大农村“散乱污”企业整治力度，完善长效管理，强化督查督办，推动典型环境问题及时整改、村庄环境明显改善。开展村级工业集中区整治提升行动，优化乡村工业集中区布局，提升产业层次，淘汰规划水平低、产业层次低的工业集中区，全面推进工业企业入园入区。加强废弃农膜、农药等包装物回收处理，推进畜禽粪便、农作物秸秆等废弃物资源化利用，建设病死畜禽无害化处理体系，实施农药化肥减量工程，降低农业面源污染。到2020年，建立21个农药化肥减量示范点，全区农作物秸秆综合利用率、畜禽无害化处理及资源化利用率均达

到99%。做好河道蓝线控制管理，保障全区河湖水系的完整性。实施骨干水系整治，抓好河道畅流工程建设，到2020年，打通断头河浜20条，改造束水河道5公里，拆除坝埂20个，新建桥（涵）6座，完成河道疏浚400条，建设生态河道20公里。切实强化全区河道“河长制”管理，提高河道长效管理整体水平和河道环境形象。继续实施农村村庄生活污水治理工程，计划治理村庄100个，受益户数约5000户。加快建立分类投放、分类收集、分类运输、分类处理的农村生活垃圾处理系统。到2020年，实现农村生活垃圾分类全覆盖，进一步提升全区农村生活垃圾减量化、无害化、资源化、信息化管理水平。（责任单位：区委农办、区市容市政局、区水利局、区供销社、区“263”办）

12.着力培育特色田园乡村。因地制宜挖掘乡村特色潜力，围绕特色定位导向，秉持产业融合理念，高标准编制村庄规划，彰显乡土田园风貌特色，发扬传承乡村历史、乡贤、器作等特色文化，培育发展特色产业，鼓励引导更多人才、资源、技术等要素向乡村集聚。同时，结合区域发展实际，积极培育乡村休闲、观光度假、农产品采摘、湖鲜品尝、运动休闲等多元要素相融合的乡村旅游业态，进一步提高旅游在提升农民就业、增收等方面的社会效益。着力促进农村一二三产业融合发展，吸引人气、繁荣村庄，实现乡村治理与经济发展良性互动，助推乡村内生持久发展活力。在首批三个省、市级试点的基础上，挑选20个自然资源有禀赋、特色产业有基础、历史文化有积淀的自然村，建立特色田园乡村资源储备库。到2020年，争取打造5个左右省级试点、8个左右市级试点，培育一批可复制、可推广的建设成果。（责任单位：区住建局、区委农办、区规划分局、区农业局、区旅游局）

（四）注重阳光监管精准实施，构建脱贫帮困长效机制

13.建立用好扶贫监管系统。按照“党政主导、部门协同、平台运作、责任到人、纪委监督”的总体要求，严格严谨运作“阳光扶贫·智慧e农”监管系统，突出精准要求，积极推动扶贫信息互联互通、扶贫资源有效整合、扶贫全程透明监管。定期组织开展入村走访、项目走访活动，督促督查项目进度、工程质量，了解专项资金使用情况。明确入户走访具体要求，落实入户定位签到，确保真走真访，实现应访尽访。按照为每个困难家庭制定一个精准帮扶脱贫方案；开展定期走访，每季度不少于一次；捐助一笔关爱金；帮助争取和落实一系列扶贫政策；建立一套贫困家庭基本档案等“五个一”要求，切实做到措施到位、服务到位、成效到位。按月动态调整困难家庭信息，及时上传上报帮扶责任人与困难家庭结对或解对信息。所有走访信息及时通过“阳光扶贫·智慧e农”App精准录入平台系统。运用“阳光扶贫·智慧e农”监管系统，对帮扶领域资金和绩效进行实时全程管控，打好精准脱贫攻坚战。（责任单位：区委农办、区纪委、区民政局、区财政局）

14.加大困难群体帮扶力度。全面提高农村困难居民救助水平，建立因病致贫的支出型贫困家庭生活救助制度，农村最低生活保障按每年不低于8%的标准增长，农村特困人员基本生活标准提高到农村低保标准的140%。鼓励有条件的村通过引入商业保险、互助合作等形式，进一步做好重病患者的医疗救助帮扶工作。实施苏州市大病保险和社会医疗救助制度，对年度内符合规定的自负、自费医疗费用达到一定金额的参保人员，大病保险分段按比例予以补助，对符合条件的社会医疗救助对象开展保费补助、实时救助与专项救助，切实缓解因病致贫、因病返贫家庭的生活困难。（责任单位：区民政局、区人社局、区卫计局）

15.开展新一轮薄弱村帮扶。创新区四套班子领导挂、机关部门帮、先锋村带、企业商会

助的“四个一”挂钩帮扶机制，落实各项帮扶政策倾斜，重点扶持12个区级集体经济相对薄弱村，多层次、多渠道、多形式帮扶促进村级经济持续较快增长。区财政每年按照项目实施进度安排富民工业园建设资金，确保富民工业园工程按期建设，完成累计32.5万平方米富民载体建设任务。建立富民载体租金定期足额上缴机制，保障转移支付反哺能力。设立集体经济相对薄弱村帮扶转化专项资金3500万元。成立精准扶贫合作联社，强化并落实考核机制、激励机制，引导并积极推动相对薄弱村发展工作由“输血短期脱贫”向“造血持续发展”转化，激发相对薄弱村特别是党组织带头人内生动力，积极探索脱贫路径。力争到2020年底，全区12个区级相对薄弱村基本建立稳定的增收机制，年稳定收入超过350万元或年人均不低于1000元，村级公共服务有效提升，农村社会既稳定和谐又充满活力。（责任单位：区委农办、区委组织部、区财政局）

（五）促进公共服务优化均等，切实提升农民精神风貌

16.推进乡风文明建设。推动核心价值观融入各种公共空间和日常生活场景，公益广告占比达30%。传承发展提升农村优秀传统文化，推进农村移风易俗，倡导文明新风，培育文明乡风、良好家风、淳朴民风。加强公民道德建设，树立农民群众身边榜样，推动文明村（镇）、文明单位、最美家庭等群众性精神文明创建，推行村庄环境家庭轮值制，优化文明村（镇）创建标准，建立健全社区道德评议机制。到2020年，实现各类文明村镇占比达到60%以上，城乡社会文明程度测评指数达到并保持在90分以上。加快发展农村志愿服务，注册志愿者人数比例三年分别达到16%、17%、18%。（责任单位：区文明办、区文体局、区妇联、区民政局、团区委）

17.加快公共服务均等提升。进一步完善农村基层医疗卫生体系，推进乡镇卫生院（社区卫生服务中心）新改扩建，以健康吴中“531”系列行动计划为抓手，围绕急病要急、慢病要准、无病要防的要求，强化农村基层医疗卫生服务机构向村民健康管理综合服务平台转型，满足农村基层群众基本健康服务需求。到2020年底，农村重点人群家庭医生签约率、目标人群健康档案建档覆盖率、乡村居民健康素养水平分别达到75%、90%、24%。全面提升基本公共教育均衡化，到2020年学前三年教育毛入学率、九年义务教育巩固率和高中阶段教育毛入学率均达到100%。充分依托镇（街道）社区教育中心和村（社区）居民学校，积极开展各类社区教育培训，加强家庭教育指导服务，到2020年，农村居民参加社区教育培训的比例达40%以上，新增家庭教育指导师200名，接受指导家长人数20万。落实《吴中区关于推进“10+X”特色文化村落标准化建设的实施意见》。到2020年，全区100%行政村（社区）建有符合10项标准及吴中特色的综合性文化服务中心，全面建成与城乡群众观影需求相对接的多层次电影公共服务体系，公益电影室内固定放映点建设实现镇（街道）全覆盖，固定放映点（室内或室外）建设实现村（社区）全覆盖。（责任单位：区卫计局、区教育局、区文体局）

18.丰富群众文化体育生活。组建区农民体育协会，利用三年时间实现镇、村两级农民体育协会组织覆盖率100%。力争每年参加一次以上省、市级农民体育比赛、组织一次以上区级农民单项体育竞赛活动，努力打造一项具有一定影响力的品牌赛事。建设“吴中文化云”公共文化数字化服务平台，完善信息发布、艺术欣赏（含视频点播）、艺术展览、网上培训、活动开展、咨询指导等功能，方便农村人口参与公共文化活动，享受公共文化服务，提高农民群体对公共文化服务的获得感。继续深入实施文化惠民工程。做强做优广场文艺“月月演”、文化“四送”工程、数字电影“周周映”、评弹书场天天有等品牌活动。扎实推进“书

香吴中”建设，打造“太湖大讲堂”“阳光苗苗”“书香吴中”官网电台等全民阅读品牌，开展流动图书大篷车服务，不断推进农家书屋提升工程。（责任单位：区委农办、区文体局）

19. 帮扶农民实现就业创业。建设覆盖城乡的就业服务信息管理系统，完善15分钟农村公共就业创业服务圈功能，稳步提升农村居民公共就业服务水平，每年扶持农村劳动力自主创业人数不少于150人。深入开展创业培训“进高校、进社区、进乡村”活动，引导各地创建具有地方特色的农村创业孵化基地、创业园，推进省级创业型乡镇、村创建工作。到2020年，遴选30个大学生优秀创业项目，扶持200名农村劳动力自主创业。积极推进职业技能培训，开展“时代工匠”、乡土人才等评选，持续推进返乡创业，加快新型经营主体培育，打造一批有文化、善经营、会管理的职业农民，做大做强劳务合作社、家庭农场和合作农场。深化合作社创建和信用体系建设，培育一批大社强社，积极推动农业产业经营联合体发展。到2020年，市级以上农业龙头企业达到35家，培育新型职业农民600人。（责任单位：区委农办、区农业局、区人社局）

（六）创新综合治理互动协作，探索实践乡村善治之路

20. 推进农村社会综合治理。按照基层社会治理“一张网”要求，健全完善区、镇、村、片四级联动机制，进一步深化区社会综合治理网格化联动中心建设。完善农村基层群众自治制度，加强对民主法治示范村（社区）的动态管理，普遍开展以村民小组或自然村为基本单元的村民自治，强化矛盾纠纷排查化解，逐步建立以村民议事会为主的协商议事平台，切实提高村务公开和村务监督水平，到2020年村民委员会依法自治达标率达到98%以上。（责任单位：区委政法委、区综治办、区民政局、区司法局）

21. 强化社区服务机构建设。社区配建综合服务设施平均面积达1000平方米以上，鼓励“一室多用、资源共享”。建设以居家为基础、社区为依托、机构为补充的医养结合养老服务体系，到2020年，城乡社区日间照料中心基本实现服务全覆盖，千名老人拥有各类床位数达到50张。落实村（社区）法律顾问“三个一”服务机制，健全“法润民生”法律服务微信群。探索社区“综合受理、一门服务、全科社工”和拆迁安置社区“多居一站”新模式，提倡社区事务全天办理、社区服务全年无休，实行错时上下班、全日值班、节假日轮休等服务政策，建立健全首问负责、一次告知、限时结办制度，推行上门办理、预约办理、自助办理、委托代办等服务。大力发展农村社区社会组织，提供必要的组织运作、活动场地。到2020年，多功能农村社区综合服务体建成率达到30%以上，城乡“全科社工”工作机制全覆盖。每个社区提供社区社会组织和社会工作服务场所、拥有不少于5家社区社会组织。建立政府购买社区服务机制，“三社联动”农村社区覆盖率达到80%。（责任单位：区民政局、区司法局）

三、组织保障

22. 强化组织领导。要坚持党管农村工作原则，建立实施乡村振兴战略领导责任制，落实党政一把手是第一责任人的要求，健全党委统一领导、政府负责、农村工作部门统筹协调的农村工作领导机制。成立实施乡村振兴战略专项领导小组及其办公室（办公室设在区委农办），负责研究处理实施乡村振兴战略三年行动计划重大问题，明确责任分工，加强沟通协调，掌握工作动态，指导整体推进，统筹行动计划的实施，定期向区委三年行动计划领导小组报告工作进展。各责任单位要认真对照任务分工，进一步细化指标体系，创新工作举措，明确专人负责。建立乡村振兴工作例会制度，定期开展交流、评估检查，确保各项任务顺利推进。（责任单位：区委办、区政府办、区委组织部、区委农办）

23. 加强组织建设。坚持党

建引领乡村振兴，贯彻落实全国和省市区委农村基层党建工作座谈会精神，不断夯实党在农村执政基础。坚持以提升组织力为重点，突出政治功能，严肃政治生活，切实落实“三会一课”等组织生活制度。科学设置农村基层党组织，着力加强农村基层党组织领导班子建设，选优配强农村党组织带头人，深化“百名好书记”专项建设行动，推进“新时代新接力”，加快培养基层党组织书记后备人才梯队，积极探索“定制村官”“新型职业农民”等培养方式，及时把理念新、懂经济、会管理、善开拓的致富能手、复员退伍军人、“大学生村官”等优秀分子，充实进村级领导班子。按照“六有五服务”目标要求，推进农村基层服务型党组织建设，继续落实好“四议两公开”，全面实行党务村务财务公开，明确公开内容和形式，推行党群议事会、民主恳谈会、听证会和民情沟通日等做法，稳步推进基层协商民主。大力推广“党建+产业”“党建+人才”“支部+合作社”等模式，继续选派机关优秀干部到村任第一书记，扎实推进经济薄弱村党组织帮扶转化。（责任单位：区委组织部、区编办、区委农办）

24.加大财政支农。把“三农”作为财政优先保障领域，建立农业农村投入稳定增长机制，着力优化投入结构，创新使用方式，提升支农效能。设立农村集体合作经济发展专项资金，每年安排1500万元，用于农村集体经济组织、合作经济组织资金贷款贴息、担保费补贴以及项目投入奖补。健全生态补偿机制，进一步扩大生态补偿范围，加大高标准农田建设的支持力度。发挥规划统筹引领作用，探索实行“大专项+任务清单”管理方式，多层次、多形式推进涉农资金整合，加大对重点区域、重点产业和重点项目的投入力度。创新财政资金使用方式，推广补助改奖励、补助改贴息、补助改股份、补助改基金、补助改购买。健全完善支农资金管理制度，强化支农资金绩效评价，切实提高支农资金投入绩效。充分发挥财政资金杠杆作用，鼓励引导政策性、开发性、商业性金融机构，对接市级平台、用好“农发通”“惠农贷”等支农金融产品，支持、参与乡村基础设施、公用事业及产业发展等方面建设。深化发展三农保险，不断创新运用保险产品和服务。（责任单位：区财政局、区水利局、区农业局、区住建局、区国土分局、区委农办、区金融办、区气象局）

25.严格督查考核。各级党组织要明确落实乡村振兴战略农村基层党建职责任务，纪委要履行好监督责任，将全面从严治党的要求落实到农村基层。建立抓农村基层党建责任清单、问题清单、整改清单，层层压实固本强基政治责任，加大随访调研、随时抽查、随机督查力度，形成有考核、有督导、有落实的工作机制。充分发挥巡察监督、监察监督、派驻监督在乡村振兴工作中的作用，在推进乡村振兴工作中不履行或者不正确履行职责，导致重大失误、造成严重损失、产生恶劣影响的，严格按照有关规定实施责任追究。切实加大农村政策落实力度，对乡村振兴工作的资金使用情况及时组织专项督查，确保干部干净能做事、资金有效做成事。加强农村党风廉政建设，强化农村基层干部教育管理和监督，改进农村基层干部作风，以各级干部的优良作风形成实施乡村振兴战略的强大合力，确保吴中乡村振兴战略在更高坐标系中确立新标杆，以新气象、新机制、新举措决胜高水平全面建成小康社会！（责任单位：区纪委、区委组织部、区委农办）

附件略。

区政府关于做好当前和今后一段时期就业创业工作的实施意见

吴政发〔2018〕14号印发

为深入贯彻党的十九大对就业创业工作的总体部署，全面落实《国务院关于做好当前和今后一段时期就业创业工作的意见》（国发〔2017〕28号）《省政府关于做好当前和今后一段时期就业创业工作的实施意见》（苏政发〔2017〕131号）《市政府关于做好当前和今后一段时期就业创业工作的实施意见》（苏府〔2017〕158号）等文件要求，进一步营造良好就业创业环境，实现更高质量和更充分就业，激发创新活力和创业能力，助推全区经济社会更好发展，结合我区实际，提出如下实施意见。

一、坚持就业优先战略

（一）强化经济发展与扩大就业联动。坚持把城镇新增就业、失业率作为宏观调控重要指标，把稳定和扩大就业作为区间调控的下限，增强经济发展对就业的拉动能力。以解决结构性就业矛盾为重点，促进产业转型升级与扩大就业规模、调整就业结构联动推进，实现经济增长与扩大就业的良性互动。综合评价财税、金融、产业、贸易、投资等宏观经济政策对就业岗位、就业环境、失业风险等的影响，加强经济政策与就业政策的配套衔接。坚持扩大规模和提高质量并重、促进就业与鼓励创业并举，统筹推进城乡就业创业工作。

（二）促进产业结构调整与就业转型协同。发展吸纳就业能力强的产业。提高服务业就业比重，挖掘第一、二产业就业潜力。大力发展研究设计、电子商务、文化创意、全域旅游、养老服务、家庭服务、健康服务、人力资源服务、服务外包等现代服务业，不断优化就业结构，拓展就业空间。坚持发展战略性新兴产业、先进制造业和传统产业并重，降低实体经济成本，推进传统产业绿色改造，创造更多就业机会，保持全社会就业容量不断扩增。鼓励发展现代农业，支持劳动者在农业领域创业就业，深化城乡一体发展。

（三）支持小微企业健康发展。充分发挥小微企业吸纳就业主渠道作用，贯彻小微企业降税减负等一系列扶持政策和清理规范涉企收费有关规定，增强小微企业带动就业能力。支持小微企业协同创新和科技成果转化，对小微企业亟须获得授权的核心专利申请优先审查。发挥新型载体集聚发展优势，引入竞争机制，推动小微企业创业创新示范基地建设。加大科研基础设施、大型科研仪器向小微企业开放力度，为小微企业产品研发、试制提供支持。鼓励高校、科研院所及企业向小微企业转移科技成果，推动开放共享一批基础性专利或购买一批技术资源，支持小微企业协同创新。落实小微企业吸纳就业扶持政策，将科技型小微企业和劳动密集型小企业吸纳就业贴息贷款政策拓展到所有符合条件的小微企业，贷款额度提高至300万元。发展政府支持的融资性担保机构和再担保机构，完善风险分担机制，为小微企业提供融资支持。

（四）促进新兴业态发展。以新一代信息和网络技术为支撑，加强技术集成和商业模式创新，推动平台经济、众包经济、分享经济等创新发展。遵循新兴业态发展规律，加强新兴业态的规划和服务指导，改进新兴业态准入管理，利用多元化手段，提高事中事后监管能力。将鼓励创业创新发展的优惠政策面向新兴业态企业开放，落实促进新兴业态发展的财税、信贷等扶持政策。推动政府部门带头购买新兴业态企业产品和服务。鼓励社会组织吸纳更多劳动者就业，社会组织可同等享受企业吸纳就业扶持政策。支持网络创业，符合条件的给予相应创业扶持政策。

（五）完善新就业形态领域用工和社保制度。鼓励劳动者特别是就业困难人员通过新兴业态实现多元化就业。新兴业态企业应依法为与其签订劳动合同的从业者缴纳职工社会保险和住房公积金，符合条件的企业可按规定享受企业吸纳就业扶持政策。符合条件的其他从业者可按灵活就业人员身份参加养老、医疗保险和缴纳住房公积金。探索适应灵活就业人员的失业、工伤保险保障方式，符合条件的可享受相关就业创业扶持政策。通过改进灵活就业人员参保方式，增强社会保险制度对灵活就业人员、新业态从业人员的适应性。加快建设“网上社保”，为新就业形态从业者参保及转移接续提供便利。落实住房公积金异地转移接续政策，通过全国住房公积金异地转移接续平台，为跨地区就业的缴存职工提供异地转移接续服务。

二、扶持重点群体就业

（六）界定就业困难人员认定范围。本区户籍登记失业的下列对象，纳入就业困难人员认定范围。

1.享受最低生活保障人员；

2.女40周岁和男48周岁以上人员；

3.特困职工家庭人员；

4.城镇零就业家庭和农村零转移贫困家庭人员；

5.残疾人员；

6.女35周岁和男45周岁以上的被征地农民；

7.女35周岁和男45周岁以上失业登记后连续失业一年以上人员；

8.军队退役人员；

9.优抚对象家庭人员；

10.随军家属；

11.低保边缘重病困难对象救助家庭人员。

（七）强化对就业困难人员的就业扶持。各类用人单位招用就业困难人员，或在公益性岗位安排就业困难人员，并签订1年以上期限劳动合同、缴纳社会保险费的，按单位为就业困难人员实际缴纳的社会保险费给予全额补贴。公益性岗位补贴标准与最低工资标准建立联动机制。就业困难人员灵活就业后申报就业并同时缴纳养老保险和医疗保险费的，按照公布的定额标准给予社会保险补贴。公益性岗位安置的，社会保险补贴期限可延长至退休；单位吸纳就业或灵活就业的，不超过3年，其中首次申请补贴时女年满45周岁、男年满55周岁以上的，不超过5年。

（八）鼓励高校毕业生多渠道就业。

1.实施高校毕业生就业创业促进计划和基层成长计划，引导支持高校毕业生自主就业、创业就业和到城乡基层、中小微企业就业，鼓励大学生应征入伍，落实学费资助补偿、助学贷款代偿、资金补贴、优抚安置等政策。将求职创业补贴补助范围扩展到贫困残疾人家庭、建档立卡贫困家庭高校毕业生和特困人员中的高校毕业生。鼓励科研项目单位吸纳高校毕业生参与研究，按规定将社会保险补助纳入劳务费列支，劳务费不设比例限制。支持高校毕业生到国际组织实习任职。全区每年开发30个基层公共服务岗位安置困难家庭和就业困难高校毕业生就业。对登记失业3个月以上的本市生源毕业年度困难家庭高校毕业生，给予本人一次性临时生活补贴1000元。

2.毕业年度离校未就业高校毕业生灵活就业的，按规定给予不超过2年的社会保险补贴。小微企业新招用毕业年度高校毕业生，签订劳动合同并缴纳社会保险费的，对企业缴纳社会保险费部分给予不超过2年的全额补贴，符合条件的给予岗前培训补贴。企业每年新招用毕业年度高校毕业生10人及以上（劳务派遣用工形式除外），且履行劳动合同和缴纳社会保险费均满1年及以上的，给予企业2万元一次性奖励。小微企业招用本市户籍毕业年度高校毕业生，且缴纳社保满6个月的，按每吸纳1人3000元标准给予企业一次性奖励。对于吸纳高校毕业生就业以及见习的社会组织，符合条件的可同等享受相关扶持政策。

3.加大人才引进和政策扶持力度，对符合条件的高校毕业生及技工院校毕业生实施安居保障政策，具体办法另行制定。实施留学人员回国创新创业启动支持计划，鼓励留学人员以知识产权等无形资产入股方式创办企业。简化留学人员学历认证等手续，降低服务门槛，依法为全国重点引才计划引进人才及由政府主管部门认定的海外高层次留学人才申请永久居留提供便利。

（九）推进高校毕业生就业见习工作。扩大就业见习规模，拓展就业见习对象，将离校未就业高校毕业生、本市户籍16~25岁登记失业青年及离校未就业技工院校高级工以上毕业生，全部纳入见习对象范围。见习期限一般为3~6月，最长不超过1年。见习单位按照每人每月不低于当年城镇职工月最低工资标准给予见习学员生活补贴。见习期间，财政对见习基地按照每人每月当年城镇职工月最低工资标准的70%给予就业见习补贴，并对带教老师根据见习学员人数，按照每人每月150元标准给予带教补贴，按月统一为见习学员购买综合性商业保险。对见习期满见习人员留用率一个自然年度内达50%以上，与其签订劳动合同1年以上并缴纳社会保险费的见习单位，按每留用1人3000元的标准，给予见习单位一次性见习奖励补贴。（该奖励与企业招用毕业年度高校毕业生一次性奖励、小微企业招用本市户籍毕业年度离校未就业高校毕业生一次性奖励，三者只可选择享受一项）

（十）提升城乡一体化就业发展水平。城乡劳动者在常住地处于无业状态的，可在常住地进行失业登记。公共就业服务机构要为其提供均等化公共就业服务和普惠性就业政策，并逐步使外来劳动者与本市户籍人口享有同等的就业扶持政策。加大新型职业农民培育力度，鼓励高校毕业生等新生代劳动力在农业领域就业创业，落实新型职业农民社会保险补贴政策。鼓励农村劳动者利用当地资源自主创业，大力发展农民合作社、农业企业、种养大户、家庭农场、建筑业小微作业企业等生产经营主体，其中依法办理工商登记注册的可按规定享受小微企业扶持政策和创业扶持政策，对吸纳贫困家庭劳动力就业并稳定就业1年以上的，给予一定奖补。鼓励金融机构按照商业化可持续发展原则，优先支持带动建档立卡贫困户就业发展的企业及家庭农场、专业大户、农民合作社等经济主体。适应新生代农民工就业创业特点，推进职业培训对新生代农民工全覆盖，创新培训内容和方式，拓宽就业创业渠道，引导新生代农民工到以“互联网+”为代表的新产业、新业态就业创业。

（十一）完善就业援助长效机制。全面落实各项扶持政策，促进结构调整、转型升级中的失业人员再就业。落实基层组织就业援助责任，强化就业援助服务队伍建设。强化对就业困难人员、离校未就业高校毕业生等重点群体的分类帮扶和实名制动态管理，确保零就业家庭、有劳动能力的成员均处于失业状态的低保家庭至少有一人稳定就业。鼓励就业援助社会化多方协同推进，探索实施第三方组织购买就业援助服务。加强社会保障与就业联动，对实现就业的低保对象，在核算其家庭收入时可扣减必要的就业成本，落实低保对象就业后的救助渐退机制，增强其就业意愿和就业稳定性。严格落实残疾人按比例就业政策，推动党政机关、事业单位及国有企业带头安排残疾人就业。

（十二）促进退役军人就业创业。认真做好军队转业干部安置工作，大力扶持自主择业军队转业干部就业创业，积极开展就业服务、职业培训、创业孵化等服务活动，按规定落实相关扶持政策。加大退役士兵安置工作力度，对符合政府安排工作条件的，要采取刚性措施，确保机关、事业单位、国有企业安排比例达80%以上。对自主就业创业的，继续实施扶持自主就业退役士兵创业就业有关税收等优惠政策，强化教育培训，提高就业创业成功率。

三、鼓励创业带动就业

（十三）营造良好创业环境。深入推进“放管服”改革，进一步推进相对集中行政许可权改革试点工作，不断优化审批流程，提高审批效率。持续推进商事制度改革，扩大“多证合一、一照一码”适用范围，推动“一址多照、工位注册”等住所登记改革，全面落实市场主体登记信用承诺制度。积极完善工商注册全程电子化登记，全面落实企业名称远程自助查重申报，简化冠名程序。进一步转变政府职能，清理妨碍创业发展的制度和规定，破除不合理的市场准入限制，建立统一透明、有序规范的市场环境。继续实施支持和促进高校毕业生、登记失业人员等重点群体创业就业有关税收政策。推进创业型街道（镇）、社区（村）和园区建设，营造良好创业环境，激发全民创业活力。

（十四）扶持孵化载体建设。根据各地特色经济、主导产业和创业类型等情况，合理规划建设创业载体，因地制宜建设具有一定特色和品牌的创业孵化载体。鼓励各高校和社会力量新建或利用现有场地资源改造建设创业孵化基地和众创空间，探索采取国资入股的方式与社会力量共同投资建设。高校建设的创业孵化基地要与创业教育、实践活动紧密结合，创业孵化项目要与创业大学生所学专业有效对接，充分发挥高校引领大学生创业创新的优势。按照创业孵化基地的孵化服务能力、载体规模及创业项目带动就业预期等因素，认定一批市级创业孵化示范基地（含大学生创业园），由区财政给予不超过50万元的补助，本市户籍创业人员、毕业5年内的高校毕业生、取得硕士以上学位人员入驻认定的创业孵化基地创业，可按实际孵化成功（在基地内注册登记并孵化成功搬离基地后继续经营6个月以上）的企业数，给予基地每户1万元的创业孵化补贴。对经认定的创业孵化基地水、电、宽带接入以及用于就业创业服务的公共软件、开发工具等支出，给予创业基地运营补贴，具体办法另行制定。

（十五）加大政策支持力度。

1.本市户籍城乡劳动者、毕业5年内的高校毕业生、取得硕士以上学位人员，以及在苏高校在校生，参加经认定的创业培训且合格的，按规定给予创业培训补贴。不断优化创业培训服务，拓展培训项目，支持平台开展网上培训，通过政府购买社会化服务，引导市场资源共同推进创业培训。

2.本市户籍登记失业人员、毕业5年内的高校毕业生、取得硕士以上学位人员，以及在校大学生，在苏创业并进行商事登记，正常经营并依法缴纳社会保险费的，给予6000元的开业补贴，分别在稳定经营满6个月和1年各发放补贴3000元。

3.本市户籍登记失业人员、毕业5年内的高校毕业生、取得硕士以上学位人员在苏创业并进行商事登记或民办非企业单位登记，正常运转并依法缴纳社会保险费的，给予不超过3年的社会保险补贴。

4.本市户籍登记失业人员、毕业5年内的高校毕业生、取得硕士以上学位人员租用场地创业的，给予每年不超过5000元的租金补贴；利用自有房屋创业的，可给予水、电、宽带等创业基本运营补贴，补贴标准每月不低于200元。租金补贴和运营补贴期限最长不超过3年。

5.本市户籍登记失业人员、毕业5年内的高校毕业生、取得硕士以上学位人员、在校大学生及参加本市社会保险缴费满3年的外地户籍人员，在苏创业并进行商事登记或民办非企业单位登记，依法缴纳社会保险费的，开业3年内吸纳本市户籍的登记失业人员和高校毕业生就业，与其签订1年以上劳动合同并实际缴纳1年以上社会保险费的，可按每年每新增带动1人就业给予一次性3000元的创业带动就业补贴，3年累计不超过10万元，吸纳就业的同一人只享受一次政策。

6.支持高校毕业生创办发展前景好的成长型创业企业，对获得天使投资的创业企业，按照天使投资金额的20%予以奖励，最高不超过50万元。

7.对在市级以上创业大赛中获奖的优秀项目，在本市完成商事登记，并运营满6个月以上的，经评定给予最高30万元的优秀创业项目资助（与大学生初创企业项目获得天使投资奖励补贴不重复享受）。

8.对在工商部门首次注册登记起3年内的创业者，企业注销后登记失业并以个人身份缴纳社会保险费6个月（不含领取失业保险金时间）以上的，可按照纳税总额的50%、最高不超过1万元的标准给予一次性补贴，用于个人缴纳的社会保险费。

（十六）拓宽创业融资渠道。完善创业担保贷款政策体系，扩大创业贷款担保基金规模，确保区担保基金总额不低于500万元。扩大创业担保贷款对象范围，将支持范围从创办个体工商户、企业扩大到农民专业合作社、民办非企业单位和网络创业。贷款额度标准提高至不超过50万元，贷款期限延长至3年。合理确定贷款利率，优化财政贴息，个人贷款在人民银行同期同档次贷款基准利率基础上上浮3个百分点以内，按时还本付息符合奖息政策，由财政给予全额奖息。降低担保门槛，对符合条件的对象可取消反担保。由经办银行直接托管担保基金和发放创业担保贷款。完善呆坏账核销机制，创新采用创业贷款担保基金和经办银行共同承担风险的方式，经办银行应积极催收到期贷款；对创业担保基金提供担保的贷款，逾期3个月以上、贷款额度10万元以下（含10万元）的，在1个月内由创业担保基金与金融机构按比例分担，最高全额代偿；贷款额度超过10万元的，可由创业担保基金代偿不超过90%；对创业担保贷款政策规定对象之外群体创业贷款，财政可按照基准利率50%给予贴息。完善苏州创业担保贷款公共服务平台，建立完整的网上申请、审批、发放、贴息、代偿流程，增加贷款经办银行网点，方便创业者办理贷款。符合条件的创业者直接在商业银行获得创业贷款，可按有关规定享受贴息政策。推行授信尽职免责制度，对操作规范、勤勉尽责的银行授信部门和相关工作人员，在授信出现风险时，可适当免于合规责任。通过财政出资引导社会资本投入，设立高校毕业生就业创业基金，为高校毕业生创业提供股权投资、融资担保等服务。

四、优化职业教育培训和公共就业服务

（十七）提高教育培训质量。坚持面向市场、服务发展、促进就业的人力资源开发导向，着力化解就业结构性矛盾。支持高校创新创业教育改革，加快高校学科专业结构调整优化，健全专业预警和动态调整机制，深化课程体系、教学内容和教学方式改革。更好发挥职业教育和职业培训作用，推进职业教育和职业培训精准对接产业发展需求、精准契合受教育者需求，加快发展现代职业教育，着力提高学生的就业能力和创造能力。实施现代职业教育质量提升计划、产教融合发展工程和东吴高技能人才计划，统筹普通高中和中等职业教育协调发展，构建劳动者终身职业培训体系，推行覆盖城乡全体劳动者、贯穿从学习到工作各阶段、适应劳动者和市场需求、符合现代工匠精神的终身职业技能培训制度。以解决就业问题特别是化解就业结构性矛盾为出发点和落脚点，完善市场配置资源、劳动者自主选择、政府购买服务和依法监管的职业培训工作机制。实施就业技能提升、岗位技能提升、技能大师培育等专项行动计划，开展低收入农户家庭子女、未升学初高中毕业生、农村转移就业劳动者、登记失业人员和转岗职工、退役军人、残疾人员等重点群体免费接受职业培训行动，广泛开展岗位练兵、技术比武、技能竞赛、师徒帮教等活动，支持职业院校与企业合作，推行企业新型学徒制和现代学徒制培训，加速培育大批具有专业技能和工匠精神的高素质劳动者和技术技能人才，确保企业职工教育经费足额提取并合理使用。加强重点产业和战略性新兴产业专项公共实训基地等职业培训载体建设。健全技能人才多元化评价机制，完善技能人才职业技能等级认定政策并做好与职业资格制度的衔接，建立职业资格、职业技能等级与相应职称比照认定制度，加强国际职业评价标准的引进比照，加大国际职业资格认证力度，推动企业在聘高级工、技师、高级技师同等享受本单位助理工程师、工程师、高级工程师工资福利待遇，技工院校中级工班、高级工班、预备技师（技师）班毕业生同等享受中专、大专、本科学历相关政策和待遇。

（十八）完善职业培训补贴方式。根据产业发展和市场需求，定期发布重点产业职业培训需求、职业资格和职业技能等级评定指导目录，对指导目录内的职业培训和技能鉴定，完善补贴标准，简化审核流程。落实失业保险支持参保职工提升职业技能的补贴政策，为城乡劳动者提供普惠同等的培训补贴，依法参加失业保险3年以上、当年取得职业资格证书或职业技能等级证书的企业职工，可申请参保职工技能提升补贴，所需资金按规定从失业保险基金中列支。落实低收入农户家庭子女、未升学初高中毕业生、农村转移就业劳动者、登记失业人员和转岗职工、退役军人、残疾人员等重点群体免费接受职业培训补贴政策，依据相关规定给予一定标准的职业培训补贴。创新培训模式，探索职业培训包模式，充分运用职业培训补贴，支持优质培训机构开发数字培训课程，支持培训机构引进国外优质资源或开展联合办学。根据去产能企业失业人员、建档立卡贫困人口的特点，创新培训组织形式，采取整建制购买培训项目、直接补贴培训机构或企业等方式开展集中培训。

（十九）强化公共就业创业服务。深入推进就业创业服务理念和模式创新，构建制度化、专业化、信息化、社会化的公共就业创业服务格局，按照《江苏省人社基层平台建设标准和服务规范》，建设功能完备、制度健全、便捷可及的标准化服务平台。根据城乡区域发展需要，科学设置和调整服务网点，实现公共就业创业服务均等化，重点为高校毕业生、就业困难人员、军队退役人员和随军家属等对象提供专业的职业指导、就业服务和用工指导。健全零就业家庭动态清零长效机制，确保零就业家庭至少有1人实现稳定就业。加强公共就业创业服务从业人员队伍建设，建立定期培训和持证上岗制度，对公共就业创业服务的质量和效果开展绩效评价。落实政府购买基本公共就业创业服务制度和就业创业服务补贴政策，支持公共就业创业服务机构和高校开展招聘活动和创业服务，支持购买职业指导、创业指导、信息咨询、就业援助等社会化服务。人力资源服务机构为本市户籍登记失业人员、就业困难人员提供职业介绍等就业服务，按每成功推荐1人就业分别给予1000元、1500元的职业介绍补贴。强化对高校毕业生的就业创业服务，扩大在苏高校公益市场容量，鼓励本市企业深入在苏高校开展招聘活动。充分运用就业创业服务补贴政策，支持公共就业创业服务机构和高校开展招聘活动和创业服务。推进公共就业创业服务信息化建设，建立“互联网+”公共就业创业服务平台，推动服务向移动端、自助终端等延伸，推广网上受理、办理和反馈，加快实现就业创业管理服务全程信息化。进一步推进创业服务品牌化建设，创新创业服务内容和形式，发挥公共就业创业服务体系和高校就业创业指导站两个工作平台，融合资源推进创业工作一体化建设。

（二十）推进人力资源市场建设。充分发挥市场在人力资源配置中的决定性作用，加强人力资源市场法治化建设，深化人力资源市场整合改革，建设统一规范、竞争有序的人力资源市场体系，规范招人用人制度和职业中介服务行为，促进公平就业。简化劳动者求职手续，规范网上求职招聘流程，逐步建立入职定点体检和体检结果互认机制，避免重复体检。整合人力资源市场信息资源，建立人力资源市场供求和预测的信息化体系，定期向社会发布，服务经济社会发展。加强人力资源市场监管，创新事中事后监管方式，营造规范有序的市场环境。发挥人力资源服务行业协会引导行业自律作用，建立人力资源市场诚信体系。

五、强化组织实施和保障

（二十一）强化政府责任。各地要加强对就业创业工作的领导，建立健全就业创业工作领导小组的协调机制，落实政府促进就业责任，主要负责同志为本地区就业工作第一责任人。完善就业创业工作目标责任制，纳入党政领导班子工作实绩考核。强化就业资金投入保障，建立就业资金投入增长机制。加强资金使用管理和监督，提高资金使用效益。

（二十二）强化政策实施。重视发挥政府部门、用人单位、社会组织、高校等社会各方面支持就业创业的作用，简化申请手续，优化经办流程，提高政策效率。充分利用传统媒体、新媒体加大宣传力度，推动就业创业政策进校园、进社区、进企业，使政策宣传应知尽知，政策落实应享尽享。强化督查问责和政策落实情况评估，健全激励机制和容错纠错机制，对落实有力有效的，加大政策和资金倾斜力度，对开展就业创业工作扎实、成效明显的单位和个人，适时予以表彰奖励。对大胆探索、担当尽责、不谋私利，但在依法依规履行职责过程中由于难以预见因素出现失误或错误的，可容错免责；对不履行或者不正确履行职责的，依纪依法严肃问责。

（二十三）强化形势研判。完善统计监测制度，探索建立新就业形态、劳动者创业等统计监测指标。公共就业服务机构以就业基础数据为核心，运用大数据技术建立全口径就业信息监测平台，对人力资源总量结构、企业人力资源数量结构，企业用工、人力资源市场供需、区域人力资源流动等情况开展实时动态的就业监测。建立跨部门协作机制，将就业数据与发改、经信、统计、市场监管、商务等部门宏观经济数据比对分析，建立各部门按月信息数据共享制度，为研判形势、完善政策、精准服务提供基础性支撑。

（二十四）强化失业预防。发挥失业保险促就业、防失业、保生活的重要作用，逐步提高失业保险金标准，全面落实调整失业保险费率和失业保险基金支持企业稳岗政策。完善失业监测预警机制，根据就业失业重点指标、人力资源市场供求、宏观经济运行等变化，发现潜在的失业风险，制定应对规模性失业风险预案，对可能出现的大规模失业风险及时采取预防、调节和稳岗措施，保持就业局势稳定。严格落实化解过剩产能企业职工安置政策，促进其就业再就业，避免局部性失业风险发生。

六、其他

本意见所称“本市户籍”是指苏州市行政区域范围内户籍，“高校毕业生”是指全日制普通高校毕业生，“毕业年度高校毕业生”是指毕业后一年内的全日制普通高校毕业生，留学回国人员按照全日制普通高校毕业生享受就业创业政策，“困难家庭高校毕业生”是指低保、低保边缘重病困难对象和特困职工救助家庭全日制普通高校毕业生。

此前有关规定与本意见不一致的，按本意见执行，涉及的具体政策口径和操作办法由各相关部门按职责分工负责制定和解释。

附表略。

吴中区特色田园乡村建设工作方案

吴政发〔2018〕19号印发

为贯彻落实《江苏省特色田园乡村建设行动计划》（苏发〔2017〕13号）、《江苏省特色田园乡村建设试点方案》（苏政办发〔2017〕94号）及《苏州市特色田园乡村建设实施方案》（苏委办发〔2017〕98号）文件要求，扎实有效推进我区特色田园乡村建设工作，加快实现乡村发展，推动农业现代化与城乡一体化互促共进。经研究，制定如下工作方案。

一、指导思想

全面贯彻党的十九大精神，以习近平新时代中国特色社会主义思想为指导，紧紧围绕实施乡村振兴战略，按照产业兴旺、生态宜居、乡风文明、治理有效、生活富裕的总要求，深入推进特色田园乡村建设，发挥乡村独特禀赋，统筹推进乡村经济建设、政治建设、文化建设、社会建设、生态文明建设和党的建设，实现田园生产、田园生活、田园生态的有机结合，促进乡村经济社会的整体进步和城乡协调发展，让乡村成为安居乐业的美丽家园。部署推进特色田园乡村建设，全区各地各部门要立足全局，着眼长远，积极进行探索，加大推进力度，把这项重大决策部署变成具有吴中特色的生动实践，努力展现乡村振兴的蓬勃活力。

二、工作目标

“十三五”期间，充分利用我区现有丰富资源，以自然村为单元开展特色田园乡村建设，着力打造特色产业、特色生态、特色文化，塑造田园风光、田园建筑、田园生活，建设美丽乡村、宜居乡村、活力乡村。在2017年省级首批1个试点村和市级首批3个试点村的开局上，全区选取20个左右美丽乡村建设成果突出，具有一定自然资源条件、特色产业基础和历史文化积淀的自然村建立特色田园乡村资源储备库，积极申报筹备省、市级试点。“十三五”期间，争取创建5个左右省级试点，10个左右市级试点，建设培育“生态优、村庄美、产业特、农民富、集体强、乡风好”、体现江南风貌的特色田园乡村。

三、重点任务

（一）科学规划设计。高标准编制村庄规划，注重空间、生态、基础设施、公共服务、产业规划以及土地利用总体规划等有机融合，做好重要节点空间、公共空间、建筑景观的详细设计，发挥乡村建设技能型人才作用，用好乡土建设材料，彰显田园乡村特色风貌。镇（区、街道）认真调研村庄现状，制定重点工作计划，组织科学编制规划设计方案和试点工作方案。区规划分局牵头做好规划设计方案的编制审核工作，全面实现“多规融合”，并根据特色田园乡村规划设计方案指导做好村庄规划的修编调整。区住建局指导做好重要节点空间设计工作，高标准塑造村庄特色风貌。联席会议各成员单位深入基层，积极对接，主动服务，在规划设计方案和试点工作方案的编制中，做好专题调研，指导镇村正确贯彻特色田园乡村建设理念。

（二）强化建设指导。特色田园乡村项目建设要学习和借鉴传统乡村营建智慧，采用自然、有机、生态的设计方法，利用既有的本土材料，充分体现乡土性与经济性，强化村庄与田园的有机融合。区住建局牵头做好建设工程招标服务和建设项目进度监督，强化建设手法指导，实现通过精心设计创造而非昂贵材料堆砌来塑造乡村特色、提升乡村空间品质。

（三）培育特色产业。推进农业供给侧结构性改革，持续推动农业产业升级，聚焦发展壮大有优势、有潜力、能成长的特色产业，形成一批具有竞争力的农业地理标志品牌。区农业局牵头深入研究试点村产业发展现状、形成培育扶持特色产业的具体措施，指导试点村在现有产业基础上找到发展的突破口，围绕农业结构调整，完善涉农产业体系；加强新型职业农民培训，培育壮大新型农业经营主体。试点村及所在各镇（区、街道）建立完善的产业项目管理制度，规范产业项目建设和导入，鼓励和引导村民参与特色田园乡村建设；发展"旅游+""生态+""互联网+"等农村新型产业，构建一二三产业融合发展体系，实现特色产业可持续发展。

（四）保护生态环境。实施"山水林田湖"生态保护和修复工程，构建生态廊道，保护、修复、提升乡村自然环境，促进"山水田林人居"和谐共生。区农业局牵头管控和治理农业面源污染。区市容市政局牵头农村环境长效管理工作，加快推进生活垃圾分类，促进农业废弃物源头减量和资源化利用。区水利局全面推行河（湖）长制，并牵头试点村庄雨污水管网铺设和污水处理设施建设工作，集中处理生活污水，提升村庄河道环境质量。区委农办牵头推进试点村美丽乡村建设，依照特色田园乡村营建手法实施农村河道疏浚、驳岸整治等，避免驳岸硬质化和绿化景观城市化，着力营造优美和谐的乡村田园景观。

（五）彰显文化特色。保持富有传统意境的田园乡村景观格局，延续乡村和自然有机融合的空间关系。在保护乡土文脉的基础上，创造性转化、创新性发展，不断赋予时代内涵、丰富表现形式。区文体局牵头挖掘乡村历史文化、民俗民间文化和地域特色文化，指导试点村开展农村文化建设，提升公共文化服务水平。区委宣传部牵头弘扬文明乡风，培育地方特色的新乡贤文化，鼓励支持新乡贤积极参与特色田园乡村建设。试点村加强农耕文化、民间技艺、乡风民俗的挖掘、保护、传承和利用；大力推进现代公共文化体系建设，实现乡村文化服务全覆盖；加强农村思想道德建设，提高村民文化素质，丰富文化生活，繁荣乡村文化。

（六）改善公共服务。按照城乡一体化和公共服务均等化、标准化要求，推动基本公共服务在城乡之间逐步实现布局合理、质量相近、方便可达性大致相同。区旅游局做好旅游相关业务指导，引导试点村培育发展特色旅游，牵头完善道路连接线、旅游指引标识牌、旅游厕所等公共服务设施。区民政局指导并帮助试点村建设智能便捷、医养结合的养老、助残机构，完善老年人公共服务设施。试点村坚持与民生改善相结合，加快基础设施建设，完善垃圾处理、公共服务、停车等配套设施，建立科学管理、持续运营的社会治理新模式和新机制。

（七）增强乡村活力。积极探索新型农村集体经济有效实现形式，加强财政奖补资金对农村集体经济项目的扶持和引导，增强和壮大集体经济发展活力和实力。区委农办牵头深入调研试点村集体经济现状、合作经济组织的运作和利益分配模式，指导试点村制定集体经济发展计划。区国土分局强化土地利用总体规划的管控和引领，牵头优化农村建设用地布局，鼓励和指导盘活利用农村存量集体建设用地和空闲农房用于特色田园乡村建设，推进特色田园乡村的不动产权籍调查试点工作。区财政局围绕试点村建设资金的需求计划，研究制定特色田园乡村建设区级财政支持措施，牵头建立特色田园乡村建设投入机制。试点村及所在各镇（区、街道）积极鼓励村组干部、合作组织带头人、“大学生村官”等群体自主创业，吸引高校毕业生、城镇企业主、农业科技人员等各类人才下乡返乡创业；加强基层党组织建设，完善村民自治机制，深化社会主义核心价值观宣传教育，积极化解各类社会矛盾纠纷，探索法治、德治相结合的治理体系，实现乡村有效治理。

四、保障措施

（一）加强领导，落实责任。建立吴中区特色田园乡村建设工作联席会议，负责统筹协调各项工作，办公室设在区住建局。区联席会议各成员单位按照职责分工，研究落实政策资金和专业技术支持方案，会同各镇、街道共同研究改革和建设中的矛盾问题，协调解决实际问题，全程对试点村及所在各镇（区、街道）工作进行指导、督促和检查，并负责与上级工作的联系衔接。各镇（区、街道）是实施主体，要建立由主要领导牵头的工作机构，推进落实具体项目，有序开展各项工作。

（二）保障经费，完善政策。聚焦支持试点村规划设计和项目实施，积极整合各类涉农专项资金，建立多元投入机制，严禁盲目举债建设；设立区级专项资金，按照省、市级奖补资金1:1配套，另给予首批省、市级试点自然村规划设计经费补助。鼓励和支持在符合规划前提下，挖掘潜力用好存量土地，充分利用好“城乡建设用地增减挂钩”“三优三保”等政策平台。支持农村集体经济组织依法使用建设用地自办或通过入股、联营等方式兴办符合特色田园乡村建设产业规划的企业，鼓励盘活利用农村存量集体建设用地和空闲农房。

（三）健全制度，确保实效。建立特色田园乡村建设工作半月报制度、区联席会议定期会议制度等，联席会议分析情况、研究政策、解决问题，加强督促检查，各成员单位根据职能分工提供专业技术服务，组织相关领域专家加强业务指导，组织熟悉乡村情况、热心乡村建设的专家学者、专业技术人员、志愿者等参与建设，确保工作取得实效。

（四）分类研究，探索路径。围绕省联席会议近期提出的13个重点研究问题，对照相关部门在公共服务、产业发展、集体经济发展、土地整理和资金保障等举措的工作专题报告，区联席会各成员单位聚焦问题，深入试点村，进行解剖式分类研究探索，形成创新模式思路和实践路径。区住建局指导督查试点村的建设任务和进度安排，协调试点开展和面上推进工作，创新探索EPC工程设计总承包等模式，加快推进特色田园乡村建设；区农业局以特色产业的表现形式和产业发展现状为切入点，研究培育扶持特色产业的具体措施，在试点村实施高标准农田整治、丘陵山区综合开发、森林防火、农业资源保护等项目，指导试点村引入并推广现代化农业生产技术、加工技术；区委农办梳理集体经济现状，对集体资产进行全面清产核资，建立集体资产管理信息系统，探索赋予农民集体资产股份继承、退出等权能改革工作，研究发展壮大集体经济计划；区国土分局开展试点村集体建设用地调查工作，推进农村宅基地和集体建设用地确权登记工作，针对空心村的现状提出解决办法和长远计划，提出“三块地”改革的思路和举措；区财政局制定出台建设资金使用管理办法，在职业农民培训、劳务合作社奖补方面给予一定的政策和资金倾斜；区文体局以特色文化的表现形式和文化传承的载体为核心，研究文化特色彰显路径。

（五）创新治理，激发活力。特色田园乡村建设，是新时期探索乡村治理现代化路径的重要举措。各职责单位和镇、街道要倡导乡村治理的主体多元化，充分发挥村民主体作用，重视宣传发动、民主决策、实事惠民，积极引导村民参与村庄自治，激发广大村民群众的积极性、主动性、创造性；同时发挥乡贤的积极作用，鼓励乡贤以项目回迁、资金回流、人才回归等多种形式助力乡村建设；建立健全管理、维护和运营的长效机制，进一步巩固特色田园乡村建设成果，促进乡村全方位发展。

关于推进2018年度吴中区学校建设及管理工作的实施意见

吴政发〔2018〕35号印发

为加强和规范2018年度学校新建、改扩建管理工作，加快推进学校项目建设，根据国家、省、市有关规定和《市政府办公室印发关于加强学校新建项目投入使用的若干意见的通知》（苏府办〔2016〕116号）、《关于加强吴中区学校建设管理工作的实施意见》（吴委发〔2016〕56号）等文件精神，结合我区2018年度学校新建、改扩建项目实际，特制定如下实施意见。

一、指导思想

深入学习贯彻党的十九大精神，以习近平新时代中国特色社会主义思想为指导，围绕区委区政府“发展提能级、民生上水平、全民奔小康”的目标和教育吴中三年行动计划的实施，按照“属地管理、部门协同、统筹协调、建管并重”的原则，牢固树立“教育优先发展、适度超前发展”的理念，建立和完善学校建设管理协调机制，配足人、财、物等资源要素，加快学校项目建设，规范学校建设行为，切实满足群众对优质教育资源的需求。

二、主要任务

（一）科学测算，研究制定学校建设计划。依据《吴中区教育事业发展“十三五”规划》《教育吴中三年行动计划（2018—2020年）》等文件精神，充分考虑辖区内人口变动、房地产开发、积分入学政策实施等因素，详细排摸各地学位缺口和学校建设需求，研究制定全区学校建设三年行动计划，适度超前并加快实施新一轮学校项目建设，确保辖区内教育资源能够满足群众对教育的基本需求。

（二）明确任务，抓好年度学校建设工作。全力抓好2018年度中小学、幼儿园新建、改扩建工程的建设推进工作。2018年年内确保建成投用尹山湖小学及附属幼儿园、尹东幼儿园、华师大太湖新城小学、碧波小学南校区、叶圣陶实验小学、胥口中学、城南中心幼儿园等7所学校、幼儿园的新改扩建；加快推进尹东小学、吴中实验小学、邵昂路小学及附属幼儿园、太湖新城吴郡幼儿园、木渎实验小学附属幼儿园、宝带实验小学附属幼儿园、车坊幼儿园、陶浜幼儿园等8个结转项目的建设，2018年年底前基本完成建设任务；启动木渎金山高级中学、木渎石码头学校、木渎金山实验小学、越溪郎江小学及附属幼儿园、角直高级中学宿舍二期、角直实验小学、西山中心小学、度假区第三幼儿园、香山中学等9个新建和改扩建项目，2018年年底前完成报建手续，进场施工。

（三）合理选址，严格执行学校建设标准。确保选址科学。学校选址必须与规划用地性质相符，符合对各类污染源实施控制的国家现行有关标准规定，同时满足住建部《中小学校设计规范》（GB50099—2011）、省政府《江苏省义务教育学校办学标准（试行）》、住建部《托儿所幼儿园建筑设计规范》（JGJ39—2016）等法规文件要求。确保标准合理。要在科学论证的基础上，合理确定学校建设规模，避免学校规模过小或盲目追求超大规模。

要科学合理确定学校建设标准，按照“实用、安全、经济、美观”的原则，坚持保基本为主，首要满足师生对教育教学的基本条件和基础需求，再适度考虑功能性配置，避免豪华的建设标准，杜绝过度装修。要确保所有教室、办公场所采光及通风良好，避免出现大规模外墙装修和玻璃幕墙。

（四）严格管理，着力规范学校建设行为。落实主体责任。严格按照《住房城乡建设部关于印发〈建筑工程五方责任主体项目负责人质量终身责任追究暂行办法〉的通知》（建质〔2014〕124号）相关规定，落实五方主体责任，特别是建设主体单位要严格依据有关法律法规要求择优筛选勘察设计单位、施工单位、监理单位、材料设备供应单位，并依法与其签订合同，落实签字背书要求，不断规范学校建设行为。学校建设项目要定人定岗，制定科学合理的建设方案，明确建设内容、建设标准、资金预算、时间节点等内容，严格按计划有序实施。规范财务管理。要规范学校建设的财务管理，设立专项账户，专款专用，规范资金往来。要严格控制工程造价，不得随意提高建设标准、扩大建设规模、突破投资计划。建立备查机制。各建设单位要落实学校建设项目档案资料归档工作，对项目涉及的立项批复、投资计划文件、全套图纸、会审记录、隐蔽工程记录、地质资料、工程变更记录、竣工验收报告、合同和预决算等项目原始凭证进行整理归档，并签字背书以便备查。

（五）对照标准，从严从紧抓好学校验收。按照《市政府办公室印发关于加强学校新建项目投入使用的若干意见的通知》的相关精神，严格落实“八个必须”要求。抓好学校验收。学校建设项目投入使用前，必须按照相关法规文件规定，对学校的房建、环保、消防、卫生、人防、规划、公安技防、防雷、电梯、绿化等项目进行严格验收，所有验收项目全部合格后方可投入使用，重要的专项验收必须在实施前组织专家论证。所有设施、设备安装到位后，必须按照有关规定，委托有资质的第三方检测机构对设施设备、室内外相关环境质量进行检测，检测达标合格后方可投入使用。严格执行校园建材与教具生产企业环保资质认证和验收制度，学校建设原材料必须符合国家有关规定，按要求进行第三方检测，并特别注重有毒有害化学物质的相关检测，确保所有教学场所、体育运动场所和生活场所使用的材料、设施设备安全达标。做好环境整治。学校建设项目投入使用前，相关镇（区、街道）要组织公安、卫计、环保、交通运输、文体、市容市政、消防等部门，对学校周边环境（如文化娱乐场所、交通安全、社会治安、流动摊点等）进行综合治理，并加强学校周边环境管控，提升学校周边整体环境质量。落实公众监督。在项目选址、规划设计、施工安装、环境检测、竣工验收等学校建设的各个阶段，必须及时通过学校媒体、社会媒体等向社会公布项目建设信息，主动接受学生家长和社会的监督。在所有的专业验收和检测全部合格后，学校应组织由人大代表、政协委员和学生家长代表等公众参与的校园开放活动，报告学校建设等相关情况，认真听取各方意见，达成一致后，方可启用新校。

（六）引导扶持，促进民办教育健康发展。优化民办教育发展专项资金使用管理，按照“政府购买服务，分担办学成本，建立引导资金，推进学校发展，健全奖惩制度，规范学校管理”的原则，鼓励社会力量投资教育领域，支持民办教育发展，加强民办学校监管扶持，引育一批高品质民办学校，实施外来工子弟学校提档升级工程，满足群众多元化教育需求。研究制定普惠性幼儿园扶持政策，推进普惠性幼儿园建设，确保到2020年，在公办和普惠性民办幼儿园就读的幼儿比例达90%。按照“准入一批、整改一批、取缔一批、转变一批”的原则，采取"关、转、并、建"等办法，妥善清理整顿无证幼儿园，年内完成50%暂存无证幼儿园的清理整顿任务。

三、保障措施

（一）强化组织领导。区级层面成立由区委区政府分管领导任组长，各地党政主要领导和相关职能部门主要负责同志为成员的学校建设管理工作领导小组，并下设属地责任组、推进督查组、规划建设组、舆情研判组、师资发展组、环境检测组等六个专项工作小组，负责研究全区学校建设管理工作的重要事项，视情况将相关学校建设管理工作建议提交区委常委会、区政府常务会议审定，定期召开工作例会、专题会议或开展专项督查、巡查，督促学校建设工作进展，协调解决学校建设管理过程中存在的突出问题，定期通报相关学校建设工作情况。各地也要建立健全相应的学校建设组织管理体系，切实承担本辖区学校建设管理的各项工作。

（二）加强协调配合。区有关部门要按照各自服务监管职责，细化工作举措，定岗定人，开展针对性业务指导，全力支持学校建设项目。教育部门要积极履行好全区学校建设管理领导小组办公室工作职责，做好教育事业发展预测工作，指导各地按需确定学校建设规模、开展设计方案论证、项目报建等工作，督促学校规范建设程序，推进学校建设进度。住建部门要加快办理各项审批手续，建立学校建设项目挂钩联系制度，开展针对性的业务联系和工作指导，帮助解决工程建设中的实际问题和困难。国土部门要在符合土地利用总体规划和城市规划前提下，优先安排学校建设用地计划，加快学校征供地手续速度。规划部门要做好学校建设规划选址的指导服务工作，强化规划的刚性执行度。环保部门要提前介入学校选址工作，加强项目审批指导，督促建设单位落实项目环评制度，做好环保验收。消防部门要主动对接，做好学校建设所涉消防审批服务工作，提高审批工作效率，缩短学校建设周期。其他部门要按照职责分工，全力服务学校建设管理工作。

（三）落实要素保障。区、镇（区、街道）两级要按照属地负责的原则，科学筹措学校建设资金，研究制定镇管学校工程建设补助资金管理办法，区管学校建设由区级保障，镇（区、街道）管学校建设以镇（区、街道）保障为主，区级结合财力状况给予适度支持引导和补助。探索教育管理体制改革，逐步理顺学校管理体系。各地要负责落实辖区内学校建设的资金、土地、规划等要素，并为学校建设工作提供必要的经费和办公条件。区教育局要根据学校建设进度，提前做好师资招聘、调配、培训等工作，多措并举配足调优师资，确保新校开得出、办得好。

（四）建立督查制度。区委区政府将把学校建设管理工作完成情况纳入对各地的绩效考核范围，对未能及时完成学校建设任务的单位且造成较大社会影响的，在绩效考核中予以扣分处理。区学校建设管理工作领导小组及下设六个工作组将建立学校建设项目挂钩督查机制，对学校建设情况定期开展督查，协调解决学校建设管理中存在的突出问题。各地要对学校建设所涉报建环节工作进度和学校建设过程中的建设进度定期开展自查，动态掌握工程进度，明确专人定期向区学校建设管理工作领导小组办公室（区教育局）报送项目进度，由区教育局定期汇总报区四套班子领导，2018年投用的项目，实行旬报制度，2018年结转及启动的项目，实行月报制度。区有关部门要加强学校建设监管力度，定期组织专业技术人员对学校建设项目进行检查。对不按基本建设程序进行施工的项目，予以通报并责令限期纠正；对因违规操作出现事故的学校，按有关规定进行处理处罚，并进行追责。

吴中区历史建筑保护利用试点工作方案

吴政发〔2018〕110号印发

根据《住房城乡建设部关于加强历史建筑保护与利用工作的通知》(建规〔2017〕212号),苏州市被列为第一批试点城市。为全面贯彻落实党的十九大精神,加强文化遗产保护传承,推动中华优秀传统文化创造性转化、创造性发展,探索历史建筑保护利用新路径,充分发挥历史建筑的使用价值,确保历史建筑保护利用试点工作顺利推进,按照《市政府关于印发〈苏州市历史建筑保护利用试点工作方案〉的通知》(苏府〔2018〕88号)要求,结合吴中区实际,制定本工作方案。

一、指导思想

深入贯彻落实党的十九大精神和习近平总书记“要保护弘扬中华优秀传统文化,延续城市历史文脉,保留中华文化基因”的城市建设理念,以苏州市被列入国家“第一批历史建筑保护利用试点城市”为契机,紧紧围绕市委市政府建设“四个名城”重要战略部署,进一步贯彻落实“根植吴文化、建设新吴中”发展理念,根据苏州市试点方案要求,扎实推进历史建筑保护利用工作,进一步完善吴中区历史建筑基础数据,为建立历史建筑保护利用新模式、新机制提供支持,确保试点工作顺利开展。

二、工作目标

(一)完成对历史建筑资源现状的全盘梳理。吴中区名镇古村众多,历史资源丰富,特别是环太湖一带,传统建筑众多,香山帮传统建筑营造技艺等传统建造技艺更是享誉中外。本次试点工作将按照住建部、省、市有关要求,对历史建筑全面梳理,完善历史建筑基础资料并形成工作调研报告。

(二)实现对历史建筑资源的全面普查。随着苏州市第一批历史建筑名录的公布,吴中区一大批历史建筑被列入保护名录。要根据试点方案要求,对辖区内历史建筑开展第二次全面普查,完善吴中区历史建筑基础数据并形成普查和调研成果。

(三)实现对历史建筑资源的合理化利用。依托吴中区丰富的历史资源优势,贯彻现代发展理念,合理利用历史建筑,促进特色城镇风貌的形成,合理发展古镇乡村旅游。

三、工作任务

(一)成立工作小组。根据《苏州市历史建筑保护利用试点工作方案》的要求,成立吴中区历史建筑保护利用试点工作小组,全面统筹协调历史建筑保护利用工作。工作小组由区政府分管区长任组长,区住建局、财政局、文体局、旅游局、国土分局、吴中规划分局、度假区规划分局等部门为成员单位,办公室设在吴中规划分局。

(二)梳理前期工作,形成工作调研报告。根据《苏州市历史建筑保护利用试点工作方案》有关要求,形成工作调研报告。主要涉及梳理以往工作中关于历史建筑保护的经验等,包括历史建筑的认定和评估,保护和维修、功能活化和利用等方面的内容,由区文体局牵头,各相关部门、属地政府及国有公司配合实施。

(三)开展第二次历史建筑普查,完善基础数据。根据《苏州市历史建筑保护利用试点工作方案》,对区内历史建筑开展第二次普查,分区域、分类型进行调研,测绘历史建筑现状,搜集各历史建筑保护和利用的动态数据，完成完整且详细的基础资料。普查工作由属地政府主导，委托专业机构完成。吴中规划分局牵头汇总最终普查调研成果，完善历史建筑名录，并上报市政府。

（四）加强资金保障。试点工作要在全面调研和普查的基础上，开展研究和实践，为确保试点工作顺利开展，统筹安排，加强资金保障。

（五）配合苏州市完成试点建筑选取、合理化利用、日常巡查等相关工作，健全保护机制。根据《苏州市历史建筑保护利用试点工作方案》要求，配合苏州市搭建历史建筑保护利用管理信息平台，建设动态数据库。搜集和整理历史建筑传统建造技艺，开展历史建筑保护利用相关工作。

附件略。

关于加快吴中区机器人与智能制造产业提升发展的若干政策意见

吴政发〔2018〕117号印发

为进一步贯彻苏州市政府《关于加强智能制造生态体系建设的若干措施》，落实区委区政府制定的“一核一轴一带”战略部署，结合《吴中区机器人与智能制造产业提升发展三年行动计划（2018—2020年）》，集中力量推进吴中区机器人与智能制造产业提升发展，全面提升工业综合竞争力，促进吴中工业经济高质量发展，特制定以下若干政策意见。

一、适用范围

本意见适用于在吴中区内登记、注册、纳税，具有独立法人资格的机器人与智能制造产业领域的各类所有制企业、创新载体。重点支持以下四大领域：

1.机器人制造领域。包括工业、服务等机器人本体，高精度减速器、伺服驱动器、高性能控制器等核心零部件，机器视觉、传感器等重要产业链配件。

2.智能装备制造领域。包括成套智能装备整机、自动化成套生产线、智能控制系统、在线检测装置等智能装备核心部件。

3.智能生产应用领域。以自动化、智能化装备提升传统制造业，利用机器人、自动化生产线等对企业进行智能化技术改造。

4.智能制造相关领域。包括软件与系统集成、传感、自动化、人工智能等先进技术，智能化模块、嵌入式软件，整体平台系统开发等。

二、政策措施

（一）加强优质项目引进

1.加快引进智能制造重大项目和科技载体。对于新引进的机器人与智能制造产业领域优质项目，固定资产投资3000万美元或2亿元人民币以上的项目，优先保障项目用地；当年度完成固定资产投资30%以上的，优先享受重大项目补助、人才、科技、金融等各项优惠政策。特别重大项目和科技载体，由区委区政府按照“一事一议”的方式予以支持。

（二）支持智能制造技术应用

2.支持企业开展智能化改造。对应用工业机器人、数控机床、智能仪器仪表等自动化、智能化装备进行改造，智能改造（含软件）投资额不低于200万元，且智能改造投入占项目总投入的比例不低于50%，按不超过项目总投入的10%给予奖励，最高不超过300万元。其中采购本区生产的工业智能装备、关键部件设备总额超过100万元的，给予15%以内的补助，最高不超过300万元。（责任单位：区经信局）

3.鼓励企业创建智能工厂（车间）。对认定为国家级示范智能工厂、示范智能车间、智能制造试点示范项目的企业，给予200万元的奖励；认定为省级示范智能工厂、示范智能车间、智能制造试点示范项目的企业，给予50万元的奖励；认定为市级示范智能车间、智能制造试点示范项目的企业，给予20万元的奖励。（责任单位：区经信局）

4.鼓励系统集成商和技术服务商集聚发展。对本区机器人与智能制造产业领域系统集成商和技术服务商为企业实施智能化改造项目的，经认定，对合同金额100万元以上（含）的项目，按项目实际发生额的5%给予补助，单个系统集成商或技术服务商当年度最高补助100万元。（责任单位：区经信局）

（三）支持机器人等智能装备制造

5.鼓励首（台）套装备认定。对认定为国家首台（套）重大装备及关键部件认定的企业，给予不超过100万元的一次性奖励；对认定为省内首台（套）重大装备及关键部件认定的企业，给予不超过50万元的一次性奖励。（责任单位：区经信局）

6.鼓励智能装备企业做大做强。对智能装备、关键部件年销售收入首次超过2000万元、5000万元、1亿元、5亿元的智能装备、关键部件生产企业，分别给予20万元、50万元、100万元和200万元的一次性奖励。（责任单位：区经信局）

（四）强化智能制造创新载体建设

7.鼓励企业自主创新能力建设。对机器人与智能制造领域企业被认定为国家、省、市级企业技术中心，分别给予300万元、100万元、10万元的奖励。对认定为国家、省、市级工业设计中心，分别给予200万元、100万元、10万元的奖励。（责任单位：区经信局）

对新认定的国家、省级、市级的重点实验室、公共技术服务平台、工程技术研究中心，分别给予300万元、100万元、10万元的资金补助。对新认定的国家、省级科技孵化器，分别给予200万元、100万元奖励。对新认定的高新技术企业，每家分别奖励10万元。（责任单位：区科技局）

对新认定的国家、省级产业创新中心，分别给予300万元、100万元的奖励；对新认定的国家地方联合工程研究中心、省级工程研究中心，分别给予200万元、100万元的奖励；对新认定的国家、省级大众创业万众创新示范基地，分别给予200万元、100万元的奖励。（责任单位：区发改局）

（五）优化智能制造企业发展环境

8.加快工业互联网发展。以促进工业企业提高新型服务能力为目标的工业互联网项目，投资额不低于200万元的，按实际投资的20%给予补贴。单个企业补助最高不超过100万元。（责任单位：区经信局）

9.鼓励为本地企业智能产品提供应用场景。对区内企业生产的智能装备、智能产品，适合于在政府项目应用场景中使用的，鼓励政府部门先行先试；对合同金额在100万元以上（含）的公共服务领域的推广应用项目，经认定，给予项目实施单位项目实际发生额的15%补助，单个项目最高补助100万元。（责任单位：区经信局）

10.加大对智能制造企业的金融支持

由区国资发起设立新的产业基金或利用吴中现有产业基金加大对机器人与智能制造相关产业的扶持力度，主要用于支持引进优质企业，以及区内相关企业进行兼并重组、参股或并购海外研究院和设立研发中心等。（责任单位：区国资局、金控公司）

区内机器人与智能制造相关企业优先使用“增信基金”“科贷通”“转贷基金”等区内融资辅助产品。（责任单位：区经信局、区科技局、区金融办）

对采用租赁机器人与智能制造设备方式组织生产，且年租赁费在50万元以上（含）的企业，经认定，给予不超过企业当年度实际发生设备租赁费10%的补助，单个企业最长补助3年，累计补助不超过100万元。（责任单位：区经信局、区金融办）

11.加大对智能制造企业的人才引进支持

引进顶尖领军人才。引进的机器人与智能制造领域创新创业人才优先纳入东吴科技创新创业领军人才计划支持范围，符合相关条件的领军人才经评审可分年度给予最高500万元项目经费资助及股权、贴息、房租减免等一揽子综合支持措施。（责任单位：区人才办、区科技局）

引进顶尖人才团队。引进的机器人与智能制造产业顶尖人才团队符合《吴中区顶尖人才团队引进“一事一议”实施办法》要求的，经综合评审可分年度给予最高3000万元的项目经费资助及一揽子综合支持措施。（责任单位：区人才办、区科技局）

引进产业紧缺人才。机器人与智能制造领域引育的高技能人才优先纳入东吴高技能人才计划支持范围，获评东吴高技能领军人才的，给予引才企业最高25万元引才补助，给予人才本人50万元安家补贴。（责任单位：区人才办、区人社局）

三、附则

1.本意见自2019年1月1日起开始执行，有效期两年。

2.相关政策条款的扶持资金从对应主管部门的专项资金中列支；由区人才办、金融办、发改局、经信局、科技局、财政局、人社局等部门负责解释。

3.如本政策与吴中区委区政府已制定出台的其它有关支持企业发展政策有冲突的，按本政策执行，不重复享受。

表彰和奖励

关于表彰2017年度吴中区区级机关绩效管理优胜单位、绩效考核优秀个人的决定

吴委发〔2018〕8号印发

各镇、街道(场)党(工)委、政府(办事处),区级机关各部门,度假区、开发区、吴中高新区党工委、管委会及所辖各部门,农业园区、太湖新城:

2017年,区级机关各部门深入学习贯彻落实党的十九大精神,紧紧围绕"两聚一高"工作目标,突出"根植吴文化、建设新吴中"主题导向,以"六个一"基层走访调研活动为契机,不断加强机关高效履职、依法行政、创新创优能力建设和提升机关综合服务水平,在打造为民、务实、清廉的服务型机关等方面发挥了积极作用,取得了良好成效。根据2017年度区级机关部门绩效管理工作考核结果,经研究,决定对区委政法委等19个绩效管理优胜单位、周韵等333名绩效考核优秀个人予以通报表彰。

希望受到表彰的单位和个人珍惜荣誉,再接再厉,继续发挥模范带头作用。区级机关各部门全体干部职工要以先进为榜样,保持奋发向上、争先创优的精神风貌,为实现区委"优生态、惠民生、兴产城、善治理"工作目标、决胜全面建成小康社会奋斗担当、奋勇前进。

附件1

2017年度吴中区区级机关绩效管理优胜单位名单

(共19个)

区委政法委	
区委宣传部	
区法院	区委农办
区检察院	区档案局
区委党校	区金融办
区安监局	区信访局
区科技局	区司法局
区经信局	区商务局
区市场监管局	
吴中区国税局	
吴中公安分局	
吴中国土分局	
吴中地税局	

附件2

2017年度吴中区区级机关绩效考核优秀个人

(共333人)

周 韵	陈 军	孙新健
惠 骏	詹梅森	周晓红
潘 强	陈哲敏	徐炳良
谢建文	莫玉林	柯德银
胡惠萍	杨 磊	李见明
吴 荣	陈鹤峰	林 佳
张华明	陈 琪	徐 剑
张 明	周国强	沈 飞
朱 巍	金美珍	周长丽
徐 澄	张 敏	徐国聪
陈 栩	丁文芳	江 伟
吴宁剑	严汉卿	詹立平
孙 益	张 威	方 颢
张宝轩	吴 兵	张淮宾
周晓军	张春玲	黄 芹
张国基	罗 娜	谭秀萍
李 晶	林淑蓉	梁 琪
赵业猛	何湘萍	王 伟
殷 虹	郭宇飞	孔岳荣
李 群	邹 亮	王思乔

庄学峰　沙　坚　朱继伟
沈建刚　陆月勤　周志坚
于世强　李德祥　薛　华
徐　蕾　姚月明　周　媛
朱　宏　周龙兴　施月峰
陆海兵　陈　萍　任海令
沈　蕾　陶佳凤　李　奕
叶云兵　王丽佳　于立初
赵钰明　沈百明　艾云松
王正明　陈勤华　周　奇
厉　艺　陈　江　施斌斌
许志鹏　羊建伟　胡　刚
卢雪芳　尤根生　吴燕萍
周苏华　马志逾　朱戌绯
蔡荣荣　蒋　勇　沈大鹏
周　静　刘　伟　杨永法
吴　艳　王立勇　刘　韵
钱　刚　袁震华　肖冬梅
王拥护　王雅婷　徐　酉
吴倩倩　吴梦骄　钱一星
凌　佳　丁悦雅　陈　岚
陈　歆　汤剑峰　茅建文
李培林　仇海涛　顾惠芳
顾　青　张　岚　张群力
李翼寅　薛俊赟　林　园
徐　平　王　薇　沈月平
程勋展　马雨虹　丁　勤
卢　頔　尹　松　陆建民
金　静　汪庆丰　庄勤芳
刘　民　陈如春　施　斌
叶震华　朱雪强　王元圆
姚雪艳　戚佳轩　周晓峰
朱　忆　朱革荣　薄益锋
陈太丰　叶国平　陈卫岗
钱彩源　朱国栋　杨秋平
邢建荣　朱　亮　许水清
马国兴　焦　峰　孙秀顺
张金华　张顺流　王　瑾
杨　纯　陆治平　徐炜琴
翁淑茹　张玉华　魏　晔
邢娟珍　濮文华　沈双昌
蔡　梁　张桑桑　于　凡
王　瑛　郑志光　衡志强
戴　伟　宁宝兴　吴　劲
章　霆　虞金妹　姚　良
李新升　陆　群　沈　汛
杨　勇　曹　健　张国平
胡国华　马巧荣　顾其奇
任为民　徐震伟　马文元
盛玉泉　钱永清　顾万国
张学衡　董纪忠　岳雄伟
屈洪飞　王建明　王　健
陆　龑　杨　昀　管勇鑫
钱　军　沈　光　连仙根
杨　妍　窦　旸　马兆华
闻　菁　韩　峰　黄毓琴
唐慧瑾　金耀华　谢建峰
李　思　施　奕　吴闽芳
陈志平　甄丽娜　孙晋岩
张　黎　郭　英　杨　阳
丁中奇　徐　峰　何骏文
金一戈　任　璐　金　戈
吴睿炫　杜　成　姜　磊
汤晓华　孟庆荣　钱佩英
沈　良　王立东　尤　伟
顾才兴　袁心坚　沈逸平
严晓晨　莫坤明　马琦刚
李　黎　童　媛　杨　馨
李龙德　王勤芳　胡震宇
张也弛　卢双亮　李　博
王鸿南　许涵超　李文浩
黄正元　杨　帆　殷凤英
胡雄伟　吴　羽　王锦敏
郑　雷　侯小刚　曹晓阳
陆伟康　贺建明　陈梦琪
程颖良　密奇良　戴　进
郁　敏　胡文忠　沈　芳
王建新　刘　彬　杨金龙
孙晓瑛　潘晓明　徐　斌
王　越　王家兴　杨尹子
朱佩军　吴宏松　阳　洋
曾洪生　王　俊　周玉芳
顾赤奇　王志刚　庄　宏
周　艳　姜燕萍　田丽娟
凌守国　吴兰芳　王立山
蔡小华　唐玉婷　陈兰燕
王　霆　吴翔峰　罗秋泉
汤美珍　朱斌华　朱芳瑾
朱志清　范博诗　孙伟峰
陈　彦　张家玉　沈逸平
许文根　成　磊　许高松

中共苏州市吴中区委员会
苏州市吴中区人民政府
2018年2月13日

关于对2017年度为全区经济社会发展作出突出贡献的单位和个人给予表彰的决定

吴委发〔2018〕9号印发

各镇、街道（场）党（工）委、政府（办事处），区级机关各部门，度假区、开发区、高新区党工委、管委会及所辖各部门、农业园区、太湖新城：

2017年，全区上下深入学习贯彻落实党的十九大精神，以习近平新时代中国特色社会主义思想为指导，紧紧围绕“五位一体”总体布局和“四个全面”战略布局，以“根植吴文化、建设新吴中”为主题导向，全力推进“三大布局、四大红利”战略重点，全区经济社会继续保持平稳健康发展态势。在此过程中，涌现出了一大批先进单位和先进个人。为表彰先进、树立典型，经研究，决定对在2017年度实体“百强”等12个方面作出突出贡献的单位和个人予以表彰。

希望受表彰的先进单位和个人立足新起点，再创新业绩，全区上下要学习先进，成为先进、赶超先进，不忘初心、牢记使命、抢抓机遇，迎难而上，以优化“三大布局”为目标，转换“三大动力”，打好“三大战”，统等谋划改革发展稳定各项工作，为实现“优生态、惠民生、兴产城、善治理”工作目标担当奋斗。

附件

吴中区2017年度综合表彰名单

一、实体“百强”

吴中区2017年度实体经济“百强”企业

苏州维信电子有限公司

惠氏制药有限公司

科沃斯机器人有限公司

江苏吴中集团有限公司

AW（苏州）汽车零部件有限公司

伟创力电脑（苏州）有限公司

苏州东瑞制药有限公司

三洋能源（苏州）有限公司

苏州汇川技术有限公司

适新科技（苏州）有限公司

江苏吴中实业股份有限公司

赫比（苏州）通讯科技有限公司

苏州唐人数码科技有限公司

苏州国发创业投资有限公司

苏州市吴中区燃气有限公司

苏州石川制铁有限公司

远东服装（苏州）有限公司

苏州市万祥电器成套有限公司

江苏景盟针织企业有限公司

苏州不二工机有限公司

苏州安洁科技股份有限公司

日立电线（苏州）有限公司

柳道万和（苏州）热流道系统有限公司

苏州市烟草公司吴中分公司

苏州赛腾精密电子股份有限公司

苏州华成集团有限公司

俐马（苏州）织染有限公司

苏州天烨集团有限公司

苏州优德通力科技有限公司

苏州林华医疗器械销售有限公司

苏州海星汽车销售服务有限公司

苏州万丽织造有限公司

苏州朗高电机有限公司

苏州瑞可达连接系统股份有限公司

苏州市新吴城集团有限公司

苏州绕城高速公路有限公司

苏州金螳螂幕墙有限公司

汤始建华建材（苏州）有限公司

苏州斯莱克精密设备股份有限公司

世茂（苏州）生物科技有限公司

苏州市永创金属科技有限公司

远纺织染（苏州）有限公司

苏州利星汽车服务有限公司

苏州市恒发纺织品有限公司

苏州华之杰电讯股份有限公司

苏州嘉盛集团有限公司

苏州电器科学研究院股份有限公司

光大环保能源（苏州）有限公司

苏州佳值电子工业有限公司

苏州红荔汽车零部件有限公司

苏州诶茵诶美容仪器设备有限公司

苏州东山精密制造股份有限公司

苏州明浩电子有限公司

亚东工业（苏州）有限公司

苏州市建筑科学研究院集团公司

苏州市华瑞热控制技术有限公司

麦德美乐思科技（苏州）有限公司

琪俐（苏州）纺织有限公司

苏州亚都水科技有限公司

永旺永乐（江苏）物业服务有限公司

苏州博克企业集团有限公司

苏州苏驼通信科技股份有限公司

苏州市星辰科技有限公司

苏州天脉导热科技有限公司

苏州科迪流体控制设备有限公司

苏州市智诚光学科技有限公司

苏州鹏龙东昌汽车销售服务有限公司

对松堂电子（苏州）有限公司

苏州市三鑫塑业有限公司

琦伟（苏州）纺织有限公司

苏州味知香食品有限公司

苏州益邦电子材料有限公司

重村钢模机械工业（苏州）有限公司

麦格威饰件科技（苏州）有限公司

苏州市南环桥市场发展股份有限公司

苏州宇邦新型材料股份有限公司

第一汽车（苏州）服务贸易有限公司

苏州天山新材料技术有限公司

苏州马可尼制衣有限公司

嘉彰科技（苏州）有限公司

苏州华造建筑设计有限公司

苏州天立达胶粘制品有限公司

苏州林通化工科技股份有限公司

苏州瑞红电子化学品有限公司

苏州药明康德新药开发股份有限公司

光大环保（苏州）固废处置有限公司

苏州上林新型包装材料有限公司

苏州常隆雷克萨斯汽车销售服务有限公司

苏州制氧机股份有限公司

又进无尘科技（苏州）有限公司

卡尔网炭素（苏州）有限公司

苏州风顺汽车销售服务有限公司

信达重工（苏州）有限公司

东丽塑料科技（苏州）有限公司

苏州新智机电工业有限公司

苏州国兴汽车服务有限公司

天隆电脑配件（苏州）有限公司

苏州思睿屹新材料股份有限公司

广运机电（苏州）有限公司

藤兴工业有限公司

二、科技创新

1.吴中区2017年度地标型科技（专利）企业

科沃斯机器人有限公司

苏州汇川技术有限公司

苏州东山精密制造股份有限公司

苏州安洁科技股份有限公司

苏州电器科学研究院股份有限公司

苏州赛腾精密电子股份有限公司

苏州东瑞制药有限公司

苏州斯莱克精密设备股份有限公司

江苏吴中医药集团有限公司

苏州绿的谐波传动科技有限公司

2.吴中区2017年度高成长科技(专利)企业

苏州药明康德新药开发股份有限公司

苏州飞华铝制工业有限公司

苏州昆仑绿建木结构科技股份有限公司

苏州市慧通塑胶有限公司

苏州味知香食品有限公司

苏州精濑光电有限公司

苏州好特斯模具有限公司

苏州菱欧自动化科技股份有限公司

航天工程装备(苏州)有限公司

苏州先锋物流装备科技有限公司

3.吴中区2017年度潜力型科技(专利)企业

苏州华电电气股份有限公司

苏州宇邦新型材料股份有限公司

苏州新智机电工业有限公司

苏州天脉导热科技股份有限公司

江苏盖睿健康科技有限公司

苏州朗高电机有限公司

苏州市意可机电有限公司

苏州威斯东山电子技术有限公司

苏州制氧机股份有限公司

苏州新火花机床有限公司

4.吴中区2017年度科技服务平台

苏州市吴中科技创业园管理有限公司

苏州智能制造研究院有限公司

苏州协同创新智能制造装备有限公司

苏州工业机器人众创空间

众创+园

太湖众创·苏州市大学生众创空间

三、工业转型

1.吴中区2017年度制造业转型升级先进企业

(1)智能化改造提升示范单位:

苏州汇川技术有限公司

苏州维信电子有限公司

悦虎电路(苏州)有限公司

(2)研发能力提升示范单位:

苏州汇川技术有限公司

苏州电器科学研究院股份有限公司

苏州金记食品有限公司

(3)两化融合贯标示范单位:

苏州优尔食品有限公司

苏州瑞可达连接系统股份有限公司

汤始建华建材(苏州)有限公司

(4)信息化能力提升示范单位:

苏州银禧科技有限公司

苏州群凯利精工股份有限公司

苏州杰锐思自动化设备有限公司

(5)军民融合示范单位:

苏州电器科学研究院股份有限公司

江苏迈信林航空科技股份有限公司

航天工程装备(苏州)有限公司

(6)首台套重大装备认定单位:

苏州赛腾精密电子股份有限公司

江苏经纬轨道交通设备有限公司

苏州新火花机床有限公司

(7)信用管理创建示范单位:

苏州日中天铝业有限公司

苏州精濑光电有限公司

苏州永腾电子制品有限公司

(8)专精特新发展示范单位:

苏州晶瑞化学股份有限公司

苏州绿的谐波传动科技有限公司

苏州斯莱克精密设备股份有限公司

2.吴中区2017年度节能减排先进企业

惠氏制药有限公司

苏州日中天铝业有限公司

苏州东瑞制药有限公司

苏州万德福尔镭射激光科技有限公司

苏州中吴能源科技股份有

限公司

可口可乐装瓶商生产（苏州）有限公司

光大环保能源（苏州）有限公司

亚东工业（苏州）有限公司

苏州市吴中区木渎新城污水处理厂

南方雄狮创建集团股份有限公司

四、金融服务

1.吴中区2017年度信贷进步奖

（1）一等奖

上海银行吴中支行

中国银行吴中支行

（2）二等奖：

交通银行吴中支行

工商银行吴中支行

（3）三等奖

江苏银行吴中支行

中信银行吴中支行、木渎支行

2.吴中区2017年度中小企业信贷奖

（1）一等奖

苏州银行苏州分行

浦发银行吴中支行

（2）二等类

建设银行吴中支行

南京银行吴中支行

（3）三等奖

农业银行吴中支行

苏州吴中珠江村镇银行

3.吴中区2017年度金融创新奖

苏州吴中珠江村镇银行

五、行业引领

1.吴中区2017年度优秀总部企业

科沃斯机器人股份有限公司

江苏吴中集团有限公司

江苏吴中实业股份有限公司

苏州国发创业投资控股有限公司

苏州安洁科技股份有限公司

苏州赛腾精密电子股份有限公司

苏州天烨集团有限公司

苏州斯莱克精密设备股份有限公司

苏州嘉盛建设工程有限公司

苏州电器科学研究院股份有限公司

苏州东山精密制造股份有限公司

苏州市建筑科学研究院集团股份有限公司

永旺永乐（江苏）物业服务有限公司

苏州药明康德新药开发股份有限公司

2.吴中区2017年度优秀地产建筑企业

苏州中新万科房地产有限公司

苏州新城万瑞房地产有限公司

苏州欣润房地产有限责任公司

金科集团苏州东峻房地产开发有限公司

江苏吴中地产集团有限公司

苏州鼎欣吴地房地产有限责任公司

苏州永新置地有限公司

苏州尼盛地产有限公司

苏州天地源香湖置业有限公司

苏州保利隆茂置业有限公司

苏州嘉盛建设工程有限公司

南方雄狮创建集团股份有限公司

苏州金螳螂幕墙有限公司

苏州昆仑绿建木结构科技股份有限公司

苏州蒯祥古建园林工程有限公司

3.吴中区2017年度优秀对外贸易企业

伟创力电脑（苏州）有限公司

苏州维信电子有限公司

科沃斯机器人股份有限公司

三洋能源（苏州）有限公司

苏州东山精密制造股份有限公司

4.吴中区2017年度优秀文体旅游企业

苏州舞之动画股份有限公司

苏州润琨文化艺术发展有限公司

苏州市锦达丝绸有限公司

苏州太湖美中时空通用航空俱乐部有限公司

苏州石湖水上运动发展有限公司

苏州太湖旅游发展集团有限公司

苏州木渎旅游发展实业公司

苏州澹台湖大酒店

苏州原创读行学堂文化旅游发展股份有限公司

苏州春秋国际旅行社

5.吴中区2017年度优秀商贸流通企业

永旺华东（苏州）商业有限公司

苏州吴中万达广场商业管理有限公司

苏州诚润置业有限公司

苏州润维商业有限公司

苏州天虹商场有限公司木渎店

苏州华成集团有限公司

苏州海星汽车销售服务有限公司

苏州玄通电子商务发展有限公司

苏州吴中白金汉爵大酒店有限公司

苏州石湖金陵花园酒店有限公司

六、品牌质量

1.吴中区2017年度获评江苏省名牌产品的企业

苏州双马机电有限公司

苏州金记食品有限公司

苏州市吴中区西山碧螺春茶厂

苏州市计量测试研究所

苏州电器科学研究院股份有限公司

苏州闪联高压电器有限公司

汤始建华建材（苏州）有限公司

苏州市质量技术监督综合检验检测中心

江苏国家粮食储备库有限公司

2.吴中区2017年度获评苏州市质量奖的企业

苏州电器科学研究院股份有限公司

苏州东山茶厂股份有限公司

苏州飞华铝制工业有限公司

3.吴中区2017年度主导参与起草国家、行业标准的企业

苏州电器科学研究院股份有限公司

苏州竞力制氢设备有限公司

苏州市计量测试研究所

七、质效提升

1.吴中区2017年度财政贡献先进单位

角直镇　吴中高新区

临湖镇

2.吴中区2017年度投融资管理先进单位

（1）镇（区）：

开发区　吴中高新区

（2）区属公司：

苏州市吴中国裕资产经营有限公司

苏州市吴中城市建设投资发展有限公司

3.吴中区2017年度国有经济做强做大先进单位

苏州太湖旅游发展集团有限公司

苏州市吴中金融控股有限公司

苏州吴中融玥投资管理有限公司

苏州太湖城市投资发展有限公司

苏州市吴中城区建设发展有限公司

八、产业促进

1.吴中区2017年度招商引资先进单位

开发区　胥口镇　度假区

木渎镇　角直镇　临湖镇

2.吴中区2017年度固定资产投资先进单位

角直镇　木渎镇　开发区

3.吴中区2017年度服务业发展先进单位

吴中高新区　木渎镇

开发区　角直镇　度假区

4.吴中区2017年度资本市场“吴中板块”建设先进单位、个人

（1）先进单位：

东吴证券木渎中心营业部

区金融办

开发区

（2）先进个人：

孙　丰　吴小翔　吴天舒

赵　铭　汤建东　胡铁林

魏　娟　沈育名

九、绿色发展

1.吴中区2017年度生态文明建设先进单位

度假区　　木渎镇

越溪街道　区经信局

区水利局

2.吴中区2017年度“263”专项行动工作先进单位

角直镇　　胥口镇

东山镇　　临湖镇

区环保局　区农业局

十、城乡统筹

1.吴中区2017年度农村集体经济发展先进单位

（1）年度村级收支盈余超千万元村（前十位）：

长桥街道龙桥社区、木渎镇姑苏村、长桥街道先锋社区、木渎镇西跨塘村、木渎镇灵岩村、木渎镇尧峰村、木渎镇天平村、长桥街道龙西社区、木渎镇天池村、木渎镇金山村

（2）第四轮集体经济薄弱村帮扶转化先进单位：

区委办、区法院、区文联、区文体局、区委组织部、甪直镇澄北村、甪直镇澄墩村、光福镇迂里村、东山镇杨湾村、香山街道小横山社区、金庭镇秉常村

2.吴中区2017年度农村集体产权制度改革先进单位

（1）农村合作经济改革与发展先进单位：

区委农办、区档案局、甪直镇、越溪街道旺山村、胥口镇新峰村、东山镇、度假区农发局、木渎集团、越旺集团、苏州市东山吴侬碧螺春茶叶专业合作社

（2）农村集体"三资"管理专项治理工作先进单位：

区纪委、区集体资产管理办公室、高新区、木渎镇、甪直镇、胥口镇、横泾街道、城南街道

3.吴中区2017年度美丽镇村建设先进单位

甪直镇、临湖镇、区住建局、区水利局、吴中规划分局、木渎镇横泾街道、香山街道、临湖镇东吴村、东山镇杨湾村

4.吴中区2017年度现代农业发展先进单位

区农业局、区动物卫生监督所、区渔政监督大队、金庭镇、东山镇农林服务中心、临湖镇农林服务中心、车坊农林服务中心、甪直镇江湾村、东山镇碧螺村、东山镇莫厘村、临湖镇灵湖村、金庭镇林屋村

5.吴中区2017年度重大项目组织攻坚先进单位

木渎镇　　甪直镇

郭巷街道　东山镇

十一、人才集聚

1.吴中区2017年度高技能人才标兵

蔡叶昭　王吉松　许忠英

钟锦德　吕浩然

2.吴中区2017年度高层次人才（团队）

施冬妹　冀群升　赵　凯

张贻青　王　曦　华友海

张　飞　徐正黄　唐晓芳

苏州市吴中区碧波实验小学团队

吴中中等专业学校团队

十二、精神文明

1.吴中区2017年度社会主义精神文明建设新人

不忘初心呵护家园的市政好青年——王孝雨（开发区）

做了二十多年"折本"买卖的爱心店主——洪庆和（吴中高新区）

奋不顾身勇救落水情侣的刘大姐——刘红（木渎镇）

岁月带不走的甪直山歌传承人——孙慰春（甪直镇）

养老中心里的"心灵理发师"——黄宇东（胥口镇）

让相声大师都叹服的"吴中名嘴"——许培祥（东山镇）

一支毛笔描出责任和爱心——唐阿毛（临湖镇）

不是亲人胜似亲人的好邻居——顾彩夫（光福镇）

舍小家为大义的捐髓爸爸——李炜巍（郭巷街道）

用爱心绽放出生命的价值——干钱珍（区卫计局）

2.吴中区2017年度社会主义精神文明建设新事

公共文化中心助推全区文化繁盛（区公文中心）

苏作工艺惊艳亮相"中法文化论坛"（区委组织部、光福镇）

五朵金花绽放"好美吴中"文明之光（区委宣传部、文明办）

大联动，服务就在身边（区委政法委）

打造运河书香带（高新区）

见证辉煌，对话央视（木渎镇）

赤字之心铸长卷，太湖春秋传万世（胥口镇）

中心厨房打通服务惠民"最后一公里"（郭巷街道）

区青年手艺人协会呵护青春匠心（团区委）

15年支医路，奉献永远在

路上（区卫计局）

3.吴中区2017年度“吴中好人”

退而不休投身助学事业的周老师——周韬奋（西山农业园区[金庭镇]）

无私奉献成就幸福晚年——周均安、蒋德先夫妇（木渎镇）

温暖苏城的最美撑伞哥——史加良（木渎镇）

行驶在吴中最高峰的金牌驾驶员——金建平（木渎镇）

慈母之心，大爱无声——沈美萍（木渎镇）

一片孝心深似海的养女——宋秋琴（甪直镇）

将感动传递到海峡对岸的情义老干警——李建荣（胥口镇）

用指尖实现梦想的盲人推拿师——袁冬平（胥口镇）

重担压不垮的好儿媳——姚玉英（胥口镇）

“80后”东山小伙的热血青春——徐纯（东山镇）

从妇女主任到“久病床前”的孝顺媳妇——顾学萍（东山镇）

乐于助人的金相邻——金成泉（临湖镇）

用行动诠释诚信和感恩的爱心企业家——沈文才（郭巷街道）

能力有限爱心无限的社区清洁工——唐传德（横泾街道）

为打造本地大米品牌倾尽心力的吴中劳模——顾根元（横泾街道）

爱心洒向云南高原的“90后”教师——许雯易（城南街道）

带领啦啦操走出国门的排球教练——张志泉（城南街道）

退而不休，守根乡土的老园丁——顾雄诗（香山街道）

一生守护百姓健康的乡村医生——王建文（香山街道）

小城大爱，“髓”缘天使——王旭、杨保华（甪直镇、光福镇）

为他人生命不断加油的好老师——邹宝珍（区教育局）

十年如一日创响文明号角——王文清（区市容市政管理局）

服务群众的“及时雨”——张晓军（区市场监管局）

勇担社会责任，投身光彩事业——李君图（区工商联、甪直镇）

爱心无价真情永恒的美籍华人——李慧兰（区侨联、甪直镇）

小小钩针编织出精彩人生——沙红英（区残联、胥口镇）

奉献不言苦，追求无止境——沈永男（区机关事务管理中心）

赤诚之心赢得纳税人点赞——周虹（吴中地税局）

拾金不昧的餐厅“活雷锋”——高芳（太旅集团）

4.吴中区2017年度文明城市长效管理先进集体、个人

（1）先进集体：

开发区、吴中高新区、木渎镇、城南街道、区文明办、区住建局、区市容市政管理局、区商务局、区市场监管局、吴中公安分局交警大队

（2）先进个人：

徐国雄、章为民、茅崧崧、曾洪生、张全荣、王龙杰、郁红方、张勇坚、顾明、胡伟新、金钰康、马小红、孟蓓丽、吴宇伟、钱令峰、何雪英、许怀民、陈志明、周洁、徐明

中共苏州市吴中区委员会
苏州市吴中区人民政府
2018年2月13日

关于2017年度"平安吴中"和"法治吴中"建设先进集体、先进个人的通报

吴委发〔2018〕11号印发

各镇、街道（场）党（工）委、政府（办事处），区级机关各部门，度假区、开发区、高新区党工委、管委会及所辖各部门、农业园区、太湖新城：

2017年，全区各级政法综治部门在区委区政府的正确领导下，全面贯彻落实党的十九大精神和习近平新时代中国特色社会主义思想，围绕中心，服务大局，深入推进"平安吴中""法治吴中"和自身队伍建设，着力营造和谐稳定的社会环境、公平正义的法治环境和优质高效的服务环境，为全区经济社会持续健康发展作出了积极贡献。在此过程中，涌现了一大批先进集体和先进个人。为进一步树立典型、表彰先进，经区委区政府研究，决定授予高新区（长桥街道）等23个镇（区、街道）、单位为"平安吴中"建设先进集体，徐华东等20名同志为"平安吴中"建设先进个人；决定授予高新区（长桥街道）等19个镇（区、街道）、单位为"法治吴中"建设先进集体，沈征学等20名同志为"法治吴中"建设先进个人。

希望受表彰的先进集体和先进个人立足新起点、争创新优势，再接再厉、再创佳绩。各地、各部门要以先进为榜样，紧紧围绕区委区政府中心工作，开拓创新，锐意进取，推动"平安吴中""法治吴中"建设迈上新台阶，为实现"优生态、惠民生、兴产城、善治理"目标作出新的更大的贡献。

附件1

2017年度全区"平安吴中"建设先进集体和先进个人名单

一、"平安吴中"建设先进集体（23个）

高新区（长桥街道）
西山农业园区（金庭镇）
横泾街道　越溪街道
木渎镇　甪直镇
胥口镇　东山镇
临湖镇　光福镇
区委政法委　区委610办
区联动中心　区人社局
区住建局
区市容市政管理局
区卫计局　区安监局
区民政局　区信访局
吴中公安分局
度假区公安分局
吴中消防大队

二、"平安吴中"建设先进个人（20人）

徐华东　汝玉泉　洪小河
吴菊明　王晓华　陆雪龙
赵芙蓉　周妹芳　严　贞
潘金荣　赵　迪　张　荣
唐晓晨　姚　瑶　毛晓华
潘洪明　沈　晨　陈　吉
王之宣　沈　杰

附件2

2017年度全区"法治吴中"建设先进集体和先进个人名单

一、"法治吴中"建设先进集体（19个）

高新区（长桥街道）
西山农业园区（金庭镇）
郭巷街道　横泾街道
越溪街道　城南街道
香山街道　木渎镇
甪直镇　东山镇
区法院　区检察院
区委宣传部　区委党校
区法制办　区经信局

区司法局　　区文体局

区教育局

二、“法治吴中”建设先进个人（20人）

沈征学　吴玉珍　黄　勇　蔡晓帅　周　力　韩立波　朱建岗　周　笠　张炳元　应洁婷　姚雪生　吴德华　沈小明　郁伟芬　薛　萍　巩丕勇　陈　红　钱　涛　徐　军　高　军

中共苏州市吴中区委员会

苏州市吴中区人民政府

2018年2月26日

关于2017年度人民武装工作先进单位和先进个人的通报

吴委发〔2018〕12号印发

各镇、街道（场）党（工）委、政府（办事处）及所属人武部，区级机关各部门，度假区、开发区、高新区党工委、管委会及所属人武部，农业园区、太湖新城：

2017年，全区人民武装工作深入学习宣传贯彻党的十九大精神，以习近平新时代中国特色社会主义思想为指引，紧紧围绕“根植吴文化、建设新吴中”主题导向，圆满完成了以军事斗争常态化准备为中心的各项任务，有力推进了全区国防后备力量建设与经济社会建设的协调发展。为表彰先进，树立典型，决定对下列先进单位和个人予以通报表彰。

一、武装工作先进单位（7个）

木渎镇、甪直镇、胥口镇、东山镇、临湖镇、光福镇、郭巷街道

二、党管武装好书记（5人）

姚东、陆建明、张剑清、邹文明、顾洪建

三、武委会好主任（10人）

郑刚、徐国雄、顾强、徐敏、周丽强、华利民、陆为民、龚艳、丁晓娟、陆治平

四、优秀专武干部（16人）

陆胜兰、周景裕、李永亮、徐良根、李小龙、张士学、钱方明、庄习宽、邹洪辉、古光明、沈晓明、陈凯、刘大俊、翁冬华、李俊逸、孟德辉

五、先进民兵营（应急分队）（19个）

1.高新区民兵应急分队

2.甪直镇民兵应急分队

3.胥口镇民兵应急分队

4.香山街道民兵应急分队

5.苏州电器科学研究院股份有限公司民兵应急分队

6.高新区蠡墅社区民兵营

7.木渎镇五峰村民兵营

8.甪直镇淞南村民兵营

9.胥口镇新峰村民兵营

10.东山镇潦里村民兵营

11.临湖镇东吴村民兵营

12.金庭镇蒋东村民兵营

13.光福镇冲山村民兵营

14.郭巷街道姜家社区民兵营

15.横泾街道长远村民兵营

16.越溪街道木林社区民兵营

17.城南街道龙南社区民兵营

18.香山街道长沙社区民兵营

19.穹窿山风景管理区穹窿社区民兵营

希望以上受表彰的单位和个人谦虚谨慎，戒骄戒躁，再接再厉，为推动全区人民武装工作再上新台阶作出新的更大贡献。

中共苏州市吴中区委员会

苏州市吴中区人民政府

苏州市吴中区人民武装部

2018年2月27日

关于命名吴中区2018年“新时代担当作为好干部”和“十佳基层党组织”“十佳基层党建工作品牌”“十佳党务工作者”“十佳党员服务之星”的决定

吴委发〔2018〕31号印发

各镇、街道（场）党（工）委，区级机关各部门，度假区、开发区、高新区党工委及所辖各部门、农业园区、太湖新城：

近年来，全区各级党组织和广大党员干部认真学习贯彻习近平新时代中国特色社会主义思想和党的十九大精神，在推进经济社会高质量发展进程中，锐意进取，开拓奋进，涌现出了一批干事创业、改革创新的先进典型，为优化“三大布局”、转换“三大动力”、打好“三大战役”提供了坚强的组织保证。

为树立典型、鼓励先进，弘扬正气、振奋精神，激励广大党员干部见贤思齐、奋发有为，撸起袖子加油干，凝聚成创新创业的强大合力，在建党97周年之际，经区委常委会会议研究，决定命名姚东等20名同志为“新时代担当作为好干部”，吴中经济技术开发区太湖新城党支部等10个党组织为“十佳基层党组织”，长桥人民医院党支部党建助力“保姆式”医疗等10个党建品牌为“十佳基层党建工作品牌”，徐旻霞等10名同志为“十佳党务工作者”，顾春林等10名同志为“十佳党员服务之星”。

希望受命名的先进集体和个人以此为新的起点，立足本职岗位，牢记使命担当，再创新的业绩。全区各级党组织和广大党员干部要以先进为榜样，学习先进、争当先进、赶超先进，带头履职尽责，带头担当作为，带头承担责任，始终保持蓬勃向上、昂扬奋发的精气神，为实现“优生态、惠民生、兴产城、善治理”工作目标、决胜高水平全面建成小康社会担当奋斗。

附件

吴中区2018年
“新时代担当作为好干部”和
“十佳基层党组”
“十佳基层党建工作品牌”
“十佳党务工作者”
“十佳党员服务之星”名单

一、新时代担当作为好干部

姚　东　甪直镇党委书记

徐雪棣　东山镇党委书记

王　岳　城南街道党工委书记

徐卫东　胥口镇党委副书记、镇长

张建明　光福镇党委副书记、镇长

沈文群（女）　区委政法委副书记、综治办主任、联动中心主任

陆为民　区委教育工委书记、区教育局局长

李文龙　苏州市吴中金融控股有限公司党支部书记、董事长

周　宇　苏州太湖科技产业园管理局规划建设科副科长

沈志华　吴中经济技术开发区企业服务中心主任

张伟荣　吴中高新区（长桥街道）党工委委员、综合执法局局长

周金林　木渎镇党委副书记

庄林元　临湖镇石庄村党委书记

蒋浩杰　金庭旅游集团有限公司党总支书记、董事长

李永亮　郭巷街道党工委委员、人武部部长、办事处副主任

周建萍（女） 横泾街道上林村党委副书记、村委会主任

莫建伟 越溪街道建设管理科科长

吴 荣 区纪委常委、监委委员

沈永成 区农业局党委委员、副局长

许春凤（女） 区水利局甪直水利站党支部书记、站长

二、十佳基层党组织

吴中经济技术开发区太湖新城党支部

吴中高新区综合执法局党支部

木渎镇金山村党委

日立电线（苏州）有限公司党支部

金庭镇堂里村党总支

郭巷街道姜家社区党总支

区社会保险基金管理中心党支部

区粮食购销总公司党总支

吴中地方税务局机关党委

江苏吴中集团教投高科党支部

三、十佳党建工作品牌

长桥人民医院党支部：党建助力"保姆式"医疗

木渎镇党委：创新服务载体 打造红色驿站

甪直镇淞港村党总支：网聚力量 治在淞港

胥口镇党委：打造"胥江先锋"党建系统工程

临湖镇党委：构建"红色涟漪"党建工作体系

光福镇太湖渔港村党总支：支部建在渔船上

西山农业园区（金庭镇）党（工）委：打造"太湖红心岛"

郭巷街道党工委：打造"一核四共"党建工作体系

城南街道长江节能区域党建工作站：区域党建汇长江 红色旗帜扬城南

苏州太湖旅游发展集团公司党总支：党建引领 创设"三原色"工作体系

四、十佳党务工作者

徐旻霞（女） 吴中高新区"两新"党委副书记

孙丹萍（女） 木渎镇天平村党委委员

马彩萍（女） 三洋能源（苏州）有限公司党委书记

徐建军 临湖镇党委副书记、政协工委主任

尤效明 苏州嘉盛建设工程有限公司党支部书记

丁桂芳（女） 越溪街道溪韵社区党支部书记

金建明 碧波实验小学党总支副书记、副校长

高 峰 香山街道舟山村党委书记

徐春红（女） 区港口管理处党支部书记

盛国健 区委党校党总支副书记、副校长

五、十佳党员服务之星

顾春林 度假区自来水厂抢修组组长

俞大弟 甪直镇瑶盛村党员

顾荣明 东山镇洞庭社区党总支书记

郑万诚 临湖镇联盟社区党员

何建金 光福财政分局党支部书记、局长

张忠良 越溪街道城管中队副队长

陆福荣 城西中学党总支书记、校长

朱国成 区精神卫生中心精神科副科长

杨 希（女） 吴中公安分局郭巷派出所民警

俞 超 吴中国土分局不动产登记分中心窗口主任

中共苏州市吴中区委员会
2018年6月30日

关于给予2015—2017年连续三年年度考核优秀等次的公务员记“三等功”的决定

吴委发〔2018〕43号印发

各镇、街道（场）党（工）委、政府（办事处），区级机关各部门，度假区、开发区、高新区党工委、管委会及所辖各部门，农业园区、太湖新城：

为树立典型、鼓励先进，努力建设一支政治坚定、业务精湛、作风过硬、人民满意的公务员队伍，激励广大公务员立足本职，爱岗敬业、建功奉献，按照《苏州市公务员考核实施细则》（苏组通〔2008〕47号）、《关于做好2017年度市管领导班子、领导干部和公务员年度考核工作的通知》（苏组通〔2017〕46号）等有关文件精神，对濮祺安等51名2015—2017年连续三年考核被确定为优秀等次的公务员记三等功。

希望受奖励的同志戒骄戒躁、再接再厉、不断进取、再创佳绩。全区公务员要向先进看齐，向优秀学习，以更加饱满的热情和更加昂扬的姿态，进一步解放思想、务实创新、勇于担当、恪尽职守、勤政廉洁，以实际行动为实现全区“优生态、惠民生、兴产城、善治理”工作目标而努力奋斗。

表24-1　2015—2017年连续三年年度考核优秀等次记三等功的人员名单

序号	单位	姓名	职务
1	人大办	濮祺安	秘书科科长
2	人大办	王佩佩	综合科科长
3	政府办	秦晓良	主任
4	政府办	顾佳炜	综合四科科长
5	法院	何亚平	开发区法庭副庭长
6	法院	史华松	木渎法庭副庭长
7	检察院	游桂芳	原副检察长、党组成员
8	检察院	郭艳萍	检察官助理
9	政法委	沈文群	副书记、区综治办主任
10	农办	魏　旭	经管科科长
11	农办	李斐虹	人秘科科员
12	机关党工委	朱　艳	办公室主任
13	老干部局	顾向明	副局长
14	老干部局	满华阳	办公室主任
15	党校	张伟炜	培训科科长
16	党校	欧阳振婷	组织人事科科长
17	档案局	蒋德志	业务指导科科长
18	档案局	顾　萍	办公室副主任
19	侨联	俞　凯	办公室主任

续表

序号	单位	姓名	职务
20	发改局	朱敏文	劳动人事科科员
21	民政局	胡春庆	法制科科长
22	财政局	殷仁伟	国资综合科科长
23	财政局	叶新红	农财科科长
24	财政局	童璘珏	预算科副科长
25	财政局	顾明芳	社保科科长
26	人社局	朱晓东	财务科科长
27	人社局	许雯婷	党委办副主任
28	水利局	兰　军	主任科员
29	水利局	韩芯菊	水资源科科长
30	商务局	许永清	贸易服务科科长
31	卫计局	杨　斌	原副局长
32	卫生监督所	周　滨	医政监督科主任
33	环保局	张月兴	局长
34	环保局	李志刚	办公室主任
35	旅游局	戴阿明	副局长
36	信访局	谢建峰	办公室主任
37	国土分局度假区中心所	仲兴寅	科员
38	市场监管局	茅菘菘	党委书记、局长
39	市场监管局	花　倩	郭巷分局副局长
40	市场监管局	王　艳	药品医疗器械监管科科长
41	市场监管局	陆　宇	开发区分局副局长
42	市场监管局	朱　斌	开发区分局稽查科科长
43	市场监管局	张　栋	办公室主任
44	市场监管局	沈泽锋	质量管理与监督科科长
45	市场监管局	许　涛	食品安全综合协调科科长
46	市场监管局	朱　艳	餐饮服务监督管理科科长
47	市场监管局	费　明	东山分局副局长
48	质监稽查大队	李玉惠	科员
49	木渎镇	孙德明	组织人事局副局长
50	甪直镇	杨建林	信访办主任、司法所所长
51	越溪街道	徐凌奇	党委委员

中共苏州市吴中区委员会

苏州市吴中区人民政府

2018年9月10日

编辑：洪　蕾

索　引

说　明

一、本索引采用内容分析法编制，按索引款目首字的汉语拼音字母（同音字按声调）顺序排列，同音同调的按第二字母的音序排列，依次类推。

二、索引款目后的数字表示内容所在的页码，数字后的a、b、c分别表示页码的左、中、右栏，表格用（表）注明。

三、空两字起排的款目为上一主题的“附见”。

四、媒体聚焦、大事记、附录等未做索引。

五、为便于读者检索，在苏州吴中的企事业和在吴中发生的事件名称前的“苏州”“吴中”四字，除非产生歧义，均已省略。

A

B

D

E

F

G

H

J

K

L

M

N

P

Q

R

S

T

W

X

Y

Z